THOMSON

HEINLE

Pelletieri | López-Burton | Hershberger | Gómez | Navey-Davis

A carefully crafted blend of language and culture in ONE book that levels the learning field for every student . . .

Discover *RUMBOS!*

Intermediate students come from a variety of backgrounds, with an equally diverse range of skills and abilities. Created specifically for this broad spectrum of students, **Rumbos** uses multiple pathways of exploration to develop and refine every student's linguistic, cultural, and critical thinking skills. No matter what their preparation is, **Rumbos** *levels the learning field to help every student* develop the interpersonal, interpretive, and presentational skills they need to achieve higher levels of communicative competence.

The **Rumbos** program provides robust support to help students fill the gaps that might be left from their first year of Spanish study—including review activities, indices of first-year grammar and vocabulary, and student annotations. **Rumbos** also prepares students for advanced language study by introducing them to authentic literary readings, listening-based note-taking tasks, academic writing tasks, and oral presentations.

And for you, the **Rumbos** program provides plentiful instructor support, making it easy to craft creative, stimulating, and fun lesson plans.

Explore this special PREVIEW of **Rumbos** and discover a text that:

✱ Features **iLrn™ Spanish**—*a powerful technology solution* that will help you level the learning field and manage your course! (See the inside front cover)

✱ *Immerses students in the cultures of Spanish-speaking countries and regions,* providing them with multiple opportunities to explore and engage in the language from a variety of perspectives (See preview pages 2 and 3)

✱ Develops *strong reading, writing, speaking, and listening skills* through a variety of activities and techniques that incorporate authentic and interesting materials (See preview pages 4 and 5)

✱ Is accompanied by a *robust teaching and learning program* that will enhance your course and your students' understanding—including helpful **Text Audio CDs** that accompany every new copy of this edition (See preview pages 6–8)

iLrn™ Spanish

preview

Learning culture through language . . . and language through culture

Rumbos immerses your students in the rich diversity of Spanish-speaking cultures. Each chapter's content is organized around a different theme as well as a specific country or region. This gives students intriguing ways to explore the topic from a variety of perspectives while also allowing them to experience an area's unique practices, perspectives, and products.

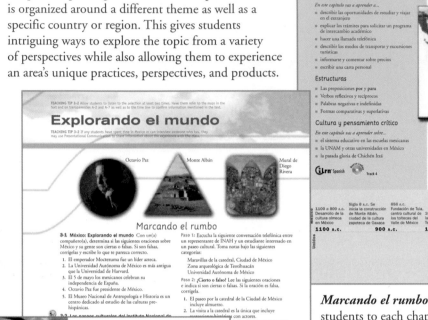

Marcando el rumbo sections introduce students to each chapter's cultural palette through an audio narrative activity. Students first listen to the specified section on the book's accompanying **Text Audio CDs,** then take notes and complete a culture- and/or theme-related activity. Maps, timelines, and photographs accompany the activities.

Espejos sections train students to look at others by using the four perspectives: how we see ourselves, how we see them, how they see themselves, and how they see us. Follow-up discussion activities further enhance your students' exploration of culture.

Students learn more about the diversity of the Spanish language with *¿Nos entendemos?* notations. These sociolinguistic notes highlight lexical items and grammatical constructions that are specific to a particular variety or register of Spanish—or provide alternative vocabulary common in areas outside of the chapter's geographic region of focus.

preview

The book's three-tiered approach to vocabulary development helps students understand necessary lexical items while also helping them gain functional proficiency in the language. Students acquire new words with *Vocabulario en contexto,* a realia-based and visually rich presentation of vocabulary that complements each chapter's theme and region of focus.

Para enriquecer la comunicación: La llamada telefónica *(informal)*

Bueno / Aló (Sudamérica) / Diga (España).	*Hello.*
¿Puedo hablar con Jorge?	*May I speak to Jorge?*
¿De parte de quién? / ¿Quién habla?	*Who is calling?*
De Amy. / Soy Amy.	*Amy. / It's Amy.*
No se encuentra. / No está.	*He's not here.*
¿Le puedo dejar un recado?	*Can I leave him a message?*
¿Me oyes?	*Can you hear me?*
Saludos a la familia.	*Say hello to your family.*
De tu parte.	*I'll tell them you said that.*
Hasta luego.	*Good-bye.*

Para enriquecer la comunicación sections follow, providing theme-related, functional words and phrases that will further enhance students' communicative proficiency. Finally, student annotations point to additional theme-related cognates that students should easily recognize from prior study. The *Índice de palabras conocidas* index completes the three-tiered approach.

Carefully sequenced grammar presentations—contextualized by the chapter's theme and vocabulary—help students review and expand upon grammatical knowledge. After each grammar presentation (two per chapter), the *Práctica y expresión* section fosters practical acquisition of grammar items, first through controlled practice, then with more open-ended but still focused communicative practice.

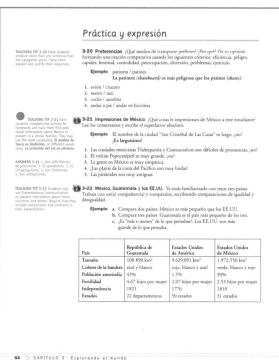

> "This book took me completely by surprise. It is unquestionably and far and away the best intermediate Spanish textbook I've seen. The organization is excellent and the grammar explanations clear and in-depth, but it is the fresh approach to structure and vocabulary learning that will make this textbook very important."
> Helen Webb, University of Pennsylvania

preview

3

Give your students the experience of face-to-face interaction

Rumbos uses a variety of activities and techniques to support students' development of listening and speaking skills. Oral comprehension is explicitly targeted in the *Marcando el rumbo* (see page 2 of this preview) and *¡A ver!* sections of the text. These activities improve students' listening skills and are aligned with speaking tasks to offer a smooth transition from understanding to oral expression.

El Ocio

Roberto Clemente

Teófilo Stevenson

Sammy Sosa

Marcando el rumbo

4-1 Cuba, Puerto Rico y República Dominicana: ¿Qué sabes del Caribe? Con un(a) compañero(a), determina si las siguientes ideas sobre estas tres naciones del Caribe y su gente son ciertas o falsas. Si son falsas, corrígelas y escribe lo que te parezca correcto.

1. Hay más jugadores cubanos en las grandes ligas de los Estados Unidos que de ningún otro país latinoamericano.
2. El merengue es un tipo de baile popular de origen puertorriqueño.
3. Cuba es la isla más grande de las Antillas.
4. Los puertorriqueños son ciudadanos

... tiene influencia española

... o Rico y República ...
una descripción de algunas ... e estos tres países.

... escripción de ciertos ... y toma apuntes: ... os deportes y la cultura.

Paso 2: ¿Cierto o falso? Lee las siguientes oraciones e indica si son ciertas o falsas. Si la oración es falsa, corrígela.

1. La música caribeña representa una mezcla de influencias de África y Europa.
2. El mambo es un plato típico cubano.
3. El sancocho es un tipo de música dominicana.
4. Una persona interesada en surfing debe visitar Cuba.
5. En Cuba se celebra cada año un festival de cine.

Paso 3: ¿Qué recuerdas? Acabas de escuchar una descripción de algunos atractivos turísticos de Puerto Rico, Cuba y la República Dominicana. Imagínate que tienes sólo una semana para visitar esos tres países. Con un(a) compañero(a), haz un itinerario de lo que quieres hacer durante esos siete días. Las siguientes preguntas te pueden ayudar a completar esta actividad.

Cuando vas de vacaciones, ¿te gusta descansar o estar activo(a)? ¿Te gusta ir a diferentes restaurantes para probar la comida típica de la región? ¿Te gusta informarte sobre la historia y la cultura del país? ¿Te gusta traer regalos de recuerdo para tus amigos y familiares?

	1962 Alicia Alonso crea el Ballet Nacional de Cuba, compañía de fama mundial	1966 Roberto Clemente, puertorriqueño, es nombrado el jugador más valioso de las Grandes Ligas		
1959 Revolución cubana				
1960	**1965**	**1980**	**1990**	**2005**
1961 El presidente John F. Kennedy fracasa en su intento de derrocar a Fidel Castro con la invasión de Playa Girón (Bay of Pigs)	1965 Lyndon B. Johnson interviene militarmente en la República Dominicana	1979 Se celebran los Juegos Panamericanos en San Juan, Puerto Rico		2004 El equipo de fútbol femenino de los Estados Unidos gana la medalla de oro olímpica

93

¡A ver!

Campeones mundiales de salsa

> **Paso 1** Algunos musicólogos opinan que si estudiamos con cuidado diferentes tipos de música popular *como hip-hop, jazz, blues o rock 'n roll*, vamos a encontrar huellas de ritmos afro-cubanos. Con otro(a) estudiante, describe su música popular favorita. ¿Cuál es su cantante favorito? ¿Cuál es su grupo predilecto? ¿Cuál es la mejor música para bailar?

TEACHING TIP Allow students to view the video segment at least two times. Suggest they watch and listen the first time but not try to take notes. Have them read the questions in **Paso 3** and then, as they watch it a second time, have them write information related to the questions.

> **Paso 2** Mira el reportaje sobre una pareja de salseros en Cuba y toma notas.

> **Paso 3** ¿Qué recuerdas? Contesta las siguientes preguntas.

1. ¿Qué campeonato ganó esta pareja?
2. ¿Dónde lo ganaron?
3. ¿De qué país son?
4. ¿Dónde bailaron en La Habana?
5. ¿Cuál es la principal característica de la manera cubana de bailar salsa?

TEACHING TIP Have students work with a partner to discuss answers to the questions, then review them with the class. Note any items that students found difficult to understand.

ANSWERS Paso 3: 1. Ganó el campeonato mundial de salsa. 2. en Roma 3. Gran Bretaña 4. en uno de los mejores clubes de La Habana 5. La gente baila con todo el cuerpo.

TEACHING TIP Have students share their answers with the class. You may lead a class discussion referring to recent stories about controversies about music content or copyright issues. Or you may have students write a paragraph describing a favorite group, type of music, or vocalist.

> **Paso 4** ¿Qué opinas? Con otro(a) estudiante contesta las siguientes preguntas.

1. ¿Existe algún tipo de música que se debe prohibir?
2. ¿Se debe permitir copiar música sin pagar derechos de autor? ¿Por qué?
3. ¿Por qué crees que cada generación tiene su propio tipo de música?

With *¡A ver!*, an authentic video clip from **CNN® en español** enhances students' listening comprehension skills.

Práctica y expresión activities offer even further listening practice. In addition, authentic and interesting materials dealing with everyday survival topics, personal biographical information, and current issues in Hispanic culture help learners understand real conversation as well as identify main ideas and supporting details of descriptions and narrations.

preview

Authentic activities that help students connect and interact with the Spanish language

Students develop strong reading skills with each chapter's literary selection, *Exploración literaria,* and journalistic selection, *¡A leer!* These engaging and authentic readings are tied to each chapter's theme and geographic focus and expose students to a variety of genres and authors. Pre- and post-reading activities aid comprehension, while author-provided strategies help students with literary analysis.

Exploración literaria

JUMP START! Ask the students if they are familiar with other feminist writers from the Spanish-speaking world, such as Lydia Falcón or Gloria Fuertes. Ask students if they are familiar with the strategies these women writers employ in their works and whether they have read Elaine Showalter's critical studies or novels by Virginia Woolf.

"De bípeda desplumada a Escritora Puertorriqueña (Con E y P machúsculas)"

Ana Lydia Vega es una escritora puertorriqueña que se ha dedicado, tanto en sus cuentos como en sus ensayos, a explorar el tema de la mujer en el contexto machista del Caribe. Su obra **también** investiga varias facetas sociales y políticas de la historia de su país natal, incluyendo tensiones con los EE.UU. y problemas religiosos en la región. La autora escribe con humor, ironía y, a veces, sarcasmo, mientras demuestra un conocimiento profundo de las corrientes feministas actuales.

Estrategia de lectura | Reconociendo la función de un texto

If as readers we are aware of the author's purpose in writing a piece of literature, we will have a better understanding of the author's message. Common functions of literary texts include reporting, analyzing, comparing, reviewing, critiquing, and defending. Often times we can deduce a text's function from its title. For example, the title of the text "Dos acercamientos a la ironía en los cuentos de Ana Lydia Vega" suggests that the function of the work will be primarily analytical.

Below are titles of five works of literature. Based on the titles, determine which function or combination of functions the text is likely to offer.

"*Fresa y chocolate:* una comedia irresistible" [reviewing]
"Cuba y Puerto Rico: dos islas cercanas con grandes diferencias" [comparing]
"Tres refugiados encontrados en una playa de Key West, Florida" [reporting]
"La reafirmación del Estado Libre Asociado" [defending/reporting]
"Sálvese quien pueda: la censura tiene auto" [critiquing]

Next, consider other titles of works you may be familiar with. Are there additional functions that you could add to those mentioned above? Are there instances when a title of a work is deceiving? Finally, consider the title of the work you are about to read, "De bípeda desplumada *(featherless)* a Escritora Puertorriqueña (Con E y P machúsculas)." What functions might you attribute to this reading?

¡A leer!

JUMP START! Ask students if they have seen the film *Antes que anochezca* or know anything about the work or life of the Cuban writer Reinaldo Arenas.

ANTES QUE ANOCHEZCA

Ganador del Premio del Gran Jurado en el Festival de Cine de Venecia 2000, *Antes que anochezca* es un paseo de gran riqueza imaginativa por la vida y los escritos del brillante autor cubano exiliado Reinaldo Arenas. Dirigida y co-escrita por Julián Schnabel (Basquiat), la película está protagonizada por el actor español Javier Bardem (*Boca a Boca; Jamón, Jamón*), cuya elocuente y compleja interpretación en el papel de Arenas lo hizo merecedor de la Copa Volpi por Mejor Actor en el Festival de Cine de Venecia 2000.

Antes que anochezca se extiende a lo largo de toda la vida de Arenas, desde su infancia en un ambiente rural y su temprana participación en la Revolución, hasta la persecución que más tarde experi... escritor y homo...

política, sexual— desafió la pobreza, la censura, la persecución, el exilio y la muerte. Como el trabajo de Arenas, *Antes que anochezca* combina pasajes llenos de una imaginación arrebatadora con un apremiante realismo; al hacerlo, representa el genio creativo al que Arenas dedicó su vida: transformar la experiencia en libre expresión.

El pintor y realizador Julián Schnabel supo acerca de Reinaldo Arenas cuando vio el documental *Habana*, un recorrido oral por la historia de Cuba dirigido por Jana Bokova. Arenas cautivó la atención y la imaginación de Schnabel, tanto por su historia como por la manera en la que la contaba. Schnabel recuerda: "Decía: 'Por el momento, mi nombre es Reinaldo Arenas y soy un ciudadano de ningún lugar. El Departamento de Estado me ha declarado apatriado, así que, legalmente, no existo'. Pensé que era un hombre muy divertido y humilde. Después había un fragmento de un poema en prosa llamado 'The Parade Ends', que me dio la idea de que su vida podría convertirse en una película".

Rumbo abierto ▷ **113**

"**The authors should be commended for creating a nice balance among** literary pieces, journalistic readings, and realia. **Rumbos** provides the students with important reading strategies . . . that will surely help them succeed in third-year literature courses at the university level."

Ray Elliott, University of Texas, Arlington

¡A escribir!

La reseña

ATAJO Functions: Describing; Talking about films; Writing an introduction; Writing a conclusion
Vocabulary: Food; Leisure; Sports
Grammar: Adjectives: agreement; Adjectives: position; Verbs: passive; Verbs: passive with *se*; Verbs: subjunctive

▷ Before beginning your review, read the *Estrategias de escritura* on p. 115.

TEACHING TIP This activity is designed to engage students with Hispanic culture outside the classroom, as well as to give purpose to their writing. Encourage them to seek activities focused on Hispanic (or Caribbean) culture: a local museum exhibition (or even perhaps an Internet exhibit), a Cuban/Dominican/Puerto Rican (or other) restaurant (or try recipes on their own), or suggest they view one of the following movies: *Azúcar amargo* (EE.UU., 1996), *Cuatro hombres y un ataúd* (República Dominicana, 1996), *Fresa y chocolate* (Cuba, 1993). Make sure student selections represent a variety of choices. Publish final drafts in a paper or web-page format for the class to read.

▷ Paso 1

Por medio de la reseña el (la) autor(a) nos describe un libro, una película, una exposición, un restaurante, etc., desde su punto de vista personal. Contamos con las reseñas para decidir qué película queremos ver, para probar un nuevo restaurante o para hacer alguna actividad nueva. Por ejemplo, acabas de leer una reseña sobre la película *Antes que anochezca* y basándote en esa información puedes decidir si te interesa verla o no.

Vas a contribuir una reseña a una *Guía del ocio* en español que va a crear tu clase. Vas a probar algo nuevo y luego vas a escribir una reseña sobre la experiencia. Identifica lo que quieres hacer y toma apuntes de la experiencia.

▷ Paso 2

Una buena reseña combina datos objetivos con la opinión personal de su autor. Para organizarte a escribir, haz una lista de todos los datos objetivos importantes para la descripción de tu tema. Debes incluir la siguiente información:

- el nombre
- la ubicación (si es un restaurante)
- el tipo de película / exposición / restaurante
- el nombre del director, artistas/actores o chef (si lo tienes)
- detalles objetivos sobre las piezas o platos (si es exposición o restaurante) o sobre el argumento (*plot*) de la película

Ahora, toma entre diez y quince minutos para escribir en español todas tus reacciones a objeto de estudio. Considera lo siguiente: ¿Cuál fue tu primera reacción? ¿Cambió tu opinión al final? ¿Qué te gustó? ¿Qué no te gustó? ¿Por qué? ¿Cuáles son los aspectos más interesantes? ¿Se lo recomiendas a todo el mundo, o solamente a personas con intereses especiales? ¿Por qué sí o no? Resume tu experiencia en una oración.

The book's process-oriented approach to writing development reinforces vocabulary and grammar. *¡A escribir!* activities ask students to write in response to something that they have read or previously learned. Students are guided through steps to compose a variety of written forms, all selected to prepare students for the writing tasks they will face if they choose to continue to advanced language study.

The writing sections also have correlations to the **Atajo 4.0 CD-ROM: Writing Assistant for Spanish** (see page 7 of this preview for more information about **Atajo**).

p r e v i e w

Rumbos helps to take the *work* out of your *coursework!*

Annotated Instructor's Edition

This **Annotated Instructor's Edition** contains all of the content from the main text as well as additional materials that will enrich your teaching and simplify your prep time. Practical annotations make teaching from **Rumbos** enjoyable for instructors from all levels of experience.

Six distinct types of annotations address a variety of instructor needs: vocabulary review, topic review, activity expansion, writing practice, teaching tips, and homework preparation.

The **Annotated Instructor's Edition** also includes an introduction with a sample syllabus, pedagogical strategies, and numerous teaching tips to provide assistance in teaching the program effectively—this is especially helpful for teaching assistants.

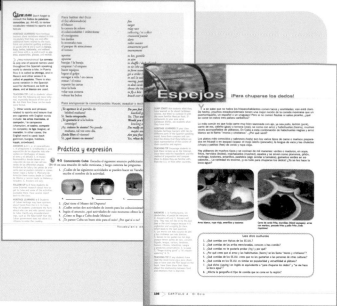

iLrn™ Spanish

http://iLrn.heinle.com

Access Code Card: 1-4130-1025-3
Packaged with the text: 1-4130-6424-8

This all-in-one diagnostic, tutorial, assessment, assignment, and course management system saves YOU time and saves your students money! See the inside front cover for more information.

Testing CD-ROM

1-4130-1037-7

This helpful instructor resource can be delivered in CD-ROM format or online (through **iLrn™ Spanish**). The testing program consists of two sample tests per chapter and four final exams (two per semester). All tests integrate vocabulary, grammar, and culture with four-skills activities, including listening comprehension, which is provided on an accompanying audio CD. Answer keys and listening transcripts for all tests are also included.

Workbook/Lab Manual Answer Key/Lab Audio Script

1-4130-1024-5

This helpful resource provides the answers and the audio script corresponding to the activities in the student **Workbook/Lab Manual** (see page 8 of this preview).

CNN™ en español

DVD ISBN: 1-4130-2798-9
Packaged with the text: 1-4130-6964-9
VHS ISBN: 1-4130-1026-1
Packaged with the text: 1-4130-6868-5

Students practice their listening comprehension skills with this current and culturally authentic video program! Compelling, up-to-the-minute video clips from **CNN™ en español** complement each chapter's country or region of focus and actively support the achievement of learning outcomes outlined for each chapter. Video icons found in the text's *¡A ver!* sections prompt learners to view specific video clips and to complete corresponding activities. *Also available online through* **iLrn™ Spanish.**

resources

Multimedia resources for an interactive learning experience

iLrn™ Spanish

http://iLrn.heinle.com

Access Code Card:
1-4130-1025-3
Packaged with the text: 1-4130-6424-8

With **iLrn™ Spanish,** everything your students need to master the skills and concepts of the course is built right in to this dynamic audio- and video-enhanced learning environment. See the inside front cover for more information.

Student Multimedia CD-ROM

1-4130-1027-X
Packaged with the text: 1-4130-6416-7

This engaging CD-ROM takes students along as they follow several different individuals on study-abroad experiences across the Spanish-speaking world. The activities for each lesson incorporate vocabulary and grammatical concepts from that lesson with the particular country studied used as a backdrop. Each lesson emphasizes the functional use of vocabulary and grammatical concepts as the language learner helps solve the fictitious students' challenges presented during their studies abroad. Each premise is setup by a short narrative describing the situation. Specific exercises within each lesson employ the topics from that lesson and are related to the overall function of that particular lesson.

Book Companion Website

http://rumbos.heinle.com

When you adopt **Rumbos,** you and your students will have access to a rich array of teaching and learning resources that you won't find anywhere else. This outstanding site features self-correcting quizzes, web activities, links, flashcards, photos, and instructor resources.

Atajo 4.0 CD-ROM: Writing Assistant for Spanish

1-4130-0060-6
Packaged with the text:
1-4130-6415-9

This powerful program—*a 2005 Codie Awards Finalist for excellence in educational technology*—combines the features of a word processor with databases of language reference material, a searchable dictionary featuring the entire contents of **Merriam-Webster's® Spanish-English Dictionary,** a verb conjugating reference, and audio recordings of vocabulary, example sentences, and authentic samples of the language. With **Atajo 4.0,** students develop critical thinking skills as they learn to read, analyze, make word associations, and understand the link between language functions and linguistics structures.

vMentor™

Access Code Card packaged with the text:
1-4130-7579-7

FREE live, online tutoring! When you adopt this text and choose to package a **vMentor™** Access Code Card with every new copy, you give your students access to virtual office hours—online tutoring help from a subject-area expert with a copy of the text and significant teaching experience. In the **vMentor** virtual classroom, students interact with the tutor and other students using two-way audio, an interactive whiteboard, and instant messaging. *For proprietary, college, and university adopters only. For additional information please consult your local Thomson representative.*

Esta semana

Volume I: 1-4130-1728-2 • Volume II: 1-4130-1729-0

http://estasemana.heinle.com
The **Esta semana** newsletter subscription delivers 15 weekly e-mail lessons to students, written in simple Spanish and English. Structured around authentic content and delivered via e-mail, **Esta semana** surrounds learners with realistic, practical and fun information about the language and culture they're studying.

resources

Essential student components

Workbook/Lab Manual

1-4130-1023-7
Packaged with the text: 1-4130-6420-5
Packaged with the text and Lab Audio CDs:
1-4130-6419-1

Available in traditional print version
and online (through **iLrn™ Spanish**),
the **Rumbos Workbook/Lab Manual**
enhances student learning with its clear organization and
abundance of purposeful activities. Because its structure
and content are seamlessly integrated with that of the
main text, the workbook and lab activities truly support
students' development of Spanish language skills as they
progress through each chapter.

Lab Audio CDs

1-4130-1042-3 • Packaged with the text and the
Workbook/Lab Manual: 1-4130-6419-1

Available in CD format or online (through
iLrn™ Spanish), the audio for the **Workbook/Lab
Manual** is provided to enhance the listening portion
of the program. Also available as MP3-ready audio files
for easy download. Contact your Thomson Heinle
representative for details.

Text Audio CDs

1-4130-1455-0

The audio portions from the **Rumbos** text
are provided for listening practice—free
with every new copy of the text.

Additional resources for exploring Spanish language and cultures

Putumayo's Nuevo Latino Music CD

Packaged with the text: 1-4130-6418-3

Packaged with the text plus
Sonidos, sabores y palabras
Activity Manual: 1-4130-6417-5

In this new Latin music CD,
hints of Cuban son, Argentinean
tango, and Colombian cumbia
can be heard alongside touches of contemporary blues,
surf music, ragamuffin, trip-hop, and hip-hop. The
mélange reflects the multicultural influences guiding a
new generation of musicians. **Also available! Sonidos,
sabores y palabras Activity Manual** answers the call
from instructors seeking to use music as an integrated
component in their Spanish class. **Sonidos** allows you to
use music to increase understanding of not only the
Spanish language, but also the cultural perspectives the
music conveys. The **Sonidos** program presents teachers
and students with flexibility in song choice, a variety of
topics and functions, a diverse range of activities and as-
sessments based on each song, lesson expansion ideas, a
website, and key suggestions on the timing and use of
different types of music in the classroom.

Merriam-Webster's® Spanish-English Dictionary

0-87779-916-4

Not available separately. **Merriam-
Webster's® Spanish-English Dictionary**
meets the needs of English and Spanish
speakers in a time of ever-expanding
communication among the countries of
the Western Hemisphere. This new dictionary provides
accurate and up-to-date coverage of current vocabulary
in both languages, as well as abundant examples of
words used in context to illustrate idiomatic usage.

Typing Accents for Spanish Bookmark

0-7593-0659-1

Not available separately. This laminated bookmark includes keyboard instructions on how to type in accents
on both Macintosh and Windows computers, making
this tool invaluable for anyone composing on the
computer.

resources

Preface

Rumbos is an exciting, new one-volume intermediate Spanish program that offers a complete and integrated approach to language learning at the intermediate level. As its name suggests, *Rumbos* opens to students multiple pathways of exploration to further develop and refine their linguistic, cultural, and critical thinking skills. Through the combination of fresh and culturally relevant themes and content, functional and contextualized vocabulary and grammar, a variety of authentic materials, and fun and engaging activities, *Rumbos* will capture students' interest and guide them through creative processes of skill development in the interpersonal, interpretive, and presentational modes of communication.

Philosophy and motivation of the authors

As seasoned Spanish teachers, we are keenly aware of the challenges of teaching Spanish at the intermediate level. Intermediate students come from a variety of backgrounds with a wide range of skills and abilities, and an equally wide range of goals. Some students seek nothing more than to fulfill a requirement, others simply want to improve their oral communication skills, others wish to pursue advanced study in Spanish, and finally others are open to exploring all of these paths. In *Rumbos* we have therefore created a flexible program that takes into account all of these factors.

The *Rumbos* program provides robust support to help students 'fill in the gaps' that might be left from their first year of Spanish study, including review activities in the textbook and on iLrn™, indices of first year grammar and vocabulary, and student annotations. At the same time, *Rumbos* carefully leads students to higher levels of communicative competence through the combination of functional and contextualized vocabulary presentations, targeted practice of more advanced and often problematic grammatical structures, and strategy-building in the speaking, listening, reading, and writing skills. Finally, *Rumbos* begins to prepare students for advanced language study by introducing them to authentic literary readings, listening-based note taking tasks, academic writing tasks, and oral presentations (all guided and supported by strategies).

Designed in accordance with the ACTFL Standards for Foreign Language Learning, *Rumbos* creatively integrates culture with the development of linguistic and critical thinking skills. Through its rich variety of authentic video (from CNN™ en español), authentic songs (courtesy of Putumayo), authentic journalistic readings, authentic literary selections, and a balance between "High-C" and popular culture, *Rumbos* will inspire students to connect and interact with the Spanish language and culture far beyond the boundaries of the text.

While concern for student learning outcomes is fundamental to the creation of this program, the authors also understand the need to provide other instructors with a program that is as flexible, functional, and useful as it is complete. For this reason, the *Rumbos* program provides plentiful instructor support through its transparent and flexible chapter structure, teacher annotations, and ancillary materials. Instructors using *Rumbos* will find crafting creative, stimulating, and fun lesson plans effortless. Those supervising Teaching Assistants will especially appreciate all of the pedagogical assistance that *Rumbos* will provide for their TAs.

Features of the *Rumbos* Program

iLrn™ Spanish   This web-based, intelligent study system places all of the elements crucial to students' success under one roof. Students enjoy access to an online, interactive version of the textbook, an online workbook/lab manual with an abundance of purposeful interactive activities, a voice board, and digitized CNN™ video clips. In addition, the *Rumbos* iLrn™ provides a complete package of diagnostic quizzes, a personalized study plan for each chapter, integrated multimedia elements, learning modules, and an assignment calendar.

Single volume   *Rumbos* is a 10-chapter program with the cultural richness and in-depth integrated skills development usually only found in multi-volume programs. Thus, *Rumbos* may be easily used in two-semester courses, and easily adapted to fit instructor preferences, without compromising the integrity of the program.

Theme and country-based chapter organization   A different, fresh, and intriguing theme and a specific country (or group of countries) contextualize each chapter's content. This provides students with multiple opportunities to explore and engage in the topic from a number of different perspectives. At the same time, focusing the chapter on a specific country or region allows for a more in-depth exploration of that area's practices, perspectives, and products.

Contextualized and functional vocabulary development   A three-tiered approach to vocabulary is intended to develop strategies to facilitate acquisition of necessary lexical items as well as promote functional proficiency. As a first step, students should turn to the **Índice de palabras conocidas,** where they may review pertinent first-year vocabulary before studying new terms. Next, they should focus on **Vocabulario en contexto,** a realia-based and visually contextualized presentation of lexical items, carefully selected for their relevance to the theme and, where appropriate, their use in the country or region of focus. **Para enriquecer la comunicación** follows and provides students with theme-related, authentic, functional words and phrases that will further enhance their communicative proficiency in Spanish. Finally, student annotations provide additional theme-related cognates that students should easily recognize. Because these sections are visually separated within the vocabulary presentation, teachers have a great deal of flexibility with respect to testing. Those wishing to limit vocabulary items may test only the **Vocabulario en contexto** items, while encouraging students to use the **Para enriquecer...** and annotations for recognition only. A structured activity sequence follows each vocabulary presentation and has been carefully designed to promote acquisition: **Práctica y expresión** sections always begin with a contextualized listening activity (designed to help students process the vocabulary before they are asked to produce it), which is followed by single, pair, and group activities that progress from controlled, guided practice to more open-ended practice of the vocabulary items.

Easy to understand, thematically contextualized grammar development   As with the vocabulary presentations, each grammar presentation is correlated to the **Índice de gramática** appendix, where students, as a first step, may review related first-year grammar topics.

Comprehensive, strategy-based reading development   Reading is balanced in each chapter by including a literary selection (**Exploración literaria**) and a journalistic selection (**¡A leer!**), which are both authentic and relevant to the chapter's theme and country or region of focus. Each reading section guides students through the reading process by including pre-reading and post-reading activities, as well as a targeted strategy to aid comprehension. Additionally, the literary section includes a special strategy for literary analysis (**Introducción al análisis literario**). These reading sections expose students to a variety of genres and authors, and assist them in understanding, and even appreciating, the selections.

Innovative, process-oriented writing development   Writing is explicitly taught through a process-oriented approach. Much of real-world writing occurs in response to a stimulus, and for this reason, **¡A escribir!** always asks students to write in response to a contextualized stimulus. Throughout the program, students are guided through steps to produce a variety of written genres, selected specifically to address their personal communicative needs as well as to prepare them for the writing tasks they will face if they choose to continue to advanced language study. A different writing strategy is presented in each chapter. The writing sections also have correlations to the **Atajo 4.0 CD-ROM: Writing Assistant for Spanish.** In addition to this explicit writing treatment, teacher annotations throughout each chapter offer suggestions for expanding activities to promote writing development.

Comprehensive listening and speaking development   *Rumbos* uses a variety of activities and techniques to support students' development of listening and speaking skills. Listening/oral comprehension is explicitly targeted in the **Marcando el rumbo** and **¡A ver!** sections of the text. In the former, students are introduced to the chapter's cultural palette through an audio narrative activity that requires them to first listen to and take notes on the cultural and historic piece, and then work with that information to carry out a culture/theme-related activity. In the **¡A ver!** section, authentic **CNN**™ **en español** news segments are used to practice listening (and viewing) comprehension skills. Additional listening skill practice is provided by the first **Práctica y expresión** activity of each vocabulary section.

Speaking skill development is addressed and supported throughout the text by the functional and contextualized grammar and vocabulary, as well as through numerous speaking activities in each section of the chapter. Authentic and interesting materials dealing with everyday survival topics, personal biographical information, and current issues in Hispanic culture will help learners understand face-to-face conversation and identify main ideas and supporting details of descriptions and narrations necessary for communication. The activities designed to improve students' listening skills are aligned with speaking tasks and offer a smooth transition from understanding to oral expression.

Comprehensive approach to culture   With a specific country or region under focus in each chapter, *Rumbos* provides abundant opportunities for students to learn culture through language and language through culture. In addition to embedding culture in each chapter's activities and readings, *Rumbos* includes specific sections dedicated to the exploration of culture:

- **Marcando el rumbo**   A targeted presentation of important people, practices, products, and perspectives from the country or area of focus. Maps, timelines, and photographs accompany activities that prepare students to work with the chapter's cultural, thematic, and linguistic content.

- **Espejos**   Sometimes a looking glass, sometimes a one-way mirror, these sections train students to look at others by using the four perspectives: how we see ourselves, how we see them, how they see themselves, and how they see us. Students expressly manipulate all four perspectives in the first **Espejos** section. The second **Espejos** section, with its narrations, stories, and questions, allows for less formal (but more creative) study of the four perspectives. All **Espejos** sections have follow-up discussion activities.

- **¿Nos entendemos?**   Short sociolinguistic notes raise students' awareness about the diversity of the Spanish language. Where appropriate, these notes will describe lexical items and grammatical constructions that are specific to a particular variety or register of Spanish, or will provide alternative vocabulary common in areas outside of the chapter's country or region of focus.

Skills integration   Though *Rumbos* individually targets language skills, the activities and the teaching annotations provide numerous and creative opportunities to combine interpersonal, interpretive, and presentational language practice in the written and oral modes.

Systematic, creative recycling and spiraling   The *Rumbos* program has been carefully structured to provide multiple opportunities for the creative recycling of material, which helps students to more easily consolidate and refine knowledge and skills.

- *Rumbos'* **¡OJO!** directs students to the **Índice de palabras conocidas** and **Índice de gramática conocida** pages appropriate to the section. These appendices appear at the end of the text and present first-year, theme related vocabulary and basic grammar explanations. This feature is designed to try to help mitigate the diversity of language skills and preparation typical of the intermediate classroom by bringing students to a common starting point. Vocabulary sections recycle and often foreshadow the chapter's grammar and grammar sections recycle the chapter's vocabulary. These important appendices are also treated and tested in the **iLrn™ Spanish.**

- Each chapter culminates in **Rumbo abierto.**   Comprised of **¡A leer!, ¡A escribir!,** and **¡A ver!,** this section provides students with creative contexts to recycle and integrate all that they have learned in the chapter in a variety of meaningful ways, across interpersonal, interpretive, and presentational modes of communication.

Functionally tagged instructor annotations   Practical, user-friendly teacher annotations make teaching from *Rumbos* easy and enjoyable for instructors with all levels of experience. Six distinct types of annotations address a variety of instructor needs.

- **Recycling** annotations appear at the beginning of each **Vocabulario** and **Estructura** section and provide instructors with a ready-made review of the familiar vocabulary and grammar that students need to recall in order to move successfully through the new material. Directly linked to the Heinle/Thomson transparency bank, the annotations allow instructors to include a systematic review of first-year material whenever it is needed.

- **Jump Start** annotations offer ideas for activating students' prior knowledge and stimulating their interest in a new topic.

- **Expansion** annotations accompany numerous activities in the **Práctica y expresión** sections following vocabulary and grammar presentations. They offer ideas for continuation of an activity in order to provide students with additional practice or to capitalize on student interest. The annotations often include suggestions for addressing multiple modalities, such as adding a listening component to a written activity.

- **Writing practice** annotations are offered so that instructors may use writing as a means of reinforcing vocabulary and grammar topics. These annotations help students use writing as a language learning tool, and help prepare students for the systematic writing development in the **¡A escribir!** sections found at the end of each chapter.

- **Teaching Tip** annotations appear frequently and offer both pedagogical and logistical suggestions. They include strategies for promoting active student involvement and for maximizing communication in class.

- **Homework Preparation** annotations suggest activities or parts thereof that could be assigned as homework to better prepare students to work with the content at a deeper level in class.

Program Articulation   While appropriate for any Intermediate course, *Rumbos* remains especially appealing as a follow-up to the highly successful Introductory program, ***Plazas: Lugar de encuentros,*** Second Edition.

Program components

Rumbos textbook in print (1-4130-1019-9) and online through iLrn™ (1-4130-6424-8)

- Ten chapters, thematically-based with a country or region of focus designed to review and consolidate knowledge and skills commonly presented in first-year Spanish programs, as well as expand communicative competence and prepare students for advanced studies in Spanish
- Chapter opener, **Marcando el rumbo,** designed to (re)introduce students to the country of focus and activate theme-related language. It always includes one listening comprehension/note-taking activity, with the audio available on the accompanying Text Audio CD.
- Two realia-based, contextualized vocabulary presentations (**Vocabulario en contexto**) present a total of 80 *active*, theme-related vocabulary items per chapter. Additional (optional) vocabulary is provided through **Para enriquecer la comunicación** and Student Annotations.
- Two contextualized grammar presentations (**Estructuras**) are designed to review and expand upon grammatical knowledge
- Structured activity sequence (**Práctica y expresión**) that moves from more controlled to more open-ended activities follow each vocabulary and grammar presentation
- One literary reading (**Exploración literaria**) with guided pre- and post-reading activities and targeted reading and literary strategies
- Two **Espejos** cultural sections
- One **Rumbo abierto** section per chapter that creatively recycles chapter content to allow for an original and contextualized application of skills to reading, writing, and video viewing activities, all supported by strategies.
- End of chapter vocabulary list with the pronunciation of active vocabulary words on the Text Audio CDs
- Abundant functionally tagged teaching annotations throughout each chapter
- An end of text **Índice de gramática,** containing explanations focused on first-year grammar topics, referred to throughout the text to reactivate knowledge students already have
- An end of text **Índice de palabras conocidas** that presents first-year vocabulary, grouped thematically
- A Spanish-English/English-Spanish glossary
- Maps of the Spanish-speaking world
- Text Audio CDs containing audio to accompany the **Marcando el rumbo** cultural narrative, the first **Práctica y expresión** activity in the vocabulary sections, and end of chapter vocabulary lists.
- Also available online with the **iLrn**™ **Spanish** program

Rumbos Annotated Instructor's Edition (1-4130-1020-2)

- All the content of the *Rumbos* main text
- Introduction with sample syllabi, pedagogical strategies, and teaching tips especially helpful in programs with teaching assistants.

Rumbos Workbook/Lab Manual in print (1-4130-1023-7) and online through iLrn™ (1-4130-1025-3)

- Available in traditional print version and online, the *Rumbos* workbook enhances student learning with its clear organization and abundance of purposeful activities. Because its structure and content are seamlessly integrated with that of the main text, the workbook activities truly support students' development of Spanish language skills as they move through each chapter.
- Provided in a CD format (1-4130-1042-3) or online (through **iLrn**™ **Spanish**), the audio for the workbook/lab manual is provided to enhance the listening portion of the program

Video on DVD (1-4130-2798-9) and on VHS (1-4130-1026-1)

- News segments were carefully selected from the **CNN**™ **en español** archive in order to actively support the achievement of learning outcomes outlined for each chapter. Cultural authenticity, pedagogical value, and quality were the criteria used in the selection and development of these materials. Students actively work with these clips in the **¡A ver!** sections of the textbook.
- Also available online with the **iLrn**™ **Spanish** program

Website (http://rumbos.heinle.com)

- Additional task-based web activities to accompany each chapter
- Online, self-correcting quizzes that test the vocabulary and grammar in the chapter, as well as that in the **Índice de palabras conocidas** and **Índice de gramática conocida** appendices
- Links to sites relevant to the cultural content of each chapter
- Interactive timelines

Student Multimedia CD-ROM (1-4130-1027-X)

- The CD-ROM follows several different students on study-abroad experiences across the Spanish-speaking world. The activities for each lesson blend vocabulary and grammatical concepts from that lesson with the particular country studied used as a backdrop. Each lesson is aimed at the functional use of vocabulary and grammatical concepts as students help solve the fictitious students' problems or face the challenges presented to students studying abroad.
- Also available online with the **iLrn**™ **Spanish** program

Testing CD-ROM (1-4130-1037-7) (also available online through iLrn™)

- Two sample tests per chapter
- Four final exams: 2 per semester (Chapters 1-5 and Chapters 6-10)
- Answer keys and audioscripts for all tests
- All tests will integrate vocabulary, grammar, and culture with four-skills activities, including listening comprehension
- Audio CD to accompany tests

Workbook/Lab Manual Answer Key/Lab Audio Script (1-4130-1024-5)

This helpful resource provides the answers and the Audio Script corresponding to the activities in the student Workbook/Lab Manual.

Atajo 4.0 CD-ROM: Writing Assistant for Spanish (1-4130-0060-6)

- This powerful program—*a 2005 Codie Awards Finalist for excellence in educational technology*—combines the features of a word processor with databases of language reference material, a searchable dictionary featuring the entire contents of **Merriam-Webster's**® **Spanish-English Dictionary,** a verb conjugating reference, and audio recordings of vocabulary, example sentences, and authentic samples of the language. With **Atajo 4.0,** students develop critical thinking skills as they learn to read, analyze, make word associations, and understand the link between language functions and linguistics structures.

vMentor™ (1-4130-7579-7)

- FREE live, online tutoring! Students have access to virtual office hours—online tutoring help from a subject-area expert with a copy of the text and significant teaching experience. In the **vMentor** virtual classroom, students interact with the tutor and other students using two-way audio, an interactive whiteboard, and instant messaging.

Rumbos sample syllabus

15 week semester, 3 classes per week
2 semester sequence

First semester

Week-Day	Chapter	Material	Comments
1-1	1	*"Rumbo al mundo hispano"* *"Envolviéndonos en el mundo hispano"* *Marcando el rumbo*	May preview *Vocabulario en contexto* at end of class
1-2	1	*Vocabulario en contexto:* La geografía y el clima *Espejos:* Diversidad racial en el mundo hispano	
1-3	1	*Estructuras:* Usos del tiempo presente del indicativo *Exploración literaria: Estrategia de lectura* Reconocer cognados y palabras derivadas de palabras familiares	Do *Estrategia de lectura* in class, assign reading for homework
2-1	1	*Exploración literaria: Es que duele,* Tomás Rivera	
2-2	1	*Vocabulario en contexto:* Los hispanos en los Estados Unidos *Espejos:* Contribuciones de los hispanos	
2-3	1	*Estructuras:* Usos de artículos definidos e indefinidos; Concordancia y posición de adjetivos	
3-1	1	*Rumbo abierto*	Conclude *Práctica y expresión* of *Estructuras* if necessary
3-2	1	*Rumbo abierto*	
3-3	1	*Test,* Capítulo 1	
4-1	2	*"Rumbo a Guatemala, Honduras y Nicaragua"* *"La familia: Tradiciones y alternativas"* *Marcando el rumbo*	May preview *Vocabulario en contexto* at end of class
4-2	2	*Vocabulario en contexto:* Las familias tradicionales, modernas y alternativas *Espejos:* ¿Qué es una famlia?	
4-3	2	*Estructuras: Haber* + el participio pasado; Diferencias básicas entre el pretérito y el imperfecto *Exploración literaria: Estrategia de lectura* Usar la idea principal para anticipar el contenido	Do *Estrategia de lectura* in class, assign reading for homework
5-1	2	*Exploración literaria: Una Navidad como ninguna otra,* Gioconda Belli	

Week-Day	Chapter	Material	Comments
5-2	2	**Vocabulario en contexto:** Ritos, celebraciones y tradiciones familiares **Espejos:** Una quinceañera	
5-3	2	**Estructuras:** Más diferencias entre el pretérito y el imperfecto	
6-1	2	**Rumbo abierto**	Conclude **Práctica y expresión** of *Estructuras* if necessary
6-2	2	**Rumbo abierto**	
6-3	2	**Test**, Capítulo 2	
7-1	3	**"Rumbo a México"** **"Explorando el mundo"** **Marcando el rumbo**	May preview **Vocabulario en contexto** at end of class
7-2	3	**Vocabulario en contexto:** Estudiar en el extranjero **Espejos:** La UNAM y la UAG	
7-3	3	**Estructuras:** Las preposiciones **por** y **para**; Verbos reflexivos y recíprocos **Exploración literaria: Estrategia de lectura** Identificar palabras por el contexto	Do **Estrategia de lectura** in class, assign reading for homework
8-1	3	**Exploración literaria:** *Cuando salí de la Habana, válgame Dios,* José Emilio Pacheco	
8-2	3	**Vocabulario en contexto:** Viajar en el extranjero **Espejos:** Explorando el mundo precolombino	
8-3	3	**Estructuras:** Palabras negativas e indefinidas; Formas comparativas y superlativas	
9-1	3	**Rumbo abierto**	Conclude **Práctica y expresión** of **Estructuras** if necessary
9-2	3	**Rumbo abierto**	
9-3	3	**Test**, Capítulo 3	
10-1	4	**"Rumbo a Cuba, Puerto Rico y la República Dominicana"** **"El Ocio"** **Marcando el rumbo**	May preview **Vocabulario en contexto** at end of class
10-2	4	**Vocabulario en contexto:** El Ocio **Espejos:** ¿A qué hora empieza el partido? Un concepto diferente del tiempo	

Week-Day	Chapter	Material	Comments
10-3	4	**Estructuras:** Subjuntivo en cláusulas sustantivas **Exploración literaria: Estrategia de lectura** Reconocer la función de un texto	Do **Estrategia de lectura** in class, assign reading for homework
11-1	4	**Exploración literaria:** De bípeda desplumada a Escritora Puertorriqueña (Con E y P machúsculas), Ana Lydia Vega	
11-2	4	**Vocabulario en contexto:** La cocina **Espejos:** ¡Para chuparse los dedos!	
11-3	4	**Estructuras:** La voz pasiva en ser; Expresiones impersonales	
12-1	4	**Rumbo abierto**	Conclude **Práctica y expresión** of **Estructuras** if necessary
12-2	4	**Rumbo abierto**	
12-3	4	**Test**, Capítulo 4	
13-1	5	**"Rumbo a España"** **"La imagen: Percepción y realidad"** **Marcando el rumbo**	May preview **Vocabulario en contexto** at end of class
13-2	5	**Vocabulario en contexto:** La apariencia física y el carácter **Espejos:** Nuestra imagen y los piropos	
13-3	5	**Estructuras:** Pronombres de objeto directo **Exploración literaria: Estrategia de lectura** Usar la estructura de los párrafos para diferenciar entre ideas principales e ideas subordinadas	Do **Estrategia de lectura** in class, assign reading for homework
14-1	5	**Exploración literaria:** La gloria de los feos, Rosa Montero	
14-2	5	**Vocabulario en contexto:** La moda y la expresión personal **Espejos:** El destape: ¿con ropa o sin ropa?	
14-3	5	**Estructuras:** Pronombres de objeto indirecto; Verbos como **gustar**; Pronombres de objeto dobles	
15-1	5	**Rumbo abierto**	Conclude **Práctica y expresión** of **Estructuras** if necessary
15-2	5	**Rumbo abierto**	May give a test on **Capítulo 5**
15-3	5	Review	May give course exam

Second semester

Week-Day	Chapter	Material	Comments
1-1	6	*"Rumbo a Costa Rica, El Salvador y Panamá"* *"Explorando tu futuro"* *Marcando el rumbo*	May preview *Vocabulario en contexto* at end of class
1-2	6	*Vocabulario en contexto:* La búsqueda de trabajo *Espejos:* En busca de trabajo	
1-3	6	*Estructuras:* El futuro y el condicional *Exploración literaria:* Estrategia de lectura Clarifying meaning by understanding sentence structure	Do *Estrategia de lectura* in class, assign reading for homework
2-1	6	*Exploración literaria: Flores de volcán,* Claribel Alegría	
2-2	6	*Vocabulario en contexto:* El voluntariado *Espejos:* Arzobispo Oscar Romero, un voluntario involuntario	
2-3	6	*Estructuras:* Mandatos formales e informales	
3-1	6	*Rumbo abierto*	Conclude *Práctica y expresión* of *Estructuras* if necessary
3-2	6	*Rumbo abierto*	
3-3	6	*Test,* Capítulo 6	
4-1	7	*"Rumbo a Ecuador, Perú y Bolivia"* *"Derechos y justicia"* *Marcando el rumbo*	May preview *Vocabulario en contexto* at end of class
4-2	7	*Vocabulario en contexto:* La lucha por los derechos *Espejos:* La situación indígena	
4-3	7	*Estructuras:* El subjuntivo en cláusulas adjetivales *Exploración literaria: Estrategia de lectura* Separar los hechos de las opiniones	Do *Estrategia de lectura* in class, assign reading for homework
5-1	7	*Exploración literaria: Entre dos luces* (selección), César Bravo	
5-2	7	*Vocabulario en contexto:* El derecho y la justicia *Espejos:* Las líneas de Nazca	
5-3	7	*Estructuras:* El subjuntivo en cláusulas adverbiales	

Week-Day	Chapter	Material	Comments
6-1	7	*Rumbo abierto*	Conclude *Práctica y expresión* of *Estructuras* if necessary
6-2	7	*Rumbo abierto*	
6-3	7	*Test*, Capítulo 7	
7-1	8	*"Rumbo a Colombia y Venezuela"* *"La expresión artística"* *Marcando el rumbo*	May preview *Vocabulario en contexto* at end of class
7-2	8	*Vocabulario en contexto:* La expresión artística: Artes plásticas *Espejos:* La arquitectura venezolana a través de los años	
7-3	8	*Estructuras:* El imperfecto del subjuntivo y el uso del subjuntivo en cláusulas condicionales con *si* *Exploración literaria: Estrategia de lectura* Reconocer la función de una palabra como indicio de su significado	Do *Estrategia de lectura* in class, assign reading for homework
8-1	8	*Exploración literaria: El insomne,* Eduardo Carranza	
8-2	8	*Vocabulario en contexto:* El mundo de las letras *Espejos:* Rómulo Gallegos	
8-3	8	*Estructuras:* Los pronombres relativos	
9-1	8	*Rumbo abierto*	Conclude *Práctica y expresión* of *Estructuras* if necessary
9-2	8	*Rumbo abierto*	
9-3	8	*Test*, Capítulo 8	
10-1	9	*"Rumbo a Argentina y Uruguay"* *"Tecnología: ¿progreso?"* *Marcando el rumbo*	May preview *Vocabulario en contexto* at end of class
10-2	9	*Vocabulario en contexto:* Los inventos de ayer y de hoy *Espejos:* Caccroladas en el Internet	
10-3	9	*Estructuras:* El presente perfecto del subjuntivo; el pluscuamperfecto del subjuntivo *Exploración literaria: Estrategia de lectura* Identificar el tono	Do *Estrategia de lectura* in class, assign reading for homework
11-1	9	*Exploración literaria: Vacío era el de antes,* Luisa Valenzuela	

Week-Day	Chapter	Material	Comments
11-2	9	*Vocabulario en contexto:* La tecnología y la ciencia *Espejos:* Tradición y tecnología en la agricultura	
11-3	9	*Estructuras:* El futuro perfecto y el condicional perfecto	
12-1	9	*Rumbo abierto*	Conclude *Práctica y expresión* of *Estructuras* if necessary
12-2	9	*Rumbo abierto*	
12-3	9	*Test*, Capítulo 9	
13-1	10	*"Rumbo a Chile y Paraguay"* *"Desafíos del mundo globalizado"* *Marcando el rumbo*	May preview *Vocabulario en contexto* at end of class
13-2	10	*Vocabulario en contexto:* Los desafíos sociales de la globalización *Espejos:* Paraguay, un país bilingüe	
13-3	10	*Estructuras:* Los tiempos progresivos *Exploración literaria: Estrategia de lectura* Reconocer palabras conectivas	Do *Estrategia de lectura* in class, assign reading for homework
14-1	10	*Exploración literaria: La última niebla* (selección), María Luisa Bombal	
14-2	10	*Vocabulario en contexto:* La ecología global *Espejos:* Los cartoneros y el reciclaje en Chile	
14-3	10	*Estructuras:* Repaso de los tiempos verbales	
15-1	10	*Rumbo abierto*	Conclude *Práctica y expresión* of *Estructuras* if necessary
15-2	10	*Rumbo abierto*	May give a test on Capítulo 10
15-3	10	Review	May give course exam

Text Audio Script

Capítulo 1

Marcando el rumbo 1-2 CD1-2
No podremos entender cabalmente la historia de los Estados Unidos sin entender las conexiones y nexos que tiene con la historia de España, México, Cuba, Puerto Rico y en general el mundo latinoamericano.
Los españoles fueron unos de los primeros europeos que exploraron lo que hoy es territorio norteamericano. Sus huellas se encuentran en ciudades como San Agustín, la ciudad más antigua de los Estados Unidos, y en las famosas misiones que fundaron a lo largo del territorio nacional desde Texas hasta California.

Dos guerras marcan también las relaciones entre los Estados Unidos y el mundo hispánico. En 1848 México pierde casi la mitad de su territorio al ser derrotado por los estadounidenses y en 1898 España pierde a Puerto Rico y Cuba como resultado del conflicto que libró con la nación norteamericana.

Las huellas de la influencia mutua entre las dos culturas se pueden ver también en los nombres de algunos estados de la unión, ciudades, pueblos, montañas, ríos y lugares geográficos.

La historia del continente americano es una y sólo se puede entender si entendemos los diferentes lazos que unen a las diferentes partes del continente.

Práctica y expresión 1-3 CD1-3
¡Bueeeeenos díííaaaas salseeeeeros! Aquí estamos a las ocho y cuarto de la mañana en la radio Salsa 97.1 número uno en éxitos. ¡Y hoy anunciamos que les vamos a regalar las vacaciones! Durante toda la semana a esta hora les vamos a describir un destino latino diferente y la primera persona en llamar la estación e identificar correctamente el lugar, gana una semana de vacaciones para dos personas en ese destino. Atención salseros locos porque aquí les describo el primer destino... Esta isla montañosa le ofrece muchos atractivos al turista. Desde sus playas con acantilados hasta su Cordillera Central, uno puede pasar meses de diversión en este sitio tan encantador. Está situada entre el Océano Atlántico y el Mar Caribe y tiene un clima tropical. Es decir, hay muchos días soleados, pero también tienen chubascos y puede ser muy húmedo durante varios meses del año. Por cierto, también tienen huracanes... ¡Ay! Prepárense ya, para gozar de las vistas panorámicas y las puestas del sol más románticas del mundo. Estoy esperando ahora el primero en adivinar este pequeño trozo del paraíso. ¿Qué destino es? ¿Costa Rica? ¿España? ¿Puerto Rico? ¿Argentina? ¡¡Llamen ahora al 801 53 70!!

Práctica y expresión 1-16 CD1-4
¡Bienvenidos todos al Festival de la Herencia Hispana! Es un placer estar aquí con ustedes. Antes de iniciar oficialmente la pachanga de hoy quiero compartir con Uds. un poco de la historia de este evento. El 17 de septiembre del año 1968 celebramos por primera vez en los Estados Unidos la Fiesta Nacional de la Herencia Hispana. Veinte años después, el Presidente Ronald Regan expandió la celebración a un mes, desde el 15 de septiembre hasta el 15 de octubre, fechas que coinciden con las celebraciones de independencia de México, Costa Rica, El Salvador, Guatemala, Honduras, Nicaragua y Chile. Obviamente cabe entre esas fechas el día de hoy—el Día de la raza. Y ahora más de treinta y cinco años después de la primera celebración, nosotros, los latinos, representamos ¡la PRIMERA MINORÍA en los Estados Unidos! Somos un trece por ciento de la población total. Así que hoy estamos aquí para festejar las tradiciones de nuestra comunidad latina que tanto valoramos, para recordar a nuestros antepasados hispanos e indígenas, y para reconocer a los latinos que más se destacan por sus aportes a este país. Hoy acogemos con mucho entusiasmo no solamente a los latinos, sino a todas las razas para celebrar nuestro orgullo latino. Estoy segura de que todos se van a divertir hoy. Toda la tarde en el escenario central presentamos los ritmos bailables de los grupos latinos más populares y a las cuatro en la pista de baile tenemos el certamen de merengue. A las seis entregamos los premios de todos los certámenes y a las siete cerramos nuestra celebración con fuegos artificiales. ¡Que se lo pasen bien! y ¡Viva la raza!

Capítulo 2

Marcando el rumbo 2-2 CD1-6
Guatemala, Honduras y Nicaragua son tres países centroamericanos que han contribuido altamente a enriquecer la cultura hispánica desde la época precolombina hasta el presente.
La civilización maya es la cultura prehis-pánica más importante de esta parte del continente americano. Los habitantes de estos países se enorgullecen de su herencia indígena. Entre los diversos logros de esta cultura se incluyen el calendario, la escritura, los códices y la arquitectura. Entre sus obras más importantes se encuentran el *Popol Vuh*, libro sagrado que describe el origen del hombre y las ruinas de Copán en Honduras y Tikal en Guatemala.
Guatemala es el país de la región con un marcado carácter indígena y mestizo. Su geografía está regida por las montañas, los valles y las costas. En el campo de la cultura se destacan Miguel Ángel Asturias, ganador del Premio Nobel de literatura en 1968 y autor de *El señor presidente*, novela que captura el horror de la dictadura, y Augusto Monterroso, reconocido escritor contemporáneo. En las artes plásticas se encuentra Carlos Mérida, quien es considerado uno de los representantes de la pintura abstracta latinoamericana y Roberto González Goyri, reconocido escultor y pintor a nivel internacional. No hay que olvidar a Rigoberta Menchú, líder indigenista, defensora de los derechos humanos y Premio Nobel de la Paz en 1992.
Honduras es un país centroamericano tropical con una población de 6.7 millones de habitantes. Se lo conoce por la calidad de sus productos de exportación entre los cuales se cuentan el plátano, el café, el algodón y la caña de azúcar. La riqueza cultural de Honduras refleja el pluralismo de la nación. En su música, por ejemplo, se pueden notar las influencias africanas, indígenas y europeas. Las catedrales de Comayagua y de Tegucigalpa representan excelentes muestras de la arquitectura barroca colonial.
Nicaragua es un país de montañas, lagos y valles. Tiene costas en el Mar Caribe y el Océano Pacífico. Goza de un clima tropical y una abundante variedad de flora y fauna. Entre los nicaragüenses más conocidos están el poeta Rubén Darío, uno de los más originales e influyentes escritores hispanoamericanos del siglo XIX, Ernesto Cardenal, poeta, activista y sacerdote de fama mundial y Violeta Barrios de Chamorro, presidenta de Nicaragua de 1990 a 1996.
Guatemala, Honduras y Nicaragua son tres naciones con características muy particulares sin dejar de formar parte de la familia cultural hispánica.

Práctica y expresión 2-4 CD1-7

Me llamo Mercedes Vanegas Rivas. Nací en la ciudad de Guatemala en el año 1955, en el seno de una familia tradicional guatemalteca. Fui la primogénita, la mayor de cinco. Aunque yo me considero cien por cien guatemalteca, mi familia materna tiene su origen en Honduras, con mi bisabuela, Ana María Barreto Paniagua. Ella se mudó a Guatemala a los trece años. A los diecisiete años se casó con Alfonso Cruz Paniagua. Por tener el mismo apellido materno, suponemos que eran parientes lejanos, tal vez primos cuartos o quintos. Lo importante para mi historia es que de esa unión nacieron mi abuela materna, Luisa Cruz Barreto, y sus hermanos, mis tres tíos abuelos, Hernán, Javier y Josefina. A los dieciocho años mi abuela, Luisa, se enamoró de un joven médico, Jesús Rivas Torres. Se casaron y criaron a su familia de siete hijos, incluida, claro está, mi madre, Catarina. Mi madre se casó con mi padre, Alberto Vanegas Romero, y así es como llegamos a mí y a mis cuatro hermanos.

Yo me casé por primera vez en el año 1974 con Francisco Bustamante Arenas. Tuvimos un hijo, Miguel, pero poco después cortamos porque Francisco me fue infiel. Me casé con mi segunda pareja, José Luis Navas Reyes tres años después y José Luis y yo tuvimos dos hijos más, Carmela y Jorge. Aquí en Guatemala esos años eran difíciles política y económicamente: había pobreza y violencia por todos lados. Durante ese período, José Luis y yo adoptamos a una niña huérfana de tres añitos, Juliana, cuyos padres habían sido víctimas de la violencia aquí. No éramos ricos, pero José Luis y yo hicimos todo lo posible para proveer para nuestros hijos y educarlos con las tradiciones de la familia y la disciplina. Hoy en día mi media naranja y yo seguimos en la Ciudad de Guatemala y mantenemos una relación muy cercana con nuestra familia extendida que ahora incluye a quince nietos.

Práctica y expresión 2-16 CD1-8

¡Bienvenidos todos! Aquí estamos con otra edición de "Tradiciones navideñas" y hoy enfocamos mi bellísimo país de Honduras. En Honduras celebramos las Navidades con mucho regocijo. Es una celebración religiosa, pero es también una ocasión única de reunión familiar. Normalmente, en todas las ciudades la alegría se hace sentir desde los primeros días del mes de noviembre, ya que los centros comerciales decoran sus edificios con motivos navideños y luces de colores. Y en las casas mucha gente coloca su árbol de Navidad y le ponen adornos, luces y guirnalda. Mucha gente también coloca su nacimiento, el cual es una representación del nacimiento en Belén del niño Jesús con figuras de la Virgen, José y el bebé. Bueno, los doce días antes del 24 se celebran las posadas, ¡mis días favoritos! Durante las posadas conmemoramos el viaje de María y José buscando cada noche un lugar para tener el bebé Jesús, y así las familias pasan por las calles visitando casas de otros familiares y amigos íntimos. Lo más divertido es que entramos a las casas cantando villancicos y allí disfrutamos de comida rica, incluyendo las tradicionales galletas y ¡el ponche infernal!. ¡Ayyyyyy! ¡El ponche infernal! Como sugiere el nombre, el ponche sí que es del diablo, pues se hace de fruta y de alcohol, y es normal que algunos se emborrachen y que entonces canten con aun más regocijo.

Bueno pasando al día 24 de diciembre, ese día comienza con la aparición de Warini, un personaje de origen indígena que anuncia la Navidad. Este personaje con máscara danza de casa en casa acompañado de cantantes. Danza la noche del 24 y otra vez el 6 de enero, el día de los Reyes Magos, y eso marca el fin de la temporada. La noche del 24 los hondureños nos reunimos con nuestras familias para rezar, agradecer las bendiciones del año y para preparar una cena elegante que incluye el pollo o pavo relleno, y también, claro está, el ponche infernal. En mi familia en particular, después de cenar todos nos quedamos de sobremesa para charlar y disfrutar de la compañía de la familia. Más tarde todos empezamos a bailar y cantar hasta la medianoche cuando la familia va unida a la misa del gallo.

Capítulo 3

Marcando el rumbo 3-2 CD1-10

Dependiente de INAH: Instituto Nacional de Antropología e Historia. ¿En qué puedo servirle?

Estudiante: Buenos días. Quiero información sobre sus paseos culturales.

Dependiente: Sí, como no. ¿Algún paseo en particular?

Estudiante: No sé exactamente. Me interesa casi todo. Me gustaría visitar algunos lugares de interés histórico.

Dependiente: Este mes tenemos sólo tres paseos programados. Le voy a leer las descripciones.

Maravillas de la catedral, Ciudad de México
Este paseo incluye un recorrido histórico, arquitectónico e iconográfico de toda la catedral. Actores profesionales con vestuario de la época recrean la historia de este monumento.
Expositor: Historiadora. María Eugenia Pérez del Colegio de México
Costo: $250,00
Nota: Se sugiere llevar sombrero o gorra, las mujeres deben llevar pantalones y zapato bajo y cómodo. Deberán comer antes del recorrido. El costo adicional del espectáculo es de $60,00 por persona.

Zona arqueológica de Teotihuacán, Estado de México
Cada visita a Teotihuacán nos muestra algo nuevo. Ésta es la ciudad más grande del período del clásico mesoamericano y de gran importancia religiosa y cultural. Cada esquina esconde un secreto del pasado mexicano. Hay ejemplos de arquitectura, escultura y pintura prehispánica. Los invitamos a pasar el día en esta maravillosa ciudad.
Expositor: Historiador, Pablo Mariscal Gutiérrez de la Universidad Iberoamericana
Costo: $310,00

Universidad Autónoma de México
El maestro Pedro Martínez Senegal está a cargo de este paseo. La UNAM es la universidad más grande de América Latina y tiene excelentes ejemplos de arquitectura moderna. De especial interés son los murales que adornan la fachada de la biblioteca. Además visitaremos el Centro Cultural Universitario y el Museo de las Ciencias Universum.
Costo: $250,00
Nota: Se sugiere llevar zapatos cómodos, sombrero o gorra, ropa abrigadora y presentarse desayunados.

Dependiente: ¿Desea reservar alguno?

Estudiante: No gracias. Voy a consultar con un amigo y lo volveré a llamar. Adiós.

Dependiente: Muy bien, hasta luego.

Práctica y expresión 3-3 CD1-11

Recepcionista: Universidad de las Américas, Programas internacionales, buenos días.

Estudiante: Buenos días, llamo para informarme sobre sus programas para estudiantes internacionales para pasar un semestre en su universidad.

Recepcionista: Espere un momentito, por favor.

Directora: ¿Bueno?

Estudiante: Buenos días, llamo para informarme sobre sus programas para estudiantes internacionales para pasar un semestre en su universidad.

Directora: Pues... tenemos varios programas. ¿De qué país viene?

Estudiante: Soy de España, pero ahora vivo en Estados Unidos.

Directora: Bueno, tenemos programas de intercambio regular, donde un estudiante puede tomar los mismos cursos que en su país. ¿Quiere cursar nada más un semestre?

Estudiante: Sí, un semestre. ¿Me puedo inscribir directamente en su universidad?

Directora: Sí puede, pero en ese caso la consideramos como estudiante independiente por su cuenta, es decir, usted es responsable de pagar la colegiatura y esas cosas, pero tiene derecho a todos los servicios de su carrera.

Estudiante: Muy bien. Quiero estudiar lingüística aplicada al nivel de licenciatura.

Directora: De licenciatura sí hay y el programa es nuevo. Claro, también ofrecemos cursos de posgrado.

Estudiante: ¿Y cuánto es la colegiatura por semestre?

Directora: Si viene a cursar a tiempo completo, que serían 5 materias, es una colegiatura de entre... bueno, van a subir un poquito los precios, pero ahora son como 4.500 dólares americanos por semestre.

Estudiante: ¿Y eso incluye el hospedaje?

Directora: No. El hospedaje no está incluido. Somos una universidad privada así que los precios van a ser más altos que los de las universidades públicas.

Estudiante: Entiendo. ¿Pero tienen colegios residenciales?

Directora: Sí, tenemos colegios, pero es que hay un montón de departamentos aquí en Cholula, para los estudiantes. Lo que pasa es que, bueno, no sé cuántos años tiene, y, pero yo sé que pues...

Estudiante: Tengo 24.

Directora: Lo que pasa es que son colegios, pero con reglas, y como México todavía es un país un poco conservador... lo que pasa es que hay muchas reglas y no puede tener visitas del sexo opuesto después de las ocho, no puede tener alcohol...

Estudiante: Bueno, entiendo.

Directora: En fin, muchos estudiantes internacionales se dan cuenta que hay muchos departamentos y los precios...

Estudiante: ¿Cuánto es la renta típica por un departamento de una recámara?

Directora: Al mes, la renta, pues algo bonito, bonito... dos cientos dólares americanos al mes.

Estudiante: ¡Ay! ¡Eso es baratísimo!

Directora: Bueno, bonito bonito, no. Pero, grande, amueblado. No bonito de lujo del primer mundo, pero...

Estudiante: Bueno, y si estoy pensando solicitar para el otoño, ¿cuál es la fecha límite para entregar todos los materiales?

Directora: El 7 de mayo. Y en nuestra página web puedes encontrar toda la información sobre los trámites administrativos necesarios.

Estudiante: Bueno, creo que eso es todo. Muy amable, Gracias.

Directora: De nada. Adiós.

Práctica y expresión 3-15 CD1-12

Aquí estamos en la Radio UNAM a las nueve menos diez de la mañana y esta hora de programación está patrocinada por Estudiantours, la agencia de viajes especializada en viajes para estudiantes. Esta semana Estudiantours les brinda dos ofertas. La primera es un paquete turístico a Chiapas de cinco días y cuatro noches. El itinerario incluye la ciudad de San Cristóbal de las Casas, y visitas a las ruinas mayas de Chinkultic y también las ruinas de Tonina, que en tzetzal significa "casa grande de piedra". El itinerario también incluye una visita al hermoso sitio arqueológico de Palenque, y su Templo de las Inscripciones, una pirámide con inscripciones jeroglíficas en su entrada. El paquete incluye viaje redondo en avión desde la Ciudad de México, alojamiento con desayunos incluidos, entradas a las zonas arqueológicas, recorrido turístico con guía en cada ciudad y todos los impuestos. La tarifa normal es 4.300 pesos por persona, pero esta semana ofrecemos un descuento de quince por ciento más para estudiantes. La tarifa no está garantizada y las plazas están limitadas, por lo que es recomendable reservar con por lo menos tres semanas de anticipación. La otra oferta de la semana se llama "¡Escápate ya!", y es una oferta para la renta de un carro por un fin de semana. Es un Ford Focus y se renta en 700 pesos por 3 días, con los impuestos incluidos. Para conseguir esta oferta, sólo hace falta una licencia de manejo y una tarjeta de crédito vigentes y el conductor tiene que tener por lo menos 22 años. Llamen ahora a Estudiantours para reservar al 5-518-5032.

Capítulo 4

Marcando el rumbo 4-2 CD1-14

El Caribe con su clima tropical, su riqueza cultural y gastronómica, y la afabilidad de su gente hace de esta parte de Latinoamérica un destino turístico importante en el mundo. Cuba en particular es uno de los lugares más visitados por canadienses y europeos.

El Caribe es la cuna de la música popular latinoamericana. Aquí se unieron las influencias europeas y africanas para crear una expresión artística única y de importancia mundial. Entre los ritmos más importantes se encuentran el son, la habanera, el danzón, la rumba, el mambo y el chachachá en Cuba; el merengue y la bachata en la República Dominicana y la danza, la salsa y la plena en Puerto Rico.

Otro atractivo derivado de la mezcla de razas y culturas de la región es la cocina local. Muchos platillos criollos incorporan el arroz, la carne, las aves y los mariscos de las aguas locales. Entre las especialidades de Puerto Rico encontramos los pasteles, el mofongo (plátano machacado con carne o mariscos) y deliciosas salsas de ajo y tomate. Los moros y cristianos (arroz y frijoles) representan una comida típica cubana y el sancocho es el plato perfecto para cualquier celebración en la República Dominicana.

Para los interesados en los deportes, estos tres países ofrecen excelentes centros de recreación donde se puede practicar todo tipo de deportes y a Puerto Rico se le conoce como uno de los países con excelentes condiciones para hacer surfing. Cuba tiene excelentes condiciones para la pesca de alta mar y la República Dominicana para todo tipo de deportes acuáticos.

Finalmente, este rincón de América Latina ofrece una gran diversidad de museos, galerías de arte, salas de cine e instituciones culturales para todos los gustos. El Festival del Nuevo Cine Latinoamericano, por ejemplo, congrega cada diciembre a aficionados de este arte en la Habana. El Museo Pablo Casals en San Juan, Puerto Rico, celebra la vida y la obra de este gran músico español.

Práctica y expresión 4-3 CD1-15

Si este año usted busca un destino dinámico para el ocio en el Caribe, Cuba lo espera. Desde Pinar del Río hasta la provincia de Guantánamo, Cuba ofrece una amplia variedad de opciones para el ocio, capaces de satisfacer los gustos de los visitantes más exigentes. Para los aficionados al ocio deportivo, les recomendamos la Provincia de Matanzas, hogar de la playa más afamada de toda la isla, Varadero. Allí se puede disfrutar de todos los deportes náuticos no motorizados como navegar a vela o en canoa, tablasurf y claro, el buceo. Además de la oferta de sol y playa, Varadero cuenta con un Centro Internacional de Paracaidismo. Si en vez del deporte, prefiere algo más tranquilo, la isla ofrece una amplia red de más de 290 museos, entre ellos 14 museos de arte y hasta un Museo del Deporte en Cienfuegos, el cual cuenta con una exposición permanente de las disciplinas deportivas más relevantes del sitio: el remo, el boxeo y el béisbol. De particular interés para los coleccionistas de monedas será el Museo Numismático de La Habana, pues su colección cuenta con más de cien mil piezas que representan diferentes etapas de la historia cubana. La Habana también es un sitio ideal para los aficionados a la artesanía. Allí se puede apreciar y comprar objetos artísticos de todo tipo. Todo eso y no hemos mencionado todavía las miles de posibilidades para disfrutar el ocio nocturno: por donde vaya, tendrá dónde comer bien, tomar una copa y bailar hasta otro día. Venga a Cuba y descubra de nuevo el ocio.

Patrocinado por Mexicana de Aviación que ahora tiene vuelos desde la Ciudad de México y Cancún hasta La Habana y Varadero.

Práctica y expresión 4-16 CD1-16

Muy buenos días mis queridos radioyentes. Yo soy Marianela y me da mucho gusto brindarles este segmento especial de *Secretos de cocina*. Hoy voy a compartir con ustedes algunos secretos de la riquísima cocina criolla de la República Dominicana. Destacaré recetas para el desayuno y el almuerzo.

El desayuno para los dominicanos puede variar entre algo muy ligero, como pan con chocolate o café con leche, hasta algo más sustancioso, como huevos revueltos, y/o el famoso Mangú. Hoy les voy a enseñar una receta fácil para hacer el Mangú y para el final del programa serán todos expertos en este plato sabrosísimo tan típico de la República Dominicana. La verdad es que el Mangú es muy fácil de hacer, pues es básicamente plátano hervido y machacado. El almuerzo, o la comida, es para los dominicanos la comida más importante del día. Y el plato más típico es lo que se llama la Bandera Dominicana. Este plato consiste en arroz, frijoles rojos, carne y ensalada, todo combinado en el mismo plato.

Pero antes de empezar con estas recetas, tenemos que ir a lo básico. Lo fundamental para la cocina criolla es, sin lugar a dudas, el sofrito. El sofrito es una mezcla de verduras, hierbas y sazones y forma la base de muchísimas recetas dominicanas. Para hacer el sofrito, se necesitan dos cebollas, dos dientes de ajo, dos pimientos verdes, o el ají como le llaman en la República Dominicana, dos tomates, una pizca de orégano, y sal. Y para lograr el auténtico sabor criollo, tienen que usar siempre ingredientes frescos y no de lata. Bueno, para comenzar se tienen que cortar en trozos pequeños las cebollas, el ajo, y los pimientos verdes. Luego, éstos se ponen a freír a fuego medio. Hay que revolverlo en la sartén de vez en cuando para que no se

queme. Después de unos minutos, se le echa a la sartén el tomate, cortado en trozos. Después de unos minutos más, se le agrega una pizca de orégano y sal a gusto. De aquí, se mezcla todo hasta que adquiera la textura deseada. Por último, se vierte la mezcla en un recipiente para guardarla en el refrigerador.

Y ahora que son todos expertos en el sofrito, pasaremos a las otras recetas para hoy.

Capítulo 5

Marcando el rumbo 5-2 CD1-18

Tours Olé le ofrece a usted una diversidad de visitas guiadas a España. Nuestro deseo es ofrecerle al cliente interesado en la cultura y la historia de la península un viaje cómodo, placentero e informativo.

Nuestro primer viaje denominado De la edad de piedra al cristianismo, incluye visitas a las ruinas de las ciudades celtas, ibéricas y romanas. Los amantes de la arqueología, la historia y el arte no deben perder esta oportunidad de conocer los lugares más representativos de las culturas de la antigüedad que tanto influyeron en la cultura de la península.

El segundo viaje llamado Por las tierras de los conquistadores, incluye visitas a Sevilla y Cádiz. También disfrutará de una excursión por el río Guadalquivir y numerosas oportunidades de familiarizarse con la leyenda de Cristóbal Colón, los Reyes Católicos y las riquezas que los conquistadores trajeron a Europa a su regreso de América.

Ningún viaje estaría completo sin una visita a la España árabe y judía. Nuestro tour Al-Andaluz recorre los monumentos y huellas más importantes del pasado árabe, judío y cristiano de esta región. Usted podrá disfrutar de las magníficas ciudades de Córdoba y Granada y admirar La Alambra de Granada y la Mezquita de Córdoba.

El último viaje está diseñado para los aficionados al arte y le hemos dado el nombre de Joyas del arte de España. Ustedes podrán deleitarse con las obras de Picasso, Dalí, Miró y de los grandes maestros como El Greco, Goya y Velázquez. También podrá ir al teatro y quizá ver una obra de García Lorca o al cine y disfrutar la última película de Pedro Almodóvar.

Práctica y expresión 5-3 CD1-19

Me llamo Sara Rodríguez Recinos y vengo al centro para un cambio personal. No estoy muy contenta y creo que eso se debe tanto a mi aspecto físico como a mis deficiencias sociales. Soy de pequeña estatura con varios kilos de más. Me gustaría adelgazar sobre todo las caderas. En cuanto a la cara, creo que estoy más o menos contenta. Tengo ojos grandes que pegan bien con las cejas pobladas, una nariz chata y una boca pequeña. A pesar de mis 55 años, no tengo arrugas, pero sí tengo varias cicatrices que no me gustan para nada. Lo que más me preocupa, sin embargo, es que no tengo amigos. En el fondo soy cariñosa y me gusta estar con gente, pero soy algo tímida y a veces la gente dice que soy muy terca. De momento me falta mucha autoestima y no sé qué hacer. ¡Ayúdeme, por favor!

Práctica y expresión 5-14 CD1-20

La primera en desfilar por la pasarela es la bellísima Eleonora Bosé. Luce un estilo bastante innovador de la diseñadora Laura Sánchez. Viste pantalones largos de pata ancha que le quedan muy ajustados. ¡Qué atrevida! Llevados justo por debajo de la cintura y con cierre de botones, ésta seguramente va a ser la prenda imprescindible este año. El top de Eleanora es divertidísimo: estampado, sin mangas y con una capucha por detrás. Para complementar el conjunto, Eleanora lleva zapatos planos con puntas estrechas y una chaqueta de pana.

Ahora viene el famosísimo modelo español, Jorge Fernández. Luce un estilo deportivo y casual con pantalones holgados de la marca *Coronel Tapioca*. Son de algodón y tienen bolsillos con cierre de cremallera en las rodillas. Estos pantalones se combinan con una camiseta ajustada sin mangas y con un estampado de una tabla de surf. Y para complementar este atuendo veraniego, Jorge lleva chanclas de cuero suave.

Por último viene la modelo del momento, Nieves Álvarez, quien nos enseña las últimas tendencias en las prendas de lencería. Nieves estrena el nuevo conjunto de sujetador y braga de la diseñadora Agatha Ruíz de la Prada. Ahhh, y vemos otras de las tendencias del momento, el tatuaje adhesivo.

Capítulo 6

Marcando el rumbo 6-2 CD1-22

Costa Rica, El Salvador y Panamá comparten una geografía común marcada por la gran diversidad de flora, fauna y belleza natural. Su cultura de raíces indígenas y españolas y sus esfuerzos por lograr una integración económica y mejorar el nivel social de su población marcan a estos tres países del mundo hispano.

La belleza y el esplendor de la naturaleza define a estos tres países centroamericanos. La Organización de Naciones Unidas para la Educación, la Ciencia y la Cultura (UNESCO) ha designado El Parque Nacional Isla Coco y la Zona de Conservación Guanacaste, en Costa Rica y el Parque Nacional Darién en Panamá como parte del patrimonio de la humanidad por su atractivo e importancia. De los tres países, Costa Rica se destaca por su habilidad de explotar de manera sostenible su biodiversidad. En este pequeño país hay 20 parques naturales, 8 reservas biológicas y numerosas áreas protegidas. Es un lugar ideal para jóvenes interesados en el estudio del medio ambiente. Algunas instituciones sin fines de lucro aceptan voluntarios interesados en la preservación del medio ambiente. Finalmente, la naturaleza representa también un peligro para países como El Salvador donde los volcanes han ocasionado un sinnúmero de catástrofes.

No sólo la naturaleza une a esta región del hemisferio. Su pasado y su presente han creado vínculos entre ellos. Estos tres países centroamericanos comparten una herencia indígena que todavía sobrevive en la cultura de la región. Los indios cuna de la Isla de San Blas en Panamá mantienen hasta hoy en día su identidad cultural, su idioma y hasta cierto punto su autonomía dentro del país. Existe además la influencia española que se ve en el idioma, la religión y en muchas de las expresiones de arte popular. La ciudad de Portobelo en Panamá forma parte del patrimonio de la humanidad por su belleza arquitectónica y su importancia histórica. Es, sin lugar a dudas, una de las joyas del pasado colonial de América. Finalmente, expresiones artísticas modernas que reflejan la integración de Centroamérica en la cultura mundial se ven reflejadas en escultores como el salvadoreño Carlos Ancalmo, cineastas como Paula Heredia Suárez, también de El Salvador, e instituciones como la Orquesta Sinfónica de Costa Rica.

La historia, la cultura y la economía de estos tres países han estado ligadas desde antes de la llegada de los europeos a la región. En los últimos años ha habido un esfuerzo por parte de los tres gobiernos de integrar más sus economías. El Tratado de Libre Comercio Centroamérica–Estados Unidos (CAFTA) que tiene por objetivo hacer más fácil el comercio entre los diferentes países de la región y los Estados Unidos representa para algunos el último paso en un proceso de estabilización no sólo económica sino también política y social. El gran reto para estos países es el de lograr cierta cohesión de sus economías. La economía de Costa Rica, por ejemplo, depende del turismo y la agricultura mientras que la de Panamá se especializa en el sector de servicios, en particular la banca, las finanzas, seguros y transporte. El Salvador depende del cultivo del café y del dinero que los salvadoreños que viven en el extranjero envían a sus familiares en el país.

La naturaleza, la historia, la cultura y las realidades económicas del mundo moderno unen a estos tres países centroamericanos.

Vocabulario en contexto I, 6-3 CD1-23

Usted tiene 3 mensajes nuevos.

Buenos días, me llamo Ángela Reyes, mi número de teléfono es 207-5102. Busco empleo administrativo aquí en la zona de San José. Tengo cuatro años de experiencia con tareas generales de oficina, atención al cliente y también como recepcionista. Manejo bastante bien todo el paquete de Microsoft Office. Busco trabajo de tiempo completo. Que tenga un buen día. Gracias.

Muy buenas tardes. Soy María Victoria Daneri. Hice mi carrera de farmacia en la Universidad de Panamá y me ofrezco como farmacéutica. Tengo 34 años, buena presencia y amplia experiencia laboral en atención farmacéutica, preparación de recetas y manejo de obras sociales. Actualmente también me encargo de compras de productos farmacéuticos. Vivo en Guanacaste, pero estoy dispuesta a mudarme a San José. Mi número de teléfono es 662-5454. Muchísimas gracias y buenas tardes.

Hola, buenas tardes. Me llamo Francisco Javier Ramírez Santos. Soy licenciado en administración de empresas y tengo 30 años. Tengo experiencia en el área de reclutamiento y selección de personal, manejo de trámites legales, capacitación a equipos de trabajo y también en ventas y promoción. Soy totalmente bilingüe, pues domino el inglés tanto como el español. Soy muy dinámico y emprendedor y trabajo bien bajo presión. Mi número es 272-9458. Espero oír noticias de usted muy pronto. Gracias.

Usted no tiene más mensajes.

Vocabulario en contexto II, 6-3 CD1-24

Juan Carlos Díaz: primer informe.

Mi zona de trabajo es un pueblecito llamado Zaragoza, a 14 km. de la capital. Fue duramente castigado por los terremotos, lo cual fue difícil para mí, ya que no estoy acostumbrado a los temblores, y a poco de llegar hay uno de 6,5 en la escala Richter. La sensación es como estar borracho. Mi primer contacto con las personas del lugar fue estupendo. Me contaron sus penas y querían ayudarme en lo que pudieran. En seguida puse manos a la obra. Tenía que censar y escuchar a cerca de 17,000 familias, para luego decidir quién tenía derecho a recibir la ayuda que llega desde España. Como todos están en la misma situación de pobreza, este trabajo de selección de familias es duro y desagradable, pero un contenedor no da para mucho. Esta primera vez, repartimos un total de 370 bolsas con una media de seis personas por familia. No es mucho, pero por lo menos es algo que comer. La alimentación básica aquí es el maíz y cuando no hay, comen fruta silvestre, que es muy rica. Pero con eso sólo no se puede alimentar a un niño y se dan casos de desnutrición muy severos, sobre todo en zonas donde la ayuda del gobierno no ha llegado.

Aparte del reparto de Ayuda Humanitaria, tenemos que localizar las zonas del país más afectadas por los terremotos, para formular posibles proyectos que nos pidan. Planificamos nuestro trabajo y, con la ayuda de las organizaciones sin fines de lucro locales, visitamos varias provincias para ver la realidad de la zona. Hemos visto muchas viviendas destruidas por los terremotos, y no se trata sólo de grupos de viviendas de adobe y de barro, sino todas las casas, aun las de bloque de concreto.

Juan Carlos Díaz: último informe.

Es cierto que visité muchas zonas donde vi miseria y destrucción y donde conviví con personas sencillas y humildes que me dieron lo poco que tenían para comer y se volcaron a ayudar cuando ellos estaban en unas condiciones físicas deplorables. Es cierto también que pasé hambre, calor, sed, cansancio y enfermedades. Pero todo se olvida al día siguiente cuando has descansado. Lo cierto es que nunca me olvidaré de la sonrisa de esa persona o niño cuando le di una bolsa de comida o un juguete. A pesar de las dificultades, ha sido una experiencia sumamente gratificante. Sin duda me ofreceré para otra gira voluntaria a El Salvador.

Capítulo 7

La naturaleza, la historia y la cultura unen a estos tres países andinos. Los tres están marcados por la cordillera de los Andes y la influencia de la altitud y la latitud. En Perú y Ecuador la costa, la sierra y la selva marcan no sólo el aspecto físico del país sino que le dan a cada región su carácter único. Bolivia, el único de los tres países sin acceso al mar, comparte con Perú el lago Titicaca que se encuentra a 4.000 metros de altura sobre el nivel del mar. Tiene cerca de 800 km de largo y entre 65 a 100 km de ancho y es el lago navegable más alto del mundo.

Estos tres países andinos formaron parte del gran imperio de los incas y comparten hasta hoy en día la rica herencia indígena. Los idiomas quechua y aymara mantienen su vigencia en la vida diaria y en la cultura popular de estos países andinos. Museos de todo el mundo exhiben la cerámica, las joyas y los textiles creados por los antepasados y los descendientes de esta cultura prehispánica. Sus creaciones a grande escala como Machu Picchu y las líneas de Nazca en Perú y Tiwanuko en Bolivia forman hoy en día parte del patrimonio de la humanidad.

Los tres comparten también un pasado colonial. Las ciudades de Cuzco en el Perú, Potosí en Bolivia o Santa Ana de los Ríos de Cuenca recuerdan en su arquitectura el pasado español y el nacimiento de una cultura mestiza. Durante los siglos XVII y XVIII la región que abarca a estos tres países formaba parte del Virreinato de Perú y era el centro de poder y riqueza del imperio español de aquella época.

En la lucha por la independencia de España sobresale el nombre de Simón Bolívar, militar venezolano y libertador de Ecuador, Perú y Bolivia. Bolivia recibe su nombre como homenaje a la obra de este héroe continental. A la independencia le sigue un período de inestabilidad política y social y de caos económico. También marca este siglo La Guerra del Pacífico (1879–1884) que enfrentó de un lado a Perú y Bolivia y del otro a Chile, y que significó para Bolivia la pérdida del acceso al mar, tema que sigue de actualidad, y para Perú la ocupación por parte de tropas chilenas.

El siglo XX es un siglo de grandes retos para la región andina. La revolución boliviana de 1952 nacionaliza los principales recursos económicos del país desatando un debate sobre cómo administrar de mejor manera los recursos naturales del país. Este tema sigue siendo central para la vida política de Bolivia. En el Perú a principio de la década de los ochenta se dan a conocer los grupos guerrilleros revolucionarios: Sendero Luminoso, maoísta, y el Movimiento Revolucionario Túpac Amaru, marxista. En Ecuador esta década y hasta el presente se ha caracterizado por el crecimiento de los movimientos populares indígenas. Allí se encuentran las organizaciones más fuertes y politizadas de la zona andina.

En el campo de la cultura esta región se destaca por sus grandes contribuciones a la cultura mundial. Existen maravillosos ejemplos de arquitectura, escultura, cerámica, y textiles pre-hispánicos, bellos ejemplos del arte colonial en ciudades como Arequipa, Perú y expresiones de cultura popular en el famoso Carnaval de Oruro, Bolivia. Entre sus personalidades más importantes se destacan el pintor ecuatoriano Oswaldo Guayasamín y el escritor peruano Mario Vargas Llosa.

Locutor: Buenos días, señores y señoras. Yo soy Lucía Levante y tenemos en el estudio al Profesor Miguel Ángel Borja, historiador y especialista en América Latina. Hoy nos va a hablar de su nuevo libro, *La guerra del gas en Bolivia,* el cual trata de la polémica sobre el gas natural y los derechos de los campesinos en Bolivia. Bienvenido, Profesor Borja.

Profesor: Gracias, Lucía.

Locutor: Bueno, ¿podría explicarnos por qué está el gas natural en el centro de esta lucha por los derechos de los bolivianos?

Profesor: Sí, claro. Bolivia tiene la reserva de gas natural libre más grande de Sudamérica, sin embargo, es uno de los países más pobres de toda Latinoamérica. El problema obvio es que la mayoría de los bolivianos no se benefician de este tesoro natural. Y bueno, cuando el gobierno boliviano decidió exportar el gas natural hacia México y los Estados Unidos, el pueblo sólo veía que los políticos se harían más ricos y la gente continuaría tan pobre como siempre.

Locutor: Entonces, ¿esa decisión sobre el gas fue como la gota que colmó la copa?

Profesor: Eso es. La explicación última para el levantamiento masivo y el derrocamiento del presidente Sánchez de Lozada en el 2003 no fue el gas natural de por sí, sino la pobreza y la desigualdad en Bolivia.

Locutor: Pues hablemos de ese momento. Dicen que ese levantamiento y el derrocamiento de Sánchez de Lozada representan un período histórico de importancia monumental para la lucha de los derechos humanos. ¿Por qué es así?

Profesor: Bueno, las condiciones en Bolivia privan a la mayoría de la gente de sus derechos humanos fundamentales. Según la Declaración Universal de los Derechos Humanos todo individuo tiene derecho a un nivel de vida que le asegure la comida, la vivienda y la asistencia médica. Pero en Bolivia, casi el 63% de la población no cuenta con lo mínimo para cubrir sus necesidades básicas de comida y vivienda, de modo que comer y vivir en Bolivia es casi un privilegio sólo de los más ricos.

Locutor: ¡Qué barbaridad!

Profesor: Pues, sí. Ahora bien, entre los más pobres, están los que trabajan en el campo y los que pertenecen a las sociedades indígenas. Esta gente llevaba muchos años pidiendo ser incluida en la vida política y social de Bolivia, pero nunca fue escuchada. Pero todo eso cambió durante esos nueve días de octubre de 2003. La gente campesina e indígena se organizó y se levantó contra su gobierno y contra las condiciones a las que su gobierno la sometía. Comenzando en El Alto, la parte más pobre de Bolivia, realizaron bloqueos de carreteras, paros de trabajo y muchas marchas. Poco a poco las movilizaciones recogieron a más y más gente, todos gritando las consignas "¡Ahora es cuando!" y "¡El gas no se vende!".

Locutor: Y oí algo muy interesante, que el 50% de los marchistas eran mujeres, y de éstas, el 90% indígenas. ¿Es cierto eso?

Profesor: Sí. es cierto. Fue la rebelión de las masas, que al final logró que el presidente renunciara a su puesto y que el gobierno empezara a escuchar a su gente.

Locutor: Gracias, Profesor Borja. Desafortunadamente, se nos acabó el tiempo, así que le doy…

[BEEP]

Cristina: Aló.

Janett: Hola, Cristina. Soy Janett.

Cristina: Hola, Janett, ¿Cómo estás?

Janett: Muy bien, pero ¿sabes qué? Anoche me perdí el último episodio de mi novela.

Cristina: ¡No me digas! Pues no te vas a creer lo que pasó.

Janett: Dime, Cristina, dime.

Cristina: Bueno, ya sabes que Ignacio lleva tiempo abusando emocionalmente de Lucinda, ¿verdad?

Janett: Sí.

Cristina: No te lo vas a creer. Por fin Lucinda le dijo que no lo quería y que iba a dejarlo y se iba a llevar a su único hijo.

Ignacio se puso tan furioso que esa noche cuando dormía Lucinda, secuestró a su propio hijo.

Janett: ¿De verdad?

Cristina: Sí, pero espera. Se fue en la noche y esa mañana llamó a Lucinda y le dijo que si quería volver a ver a su hijo, que no podía dejarlo.

Janett: ¿Y qué dijo Lucinda?

Cristina: Le dijo que no lo dejaría y que volviera a casa. Y después de colgar con él llamó a las autoridades y lo denunció.

Janett: ¡Caramba!

Cristina: Y cuando llegó a casa Ignacio lo esperaba la policía. Lo interrogaron y cuando Ignacio veía que lo iban a meter preso, trató de sobornar a un policía.

Janett: ¿Qué?

Cristina: Sí. Le dijo al policía que le pagaría dinero para que se olvidara del asunto. No funcionó y lo metieron preso.

Janett: ¿Y así lo dejaron?

Cristina: No. Luego vino el juicio. Y todo iba bien, es decir, en contra de Ignacio. Estaba convencida yo que la juez lo iba a condenar. Pero… ¿estás lista? Resulta que la juez era una amante de Ignacio, y lo dejó libre, claro porque quería estar con él.

Janett: No me lo puedo creer.

Cristina: Sí, y eso no es todo. Cuando supo Lucinda que no solamente no lo iban a condenar, pero que Ignacio había tenido una amante, se puso furiosa. Cuando salía Ignacio de la corte, Lucinda le disparó y lo mató.

Janett: ¡Válgame Dios! ¡Qué emoción! Mira, me tengo que ir, pero dime rápidamente, ¿la hermana de Lucinda? En el episodio anterior la habían detenido por ser traficante de armas. ¿Qué pasó?

Cristina: Ahh, sí, bueno, sospechaban que era traficante de armas pero resulta que no era nada más que una espía y trabajaba con las autoridades para encontrar a los verdaderos culpables. La verdad es que eso no fue sorpresa. ¡Yo lo veía venir!

Janett: Bueno, gracias, Cristina, pero viene ahora mi jefe y me tengo que ir. Te llamo más tarde. Chau.

Cristina: Chau, Janett.

Capítulo 8

Marcando el rumbo 8-2 CD2-6

Cuando el explorador Alonso de Ojeda llegó a las orillas del lago Maracaibo en 1499 encontró poblaciones indígenas construidas sobre la superficie del agua y esto lo llevó a darle el nombre de Venezuela a esta área del continente, en honor de la ciudad italiana de Venecia. En el caso de Colombia, su nombre proviene de Cristóbal Colón y se le dio a este país andino en honor del navegante europeo. Colombia y Venezuela representan un crisol de razas y culturas. La identidad de ambas naciones deriva de las raíces prehispánicas, hispánicas y africanas consolidadas durante el largo período de dominio colonial español. Sus contribuciones a la vitalidad de la cultura hispánica en general se pueden ver en sus aportes al arte y la literatura.

La geografía de estos países andinos se caracteriza por los contrastes entre regiones montañosas, llanos, selva y costa. De particular importancia es el llano, región compartida por ambos países y cuna del llanero. El llanero es la versión andina del vaquero mexicano o del gaucho de las Pampas. La belleza exótica del paisaje y la fuerza indomable de la naturaleza son elementos que se encuentran plasmados en la literatura y las artes plásticas de estos dos países.

Colombia y Venezuela tienen en común un pasado prehispánico, un largo período de vida colonial, un proceso de independencia y un siglo XX marcado por logros y dificultades en el campo de la política y la economía. Durante la colonia estas dos regiones formaban parte de una misma entidad política, y no es sino hasta 1830, y a causa de las contradicciones políticas que desata el proceso de independencia de España, que estos países se separan y forman naciones autónomas. Durante las décadas de lucha por la libertad política y cultural se destacan los nombres de Simón Bolívar y su maestro Andrés Bello. Estas dos figuras de origen venezolano van a jugar un papel importantísimo en la historia y cultura del continente; como militar, estadista y ensayista el primero y como intelectual el segundo.

El siglo XIX y la primera mitad del siglo XX representan períodos de inestabilidad política y económica. Ésta es la época de los caudillos y las dictaduras. Para la segunda mitad del siglo pasado la democracia empieza a sentar raíces en ambos países. Tanto Colombia como Venezuela empiezan el siglo XXI con gobiernos democráticamente electos.

En el ámbito de la cultura cabe mencionar la contribución de Andrés Bello a las letras y al estudio del idioma español en América. Su gramática del español sigue considerándose como una de las fuentes importantes para el estudio del idioma. Rómulo Gallegos, novelista y presidente de Venezuela, es la figura principal de la primera mitad del siglo XX. Ganó fama internacional con su novela *Doña Bárbara* (1929), obra que dramatiza la fuerza bruta de la naturaleza en los llanos venezolanos. También vale la pena recordar el gran aporte del arquitecto Carlos Raúl Villanueva al desarrollo de la arquitectura moderna. Quizás su obra más conocida sea la Ciudad Universitaria de Caracas. Las contribuciones colombianas incluyen a Jorge Isaacs, autor de *María*, una de las novelas más leídas en el continente y a Gabriel García Márquez, autor de *Cien años de soledad*, obra central de la literatura contemporánea mundial, y ganador del Premio Nobel de Literatura en 1982. Además se encuentra el pintor y escultor Fernando Botero, conocido por sus esculturas monumentales y por el exagerado volumen de las figuras humanas en sus cuadros.

Colombia y Venezuela son dos países vecinos que han contribuido vitalmente al desarrollo de la cultura hispánica.

Práctica y expresión 8-3 CD2-7

Gracias por llamar al Instituto del Patrimonio Cultural de Venezuela. Pulse el número 1 para información sobre museos y exposiciones de arte. [BEEP]

Ud. ha seleccionado el menú de museos, eventos y exposiciones.

El Museo de Bellas Artes El museo está abierto martes a domingo de las nueve hasta mediodía y de las dos hasta las cinco. La colección permanente cuenta con arte europeo medieval y moderno, arte contemporáneo europeo y norteamericano y arte latinoamericano.

En la sala de exposiciones temporales se presenta ahora la obra del primer pintor moderno en Colombia, Alejandro Obregón. Artista que rompió con las tradiciones de su momento, la obra de Obregón desafía toda forma de clasificación. La exposición incluye muestras de sus obras de naturaleza muerta y paisajes. En particular destacamos su cuadro-mural, "Amanecer en los Andes".

La Galería de Arte Nacional El museo está abierto martes a domingo de las nueve hasta mediodía y de las dos hasta las cinco. La Galería posee una colección permanente de más de cuatro mil obras de arte, que abarca más de cuatro siglos de historia de la expresión plástica nacional. Incluye el arte del período prehispánico, los pintores anónimos y los retratistas del período colonial, los maestros de la pintura venezolana a comienzos del siglo XIX, los renovadores de la pintura venezolana a los comienzos del siglo XX, especialmente dedicados a nuestro paisaje y conocidos como el "Círculo de Bellas Artes", así como un gran número de artistas contemporáneos. El edificio mismo se considera también una obra de arte. Es una excelente muestra de la capacidad creadora de uno de nuestros más conocidos arquitectos: Carlos Raúl Villanueva, quien en 1935 diseñó esta edificación. El edificio llama la atención por la armoniosa combinación de estilos, que puede apreciarse en sus fachadas principales y pórtico.

El museo de los niños El museo está abierto miércoles a domingo de las diez hasta mediodía y de las dos hasta las cinco. Este museo es una maravillosa realidad donde los niños aprenden a apreciar el arte por experimentarlo. Este viernes habrá una clase de fotografía a las once de la mañana. La clase enseñará las técnicas básicas para sacar fotos de la naturaleza usando el lente gran angular. Otra clase a las dos, enseñará técnicas para la manipulación digital de fotos por la computadora. Este sábado comenzamos nuestra serie de clases de artesanía. A las diez se enseñará la alfarería y las técnicas básicas para moldear arcilla.

Para escuchar más sobre los eventos de la semana, pulse el número 1 ahora.

Práctica y expresión 8-14 CD2-8
El siguiente momento biográfico sobre Gabriel García Márquez está patrocinado por Todolibro.com
Gabriel José García Márquez nació el 6 de marzo de 1928 en Aracataca, la zona bananera de Colombia, y fue criado por sus abuelos maternos, el Coronel Nicolás Márquez Iguarán y Tranquilina Iguarán. Según el autor mismo, esta etapa de su vida en la costa de Colombia y en un ambiente en el que circulaban rumores, historias y cuentos de la tradición oral influyeron notablemente en su narrativa posterior, pues le proporcionan muchas de sus fuentes artísticas.

García Márquez comenzó su carrera profesional trabajando como periodista, publicando reportajes y un par de cuentos cortos. En 1950 colabora en el periódico *El Heraldo* escribiendo una columna diaria llamada «La Jirafa», pero no la firmaba con su propio nombre. Usaba el seudónimo de *Séptimus,* en homenaje al personaje de *La señora Dalloway* de Virginia Woolf, una de sus inspiraciones literarias. En 1952 publicó en *El Heraldo* el primer capítulo de su primera novela, *La hojarasca.* En esta breve novela, que se publicó en 1955 y se convirtió en novela superventas en 1960, la acción se desarrolla en Macondo, el mítico

y legendario pueblo creado por García Márquez. La historia tiene tres narradores, representantes de tres generaciones distintas, que narran en tiempos paralelos. En el relato aparece la figura de un viejo coronel y "la hojarasca", el símbolo de la compañía bananera, United Fruit Company.

En 1967 García Márquez se convierte en uno de los grandes maestros de la narrativa contemporánea con la publicación de *Cien años de soledad*, una obra en la que trabajó más de veinte años. Esta fabulosa novela relata la historia épica de la familia Buendía y sus generaciones en el pueblo mítico de Macondo. En esta obra García Márquez edifica y da vida a este territorio imaginario donde los elementos realistas se mezclan con apariciones y circunstancias mágicas y fantásticas. Esta fórmula narrativa, donde lo fantástico no es menos real que lo normal y lógico, llegó a conocerse como el realismo mágico, y García Márquez se considera uno de los principales escritores del género.

En 2002 García Márquez publicó el primer tomo de sus memorias, *Vivir para contarla*. Cubriendo los primeros años de su vida, y escrito en su deslumbrante estilo narrativo, en el que suele mezclar la fantasía con la realidad, es una autobiografía relatada como novela. Es por medio de esta novela autobiográfica que el lector descubre ecos de los personajes e historias que han poblado sus inolvidables novelas y cuentos. Tal y como pasó con sus otros libros, *Vivir para contarla* se convirtió en una novela superventas casi inmediatamente.

Tras el éxito del primer volumen de sus memorias, García Márquez dice que se dedicará a completar otros dos para completar la historia de su fascinante y a veces fantástica vida.

Capítulo 9

Marcando el rumbo 9-2 CD2-10
La Argentina y Uruguay se pueden considerar como países hermanos ya que su geografía, población, desarrollo socioeconómico y cultura comparten rasgos comunes. Para muchos latinoamericanos, las características que separan a estos dos países no son tan importantes como las que los unen.

La Argentina y Uruguay tienen una geografía diversa marcada principalmente por las extensas planicies o pampas. La Argentina, el segundo país en tamaño después de Brasil, incluye una diversidad de climas y tipos de terreno. Al oeste se

encuentran los Andes, al norte la Pampa y al sur Patagonia (zona semidesértica e inhabitada). Uruguay es el segundo país más pequeño del continente y se encuentra en medio de dos gigantes, Brasil y la Argentina. Uruguay es del tamaño del estado de Washington con una baja densidad de población. Su geografía se caracteriza por un clima moderado y extensas áreas de tierra fértil.

La población es principalmente de ascendencia europea debido a las olas de inmigración durante los siglos XIX y XX. Los dos países disfrutan de un alto índice de alfabetismo, buen número de profesionales y una mano de obra capacitada. El idioma oficial es el español aunque también se habla el portuñol (mezcla de español y portugués) en la frontera entre Uruguay y Brasil, y el alemán, italiano, inglés y francés en la Argentina.

Durante el siglo XIX y XX avances de la ciencia y la tecnología influyeron en el desarrollo de estos dos países. El descubrimiento y uso del alambre de púas permitió una explotación más racional y eficiente del ganado. La invención de la refrigeración hizo posible la exportación de carne a Europa y a su vez el desarrollo económico y social de los dos países. El capital británico permitió que los productores y exportadores pudieran comercializar la producción agrícola y ganadera gracias al desarrollo de redes de fe-rrocarriles. Finalmente, la introducción de técnicas modernas de agricultura le dieron a los productos argentinos y uruguayos una ventaja competitiva a nivel mundial.

Estos dos países están a la cabeza en Sudamérica en cuanto a la difusión y uso de medios de comunicación modernos como son los teléfonos celulares, el Internet (4 millones de usuarios en la Argentina y 400 mil en Uruguay) y los medios masivos de comunicación (televisión, radio, cine). La clonación de animales y la producción de plantas genéticamente modificadas son también temas de actualidad y debate en estos dos países ya que afectan directamente a amplios sectores de la economía. La Argentina en particular tiene una larga tradición en el campo de la investigación científica. En el país se encuentran importantes centros de investigación y estudio. Dos argentinos se cuentan entre los ganadores del Premio Nobel de Medicina, César Milstein en 1984 y Bernardo Alberto Houssay en 1947. Los dos países tienen gran interés por el estudio, exploración e investigación de Antártida.

Como es también el caso en otros países del continente, la geografía, la economía y la política han influido sobre diferentes aspectos de la cultura. La cultura argentina y uruguaya no tienen una tradición pre-colombina comparable con la inca de los Andes, o la maya o azteca de Mesoamérica. Los grupos indoamericanos que poblaron esta región no lograron crear una civilización semejante en cuanto a su desarrollo social, político o económico. La colonización española se inicia en el siglo XVI y obedece a un interés económico, la búsqueda de una ruta que uniera el océano Atlántico con las ricas minas de Bolivia y Perú. Para el siglo XIX y en particular después de la independencia de España se desarrolla en esta área del continente la ganadería y el pastoreo y con ella la figura del gaucho —personaje emblemático de la identidad nacional. El gaucho es el vaquero de la Pampa, el que personifica los valores de una sociedad naciente. Se caracteriza por su valentía, independencia y su relación especial con la naturaleza. Este personaje se convierte en uno de los temas favoritos de la literatura y la vida artística de los dos países.

Práctica y expresión 9-3 CD2-11
—Ahora vamos a Cristina Sánchez que nos informa desde la Exposición de Inventores en Buenos Aires. ¿Cristina?
—Gracias Alberto.
Una visita a la Exposición de Inventores nos recuerda que Argentina y Uruguay son dos países que cuentan con una larga historia de inventores.

Durante los próximos días el público podrá disfrutar de cientos de innovaciones antiguas y actuales, todas creaciones argentinas y uruguayas. Yo pasé primero por la sala "museo", donde se pueden observar instalaciones para conmemorar el invento argentino del primer helicóptero que despegó de la tierra en 1917. También se puede ver el famoso invento del bolígrafo, el cual fue patentado en Argentina en 1943. También hay una interesante instalación sobre el primer implante exitoso de un marcapasos. Ocurrió en Uruguay en 1960 y fue desde entonces que en Uruguay empezaron a fabricar marcapasos para el mercado de Latinoamérica.

En las salas de inventos actuales se pueden apreciar novedades como "el EMIUM". Este invento argentino es una botella de plástico que puede almacenar todo tipo de productos, tanto sólidos como líquidos. Lo realmente revolucionario es que las piezas se pueden conectar para construir envases de todo tamaño, los cuales se pueden volver a usar una y otra vez. Es decir, no se tira a la basura después de un uso. Ha recibido una patente en Estados Unidos, y los expertos predicen que este invento ecológicamente sano cambiará el mundo en el nuevo milenio.

Otro que captó mi interés fue un invento uruguayo para proteger los cultivos de las llamadas "heladas". Cada año el frío destruye muchos cultivos de flores, frutas y verduras, lo cual resulta muy costoso. El dispositivo que inventó el Dr. Rafael Guarga de la Universidad de la República es un pequeño calentador para las plantas. Muchos aquí en la exposición dicen que es el invento uruguayo más exitoso de los últimos años, pues ya está protegiendo los cultivos en muchas partes del mundo, inclusive en los Estados Unidos.

Pero les tengo que confesar que lo que más me gustó de toda la exposición es algo totalmente inimaginable: ¡un dispositivo anticonceptivo para vacas! Pero no es que en las pampas haya un problema de vacas promiscuas, no. Este invento argentino altera el ciclo menstrual del animal y aparte de evitar el embarazo, causa que la vaca se engorde. Y es por eso que la industria de la carne ha tomado nota del invento. Hasta ahora ha recibido una patente internacional y ya ha sido colocado en más de 360.000 vacas de todo el mundo.

La exposición también cuenta con muestras de jóvenes inventores que presentan todo tipo de cosas, desde inventos super útiles hasta los dispositivos más descabellados, como un calentador de calcetines con pilas recargables.

La exposición tomará lugar hasta el domingo y nuestros radioyentes pueden obtener entradas gratuitas. Sólo tienen que entrar en nuestra página de Internet usando la contraseña "Expo" y allí pueden bajar las entradas.
¿Alberto?

Práctica y expresión 9-15 CD2-12
—Bienvenidos a ¡Adelante!, el programa que los pone al día con las novedades de la ciencia y la tecnología. Yo soy Laura Rissetto y tenemos en el estudio hoy al señor Marcelo Criscuolo, el director ejecutivo de BioSidus, que es una empresa de biotecnología aquí en Argentina. Durante los últimos años BioSidus ha hecho espectaculares avances en la clonación y hoy el señor Criscuolo nos va a informar sobre algunos de sus logros. ¡Adelante, señor Criscuolo! ¡Bienvenido!

—Gracias. Es un placer estar aquí.

—Bueno, señor Cuiscuolo, en el año 2002 su empresa logró la primera clonación de vacas en Latinoamérica con el nacimiento de la vaca llamada Pampa. Y luego en el 2003 lograron que otra vaca clon produjera en su leche la hormona de crecimiento humana. ¿Podría explicarnos el objetivo y la importancia de este trabajo?

—Sí, claro. Es un logro científico y tecnológico, pero a la vez es algo que va a mejorar la calidad de vida para muchas personas en Argentina y en el mundo.

—¿Y cómo?

—Pues, en BioSidus hace muchos años que fabricamos la hormona de crecimiento humana para producir un medicamento que ayuda a los niños que sufren de enanismo.

—¿Los niños de baja estatura que no crecen normalmente?

—Sí. Y como el costo de producir esta hormona en nuestros laboratorios era alto, el precio del medicamento que fabricamos también era muy alto. Pero, usando las técnicas de clonación y con genes humanos logramos producir la hormona en cantidades más grandes y así reducimos el costo del medicamento un 50%.

—¡Imagínese!

—Laura, en Argentina hay aproximadamente 1.500 niños que sufren de una falta de la hormona de crecimiento, pero nosotros calculamos que con apenas una vaca transgénica podemos producir suficiente medicamento para el tratamiento de todos esos 1.500 niños. Con una sola vaca.

—¡Increíble! ¿Podría explicarnos en términos muy simples cómo funciona el proceso?

—Sí, con gusto. Empezamos con células de una vaca e insertamos en ellas un gen humano que causa la producción de la hormona de crecimiento. Luego clonamos esas células para obtener embriones y por último implantamos esos embriones en otras vacas madres. Al nacer Pampa teníamos una vaca clon, que a la vez era transgénica por llevar el gen humano para producir la hormona de crecimiento. Y desde entonces han nacido otros clones, hermanas de Pampa, todas transgénicas.

—Pero ésa fue solamente la primera parte, ¿no? Tuvieron que poner a prueba sus vacas clonadas para ver si producirían la hormona en la leche.

—Efectivamente. Y lo hizo primero Pampa Mansa, la hermana clonada de Pampa. De hecho fuimos los primeros en el mundo en lograr que una vaca clonada y transgénica produjera en su leche la hormona de crecimiento. Y volviendo a lo que le dije antes, la vaca es como una fábrica ideal porque produce mucha leche y así conseguimos mucho más de la hormona por un costo mucho más bajo.

—Sí, pero esta tecnología es algo controvertida, ¿no? Los activistas dicen que no sabemos todas las repercusiones y han puesto en tela de juicio sus métodos. Dicen que falla mucho, que, por ejemplo, para conseguir dos vacas clonadas Uds. destruyeron cerca de 600 embriones. ¿Qué dice Ud.?

—Bueno, esa es otra cuestión. Es cierto que la clonación no es fácil y que presenta cuestiones éticas, pero nosotros vemos la promesa de esta tecnología y seguimos adelante. Con la tecnología que desarrollamos estamos seguros que encontraremos curas para muchas enfermedades hasta ahora incurables y que en la última instancia mejoraremos la calidad de vida para muchos.

—Gracias, Señor Cuiscuolo. Esperamos ver los frutos de su trabajo en el futuro. Ese es todo el tiempo que tenemos hoy.

Capítulo 10

Marcando el rumbo 10-2 CD2-14
Chile y Paraguay son dos países marcados por su geografía y su historia. Los retos modernos de desarrollo económico, estabilidad política y protección de sus recursos naturales determinan la identidad de cada una de estas sociedades.

Chile es un país largo y angosto entre la cordillera y el océano Pacífico. Tiene 4.200 km de longitud y su anchura varía entre 90 y 380 km. Es un país repleto de contradicciones. El desierto de Atacama en el norte del país contrasta con los lluviosos bosques del sur. Santiago de Chile, ciudad moderna y cosmopolita, es el centro económico, político y cultural del país. No muy lejos de la capital se encuentran los centros turísticos de Valparaíso y Viña del Mar, lugares afamados por sus playas y su vida nocturna. La Isla de Pascua a 3.700 km de la costa chilena es uno de los lugares más aislados e interesantes del país y el continente.

Paraguay es quizás uno de los países menos conocidos de Sudamérica. Está rodeado por Brasil, Argentina y Bolivia. El río Paraguay lo divide en dos partes. Al oeste se encuentra el Chaco, región árida y con muy poca población y al este una área mucho más pequeña pero más fértil con gran diversidad de flora y fauna. Paraguay tiene una economía principalmente agrícola y ganadera. En los últimos años se ha convertido en un exportador de energía gracias a los complejos hidroeléctricos de Itaipú y Acaray.

Como en muchos otros países del mundo Paraguay y Chile enfrentan retos para preservar la calidad del agua, el aire y el medio ambiente en general. En el caso de Chile la explotación de minerales representa para la sociedad por un lado una fuente de riqueza económica y por otro una amenaza a la naturaleza. Santiago de Chile, la capital, por su situación geográfica y densidad de población sufre de altos índices de contaminación del aire. Además, tanto en Chile como en Paraguay la deforestación y la contaminación del agua representan problemas que reclaman atención por parte de la sociedad.

La historia de estos dos países está caracterizada por una experiencia colonial similar pero con importantes diferencias durante el siglo XIX y XX. Paraguay es un país mestizo donde la lengua y la cultura guaraní persisten hasta nuestros días. Es uno de los pocos países bilingües del continente. Su historia está marcada por dos devastadoras guerras. La primera fue la Guerra de la Triple Alianza (1865–1870) que enfrentó por un lado a Paraguay y por el otro la alianza entre Argentina, Uruguay y Brasil. Durante el conflicto murieron 28.000 hombres, o sea, dos tercios de la población masculina del país. Este conflicto representó una catástrofe para el desarrollo social, económico y cultural del país. La segunda guerra fue la llamada Guerra del Chaco (1932–1935) en la que Paraguay y Bolivia lucharon por el control de esta región del continente.

Chile es uno de los países más dinámicos del continente y con una rica tradición política y cultural. El movimiento demócrata cristiano, el socialismo y el autoritarismo militar han formado parte de la historia de este país. Uno de los políticos más influyentes del siglo XX fue Salvador Allende, uno de los fundadores del partido socialista chileno y presidente de 1970 a 1973 año en que fue brutalmente derrocado por una junta militar al mando del general Augusto Pinochet. Después de un largo período de dictadura, Chile regresó a la democracia en la década de los noventa y se considera uno de los líderes en el continente en cuanto a desarrollo económico y social.

La historia y el entorno geográfico de Chile y Paraguay han creado dos naciones con identidades culturales diferentes y respuestas diversas a los retos del mundo moderno.

Práctica y expresión 10-3 CD2-15
P: Buenos días y bienvenidos a *La mañana informativa*. Yo soy Pamela Pacheco y me acompaña en esta hora el Sr. Nicolás Torrealba, jefe del Departamento de Extranjería y Migración del Ministerio del Interior de Chile. Ha venido hoy para hablar sobre el tema de la migración. Bienvenido, Sr. Torrealba.
N: Gracias, es un placer estar con usted.
P: Hablamos de la migración porque es un tema de importancia no solamente aquí en Chile, pero en toda esta aldea global en la que hoy vivimos. Puede hablar un poco sobre la migración en el contexto de la globalización.
N: Sí. Como bien sabemos, el tema de la migración no es nada nuevo. Forma una parte importante de la historia de la mayoría de los países del mundo. Pero el fenómeno ha sufrido cambios a fines del siglo veinte, debido a los cambios sociales, tecnológicos y económicos que conlleva la globalización. En el mundo globalizado la migración juega un papel crítico en la expansión del comercio mundial, puesto que las personas —con su trabajo— van detrás de los otros factores de producción, como el capital y la tecnología, desplazándose en busca de mejores condiciones.
P: Y así, como en todo el mundo, la migración también juega un papel importante en la historia de Chile, ¿no es cierto?
N: De hecho podemos distinguir tres tendencias con respecto a la migración en Chile. La primera es la inmigración desde países de fuera de la región, como Europa. Alcanzamos el punto más alto de este tipo de inmigración entre los años 1870 y 1910, y luego disminuye a partir de los años cincuenta. Luego, tenemos la emigración de chilenos hacia los Estados Unidos y Europa. Eso comenzó con mayor fuerza hacia 1960 y...
P: Me imagino que otra vez en 1973, después del Golpe de Estado, ¿no?
N: Sí. Pero entonces en vez de emigrar por razones económicas, fue más bien por cuestiones políticas. Y además de desplazarse hacia Estados Unidos y Europa, muchos fueron a países de la región como Argentina y Venezuela.
P: Y supongo que la tercera tendencia es la que vivimos hoy.

N: Pues sí. Hoy el ingreso de inmigrantes viene mayormente de nuestros países vecinos, y la gran mayoría son de Argentina y Perú.

P: Hablemos de la situación de los inmigrantes en nuestro país. ¿No es cierto que nunca hemos tenido políticas claras de inmigración?

N: Es cierto, y es por eso que el gobierno está intentando desarrollar una política migratoria moderna. Unos pasos ya hechos incluyen nuestro apoyo de la Convención Internacional de Protección de los Trabajadores Migrantes y sus Familias. Además constantemente hay reuniones de Comités de Fronteras donde se establecen convenios con nuestros vecinos para facilitar el tránsito de personas por las fronteras.

P: Aunque en el país tenemos inmigrantes de casi todos nuestros países vecinos, se habla mucho más en los últimos años de la inmigración peruana. ¿Cuántos peruanos viven en Chile?

N: Se estima que alrededor de sesenta mil. Y aunque el número es relativamente pequeño en comparación con la población general, el ingreso de peruanos ha aumento rápidamente en los últimos años, tal vez dando la impresión de una inmigración masiva.

P: ¿Hay un gran porcentaje de peruanos indocumentados?

N: Prefiero no usar el término indocumentado. Prefiero el término irregular, lo cual significa una persona que tiene su permiso vencido. Creemos que hay alrededor de ocho mil inmigrantes peruanos irregulares en Chile hoy.

P: ¿Y hay algún grupo de inmigrante que quede excluido del trabajo en nuestro país?

N: Pues el nivel de desempleo o subempleo entre los inmigrantes es igual al nivel para los ciudadanos chilenos. En general todos tienen prácticamente las mismas ventajas y dificultades en acceder a puestos laborales.

P: ¿Podría comentar un poco la situación de acceso a la salud de los inmigrantes?

N: Es muy importante saber que todos los inmigrantes que están trabajando en este país, estén en forma regular o irregular, tienen los mismos derechos de los chilenos. Serán atendidos en los hospitales públicos y en los consultorios.

P: Eso sí que es importante. Bueno, casi se nos acaba el tiempo, pero me gustaría que comentara brevemente lo que usted considera el desafío más significativo en cuanto a la situación de los inmigrantes en nuestro país.

N: Yo creo que lo que más complica el tema de la inmigración, no solamente en este país, sino también en muchos otros, es la sensación que va quedando en la gente de que el inmigrante viene a quitar puestos de trabajo o es persona necesariamente marginal. Y esa sensación es errónea, y lo demuestran claramente las cifras: estas personas vienen a trabajar en trabajos, donde la mayoría de las veces no hay chilenos interesados en esas actividades.

P: ¿Y no cree que en el fondo se trata de racismo?

N: Eh... ¿racismo? Puede que haya algunas situaciones de xenofobia por parte de la población, pero más que nada, como dije, creo que se trata de la ignorancia y una falta de comprensión de la situación actual.

P: Bueno, es por eso que le agradezco mucho esta entrevista. Y con eso se nos acaba el tiempo.

Práctica y expresión 10-15 CD2-16
¡Bienvenido a la Central Itaipú!
Considerada una de las siete maravillas del mundo moderno, la Central Hidroeléctrica de Itaipú está localizada en el Río Paraná, en la frontera entre el Paraguay y el Brasil. Es el resultado de intensas negociaciones entre los dos países, las cuales culminaron en 1973 con el Tratado de Itaipú. La construcción comenzó en 1978 cuando empezaron a construir la presa principal. En 1982, con la conclusión de las obras de la presa de Itaipú, comenzó a ser formado el embalse de la Central. El Lago de Itaipú, con un área de 1.350 Km^2, fue formado en apenas 14 días. Durante la formación del embalse, equipos del sector ambiental de la Itaipú recorrieron en barcos y lanchas toda el área que sería inundada, salvando cientos de especies silvestres de la región en una operación conocida como Mymba Kuera (que en tupí guaraní significa "rescate de animales"). La Central entró en operación en 1984 y aparte de ser la más grande en el mundo, está entre las más avanzadas en el uso racional de su embalse para la producción de energía eléctrica. Hoy en día la Central produce un 95% de la energía consumida en Paraguay y cerca del 20% de la demanda brasileña.

Desde sus comienzos, la Itaipú Binacional ha llevado a cabo varias estrategias para proteger y conservar la biodiversidad y la riqueza natural de la región. Algunos de los esfuerzos cumplidos hasta el momento incluyen la conservación de los bosques nativos existentes, junto con la reforestación de varias áreas que antes habían sufrido el impacto devastador de muchos años de expansión de la industria de la agricultura en la zona. Además, desde 1991 la empresa realiza estudios de los procesos de erosión en las costas del lago. Su preocupación consiste en conocer el avance del desgaste del suelo producido por las olas que chocan contra las orillas del embalse. Hasta ahora sus estudios han demostrado que existe una tendencia hacia la estabilización del proceso con el correr del tiempo.

La empresa dice creer en el lema de que la limpieza comienza en casa, y por eso intenta concienciar a sus empleados sobre la importancia de proteger el medio ambiente. Por ejemplo, su programa "Va y viene" incentiva reducir, reutilizar y reciclar los residuos generados por los procesos productivos de la Central. Como resultado de este programa, 180 toneladas de papel y 10 toneladas de plástico fueron recicladas.

La Central Itaipú es también un destino turístico, ofreciendo a sus visitantes no solamente recorridos de la Central, sino también diversión en el lago, y reservas y refugios biológicos. Cada año la Central recibe más de once millones de visitantes, entre los cuales figuran jefes de estado, ministros, monarcas y celebridades. Esperamos verlo a usted muy pronto.

I lovingly dedicate this book to my parents for all their love and support

JILL

❧

To three of my reasons for living: Tom, Leslie, and Tab

NORMA

❧

To my wife, Sarah, and my daughters, Kate and Annie, for all of their patience and support

BOB

❧

To my wife, Frauke

RAFAEL

❧

To my husband, Mike, and my parents

SUSAN

Rumbos

Jill Pellettieri
Santa Clara University

Norma López-Burton
University of California, Davis

Robert Hershberger
DePauw University

Rafael Gómez
California State University, Monterey Bay

Susan Navey-Davis
North Carolina State University

THOMSON

HEINLE

Australia Brazil Canada Mexico Singapore Spain United Kingdom United States

THOMSON

HEINLE

Rumbos

Pellettieri | López-Burton | Hershberger | Gómez | Navey-Davis

Executive Editor: Carrie Brandon
Acquisitions Editor: Helen Alejandra Richardson
Associate Development Editor: Heather Bradley
Senior Project Manager, Editorial Production: Esther Marshall
Editorial Assistant: Caitlin McIntyre
Marketing Manager: Lindsey Richardson
Marketing Assistant: Marla Nasser
Advertising Project Manager: Stacey Purviance
Managing Technology Project Manager: Sacha Laustsen

Manufacturing Manager: Marcia Locke
Compositor: Pre-Press Company, Inc.
Project Management: Roberta Peach (Pre-Press) & Sharon Inglis
Photo Manager: Sheri Blaney
Photo Reseacher: Billie Porter
Text/Cover Designer: Linda Beaupré
Illustrator: Scott MacNeill
Cover Printer: Phoenix Color
Printer: RR Donnelley & Sons Company

Cover Image: *Le Passage à niveau*, 1919, Fernand Léger (1881–1955 French) Oil on canvas, "© Artists Rights Society (ARS), New York / ADAGP, Paris." Photo: ©Art Institute of Chicago, Illinois/A.K.G., Berlin/SuperStock

Library of Congress Control Number: 2005931105

Student Edition: ISBN 1-4130-1019-9

Thomson Higher Education
25 Thomson Place
Boston, MA 02210-1202
USA

For more information about our products, contact us at:
Thomson Learning Academic Resource Center
1-800-423-0563
For permission to use material from this text or product, submit a request online at **http://www.thomsonrights.com**
Any additional questions about permissions can be submitted by e-mail to **thomsonrights@thomson.com**

Credits appear at the end of the book, which constitutes a continuation of the copyright page.

Brief Contents

Capítulo 1   Envolviéndonos en el mundo hispano

Metas comunicativas	Vocabulario en contexto	Estructuras
• Hablar de dónde vienes • Describir la geografía y el clima de diferentes lugares • Comentar los detalles de tu ascendencia • Hablar de la influencia de los hispanos en los Estados Unidos • Describir festivales que celebran los hispanos en los Estados Unidos	• La geografía y el clima • Los hispanos en los Estados Unidos	• Usos del tiempo presente del indicativo **Un paso más allá** Diferencias entre **ser, estar, tener** y **haber** • Usos de artículos definidos e indefinidos • Concordancia y posición de adjetivos **Un paso más allá** La posición de los adjetivos

Capítulo 2   La familia: Tradiciones y alternativas

Metas comunicativas	Vocabulario en contexto	Estructuras
• Describir a tu familia y las relaciones familiares • Describir los ritos, celebraciones y tradiciones familiares • Narrar en el pasado • Contar y escribir una anécdota sobre ritos y celebraciones en tu familia	• Las familias tradicionales, modernas y alternativas • Ritos, celebraciones y tradiciones familiares	• **Haber** + el participio pasado • Diferencias básicas entre el pretérito y el imperfecto **Un paso más allá** Expresiones de tiempo que requieren o el pretérito o el imperfecto • Más diferencias entre el pretérito y el imperfecto **Un paso más allá** Verbos que cambian de significado en el pretérito

	Rumbo al mundo hispano		
Lecturas	**¡A escribir!**	**Espejos/Video**	**¡Ojo!: Índices de vocabulario y gramática**
Exploración literaria "Es que duele" de *...Y no se lo tragó la tierra* de Tomás Rivera **Estrategia de lectura** Reconocer cognados y palabras derivadas de palabras familiares **Introducción al análisis literario** Identificar voces y personajes **¡A leer!** Entrevista con Francisco Alarcón	El informe **Estrategia de escritura** El proceso de redacción	**Espejos** • Diversidad racial en el mundo hispano • Contribuciones de los hispanos **Video** Sitios latinos de Internet	**Palabras conocidas** *Saludos y despedidas, presentaciones, geografía y clima, festivales, nacionalidades, preposiciones y adverbios de lugar* **Gramática conocida** Subject pronouns Present tense of regular and irregular verbs **Ir a** + infinitive Gender of articles and nouns Personal **a** Contractions Demonstratives

	Rumbo a Guatemala, Honduras y Nicaragua		
Lecturas	**¡A escribir!**	**Espejos/Video**	**¡Ojo!: Índices de vocabulario y gramática**
Exploración literaria "Una Navidad como ninguna otra" de Gioconda Belli **Estrategia de lectura** Usar la idea principal para anticipar el contenido **Introducción al análisis literario** Marcar el desarrollo del argumento **¡A leer!** "*Corpus Christi*: El mico y la paloma, tradición del pueblo católico en Guatemala"	La anécdota personal **Estrategia de escritura** La importancia del lector público y la selección de detalles apropiados	**Espejos** • ¿Qué es una familia? • Una quinceañera **Video** La celebración de la Purísima	**Palabras conocidas** Miembros de la familia, relaciones familiares, celebraciones familiares **Gramática conocida** Preterite verbs Imperfect tense Adverbs of time Time expressions with **hace que** and **llevar, acabar de** Regular and irregular past participles **Saber** and **conocer** **Tener** expressions

Capítulo 3 Explorando el mundo

Metas comunicativas	*Vocabulario en contexto*	*Estructuras*
• Describir las oportunidades de estudiar y viajar en el extranjero • Explicar los trámites para solicitar un programa de intercambio académico • Hacer una llamada telefónica • Describir los modos de transporte y excursiones turísticas • Informarte y comentar sobre precios • Escribir una carta personal	• Estudiar en el extranjero • Viajar en el extranjero	• Las preposiciones **por** y **para** • Verbos reflexivos y recíprocos **Un paso más allá** Verbos con cambios de significado cuando se usan en forma reflexiva • Palabras negativas e indefinidas • Formas comparativas y superlativas **Un paso más allá** Formas comparativas con ciertas preposiciones

Capítulo 4 El ocio

Metas comunicativas	*Vocabulario en contexto*	*Estructuras*
• Opinar sobre actividades de ocio y comida • Hacer, aceptar y rechazar invitaciones • Hablar de la cocina y preparación de comida • Ofrecer y aceptar de comer y beber • Escribir una reseña	• El ocio • La cocina	• Subjuntivo en cláusulas sustantivas **Un paso más allá** El subjuntivo, el indicativo o el infinitivo después de ciertos verbos • La voz pasiva con **ser** • Expresiones impersonales **Un paso más allá** El uso del **se** accidental para comunicar acciones accidentales o no intencionales

Rumbo a México

Lecturas	¡A escribir!	Espejos/Video	¡Ojo!: Índices de vocabulario y gramática
Exploración literaria "Cuando salí de la Habana, válgame Dios" de José Emilio Pacheco **Estrategia de lectura** Identificar palabras por el contexto **Introducción al análisis literario** Establecer temas **¡A leer!** Entrevista con el alumno Enrique Acuña de Relaciones Internacionales, desde Rouen, Francia	La carta personal **Estrategia de escritura** Diccionarios bilingües tradicionales y electrónicos	**Espejos** • La UNAM y la UAG • Explorando el mundo precolombino **Video** Manifestación de estudiantes	**Palabras conocidas** Cursos y especializaciones, edificios universitarios, lugares en el pueblo, viajar en avión, reservaciones de hotel **Gramática conocida** Common verbs with prepositions Common reflexive verbs Reflexive pronouns Negation Superlative adjectives Possessive adjectives and pronouns

Rumbo a Cuba, Puerto Rico y República Dominicana

Lecturas	¡A escribir!	Espejos/Video	¡Ojo!: Índices de vocabulario y gramática
Exploración literaria "De bípeda desplumada a Escritora Puertorriqueña" de Ana Lydia Vega **Estrategia de lectura** Reconocer la función de un texto **Introducción al análisis literario** Comprender las intenciones de la autora en el ensayo **¡A leer!** Reseña de *Antes que anochezca*	La reseña **Estrategia de escritura** La revisión de forma	**Espejos** • ¿A qué hora empieza el partido? / Un concepto diferente del tiempo • ¡Para chuparse los dedos! **Video** Campeones mundiales de salsa	**Palabras conocidas** Deportes, pasatiempos, comidas, bebidas, cómo pedir en un restaurante **Gramática conocida** Present subjunctive forms Past participles

Capítulo 5   La imagen: Percepción y realidad

Metas comunicativas	Vocabulario en contexto	Estructuras
• Describir las características físicas y la personalidad de otras personas • Describir la ropa y comentar las tendencias de moda • Expresar preferencias sobre la moda • Escribir una biografía	• La apariencia física y el carácter • La moda y la expresión personal	• Pronombres de objeto directo **Un paso más allá** El uso de pronombres de objeto directo y otros pronombres juntos • Pronombres de objeto indirecto • Verbos como **gustar** **Un paso más allá** Pronombres de objeto dobles

Capítulo 6   Explorando tu futuro

Metas comunicativas	Vocabulario en contexto	Estructuras
• Hablar de la búsqueda de trabajo • Describir las oportunidades para trabajar y prestar servicio en el extranjero • Manejar la conversación durante una entrevista • Hacer una llamada telefónica formal • Escribir una carta de presentación	• La búsqueda de trabajo • El voluntariado	• El futuro y el condicional **Un paso más alla** Sustitutos para el tiempo futuro • Mandatos formales e informales **Un paso más allá** Posición de los pronombres con mandatos

Rumbo a España

Lecturas	¡A escribir!	Espejos/Video	¡Ojo!: Índices de vocabulario y gramática
Exploración literaria "La gloria de los feos" de Rosa Montero **Estrategia de lectura** Usar la estructura de los párrafos para diferenciar entre ideas principales e ideas subordinadas **Introducción al análisis literario** Determinar la voz narrativa y el punto de vista **¡A leer!** "Javier Bardem, ternura tras rudos rasgos"	La descripción biográfica **Estrategia de escritura** La revisión de forma II: Gramática	**Espejos** • Nuestra imagen y los piropos • El destape: ¿con ropa o sin ropa? **Video** La anti-moda	**Palabras conocidas** Partes del cuerpo, adjetivos descriptivos, ropa: tejidos, complementos **Gramática conocida** Direct object pronouns Indirect object pronouns Pronouns as objects of prepositions Verbs commonly used with indirect object pronouns Placement of double object pronouns

Rumbo a Costa Rica, El Salvador y Panamá

Lecturas	¡A escribir!	Espejos/Video	¡Ojo!: Índices de vocabulario y gramática
Exploración literaria "Flores de volcán" de Claribel Alegría **Estrategia de lectura** Clarificar el significado al entender la estructura de la oración **Introducción al análisis literario** Comprender el lenguaje poético **¡A leer!** "Un mes inolvidable"	La carta de presentación **Estrategia de escritura** El uso de los conectores para lograr la cohesión en el texto	**Espejos** • En busca de trabajo • El arzobispo Óscar Romero, un voluntario involuntario **Video** Maquiladoras en El Salvador	**Palabras conocidas:** Profesiones y oficios, descripciones de puestos, búsqueda del trabajo **Gramática conocida** Future and conditional forms Review of command forms

Capítulo 7 Derechos y justicia

Metas comunicativas	Vocabulario en contexto	Estructuras
• Hablar de las luchas por los derechos • Expresarte ante situaciones desagradables • Comentar y expresar tus opiniones sobre el crimen y la justicia • Describir y opinar sobre un juicio • Escribir un reportaje	• La lucha por los derechos • El derecho a la justicia	• El subjuntivo en cláusulas adjetivales **Un paso más allá** El subjuntivo versus el indicativo después de expresiones indefinidas • El subjuntivo en cláusulas adverbiales **Un paso más allá** El subjuntivo después de expresiones indefinidas

Capítulo 8 La expresión artística

Metas comunicativas	Vocabulario en contexto	Estructuras
• Hablar de las artes plásticas • Describir la literatura • Expresar tus reacciones a la literatura • Escribir un poema	• La expresión artística: Artes plásticas • El mundo de las letras	• El imperfecto del subjuntivo • El uso del subjuntivo en cláusulas condicionales con **si** **Un paso más allá** El subjuntivo versus el indicativo en cláusulas con **si** • Pronombres relativos **Un paso más allá** Los usos de **lo que, lo cual** y **cuyo(a/os/as)**

Rumbo a Ecuador, Perú y Bolivia			
Lecturas	*¡A escribir!*	*Espejos/Video*	*¡Ojo!: Índices de vocabulario y gramática*
Exploración literaria "Entre dos luces" de César Bravo **Estrategia de lectura** Separar los hechos de las opiniones **Introducción al análisis literario** Comprender las convenciones teatrales **¡A leer!** "La ordenanza del ruido pasa el primer debate"	El reportaje **Estrategia de escritura** Las citas directas e indirectas	**Espejos** • La situación indígena • Las líneas de Nazca **Video** Manifestaciones en Ecuador	**Palabras conocidas** Partidos políticos, elecciones, problemas cívicos **Gramática conocida** Personal **a** Negative and indefinite words Conjunctions Interrogative words

Rumbo a Colombia y Venezuela			
Lecturas	*¡A escribir!*	*Espejos/Video*	*¡Ojo!: Índices de vocabulario y gramática*
Exploración literaria "El insomne" de Eduardo Carranza **Estrategia de lectura** Reconocer la función de una palabra como indicio de su significado **Introducción al análisis literario** La alegoría **¡A leer!** "Fernando Botero retrata la guerra en Colombia en una nueva exposición"	La expresión poética: Pintando con palabras **Estrategia de escritura** La descripción y el lenguaje descriptivo	**Espejos** • La arquitectura venezolana a través de los años • Rómulo Gallegos **Video** Conozcamos Cali	**Palabras conocidas** Las artes, las letras, películas, televisión **Gramática conocida** Past subjunctive forms Conditional tense Present perfect tense Commands Preterite tense Imperfect tense Past perfect tense Pronouns

Capítulo 9   Tecnología: ¿Progreso?

Metas comunicativas	*Vocabulario en contexto*	*Estructuras*
• Comentar y explicar los inventos históricos y actuales • Describir las cuestiones éticas que conlleva la alta tecnología • Conversar sobre temas controvertidos • Escribir un ensayo expositivo	• Los inventos de ayer y hoy • La tecnología y la ciencia	• El presente perfecto del subjuntivo y el pluscuamperfecto del subjuntivo **Un paso más allá** Distinguir entre el subjuntivo del presente perfecto, el subjuntivo del pluscuamperfecto y otras formas del subjuntivo • El futuro perfecto y el condicional perfecto

Capítulo 10 Retos sociales y ambientales

Metas comunicativas	*Vocabulario en contexto*	*Estructuras*
• Describir los temas sociales y ambientales conectados con la globalización • Analizar el impacto de la globalización en el medio ambiente • Elaborar y defender una opinión sobre temas sociales y ambientales • Escribir un ensayo argumentativo	• Los desafíos sociales de la globalización • La ecología global	• Los tiempos progresivos **Un paso más allá** El participio presente versus el infinitivo • Repaso de los tiempos verbales

Rumbo a Argentina y Uruguay

Lecturas	¡A escribir!	Espejos/Video	¡Ojo!: Índices de vocabulario y gramática
Exploración literaria "Vacío era el de antes" de Luisa Valenzuela **Estrategia de lectura** Identificar el tono **Introducción al análisis literario** La ironía y la sátira **¡A leer!** "Una encuesta de la Universidad Argentina de la Empresa (UADE): realizada en Capital y GBA. El celular estrecha los lazos familiares" por Fabiola Czubaj	La exposición **Estrategia de escritura** El ensayo expositivo	**Espejos** • Caceroladas en el Internet • Tradición y tecnología en la agricultura **Video** Cementerio virtual	**Palabras conocidas** La computadora, los aparatos electrónicos **Gramática conocida** Past participles Perfect tenses

Rumbo a Chile y Paraguay

Lecturas	¡A escribir!	Espejos/Video	¡Ojo!: Índices de vocabulario y gramática
Exploración literaria "La última niebla" de María Luisa Bombal **Estrategia de lectura** Reconocer palabras conectivas **Introducción al análisis literario** Estrategias para acercarse a narrativas más largas **¡A leer!** "Mapuches, discriminación y basura" por Alejandro Navarro Brain	La argumentación **Estrategia de escritura** Cómo escribir un ensayo argumentativo	**Espejos** • Paraguay, un país bilingüe • Los cartoneros y el reciclaje en Chile **Video** Mapuches: Concierto y miseria	**Palabras conocidas** Ecología **Gramática conocida** Verb tenses Present progressive tense Present and past participles Direct and indirect object pronouns Reflexive pronouns Perfect tenses

Acknowledgments

Rumbos is the product of many years of experience, several years of creative and dedicated collaboration among coauthors and colleagues, and the unending support of family and friends.

The *Rumbos* authors would like to thank Helen Richardson, Senior Acquisitions Editor, for her hard work, motivation, and dedication to the success of this project, as well as Heather Bradley, Associate Development Editor, who has been instrumental in guiding our project to publication. Esther Marshall, Senior Production Project Manager, is also very deserving of our gratitude and special thanks for her meticulous work, reflected throughout the book. We additionally offer our sincere thanks to Lindsey Richardson, Marketing Manager, Sacha Laustsen, Managing Technology Project Manager, Rachel Bairstow, Technology Assistant, and Ken Cargile, Assistant Producer on the CNN™ Production team. Furthermore, we appreciate Caitlin McIntyre and Yasuko Okada's skillful coordination of the program's ancillaries.

We would like to recognize and thank our colleagues who have created and contributed to the ancillary program. Their pedagogical and creative talents have added greatly to the completeness of our program: James Abraham at Glendale Community College (CD-ROM and Diagnostic quizzes), Don Miller at California State University-Chico (web exploration activities and web links), Jeff Longwell at New Mexico State University (web quizzes), and Florencia Henshaw at California State University-San Marcos (Testing Program).

The *Rumbos* authors would also like to express our deepest gratitude to our loved ones, who have supported us throughout the long work hours, frustrations, and joys that this project has brought all of us.

Finally, we would like to again thank Caitlin McIntyre, Heinle Editorial Assistant, for coordinating the review process of our program, and our many reviewers, who graciously took the time to provide us with insightful comments and critiques that helped to shape this program. We hope that the final product will serve you and your students well.

Joseph Agee, *Morehouse College*
Esther Alonso, *Southwestern College*
Rebecca Anderson, *Santa Monica College*
Gunnar Anderson, *State University of New York-Potsdam*
Debra D. Andrist, *University of St. Thomas*
Ines Arribas, *Bryn Mawr College*
Barbara Ávila-Shah, *University of Buffalo-SUNY*
Ann Baker, *University of Evansville*
Mary Baldridge, *Carson-Newman College*
Paul Bases, *Martin Luther College*
Lisa Blair, *Shaw University*
Mayra Bonet, *Texas A&M University*
María José Bordera-Amerigo, *Randolph-Macon College*
Dennis Bricault, *North Park University*
Alan Bruflat, *Wayne State College*
Elizabeth Bruno, *University of North Carolina-Chapel Hill*
Lourdes Bueno, *Austin College*
Flor María Buitrago, *Muhlenberg College*
Luis C. Cano, *University of Tennessee-Knoxville*
Margarita Casas, *Linn-Benton Community College*
Milagros López-Pelaez Casellas, *Mesa Community College*
Marco Tulio Cedillo, *Lynchburg College*
Chyi Chung, *Northwestern University*
Thomas A. Claerr, *Henry Ford Community College*
Roberto J. Vela Córdova, *Texas A & M University-Kingsville*
Robert L. Colvin, *Brigham Young University-Idaho*
Norma Corrales, *Clemson University*
Xuchitl Coso, *Georgia Perimeter College*
Sister M. Angela Cresswell, *University of South Florida*
Gerardo Cruz, *Cardinal Stritch University*
Marcus Dean, *Houghton College*
Lee Denzer, *Black Hawk College East Campus*

Sarah J. DeSmet, *Wesleyan College*
Deborah Doughert, *Alma College*
Douglas Duno, *Chaffey College*
Dolores Durán-Cerda, *Pima Community College-Downtown*
Nancy Joe Dyer, *Texas A&M University*
Addison Everett, *Dixie State College*
Jose Antonio Fabres, *College of Saint Benedict/Saint John's University*
Mary Fatora-Tumbaga, *Kauai Community College*
Ronna Feit, *Nassau Community College*
Fernando Feliu-Moggi, *University of Colorado-Colorado Springs*
Mila Sánchez García, *Southern Methodist University*
Jill R. Gauthier, *Miami University-Hamilton*
Caroline Gear, *International Language Institute of Massachusetts*
Susana González, *Golden West College*
Lucila González-Cirre, *Cerro Coso Community College*
Andrew Gordon, *Mesa State College*
Curtis D. Goss, *Southwest Baptist University*
Frozina Goussak, *Collin County Community College District*
Sara Griswold, *Augusta State University*
Margaret B. Haas, *Kent State University*
Mark Harpring, *University of Puget Sound*
Dennis Harrod, *Syracuse University*
Denise Hatcher, *Aurora University*
Nancy Hayes, *Grinnell College*
Marina Herbst, *University of Georgia*
Oscar Hernández, *South Texas College*
Betty Heyder, *Lindenwood University*
Lidia I. Hill, *California State University-Los Angeles*
Jerry Hoeg, *Pennsylvania State University*

Patricia Gutiérrez Horner, *Stanly Community College*

Carolina Ibáñez-Murphy, *Pima Community College-Downtown*

Margarita R. Jácome, *University of Iowa*

Nancy Jager, *State University of New York-Fredonia*

Lourdes N. Jiménez, *Saint Anselm College*

Herminia Jiménez-Kerr, *University of California-Berkeley*

Peggy Jones, *Prairie State College*

Kathleen Johnson, *University of North Carolina-Chapel Hill*

Robert J. Kahn, *Millsaps College*

Ruth Kauffmann, *William Jewell College*

Victoria L. Ketz, *Iona College*

Manel Lacorte, *University of Maryland*

Mayte de Lama, *Elon University*

Bevernly C. Leetch, *Towson University*

Annette B. Lemons, *College of the Ozarks*

Frederic Leveziel, *Southern Illinois University-Edwardsville*

Bob Lewis, *Limestone College*

Lydia Llerena, *Rio Hondo College*

Iraida López, *Ramapo College of New Jersey*

María Luque-Eckrich, *DePauw University*

Julia Cardona Mack, *University of North Carolina-Chapel Hill*

Alison Maginn, *Monmouth University*

Enrique Manchón, *University of British Colombia*

H.J. Manzari, *Worcester Polytechnic Institute*

Delmarie Martínez, *Nova Southeastern University*

Sergio Martínez, *San Antonio University*

Ellen Mayock, *Washington and Lee University*

Timothy McGovern, *University of California-Santa Barbara*

Lisa Volle McQueen, *Central Texas College*

Jerome Miner, *Knox College*

Montserrat Mir, *Illinois State University*

Phyllis Mitchell, *Wheaton College*

Tim Mollett, *Ohio University Southern*

Katya Monge-Hall, *Pacific University*

José Morillo, *Marshall University*

Frank A. Morris, *University of Miami*

John A. Morrow, *Northern State University*

Felicidad Obregón, *Drew University*

Maritza Osuna, *Union College*

Fernando Palacios, *University of Alabama*

María Pao, *Illinois State University*

Osvaldo Parrilla, *Barton College*

Antonio F. Pedrós-Gascón, *The Ohio State University*

Teresa Pérez-Gamboa, *University of Georgia*

Inmaculada Pertusa, *University of Kentucky*

Anna Marie Pietrolonardo, *Illinois Valley Community College*

Ana Pittardi, *Eastfield College*

Mirta Pimentel, *Moravian College*

Enida Pugh, *Valdosta State University*

Bel Quiros-Winemiller, *Glendale Community College*

Lea Ramsdell, *Touson University*

Sherrie Ray, *University of Arkansas at Little Rock*

John Reed, *Saint Mary's University of Minnesota*

Ray S. Renteria, *Kingwood College/Sam Houston State University*

Jose E. Reyes, *Marywood University*

Valerie Rider, *University of North Carolina-Wilmington*

John T. Riley, *Fordham University*

Melinda Ristvey, *Slippery Rock University*

David A. Rock, *Brigham Young University-Idaho*

Sharon Robinson, *Lynchburg College*

Ann Rodríguez, *Magnificat High School*

Debra M. Rodríguez, *Hiram College*

Emily Scida, *University of Virginia*

Albert Shank, *Scottsdale Community College*

Joshua J. Thomas, *University of Iowa*

Julio Torres-Recinos, *University of Saskatchewan*

Laura Trujillo, *University of Tennessee*

Renee Turner, *St. Anselm College*

Nicholas J. Uliano, *Cabrini College*

Dana Ward, *Pitzer College*

Helen Webb, *University of Pennsylvania*

Nancy Whitman, *Los Medanos College*

Jamey Widener, *North Carolina State University*

Jonnie Wilhite, *Kalamazoo Valley Community College*

Tracey Van Bishop, *New York University*

Michelle Johnson Vela, *Texas A&M University-Kingsville*

U. Theresa Zmurkewycz, *St. Joseph's University*

And a special thanks to our class testers:

Douglas Duno, *Chaffey College*

María Luque-Eckrich, *DePauw University*

Jim Rambo, *DePauw University*

Melinda Ristvey, *Slippery Rock University*

Sharon Robinson, *Lynchburg College*

Jamey Widener, *North Carolina State University*

MAR CARIBE

Barranquilla
Cartagena
Maracaibo
Caracas
Puerto de España
TRINIDAD Y TOBAGO

OCÉANO ATLÁNTICO

Medellín
Manizales
Bogotá
Cali
COLOMBIA
R. Orinoco
VENEZUELA

Georgetown
GUYANA
Paramaribo
SURINAM
Cayenne
GUAYANA
FRANCESA

ECUADOR

Quito
Guayaquil
ECUADOR
Iquitos
PERÚ

R. Amazonas
Manaus
Belem

R. Madeira
BRASIL

Recife

Cajamarca
Machu Picchu
Lima
Ayacucho
Cuzco
L. Titicaca
BOLIVIA
Arequipa
La Paz
Arica
Sucre
Iquique
Potosí

Brasilia

Salvador

Belo Horizonte

OCÉANO PACÍFICO
Antofagasta

São Paulo
Río de Janeiro
Santos

PARAGUAY
Salta
Asunción
CHILE
Tucumán

R. Paraná
R. Uruguay
Porto Alegre

Córdoba
Valparaíso
Mendoza
Rosario
URUGUAY
Santiago
Buenos Aires
Montevideo
Concepción
La Plata
Río de la Plata
ARGENTINA

TRÓPICO DE CAPRICORNIO

Bahía Blanca

Puerto Montt

CORDILLERA DE LOS ANDES

0   200   400   600   800 millas
0   200 400 600 800 kilómetros

ISLAS MALVINAS

Punta Arenas
TIERRA DEL FUEGO
Cabo de Hornos
Estrecho de Magallanes

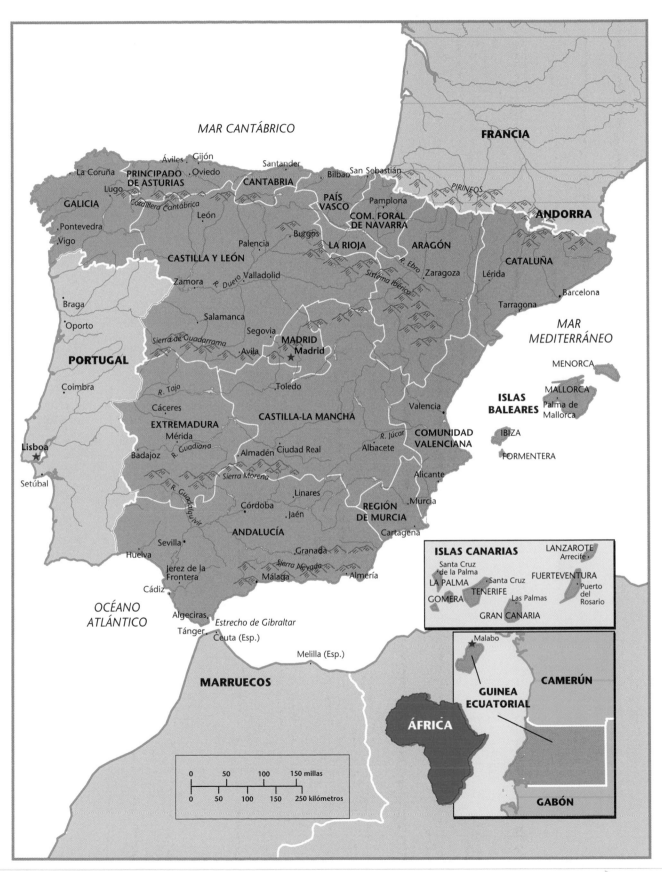

MAR CANTÁBRICO

FRANCIA

Áviles Gijón
La Coruña Oviedo Santander
PRINCIPADO San Sebastián
DE ASTURIAS Bilbao
Lugo CANTABRIA PAÍS PIRINEOS
GALICIA VASCO Pamplona ANDORRA
Cordillera Cantábrica COM. FORAL
León DE NAVARRA
Pontevedra Palencia Burgos LA RIOJA ARAGÓN CATALUÑA
Vigo CASTILLA Y LEÓN R. Ebro Zaragoza Lérida
Zamora R. Duero Valladolid Sistema Ibérico Barcelona
Braga Tarragona
Oporto Salamanca Segovia MAR
Sierra de Guadarrama MADRID MEDITERRÁNEO
PORTUGAL Ávila Madrid
Coimbra R. Tajo Toledo MENORCA
Cáceres Valencia MALLORCA
EXTREMADURA CASTILLA-LA MANCHA ISLAS Palma de
Mérida R. Júcar COMUNIDAD BALEARES Mallorca
Lisboa Badajoz R. Guadiana Almadén Ciudad Real Albacete VALENCIANA IBIZA
Setúbal Sierra Morena FORMENTERA
R. Guadalquivir Linares Alicante
Córdoba Murcia
OCÉANO Jaén REGIÓN ISLAS CANARIAS LANZAROTE
ATLÁNTICO ANDALUCÍA DE MURCIA Arrecife
Sevilla Granada Cartagena Santa Cruz Santa Cruz FUERTEVENTURA
Huelva Sierra Nevada Almería de la Palma Puerto
Jerez de la Málaga LA PALMA TENERIFE del
Frontera GOMERA Las Palmas Rosario
Cádiz GRAN CANARIA
Algeciras Estrecho de Gibraltar
Tánger Ceuta (Esp.) Malabo
Melilla (Esp.) CAMERÚN
GUINEA
MARRUECOS ECUATORIAL
ÁFRICA
GABÓN

0   50   100   150 millas
0   50   100   150   250 kilómetros

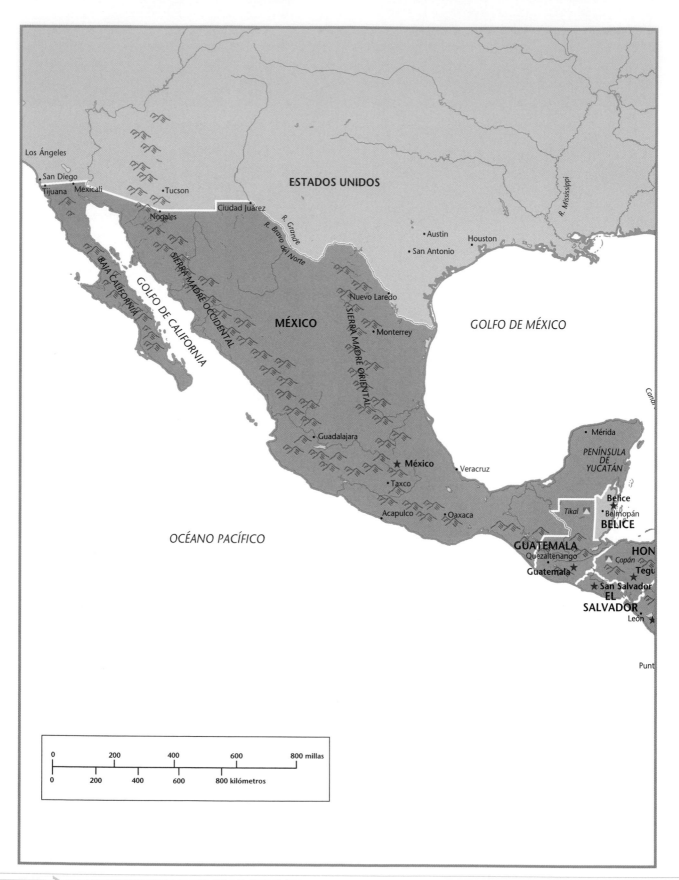

Los Ángeles

San Diego
Tijuana
Mexicali
•Tucson
Nogales
Ciudad Juárez

ESTADOS UNIDOS

•Austin
•San Antonio

Houston

R. Mississippi

R. Grande
R. Bravo del Norte

Nuevo Laredo

•Monterrey

MÉXICO

SIERRA MADRE OCCIDENTAL

SIERRA MADRE ORIENTAL

BAJA CALIFORNIA

GOLFO DE CALIFORNIA

GOLFO DE MÉXICO

•Guadalajara

★ **México**

•Veracruz

•Taxco

Acapulco•

•Oaxaca

•Mérida

PENÍNSULA DE YUCATÁN

Belice ★
•Belmopán
BELICE

Tikal ▲

Canal

GUATEMALA
Quezaltenango•
▲ *Copán*

Guatemala ★

HON
Tegu
★

★ San Salvador
EL
SALVADOR

León• ★

Punt

OCÉANO PACÍFICO

0   200   400   600   800 millas

0   200   400   600   800 kilómetros

OCÉANO ATLÁNTICO

Miami •

Estrecho de Florida

LAS BAHAMAS

La Habana ★ • Matanzas
• Pinar del Río
• Cienfuegos
de Yucatán
• Camagüey
CUBA
Santiago de Cuba • • Guantánamo

REPÚBLICA
DOMINICANA

HAITÍ
Port-au-Prince • • Santo Domingo

PUERTO RICO
San Juan ★
Mayagüez • • Ponce

ISLAS VÍRGENES

ANTIGUA

GUADALUPE

DOMINICA

MARTINICA

SANTA LUCÍA

SAN VICENTE

ANTILLAS MENORES

BARBADOS

★ Kingston

JAMAICA

MAR DEL CARIBE

DURAS

cigalpa

NICARAGUA

Managua
L. de Nicaragua

COSTA RICA
arenas ★ San José

PANAMÁ

Canal de Panamá
Colón
★ Panamá

GOLFO
DE
PANAMÁ

ARUBA
CURAÇAO
BONAIRE

ISLA DE MARGARITA

GRANADA

TRINIDAD
Y
TOBAGO
Puerto de España

★ Caracas

VENEZUELA
R. Orinoco

COLOMBIA

R. Magdalena

★ Bogotá

GUYANA

BRASIL

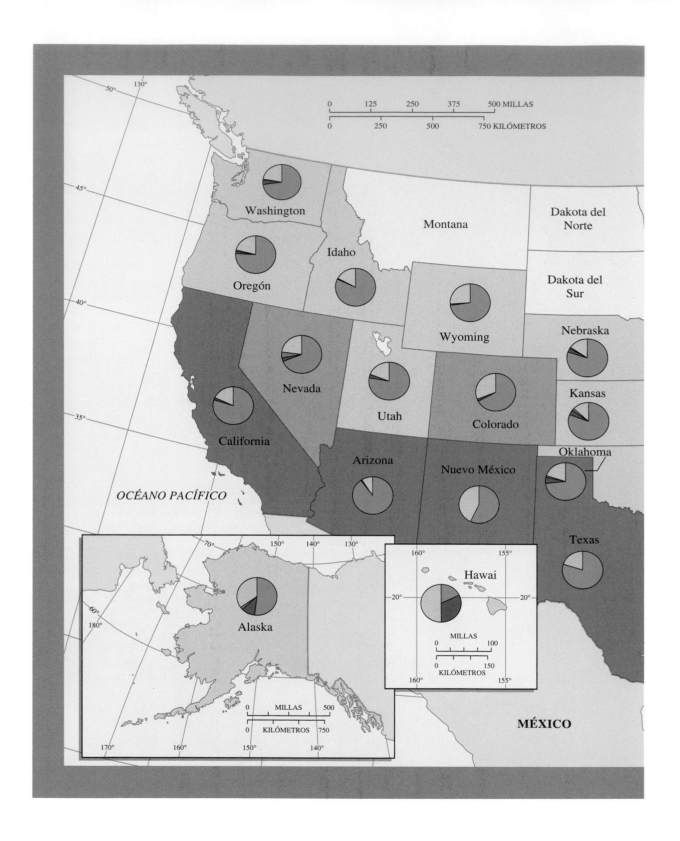

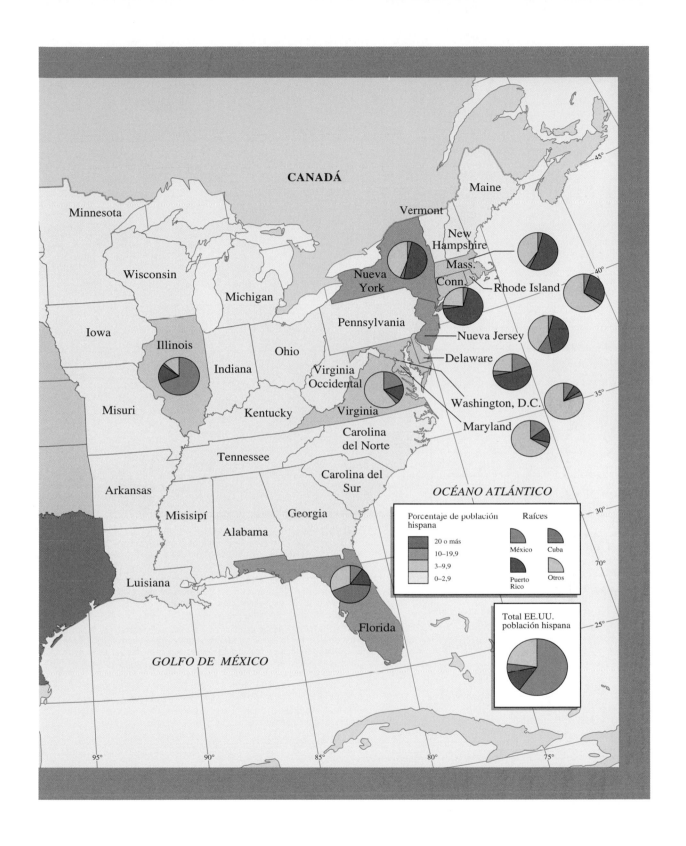

CANADÁ

Minnesota

Wisconsin

Michigan

Iowa

Illinois

Indiana

Ohio

Pennsylvania

Nueva
York

Maine

Vermont

New
Hampshire

Mass.

Conn.

Rhode Island

Nueva Jersey

Delaware

Washington, D.C.

Maryland

Misuri

Kentucky

Virginia
Occidental

Virginia

Carolina
del Norte

Tennessee

Carolina del
Sur

Arkansas

Misisipí

Georgia

Alabama

OCÉANO ATLÁNTICO

Luisiana

Florida

GOLFO DE MÉXICO

Porcentaje de población
hispana

20 o más

10–19,9

3–9,9

0–2,9

Raíces

México   Cuba

Puerto
Rico   Otros

Total EE.UU.
población hispana

Capítulo 1

RUMBO AL MUNDO HISPANO

Metas comunicativas

En este capítulo vas a aprender a...

- hablar de dónde vienes
- describir la geografía y el clima de diferentes lugares
- comentar los detalles de tu ascendencia
- hablar de la influencia de los hispanos en los Estados Unidos
- describir festivales que celebran los hispanos en los Estados Unidos

Estructuras

- Usos del tiempo presente del indicativo
- Diferencias entre **ser, estar, tener** y **haber**
- Usos de artículos definidos e indefinidos
- Concordancia y posición de adjetivos

Cultura y pensamiento crítico

En este capítulo vas a aprender sobre...

- la variedad racial en los países de habla hispana
- la contribución de los hispanos que viven en los Estados Unidos
- los lazos históricos entre el mundo hispano y los Estados Unidos

Track 6

ESPAÑA
Mar Cantábrico
FRANCIA
PORTUGAL
Barcelona
Madrid
Lisboa
Valencia
ISLAS BALEARES
Medi
Sevilla
Granada
Población en julio 2002
Océano Atlántico
MARRUECOS

N O R T E A M É R I C A

MÉXICO
103.400.165

Golfo de México

México D.F.

PENÍNSULA DE YUCATÁN

La Habana

CUBA
11.224.321

LA REPÚBLICA DOMINICANA
8.721.594

San Juan

Santo Domingo

PUERTO RICO
3.957.988

Mar Caribe

Océano Pacífico

GUATEMALA
13.314.079

Guatemala

HONDURAS
6.560.608

Tegucigalpa

San Salvador

EL SALVADOR
6.353.681

Managua

NICARAGUA
5.023.818

CANAL DE PANAMÁ

San José

COSTA RICA
3.834.934

PANAMÁ
2.882.329

Panamá

VENEZUELA

COLOMBIA

Población en julio de 2002

TEACHING TIP 1-1 Assign part of the activity to be done as homework before class. Encourage students to recall what they know about the Spanish-speaking world and to think about the questions in **Paso 2**. Class time can then be used to share perceptions in a class discussion.

TEACHING TIP 1-1 The aim of this exercise is to help students activate their knowledge about different aspects of the Spanish-speaking cultures. Ask for and write responses on the board. Find out if any students in the class have been to any Spanish-speaking country and ask questions about their experiences.

TEACHING TIP 1-2 Before listening to the text, use transparency A-3 to review with students the following questions: **¿Dónde están Puerto Rico y Cuba?** [en el Caribe] **¿Dónde se encuentra la ciudad de San Agustín?** [en la Florida] **¿Qué son las misiones?** [asentamientos fundados por religiosos españoles en partes de Texas, Nuevo México y California] Allow students to listen to the selection at least 2 times. Have them refer to the maps and the time line to confirm information mentioned in the text.

HERITAGE LEARNERS 1-2 Have heritage learners share information about their families and their homelands.

El mundo hispano						
	1325 Los aztecas fundan Tenochtitlán	**1535** Creación del Virreinato de la Nueva España				**1846** Guerra entre los Estados Unidos y México
1325	**1510**	**1535**	**1565**	**1605**	**1775**	**1845**
Es la tierra de los Sioux, Cherokee, Apache, Iroquois, Navajos, Chippewa, Pueblo y muchas tribus más	**1513** Juan Ponce de León llega a la Florida	**1565** Los españoles establecen San Agustín en la Florida	**1607** Inmigrantes de Inglaterra establecen Jamestown en Virginia	**1776** Las trece colonias se declaran independientes		**1848** Tratado de Guadalupe Hidalgo
Los Estados Unidos						

Envolviéndonos en el mundo hispano

John
Leguizamo

Marc
Anthony

George
Santayana

Marcando el rumbo

1-1 Envolviéndonos en el mundo hispano

Paso 1: Mira el mapa de España y Latinoamérica, la cronología histórica y las fotos. Con un(a) compañero(a), haz una lista de personajes, hechos históricos, lugares geográficos, culturas y el clima que ustedes asocian con el mundo hispano. Luego, utiliza la lista para comentar con tu compañero(a) sobre la imagen que ustedes tienen del mundo hispano. Después de comentar sus percepciones, escriban una lista de algunas de sus ideas.

Paso 2: Con un(a) compañero(a), determina si las siguientes ideas sobre el mundo hispano y su gente son ciertas o falsas. Si son falsas, corrígelas y escribe lo que te parezca correcto.

1. Todos los latinoamericanos son morenos.
2. Los puertorriqueños son ciudadanos estadounidenses.
3. El Caribe y Centroamérica se encuentran en áreas propensas a huracanes.
4. La Ciudad de México es una de las ciudades más grandes del mundo.
5. En los países del mundo hispano se habla sólo un idioma, el español.

ANSWERS 1-2. 1. F – Fueron los españoles. 2. C 3. F – Los estadounidenses y los mexicanos lucharon. 4. F – España perdió a Puerto Rico y Cuba en 1898.

1-2 Los lazos históricos que nos unen Vas a escuchar una descripción de las conexiones entre la historia de los Estados Unidos y la del mundo hispano.

CD1-2

Paso 1: Escucha la siguiente descripción de ciertos aspectos de la historia del continente americano y toma notas: Los españoles; Las guerras; Las huellas de la influencia mutua.

Paso 2: ¿**Cierto o falso?** Lee las siguientes oraciones e indica si son ciertas o falsas. Si la oración es falsa, corrígela.

1. Los primeros europeos en explorar los Estados Unidos fueron los ingleses.
2. Una de las ciudades más antiguas de los Estados Unidos fue fundada por españoles.
3. Los españoles y estadounidenses lucharon en una guerra en 1846.
4. México perdió a Puerto Rico y Cuba en la guerra de 1898.

Paso 3: ¿**Qué opinas?** En tu opinión, ¿existen o no nexos importantes entre las culturas del mundo hispano y de los Estados Unidos? Con un(a) compañero(a), trata de identificar por lo menos tres razones que apoyen tu opinión.

ANSWERS 1-1 1. F – Latinoamérica tiene una gran diversidad de personas de todos los colores de piel. 2. C 3. C 4. C 5. F – El mundo hispano tiene cientos de idiomas.

1860	1900	1910	1935	1940	1945	1950	1960	1965

1898 Guerra entre los Estados Unidos y España

1910 Revolución mexicana

1936–39 Guerra civil española

1959 Revolución cubana

1965 Los Estados Unidos invade la República Dominicana

1861–1865 Guerra civil

1898 Guerra con España

1941 Los Estados Unidos entra en la Segunda Guerra Mundial

1948 Se establece la Organización de Estados Americanos (OAS)

Vocabulario en contexto

La geografía y el clima

CASA INTERNACIONAL

¡Les damos la bienvenida a los nuevos residentes latinos!

Vicenta Mamani

¡Saludos a todos! Me llamo Vicenta Mamani y vengo de Bolivia. Mi familia es de **ascendencia indígena** y hablo español y aymara. Vivimos en Copacabana, un pueblo que está **situado** en el **altiplano** de Bolivia en la **cordillera** de los Andes. Aparte del nombre, Copacabana no tiene nada que ver con la metrópolis brasileña. Mi pueblo es un sitio tranquilo que está **en el borde** del lago Titicaca. A pesar de que Copacabana queda a unos 3.800 metros de **altura,** tenemos un clima moderado y pasamos muchos días **soleados.** Creo que **las puestas del sol** sobre el lago son las mejores en el mundo. Tengo muchas ganas de conocerlos y **compartir** más sobre mi querida Bolivia con Uds.

Javier Rosenbrock Spinetta

Hola. Soy Javier Rosenbrock Spinetta, Javi para mis amigos. Soy de Argentina, de la ciudad de San Carlos de Bariloche. Es una ciudad **encantadora** con muchos **atractivos** de interés. Está **situada** entre los Andes y el **desierto** de la Patagonia en la Provincia de Río Negro y allá **gozamos** de una increíble belleza natural, sobre todo en el invierno cuando **nieva.** Justo **en las afueras** de mi ciudad queda el **Cerro** Catedral, el más famoso centro de esquí de Sudamérica, y ¡claro que me encanta esquiar y hacer *snowboard!* Pero también disfruto mucho los veranos de nuestro clima **montañoso.** Me encantaría contarles más de mi tierra y también aprender de la suya. ¡Chau!

ilrn ¡OJO! Don't forget to consult the **Índice de palabras conocidas**, p. A1, to review vocabulary related to greetings, geography, weather and the seasons, and adverbs and prepositions of location.

> Other words and phrases related to topography and geography are cognates of English words: **el continente** (continent), **la costa** (coast), **el glaciar** (glacier), **la laguna** (lagoon), **la provincia** (province), **la región** (region), **la sierra** (sierra).

Para hablar de dónde vienes

el condado	county
antiguo(a)	old
nacer	to be born

Para describir la geografía y el clima de un sitio

el acantilado	cliff
el amanecer	sunrise
la bahía	bay
el chubasco	heavy rain shower
el huracán	hurricane
la isla tropical	tropical island
el Mar Mediterráneo / Mar Caribe	Mediterranean / Caribbean Sea
la neblina	fog
el relámpago	lightning flash
la tormenta	storm
el trueno	thunder
el volcán	volcano
(estar) despejado	(to be) clear (skies)
(ser) húmedo	(to be) humid
plano(a)	flat
rocoso(a)	rocky
(ser) seco(a)	(to be) dry
llover (ue)	to rain
lloviznar	to drizzle

Para enriquecer la comunicación: Para informarse de dónde viene alguien

¿Cuántos habitantes tiene la ciudad?	How many inhabitants does the city have?
¿Cómo es el clima?	What is the climate like?
¿Qué es lo más típico de tu ciudad?	What is the most typical thing of your city?
¿Está a gran distancia de Guadalajara?	Is it very far from Guadalajara?
a mano derecha/izquierda	on the right-hand / left-hand side
a la vuelta de la esquina	around the corner

Práctica y expresión

TEACHING TIP 1–3
Have students listen to the
selection for homework to
prepare to work on production of the
vocabulary in class.

TEACHING TIP 1–3 Play the audio
once and encourage students to listen
for key vocabulary words. After listening, allow students to discuss their
notes and ideas and begin to make
guesses. Play the audio a second time
for students to refine their answers.
Encourage students to use the maps
in the text to help them guess the
destination.

ANSWERS 1–3 Puerto Rico; Drawings
described are 2 and 5

1-3 Vacaciones regaladas Escucha el anuncio de Radio Salsa sobre un concurso para ganar una semana de vacaciones en un lugar del mundo latino. Sólo tienes que adivinar qué destino describe. Mientras escuchas, toma nota de las características geográficas que escuchas y decide cuáles de los siguientes dibujos pueden ser del destino. Después de escuchar, decide qué destino es.

 1.

 2.

 3.

 4.

 5.

ANSWERS 1–4 *Answers may vary;
accept any logical answer. Possible
answers:* 1. clima seco, por no describir un clima tropical 2. trueno, por
ser la única palabra de clima 3. plano,
por no describir una cordillera ni su
clima 4. puesta del sol, por no
describir el volcán

1-4 Una de estas cosas no es como las otras Una palabra de cada lista no encaja con las otras. Comenta el significado de cada palabra con tu compañero(a) y luego determina la conexión entre todas las de la lista. Determina qué palabra no se relaciona con esa conexión.

1. huracán	Mar Caribe	clima seco	lluvia
2. acantilado	bahía	isla	trueno
3. plano	chubasco	cordillera	montañoso
4. volcán	cerro	puesta del sol	altura

TEACHING TIP 1–6 If students do not
have time to research these places,
refer them to the text's maps and ask
them to guess at the geography,
climate, and current weather conditions based on these maps. If
students do research, encourage
them to incorporate more vocabulary
by describing the kinds of attractions
each place offers, etc.

ANSWERS 1–6 *Answers should include
the following details:* 1. ciudad antigua,
en la Sierra (montañas), clima mon-
tañoso/frío 2. en el Mar Caribe, clima
tropical 3. en la cordillera de los
Andes, clima montañoso 4. playa tropical del Océano Pacífico, días soleados y
despejados 5. islas en el Océano
Pacífico, volcanes, clima seco

TEACHING TIP 1–7 This activity
addresses presentational communication. Encourage students to incorporate
all they know related to geography,
weather, activities, etc., and to use
visuals in their presentation, including
maps and images from the Internet.
Also encourage them to watch TV
commercials in Spanish for ideas on
how to structure their commercial.
If students use commands, they may
consult the **Índice de gramática** for
information on their formation.

1-5 Estoy pensando en un sitio... Piensa en tu ciudad o destino favorito en los Estados Unidos. Descríbele ese sitio a tu compañero(a), sin mencionar su nombre. Tu compañero(a) te puede hacer preguntas sobre el sitio también, pero tiene que adivinar *(guess)* su nombre. Tal vez algunas de las siguientes frases sean útiles para su conversación.

Preguntas posibles:	**Si no sabes una palabra:**	**Si no entiendes a tu compañero(a):**
¿En qué estado/condado está?	Es una cosa como…	No entiendo. Repite, por favor.
¿Cómo es el clima allí?	Es parecido(a) a…	¿Cómo?
¿Qué atractivos ofrece?	Está cerca/lejos de…	

1-6 En el mundo hispano Describe todos los aspectos de la geografía y el clima de los siguientes lugares del mundo hispano: Segovia, España; Punta Cana, República Dominicana; Cuzco, Perú; Costa del Sol, El Salvador; Islas Galápagos, Ecuador. Si no conoces algún lugar, puedes buscar la información en la Red. Luego, comenta con tu compañero(a) los lugares que más te interesan visitar.

1-7 Anuncio publicitario Trabaja con tus compañeros(as) para crear un anuncio publicitario para la Oficina de Turismo de uno de los lugares mencionados en la actividad 1–6 (u otro lugar del mundo hispano). Deben incluir todo tipo de información para atraer a los turistas. Van a presentar su anuncio a la clase y la clase va a votar por el mejor anuncio.

Espejos

TEACHING TIP Have students prepare answers to the questions before coming to class. Have them discuss their answers in pairs, then follow with a class discussion. You may also choose to give them time to prepare answers individually in class and follow with pair work and a class discussion.

Diversidad racial en el mundo hispano

El mundo hispano no es homogéneo. Al igual que en los EE.UU., muchos grupos de varios países se establecieron en Latinoamérica. España, Italia, África, Japón, Corea, Portugal, China y Francia, entre otros, contribuyeron a la población latinoamericana y formaron al "latinoamericano". En países que tocan el Mar Caribe, como Venezuela, Colombia, Panamá, Costa Rica, Honduras, Cuba, República Dominicana y Puerto Rico, debido a la trata de esclavos *(slave trade)*, hay mucha influencia africana. En el Perú, el 20% de la población es de ascendencia japonesa debido a varias olas de inmigración que empezaron en 1899. En Argentina, más del 90% son de ascendencia española e italiana. A Chile, Argentina y Bolivia han llegado centenares de coreanos desde 1961. ¡Latinoamérica, al igual que los Estados Unidos, es un crisol *(melting pot)*!

JUMP START! Direct students' attention to the photo and ask questions such as **¿Dónde están las personas?** and **¿Qué están haciendo?** Then ask **¿Es posible saber de dónde son? ¿Por qué sí o por qué no?** Help students understand that physical appearance is not an indication of one's place of origin.

HERITAGE LEARNERS Ask heritage learners before class if they wish to address the question **¿Piensas que el término "Hispanic" es una clasificación racial o no?** and share their ideas with classmates. Do not put students on the spot, but encourage them to share ideas if they wish.

TEACHING TIP Students may address the Communities Standard by speaking with individuals from the Spanish-speaking world outside of class. They may ask questions about views of racial identity and share information they gather with the class.

> Cuatro perspectivas

Perspectiva I En los Estados Unidos...

1. ¿Puedes describir a un estadounidense típico? ¿Sí? ¿Cómo es?
2. ¿No hay un estadounidense típico? ¿Por qué no?
3. ¿De qué grupos étnicos son algunos estudiantes de tu universidad?
4. ¿Hay estudiantes de ascendencia japonesa, coreana, mexicana o irlandesa... ?

Perspectiva II ¿Cómo vemos a los latinoamericanos en general?

¿Puedes describir a un latinoamericano típico? ¿Cuál es el estereotipo?

1. ☐ Caucasian	5. ☐ other Asian
2. ☐ African American	6. ☐ American Indian
3. ☐ Chinese	7. ☐ Hispanic
4. ☐ Japanese		

1. ¿A qué se refieren las casillas del uno al seis?
2. ¿A qué se refiere la casilla número siete?
3. ¿Puede un latinoamericano ser de ascendencia coreana o japonesa, ser negro o ser blanco?
4. ¿Piensas que el término "Hispanic" es una clasificación racial o no?

Perspectiva III Desde el punto de vista de la gente en Latinoamérica...

Marca con una (X) tu opinión.

☐ Piensan que hay diferencias raciales en Latinoamérica.

☐ Hay racismo, pero menos marcado que en los EE.UU.

☐ Piensan que todos son más o menos iguales en apariencia.

☐ Se autodenominan *(They call themselves)* "Hispanic" en su país.

Perspectiva IV ¿Cómo ven a los estadounidenses? ¿Sabes?

TEACHING TIP Perspectiva II: Ask students if they believe they can describe a "typical" Hispanic. If they believe they can, ask how they generated their answer. If there is a Spanish-speaking community in your area that has influenced the description, refer them to the photographs of Hispanics in this chapter and mention others they may recognize, pointing out the diversity in physical appearances.

ANSWERS Perspectiva III: Latin Americans think there are racial differences. There is racism, but it is more subtle. They don't think they all look alike. They don't call themselves Hispanics, but Venezuelans, Chileans, Mexicans . . .

ANSWERS Perspectiva IV: Have students brainstorm how Hispanics view people from the U.S. One answer could be: there are ethnic labels in the U.S. such as "African American, Italian American, American Indian," while, for example in Puerto Rico, they are all Puerto Ricans, not "African Puerto Ricans, Puerto Rican Indians, Spanish Puerto Ricans," etc.

Estructuras

iLrn™ ¡OJO! Before beginning this section, review the following themes on pp. B1–B3 of the **Índice de gramática:** Subject pronouns, Present indicative of regular verbs, Present indicative of stem-changing verbs, Present indicative of verbs with spelling changes, Present indicative of irregular verbs, and **Ir a +** infinitive.

RECYCLING Use maps from the transparency bank and/or transparencies H-4 and H-5 to review familiar uses of the present tense in Spanish. Identify places on the maps, indicate their location, and describe them. Identify weather conditions in H-4 and H-5. Conclude by asking follow-up questions of students.

RECYCLING Use transparencies F-5 and G-8 to review **ser, estar, haber** and **tener.** Identify and describe geographical features and describe individuals. Then tell where people and things are located and indicate what people are doing. Conclude with information about how several people are feeling, using expressions with **tener.**

Usos del tiempo presente del indicativo

The present indicative tense is used by Spanish speakers not only to communicate general ideas about the present, but also to refer to actions or situations in the near future, or even in the past. Use the present indicative to talk about:

- Actions or situations that occur regularly or habitually, even though they may not be taking place or existing at the present moment.

    —**Soy** Vicenta y **vivo** en Copacabana, Bolivia, pero **llevo** cinco años en Irvine, California. *I'm Vicenta and I live in Copacabana, Bolivia, but I've been living in Irvine, California, for five years.*

- Actions that occur in the present, or actions in progress.

    —¿Y por qué **estás** aquí en California? *And why are you here in California?*

    —**Estoy** aquí porque **estudio** para ser doctora en la Universidad de California. *I am here because I am studying to be a doctor at the University of California.*

    —En este momento me **preparo** para mis exámenes finales. *Right now I'm preparing for my final exams.*

- Actions that will occur in the near future.

    —En junio **vuelvo** a mi país por unos meses para estar con mi familia. *In June I will return to my country for a few months in order to be with my family.*

- Actions in past-tense narrations that are brought to life through the use of the present tense.

    El pintor ecuatoriano Guayasamín **nace** en Quito, Ecuador, en 1919. Él **empieza** a pintar cuadros de escenas indígenas, con volcanes y otros elementos del altiplano, en 1942, cuando **tiene** 23 años.

> **Un paso más allá: Diferencias en significados entre *ser*, *estar*, *haber* y *tener***

In English the verbs **ser, estar, haber,** and **tener** can all mean *to be* in the present indicative. All four verbs are used in Spanish to describe either permanent or temporary conditions.

The verbs *ser* and *estar*

Ser is used to express the following:

1. to identify or define a subject
   Él **es** profesor.
2. to express origin or to identify the material of which something is made
   Él **es** de Santa Cruz, Bolivia. Su casa **es** de ladrillo (*brick*).
3. to express possession
   Los libros de arquitectura **son** de él.
4. to identify nationality, religion, or political affiliation
   José **es** boliviano.
   Muchos de sus amigos **son** católicos.

5. to identify intrinsic characteristics or qualities of people and things
   José **es** trabajador y simpático.
6. to indicate time, dates, and seasons
   En Bolivia **es** invierno en junio.
   Hoy **es** martes y **son** las diez de la mañana.
7. to indicate where an event is to take place
   El concierto **es** en un auditorio en las afueras de Santa Cruz.
8. with certain impersonal expressions
   Es útil saber aymara en Bolivia.

Estar is used to express the following:

1. to express location
   José **está** en casa con su familia.
2. with the present progressive tense
   Ellos **están** esperando en casa porque **está** lloviendo.
3. with adjectives to describe states or conditions that are subject to change
   La hija de José **está** muy guapa con su nuevo vestido.
   Ellos **están** contentos a pesar de la lluvia.

> An exception to this rule is the expression **estar muerto(a)** *(to be dead)*, which, although permanent in nature, is still used with the verb **estar.**

Adjectives that change their meaning with **ser** and **estar** are as follows:

Adjective	With ser	With estar
aburrido	*boring*	*bored*
bueno	*good*	*good (food)*
enfermo	*sickly (person)*	*ill*
listo	*clever*	*ready*
loco	*insane*	*crazy, foolish*
malo	*bad*	*ill*
rico	*rich (prosperous)*	*delicious*
seguro	*safe*	*sure, certain*
verde	*green*	*unripe*
vivo	*cunning*	*alive*

Hay, an irregular form of the verb **haber,** is used to express the idea of *there is* or *there are.* It should not be confused with the verbs **ser** or **estar.**

Hay muchos cuadros de Guayasamín en esta galería.

Los cuadros **son** de paisajes y **son** muy grandes y con mucho color.

Todos los cuadros **están** colgados en las paredes de la galería.

Tener can also be translated as *to be,* but is limited to certain idiomatic expressions:

> Note that in some other idiomatic expressions, the verb **hacer** can also be translated as the verb *to be.* These are typically limited to weather and time expressions: **hace viento** *it is windy;* **hace sol** *it is sunny;* **hace calor/frío** *it is hot/cold.*

tener... años	*to be . . . years old*	tener miedo de (a)	*to be afraid of*
tener calor	*to be hot*	tener prisa	*to be in a hurry*
tener celos	*to be jealous*	(no) tener razón	*to be right (wrong)*
tener cuidado	*to be careful*	tener sed	*to be thirsty*
tener éxito	*to be successful*	tener sueño	*to be tired, sleepy*
tener frío	*to be cold*	tener suerte	*to be lucky*
tener hambre	*to be hungry*	tener vergüenza	*to be ashamed,*
tener la culpa	*to be guilty*		*embarrassed*

Práctica y expresión

TEACHING TIP 1–8 Use transparencies A-4 and A-9 to review information about Uruguay.

EXPANSION 1–8 Have students offer original completions for the sentences. Suggest activities such as **mirar una película, nadar, hacer un picnic, jugar al...**, etc. Ask for negative completions as well as positive.

ANSWERS 1–8 1. Si llueve yo pienso leer un libro. 2. Si hace sol Javier quiere irse a la playa. 3. Si está despejado nosotros vamos al campo. 4. Si hay tormenta, ¿qué prefieres tú? 5. Si hay truenos, ¡yo pienso esconderme!

1-8 En Uruguay Un grupo de amigos y tú están en Uruguay. ¿Qué piensan hacer si cambia el clima? Para saber más sobre el clima de Uruguay, escribe otra vez las oraciones siguientes.

1. Si llueve / yo / pensar / leer un libro.
2. Si hace sol / Javier / querer / irse a la playa.
3. Si está despejado / nosotros / ir / al campo.
4. Si hay tormenta, / ¿qué preferir / tú?
5. Si hay truenos / ¡yo / pensar / esconderme!

TEACHING TIP 1–9 Use transparencies A-4 and A-13 to present and review information about Bolivia.

POSSIBLE ANSWERS 1–9 1. Eres aburrido. 2. Está rico. 3. Está verde. 4. Estás loco. 5. Estamos cansados. 6. Eres listo.

1-9 Estamos en Bolivia Lee las siguientes situaciones y describe qué está pasando. Usa expresiones con **ser** o **estar**.

> **Ejemplo** Si estás en Bolivia y la altura te molesta... (malo)
> **Estás malo. ¡Qué pena!**

1. Si estás en Bolivia y no quieres salir del hotel... (aburrido)
2. Si te gusta el escabeche muchísimo y quieres comer más... (rico)
3. Si el plátano es verde... (verde)
4. Si tomas seis tazas de mate... (loco)
5. Si caminamos todo el día por Bogotá... (cansado)
6. Si aprendes aymara en una semana... (listo)

TEACHING TIP 1–10 Use transparency A-1 to review important information about Spain.

POSSIBLE ANSWERS 1–10 Tengo celos; tengo suerte; tengo miedo, tener sueño; tengo vergüenza; tenéis hambre; tienes que

EXPANSION 1–10 Have students prepare similar information about the area in which they live, or about a part of the Spanish-speaking world that they are familiar with.

HERITAGE LEARNERS 1–10 Have heritage learners prepare and share information about the country of origin of their family.

1-10 En España Cristina va a España el semestre que viene y Jorge, un chico español de Madrid, le habla de su ciudad. Para saber lo que dice, completa su conversación usando expresiones con **tener.**

Jorge: Ay, Cristina, hace mucho tiempo que no voy a España. _____; yo también quiero ir.

Cristina: Sí, Jorge, _____. Pero también _____, pues Madrid es una ciudad grande y no conozco a nadie.

Jorge: Sí, es grande, pero te va a encantar, sobre todo por la vida nocturna. Te juro *(I swear)* que siempre vas a _____ porque vas a salir hasta muy tarde.

Cristina: Eso es lo que me dicen. Pues, dime, Jorge, ¿cuáles son tus lugares favoritos en la ciudad?

Jorge: A mí me gusta mucho ir al Prado. Es increíble.

Cristina: ¿Al Prado? Em... pues, Jorge, _____. No sé qué es el Prado.

Jorge: Ah, el Prado es uno de los museos más famosos del mundo. Tienes que verlo.

Cristina: Pues, sí voy a ir.

Jorge: Y también tienes que ver la Plaza Mayor. Tiene mucha historia, pero también es un buen sitio para charlar con amigos. Y si _____ podéis comer tapas allí. Pero _____ traer mucho dinero porque es un sitio turístico y la comida allí puede costar mucho.

Cristina: Bueno, Jorge. Gracias por la información.

1-11 De viaje ¿Qué hace la gente cuando viaja a un país latinoamericano? Para comparar tus experiencias con un(a) compañero(a), haz y contesta las siguientes preguntas.

1. ¿Pruebas platos exóticos?
2. ¿Hay comidas que no puedes o quieres comer?
3. ¿Quién de tu familia quiere ir a los museos, tus padres o tú?
4. ¿Tu familia va a lugares turísticos o va a pueblos pequeños?
5. ¿Aprendes el idioma local antes de ir al país?
6. ¿Quién compra más recuerdos en tu familia?
7. ¿Qué clima prefiere cada miembro de tu familia?
8. ¿Hay lugares que prefieres evitar *(avoid)*?

1-12 Estudiante internacional Ésta es la ficha de un estudiante internacional. Escribe otra vez la información usando expresiones con **ser** o con **estar**. Usa las siguientes palabras y frases: peruano, contento, listo, hablando por teléfono, inteligente, en los EE.UU. ahora, introvertido, bien hoy, estudiante, en su casa ahora.

Nombre: Dante Herrera-Gálvez

Dirección: 1036 Davisville, Tuscon, AZ. 85223

Nacionalidad: peruana

Especialidad: ingeniería

Cursos: matemática, economía, estadística

Pasatiempos: leer, caminar, resolver crucigramas

1-13 ¿Quién eres? Piensa y asume la personalidad de un(a) latinoamericano(a) o español(a) famoso(a). Con las siguientes preguntas, tu compañero(a) va a adivinar quién eres.

1. ¿Dónde vives? ¿Hace frío o calor ahora donde vives?
2. ¿Eres aburrido(a)? ¿Por qué piensas eso?
3. ¿Cuántos años tienes?
4. ¿Tienes hambre ahora? ¿Qué quieres comer? ¿Cuál es tu comida favorita?
5. ¿Tienes mala suerte en la vida? ¿Por qué piensas eso?
6. ¿Eres un(a) cantante (u otra profesión) pobre o un(a) pobre cantante? ¿Por qué dices eso?
7. ¿Estás aburrido(a) en esta entrevista? ¡¿Cómo es posible?!

Exploración literaria

"Es que duele"

En esta selección de la novela *Y no se lo tragó la tierra* de Tomás Rivera vas a leer sobre las dificultades que tiene el joven narrador en asimilarse en una escuela pública. El chico es un chicano de una familia de trabajadores migratorios. Sus experiencias en la escuela sirven para mostrar cómo es la vida de estas familias mientras luchan para lograr un sentido de dignidad y respeto en un ambiente hostil en el sur de los Estados Unidos.

TEACHING TIP Ask students if they are familiar with Chicano communities in their hometowns or if they have ever had experiences with populations of migrant workers. Ask what stereotypes are often associated with these people. Also ask students to predict problems that a child of migrant workers may have in school.

JUMP START! You may wish to write the title of the selection, **"Es que duele,"** on the board and ask students to think about how it introduces the reading that follows. Ask students what has recently been painful to them and whether it was a physical or an emotional experience. Ask them to predict if the selection will communicate one kind of pain or if it deals with both.

Estrategia de lectura | **Reconocer cognados y palabras derivadas de palabras familiares**

When you read in Spanish, you will come across many words with which you are not familiar. Rather than looking up every unfamiliar word in the dictionary, you should first determine whether or not these words are either cognates (**cognados**)—words that have forms and meanings similar to their English counterparts (for example, *province* and **provincia**)—or are derivatives from other Spanish words with which you are familiar (for example, **altura**, meaning *height* or *altitude,* is a derivative of the adjective **alto**). Recognizing similarities in words between Spanish and English, as well as relating unknown Spanish words to familiar ones, are two simple strategies that will enable you to read more efficiently and with less reliance on a dictionary.

The words listed below have been taken from the reading. First determine whether the word is a cognate (C) or a derivative (D), then try to define the word. It will also be useful to examine the context in which the word appears to further refine your definition. In some instances, you may encounter false cognates (**cognados falsos**), words that appear to have the same meaning in both languages, but, depending on the context, can have a radically different meaning. For example, the word **coraje** can mean *courage* in English, but when it appears with the verb **dar,** as in **"me dio... coraje,"** it means *to be angered by something.*

	Cognate (C) or Derivative (D)	English equivalent
1. cuando venga papá de **la labor**	*C*	*labor, work*
2. uno acá en **el rancho**		
3. aquí en **la mota**		
4. de **la entrada**		
5. cuando estaba allí **parado**		
6. en el segundo **grado**		
7. nos **separaron**		
8. una escuela **correccional**		
9. **operador** de teléfonos		

Now that you have identified the words, go back and look at the entire phrase of which each word is a part. You should be able to understand each phrase. Keep these phrases in mind as you read the selection. As you read the selection, also be on the lookout for additional cognates and derivatives of familiar words.

Sobre el autor y su obra

Todas las obras literarias de Tomás Rivera describen la vida difícil de los trabajadores migratorios, una vida opresiva que él mismo experimentó de joven. El autor nació en 1935 en Crystal City, Texas. A pesar de la pobreza de la familia, Rivera pudo graduarse de la escuela secundaria y luego siguió con sus estudios universitarios. Entre sus obras más famosas está su novela, *Y no se lo tragó la tierra* (1971), una colección de poesía, *Always and Other Poems* (1973) y *The Harvest: A Collection of Short Fiction* (1989). Una preocupación central de Rivera es la situación de los niños de los trabajadores migratorios, que se esfuerzan para mejorar sus condiciones mediante la educación. La siguiente selección es de su novela, *Y no se lo tragó la tierra,* donde cuenta las dificultades de un joven chicano que lucha por adaptarse en las escuelas públicas de Texas. El estilo de la narración no es convencional sino coloquial, y refleja los pensamientos y el modo de hablar de una persona joven que se enfrenta cada día a problemas por ser miembro de una familia de trabajadores migratorios.

TOMÁS RIVERA (1935–1984)

> Es que duele

Tomás Rivera

Enfoque estructural: Note the use of the present indicative tense in the reading. Are there examples of all of the uses of the present tense studied in this chapter?

Es que duele. Por eso le pegué[1]. Y ahora ¿qué hago? A lo mejor no me expulsaron de la escuela. A lo mejor siempre no es cierto. A lo mejor no. *N'ombre sí.* Sí, es cierto, sí me expulsaron. Y ahora ¿que hago?

Yo creo que empezó todo cuando me dio vergüenza y coraje al mismo tiempo. Ni quisiera llegar a la casa[2]. ¿Qué le voy a decir a mamá? ¿Y luego cuando venga papá de la labor? Me van a fajar[3] de seguro. Pero, también da vergüenza y coraje. Siempre es lo mismo en estas escuelas del norte. Todos nomás[4] mirándote de arriba a abajo. Y luego se ríen de uno y la maestra con el palito de paleta[5] o de ésquimo *pie*[6] buscándote piojos[7] en la cabeza. Da vergüenza. Y luego cuando arriscan las narices[8]. Da coraje. Yo creo que es mejor estarse uno acá en el rancho, aquí en la mota con sus gallineros[9], o en la labor se siente uno a lo menos[10] más libre, más a gusto.

—Ándale, m'ijo, ya vamos llegando a la escuela.
—¿Me va a llevar usted con la principal?
—N'ombre, a poco[11] no sabes hablar inglés todavía. Mira, allí está la puerta de la entrada. Nomás pregunta si no sabes adónde ir. Pregunta, no seas tímido. No tengas miedo.
—¿Por qué no entra conmigo?
—¿A poco tienes miedo? Mira, ésa debe ser la entrada. Ahí *viene* un viejo. Bueno, pórtate bien, ¿eh?
—Pero, ¿por qué no me ayuda?
—N'ombre, tú puedes bien, no tengas miedo.

[…] ¿Qué les voy a decir? A lo mejor no me expulsaron. *Sí, hombre, sí.* ¿A lo mejor no? *Sí, hombre.* ¿Qué les voy a decir? Pero, la culpa no fue toda mía. Ya me andaba por ir para fuera[12]. Cuando estaba allí parado en el escusado[13] él fue el que me empezó a hacer la vida pesada[14].

—Hey, Mex […] I don't like Mexicans because they steal. You hear me?
—Yes.
—I don't like Mexicans. You hear, Mex?
—Yes.
—I don't like Mexicans because they steal. You hear me?
—Yes.

Me acuerdo que la primera vez que me peleé en la escuela tuve mucho miedo porque todo se había arreglado con tiempo[15]. Fue por nada, nomás que unos muchachos ya con bigotes que estaban en el segundo grado todavía nos empezaron a empujar uno hacia el otro. Y así anduvimos[16] hasta que nos peleamos yo creo de puro miedo. Como a una cuadra de la escuela recuerdo que me empezaron a empujar hacia Ramiro. Luego nos pusimos a luchar y a darnos golpes. Salieron unas señoras y nos separaron. Desde entonces me empecé a sentir más grande. Pero lo que fue hasta que me peleé fue puro miedo.

Esta vez fue distinta. Ni me avisó[17]. Nomás sentí un golpe muy fuerte en la oreja y oí como cuando se pone a oír uno las conchas[18] en la playa. Ya no recuerdo cómo ni cuando le pegué pero sé que sí porque le avisaron a la principal que nos estábamos peleando en el escusado. ¿A lo mejor no me echaron fuera? *N'ombre, sí.* Luego, ¿quién le llamaría[19] a la principal? Y el barrendero[20] todo asustado con la escoba en el aire, listo para aplastarme[21] si trataba de irme. […]

[…] Ya no voy a poder ir a la escuela. ¿Qué les voy a decir? Me han dicho muchas veces que los maestros de uno son los segundos padres… y ¿ahora? Cuando regresemos a Tejas también lo va a saber toda la gente. Mamá y papá se van a enojar[22] a lo mejor hacen más que fajearme. Y luego se van a dar cuenta mi tío y güelito[23] también. A lo mejor *me mandan* a una escuela correccional como una de las cuales les he oído platicar. Allí lo hacen a uno bueno si es malo. Son muy fuertes con uno. Lo *dejan* como un guante de suavecito. Pero, a lo mejor no me expulsaron, *n'ombre, sí* a lo mejor no, *n'ombre, sí.* Podía hacer como que venía[24] a la escuela y me quedaba aquí en este camposanto[25]. Eso sería lo mejor. Pero, ¿y después? Les podía decir que se me perdió la report card. ¿Y luego si *me quedo* en el mismo año? Lo que me duele más es que ahora no voy a poder ser operador de teléfonos como quiere papá. Se necesita acabar[26] la escuela para eso.

---

[1]**le...** le dio un golpe a alguien [2]**llegar...** volver a la casa [3]**fajar** to whip [4]**Todos...** Colloquial form of just, only used in Mexico [5]**paleta** popsicle [6]**ésquimo...** a reference to the flat stick used to check school children for lice

[7]**piojos** lice [8]**arriscan...** wrinkle up their noses [9]**gallineros** lugar para gallinas [10]**a...** por lo menos [11]**a...** really [12]**Ya...** I was about to leave. [13]**escusado** baño [14]**pesada** difficult [15]**todo...** everything had been arranged beforehand. [16]**Y...** And that continued [17]**avisó** warned

[18]**conchas** sea shells [19]**llamaría** would have called [20]**el barrendero** janitor [21]**aplastarme** flatten me [22]**se...** will get angry [23]**güelito** affectionate colloquial term for abuelo [24]**como...** as if I went [25]**camposanto** cementerio [26]**acabar** terminar

TEACHING TIP 1–14 Have students prepare their lists before coming to class and share them with a partner or members of a group during class.

HERITAGE LEARNERS 1–14 Have heritage learners describe situations in which they encounter or use a combination of Spanish and English.

TEACHING TIP 1–15 You may have students prepare answers to the questions before class and review their answers with a partner in class. Follow with a class discussion of any points that are confusing or challenging for students.

ANSWERS 1–15 1. por pelear con otro estudiante. 2. porque le parece que sus padres lo van a castigar 3. El examinar el cabello para buscar piojos le da vergüenza y la reacción de asco de los otros estudiantes le da coraje. 4. en el rancho o en el lugar de trabajo porque se siente más cómodo, más libre allí 5. con uno de sus padres; la persona mayor tiene vergüenza de su propia falta de conocimiento del inglés. 6. Reflejan el modo de pensar de un chico joven y también sirven para enfatizar la causa de su vergüenza. 7. Refleja que el narrador vive en una realidad bilingüe. Refuerza los estereotipos que tienen los estadounidenses de los mexicanos. 8. Unos chicos mayores estaban provocándolos. No fue anticipada por el narrador. 9. Considera la idea de quedarse en el camposanto durante las horas de la escuela para que crean que asiste a la escuela. Porque así tendría que repetir el año escolar. No podrá ser operador de teléfonos. 10. *Answers will vary.*

Después de leer

1-14 Reconociendo cognados y palabras derivadas de palabras familiares Haz una lista de todos los cognados que encontraste en la lectura y otra lista de palabras derivadas de palabras conocidas. Compara tus listas con las de otra persona. ¿Han encontrado algunos usos del inglés en la lectura? ¿Por qué se encuentran esas palabras?

1-15 Práctica y expansión En parejas o en grupos de tres, contesten las siguientes preguntas.

1. ¿Por qué expulsaron al narrador de la escuela?

2. ¿Por qué está preocupado el narrador por las reacciones de sus padres?

3. ¿Por qué le dio vergüenza y coraje al narrador?

4. ¿Dónde prefiere estar el narrador en lugar de ir a la escuela? ¿Por qué?

5. ¿Con quién habla el narrador el primer día de clases? ¿Te parece extraño que la persona mayor no quiera acompañar al niño para conocer a la directora?

6. ¿Por qué se repiten detalles de la narración, como el ser examinado para ver si tiene piojos?

7. ¿Por qué se incluyen unas líneas en inglés? ¿Cuál es el efecto que tienen sobre nosotros como lectores?

8. ¿Por qué se pelearon el narrador y su amigo la primera vez en la escuela? ¿En qué se diferencia esta pelea de la primera?

9. ¿Cómo podría engañar *(to deceive)* el narrador a sus padres, haciéndoles creer que todavía sigue en la escuela? ¿Por qué no va a funcionar este plan? ¿Cuáles son las consecuencias de no seguir en la escuela?

10. ¿Cómo se compara la realidad de los trabajadores migratorios de este texto con tus propias impresiones o experiencias con miembros de esta comunidad?

Introducción al análisis literario | Identificar voces y personajes

In the selection you have just read, the narrator **(el narrador)** is also the central character **(personaje)** of the novel. When the main character, or protagonist **(protagonista)** narrates the story from his or her own point of view (as a **"yo,"** in this case), we identify the narrative voice **(voz narrativa)** as first person **(primera persona).** In addition to a first person narration, it is also possible to have second person **(segunda persona)** and, more commonly, third person **(tercera persona)** narration. In a second person narration, the voice is directed to the reader as *you* **(tú),** and in a third person narration, a more distanced *he* or *she* **(él** or **ella)** relates the story. In addition to the narrator and the protagonist, which can be one and the same (although the narrator may be an older and wiser version of the protagonist), there are other secondary characters **(personajes secundarios)** who are introduced to the reader either by the narrator's description or directly via dialog **(el diálogo).** When characters are presented through dialog, they tend to characterize themselves by their statements and actions.

Go back over the reading and find examples that establish this selection as a first person narration. Next, identify all the characters that participate in the selection and indicate whether they are presented by the narrator or through dialog. You may have to make some assumptions about the identity of these characters based on their roles in the context of the story.

Personajes	Modo de presentación (narrador o diálogo)

Are there some characters who are presented in both ways? How did you account for the interjections in italics, *"N'ombre sí,"* that are found in the reflections of the narrator/protagonist? Why are there several characters who, though they participate in the scene, are unnamed by the narrator?

Actividad de escritura

Imagine how the selection you have just read would continue. Develop a short narration portraying the next scene in the story. Be sure to include a narrator, a protagonist, and the presentation of secondary characters.

Vocabulario en contexto

Los hispanos en los Estados Unidos

Festival de la Herencia Hispana

Día **festivo** para todas las comunidades latinas en Los Ángeles

12 de octubre 12:00-8:00 P.M.

¡**Festejemos** nuestros **logros** y nuestro **orgullo** latino!

César Chávez
icono de la raza

CONCIERTOS
Ritmos bailables de rock, banda, cumbias, salsa, merengue y más...

Artistas: Maná, Graciela Beltrán, Marc Anthony, El Gran Combo de Puerto Rico, Álex Bueno...

COMIDA
Los invitamos a **degustar** platos exquisitos de nuestra diversa cocina latina

Arepas, arroz con frijoles, carnes al carbón, empanadas, tamales...

CERTÁMENES CON **PREMIOS**
DE MÁS DE $1.000,00

- poesía en español
- fotografía
- pintura
- baile

Puestos de comida

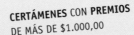

Escenario

HOLLYWOOD BLVD

Fuegos artificiales 8:00 P.M.

Espectáculo de Ballet folklórico de México

LAS PALMAS AVE

iLrn **¡OJO!** Don't forget to consult the **Índice de palabras conocidas**, p. A2, to review vocabulary related to heritage and festivals.

> Other words and phrases related to Spanish-speakers in the U.S. are cognates with English words: **diverso(a)** *(diverse)*; **dominante** *(dominant)*; **generación** *(generation)*; **heterogéneo(a)** *(heterogeneous)*; **homogéneo(a)** *(homogeneous)*; **influencia** *(influence)*; **origen** *(origin)*.

TEACHING TIP The word **pachanga**, a synonym of **fiesta**, is used in some parts of the Spanish-speaking world, but not all.

> In addition to the many U.S. states that have Spanish names, several states have Spanish versions of their names. Some examples include: **Nueva Hampshire, Nueva Jersey, Nuevo México, Nueva York.** There are also Spanish names for the people from some states, such as: **neoyorquino(a) (de Nueva York); niuyoricano(a) (puertorriqueño(a) de Nueva York);** and **tejano(a) (de Texas).**

HERITAGE LEARNERS Have heritage learners offer any additional vocabulary that they associate with immigration and festivals. Note borrowings from English.

HERITAGE SPEAKERS Have heritage speakers comment on the information about courtesy and discuss the customs of their communities.

Para hablar de los hispanos en los Estados Unidos

el anglo(hispano)hablante	*English (Spanish) speaker*
los antepasados	*ancestors*
el aporte	*contribution*
el (la) boricua	*Puerto Rican*
el (la) chicano(a)	*Chicano*
la clase social	*social class*
la etnia / el grupo étnico	*ethnic group*
la minoría	*minority*
la población	*population*
abundar	*to abound (to be abundant)*
asimilarse	*to assimilate*
destacar(se)	*to distinguish (oneself)*
establecerse	*to establish (oneself)*
influir	*to influence*
inmigrar	*to immigrate*
pertenecer	*to belong to (to pertain to)*
superarse	*to improve oneself*
valorar (los valores)	*to value (values)*

Para hablar de las celebraciones

el entusiasmo	*enthusiasm*
las fiestas patrias	*celebrations in honor of a group's homeland*
la pachanga	*party (party music)*
la pista de baile	*dance floor*
el puesto	*stand (booth)*
alucinante	*amazing, incredible*
entretenido(a)	*entertaining*
acoger	*to welcome, receive*

Para enriquecer la comunicación: Para hablar de los festivales

Todo va a **salir bien/mal.**	*Everything is going to **turn out well/badly.***
No **cabe duda** que vamos al festival.	*There's **not a doubt** that we're going to the festival.*
Afortunadamente abundan los chicanos por aquí.	***Fortunately,** there are a lot of chicanos around here.*
¡Pedro!, ¿**quiúbole?**	*Pedro, **What's up?** (Chicano Spanish)*
¡Qué **padre!**	*How cool! (México/U.S. Spanish)*
¿A poco?	*Really? (México/U.S. Spanish)*
¡Ándale!/¡Órale!	*All right! (Interjection) (México)*

> **¿Nos entendemos?** In Spanish-speaking countries, the choice of the personal pronoun used to directly address another person is very important, though the norms governing this choice may vary greatly from place to place. In many Hispanic cultures (Mexico, for example) using the **tú** form (and the verb endings of the second person singular) with someone you don't know well (or who is older or has a higher position than you) is considered a social *faux pas* or even rude. On the other hand, in Spain it is much more acceptable to use the **tú** form with strangers (especially of your age or younger) in informal social circumstances, and sometimes, even in more formal situations. Because of the wide degree of variation of these norms, it is always best to first use the **usted** form to address someone directly. If that person prefers that you use the **tú** form with them, they will tell you so: **Trátame de tú, por favor.** It is also acceptable in some situations to ask someone how they prefer to be addressed: **¿Lo/La puedo tratar de tú?**

Práctica y expresión

TEACHING TIP 1-16 Have students listen to the selection for homework to prepare to work on production of the vocabulary in class.

ANSWERS 1–16 1. 17 de septiembre de 1968 2. Coinciden con las fechas de independencia de varios países latinos 3. las tradiciones de nuestra comunidad latina, los antepasados hispanos e indígenas y los latinos que más se destacan por sus aportes a este país, que los latinos son la primera minoría en los EE.UU. 4. en el escenario central 5. a las seis 6. con fuegos artificiales

HERITAGE LEARNERS 1–16 If students have attended this festival or similar ones, have them talk about their experiences.

1-16 Ceremonia de inicio Escucha el siguiente discurso que inicia la celebración del Festival de la Herencia Hispana en Los Ángeles y luego contesta las preguntas que siguen.

CD1–4

1. ¿Cuál es la fecha de la primera Fiesta Nacional de la Herencia Hispana en los Estados Unidos?
2. ¿Qué importancia tienen las fechas del Mes de la Herencia Hispana?
3. Según la presentadora, ¿qué celebran en el Día de la Raza?
4. ¿Dónde van a presentar los conciertos del festival?
5. ¿A qué hora van a entregar los premios de los certámenes?
6. ¿Cómo van a cerrar el festival?

1-17 En otras palabras Toma turnos con un(a) compañero(a) de clase para explicar en español el significado de cada una de las siguientes palabras.

1. los antepasados
2. asimilarse
3. un icono
4. la clase social
5. abundar
6. inmigrar

TEACHING TIP 1–18 Encourage students to research these people by putting their names in a search engine. Have them share the results of their search with the class, trying to incorporate as much vocabulary about the person and his/her achievements and background as possible.

ANSWERS 1–18 1. d 2. f 3. c 4. a 5. b 6. e

EXPANSION 1–18 Have students research other individuals from Spanish-speaking countries (including prominent Hispanics in medicine, architecture, fashion design and many other fields) and use Presentational Communication to share information about them with the class.

1-18 Iconos latinos Empareja la persona con su logro o aporte. Luego, describe todo lo que sabes de esa persona, de sus antepasados y de sus logros y/o aportes.

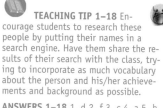

1. Ellen Ochoa
2. Mario J. Molina
3. Jean Michel Basquiat

4. Dolores Huerta
5. Sammy Sosa
6. Salma Hayek

a. co-fundadora con César Chávez de Los Campesinos Unidos de América, AFL-CIO *(UFW)*
b. jugador de béisbol de la República Dominicana que llegó a ser el decimoctavo jugador, y el primer latino, en conectar 500 jonrones en la historia del béisbol de las Grandes Ligas
c. pintor estadounidense nacido en Brooklyn, hijo de madre puertorriqueña y padre haitiano
d. la primera astronauta latina en el espacio
e. actriz mexicana de mucho éxito en Hollywood
f. científico de MIT y ganador del Premio Nobel de química en 1995

1-19 Celebraciones latinas A continuación tienes algunas de las celebraciones latinas más populares en los Estados Unidos. Describe lo que sabes de cada evento. Si no conoces el evento, haz una investigación por Internet. ¿Cuáles son las fechas de las celebraciones? ¿Dónde toman lugar? ¿Qué festejan? ¿Cómo son las celebraciones? ¿Has participado tú o alguien que conoces en una de estas celebraciones? ¿Qué otras celebraciones latinas importantes no están en la lista? Trata de ver cuántas celebraciones toman lugar cerca de tu universidad.

1. El Día de la Raza
2. El Día de los muertos
3. Carnaval Miami – Festival de la Calle Ocho
4. El Cinco de mayo
5. El desfile puertorriqueño en Nueva York / el Día Nacional de Puerto Rico

1-20 La influencia latina en los Estados Unidos Usen la información de las siguientes tablas para comenzar una discusión sobre varios aspectos de la influencia hispana que hay hoy en día en los Estados Unidos. Traten de pensar en por lo menos dos detalles en cada categoría. Luego, compartan sus ideas con otros de la clase.

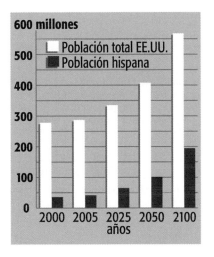

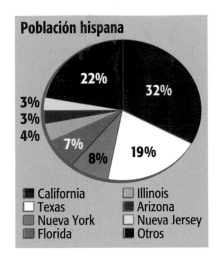

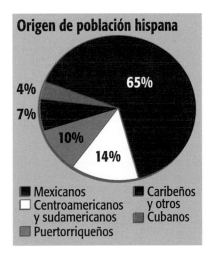

1. Lugares de los EE.UU. donde se ve más influencia latina
2. Lugares que llevan nombres en español
3. Palabras inglesas de origen español
4. Películas sobre hispanos
5. Deportes con jugadores hispanos
6. Personas que conocen

Espejos

Contribuciones de los hispanos

JUMP START! Ask if any students are involved in the military or if any study military history. Ask students to identify military figures they admire and explain why, listing characteristics of those individuals.

Los ciudadanos estadounidenses de ascendencia hispana han contribuido enormemente al desarrollo de los EE.UU. Han dejado su huella en la política, el servicio público, la industria, el entretenimiento, los deportes, los negocios, la ciencia y también en el servicio militar.

El General Ricardo Sánchez, nacido en Texas de padres mexicanos, sirvió como Comandante General de las fuerzas armadas aliadas en Irak. Su madre trabajó sola para mantener a cinco hijos. Ricardo, de adolescente, también trabajó para ayudarla. Fue el primero en su familia en graduarse de la escuela secundaria. Estudió, con la ayuda del ROTC, en la Universidad de Texas A&I y más adelante obtuvo su maestría *(masters)* en ingeniería. En el ejército *(army),* con perseverancia y disciplina subió hasta la distinguida posición de Comandante General. En diciembre de 2003, la revista nacional *Hispanic* lo nombró "El hispano del año".

Nydia Margarita Velázquez nació en Yabucoa, Puerto Rico, hija de una familia muy pobre. Su padre era trabajador de caña de azucar y sólo llegó hasta tercer grado. A la casa que Nydia compartía con nueve hermanos le faltaban las comodidades modernas, pero a pesar de su humilde comienzo, Nydia fue la primera mujer de su familia en recibir un diploma de colegio. Cuando tenía 16 años asistió a la Universidad de Puerto Rico y a la Universidad de Nueva York. Entre sus logros está el haber sido nombrada directora nacional de la Oficina de Migración en el Departamento de Asuntos Públicos y Recursos Humanos. Pero alcanzó la cumbre de su carrera política cuando fue elegida la primera Congresista puertorriqueña al Congreso de los Estados Unidos. Ahora la Congresista Velázquez lucha por apoyar proyectos federales para crear trabajos, casas y escuelas nuevas para mejorar la vida de los pobres.

ANSWERS A. 1. i 2. b 3. j 4. k 5. d 6. a 7. h 8. e 9. f 10. l 11. c. 12. g **B.** *Too many to list.* **C.** Tendemos a reconocer visualmente a los atletas, actores y músicos porque tienen más visibilidad en el medio noticioso. **D.** Los otros campos, como los de la ciencia, literatura y negocios tienen menos publicidad, pero hay muchos latinoamericanos destacados en esas áreas también.

Las dos culturas

A. Los EE.UU. es un país formado por inmigrantes, algunos más recientes que otros. ¿Sabes la ascendencia de los siguientes estadounidenses?

Nombre	Ascendencia
1. Martina Navratilova	a. italiana
2. Henry Kissinger	b. alemana
3. Noam Chomsky	c. austriaca
4. El presidente John F. Kennedy	d. dominicana
5. Oscar de la Renta	e. africana
6. Geraldine Ferraro	f. boliviana
7. Andre Agassi	g. mexicana
8. Oprah Winfrey	h. iraní
9. Raquel Welch	i. checa
10. Cristina Aguilera	j. rusa
11. Arnold Schwarzenegger	k. irlandesa
12. General Ricardo Sánchez	l. ecuatoriana

B. ¿Podrías identificar algunos hispanos que se han destacado en los Estados Unidos?

C. ¿Qué profesiones ejercen? *(What do they do?)* ¿Son atletas? ¿Son actores o músicos? ¿Son escritores? ¿Son políticos, científicos u hombres o mujeres de negocios?

D. ¿Por qué no conocemos a muchos hispanos en los campos de la ciencia, la literatura o los negocios?

Estructuras

¡OJO! Before beginning this section, review the following themes on p. B4 of the **Índice de gramática:** Gender of articles and nouns, Personal **a**, Contractions, Demonstrative adjectives, and Demonstrative pronouns.

RECYCLING Recycle articles and familiar vocabulary with transparencies C-3 and D-2. Have students identify items, including articles, then have them answer questions about when and how they use them. Also ask students to identify the days on which your class meets.

> The definite article is optional with the following countries: (la) **Argentina,** (el) **Brasil,** (el) **Canadá,** (la) **China,** (el) **Ecuador,** (el) **Paraguay,** (el) **Perú,** (el) **Uruguay.**

> Note that English omits the article in these cases.

> Note that English uses possessive adjectives in these cases.
> **San/Santa,** like **don/doña,** doesn't use the article in either instance.

> When seasons and days of the week (as proper nouns) are discussed as specific dates or periods, they require the definite article, for example, **la próxima primavera** or **el viernes pasado.**

> In some Latin American countries, the preposition and article are not used with **jugar,** for example: **Juego tenis.**

Usos de artículos definidos e indefinidos; Concordancia y posición de adjetivos

In describing and identifying, articles and adjectives are subject to modifications according to their use and position in a sentence.

Los usos del artículo definido

The definite article is used in Spanish:

1. with nouns that are used in a general or abstract sense, or with non-count nouns.
   El entusiasmo siempre abunda en las fiestas patrias.
   Y la música tiene un papel importante.

2. with certain countries, cities and geographic regions such as **Los Ángeles, Las Antillas, El Salvador, Los Estados Unidos, La Gran Bretaña, La Habana, La República Dominicana.**

3. with geographic names or other proper nouns modified by an adjective.
   Hay mucha arquitectura bonita en **el** San Diego antiguo.
   Nos encanta **la** amable población de San Diego.

4. with reflexive verbs followed by parts of the body and articles of clothing.
   Me lavo **la** cara y me pongo **el** vestido para el desfile.

5. with titles, except **don/doña,** when talking *about* a person but omitted when talking *to* the person.
   Quiero hablar con **el** profesor.
   —Profesor, ¿puedo hablar con usted?

6. with names of languages, except when following the verb **hablar,** or the prepositions **de** or **en.** The article is frequently omitted after the verbs **aprender, comprender, enseñar, entender, escribir, estudiar, leer,** and **saber.** However, the article is used with the preceding verbs if a modifying word or phrase describes the language.
   Quiero aprender inglés.
   Se habla **el** español puro en muchos lugares en el país.

7. with days of the week to mean *on,* and with times of day and dates.
   El viernes, **el** cuatro de julio, vamos a ver los fuegos artificiales.
   Salimos a **las** ocho de **la** mañana.

8. with units of weight, quantity, or frequency.
   Bailamos merengue dos veces a **la** semana.
   Las bebidas cuestan $5 **la** botella.

9. with names of meals.
   ¿A qué hora es **el** almuerzo?

10. with names of sports and games.

Los usos del artículo indefinido

As in English, the use of the indefinite article communicates that a noun is not known to the listener or reader. Once the noun has been introduced, the definite article is used.

—Hay **un** artículo interesante sobre la Calle Ocho.
—¿Quieres leer **el** artículo ahora mismo?

Omisiones del artículo indefinido

The indefinite article is not used as frequently in Spanish as it is in English. Although the indefinite article may mean *some* or *a few,* it is less specific than **algunos(as)**. When the idea of *some* is emphasized, **algunos** or **algunas** is used.

Tengo **algunos** amigos que inmigraron de Cuba.

The indefinite article is *not* used:

1. before the words **cien(to), cierto, mil, otro, medio,** and after **qué** and **tal.**

   Esta banda va a tocar cien canciones.
   Quiero escuchar otra banda.
   Podemos ganar mil dólares en el certamen.
   ¡Qué día tan fantástico!

2. after the verbs **ser** and **hacerse** *(to become)* with professions, religions, nationality, or political affiliation, unless the nouns following these verbs are modified.

   Unmodified: Él es profesor de estudios caribeños.
   Modified: Sí, y es *un* profesor <u>excelente</u>.

3. after the prepositions **sin** and **con,** unless the following noun is modified by an adjective, or unless it carries the meaning of *one.*

   Unmodified: Llegamos sin problema a la celebración del Día de la raza.
   Modified: Pero volvimos con *un* dolor de cabeza terrible después de escuchar tanta música.
   Meaning *one:* Y yo volví sin *un* centavo en los bolsillos. Gasté todo mi dinero en la comida tan buena.

La concordancia de los adjetivos

In Spanish, adjectives agree in number and in gender with the nouns that they modify, according to the following patterns:
Adjectives that end in **-o** have four different forms.

	Masculine	Feminine
Singular	chicano	chicana
Plural	chicanos	chicanas

> Remember that words that end in **-z** change the **z** to **c** before adding **-es,** for example: **feliz, felices.**

Adjectives that end in any other vowel or in a consonant have only two forms, singular and plural. Like nouns, they show singular and plural by adding **-s** to vowels and **-es** to consonants.

importante	importante**s**
difícil	difícil**es**

Adjectives of nationality that end in a consonant, or descriptive adjectives that end in -**dor,** -**ín, -ón,** and -**án,** add -**a** to show feminine agreement. These adjectives have four forms.

español	española	españoles	españolas
francés	francesa	franceses	francesas
encantador	encantadora	encantadores	encantadoras
juguetón	juguetona	juguetones	juguetonas
andarín	andarina	andarines	andarinas
charlatán	charlatana	charlatanes	charlatanas

The following adjectives have a short masculine form *before* a singular masculine noun:

bueno	un **buen** logro	*but*	un logro **bueno**
malo	**mal** día	*but*	una carroza **mala**
primero	**primer** certamen	*but*	los **primeros** certámenes
tercero	el **tercer** mes	*but*	la **tercera** celebración
alguno	**algún** hispanohablante	*but*	**alguna** isla
ninguno	**ningún** condado	*but*	**ninguna** provincia

If a single adjective *follows* and modifies two nouns and one of the nouns is masculine, the adjective will be plural masculine. If, however, a single adjective *precedes* and modifies two or more nouns, it will agree with the first noun.

En esta región hay volcanes y lomas **bonitos.**

En las **pequeñas** islas y bosques encontramos muchos pájaros.

Lo, the neuter form of the definite article, can be combined with a singular masculine adjective to refer to abstract ideas.

Lo bueno *(The good thing)* es que el cielo está despejado.

Un paso más allá: La posición de los adjetivos

Descriptive adjectives normally follow the noun that they modify. They can be placed before the noun to call attention to a natural characteristic of the noun. When the adjective is placed after the noun, the adjective is in a position of contrast, identifying an attribute of the noun in opposition to other more intrinsic possibilities.

Sobre el acantilado hay **bellas** flores.   Las flores **feas** no son muy comunes.

The following adjectives change meaning, depending on their position either before or after the noun:

Adjective	Before the noun	After the noun
antiguo	*former, old*	*ancient, old*
cierto	*some, certain*	*sure, certain*
medio	*half*	*middle*
mismo	*same*	*the thing itself*
nuevo	*another, different*	*brand new*
pobre	*pitiful*	*destitute, poor*
viejo	*former*	*old*

Veo los **mismos** puestos en la calle.

El escenario **mismo** es muy bonito.

Hay un hombre **viejo** que sale primero para hablar de las **viejas** tradiciones.

Práctica y expresión

1-21 El Festival de la familia Completa el siguiente párrafo para saber cómo es el Festival de la familia en Sacramento, California. Decide si se necesita un artículo definido o no en el espacio.

Al Festival de la familia en California va muchísima gente. Hay gran variedad de comida y mucha alegría. En _____los_____ puestos venden comida mexicana. _____La_____ comida mexicana es la más popular, pero también hay comida centroamericana, como de _____—_____ Guatemala y _____El_____ Salvador.

_____La_____ música es _____el_____ alma del festival. Es muy alegre. ¡Tienes que mover _____los_____ pies! Hay bandas de mariachi como también grupos que tocan cumbia de _____—_____ Colombia.

_____El_____ domingo, el festival empieza a las 11 de la mañana, pero a mi vecino, _____—_____ Don Luis, le gusta ir por _____la_____ tarde porque ¡_____los_____ artículos para la venta están más baratos!

ANSWERS 1–22 1.¿Una banda de música? Sí, hay. 2. ¿Profesores de cálculo? No, no hay. 3. ¿Una batería? Sí, hay. 4. ¿Tres o cuatro grupos musicales? Sí, hay. 5. ¿Hay premios? Sí, hay. 6. ¿Cantantes? Sí, hay. 7. ¿Un puesto de comida? Sí, hay. 8. ¿Música? Sí, hay.

EXPANSION 1–22 Have students look for photos of Hispanic festivals, bring them to class, and describe them to classmates.

1-22 Festivales ¿Sabes qué puedes encontrar en festivales o celebraciones? Con un(a) compañero(a), mira a ver cuánto sabes sobre el tema. Escribe el artículo indefinido y di si esto se encuentra en un festival o no. ¡OJO! algunos no necesitan un artículo indefinido.

Ejemplo ¿_____escenario?
¿Hay un escenario? Sí, hay.

1. ¿_____ banda de música?
2. ¿_____ profesores de cálculo enseñando?
3. ¿_____ batería?
4. ¿_____ tres o cuatro grupos musicales?
5. ¿_____ premios?
6. ¿_____ cantantes?
7. ¿_____ puesto de comida?
8. ¿_____ música?

ANSWERS 1–23 1. Ese muchacho con el traje típico es encantador. 2. Esas niñas juguetonas y alegres son mexicanas. 3. Los tacos de esos puestos son grandes y riquísimos. 4. Los primeros actos del sábado son los mismos que los primeros actos del domingo. 5. Las luces y el escenario son fantásticos.

1-23 Observaciones Parte de lo divertido de un festival es mirar a la gente. ¿Qué observas? Contesta las preguntas sustituyendo las palabras subrayadas.

Ejemplo Ese grupo mariachi es muy buen grupo. ¿Qué piensas sobre esos grupos de salsa?
Esos grupos de salsa son muy buenos.

1. Esas muchachas con los trajes típicos son encantadoras. ¿Qué piensas de ese muchacho?

2. Ese niño juguetón y alegre es mexicano. ¿Y esas niñas?

3. Las enchiladas de esos puestos son grandes y riquísimas. ¿Qué piensas de los tacos?

4. El primer acto del sábado es el mismo que el primer acto del domingo. ¿Qué opinas de los primeros actos?

5. ¡La fiesta es fantástica! ¿Qué piensas de las luces y el escenario?

1-24 ¿Qué está pasando en este festival? Estas imágenes son de un festival hispano en los Estados Unidos. Descríbele las fotos a otro(a) estudiante.

1.

2.

1. En la foto 1, ¿de dónde es el hombre? Adivina.
2. ¿Qué está representando? Describe su disfraz.
3. ¿Qué están haciendo las otras personas en el escenario? Describe sus trajes.
4. En la foto 2, ¿qué están haciendo? ¿De dónde son? Adivina.
5. Describe su uniforme.

1-25 Opiniones Con un(a) compañero(a), habla sobre los siguientes aspectos de las celebraciones y luego compara lo que sabes con otros grupos.

1. ¿Qué festivales conoces? ¿Qué piensas de ellos?
2. ¿Qué es lo bueno, lo malo, lo interesante de los festivales?
3. ¿Cómo son los certámenes de los festivales que conoces?
4. ¿Hay buena música? ¿Qué crees?
5. ¿Te gustan los fuegos artificiales? ¿Qué piensas de ellos? ¿Cuándo hay fuegos artificiales en tu vecindario?

1-26 Latinoamericanos Piensa en un latinoamericano bien conocido y descríbeselo a tu compañero(a) de clase. Él o ella tiene que adivinar quién es.

Ejemplo   Esta persona es un buen actor de cine. Es más o menos guapo. Tiene el pelo negro y un poco largo. Es puertorriqueño. En una película es un policía mexicano. Fue una película excelente. ¿Quién es?
(Benicio del Toro)

Rumbo abierto

> Paso 1

¿Qué asocias con las siguientes palabras? Empareja las frases de la columna A con las frases de la columna B.

A

_d_ **1.** los mexicanos en los Estados Unidos

_c_ **2.** la cultura azteca

_e_ **3.** la mezcla de las razas en América

_b_ **4.** España medieval

_a_ **5.** la guerra entre los Estados Unidos y México

B

a. una nueva frontera

b. judíos, cristianos y moros

c. grupo étnico-cultural mesoamericano

d. chicanos

e. indígenas, africanos, europeos

> Paso 2

Francisco Alarcón, poeta y profesor universitario, nos da a continuación su opinión sobre el significado que para él tiene la palabra chicano y sobre las contribuciones de los latinos a la cultura norteamericana. Para facilitar tu comprensión recuerda la estrategia de lectura que aprendiste en este capítulo (reconociendo cognados y palabras derivadas de palabras familiares). Además, lee la siguiente lista de palabras claves antes de leer la entrevista.

Mexica. Cultura mesoamericana que controló gran parte de México durante los siglos XV y XVI.

Mestizaje. Término que se usa para denominar la mezcla de las razas en Latinoamérica.

Sefardita. Grupo judío que vivió en España y Portugal durante la Edad Media. Fueron expulsados en el siglo XV. Ahora lee el fragmento de la entrevista que aparece en la siguiente página.

> Paso 3

Después de leer el fragmento de la entrevista con el poeta Francisco Alarcón, decide si las siguientes afirmaciones son ciertas o falsas. Corrige las falsas.

ANSWERS 1. F – Viene de un término de la lengua de los aztecas. 2. F – Surgió en la década de los sesenta. 3. C 4. C 5. F – Hay otras contribuciones como en el arte, la literatura, etc.

1. La palabra *chicano* es una abreviación de la palabra mexicano-americano.

2. El movimiento chicano surgió en los Estados Unidos en 1848.

3. Los chicanos se sienten muy orgullosos de su herencia indígena.

4. La música tropical es un ejemplo de la contribución latina a la cultura de este país.

5. La comida representa la única influencia latina en la cultura norteamericana.

> Paso 4

Entrevista a un(a) compañero(a). Hazle las siguientes preguntas.

1. ¿Con qué grupo étnico-cultural te identificas?

2. ¿De dónde viene tu familia? Describe el lugar o el país.

3. ¿Mantuvieron algunos de los valores de su cultura nativa? ¿Cuáles?

4. ¿Lograron el sueño americano?

5. Explica si la historia de tu familia es parecida a la de Alarcón.

HERITAGE LEARNERS
Have heritage learners compare the experience of Alarcón with the experiences of their family members or other members of their community. You may have them discuss or write about the topic.

¿Qué significado personal tiene para usted la denominación chicano?

La palabra chicano es un término para mí muy importante y ésta es una palabra de origen indígena, viene de un término de la lengua nahuátl que fue de los aztecas. Lo chicano tiene que ver con un movimiento que surgió en los Estados Unidos en los años sesenta para poder recobrar un sentido de orgullo étnico y cultural, entonces la palabra chicano para mí es muy positiva. Quiere decir que somos parte del continente, que nuestra historia no comienza en 1848 con el tratado de Guadalupe Hidalgo, tampoco comienza con el descubrimiento de América en 1492 sino que se remonta a hace miles de años. La palabra chicano hace entonces un énfasis en la historia y en la cultura indígena de América y para mí tiene un valor importantísimo.

¿De qué manera ha contribuido la cultura latina a la cultura general de los Estados Unidos?

Bueno yo pienso que la cultura latina es parte de los Estados Unidos desde siempre. California es una palabra de origen español. Estamos aquí cerca de Sacramento, cerca de San Francisco, todos son términos de origen hispano, entonces sin duda tiene parte que ver con el mundo y la cultura hispana que llegó hasta los Estados Unidos en el siglo XVI. El impacto que se está viendo es más y más en la cultura popular, por ejemplo, ¿qué podemos hacer sin la comida mexicana y la comida latina? Cuando era niño en California era difícil encontrar tortillas de maíz o de harina de trigo en los mercados comunes y corrientes. En los Estados Unidos ahora hay tortillas en todas partes. La cocina mexicana es parte de la dieta norteamericana, la música, yo creo que el impacto de la música latina es importantísimo. El impacto principalmente de la música cubana y puertorriqueña, los ritmos tropicales y aun la música mexicana tiene un gran impacto en el arte.

A mí me parece que una de las contribuciones más importantes de la cultura tiene que ver con el arte visual. Hacemos buenos artistas visuales los chicanos. Podemos ir a cualquier museo. Nos damos cuenta de que el impacto visual de artistas chicanos es tremendo y sin duda que la literatura también va a tener impacto, así que yo creo que estamos teniendo impacto a muchos niveles. Demográficamente, ¿qué serían los Estados Unidos sin los latinos?; ¿qué sería California sin los latinos? No sería California, no habría este sabor en el suroeste. Entonces para mí es algo muy importante. Treinta y cinco millones de latinos viven en Estados Unidos, más hispanohablantes hay en Estados Unidos que en toda Centroamérica. Yo pienso que el futuro de California va a ser otra vez una combinación de culturas, un mestizaje entre latinos y anglos y otros grupos étnicos que van a dar una realidad nueva diferente a la que estamos viviendo actualmente. Yo creo que el impacto cultural va a ser tremendo.

TEACHING TIP Have students predict answers to the question **¿De qué manera ha contribuido la cultura latina a la cultura general de los Estados Unidos?** Then have them read the selection and identify any of their predictions that are mentioned.

¡A escribir!

El informe

TEACHING TIP This activity addresses the Communities Standard by engaging students with people of Hispanic/Latino culture in their community. It is also designed to reintroduce them to the composing process. The final draft of this report should not be more than one and a half pages, double spaced, so that students can focus on organization and structure at the paragraph level before moving on to larger writing tasks.

TEACHING TIP You may assign **Pasos 1** and **2** several days before assigning the composition. If time does not permit, or if there is not a readily accessible Latino population in your area, have the students limit their search to the Internet where they are certain to find many ideas about the use of the terms *Latino* and *Hispanic*.

HERITAGE LEARNERS Remind heritage learners to pay close attention to spelling and remind them of problematic areas such as **c**, **s**, and **z** as well as **h**.

> Before beginning your report, read the Estrategia de escritura on p. 29.

Paso 1

El informe es un tipo de texto que *informa* al lector de datos, causas y circunstancias relacionados con una cuestión de interés. Esta tira cómica nos presenta una cuestión cultural de interés en nuestra sociedad: ¿cómo se identifican las personas de ascendencia hispana en este país? Tu trabajo es el de investigar esta cuestión y reportar los resultados en un breve informe escrito.

Paso 2

Busca algunas definiciones de los términos *hispano* y *latino* (por Internet o en la biblioteca). Luego, entrevista a varias personas de ascendencia hispana que viven en tu comunidad para ver qué significan los términos para ellos y cómo se identifican. Usa las siguientes preguntas u otras que piensas que son importantes:

¿Usted se identifica más como *hispano, latino* u otro término? ¿Por qué? Para Ud., ¿qué significan los términos *hispano* y *latino*? ¿De qué país es su familia? ¿Cuánto tiempo lleva su familia en los Estados Unidos? ¿Habla español con su familia?

Apunta bien las respuestas de cada persona. Después de conseguir toda la información, apunta tus respuestas a estas preguntas: ¿Qué tienen en común todas las definiciones de hispano y latino que encontraste? ¿Qué diferencias tienen? ¿Hay alguna preferencia por un término u otro? ¿Cuál es? ¿Quiénes son las personas que prefieren este término? ¿Tienen algo en común? ¿Son de un país hispano en particular? ¿Hablan español en casa?

Ahora, escribe una oración completa para describir la preferencia o falta de preferencia que encontraste en tu entrevista. Por ejemplo: *En mi comunidad la gente de ascendencia hispana se identifica con el término* latino(a).

ESTRATEGIA DE ESCRITURA

El proceso de redacción

Good writing typically involves the following four stages: *Planning, discovery, composing,* and *revising,* and the good writer typically will revisit any given stage during any part of the process.

Planning: A time to think critically about your writing task and consider the following questions: *What am I being asked to write and what is its function? What do I already know about this topic? What kind of research is appropriate given the task at hand (i.e., Internet search, personal interviews, library search)? Who is this piece of writing directed toward and how might that affect what I write?*

Discovery: A time to gather information. Spend 10–15 minutes *brainstorming,* that is, jotting down on paper any ideas that come to mind about your topic and task. Once done, you can look at all the ideas and decide which will work best for your purposes.

Composing: A time to write and structure your ideas. To keep your writing coherent, you must develop each idea separately in its own paragraph. As you compose, you should check to see that what you are writing reflects the goals and purposes you stated for your task in the planning stage. Ask yourself: *Does my text respond to the task and topic? Does each paragraph develop a particular aspect of the topic? Does my writing respond to the special needs of my audience?*

Revising: A time to look critically at your completed work. Ask yourself the questions posed in the *composing* stage. This type of revision is called the *content* revision and should always come before the *surface form* revision. During the *surface form* phase you should check for spelling and accent errors (for which you can use Spanish spell check to catch many, but not all errors), vocabulary usage, and grammar errors. It is helpful to get peer feedback on your writing during this stage.

> Throughout this text you will learn different strategies that pertain to these different stages of the writing process, and they will all help you to become a better writer in Spanish.

> Paso 3

Escribe el primer borrador de tu informe. Lo que escribes debe contestar la pregunta, *¿Cómo prefiere identificarse la gente de ascendencia hispana en mi comunidad?* Para comenzar tu informe, usa la oración que escribiste en el Paso 2. Luego, escribe varias oraciones para explicar esta primera oración. Incluye información sobre la definición que mejor resuma *(summarizes)* el significado de los términos para la gente que entrevistaste. También, si es relevante, puedes incluir las respuestas que apuntaste a las preguntas del Paso 2. Al final, escribe un buen título para tu informe.

ALTERNATIVE If time does not allow for peer review, ask students to revise their own draft using the questions in Paso 4.

 > Paso 4

Trabaja con un(a) compañero(a) de clase para revisar tu primer borrador. Lee su informe y comparte con él/ella tus respuestas a las siguientes preguntas: ¿Contesta su informe la pregunta de cómo prefiere identificarse la gente de ascendencia latina en su comunidad? ¿Presenta definiciones de los términos? ¿Crees que las oraciones del párrafo (o de los párrafos) explican bien su primera oración? Si no, ¿qué consejos le das a tu compañero(a) para resolver el problema? ¿Necesita separar un párrafo en dos porque presenta más de una idea específica? ¿Comprendes todas las palabras y frases que usa tu compañero(a)? Señala lo que no comprendes y tu compañero(a) puede ver si esas palabras o frases son correctas. ¿Qué otras recomendaciones puedes hacer?

> Paso 5

Considera los comentarios de tu compañero(a), haz los cambios necesarios y haz también una revisión de forma *(surface form revision).* Mira las formas de los verbos que usas: ¿Concuerdan *(Do they agree)* con su sujeto? ¿Usaste bien los verbos irregulares? ¿Usaste correctamente los verbos *ser* y *estar?* Ahora, mira los adjetivos y artículos definidos e indefinidos. ¿Concuerdan en número y género con los sustantivos *(nouns)* que describen? Corrige todos los errores y escribe un nuevo borrador.

¡A ver!

> **Paso 1** La revolución de Internet ha afectado de manera diferente a diferentes sectores de la población. Con otro(a) estudiante describan para qué usan el Internet, cuáles son sus sitios favoritos y si creen que diferentes grupos étnicos en los Estados Unidos usan de manera diferente la Red.

TEACHING TIP Allow students to view the video segment at least two times. Suggest they watch and listen the first time but not try to take notes. Have them read the questions in **Paso 3** and then, as they watch it a second time, have them write information related to the questions.

> **Paso 2** Mira el reportaje y toma notas sobre las características de estos sitios de Internet que van a mencionar.

> **Paso 3** ¿Qué recuerdas? Contesta las siguientes preguntas.

1. ¿A quién está dirigida la página Picosito.com?
2. Según Sonia Hernández, ¿cuál es uno de los beneficios de este tipo de página?
3. ¿Por qué es importante el portal Latino.com?
4. ¿Por qué vale la pena invertir en este tipo de empresas?
5. ¿Para qué usa Sonia Hernández las páginas de Internet?

ANSWERS 1. Está dirigida al público latino de los Estados Unidos. 2. Ayuda a disminuir la brecha cultural. 3. Comercializa casi 4 millones de dólares. 4. Es un mercado multimillonario. 5. Las usa para todo hasta para buscar recetas para cocinar.

> **Paso 4** Con otro(a) estudiante, visite dos o tres sitios de Internet dirigidos al público latino de los Estados Unidos y hagan una lista de cuatro características que normalmente no se encuentran en sitios dirigidos a un público de habla inglesa.

CD1-5

Para hablar de dónde vienes

la ascendencia *heritage / nationality*
el atractivo *attraction*
el condado *county*

antiguo(a) *old*
indígena *indigenous*

compartir *share*
gozar *to enjoy*
nacer *to be born*

Para describir la geografía y el clima de un sitio

el acantilado *cliff*
el altiplano *high plateau*
la altura *height / altitude*
el amanecer *sunrise*
la bahía *bay*
el cerro *hill*
el chubasco *heavy rain shower*
la cordillera *mountain chain*
el desierto *desert*
el huracán *hurricane*
la isla tropical *tropical island*

el Mar Meditcrráneo / Mar Caribe
   Mediterranean / Caribbean Sea
la neblina *fog*
la puesta del sol *sunset*
el relámpago *lightning flash*
la tormenta *storm*
el trueno *thunder*
el volcán *volcano*

(estar) en el borde *(to be) on the edge*
(estar) en las afueras *(to be) on the outskirts*
(estar) situado(a) *(to be) situated*

(estar) despejado *(to be) clear (skies)*
encantador(a) *charming*
(ser) húmedo(a) *(to be) humid*
montañoso(a) *mountainous*
plano(a) *flat*
rocoso(a) *rocky*
(ser) seco(a) *(to be) dry*
soleado(a) *sunny*

llover (ue) *to rain*
lloviznar *to drizzle*
nevar (ie) *to snow*

Para hablar de los hispanos en los Estados Unidos

el anglo(hispano)hablante *English/Spanish
   speaker*
los antepasados *ancestors*
el aporte *contribution*
el (la) boricua *Puerto Rican*
el (la) chicano(a) *Chicano*
la clase social *social class*
la etnia / el grupo étnico *ethnicity / ethnic
   group*

el icono *icon*
el logro *achievement*
la minoría *minority*
el orgullo *pride*
la población *population / village*

abundar *to abound*
asimilarsc *to assimilate*
destacar(se) *to (make something) stand out /
   to make oneself stand out*

establecer(se) *to establish (something) / to
   establish oneself*
influir *to influence*
inmigrar *to immigrate*
pertenecer a *to belong to*
superar(se) *to overcome / to improve oneself*
valorar / los valores *to value / values*

Para hablar de las celebraciones

el certamen *contest*
el entusiasmo *enthusiasm*
el escenario *stage*
el espectáculo *show*
las fiestas patrias *celebrations in honor of
   one's homeland*
los fuegos artificiales *fireworks*
la pachanga *party (party music)*

la pista de baile *dance floor*
el premio / premiar *award / to award*
el puesto *booth*
el ritmo bailable *danceable rhythm*
la (música) salsa/cumbia/merengue
   salsa/cumbia/merengue music

alucinante *amazing, incredible*
entretenido(a) *entertaining*

exquisito(a) *exquisite*
festivo(a) *festive*
verdadero(a) *real, true*

acoger *to welcome*
degustar *to taste, sample*
festejar *to celebrate*

Capítulo 2

RUMBO A GUATEMALA, HONDURAS Y NICARAGUA

Metas comunicativas

En este capítulo vas a aprender a...

- describir a tu familia y las relaciones familiares
- describir los ritos, celebraciones y tradiciones familiares
- narrar en el pasado
- contar y escribir una anécdota sobre ritos y celebraciones en tu familia

Estructuras

- **Haber** + el participio pasado
- Diferencias básicas entre el pretérito y el imperfecto
- Más diferencias entre el pretérito y el imperfecto

Cultura y pensamiento crítico

En este capítulo vas a aprender a...

- describir y explicar los conceptos, ritos y tradiciones de diferentes familias
- comprender la relación existente entre el concepto de familia de los centroamericanos y sus ceremonias religiosas
- describir y apreciar las celebraciones familiares importantes, como la quinceañera

 Spanish

 Track 11

MARCANDO EL RUMBO Use transparencies A-2, A-16, and A-17 in addition to the images and information on these pages to assess students' familiarity with Guatemala, Honduras, and Nicaragua, particularly their history and unique position in the world.

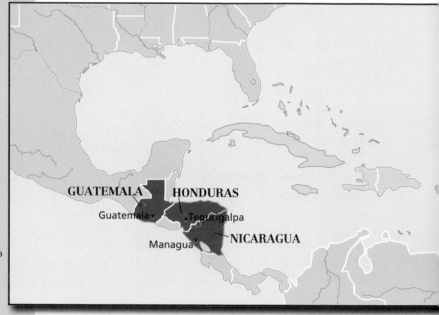

TEACHING TIP 2-1 Assign this activity as homework before class. Encourage students to recall what they know about these countries. Class time can then be used to share perceptions and have a class discussion.

TEACHING TIP 2-2 Before listening to the text, use transparencies A-2, A-16, and A-17 to review with students the following questions: **¿Dónde están Guatemala, Honduras y Nicaragua? [en Centroamérica] ¿Dónde floreció la cultura maya? [en regiones que hoy pertenecen a México, Guatemala, Belice, Honduras y El Salvador] ¿Cuál es la base económica de estos países? [principalmente la exportación de productos agropecuarios]** Allow students to listen to the selection at least two times. Have them refer to the maps and the time line to confirm information mentioned in the text.

TEACHING TIP 2-2 Have students use Presentational Communication to present information about one or more of these countries to the class.

Guatemala, Honduras y Nicaragua						
1000 AC Florece la cultura maya en Centroamérica	**1502** Cristóbal Colón llega a las costas de Honduras	**1524** Pedro Alvarado conquista Guatemala				
1000 AC	**1500**	**1520**	**1775**	**1850**	**1910**	**1915**
			1776 Se proclama la independencia de las trece colonias	**1849** Se inicia la fiebre del oro en California	**1907** Los EE.UU. envía tropas a Honduras	**1912** El presidente Wilson da principio a la celebración del Día de la madre

Los Estados Unidos

La familia: Tradiciones y alternativas

Miguel Ángel Asturias

Palenque, México

Violeta Barrios de Chamorro

Marcando el rumbo

2-1 Nicaragua, Honduras y Guatemala: ¿Qué sabes de Centroamérica? Con un(a) compañero(a), determina si las siguientes ideas sobre estas tres naciones de Centroamérica y su gente son ciertas o falsas. Si son falsas, corrígelas y escribe lo que te parezca correcto.

1. El español es la lengua oficial en toda Centroamérica.
2. Guatemala tiene sitios arqueológicos muy importantes.
3. Rigoberta Menchú es una reconocida novelista.
4. Honduras, Guatemala y Nicaragua gozan de una gran diversidad de climas.
5. El Movimiento Sandinista de Liberación Nacional es una agrupación política de Nicaragua.

2-2 El mundo centroamericano: Guatemala, Honduras y Nicaragua Vas a escuchar una descripción de algunas características sobresalientes de estos tres países.

CD1-6

ANSWERS 2-1 1. F – En Belice la lengua oficial es el inglés. 2. C
3. F – Menchú es una dirigente indígena de Guatemala 4. C 5. C

ANSWERS 2-2 1. C 2. C 3. C 4. F – exporta plátano, café, algodón y caña de azúcar 5. C

Paso 1: Escucha la siguiente descripción de ciertos aspectos culturales de Centroamérica y toma notas.

La civilización maya	Honduras
Guatemala	Nicaragua

Paso 2: ¿Cierto o falso? Lee las siguientes oraciones e indica si son ciertas o falsas. Si la oración es falsa, corrígela.

1. La civilización maya es la cultura prehispánica más importante de Centroamérica.
2. El *Popol Vuh* es un libro sagrado y describe el origen del hombre.
3. Guatemala ha producido dos Premios Nobel.
4. Honduras tiene un clima tropical y exporta petróleo.
5. Violeta Chamorro fue la primera presidenta de Nicaragua.

Paso 3: ¿Qué recuerdas? La descripción de los tres países centroamericanos que acabas de escuchar incluyó algunos rasgos geográficos, históricos, étnicos, económicos y culturales. ¿Qué país te gustaría visitar y por qué?

1968 El guatemalteco Miguel Ángel Asturias gana el Premio Nobel de Literatura

1979 El Movimiento Sandinista de Liberación Nacional derrota al dictador Somoza en Nicaragua

1987 Se firma el Plan de Paz de Centroamérica (Esquipulas II)

1990 Violeta Barrios de Chamorro es elegida presidenta de Nicaragua

1992 Rigoberta Menchú gana el Premio Nobel de la Paz

1970   **1980**   **1985**   **1990**   **1995**   **2005**

1972 El presidente Nixon inaugura la celebración del Día del padre

1992 Los EE.UU., México y Canadá firman el Tratado de Libre Comercio

1994 Se celebra en Miami La Cumbre de las Américas (reunión de todos los países del continente excepto Cuba)

2004 El presidente Bush notifica al Congreso su intención de firmar un tratado de libre comercio con Centroamérica (CAFTA). Los estadounidenses debaten sobre el matrimonio entre homosexuales

Vocabulario en contexto

HERITAGE LEARNERS 2-2 Have heritage learners who have ties to Guatemala, Honduras, or Nicaragua share their knowledge about these countries.

Las familias tradicionales, modernas y alternativas

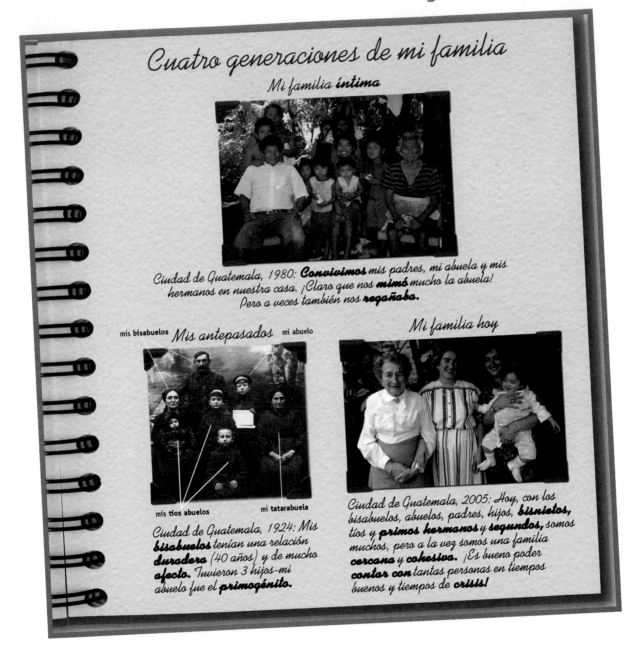

Cuatro generaciones de mi familia

Mi familia **íntima**

Ciudad de Guatemala, 1980: **Convivimos** mis padres, mi abuela y mis hermanos en nuestra casa. ¡Claro que nos **mimó** mucho la abuela! Pero a veces también nos **regañaba.**

mis bisabuelos   *Mis antepasados*   mi abuelo

Mi familia hoy

mis **tíos** abuelos   mi tatarabuela

Ciudad de Guatemala, 1924: Mis **bisabuelos** tenían una relación **duradera** (40 años) y de mucho **afecto.** Tuvieron 3 hijos-mi abuelo fue el **primogénito.**

Ciudad de Guatemala, 2005: Hoy, con los bisabuelos, abuelos, padres, hijos, **bisnietos,** tíos y **primos hermanos y segundos,** somos muchos, pero a la vez somos una familia **cercana y cohesiva.** ¡Es bueno poder **contar con** tantas personas en tiempos buenos y tiempos de **crisis!**

RECYCLING Use transparencies E-1, E-2, and E-3 to review family vocabulary. Have students identify and describe the relationships among the members of the families. Have students describe their families if they wish.

TEACHING TIP Use the realia to present vocabulary in an interactive way. Have students describe the individuals and the places in the photos. Have them comment on familial relationships and have them compare and contrast their families with the one pictured. Ask questions to promote conversation.

iLrn ¡OJO! Don't forget to consult the **Índice de palabras conocidas**, pp. A2–A3, to review vocabulary related to family and familial relationships.

> Other words and phrases related to family and familial relationships are cognates of English words: **disciplinar / la disciplina; estricto, firme, nuclear, pareja homosexual / heterosexual, respeto.**

Atención a la palabra: Soportar is a false cognate and does not mean *to support* in the sense of giving moral/financial support. Rather it means to tolerate, a verb that does have a cognate form in Spanish, **tolerar.** Another Spanish verb that means *to tolerate* or *to put up with* is **aguantar.** The correct verb to use to indicate support, as in help, is **apoyar.**

HERITAGE LEARNERS Ask heritage learners about their use of these vocabulary items and about other words they associate with this topic. Note any variations in usage such as **soportar** to mean *to support*. Remind them to watch for potential spelling problems.

Para hablar de los lazos familiares

el (la) hijastro(a)	*stepson (stepdaughter)*
el (la) hijo(a) adoptivo(a) / adoptar	*adopted child / to adopt*
el (la) hijo(a) único(a)	*only son/child (daughter)*
el (la) huérfano(a)	*orphan*
el (la) medio hermano(a)	*half brother (sister)*
la niñera	*baby-sitter*
el (la) primogénito(a)	*first born*
la segunda pareja	*second marriage / second wife/husband*

Para describir las relaciones familiares

la comunicación franca	*frank/open communication*
la expectativa	*expectations*
la (in)fidelidad / ser (in)fiel	*(un)faithfulness / to be (un)faithful*
la intimidad / privacidad	*intimacy, privacy*
el malentendido	*misunderstanding*
alternativo(a)	*alternative*
estable	*stable*
extendido(a)	*extended*
lejano(a)	*distant*
monoparental	*single parent*
contar (con)	*to count on*
criar	*to raise*
educar	*to educate; to teach manners to*
fracasar / el fracaso	*to fail / failure*
independizarse	*to become independent*
pelear / la pelea	*to fight / a fight*
proveer / el (la) proveedor(a)	*to provide / provider*
rechazar / el rechazo	*to reject / rejection*
soportar	*to tolerate*

Para enriquecer la comunicación: Para expresar el afecto

Sí, **cariño/cielo/querido(a).**	*Yes, honey.*
¡Ven aquí, **bombón!**	*Come here, sweetie!*
¡Cuánto te quiero, **mijo(a)!**	*I love you so much, my son/ daughter!*
Mi **media naranja** y yo tenemos tres hijos.	*My better half and I have three kids.*
Tenemos que **hacer las paces,** mi amor.	*We have to make up (make peace), my love.*
La quiero **como a una hermana.**	*I love her like a sister.*

> **¿Nos entendemos?** Throughout the Spanish-speaking world there are many different words for family members. Some are regional and are limited to a particular area. For example, in Guatemala the word **chichí,** from Mayan, is used for *grandmother,* but in Honduras **chichí** means *baby.* In parts of Spain the words **yayo(a)** are used for *grandfather* and *grandmother* in addition to **abuelo(a).** Another interesting example of this lexical variation are the terms used for *baby-sitter* and *nanny.* In Spain **canguro** is used with the meaning *baby-sitter,* and **niñera** is used to signify a *nanny.* In other parts of the Spanish-speaking world, **niñera** is used for both words, and in yet other areas speakers borrow the English term *baby-sitter* (adapted to Spanish pronunciation), since the concept of leaving your child with a non-family member is foreign.

Práctica y expresión

2-3 La historia familiar Mercedes Vanegas Rivas está grabando su historia familiar y comienza con los detalles de la rama materna de su familia. Escucha su historia e indica la relación que tiene cada una de las siguientes personas con Mercedes. Luego, contesta las preguntas que siguen.

Ana María Barreto Paniagua
Alfonso Cruz Paniagua
Luisa Cruz Barreto
Josefina Cruz Barreto

Jesús Rivas Torres
Catarina Rivas Cruz
Francisco Bustamante Arenas
José Luis Navas Reyes

1. ¿Por qué cree Mercedes que sus bisabuelos tenían el mismo apellido materno?
2. ¿Por qué se divorció Mercedes de su primer esposo?
3. ¿Quién es Juliana?
4. ¿Cuál es el apellido de Jorge, el hijo de Mercedes Vanegas Rivas y José Luis Navas Reyes?
5. Describe la familia de Mercedes ahora. ¿Cómo es la relación entre ellos?

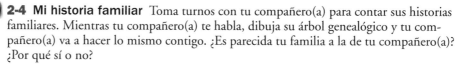

2-4 Mi historia familiar Toma turnos con tu compañero(a) para contar sus historias familiares. Mientras tu compañero(a) te habla, dibuja su árbol genealógico y tu compañero(a) va a hacer lo mismo contigo. ¿Es parecida tu familia a la de tu compañero(a)? ¿Por qué sí o no?

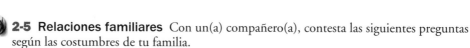

2-5 Relaciones familiares Con un(a) compañero(a), contesta las siguientes preguntas según las costumbres de tu familia.

1. ¿La niñera se considera como parte de la familia?
2. ¿Qué tipo de relación tienes con tu familia íntima? Describe.
3. ¿Hay sólo un proveedor en tu casa? ¿Quién es?
4. ¿Qué hacen en tu familia cuando hay un malentendido entre dos miembros?
5. En tu familia, ¿cómo regañan a los niños cuando no se portan bien?
6. ¿Se valora mucho la intimidad en tu familia? Explica.
7. En tu familia, ¿ha cambiado el concepto de familia o los valores a través de los años? Explica.

2-6 La unidad familiar en la tele y las películas Con un grupo de compañeros(as), piensen en tres o cuatro familias de programas de la tele y/o de películas recientes. Describan los miembros de las familias y las relaciones entre ellos. Luego, contesten las siguientes preguntas.

1. ¿Hay una variedad de relaciones familiares representadas? Describan esta variedad.
2. ¿Creen que esa variedad refleja bien la realidad de la familia estadounidense en el siglo XXI? ¿Por qué sí o no?
3. ¿Hay alguna diferencia entre la representación de familias estadounidenses y familias hispanas?
4. ¿Cómo comparan las familias que investigaron con las familias en la tele y en las películas de hace 30–40 años?

Espejos

JUMP START! Ask one or more students **¿Tienes una familia grande?** **¿Quiénes son las personas de tu familia?** in order to see how they define a family. Note any differences, such as the inclusion or exclusion of grandparents, cousins, and other family members. Ask them to guess how a family is usually defined in the Spanish-speaking world.

¿Qué es una familia?

HERITAGE LEARNERS You may ask heritage learners to discuss their concept of family. Ask if their views differ from those of their parents or grandparents.

ANSWERS Perspectiva II: 1. No se promueve la independencia tan temprano. 2. No están apegados en una forma negativa, sólo se sienten cómodos con su familia. 3. En general, hay más unión familiar. 4. y 5. Se acepta que los abuelos participen activamente en la disciplina de los nietos. No se considera que es sólo la responsabilidad de los padres. 6. Después de que los hijos empiezan a trabajar, se espera que contribuyan monetariamente a la familia.

TEACHING TIP Perspectiva III: Have the students brainstorm how Central Americans view people from the U.S. Some answers could be: **Es cruel poner a tus padres en un asilo. Ellos te cuidaron a ti, ¿por qué no los quieres cuidar tú? Si tienes una buena relación con tus padres, ¿por qué los quieres dejar antes de casarte? Parece que no los amas.**

El concepto de familia en muchas partes de Latinoamérica y España es diferente al de los Estados Unidos. La noción va más allá de la familia nuclear que incluye a un marido, mujer e hijos. En muchos países de Latinoamérica, al igual que en Guatemala, Nicaragua y Honduras, si preguntas: "¿Tienes una familia grande?", seguramente la persona va a pensar en sus padres, abuelos, tíos, primos...

Es posible encontrar varias generaciones bajo un mismo techo *(under the same roof)*. Después de que uno de los abuelos queda viudo(a), es normal que se mude *(move)* a la casa de una hija y participe activamente en la disciplina de los niños. Los ancianos que viven en un asilo *(convalescent home)* generalmente no tienen familia.

Los hijos no se van de la casa a los 18 años. El momento apropiado para mudarse de la casa es cuando la persona va a formar una nueva familia después de casarse. Es normal y natural que los hijos de 20 a 30 años vivan en la casa de sus padres. El salir de la casa a los 19 o 20 años sin una razón válida, le dice al mundo que hay problemas o desamor en la familia.

Cuatro perspectivas

Perspectiva I Cuando piensas en el concepto de familia, ¿qué es "normal" para ti en los EE.UU.? Menciona si es **muy común, poco común** o **muy extraño.**

1. Un abuelo que vive con sus hijos y nietos
2. Una abuela que disciplina a su nieta en frente del padre de la niña
3. Una hija o hijo de 26 años que vive con sus padres
4. Un(a) muchacho(a) soltero(a) de 21 años que no vive con sus padres
5. Una muchacha de 16 años que vive sola
6. Un(a) hijo(a) que vive en las dos casas de sus padres divorciados

Perspectiva II ¿Cómo vemos a los centroamericanos? Marca con una (X) tu opinión.

1. Los jóvenes no tienen un espíritu de independencia. _____

2. Los hondureños están muy apegados *(attached)* a sus padres. _____

3. Los guatemaltecos aman a su familia. _____
4. Los abuelos interfieren en la vida familiar. _____
5. La disciplina de los niños debe ser sólo la responsabilidad del padre y de la madre. _____
6. Los jóvenes nicaragüenses son listos, no tienen que pagar alquiler. _____

Perspectiva III En Honduras, Nicaragua y Guatemala, algunos jóvenes dicen:

Es mejor llegar a casa del trabajo y estar con la familia en vez de estar solo.

¿Por qué poner al abuelo en un asilo? ¡Estaría muy sólo! ¿...y si le pasa algo?

Mi abuela me regaña, ¡pero también me defiende de mis padres!

Perspectiva IV ¿Cómo ven a los estadounidenses? ¿Sabes?

Las dos culturas

¿Crees que en los EE.UU. no hay unión familiar? ¿Tiene tu familia (extendida) reuniones familiares?
¿Sí? ¿Con qué frecuencia? ¿Dónde? ¿Cuándo? / ¿No? ¿Por qué no?
¿Conoces a una familia latinoamericana? ¿Cómo es? ¿Es diferente a la tuya?

Estructuras

iLrn **¡OJO!** Before beginning this section, review the following themes on pp. B5–B8 of the **Índice de gramática:** Regular preterite verbs, Verbs with spelling changes in the preterite, Stem-changing preterite verbs, Irregular verbs in the preterite, Imperfect tense, Adverbs of time, Time expressions with **hace que; llevar, acabar de,** Past participles of regular verbs, Irregular past participles.

RECYCLING Use transparency N-4 to tell about a picnic that members of a family prepared. Explain what they had done before they arrived at the picnic site.

Haber+el participio pasado; Diferencias básicas entre el pretérito y el imperfecto

In the following section you will review verb tenses used to describe events and conditions in the past, such as details of an engagement.

Los tiempos perfectos: *Haber* + el participio pasado

One way speakers of both Spanish and English talk about the past is to use the perfect tenses. The present perfect tense (**el tiempo presente del perfecto**) communicates the idea of *have/has done* something, describing an action that has started before the present moment and continues into the present.

Gloria y Esteban **han hablado** mucho de sus problemas matrimoniales. (presente del perfecto)

          han hablado de sus problemas   (momento presente)

In this example, Gloria and Esteban have discussed their marital problems before the moment the sentence was uttered (i.e., the present moment).

The past perfect or pluperfect (**el pluscuamperfecto**) communicates the idea of *had done* something, describing an action that had taken place before another point in time in the past.

Gloria y Esteban ya **habían hablado** mucho de sus problemas cuando decidieron ir a ver a un consejero matrimonial. (pluscuamperfecto)

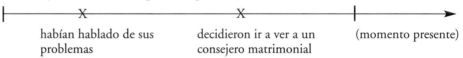

| habían hablado de sus problemas | decidieron ir a ver a un consejero matrimonial | (momento presente) |

In this example, when Gloria and Esteban decided to see a marriage counselor, they had already discussed their problems previously. Both of those actions took place prior to the moment the sentence was uttered (i.e., the present).

To form the present perfect, Spanish speakers use a present tense form of the auxiliary verb **haber** + the past participle of a second verb.

he	
has	
ha	regalado (-*ar* verb)
hemos	proveído (-*er* verb)
habéis	convivido (-*ir* verb)
han	

To form the past perfect, or pluperfect, Spanish speakers use an imperfect form of the auxiliary verb **haber** + the past participle of a second verb.

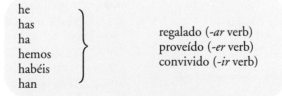

había	
habías	
había	criado
habíamos	sido
habíais	elegido
habían	

Diferencias básicas entre el pretérito y el imperfecto

When Spanish speakers choose to convey specific information about the time or times of an event in the past, they use either the preterite or the imperfect tense.

Use the preterite to:

■ talk about completed actions, events, or in reference to either the beginning or the end of an action.

> Gloria y Esteban **se casaron** en 1975.
>
> (Ellos) **Empezaron a tener** dificultades en el matrimonio en 1980.
>
> Lamentablemente, (ellos) **se divorciaron** en 1983.

Use the imperfect to:

■ describe actions in progress when neither the beginning nor the end of the action is being emphasized.

> Durante el noviazgo, Gloria y Esteban **se veían** mucho.
>
> En esa época ellos **se llevaban** bastante bien.

■ talk about past progressive actions.

> Esteban **viajaba** mucho cuando la relación empezó a deteriorarse.

■ talk about habitual or repeated actions in the past, ideas that are typically communicated in English with *used to* or *would.*

> Cuando Gloria y Esteban **eran** adolescentes, siempre **hacían** planes para el futuro.

■ talk about time of day, age and weather in the past.

> Gloria **tenía** 18 años cuando salió con Esteban por primera vez.
>
> **Era** de noche y **hacía** un poco de calor.

> ### Un paso más allá: Expresiones de tiempo que requieren o el pretérito o el imperfecto

The following time expressions often signal either the preterite or the imperfect tense. The expressions that usually introduce preterite verbs refer to specific instances in the past or communicate a sense of a completed action or event. The expressions that frequently introduce imperfect verbs refer to repeated or habitual actions in the past or indicate an instance of two actions occurring simultaneously.

Preterite time expressions	Imperfect time expressions
anoche	a menudo
ayer	cada día / todos los días
durante	frecuentemente
cuando	generalmente, por lo general
el semestre pasado	mientras
la semana pasada	muchas veces
hace (una hora, un día, un mes)	siempre

Práctica y expresión

POSSIBLE ANSWERS 2-7 1. Jugaba con juguetes, escribía letras, comía dulces, leía libros de niños, miraba la televisión, hablaba con su mamá. 2. Leyó una novela, estudió matemáticas, hizo muchos cálculos, bebió un refresco, miró MTV, habló con su novia, leyó unas revistas.

TEACHING TIP 2-7 Encourage students to be creative with their answers but focus on uses of the preterite and imperfect.

2-7 Cuando era niño Describe lo que hacía Juan Ramón cuando era niño y en el otro dibujo, qué hizo él la semana pasada. Pregúntale a tu compañero(a) de clase si hacía algo similar.

1. ¿Qué hacía Juan Ramón cuando tenía cinco años?
2. ¿Qué hizo Juan Ramón la semana pasada?
3. Pregunta a un(a) compañero(a): ¿Hacías algo similar de niño(a)? ¿y ayer?

2-8 La vida de un maya en el mundo de hoy Llena los espacios en blanco con las formas correctas del pretérito o el imperfecto del verbo que está en paréntesis para conocer la vida real de este maya. Luego usando el mismo modelo, prepara una narración de tu propia vida para compartirla con la clase.

Me llamo José Alejandro Iuit Canul. Mis apellidos son maya y 1.___nací___ (nacer) en la ciudad de Antigua, Guatemala. 2.___Completé___ (completar) mis estudios de primaria en la colonia Yucatán. De niño, mi familia y yo 3.___vivíamos___ (vivir) en la sierra. Todos los días 4.___jugaba___ (jugar) por horas con mis hermanos después de la escuela, en vez de hacer la tarea. Mi madre siempre 5.___nos regañaba___ (regañarnos). Más adelante 6.___estudié___ (estudiar) en Antigua, donde 7.___completé___ (completar) mis estudios profesionales.

Mi padre 8.___se llamaba___ (llamarse) Fermín B. Iuit y el nombre de mi madre 9.___era___ (ser) María del Pilar Canul. Los dos 10.___murieron___ (morir) cuando yo 11.___tenía___ (tener) 32 años. Recuerdo que siempre 12.___sentían___ (sentir) mucho orgullo *(pride)* de ser maya. ¡Igual que yo!

ANSWERS 2-9 1. ha sido 2. ha representado 3. han reconocido 4. han puesto 5. se ha convertido. Mártires políticos: Martin Luther King, John Fitzgerald Kennedy, Che Guevara...

2-9 Desde entonces... ¿Qué ha pasado desde la muerte del cacique Lempira? Cambia las palabras con asterisco al presente perfecto. Luego piensa con qué mártir político se le ha comparado.

Lempira es* una figura muy querida que representa* la lucha contra el invasor. Los hondureños reconocen* el heroísmo de Lempira y le ponen* el nombre de Lempira a la moneda *(currency)* nacional. Lempira se convierte* en el hijo adoptivo de la gran familia hondureña.

2-10 El gran cacique Lempira Llena los espacios en blanco con el pasado perfecto del verbo para aprender sobre el gran cacique maya, Lempira. Luego, con un(a) compañero(a), piensa en una situación similar en la historia.

			—Cambiaron el nombre de "Cerquín" a "Gracias a Dios".
—Fue cacique de los indígenas en Honduras.	—Lempira organizó un ejército.	—Los españoles pidieron negociar la paz.	

———————————————————————————————————→

—Lempira nació en 1490.	—Los españoles atacaron a Lempira en Cerquín.	—Lempira defendió Cerquín por seis meses.	—Cuando en 1537 Lempira salió a negociar, los españoles lo asesinaron.	—Ahora la moneda *(currency)* de Honduras se llama Lempira.

1. Antes de la conquista española, Lempira _____ (ser) cacique de Cerquín.
2. Lempira organizó un ejército porque los españoles _____ (atacar) a Lempira.
3. Antes de morir, Lempira _____ (poder) defender Cerquín por seis meses.
4. Salió a negociar la paz porque los españoles le _____ (prometer) hacer negociaciones.
5. Ahora, esta área se llama "Gracias a Dios", pero antes la _____ (llamar) "Cerquín".

 2-11 Excusas ¿Qué tipos de mentiras, digo, pretextos les puedes decir a tus padres en las siguientes situaciones? Otro(a) estudiante puede tomar el papel de tu papá o tu mamá.

Ejemplo Llegaste muy tarde a casa después de una fiesta. ¿Qué pasó?
Llegué tarde a casa porque el coche no tenía gasolina. Empujamos el coche por tres millas y cuando llegamos a la gasolinera vimos que no teníamos dinero. Tuvimos que llamar a un amigo y él nos llevó a casa. ¡Eso fue lo que pasó!

1. Tu hermanito tiene un ojo hinchado *(swollen)* y te culpa a ti. ¿Qué pasó?
2. Te dije que era el cumpleaños de tu abuelo y no lo llamaste. ¿Qué pasó?
3. Te dejé un mensaje escrito en un papel: "Lava los platos antes de salir esta noche." No lo hiciste. ¿Qué pasó?

2-12 Tus padres ¿Qué tipo de relación tienes con tus padres? Con un(a) compañero(a), usando el presente perfecto, habla sobre tus padres.

¿Qué ha hecho tu padre o tu madre que admiras mucho?
¿Te han criado bien? ¿Han sido muy estrictos?
¿Te han mimado?
¿Te han dado suficiente dinero para la universidad?
¿Han favorecido a tu hermana o hermano más que a ti?

2-13 Niño(a) prodigio ¿Eras un(a) niño(a) prodigio? Usa el pasado perfecto para decir qué habías hecho a cierta edad. Contrasta tus logros *(achievements)* con los de otros estudiantes.

Ejemplo Antes de los dos años...
Antes de los dos años ya había aprendido a caminar.

1. Antes de los cinco años...
2. Antes de los diez años....
3. Antes de aprender a manejar...
4. Antes de mi graduación de la secundaria...
5. Antes de ser aceptado a esta universidad...

Exploración literaria

"Una Navidad como ninguna otra"

En este cuento la autora, Gioconda Belli, comparte sus recuerdos de un evento inolvidable, un terremoto devastador que dejó en ruinas a la ciudad de Managua el 23 de diciembre de 1972. El cuento presenta cómo la autora se preparaba para recibir las Navidades, luego la llegada inesperada de la catástrofe, y por último, la reacción de ella y de las otras personas ante el desastre. El cuento termina con el dilema de la madre joven que tiene que escoger entre sus obligaciones cívicas y la necesidad de cumplir con los sueños de su hija a la espera de la llegada de Santa Claus.

Estrategia de lectura | Usar la idea principal para anticipar el contenido

Knowing the general topic or theme of a reading can help you predict both the kind of information you may encounter in a text as well as how that information is likely to be organized. From the title of the work by Nicaraguan author Gioconda Belli, "**Una Navidad como ninguna otra,**" we can make several assumptions. We know, for example, that what we will read will be an account of a particular holiday that is likely to have taken place in Nicaragua. We also know that this holiday is marked by an unusual set of circumstances that make it memorable. Finally, we can deduce that the text is in the form of an anecdote and most likely will consist of a linear presentation of events.

Once we begin to read the selection we can also use paragraph structure to help us anticipate the content of each portion of text. In reading an anecdotal narration, such as the one we have before us, we might expect to find the following types of information:

Geographic information	**Event related to the primary event**
Cultural comparison/contrast	**Primary event**
Information about a specific locale	**Consequences of primary event**

After looking over the categories, consider how you might match them with the following fragments from the reading. Each fragment represents the first few sentences of a paragraph in the reading. In some instances, more than one category may apply.

- No sabría decir a qué hora me empezó el desasosiego[1], pero sé que en el almacén donde compraba los juguetes para mi hija Maryam, me sentí claustrofóbica, agobiada[2] y hasta febril. Information about a specific locale
- Era la Navidad de otra cultura u otro clima, pero todos lo aceptaban sin rechistar[3]. Cultural comparison/contrast
- Ciertamente que el ambiente cargado, tenso, recordaba la sensación que precede los grandes aguaceros[4] del trópico. Geographic information
- A las diez de la noche al inclinarme sobre la cama de Maryam para calmarle el sueño intranquilo con palmaditas en la espalda, escuché el sonido hueco[5], lejano de una trepidación. Event related to primary event
- Mi esposo apareció al lado mío y dejé que él tratara de sacar a Maryam de la cuna, pero era como estar de pie sobre el lomo de un animal furioso. Primary event
- —Se está quemando Managua —gritó alguien. Consequences of primary event

After completing this exercise, you may choose to look for these paragraphs in the text. Were you right in your assumptions about the content of the paragraphs?

---

[1]**desasosiego** la ansiedad [2]**agobiada** cansada
[3]**rechistar** protestar [4]**aguaceros** *downpours*

[5]**hueco** *hollow*

Sobre la autora y su obra

Gioconda Belli, poeta y novelista nicaragüense, nació en Managua en 1948. En 1970 publicó sus primeros poemas y también ingresó al Frente Sandinista de Liberación Nacional. Pocos años después, a causa de la persecución del régimen somocista, tuvo que exiliarse en México y Costa Rica. En 1978 ganó el premio Casa de las Américas por su colección de poemas *Línea de fuego*. Con el triunfo de la revolución en 1979, ella volvió a Nicaragua donde encontró trabajo bajo el nuevo sistema político. Actualmente vive en Santa Mónica, California. En su obra, trata con frecuencia temas eróticos donde su cuerpo le sirve como metáfora de sus luchas ideológicas.

GIOCONDA BELLI (1948–)

> Una Navidad como ninguna otra

Gioconda Belli

No sabría decir a qué hora me empezó el desasosiego, pero sé que en el almacén donde compraba los juguetes para mi hija Maryam, me sentí claustrofóbica, agobiada y hasta febril. Fue por eso que acepté, sin pensarlo dos veces, la oferta de don Jorge, el dueño, de que dejara mis regalos empacando[1]. Él se haría cargo[2], me dijo. Yo no tendría que hacer cola frente a la sección de empaque. El favor me pareció una bendición: Me harían unos empaques preciosos y yo me podría ir a mi casa a descansar. La cara de don Jorge se me antojó[3] radiante y luminosa, como la de un Rey Mago[4] oculto bajo camisa y pantalón de lino[5] beige.

—No sabe cómo se lo agradezco —repetí no sé cuántas veces.

Salí del almacén atiborrado de[6] compradores y respiré el aire de la calle con profundo alivio[7]. Tenía el pecho oprimido. Noté que hacía mucho calor, un calor inusual para esa época en Managua. Por ser el fin de la estación lluviosa, diciembre aún conserva cierto frescor. Además, los vientos alisios[8] soplan con fuerza y contribuyen a aminorar[9] el húmedo bochorno[10] del trópico. Pero los vientos alisios no soplaban esa tarde. Las hojas de los árboles estaban inmóviles. La gente que subía y bajaba apresurada por la avenida cargando sus paquetes, sudaba acalorada. Caminé sintiéndome extrañamente ajena a la excitación del espíritu navideño. Sólo quería llegar a mi casa y acostarme. No quería tener la obligación de sentirme feliz, ni quería oír más villancicos[11] o sonreír con lástima al tipo disfrazado de Santa Claus que se paseaba por la acera[12] vestido para el Polo Norte, rodeado de niños mendigos cuyos harapos[13] y sucias caritas se reflejaban, haciendo un triste contraste, sobre las vitrinas escarchadas con nieve artificial[14]. [...]

Era la Navidad de otra cultura u otro clima, pero todos lo aceptaban sin rechistar. Mientras caminaba al estacionamiento tenía la sensación de estar ajena a la celebración, angustiada por una pesadez que no sabía a qué atribuir. Quizás se debía a que no podía evadirme de la conciencia de que la Navidad era una fiesta donde la pobreza se hacía más flagrante[15]. Era la fiesta de quienes habían conocido la nieve, en un país donde la mayoría no tenían acceso siquiera al agua potable.

Llegué a mi casa y me tiré en la cama. Mi hija vino y se me subió encima. Su cara traviesa y dulce hacía que todo esfuerzo valiera la pena. A la medianoche del día siguiente, el 24 de diciembre, su padre y yo pondríamos los juguetes al lado de su cama para que ella los viera al despertar. Imaginé su alegría cuando viera la preciosa granja roja con los animalitos diminutos. A sus cuatro años, ya disfrutaba la fantasía. Cada Navidad era más divertido verla reaccionar ante los regalos. Yo había seleccionado cuidadosamente cada uno para lograr el máximo efecto con el limitado presupuesto de que disponíamos[16] como joven matrimonio trabajador. Cantidad antes que calidad era en esto mi filosofía. Querría que ella despertara y viera un montón de juguetes. Sabía por experiencia que mientras más grande era la caja, mayor era la ilusión infantil. [...]

Me dolía un poco la cabeza. No atinaba a[17] entender qué me pasaba, por qué mi desazón[18]. Aquella atmósfera opresiva, asfixiante, estaba cargada de malos presagios[19]. Salí a tomarme una aspirina. Comenté con Alicia la doméstica, pequeña, morena y maternal, lo caluroso que estaba el día.

—No hay aire —confirmó ella—. ¿Ya se fijó que no se mueve ni una hoja? Si no fuera porque estamos en diciembre, diría que va a llover.

Ciertamente que el ambiente cargado, tenso, recordaba la sensación que precede los grandes aguaceros del trópico. Pero también podría tratarse de algo peor. El corazón me dio un vuelco. No pienses eso, me dije. [...]

—Alicia, ayúdame a pasar la cuna de Maryam a mi cuarto —dije, en un impulso—. Está haciendo mucho calor —aclaré, justificándome—. Por lo menos que duerma con aire acondicionado.

Después de hacer el traslado, anduve arreglando cosas en la casa para ocuparme en algo y distraerme. Me arrepentí de haber dejado los paquetes en la tienda. Había sido un error. Me hacía falta ahora el rito de empacarlos sigilosamente[20], escondida de la niña.

Llegó mi esposo. Cenamos. Se burló otra vez de mi idea de usar como árbol de Navidad una palmera que adorné con luces y bolas de colores. Defendí mi palmera navideña, pero tuve que admitir que la pobre se veía desgajada[21] y mustia, inepta para sostener ningún peso en las ramas.

A las diez de la noche al inclinarme sobre la cama de Maryam para calmarle el sueño intranquilo con palmaditas en la espalda, escuché el sonido hueco[22], lejano de una trepidación. Era como un trueno que viniera de la tierra. Sonaba a temblor, excepto que nada se movía.

—¿Oíste eso? —pregunté a mi esposo—. Creo que fue un retumbo[23].

—Oí algo —dijo—. Tal vez fue un avión. No te preocupes— y siguió viendo televisión, sin inmutarse[24].

Me salí a la puerta para ver el cielo. Una luna llena, radiante, con un ancho halo rodado, brillaba en el horizonte. El cielo sin nubes pesaba sobre la ciudad. A lo lejos ladraban los perros. La noche lucía demasiado quieta. Antes de acostarme, dejé la llave de la casa junto a la puerta, mi bolso a la orilla de la cama. Por si acaso. Apenas habríamos dormido unas horas cuando sobrevino el terremoto[25]. Eran las 12:28 de la mañana del 23 de diciembre de 1972. [...]

Mi esposo apareció al lado mío y dejé que él tratara de sacar a Maryam de la cuna, pero era como estar de pie sobre el lomo de un animal furioso. Por fin, no sé cómo, mientras yo gritaba que la sacara, él logró cargarla y salimos corriendo a través de la casa en tinieblas[26], que se balanceaba como barco sobre el oleaje rabioso[27] de una tierra que había perdido súbitamente su capacidad de ser el confiable punto de apoyo sobre el que transcurrían nuestras vidas. Adornos, plantas, cuadros, artefactos, caían al suelo y se quebraban estrepitosamente[28]. [...] Llegamos a la puerta y le alcancé las llaves. Alicia, embozada[29] en una toalla, daba gritos y profería entrecortadas jaculatorias[30]: "Dios nos ampare. María Santísima. Madre Santa. Las tres Divinas Personas. Abra la puerta, don Mariano, abra la puerta". La puerta no se abría. Maldije la paranoia de Mariano que nos había llevado a vivir en aquella casa con rejas[31] en todas las ventanas y hasta en el boquete[32] del patio interior. Si la puerta no se abría, no tendríamos por donde salir. [...] Mariano, desesperado, forcejeaba con la puerta, y al fin, empezó a patearla como loco, hasta que, milagrosamente, tras un descomunal jalón de la manija[33], la puerta se abrió lo suficiente para que nos pudiéramos deslizar[34] hacia fuera. Los vecinos ya estaban en la acera. El muro de la casa del frente cayó con un estruendo[35] ante nuestros ojos. La gente gritó. Hombres y mujeres se agarraban, lloraban, daban vueltas para un lado u otro, sin saber qué hacer. El pavimento se movía como una serpiente negra, viva. De pronto, tan súbitamente como empezara a temblar, la tierra se aquietó. [...]

—Se está quemando Managua —gritó alguien. A los lejos se oían sirenas. Nos invadió el desamparo[36]; nada podíamos hacer, estábamos a merced de fuerzas telúricas cuyo comportamiento era absolutamente impredecible y de las cuales no había forma de escapar. [...]

Cuando paró el segundo terremoto, Alicia, que vivía cerca, se marchó a buscar a su familia. Nosotros nos metimos al carro porque alguien dijo que era el lugar más seguro. Decidimos pasar la noche allí. Empezaba a hacer frío y yo tiritaba[37], me castañeteaban los dientes[38]. No sé en qué momento recordé los juguetes que dejara empacando. Pensé en mi pobre hija que dormía en mis brazos envuelta en el mantel de crochet de comedor y que no tendría juguetes en Nochebuena, en aquella Navidad de pesadilla. [...]

Parecía mentira que en un instante la ciudad hubiera perecido y sólo quedaron en pie los barrios periféricos. La vida de cada habitante de Managua quedó marcada esa noche para siempre con la nostalgia por una ciudad que nunca resucitó. Recordé mis presagios del día anterior. Hacía años que presentía que me tocaría vivir un terremoto. Mi intuición no se equivocó, pero mi imaginación se quedó corta. Nunca pensé que viviría días como éstos.

El centro comercial estaba desierto. Las vidrieras de todas las tiendas se habían fracturado y caído al piso, dejando los almacenes abiertos. Junto al almacén de mi papá un negocio de venta de colchones[39] tenía una promoción en que regalaba muñecas lindas y enormes por la compra de un *set* matrimonial. Las muñecas eran casi del tamaño de mi hija Maryam. Estaban solas allí, tiradas sobre los colchones. Las muñecas solas y mi hija sin juguetes. Miré a todos lados pensando en lo fácil que sería. Acompañé a mi papá a su tienda. Todo estaba en el suelo, pero era recuperable. Empezamos a meter la mercadería en cajas y bolsas y transportarlas al camión. Las muñecas me veían desde las camas. Cada vez que pasaba yo las miraba. [...]

Por fin llegó el turno de la última caja. Seguí a mi papá al camión. El chofer metió la llave en la ignición y encendió el motor. El ruido me hizo reaccionar.

—Ya regreso —grité, corriendo hacia la tienda con las muñecas—. Ya regreso.

Tenía que hacerlo. Cualquier madre lo haría. Tomé la muñeca, me la puse bajo el brazo y regresé al camión. Me la acomodé en el regazo y le dije al chofer que podíamos marcharnos. Mi padre me abrazó sin decir nada.

Varios días después, en la casa de mis suegros, en Granada, donde nos refugiamos, Maryam me miró mientras jugaba con la muñeca y me dijo, con esa mirada de concentración de los niños cuando han recapacitado[40] —Mamá, qué alegre que no hubo terremoto donde vive Santa Claus.

---

[1]**de...** *left my gifts to be wrapped* [2]**se...** se ocuparía de hacerlo [3]**se...** me pareció [4]**la...** *a face of one of the three kings of the Magi* [5]**lino** *linen* [6]**atiborrado...** lleno de [7]**alivio** *relief* [8]**vientos...** *prevailing winds of the region* [9]**aminorar** *to mitigate* [10]**bochorno** *sultry* [11]**villancicos** *Christmas carols* [12]**acera** *sidewalk* [13]**harapos** *ragged clothing* [14]**sobre...** *on the windows frosted with artificial snow* [15]**flagrante** evidente

[16]**con...** *with the limited budget available to us* [17]**atinaba...** pude [18]**desazón** ansiedad [19]**malos...** *bad omens* [20]**sigilosamente** secretamente [21]**desgajada** *bare* [22]**hueco** *hollow* [23]**retumbo** *rumble* [24]**inmutarse** cambiar de actitud [25]**terremoto** *earthquake* [26]**tinieblas** oscuridad total [27]**oleaje...** *wild surf* [28]**estrepitosamente** con un clamor [29]**embozada** *wrapped* [30]**profería...** *uttered*

intermittent exclamations [31]**rejas** *bars* [32]**boquete** *entrance* [33]**tras...** *after an enormous and strong pull to the handle* [34]**deslizar** *slip by* [35]**estruendo** *crash* [36]**desamparo** *hopelessness* [37]**tiritaba** temblaba por el frío [38]**me...** *my teeth were chattering* [39]**colchones** *mattresses* [40]**recapacitado** recuperado

Después de leer

2-14 Utilizando la idea central para anticipar el contenido Con la ayuda de un(a) compañero(a), vuelvan a considerar las categorías de información típicas de una anécdota. ¿Sirven para todos los párrafos? Si no, ¿hay otras categorías de información que se pueden añadir?

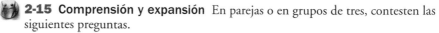

2-15 Comprensión y expansión En parejas o en grupos de tres, contesten las siguientes preguntas.

1. ¿Por qué decidió la narradora abandonar la tienda sin sus regalos?
2. ¿Por qué le llamó la atención a la narradora el tiempo de aquel día?
3. ¿Por qué no compartía la narradora el espíritu navideño de la época? ¿Le molestaba algo en particular sobre la Navidad?
4. ¿En qué momento presintió la narradora que algo malo iba a ocurrir? ¿Qué hizo para prevenirlo?
5. ¿Se arrepintió la narradora de haber salido rápido de la tienda aquella tarde? ¿Por qué?
6. ¿De qué se burló el esposo de la narradora?
7. ¿Cuándo notó la narradora los primeros indicios de que iba a haber un terremoto? ¿Cuál fue la reacción del esposo? ¿Qué hizo la narradora antes de acostarse?
8. Según la narradora, ¿quién tenía la culpa por no poder salir fácilmente de la casa?
9. ¿Dónde pasó la noche la familia?
10. ¿Por qué fueron la narradora y su padre al centro? Allí, ¿qué le impresionó a la narradora? ¿Qué decidió hacer y por qué?
11. ¿Piensas que la decisión de la narradora fue razonable? ¿Harías tú lo mismo?

ANSWERS 2-15 1. No se sentía bien. 2. Hacía mucho calor y los vientos alisios no soplaban. 3. Se sentía un poco ajena a la celebración y le molestaba que la pobreza se destacara más en esa época. 4. Después de hablar con la criada; pasaron la cuna de su hija a su cuarto. 5. Sí, se arrepintió de dejar los regalos para que fueran empacados. En ese momento prefería ocuparse de ellos para distraerse. 6. Él se burló del aspecto patético de la palmera que servía como árbol de Navidad. 7. Hubo un temblor lejano. Al esposo, no le llamó la atención. Ella puso las llaves de la casa al lado de la puerta. 8. Su esposo, por vivir en una casa con rejas en todas las puertas y ventanas. 9. En el coche por ser el lugar más seguro. 10. Para proteger la mercancía de la tienda de su padre. Allí, le llamó mucho la atención unas muñecas enormes en la tienda de al lado. Decidió llevarse una muñeca para su hija para que tuviera un regalo de Santa Claus. 11. *Answers will vary.*

Introducción al análisis literario | Marcar el desarrollo del argumento

A text is said to have a classical narrative structure when the following elements of its plot are readily discernable by the reader:

exposition **(la exposición):** provides an introduction to the story, introducing characters and setting.

conflict **(el conflicto):** a conflict or problem that arises.

climax **(el clímax, el punto decisivo):** a pivotal moment when a decision is made or an action executed that addresses the conflict or problem.

dénouement **(el desenlace):** the tying together of loose ends of the story and its closure.

Though stories will often deviate from this model, it is commonly seen in a wide array of literary texts. Knowing that literary narratives will often follow this model will help you as a reader to identify key moments in the evolution of a text. You may also find that seeking out these divisions in a text is related to the more general reading strategy of using main ideas to anticipate content.

Go back over the reading and determine how you would divide the text into the categories of exposition, conflict, climax, and dénouement. After doing so, consider if the story has taken on a different meaning. Did you identify the earthquake as the climatic moment, or does it occur later in the story when the young mother decides to take the doll from the store? Be sure to discuss your divisions of the story with a classmate. Are there any notable differences in your interpretations?

Actividad de escritura

Develop a short narration, drawing from your own experiences of unusual holiday celebrations, that incorporates the aforementioned elements of a classical narrative.

Vocabulario en contexto

JUMP START! Have students brainstorm a list of important family traditions. Note religious and secular events. Ask students what they know about religious traditions in the Spanish-speaking world. Confirm any responses about the predominance of Catholicism, but point out that significant populations of other religious traditions exist and remind students that many Christian celebrations in Latin America contain elements of indigenous traditions.

Ritos, celebraciones y tradiciones familiares

La primera comunión

Masaya. En la Basílica Nuestra Señora de la Asunción, en Masaya, el pasado 21 de mayo, la niña María Luisa Marín Gutiérrez celebró su **primera comunión** en una **misa** presidida por el **Sacerdote** Javier Solís. Fue un día de mucho **recocijo** y celebración, tanto para los orgullosos padres como para los padrinos de María Luisa. Para **conmemorar** tan grato evento, sus padres ofrecieron una alegre recepción en su residencia, donde les acompañaron muchos familiares y amiguitos. ¡Felicidades María Luisa!

Queridos Jaime y Adela:

*Espero que esta carta les encuentre bien. El mes pasado María Luisa hizo su **primera comunión**. Les incluyo el recorte del periódico y también algunas fotos que sacamos del día. Una es de la **procesión** de los niños que comenzó la **ceremonia** y en la otra salimos María Luisa y yo. Está preciosa en su vestido, ¿no? Después de la **misa** fuimos a casa para cenar. Nos acompañó el **cura**, el padre Solís, y nos dio a los padres y los padrinos una **bendición** especial antes de **bendecir la mesa**. Después de la cena comenzó la fiesta para María Luisa y sus amiguitos. **Decoramos** la casa con **globos** y otros **adornos** festivos y también invitamos a un **payaso** para entretener a los niños. Fue un día estupendo.*

Les mandamos un beso grande,
Alicia y Francisco

TEACHING TIP Use the realia to encourage conversation among students and to help them review familiar vocabulary. Have them describe the people and comment on the scenes that are presented. Ask them to compare this event to ones they have experienced, including other religious events such as a Bar Mitzvah or secular celebrations.

¡Lrn **¡OJO!** Don't forget to consult the **Índice de palabras conocidas,** p. A3, to review vocabulary related to family celebrations.

> Other words and phrases related to family customs and celebrations are cognates of English: **las condolencias, el champán** (champagne), **el rabí, la sinagoga, la reunión familiar** (family reunion). Of course, **la piñata** is a Spanish word that English has borrowed.

Para describir los ritos, celebraciones y tradiciones familiares

el aniversario (de bodas)	*wedding anniversary*
el bautismo	*baptism*
el candelabro	*candelabra*
la cuaresma	*Lent*
el día del santo	*day of one's saint name*
la fogata	*bonfire*
el funeral	*funeral*
la graduación	*graduation*
la guirnalda	*garland*
Jánuca	*Chanukah*
melancólico(a)	*melancholic*
el nacimiento	*birth*
los preparativos	*preparations*
la quinceañera	*fifteenth birthday / Sweet Fifteen / fifteen-year-old girl*
el villancico	*Christmas carol*
religioso(a)	*religious*
agradecer / el agradecimiento	*to thank / gratefulness, gratitude*
colocar	*to hang, to place*
consentir en	*to agree to*
contar chistes	*to tell jokes*
dar el pésame	*to offer condolences*
emborracharse	*to get drunk*
envolver regalos	*to wrap presents*
estar de luto	*to be in mourning*
(estar/quedarse de) sobremesa	*(to be/stay at the table for) table talk*
hacer/gastar bromas	*to play a joke*
rezar	*to pray*
trasnochar	*to stay up very late*

Para enriquecer la comunicación: Comentarios y saludos para los ritos y celebraciones

El tío Pepe es un **aguafiestas.**	*Uncle Pepe is a **party pooper.***
El abuelo es siempre **el rey de la fiesta.**	*Grandpa is always **the life of the party.***
Estuvimos celebrando **hasta las tantas.**	*We were celebrating **until the wee hours.***
Fuimos **de casa en casa** cantando.	*We went singing from **house to house.***
¡Vaya fiesta más buena!	***What a great party!***
¡Enhorabuena! / ¡Felicidades!	*Congratulations!*
¡Chin-chin!	*Cheers!* (when toasting)

HERITAGE LEARNERS Have heritage learners comment on their use of words and expressions related to rites and celebrations. Point out possible spelling problems with **b** and **v** in words such as **preparativos, globos, envolver,** and **villancico,** and with **c, s,** and **z** in **agradecer, condolencias, consentir,** and **rezar.**

Práctica y expresión

TEACHING TIP 2-16
Have students listen to the selection for homework to prepare to work on production of the vocabulary in class.

ALTERNATIVE 2-16 Let students listen to the audio once, then have them share the information they heard about each topic. Allow them to listen again and ask them to describe to each other what they have learned about each topic. Then have them answer the questions.

ANSWERS 2-16 1. c 2. a, b 3. d

2-16 Las Navidades en Honduras En la radio escuchas un programa sobre las tradiciones navideñas en las diferentes partes del mundo. Hoy describen las tradiciones en Honduras. Escucha el programa y apunta todos los detalles de las siguientes tradiciones. Luego, contesta las preguntas que siguen.

> las decoraciones
> las posadas
> el ponche infernal
> el Warini
> la cena de Nochebuena

1. ¿Cuáles de las siguientes cosas no son decoraciones típicas de la Navidad en Honduras?
   a. árbol
   b. adornos y luces
   c. candelabro
   d. nacimiento con figuras de la Virgen, José y el Niñito Jesús
2. ¿Cuáles de las siguientes cosas no son costumbres de las posadas?
   a. fogata
   b. celebración melancólica
   c. emborracharse
   d. villancicos
3. ¿Cuáles de las siguientes cosas no son costumbres de la Nochebuena?
   a. reunión familiar
   b. misa del gallo
   c. quedarse de sobremesa
   d. dar el pésame

TEACHING TIP 2-17 Encourage students to use additional vocabulary to describe what they consider to be traditions associated with each celebration.

ALTERNATIVE 2-17 Turn this into a jigsaw activity by having one student cover the left column in his/her book with a piece of paper while his/her partner describes a particular celebration. The student guesses what celebration the partner is describing. After four celebrations, students switch roles.

2-17 Ritos y celebraciones ¿Cuáles de las características de la columna a la derecha asocias con las celebraciones o ritos de la columna a la izquierda? Haz la lista con un(a) compañero(a) y comenten las diferencias de opinión. Luego, hablen de cuáles de las celebraciones de la lista son tradicionales en sus familias.

El aniversario de bodas	Una procesión
La Navidad	Hacer bromas
Jánuca	Celebración religiosa
Un funeral	Dar el pésame
La Nochevieja	Conmemorar
La cuaresma	Envolver regalos
La primera comunión	Trasnochar
Una graduación	Colocar adornos y guirnalda en el árbol
	Emborracharse
	Día melancólico
	Cantar villancicos
	Ir a la misa
	Rezar
	Mucho regocijo
	Colocar el candelabro
	Estar de luto

TEACHING TIP 2-18 Have students prepare for this activity before coming to class. Tell them to indicate which of the following customs they believe to be universal, if any, and which they think might be more specific to their own family, religion, or culture. Collect answers, and while students work in pairs in class, write the customs on the board and indicate how many people think they are universal and specific. Have class report back from pair work and see if students' assumptions were correct.

HERITAGE LEARNERS 2-18 You may have heritage learners describe differences in traditions carried out by family members in the U.S. and by those in the Spanish-speaking world.

TEACHING TIP 2-19 Have students prepare and practice describing the description of this custom before coming to class. In class, tell them not to use their notes so that they can practice more spontaneous oral communication.

VARIATION 2-19 For more practice of the preterite and imperfect and use of Presentational Communication, have students bring to class a picture from a particular time they celebrated with this custom. In class, students can use the picture(s) while they describe the event to their classmates. Encourage them to use as much vocabulary about family and traditions as possible.

RECYCLING 2-20 Encourage students to incorporate vocabulary on celebrations they have learned previously, including from Chapter 1.

TEACHING TIP 2-20 This activity addresses Presentational Communication. Encourage students to use visuals in their presentations, including maps and images from the web. For fluency practice, tell students that they may use note cards, but that they are not allowed to read their presentations.

2-18 En mi familia... ¿Cuáles de los siguientes ritos son tradiciones en tu familia? Comenta con tus compañeros(as) todos los detalles que puedas sobre estas costumbres en tu familia. ¿En qué ocasiones las haces? ¿Con qué frecuencia? ¿Cómo?

1. Quedarse de sobremesa después de la cena
2. Guardar luto cuando se muere un pariente cercano
3. Agradecer un regalo con una tarjeta
4. Bendecir la mesa / la comida antes de comer
5. Hacer bromas con los miembros de la familia
6. Trasnochar con la familia en la Nochevieja
7. Tener una fogata en la playa con la familia
8. Darles un beso a los familiares antes de acostarse
9. Celebrar el nacimiento de un nuevo bebé en la familia
10. ¿?

2-19 ¡Vaya costumbre! Piensa en un rito o una costumbre de tu familia en algún día festivo especial (Navidad, Pascua, Jánuca, la graduación, *Sweet Sixteen*, El Día de los inocentes...) que consideras interesante, único, cómico, tal vez raro. En un grupo con otros(as) tres estudiantes, explícales todo lo que puedas sobre el rito o costumbre. Luego, voten por el rito o costumbre que consideran más interesante, y un representante del grupo le explica a la clase la costumbre elegida. Tal vez las siguientes frases sean útiles para la conversación.

Para la persona que describe	Para la persona que escucha
Para empezar:	*Para demostrar interés:*
Bueno... *(Well . . .)*	¡No me digas!
Primero... y luego... al final...	¡Qué alucinante!
La cosa es que...	¿En serio?
Para ver si entienden los otros:	¡No te creo!
¿Me explico?	
¿Comprenden?	
Mientras piensas en qué decir:	
Este... este... *(Um . . . um)*	

2-20 Ritos familiares del mundo hispano A continuación hay una lista de eventos que se celebran en familia en el mundo hispano o solamente en un país del mundo hispano. En un grupo con dos o tres compañeros(as), seleccionen e investiguen un evento y luego hagan una pequeña presentación a la clase. Algunas preguntas claves a investigar son: ¿Cuándo se celebra? ¿Cuáles son los ritos asociados con el evento? ¿Quiénes participan? ¿Cómo se celebra? ¿Es un evento religioso? ¿Es de origen latino?

1. La Gritería (Nicaragua)
2. La Quema del Diablo (Guatemala)
3. El Día del padre / El Día de la madre
4. Las posadas
5. El Día de todos los santos
6. El Día de los Reyes Magos
7. El Día de los santos inocentes

ANSWERS 2-20 1. Celebración religiosa, 7 de diciembre, grupos familiares van por las calles cantando canciones a la Concepción de María, paran en casas donde se han hecho altares en honor a la Virgen para rezar 2. Celebración religiosa, 7 de diciembre, las familias queman las cosas viejas de la casa para que el diablo regrese al infierno 3. Las fechas y los ritos varían según el país. 4. Celebración religiosa, los ritos pueden variar según el país, a partir del 16 de diciembre las imágenes de José y María tocan a las puertas de diferentes hogares simulando pedir posada, las imágenes de los dos santos se quedan por una noche en cada casa y al final de la posada se sirve un pequeño aperitivo a quienes han participado. 5. Celebración religiosa, 1 de noviembre, los ritos pueden variar según el país y la familia, conmemoran los parientes fallecidos 6. El 6 de enero, se les dan regalos a los niños para conmemorar la entrega de los regalos al niño Jesús por los tres reyes magos. 7. El 28 de diciembre, parecido al *April Fools' Day*, pero con un origen religioso (conmemora la gran matanza *(slaughter)* de niños, los santos inocentes, organizado por el rey Herodes). Los familiares y amigos gastan bromas a los que no recuerdan el día.

Espejos

Una quinceañera

Una quinceañera, o fiesta de los 15 años, es una gran celebración que en el pasado *(long ago)* marcaba el debut, o la entrada, en sociedad de una jovencita. Hoy día y según el estado financiero de la familia, esta ocasión se puede celebrar en la casa, en un club social o en un hotel. En algunos casos, la fiesta tiene tantos detalles como una boda. Algunas quinceañeras incluyen una celebración religiosa antes de la fiesta, las muchachas llevan vestidos elegantes, bailan un vals *(waltz)* con el padre y el padrino y también se hace un brindis *(toast)* en su honor. Cada quinceañera tiene su propio formato, pero se acostumbra que la jovencita escoja *(picks)* a 14 amigas (ella es la número 15) para que desfilen *(march down the aisle)* con ella, todas vestidas iguales, al principio de la fiesta. Hay música, pastel, flores, decoraciones, invitados de todas las edades *(all ages)*, regalos, bebida, comida, ¡y claro, mucho baile!

JUMP START! Ask students to identify celebrations that are important in their families and in other families that they know. If students have experience with cultures outside of the U.S., have them share information about celebrations in those cultures. Ask about celebrations associated with coming of age. Students of Jewish heritage may identify Bar Mitzvah and Bat Mitzvah celebrations; other students may cite things from other traditions. Suggest that they compare what they know about celebrations they have identified with the information about the **quinceañera.**

HERITAGE LEARNERS If any students have participated in a **quinceañera** celebration, have them tell the class about the experience. Ask any students who have photographs of such a celebration to bring them to class.

TEACHING TIP Have students look for articles about **quinceañera** celebrations in Spanish-language newspapers if they are available in your area. They may also use the Internet.

ANSWERS A. 1. Sweet Sixteen 2. 16 porque empiezan a manejar; 18 porque la ley los considera adultos; 21 porque ya pueden beber alcohol. 3. *Answers will vary.* 4. Por lo general los invitados son de la misma edad, mientras que en países hispanos vienen personas de todas las edades. 5. *Answers will vary for U.S. party.* En los cumpleaños en muchos países hispanos hay música, comida, bebidas alcohólicas o no alcohólicas y personas de todas las edades bailan. **B.** *Possibilities:* Senior Prom or moving day into a university dorm.

Las dos culturas

A. Comparaciones

1. ¿Qué cumpleaños es equivalente a una quinceañera en los Estados Unidos?

2. ¿Qué cumpleaños se celebra más que otros en los Estados Unidos? ¿Por qué?

3. ¿Celebró tu familia un cumpleaños tuyo con una gran fiesta? ¿Cómo fue?

4. ¿A quiénes se invita normalmente a una fiesta de cumpleaños aquí? Y en Nicaragua, ¿qué crees?

5. ¿Los muchachos bailan en fiestas de cumpleaños de adolescentes en los Estados Unidos? ¿Se sirven bebidas alcohólicas?

B. En los Estados Unidos

Con un(a) compañero(a), narra y compara un rito *(right of passage)* o celebración que en tu opinión marca el paso a ser un adulto en los EE.UU.

Estructuras

iLrn **¡OJO!** Before beginning this section, review the following themes on p. B8 of the **Índice de gramática: Saber** and **conocer, Tener** expressions.

RECYCLING Use transparency N-3 to tell the story of a family who went to an elegant restaurant to celebrate an important event. Begin with background information such as the day of the week and the time, then narrate completed actions such as which dishes various people ordered and what they said and did. Tell what time the celebration ended and how several family members were feeling.

Más diferencias entre el pretérito y el imperfecto

When talking about events in the past, such as the details of a particular celebration, the choices that Spanish speakers make between the preterite or the imperfect tenses often depend on the context of the events being related. Consider the following narration:

Era el 15 de abril en el pueblo de San Roque. **Era** muy tarde en la noche, pero los padres de Carmen todavía **estaban** cocinando mientras ella **intentaba dormirse.** Carmen **estaba** muy emocionada con los preparativos para su cumpleaños el día siguiente. Carmen **tenía** 14 años ¡y mañana **iba a cumplir** 15! Ella **pensaba** en todos los familiares que **iban a venir** cuando, de repente, Carmen **oyó** un ruido en el patio de la casa. No **tenía** miedo pero **quería** saber lo que **causó** ese ruido extraño. Cuando ella **se levantó** de la cama para investigar, un grupo de jóvenes **apareció** al pie de su ventana. Todos le **gritaron** "feliz cumpleaños" y **empezaron** a cantarle las Mañanitas. **Eran** las 00:30 de la mañana. El día especial había comenzado de una manera sorprendente.

In the narration describing the evening before Carmen's birthday, the imperfect tense is used to:

- set the scene, or to provide background information for an event.

    Era el 15 de abril en el pueblo de San Roque. **Era** muy tarde en la noche, pero los padres de Carmen todavía estaban cocinando mientras ella **intentaba dormirse.** Carmen **estaba** muy emocionada con los preparativos para su cumpleaños el día siguiente. Carmen **tenía** 14 años ¡y mañana **iba a cumplir** 15!

- describe two or more actions that are taking place simultaneously. **Mientras** and **y** are often used to connect the phrases.

    ...los padres de Carmen todavía **estaban cocinando** mientras ella **intentaba dormirse**

In this same narration, the preterite tense is used to:

- communicate the primary events of a scene in the past.

    ...Carmen **oyó** un ruido en el patio de la casa.

    ...un grupo de jóvenes **apareció** al pie de su ventana.

    Todos **gritaron** "feliz cumpleaños" y **empezaron** a cantarle las Mañanitas.

- indicate an interruption of another action in the past. **Cuando** is often used to connect the two phrases. The verbs in the imperfect describe what *was happening* when another action, described in the preterite, interrupted.

    Ella **pensaba** en todos los familiares que **iban a venir** a su fiesta de cumpleaños cuando, de repente, Carmen **oyó** un ruido en el patio de la casa.

Un paso más allá: Verbos que cambian de significado en el pretérito

Several verbs in Spanish convey different meanings, depending on their use in either the preterite or the imperfect, when translated into English. With these verbs the imperfect tense communicates the ongoing nature of the state while the preterite indicates the onset or the completion of the state. These verbs include:

	Imperfect		**Preterite**	
conocer	conocía	*knew someone; was acquainted with*	conocí	*met someone (for the first time)*
saber	sabía	*knew something*	supe	*learned something, found out*
querer	quería	*wanted to do something*	quise	*wanted to do something **and** did*
poder	podía	*was able to do something*	pude	*was able to do something **and** did*
tener (que)	tenía (que)	*had to do something*	tuve (que)	*had to do something **and** did*

> Using **querer** negatively in the preterite translates as *refused to do something*.

> Using **poder** negatively in the preterite translates as *failed to do something*.

Notice that with each of these verbs, use in the preterite implies an action taken or realized. On the other hand, use in the imperfect communicates merely knowledge, intention, or need, but never specifies whether or not an action was initiated. Compare the following examples:

Carmen **conocía** *(already knew)* a muchas personas en el pueblo.
vs.
Carmen **conoció** *(met for the first time)* a un chico nuevo en su clase.

Los padres de Carmen **sabían** *(had knowledge of)* cómo celebrar una fiesta de quinceañera siguiendo las tradiciones de su pueblo.
vs.
Ella nunca **supo** *(found out)* sobre los planes para sorprenderla.

Sus amigos **querían cantarle** *(felt like singing to her)* muchas canciones.
vs.
Una chica no **pudo cantar** *(tried but was unable to sing)* porque le dolía un poco la garganta.

Para las quinceañeras, los padres en San Roque **tenían que hacer** *(had to do, but didn't necessarily do)* muchas cosas.
vs.
Los padres de Carmen **tuvieron que hacer** *(had to do and did)* muchas cosas para la fiesta de ella.

Práctica y expresión

 2-21 El día de los Reyes Magos. ¿Qué pasó? Cambia los verbos en paréntesis al pasado. Decide si debes usar el pretérito o el imperfecto. Luego, pregúntale a tu compañero(a) si tuvo una experiencia similar cuando era niño(a).

Cuando 1. ___era___ (ser) pequeña 2. ___creía___ (creer) en los Reyes Magos. Siempre les 3. ___escribía___ (escribir) cartas donde les 4. ___pedía___ (pedir) los juguetes que 5. ___quería___ (querer). Cada 5 de enero 6. ___ponía___ (poner) yerba en una cajita y 7. ___trataba___ (tratar) de no dormirme para "ver" a los Reyes. Al fin y al cabo *(in the end)*, nunca 8. ___pude___ (poder) hacerlo.

Un año, 9. ___supe___ (saber) así como así *(just like that)*, que los Reyes Magos no 10. ___existían___ (existir). Mi hermano me lo 11. ___dijo___ (decir). Hmmm, al final, nunca 12. ___conocí___ (conocer) a los Reyes Magos y no 13. ___quise___ (querer) escribirles otra vez.

TEACHING TIP 2-22 Have students brainstorm a list of verbs that they might use to complete these sentences, or provide a list for them.

2-22 ¿Qué pasó inesperadamente en la boda? ¿Qué puede ir mal? En parejas, usen su imaginación y narren qué pasó. Luego, en grupos de cuatro, voten por la situación más graciosa *(funny)* para presentarla a la clase.

> **Ejemplo**   La novia caminaba al altar cuando... ¡vio un ratón!

1. El padre de la novia iba hacia el altar con su hija cuando...
2. El cura le preguntaba a la congregación: "¿Hay alguien aquí que se oponga *(opposes)* a este matrimonio?" cuando...
3. El novio iba a decir "sí, quiero" cuando...
4. El novio iba a besar a la novia cuando...
5. El fotógrafo iba a tomar una foto cuando...

ALTERNATIVE 2-23 Have students write a short narration that addresses the questions for homework. In class have them exchange papers with a classmate and review one another's stories. Have them make any needed corrections or clarifications. Then have them work in groups and share their stories with other classmates.

2-23 ¿Recuerdas? Comparte con un(a) compañero(a), algo que pasó un día de Navidad o un cumpleaños importante para ti. ¿Qué día fue? ¿A qué hora te levantaste? ¿Quiénes vinieron a tu casa? ¿Qué recibiste? ¿Cómo te sentiste? ¿Cuántos años tenías? ¿Dónde vivías? ¿Qué hiciste ese día?

2-24 Momentos importantes Comparte con un(a) compañero(a) tu reacción cuando ocurrieron los siguientes eventos. ¿Dónde estabas y qué hacías cuando supiste lo siguiente? ¿Cómo lo supiste? ¿Quién te lo dijo? ¿Cuál fue tu reacción?

TEACHING TIP 2-24 Students may address all topics or you may allow them to choose one topic. You may require written responses or have students discuss these situations with a partner or in a small group.

1. Te dijeron que Santa Claus no existía.
2. Te dijeron que un familiar querido murió.
3. Te dijeron que una hermana o hermano nació.
4. Te dijeron que tus padres se iban a divorciar.
5. Recibiste la carta de aceptación para esta universidad.
6. Te enteraste de la tragedia del 11 de septiembre.

TEACHING TIP 2-25 Have students select a story to relate and write notes about it for homework. In class have them work in pairs to share stories. Have them ask questions of their partners and compare and contrast their stories.

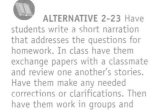 **2-25 Recuerdos** Con un(a) compañero(a), comparte algún momento triste, muy feliz, embarazoso o importante de tu vida. ¿Qué pasó? ¿Cuándo? ¿Dónde? ¿Cuántos años tenías?

ALTERNATIVE 2-25 Have students write a paragraph about a memorable moment in their lives.

2-26 ¿Estás de acuerdo o no? Con un(a) compañero(a), lee las siguientes oraciones y decide si alguna vez viviste estas experiencias y por qué.

1. Era imposible tener una comunicación franca con mis padres cuando tenía 16 años.
2. Mis padres no me disciplinaron mucho.
3. Me peleaba con mis hermanos constantemente.
4. Las reuniones familiares eran una tortura para mí.
5. Cuando tenía de cinco a nueve años, fue el mejor tiempo de mi vida.
6. Les pedía mucho a mis padres una hermanita o un hermanito.

Rumbo abierto

JUMP START! Ask students about traditions associated with Valentine's Day in the United States. Ask what gifts are often exchanged and what activities are common forms of celebration. Ask if they know of comparable traditions from other cultures.

Paso 1

¿Qué asocias con las siguientes palabras? Empareja las frases de la columna A con las frases de la columna B.

A

____b____ **1.** Día de Corpus Christi

____c____ **2.** Una paloma

____a____ **3.** Un mico

____e____ **4.** Mi viejo

____d____ **5.** El alabado

____f____ **6.** Santísimo Sacramento

B

a. Simio de cola larga

b. Fiesta católica que celebra la Eucaristía

c. Ave doméstica

d. Canto religioso que elogia a Dios

e. Una manera cariñosa que usan las esposas para dirigirse a sus esposos

f. Eucaristía

Paso 2

Ahora lee el fragmento de un artículo de un periódico de Guatemala que aparece en la siguiente página.

ANSWERS 1. C 2. C 3. C 4. F - No, se acostumbra intercambiar un mico y una paloma. 5. F - No, es una celebración muy antigua.

Paso 3

Después de leer el artículo, decide si las siguientes afirmaciones son ciertas o falsas. Corrige las falsas.

1. La fiesta del Corpus Christi es una celebración de tipo religioso.

2. Según un sacerdote, los guatemaltecos tienen gran devoción por la Eucaristía.

3. Parte de la fiesta incluye un recorrido del Santísimo Sacramento por las calles.

4. Es costumbre regalar un mico y una gallina durante esta fiesta.

5. La celebración de Corpus Christi es una fiesta de origen moderno.

Paso 4

¿Qué opinas? Con un(a) compañero(a), contesta las siguientes preguntas.

1. ¿Cómo celebras el Día de los enamorados / Día de la amistad? ¿Les envías tarjetas a tus familiares y amigos? ¿Vas a comer a un restaurante? ¿Lo celebras con tu familia o con tus amigos?

2. ¿Tiene el Día de los enamorados / Día de la amistad algún vínculo religioso en los Estados Unidos? ¿Por qué hay este vínculo en Centroamérica? ¿Cuál es la relación entre el intercambio de micos y palomas entre novios y la celebración religiosa de Corpus Christi? ¿Qué relación hay entre la primavera, la fertilidad y esta celebración?

TEACHING TIP Have students share their ideas in small groups. Following their conversations you may lead a class discussion on the topic or have students write a paragraph in which they summarize what they learned and turn it in to you.

Corpus Christi: El mico y la paloma, tradición del pueblo católico en Guatemala

El día de ayer, el pueblo católico se vistió de fiesta espiritual al celebrarse el día del Corpus Christi en Guatemala.

La fiesta del Corpus Christi es la exaltación del cuerpo y la sangre de Cristo, una celebración muy antigua dentro de la Iglesia católica; en la Iglesia de Guatemala ha adquirido particular relieve, sobre todo, porque los feligreses[1] tienen un profundo amor y devoción a la eucaristía, afirmó el vicario[2] de la Catedral, sacerdote Manuel Chilín.

El Santísimo Sacramento, bajo palio[3], recorre las principales calles del Centro Histórico de la Ciudad de Guatemala, acompañado por una banda de música que interpreta sones y alabados. Como es tradición en la fiesta de Corpus Christi, se da el intercambio del mico y la paloma entre los novios, que simboliza desde los tiempos de la Colonia ritos de primavera y fertilidad.

EL MICO Y LA PALOMA

Antiguamente para los cristianos de Guatemala y, sobre todo, para las parejas la celebración del Corpus Christi podríamos decir que era lo que hoy significa el Día del Cariño, manifestó un religioso.

Explicó que los novios de aquel tiempo solían llegar a la Catedral Metropolitana a visitar al Santísimo y ofrecer su noviazgo y, como expresión de amor, la novia le regalaba un mico al novio y éste le regalaba una palomita; "significaba el amor que se tenían" y esas figuritas llevaban una frase de cariño.

Para algunas personas, venir al Corpus Christi tiene un significado de tradición y respeto al pueblo católico.

Algunas personas nos dijeron:

—Desde que éramos novios, teníamos la costumbre de comprar la paloma y el mico, esto es una tradición que venía desde el tiempo de nuestros antepasados. Ahora ya somos abuelos, pero siempre cumplimos con esta tradición que les trasladamos a nuestros hijos .

—Nuestros papás siempre vienen a regalarse la paloma y el mico, ahora nosotros seguimos la tradición de los abuelos. Recién estamos casados, pero desde novios cumplimos con esta tradición.

—Yo soy viuda, pero recuerdo que mi viejo y yo siempre veníamos en esta fecha de Corpus Christi aquí a la capital. Soy de Villanueva. Hoy mis hijos me traen y ellos también, los casados, compran la paloma y el mico, luego entramos a misa.

Luego nos dirigimos a la Catedral. Lamentablemente, esta tradición ya no se celebra como en otros tiempos; las tradiciones las debemos de conservar porque son un legado de nuestros antepasados que con el Corpus Christi aumentaba la fe en Dios en el pueblo guatemalteco, por lo que hoy en día debemos de seguir el ejemplo de nuestros padres y abuelos.

[1]**feligreses** personas que pertenecen a una iglesia [2]**vicario** rango religioso [3]**palio** *canopy*

¡A escribir!

ATAJO *Functions:*
Describing people;
Describing places;
Describing the past;
Sequencing of events
Vocabulary: Family members;
Religions; Religious holidays;
Upbringing
Grammar: Verbs: preterite;
Verbs: preterite vs. imperfect

> In **Exploración literaria** you read an anecdote by Gioconda Belli. Her narration focuses on a particular episode, and through the details she provides, we learn about her family's Christmas traditions and the importance of family relationships in her family.

> **Paso 1**

Imagínate que un amigo por correspondencia *(pen pal)* de Nicaragua quiere aprender sobre las tradiciones familiares en los Estados Unidos y en particular, en tu familia. Escríbele una anécdota sobre algún evento significativo, emocionante o hasta cómico que ocurrió en tu familia, que ilustre alguna tradición y también que revele algo sobre tus lazos familiares.

La anécdota personal es una breve historia que normalmente relata un evento interesante, emocionante o cómico y al mismo tiempo sirve para demostrar algún concepto. Piensa en una tradición familiar importante y recuerda algunos de los momentos específicos de esa tradición. Luego, selecciona el episodio que demuestre un aspecto interesante, emocionante o cómico de esa tradición y de la relación entre los familiares que participan en ella.

> **Paso 2**

Apunta todos los detalles que puedas recordar del evento o momento que seleccionaste. Usa las siguientes categorías y preguntas para organizar tus ideas.

La tradición

1. ¿Cuál es la tradición?
2. ¿Cuándo o con qué frecuencia la practicas?
3. ¿Quiénes normalmente participan?
4. ¿Dónde la practican normalmente?

El momento/evento

1. ¿Cuándo ocurrió?
2. ¿Quiénes estaban allí?
3. ¿Dónde estaban? Describe varios detalles del lugar (el ambiente, el clima, etc.)
4. ¿Qué hacían los participantes?
5. ¿Qué ocurrió? Describe el orden de los sucesos.
6. ¿Cómo estaban los participantes antes y después del evento?
7. ¿Por qué fue significativo/emocionante/cómico el evento? ¿Cuál fue el momento que más lo demuestra?

Tu familia

1. ¿Qué demuestra el evento de las relaciones familiares en tu familia?
2. ¿Cómo lo demuestra?

Lee la **Estrategia de lectura** y luego piensa en tu lector público y en la información que necesita saber para entender bien tu anécdota. ¿Tienes que añadir más detalles? ¿Hay algunos detalles que puedes omitir de tu lista porque seguramente tu lector los va a saber?

ESTRATEGIA DE ESCRITURA

La importancia del lector público y la selección de detalles apropiados

Writing is an act of communication between a writer and a reader or readers. To be successful in written communication you must recognize the audience for whom you are writing, and consider what this audience needs to know to be able to understand the message you are trying to convey. A consideration of your intended readers' needs should guide you in the selection of appropriate details to include in your writing. You should always try to answer the following questions about your reader, even if it may involve some guesswork.

1. Who is the reader? Consider age, sex, nationality / culture, religion, social status, education, etc.
2. What does the reader know / need to know? Given your answers to question 1, consider what important / relevant background details the reader might know and those that he or she might likely *not* know about what you will write. Remember that personal information, cultural knowledge, and technical information are not universally shared!
3. What are the reader's interests? Think about what would motivate the reader to read your writing and consider including details that would satisfy this motivation. Remember that the less information you have about your reader, the more background information and details you should include in your writing.

> **Paso 3**

Escribe el primer borrador de tu anécdota. La anécdota es normalmente breve y tiene la siguiente estructura: comienza con los detalles de trasfondo (*background*) más concretos e importantes de la historia, narra en orden los sucesos que ocurrieron en un momento o evento específico con el detalle apropiado para el (la) lector(a), enfoca el clímax y termina rápidamente después, preferiblemente con una oración que resume la importancia o relevancia de la historia.

Sigue esta estructura e incorpora los detalles más importantes que apuntaste en el Paso 2. Descarta (*Throw out*) los detalles que no sean necesarios. Ten cuidado en el uso de los tiempos verbales: Usa el imperfecto para describir los detalles que sirven de trasfondo para los otros sucesos de la historia. Usa el pretérito para contar los sucesos que ocurrieron. Usa el pluscuamperfecto si es importante resaltar (*emphasize*) que un suceso pasado ocurrió antes que otro evento pasado. Cuando acabes, escribe un título que demuestre el significado de tu historia.

> **Paso 4**

Trabaja con un(a) compañero(a) de clase para revisar el primer borrador. Lee su anécdota y contesta las siguientes preguntas con él/ella: ¿Hay partes de su anécdota que no entiendes? ¿Cuáles son? ¿Qué información necesitas para entender mejor la historia? ¿Entiendes lo importante/emocionante/cómico de la historia? ¿Qué información necesitas para entenderlo? ¿Crees que el título es apropiado para la anécdota? ¿Por qué? ¿Puedes sugerirle uno mejor? ¿Presenta los sucesos en un orden lógico? ¿Incluye eventos o conceptos culturales o personales que una persona de Nicaragua no entendería? ¿Tiene alguna frase que no reconoces o que no entiendes? ¿Usó bien los tiempos verbales? ¿Tienes alguna recomendación específica para tu compañero(a)?

> **Paso 5**

Considera los comentarios de tu compañero(a) y haz los cambios necesarios. Por último, enfoca tu atención específicamente en el vocabulario y la gramática que aprendiste en este capítulo. ¿Incorporaste el vocabulario nuevo donde fue posible? ¿Puedes incorporar más? ¿Usaste bien el imperfecto, el pretérito y los tiempos perfectos? Recuerda los verbos con un significado especial en el pretérito. ¿Usaste uno de esos verbos? ¿Los usaste con ese significado especial?

¡A ver!

> **Paso 1** La Purísima es una fiesta religiosa que se celebra en Granada, Nicaragua, y que refleja un aspecto de la cultura popular de este país. Con un(a) compañero(a), describe una fiesta religiosa en la que hayas participado. Aquí tienes algunas preguntas que te pueden ayudar en la descripción. ¿Cuál es el nombre de la celebración? ¿Dónde se celebra? ¿Qué se celebra? ¿Cuándo se celebra? ¿Quién participa? ¿Qué ritos o costumbres están asociados con esta fiesta? ¿Qué hiciste durante esta festividad?

TEACHING TIP Allow students to view the video segment at least two times. Suggest they watch and listen the first time but not try to take notes. Have them read the questions in **Paso 3** and then, as they watch it a second time, have them write information related to the questions.

> **Paso 2** Mira el reportaje sobre este evento.

> **Paso 3** ¿Qué recuerdas? Contesta las siguientes preguntas.

1. ¿Cuándo se celebra la Purísima?
2. ¿Cómo se celebra?
3. ¿Quién participa?
4. ¿Qué es la gritería?
5. ¿Qué es el lavado de la plata?

TEACHING TIP Have students work with a partner to discuss answers to the questions, then review them with the class. Note any items that students found difficult to understand.

ANSWERS 1. Se celebra en el mes de diciembre. 2. Se celebra llevando la imagen de la virgen por toda la ciudad. 3. Participan todo tipo de personas. 4. La gritería es un canto que los fieles ofrecen a la virgen. 5. El lavado de la plata es la limpieza de todos los artículos de la iglesia por parte de los fieles como símbolo de purificación de su alma.

TEACHING TIP Have students share their answers with the class. You may lead a class discussion on the different celebrations mentioned or you may have students write a paragraph describing a particular celebration.

> **Paso 4** ¿Qué opinas? Con un(a) compañero(a), contesta las siguientes preguntas.

1. ¿Qué te ha sorprendido en este reportaje? ¿Por qué?
2. En gran parte de las fiestas religiosas en Centro América hay una mezcla de lo religioso y lo pagano. ¿Por qué crees que hay esta mezcla?
3. Muchas personas consideran importante preservar las tradiciones de sus antepasados. ¿Es importante preservar esas tradiciones? ¿Por qué? ¿Qué fiestas y tradiciones celebran en tu comunidad?

Para hablar de los lazos familiares

el (la) bisabuelo(a) *great-grandfather (grandmother)*

el (la) bisnieto(a) *great-grandchild*

el (la) hijo(a) adoptivo(a) / adoptar *adopted child / to adopt*

el (la) hijastro(a) *stepson (stepdaughter)*

el (la) hijo(a) único(a) *only son/child (daughter)*

el (la) huérfano(a) *orphan*

el (la) medio hermano(a) *half brother (sister)*

la niñera *baby-sitter*

el (la) primogénito(a) *first born*

el (la) primo(a) hermano(a) *first cousin*

el (la) primo(a) segundo(a) *second cousin*

la segunda pareja *second marriage / second wife/husband*

el (la) tatarabuelo(a) *great-great-grandfather (grandmother)*

el (la) tío(a) abuelo(a) *great-uncle (aunt)*

Para describir las relaciones familiares

la comunicación franca *frank/open communication*

la crisis *crisis*

la expectativa *expectations*

la (in)fidelidad / ser (in)fiel *(un)faithfulness / to be (un)faithful*

la intimidad / privacidad *intimacy, privacy*

el malentendido *misunderstanding*

alternativo(a) *alternative*

cercano(a) *close*

cohesivo(a) *cohesive*

duradero(a) *lasting*

estable *stable*

extendido(a) *extended*

íntimo(a) / nuclear *intimate / immediate / nuclear*

lejano(a) *distant*

monoparental *single parent*

contar (con) *to count on*

convivir *to live together*

criar *to raise*

educar *to educate; to teach manners to*

fracasar / el fracaso *to fail / failure*

independizarse *to become independent*

mimar *to spoil*

pelear / la pelea *to fight / a fight*

proveer / el (la) proveedor(a) *to provide / provider*

rechazar / el rechazo *to reject / rejection*

regañar *to scold*

soportar *to tolerate*

Ritos, celebraciones y tradiciones familiares

el aniversario (de bodas) *wedding anniversary*

el bautismo *baptism*

la cuaresma *Lent*

el día del santo *day of one's saint name*

el funeral *funeral*

la graduación *graduation*

Jánuca *Chanukah*

el nacimiento *birth*

la primera comunión *first communion*

la quinceañera *fifteenth birthday / Sweet Fifteen / fifteen-year-old girl*

Para describir los ritos, celebraciones y tradiciones familiares

el adorno *ornament/decoration*

el candelabro *candelabra*

la ceremonia *ceremony*

el cura / sacerdote *priest*

la fogata *bonfire*

el globo *balloon*

la guirnalda *garland*

la misa (del gallo) *(Midnight) mass*

el payaso *clown*

los preparativos *preparations*

la procesión *procession*

el regocijo *joy, merriment*

el villancico *Christmas carol*

melancólico(a) *melancholy*

religioso(a) *religious*

agradecer / el agradecimiento *to thank / gratefulness, gratitude*

bendecir (la mesa) / la bendición *to bless (the meal) / blessing*

colocar *to hang, to place*

conmemorar *to commemorate*

consentir en *to agree to*

contar chistes *to tell jokes*

dar el pésame *to offer condolences*

decorar *to decorate*

emborracharse *to get drunk*

envolver regalos *to wrap presents*

estar de luto *to be in mourning*

(estar/quedarse de) sobremesa *(to be/stay at the table for) table talk*

hacer/gastar bromas *to play a joke*

rezar *to pray*

trasnochar *to stay up very late*

Capítulo 3

RUMBO A MÉXICO

Metas comunicativas

En este capítulo vas a aprender a...

- describir las oportunidades de estudiar y viajar en el extranjero
- explicar los trámites para solicitar un programa de intercambio académico
- hacer una llamada telefónica
- describir los modos de transporte y excursiones turísticas
- informarte y comentar sobre precios
- escribir una carta personal

Estructuras

- Las preposiciones **por** y **para**
- Verbos reflexivos y recíprocos
- Palabras negativas e indefinidas
- Formas comparativas y superlativas

Cultura y pensamiento crítico

En este capítulo vas a aprender sobre...

- el sistema educativo en las escuelas mexicanas
- la UNAM y otras universidades en México
- la pasada gloria de Chichén Itzá

Track 4

México	1100 a 800 A.C. Desarrollo de la cultura olmeca en México	Siglo 8 A.C. Se inicia la construcción de Monte Albán, ciudad de la cultura zapoteca de Oaxaca	856 A.C. Fundación de Tula, centro cultural de los toltecas del Valle de México	100 A.C. Se inicia la construcción de Teotihuacán	1519 Moctezuma, líder azteca, recibe a Hernán Cortés en Tenochtitlán	1551 Se funda la Universidad Autónoma de México (UNAM)	1810 El padre Miguel Hidalgo inicia el movimiento de independencia de México
	1100 A.C.	**900 A.C.**		**100 A.C.**	**1550**	**1650**	**1850**
Los Estados Unidos						1636 Se funda la Universidad de Harvard	1845 Texas, antiguo territorio mexicano, se convierte en el estado número 28 de la Unión Americana

Explorando el mundo

Octavio Paz   Monte Albán   Mural de Diego Rivera

Marcando el rumbo

3-1 México: Explorando el mundo Con un(a) compañero(a), determina si las siguientes oraciones sobre México y su gente son ciertas o falsas. Si son falsas, corrígelas y escribe lo que te parezca correcto.

1. El emperador Moctezuma fue un líder azteca.
2. La Universidad Autónoma de México es más antigua que la Universidad de Harvard.
3. El 5 de mayo los mexicanos celebran su independencia de España.
4. Octavio Paz fue presidente de México.
5. El Museo Nacional de Antropología e Historia es un centro dedicado al estudio de las culturas pre-hispánicas.

CD1-10 **3-2 Los paseos culturales del Instituto Nacional de Antropología e Historia (INAH)** El Instituto Nacional de Antropología e Historia de México ofrece una serie de visitas guiadas por especialistas, a diferentes sitios de interés arqueológico, histórico y artístico dentro del país. El objetivo es el de fomentar el conocimiento de las raíces culturales de México.

ANSWERS 3-1 1. C 2. C 3. F – No, celebran la derrota de los franceses. 4. F - Octavio Paz fue un escritor. 5. C

Paso 1: Escucha la siguiente conversación telefónica entre un representante de INAH y un estudiante interesado en un paseo cultural. Toma notas bajo las siguientes categorías:

Maravillas de la catedral, Ciudad de México
Zona arqueológica de Teotihuacán
Universidad Autónoma de México

Paso 2: ¿Cierto o falso? Lee las siguientes oraciones e indica si son ciertas o falsas. Si la oración es falsa, corrígela.

1. El paseo por la catedral de la Ciudad de México incluye almuerzo.
2. La visita a la catedral es la única que incluye recreaciones históricas con actores.
3. La zona arqueológica de Teotihuacán representa un ejemplo del período clásico de Mesoamérica.
4. La UNAM es un centro arqueológico importante.
5. Al final de la conversación el estudiante decide no hacer una reservación sino consultar con un amigo.

ANSWERS 3-2 1. F – Los participantes deben comer antes de iniciar el recorrido. 2. C 3. C 4. F – Es un campus universitario. 5. C

1862 (mayo 5) Los mexicanos derrotan a los franceses en la ciudad de Puebla

1969 Inauguración de la línea 1 del metro en la Ciudad de México

1990 Octavio Paz gana el Premio Nobel de Literatura

1860	**1900**	**1950**	**1985**	**2000**

1850 California entra a formar parte de los Estados Unidos

1916 Francisco (Pancho) Villa, revolucionario mexicano, invade el pueblo de Columbus, Nuevo México

1942 Los Estados Unidos permiten la entrada de miles de trabajadores mexicanos al país bajo el programa bracero

1985 Se funda el Instituto Tomás Rivera de Investigación sobre la población latina

2002 Los hispanos se convierten en el grupo minoritario más grande de los Estados Unidos

Vocabulario en contexto

Estudiar en el extranjero

Intercambios académicos

México

Cozumel

Una oportunidad única de

Enriquecer tu currículum

- **Integrarte** en el mundo globalizado
  - Aprender o perfeccionar el español
  - En un país que cuenta con más de cuatro mil años de historia

Chichén Itzá

Puebla

Programas:

- Elige un programa en una de diez universidades mexicanas públicas y privadas:

Cursar una variedad de materias (antropología hasta zoología)

Nivel de **licenciatura** y **posgrado** (maestría hasta doctorado)

Estancias de un semestre hasta un año

Hospedaje con una familia mexicana o una **recámara** en un **departamento** amueblado

Universidad de las Américas | Universidad Nacional Autónoma de México | Universidad de Guadalajara | Universidad Iberoamericana | Universidad de Sonora | Universidad Autónoma de Chihuahua | Universidad Autónoma de Yucatán | Universidad de Guanajuato | Universidad Autónoma Benito Juárez de Oaxaca | Universidad Autónoma de Querétaro

Costos por semestre

- **Gastos** administrativos: N$4.200,00
- **Colegiatura** (hasta 18 créditos): Licenciatura N$10.000,00 / Maestría N$12.000,00
- Hospedaje con familia: N$20.000,00
- **Trámites** administrativos

Para **inscribirte** en el programa necesitas llenar una solicitud de admisión indicando tu preferencia por universidad y materias a cursar e incluir:

1. una copia oficial de tu **historial académico**
2. una copia de tu pasaporte **vigente**
3. una solicitud para una visa de estudiante (disponible en el consulado de México)
4. prueba de que tienes un seguro médico con **cobertura total**

Si viajas de los Estados Unidos no es necesaria ninguna certificación de **vacunas**. Sin embargo, te recomendamos vacunarte contra el tétano y la hepatitis A.

TEACHING TIP Use the realia to activate students' knowledge about and interest in the topic of studying abroad. Ask if any students have participated or plan to participate in such a program. Ask why students want to study abroad, then ask what sort of information a student must gather in order to choose a program.

TEACHING TIP Ask students about the N$ in the brochure. Point out that it stands for **Nuevos Pesos** and ask students to look up current exchange rate with the U.S. dollar.

TEACHING TIP If you have access to similar brochures written in Spanish, share them with the class. You may ask students to look for web pages that contain similar information and compare and contrast them with the information that is presented here.

iLrn ¡OJO! Don't forget to consult the **Índice de palabras conocidas**, p. A3, to review vocabulary related to university life.

Para describir la experiencia

el choque cultural	culture shock
acoplarse	to fit in
enfrentarse a los retos	to confront challenges
extrañar a los amigos	to miss friends
madurar	to mature

Para describir los trámites administrativos

el (la) asesor(a)	adviser
la asistencia financiera	financial aid
la beca	scholarship
la fecha límite	deadline
darse de alta/baja	to add/drop

Para instalarse en el nuevo entorno

el acceso a Internet de alta velocidad	high-speed Internet access
el adaptador eléctrico	electricity adapter
la casa de cambio	place to exchange currency
el colegio residencial	dorm
la llamada local / de larga distancia / por cobrar	local / long distance / collect phone call
la tarjeta de banco	bank card
la tarjeta telefónica de pre-pago	prepaid phone card
la tasa de cambio	exchange rate
cobrar un cheque	cash a check
hospedarse	to stay (lodge)
involucrarse en actividades	to get involved in activities
mudarse	to move (residence)
retirar dinero	withdraw money

Mudarse implies changing residence. **Moverse** is a false cognate in that it only means to move your body physically and not to change residence.

> Other words and phrases related to studying abroad that are cognates with English words include: **el cibercafé, drástico** (drastic), **el obstáculo** (obstacle), **las primeras impresiones** (first impressions), **el tétano** (tetanus).

HERITAGE LEARNERS You may have heritage learners discuss phrases that they use in telephone communication. Note regional differences. Call attention to potential spelling problems: words with silent **h** such as **hospedarse** and **historial**, and b/v distinctions in **vigente** and **cobertura**.

Para enriquecer la comunicación: La llamada telefónica (informal)

Bueno / Aló (Sudamérica) / Diga (España).	Hello.
¿Puedo hablar con Jorge?	May I speak to Jorge?
¿De parte de quién? / ¿Quién habla?	Who is calling?
De Amy. / Soy Amy.	Amy. / It's Amy.
No se encuentra. / No está.	He's not here.
¿Le puedo dejar un recado?	Can I leave him a message?
¿Me oyes?	Can you hear me?
Saludos a la familia.	Say hello to your family.
De tu parte.	I'll tell them you said that.
Hasta luego.	Good-bye.

Práctica y expresión

3-3 Estudiar en México Alicia González quiere cursar un semestre en una universidad
CD1–11 mexicana. Llama a la oficina de programas internacionales de la Universidad de las Américas en Cholula, México, para informarse sobre sus programas. Ayúdala a apuntar los detalles importantes. Escucha su conversación telefónica y luego contesta las preguntas.

1. ¿Puede inscribirse directamente en la Universidad de las Américas?
2. ¿Qué quiere estudiar Alicia? ¿A qué nivel quiere estudiar?
3. ¿Cuánto es la colegiatura por un semestre, en dólares?
4. ¿Cuáles son las opciones de hospedaje para Alicia?
5. ¿Por qué piensa la directora que Alicia va a preferir un departamento?
6. ¿Cuál es la fecha límite para solicitar, si Alicia piensa asistir en el otoño?

3-4 Los pasos a seguir Ordena la siguiente lista de trámites que tienes que seguir si quieres hacer un programa de intercambio académico.

a. averiguar la tasa de cambio
b. seleccionar un programa apropiado
c. pagar la colegiatura
d. conseguir un seguro médico con cobertura total
e. mudarte
f. inscribirte en el programa
g. darte de alta en los cursos
h. hablar con un asesor de tu universidad
i. buscar una casa de cambio
j. conseguir una conexión a Internet de alta velocidad
k. solicitar una beca
l. retirar dinero del banco
m. encontrar el consulado de México

3-5 En nuestra universidad Tú y tus compañeros(as) trabajan en la oficina de servicios para estudiantes internacionales y tienen que preparar una hoja de información sobre su universidad para los estudiantes de intercambio de habla hispana. Preparen la hoja e incluyan la siguiente información.

Los trámites administrativos	Cómo instalarte en el nuevo entorno	Cómo acoplarte a la nueva cultura
El costo de la colegiatura por semestre La fecha límite de altas y bajas para el semestre que viene La cantidad máxima de créditos que un estudiante puede cursar en un semestre Los tipos de asistencia financiera disponible en su universidad Cómo conseguir un historial académico ¿?	Cómo conseguir una conexión a Internet Cómo conseguir una tarjeta bancaria Cómo cambiar dinero y las tasas actuales de cambio La mejor manera (más barata) de hacer llamadas de larga distancia ¿?	Algunas cosas que pueden causar un choque cultural Las mejores actividades en las que deben involucrarse ¿?

TEACHING TIP 3-6 You may assign this as homework, and in class have students discuss their responses. Allow students 5–6 minutes to discuss, then call on them to share their responses with the class. As students share, call on others to find out whether their responses are similar or different. Moderate answers where necessary to ensure that students end up with reasonable expectations of a study-abroad experience in Mexico.

TEACHING TIP 3-6 Direct students to a map of Mexico, in the text or on transparencies A-2 and A-7, so that they understand where Merida is. Have them do some quick Internet research to learn about Merida and the Yucatan region.

TEACHING TIP 3-7 Bring study-abroad program brochures to class and distribute them amongst pairs if students do not have time to research programs on their own. After students complete their investigations of programs, they may use Presentational Communication to present information to the class. Pairs of students may be assigned a particular program to research and present.

ALTERNATIVE 3-7 Invite a student who has recently returned from a study-abroad experience in Mexico to give a short presentation to the class in Spanish and require your students to ask questions, especially about how the student dealt with culture shock and getting settled in to the new culture. Help students prepare questions before the day of the presentation.

3-6 ¿Cómo me acoplo? Imagina que dentro de poco vas por un año a la Universidad Autónoma de Yucatán y ahora estás pensando en cómo va a ser la experiencia. Comenta con un(a) compañero(a) tus respuestas a las siguientes preguntas.

1. ¿Cuáles son algunos de los retos que esperas enfrentar? ¿Cómo piensas enfrentarlos?
2. ¿Qué puedes hacer para acoplarte mejor a ese nuevo entorno?
3. ¿Piensas que vas a extrañar mucho a tu familia / tus amigos / tu novio(a)? ¿Qué puedes hacer para no extrañarlos tanto?
4. ¿Qué cosas vas a tener que hacer para instalarte bien en tu nuevo hogar en Mérida?
5. ¿Qué cosas piensas llevar a México? ¿Por qué?
6. ¿Cómo te puede ayudar esta experiencia, personal, académica y profesionalmente en el futuro?

3-7 Programas interesantes Haz una investigación sobre los programas de intercambio que tiene tu universidad y presenta la información sobre un programa a tu clase. No te olvides de incluir todos los detalles sobre el lugar, la universidad, las materias que puedes cursar, los trámites que tienes que seguir para inscribirte, etc.

Espejos

La UNAM y la UAG

De las 500 mejores universidades del mundo, la Universidad Nacional Autónoma de México (UNAM) ocupa el primer lugar en Latinoamérica, revela un estudio del *Ranking académico de las universidades del mundo*. A nivel mundial ocupa el lugar 180.

Con sólo pasar un examen de admisión, los mexicanos tienen derecho a una educación casi gratuita en la UNAM. Pero, no todos solicitan entrada a esta universidad, pues los estudiantes generalmente solicitan entrada a la universidad regional de su estado; de hecho, es raro solicitar a varias universidades en todo México. Si algún estudiante de otro estado quiere estudiar, por ejemplo, en la UNAM, generalmente viene a vivir con algún familiar o amigo de la familia que viva en la capital. Otra opción es alquilar un cuarto en una casa particular. El ambiente estudiantil de los colegios residenciales como en los Estados Unidos no es común en México.

Otra institución auténticamente mexicana, pero con orientación y proyección internacional, es la Facultad de Medicina de la Universidad Autónoma de Guadalajara (UAG). Gracias a su prestigio a nivel internacional, cuenta con estudiantes de 35 países de todo el mundo. Sus egresados *(graduates)* estadounidenses regresan a los EE.UU. con excelente preparación en su campo, y con un conocimiento superior de la lengua y la cultura mexicana, lo cual les ofrece una ventaja al ejercer su profesión en comunidades latinas aquí en los EE.UU.

> Cuatro perspectivas

Perspectiva I ¿En qué piensas cuando se habla de la vida universitaria en los Estados Unidos? Menciona si lo siguiente es **muy común, poco común** o **muy extraño.**

1. Tener educación universitaria gratuita.
2. Solicitar a una universidad solamente, la más cercana a la casa de tus padres.
3. Solicitar a dos o tres universidades cerca de tu casa.
4. Solicitar a cuatro o más universidades relativamente lejos de tu casa.
5. Vivir en la casa de tus padres mientras estudias en la universidad.
6. Vivir en los colegios residenciales de la universidad.
7. Solicitar a universidades fuera de los Estados Unidos.

Perspectiva II ¿Cómo vemos a los mexicanos? Marca con una (X) tu opinión y con un(a) compañero(a) explica por qué piensas así.

1. Tienen suerte de que la educación es gratuita. _____

2. Los jóvenes no tienen un espíritu de independencia. _____

3. Los mexicanos están muy apegados *(attached)* a su familia. _____
4. Los mexicanos aprecian a su familia. _____
5. Los estudiantes deben solicitar a la mejor universidad aunque esté lejos. _____
6. Los jóvenes tienen menos gastos si viven con su familia. _____
7. Los estadounidenses que estudian medicina en México no pueden ejercer *(have a practice)* en los Estados Unidos. _____

Perspectiva III En México, algunos mexicanos dicen...

La UNAM es una excelente universidad y es casi gratis.

No hay razón para solicitar a otra universidad fuera del área donde vives. Aumentaría los gastos y estaría lejos de mi familia.

La educación en la UAG es excelente y el éxito de sus egresados lo prueba *(proves it)*.

Perspectiva IV ¿Cómo ven a los estadounidenses? ¿Sabes?

Las dos culturas

¿Qué piensas del costo de la educación en tu universidad? ¿Y en otras universidades que conoces? ¿Piensas que la educación universitaria debe ser un derecho *(a right)* para todos?

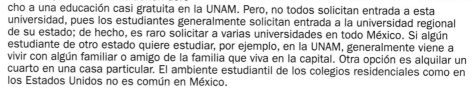

Estructuras

iLrn **¡OJO!** Before beginning this section, review the following themes on p. B9 of the **Índice de gramática:** Common verbs with prepositions, Common reflexive verbs, and Reflexive pronouns.

RECYCLING Use transparency F-1 to review familiar uses of **por** and **para**. Point to the scene of the market and present examples such as **Paso por el mercado varias veces por semana para comprar frutas y vegetales frescos. Prefiero ir por la mañana. Este mercado tiene una selección excelente para un mercado pequeño.** Add others as you point to other scenes.

Las preposiciones **por** y **para**; Verbos reflexivos y recíprocos

Las preposiciones *por* y *para*

The prepositions **por** and **para** are frequently used in describing intentions, actions, comparisons, and periods of time related to daily activities in a foreign environment.

Para is used to indicate:

- movement or direction toward a destination or goal

  Él salió **para** el consulado mexicano.

- a specific deadline or future period of time

  Tenemos que inscribirnos en la universidad **para** octubre.

- purpose, use, goal or recipient

  El dinero es **para** el alojamiento.
  Muchas personas viajan **para** madurar.
  Esta tarjeta de banco es **para** ti.

- an implied comparison of inequality (i.e., The following example implies *Compared to other nineteen-year-olds, this one has seen a great deal of the world.*)

  Para una persona de diecinueve años, ha visto mucho mundo.

- the person(s) having an opinion or making a judgment

  Para mí, prefiero limitar mis gastos personales.

Common expressions with **para**:

para siempre	*forever*
no estar para bromas	*to not be in the mood for jokes*
no servir para nada	*to be useless*

Por is used to indicate:

- a specific period of time, or a general time of day

  El pasaporte está vigente **por** un período de diez años.
  Por la mañana, vamos a buscar un departamento amueblado.

- movement along or through a space

  Nos encanta pasear **por** el Zócalo.

- cause, reason or motive of action

  Por falta de dinero, no puede hacer una llamada de larga distancia.
  Muchas personas visitan las pirámides **por** curiosidad.

- an action that is about to take place

  El avión está **por** salir del aeropuerto.

- on behalf of, for the sake of, or in favor of

  Como estás enfermo, voy **por** ti al banco para retirar dinero.
  Los padres hacen muchos sacrificios **por** los hijos.
  Por ser extranjero, no puedo votar **por** el candidato.

- the object of an errand with **ir, venir, pasar,** and **preguntar**

  Ella vino y preguntó **por** ti.

- means of communication or transportation

  Ella habla con sus padres cada semana **por** teléfono.

- the exchange of money or substitution of one thing for another

  Pago cien pesos al mes **por** el seguro médico.

- the agent of an action in a passive construction

  Las pirámides fueron construidas **por** los aztecas.

- rate, frequency, or unit of measure (i.e., *per*)

  En nuestro programa hay un profesor **por** cada veinte estudiantes.

- multiplication or division

  Seis **por** dos son doce.

Common expressions with **por:**

por adelantado	*in advance*	por lo general	*generally*
por ahora	*for now*	por lo menos	*at least*
por aquí	*around here*	por lo visto	*apparently*
por casualidad	*by chance*	por mi parte	*as for me*
por ciento	*percent*	por ningún lado	*nowhere*
por cierto	*for sure, by the way*	por otra parte	*on the other hand*
por completo	*completely*	por otro lado	*on the other hand*
por dentro	*inside*	por primera vez	*for the first time*
por desgracia	*unfortunately*	por si acaso	*in case*
¡Por Dios!	*Oh my God! / For God's sake!*	por su cuenta	*on one's own*
		por supuesto	*of course*
por ejemplo	*for example*	por todas partes	*everywhere*
por eso	*therefore*	por última vez	*for the last time*
por favor	*please*	por último	*lastly, finally*

Verbos reflexivos y recíprocos

Reflexive and reciprocal verbs are useful in describing daily routines and activities that one might engage in while living abroad. Truly reflexive verbs describe actions for which the subject and object are the same. For example, in the sentence **Juan se mira a sí mismo en el espejo,** Juan is both the subject or *doer* of the action (the one who looks, in this case) as well as the object or *recipient* of the action (the one who is being looked at). To communicate the reflexive concept in English, we use pronouns that end in *-self/-selves.* In Spanish, it is obligatory to use reflexive pronouns (**me, te, se, nos, os, se**) to communicate reflexive ideas. There are many verbs in Spanish that also require the use of these pronouns, but can't be considered as truly "reflexive" in the manner just described. For example, with the "reflexive" verb **quejarse,** it might be difficult to imagine how the subject and object of the action are the same. We use the term "reflexive," then, to refer to an entire class of verbs that share the same set of pronouns. The prepositional phrases **a mí mismo(a), a ti**

mismo(a), a sí mismo(a), etc., are optional and may be added for emphasis. Reflexive pronouns follow the same rules for placement as other types of pronouns. When they occur with other pronouns, they are placed first in the progression.

Enrique **se** acopla al nuevo ambiente. (placed immediately before a conjugated verb)

Él **se** está acoplando bien. (placed immediately before a conjugated verb)

(Él está acoplándo**se** bien.) (placed at the end of a present participle)

Por estudiar en el extranjero, él **se** ha integrado en el mundo globalizado.

—Enrique, ¡involúcra**te** en muchas actividades! (placed at the end of an affirmative command)

¡Y no **te** olvides de lavar**te** la cara antes de salir! (placed immediately before a conjugated verb used as a negative command; placed at the end of an infinitive)

—Sí, mamá, ya **me** la lavé. (placed first, before a direct object pronoun, in front of a conjugated verb)

Use reflexive pronouns:

- to indicate a reflexive dimension of a verb that, in many instances, could also be used non-reflexively

  Enrique **se hospedó** en un hotel después de su viaje.
  Al administrador del hotel le gusta **hospedar** a los extranjeros.

- to add emphasis to the subject of the verb

  Él **se** comió la cena en dos segundos la primera noche en el hotel.

- with certain verbs that are always used reflexively

arrepentirse (ie)	*to repent*	jactarse de	*to boast*
darse cuenta de	*to realize*	quejarse de	*to complain*

- with reciprocal or mutual actions, when using the plural reflexive pronouns (**nos, os, se**), to express the idea of *each other*. When the context alone does not adequately convey the reciprocity of the action, the clarifying phrase **uno a otro** (or an appropriate derivative such as **una a otra, unos a otros, unas a otras**) can be added.

  Enrique y su novia **se** extrañan el uno al otro.

> **Un paso más allá: Verbos con cambios de significado cuando se usan en forma reflexiva**

Some verbs convey a different meaning when they are used reflexively. Compare the following examples:

Non-reflexive		Reflexive	
acordar (ue)	*to agree*	acordarse (ue) de	*to remember*
despedir (i)	*to fire*	despedirse (i) de	*to say good-bye*
dormir (ue)	*to sleep*	dormirse (ue)	*to fall asleep*
ir	*to go*	irse	*to leave / to go away*
negar (ie)	*to deny*	negarse (ie) a	*to refuse*
parecer	*to seem*	parecerse a	*to resemble*
poner	*to put*	ponerse	*to put on, to become*
probar (ue)	*to try, taste*	probarse (ue)	*to try on*
quitar	*to take away*	quitarse	*to take off*

> The definite article is used in place of the possessive pronoun in a reflexive construction before parts of the body and articles of clothing.

> Note that the masculine form is used unless both subjects are feminine.

Práctica y expresión

3-8 Frida Kahlo Llena los espacios en blanco con las preposiciones **por** o **para** para saber sobre la vida de la famosa pintora mexicana, Frida Kahlo.

Frida Kahlo nació cerca de la Ciudad de México en 1910. Estudiaba en la Escuela Nacional Preparatoria donde ___por___ casualidad estaba su futuro esposo, Diego Rivera, quien pintaba un mural ___para___ su escuela. ___por___ desgracia, cuando tenía 18 años, sufrió un accidente de autobús que la obligó a quedarse en cama ___por___ mucho tiempo sin poder moverse. ___Para___ combatir el aburrimiento, empezó a pintar y así la pintura se convirtió en un vehículo de expresión ___para___ ella.

Dos años más adelante se reencuentra con Diego Rivera, quien muestra interés ___por___ la artista y sus pinturas. Se vieron ___por___ dos años más antes de casarse. ___Para___ el mundo, su matrimonio fue muy extraño, lleno de infidelidades, amor y odio ___por___ su parte y ___por___ parte de él.

Frida sufrió mucho dolor físico ___por___ el accidente, pero ___por___ otra parte, Frida fue una persona llena de vida y color. Su pintura dejó plasmada ___para___ siempre la agonía y la pasión de ser humano.

3-9 La vida de un estudiante Miguel y Francisco están estudiando y hacen planes para hacer otras cosas. ¿Qué dicen? Llena los espacios en blanco con las formas correctas del verbo dado. Decide si el verbo debe ser reflexivo o no.

Miguel: ___Me aburro___ (aburrir/se) aquí estudiando tantas horas. ¿Quieres salir a caminar un poco?

Francisco: Miguel, ___acordamos___ (acordar/se) ir a estudiar para el examen de mañana. ¿No ___te acuerdas___ (acordar/se)?

Miguel: Es que si no salgo a tomar un poco de aire fresco ___me duermo___ (dormir/se) sobre los libros. ¡Ven conmigo!

Francisco: No, no quiero ___ir___ (ir/se) contigo porque tengo que ___irme___ (ir/se) a la biblioteca... tengo que estudiar...

Miguel: Tengo una idea, ¿por qué no ___pones___ (poner/se) tus libros en la mochila y vamos al café de la esquina. Tienes que ___probar___ (probar/se) el café que sirven allí. Es muy fuerte. ¡Vámonos, hombre! ¡___Te pareces___ (parecer/se) a mi tío el comelibros *(bookworm)*!

Miguel: Está bien, vámonos.

ANSWERS 3-10 1. Se llaman (la una a la otra) 2. Se escuchan sus problemas. 3. Se aconsejan (la una a la otra). 4. Se habla a sí misma. 5. Se compran regalos.

TEACHING TIP 3-10 Personalize the activity by having students prepare original sentences about things that they and their best friends do to support one another. They may share their sentences with a partner or with members of a group.

3-10 Cooperación entre estudiantes Paula y Milagros son estudiantes y amigas íntimas. ¿Cómo se ayudan? Lee lo que hacen y escribe otra vez la oración que demuestre una acción recíproca.

Ejemplo   Paula ayuda a Milagros a estudiar biología. Milagros ayuda a Paula a estudiar matemáticas.
Se ayudan la una a la otra.

1. Si tienen problemas, Paula llama a Milagros y Milagros llama a Paula.
2. Ella siempre escucha los problemas de Milagros y Milagros escucha los problemas de Paula.
3. Paula aconseja a Milagros, pero también Milagros aconseja a Paula.
4. Cuando no tiene con quién hablar, Milagros habla sola.
5. Tienen el mismo cumpleaños. Paula le compra regalos a Milagros y Milagros también le compra regalos a ella.

ALTERNATIVE 3-11 Divide the class in 5 groups and assign each group one set of questions. Have them discuss the set of questions with their group members, then have students move about the class and ask the questions assigned to them with as many classmates as possible in a set period of time. After 5–7 minutes, have groups come together again and prepare a summary of responses they have gathered. Have each group present a brief summary of responses and ask students to comment on the responses.

3-11 ¿Cómo es tu personalidad? Hazle estas preguntas a tu compañero(a) para ver cómo es la personalidad de cada uno.

1. ¿De qué te jactas? ¿Qué puedes hacer muy bien? ¿?

2. ¿Eres atrevido(a)? ¿Qué te atreves a hacer? ¿Te atreves a ir a estudiar a un país latinoamericano por un año? ¿?

3. ¿De qué te preocupas con frecuencia? ¿Te preocupas de tus notas, de tus padres, de no aprender la lengua? ¿?

4. ¿De qué te arrepientes? ¿De no aprender a bailar salsa, de no estudiar más español, de no comunicarte mejor con tu compañero(a) de cuarto? ¿?

5. ¿De qué te das cuenta ahora? ¿De que tus padres no son tan malos, de que la vida es corta, de que tienes que estudiar mucho más para sacar buenas notas? ¿?

TEACHING TIP 3-12 You may model an interaction with a student, playing the role of the Latina mother offered in the example or the role of the U.S. mother who is already planning on converting the student's bedroom into an office. After students practice the role plays for several minutes, have various pairs perform for the class and have students comment on cultural perspectives that are shown.

3-12 A la universidad El hijo o la hija quiere irse de la casa para estudiar en una universidad. ¿Cómo reaccionan las dos madres (una mexicana y una estadounidense)? En grupos de cuatro (dos parejas) actúen la situación mirando las sugerencias a continuación. ¿Qué dices tú? ¿Qué dicen tus padres?

Ejemplo Estudiante: **Tengo que mudarme porque la universidad está muy lejos.**

Madre: **¿Por qué no te quedas en casa y vas a la universidad que está aquí cerca? Así tienes buena comida, lavadora...**

El estudiante	**Padre / Madre**
mudarse	quedarse en casa
irse lejos	quedarse cerca
cuidarse	preocuparse
divertirse	estudiar mucho
darse de baja	matricularse a tiempo

Exploración literaria

"Cuando salí de la Habana, válgame Dios"

José Emilio Pacheco, un escritor mexicano muy conocido por su obra poética, nos ofrece un cuento que rompe con las normas textuales de la narrativa. La falta de las letras mayúsculas al comienzo de la oración, la puntuación poco convencional y la práctica de incluir diálogo sin establecer los hablantes, nos brinda una lectura del texto que reproduce el monólogo interior del propio narrador. El estilo poco convencional del autor se relaciona con el final sorprendente del cuento cuando la experiencia del narrador adquiere dimensiones fantásticas, aun horrorosas. La transformación fantástica del final del cuento muestra la ignorancia del narrador de la injusticia social que lo rodea.

JUMP START! Ask the students what they know about the Mexican Revolution and about the period of racial tension that characterized post-imperial Cuba from 1895 to 1912. Ask students to research these events on the Internet, focusing on the dates of the conflicts, the parties involved and the outcomes of the conflict.

Estrategia de lectura | Identificar palabras por el contexto

Identifying words through context is similar to the strategy you learned in Chapter 1, "Recognizing cognates and derivatives of familiar words," in that it asks us to use words that we are familiar with in order to help us establish meaning. In addition to considering the similarities between words in English and Spanish, another strategy is to take advantage of words we know in Spanish to help us make intelligent guesses about unknown words used in the context of those we know. For example, if a passage reads **El único barco que sale ahora va para México… ¿zarpa a las seis, pago a bordo, me aceptan un cheque?,** we can guess, from the grammatical context of the words we know, that **zarpa** is a verb that renames the action of a boat leaving **(el barco sale).** We also know that this action indicates movement in a direction **(para Mexico).** Without looking up the word **zarpar** and given the context, we can safely guess that it refers to the action of a ship or boat leaving port, or setting sail.

   Below are a series of words and phrases from the reading that you may not know. These words are italicized and appear in the context of a sentence. Use the grammatical context as well as words you are familiar with in each sentence to help you make an intelligent guess as to the meaning of each unknown word or phrase.

TEACHING TIP Ask students if they are familiar with works by authors such as Colombian writer Gabriel García Márquez or Mexican writer Carlos Fuentes. Ask how reality is presented in works by these authors and how it affects the story.

HERITAGE LEARNERS Students with ties to Mexico or Cuba may have access to relatives or friends who recall stories of life in the epoch treated in the work. If they can obtain information, have them share it with the class.

1. pagué la cuenta y llamé por teléfono a la agencia *naviera*
2. una lancha me llevó con otros pasajeros hasta el trasatlántico y subí por *la escala colgante* al gran barco
3. en cuanto lo abran iré al despacho telegráfico para enviar un mensaje *inalámbrico* a Mr. Cunningham
4. quién diría que al otro lado de la isla los negros matan, violan, *saquean*
5. las olas se ven temibles al romperse en el *costado* del barco,
6. tampoco puedo leer con este *zangoloteo*, ahora cuando ya se ha inventado casi todo ¿por qué no harán barcos *insumergibles* y estables?,
7. antes de que oscurézca le señalo *una cumbre* nevada, mira, es el Cidaltépet el Pico de Orizaba, la montaña más alta de México
8. ya se ven las luces de Veracruz, aún no, sólo el *faro, los faros*, las islas,

Enfoque estructural: The following text offers several examples of the usages of the Spanish prepositions **por** and **para.** Circle each appearance in the text and then identify the rule that best explains its purpose.

Sobre el autor y su obra

José Emilio Pacheco, autor mexicano que ha cultivado casi todos los géneros literarios, nació en México, D.F., en 1939. Sus cuentos frecuentemente exploran la relación entre la realidad y la fantasía, y entre el presente y el pasado dentro del marco de una investigación del carácter nacional mexicano. También hay un fuerte interés ético en la obra de Pacheco que aboga por los derechos humanos y una sociedad igualitaria. En el cuento "Cuando salí de la Habana, válgame Dios", el autor utiliza las tensiones raciales en Cuba entre 1895 y 1912 como un trasfondo clave para comentar, simbólicamente, sobre las mismas divisiones entre la clase alta y la clase baja, divisiones que culminaron en la revolución mexicana de 1910.

JOSÉ EMILIO PACHECO (1939–)

> Cuando salí de la Habana, válgame Dios

José Emilio Pacheco

Yo estaba nada más de paso en Cuba como representante que soy, o era, de la Ferroquina Cunningham[1], aquella tarde en la Quinta del senador junto al río Almendares tomábamos el fresco después del almuerzo, me había firmado un pedido inmenso[2], él tiene la concesión de todas las boticas[3] en La Habana, es amigo íntimo del presidente Gómez y socio en el Ferrocarril de Júcaro y el periódico *El Triunfo*, cuando llegaron a avisarle, Dios mío, en Oriente se han sublevado los negros de los ingenios azucareros[4], van a echar al agua a todos los blancos, a degollarlos, a destriparlos[5], qué horror;

tengo miedo, dije, ahora mismo me voy, el senador insultó a los negros, ya son libres, qué más quieren, no se conforman con nada, además escogen para rebelarse precisamente hoy, décimo aniversario de la República, luego intentó calmarme, aseguró que el Tiburón, es decir el general Gómez, iba a someterlos[6] en unas cuantas horas y, en el caso remoto de que fallara[7], tropas norteamericanas desembarcarían para proteger vidas y haciendas;

pero no me convenció, no soy hombre de guerra, el chofer del senador me llevó al hotel, hice las maletas, pagué la cuenta y llamé por teléfono a la agencia naviera, el único barco que sale ahora va para México, pero si acabo de llegar de México, bueno, no importa, doy lo que sea, ¿zarpa a las seis, pago a bordo, me aceptan un cheque?; [...]

en el muelle otros negros cantaban, cargaban azúcar, ¿lo sabrían, iban a sublevarse también?, al fin trajeron mi equipaje, una lancha me llevó con otros pasajeros hasta el trasatlántico y subí por la escala colgante al gran barco;

qué alegría estar a salvo en un camarote[8] del *Churruca*, no hay como estos vapores[9] de la Compañía Trasatlántica Española, además sirven excelente comida, siento mucho no haberme despedido de quienes fueron tan amables conmigo, menos mal que organizado como soy terminé el día anterior mis asuntos, en cuanto lo abran iré al despacho telegráfico para enviar un mensaje inalámbrico a Mr. Cunningham, debo explicarle por qué salí de La Habana, aunque ya sabrá todo, en Nueva York se interesan mucho por Cuba;

pasado un rato, me asfixio entre estas cuatro paredes, subo a cubierta[10], suena la sirena, levan el ancla, brillan las fortalezas de La Cabaña y El Morro, todo parece en calma, quién diría que al otro lado de la isla los negros matan, violan, saquean, las torres de Catedral se alejan, las casas del Malecón se borran, por un instante El Vedado aparece color de rosa, jardines, balnearios, palmeras, disminuyen, se vuelven como un

dibujo chino en un grano de arroz, las aguas cambian de color, se oscurecen, nos hundimos en la curva del mar;

a bordo del *Churruca* la gente parece triste sólo Dios sabe qué va a pasar en Cuba, toca la orquesta esa habanera tan melancólica, *La paloma*, según mi madre la predilecta de Maximiliano y Carlota cuando eran emperadores de México, pobre Maximiliano, pobre Carlota, sobre todo ella, muerta en vida, esperando, sin darse cuenta de que han pasado los años, sí. La paloma, mi madre la cantaba en mi cuna. *Cuando salí de La Habana, válgame Dios, / nadie me vio salir si no fui yo;* [...]

por la noche miro hacia abajo desde la cubierta, las olas se ven temibles al romperse en el costado del barco, si le tengo miedo a una sublevación cuánto más temeré un naufragio, serio inconveniente para alguien que debe ir de un país a otro de Sudamérica con muestras, almanaques[11] y catálogos de los laboratorios Cunningham, y en qué lo voy a hacer si no en barco, por fortuna los de la Trasatlántica Española son los más cómodos y seguros del mundo;

lo mismo opina el matrimonio que me toca a la mesa, unos noruegos muy agradables aunque no demasiado conversadores, ya que no sé francés y ellos hablan inglés británico y casi nada de español, sólo puedo mencionarles dos obras de Ibsen que he visto en Broadway, *Espectros y Casa de muñecas*, y preguntarles si su capital, Cristianía, es tan gélida como San Petersburgo, acerca de ella sé un poco, Dav, mi vecino en la Calle 55, es un exiliado enemigo del zar; [...]

por los nervios ceno mucho, no acepto jugar bridge con los noruegos, me acuesto, no logro dormir, el barco cruje, oscila, salta, me asomo por la claraboya[12], no veo nada, tinieblas profundas, peso oigo el chasquido[13] de las olas como un sollozo, qué extraño, qué ganas de hablar con alguien, no, no quiero vestirme para subir al salón en donde aún habrá gente;

tampoco puedo leer con este zangoloteo, ahora cuando ya se ha inventado casi todo ¿por qué no harán barcos insumergibles y estables?, ¿y si algo nos pasara?, con todo y telegrafía sin hilos, el descubrimiento genial de Marconi, ¿quién va a auxiliarnos en estas edades?, por fortuna en el Golfo de México no hay áisbergs, la corriente tropical los disuelve, no nos amenaza una tragedia como la del *Titanic*, eso nunca volverá a suceder;

qué cosas tiene el mar, está loco, nadie lo entiende, nos da una noche en el infierno y al amanecer como un plato, tranquilo, ni un rizo en la superficie, qué se hicieron las grandes olas nocturnas, y aunque el capitán echa las máquinas a todo vapor para seguir por este océano de aceite, vamos como si el *Churruca* fuera un barco de vela, qué extraño;

lo bueno es que ya vi a la españolita, los viejos deben de ser sus padres, bellísima, cómo acercarme a ella, mejor esperar a que se rompa el hielo y brote la falsa camaradería de todo viaje, porque al desembarcar, plaf, se acabó, las cosas vuelven a ser como antes, haz de cuenta que nunca nos hubiéramos visto, qué raro, o no tanto, porque nadie sabe si llegará a puerto con vida, y entonces fingimos, nada me preocupa, me siento como en un paseo a orillas del río;

por suerte el hombre que está con ellos es el encargado del Casino Español en México, me acerco, qué gusto de verlo, encantado, señor, beso su mano, señora, a sus pies, señorita, y a las pocas horas ya estamos en las sillas de extensión conversando, eso sí, con los padres al lado, qué encanto de niña, tuve la precaución de quitarme la alianza matrimonial[14] que cargo en el dedo como la argolla de un buey, si Cathy me viera cuando no estoy con ella, bueno, supondrá que en los viajes me doy mis escapadas[15], los yanquis hacen lo mismo, aunque tengan cuatro hijos como yo y uno más en camino, [...]

qué delicia Isabel, nació en Túnez, qué extraño, la creí madrileña o andaluza, no, es catalana como sus padres, el mar reverberante, hace calor a pesar de la brisa, me sonríe, no estoy bien vestido, pasan hombres de cuello duro, bombines, cachuchas, pecheras albeantes, la orquesta inicia *Maple Leaf Rag*, cómo suena el catalán le pregunto, Isabel es la perfección, la juventud y toda la belleza del mundo, fragancia de agua de colonia, el viento empuja el cabello hasta su beca, me enseña algunas palabras, *oratge* tempestad, *comnat* despedida, *mati* mañana, *nit* noche, ¿cómo se dice en catalán hay baile esta noche?;

me desespera cenar con los noruegos, Isabel y yo nos miramos de lejos, hasta que al fin? la tengo en mis brazos, los padres solo nos dejan bailar valses no tango, me alegra porque no sé los pasos, mil gracias, hasta mañana, Isabel;

segunda noche, *nit*, de no dormir, pienso en ella, Isabel estará pensando en el novio que dejó en Barcelona, idiotez sentir celos, cómo voy a exigir fidelidad a quien no tiene compromiso alguno conmigo, ni siquiera soñó en este encuentro, sería terrible enamorarme de ella, qué diablos, siempre me pasa lo mismo, en vez de gozar del presente ya me entristece la futura nostalgia por el ahora que no volverá; [...]

y estoy cerca de ti, Isabel, tienes dieciocho años, en cambio estoy perdiendo el cabello, empiezan a salirme las canas, siento que me ha pasado todo, tú apenas abres los ojos, tu vida está por delante, quisiera tomarle la mano, abrazarla, besarla, no sé, le digo mira y sonríe, arrojan el pan que sobró de ayer, las gaviotas[16] se precipitan a devorarlo, luchan por mendrugos mojados en agua de mar, ¿siempre van tras el barco?, sí cuando hay tierra cerca y también tiburones lo siguen, pero si no arrojan carne, cuando matan un animal echan los desperdicios al agua, traen bueyes, cerdos, carneros, gallinas, ¿ah, sí?, no sabía, los traen vivos, los matan allá abajo, ¿de dónde crees que provienen nuestras comidas?;

¿te gustaría ver la sala de máquinas?, es prodigioso el mecanismo del barco, los trasatlánticos son maravillas de la ciencia aplicada, ni dirigibles[17] ni aeroplanos podrán sustituirlos jamás, te impresionó mucho lo del *Titanic* ¿no es cierto?, fue una desgracia aislada, no habrá otro accidente como ése;

nunca voy a olvidar este día como Fausto decirle al instante, detente, detente, no quiero volver a la Calle 55, el *subway*, los domingos en Brooklyn, los juegos de los niños en Park Slope, los pleitos con los primos, el *stew*, el pay de manzana, la ferroquina, el tricófero, el talco, el jabón de olor, las pastillas para la tos, las píldoras digestivas, las tinturas de pelo, la loción revitalizadora, los almanaques rosados de Cunningham que contienen el santoral de todo el año, anuncian las fases de la luna y los eclipses, los mejores días para sembrar, pescar y cortarse el cabello y las uñas, no quiero saber más de las cuentas, los cobros, las comisiones, las muestras, los fletes, los viáticos, el papeleo, las rencillas[18] dentro de la compañía, las ganancias y pérdidas, el desprecio afectuoso de Mr. Cunningham para quien le da a ganar millones de dólares al año y le ha abierto los mercados de todo el continente a cambio de un sueldo miserable y unas comisiones ridículas, no quiero volver a todo eso, quiero pasar la eternidad contigo, Isabel, la eternidad contigo ¿me escuchas?;

qué pronto, qué pronto ha llegado la noche, la última noche en el barco, antes de que oscurézca le señalo una cumbre nevada, mira, es el Cidaltépet el Pico de Orizaba, la montaña más alta de México, llegaremos a Veracruz en el alba; [...]

la gente abandona el salón, sus padres la llaman, Isabel, no te vayas, quieren estar frescos para el desembarco, oficial, ¿a qué hora fondeamos[19]?, a la seis si Dios quiere, señor, don Baltasar me tiende la mano, fue un placer conocerlo, don Luis, el gusto fue mío, señora, si van a Nueva York allí estoy siempre a sus órdenes, de otra manera haré con el mayor placer cuanto pueda ofrecérseles, ya le di a don Sebastián mi tarjeta, no, no, Isabel, ahora no, nos diremos adiós mañana en el muelle, nunca más, Isabel, nunca nunca, ¿se humedecieron sus ojos?, ¿fue una alucinación?, ahora siento la sal de mis lágrimas, qué vergüenza, he llorado, me han visto;

no dormiré, beberé, camarero, otra igual, que esto pase a mi edad es el colmo, ¿cuánto whisky, cuánto vino he bebido?, hace calor, tengo sueño, frescura de la brisa en cubierta, ya se ven las luces de Veracruz, aún no, sólo el faro, los faros, las islas, la delicia de hundirse en las mantas, ven conmigo, Isabel, no te vayas, me adormezco, me duermo, estoy dormido, sueño algo imposible de recordar, ya no sueño, despierto, alguien toca;

¿quién llama?, Isabel, no es posible, ¿por qué viene sola Isabel, por qué la dejan venir sola a verme?, abro, oigo gritos, carreras, lamentos, me pregunto, le pregunto ¿qué pasa?, no sabes, es horrible, no sabes, ¿qué pasa?, y ahora ella me interroga, me dice ¿cuándo salimos de La Habana?, el 20 de mayo de 1912, respondo, ¿qué día es hoy?, 23, 24, qué importa;

no no no, me contesta llorando, es el 23 de noviembre de 2012, algo pasó, nos tardamos en llegar todo un siglo, no puedes imaginarte lo que ha ocurrido en el mundo, no lo podrás creer nunca, mira, asómate, dime si reconoces algo, hasta la gente es por completo distinta, no nos permiten desembarcar, están enloquecidos, dicen que es un barco fantasma, el *Churruca* de la Compañía Trasatlántica Española se perdió en el mar al salir de La Habana en 1912, tú y yo y todos los que viajamos en él sabemos que no se hundió, para nosotros sólo han pasados tres días, estamos vivos, tenemos la edad que teníamos hace cien años al zarpar de La Habana, pero cuando bajemos a tierra ¿qué ocurrirá?, Dios mío, ¿cómo pudo pasarnos lo que nos pasó, cómo vamos a vivir en un mundo que ya es otro mundo?

---

[1]**la Ferroquina...** una empresa farmacéutica [2]**me había...** *had just placed a large order* [3]**boticas** farmacias [4]**los ingenios...** productores de azúcar [5]**a degollarlos, a destriparlos** *to cut off their heads, to disembowel them* [6]**someterlos** controlarlos [7]**fallara** fracasara [8]**un camarote** cuarto de un barco [9]**vapores** *steamships* [10]**cubierta** *deck of a ship* [11]**almanaques** almanacs [12]**claraboya** ventana pequeña y redonda de un barco [13]**el chasquido** *creaking* [14]**la alianza...** *wedding ring* [15]**me doy...** *I have my flings* [16]**gaviotas** *seagulls* [17]**dirigibles** *airships; blimps* [18]**las cuentas...** *the bills, the charges, the commissions, the receipts, the freightage, the returns, the paperwork, the disputes* [19]**fondeamos** bajamos la ancla

Después de leer

 3-13 Identificar palabras por el contexto Con la ayuda de un(a) compañero(a), vuelve a buscar las frases con las palabras desconocidas. ¿Has podido definirlas con la ayuda del contexto —su posición en la narración con referencia a momentos y lugares específicos? ¿Hay otras palabras en la lectura que pudiste identificar mediante la misma estrategia?

 3-14 Comprensión y expansión En parejas o en grupos de tres, contesten las siguientes preguntas.

1. ¿Qué hacía el narrador cuando se enteró de la sublevación? ¿Cómo se reaccionó al evento?
2. Al narrador, ¿qué le preocupaba más que las sublevaciones?
3. ¿Hay evidencia de que el barco y sus pasajeros pasen algún riesgo durante el viaje? ¿Por qué se incluyen estos detalles?
4. ¿A quién conoció el narrador durante el viaje? ¿Por qué decidió el narrador quitarse el anillo?
5. ¿Qué diferencias se notan entre el narrador y su nueva compañera?
6. ¿Cómo describe el narrador las condiciones de su vida en Nueva York?
7. ¿Qué cambios se notan en el narrador durante la última noche en el barco?
8. ¿Qué pasó al final del cuento? ¿En qué sentido es un ejemplo de la justicia poética?
9. ¿Has leído otro cuento parecido a éste? ¿Por qué será tan popular el tema de un viaje?

ANSWERS 3-14 1. El narrador acababa de vender el producto de su empresa al senador cuando ellos se enteraron de la sublevación. Por causa de este evento, el narrador decidió salir antes de lo que había pensado de Cuba. 2. Al narrador los naufragios le preocupaban más que las sublevaciones. 3. Durante el viaje el barco sufrió algunos sacudones por estar turbulento el mar. La turbulencia del viaje explica cómo el barco se pudo haber hundido. 4. El narrador conoció a una mujer española joven. El narrador decidió quitarse su anillo de matrimonio con la esperanza de tener una relación íntima con la chica. 5. La mujer es mucho más joven que el narrador y tiene toda su vida por delante. 6. El narrador no quiere volver a su vida en Nueva York, la cual se describe como una lista de elementos relacionados con su trabajo. 7. Durante la última noche, el narrador experimenta cierta confusión, la cual él atribuye a los efectos del alcohol. 8. Al final del cuento los pasajeros se dan cuenta que tardaron 80 años en llegar a Veracruz. La posibilidad de haber sufrido un naufragio y de haber pasado 80 años fuera del tiempo es el castigo que sufre el narrador por haber ignorado movimientos sociales importantes tanto en Cuba como en su propio país (La Revolución Mexicana). 9. Answers will vary. Students may cite "Rip Van Winkle" or "The Time Machine."

Introducción al análisis literario | Establecer temas

Themes **(los temas)** are the central ideas communicated by the text. Though some themes may be explicit **(explícito)**, it is more common for the author to engage the reader in a contemplation of how several elements of the story—setting, plot, characterization, reaction of the characters to developments in the plot, and the tone—work together in order to build a theme or themes. Themes that are constructed in this fashion are implicit **(implícito)** and require more active participation of the reader. For example, to arrive at one of the central themes of **"Cuando salí de la Habana, válgame Dios,"** consider the following elements:

Setting: A racial conflict in Cuba in 1912
Plot: The events describing a businessman's return home on a ship

Characterization of the protagonist: A member of the upper middle class; a native of Mexico currently residing in the U.S.; a man who pursues leisure and travel and is frequently unfaithful to his wife; a man who aligns himself with the rich and the powerful

Reaction of the protagonist to the events of the story: The protagonist is inconvenienced by the uprising in Cuba and eager to see it suppressed; on board he is made uncomfortable by turbulent seas; during the voyage he is intent on pursuing a young Spanish woman

Tone: The tone of the story is ironic, especially when one compares the discomfort of the protagonist on the ship with the brutal suffering of those on the island of Cuba

Given these interpretations, how might you combine them to form a theme or themes of the story? How does the fantastic ending of the story reinforce or expand upon the theme or themes of the story that you have identified?

Vocabulario en contexto

TEACHING TIP Use the realia to help students use familiar vocabulary and begin to practice the new material. Have them describe the photos and items presented and ask about students' experiences with travel, in the U.S. and in other countries. Have students compare the images and information about Mexico City with your city or town or other areas that they know.

Viajar en el extranjero

¡Bienvenidos a la Universidad Nacional Autónoma de México!
Información sobre las opciones de transporte y de excursiones durante tu estancia en México, D.F.

*L*a Ciudad de México cuenta con un sistema de metro muy eficiente, limpio y moderno. Las **tarifas** son bajas y se puede **transbordar** de una **línea** a otra sin tener que pagar un costo extra. Los boletos se venden exclusivamente en **taquillas** que hay en todas las estaciones.

Los primeros dos **vagones** de cada tren del metro están reservados para las mujeres y niños para que vayan más cómodos durante las horas de más tráfico.

*L*os **camiones** cubren la mayor parte de la ciudad. Las **paradas** de los camiones están señaladas con un gran letrero con un camión dibujado y el letrero enfrente del camión indica el **destino** final. Hay también **líneas camioneras** para hacer viajes fuera de la ciudad. Una excursión popular para los estudiantes es ir a Acapulco un fin de semana. Un boleto en autobús de primera clase, **viaje redondo** México-Acapulco-México, cuesta alrededor de $N500.00 (nuevos pesos).

RECYCLING Use transparencies F-1, F-2, and F-4 to review places in a city or town and forms of transportation. Have students identify familiar vocabulary and answer questions about their preferences for transportation in various situations. Use F-6, a map of part of Mexico City, to present information about this important capital.

*L*os taxis son otra opción de transporte. Dentro de la ciudad los precios de **pasaje** son más estables y no es necesario **regatear** el precio con el **chofer** antes de **abordar** el taxi. Fuera de D.F. las tarifas pueden variar considerablemente y por eso es recomendable regatear el precio antes de abordar.

*E*n las agencias de viajes de la ciudad puedes buscar **folletos** sobre los muchos **recorridos turísticos** del país. Durante tu estancia es importante ver los **monumentos** y las **ruinas** más famosos de México. A veces las agencias ofrecen **descuentos** de 20% para estudiantes.

iLrn ¡OJO! Don't forget to consult the **Índice de palabras conocidas**, p. A4, to review vocabulary related to traveling.

El carro / taxi

la licencia de manejo	*driver's license*
pedir/dar un aventón	*to hitchhike / to give a ride*
rentar un carro	*to rent a car*

En tren/metro/autobús (camión)

el andén	*platform*
el cambio	*loose change*
la ficha	*token*
la terminal	*terminal*
perder el tren/autobús/vuelo	*to miss the train/bus/flight*

Hacer un tour

el crucero	*cruise*
el hostal	*hostel*
los impuestos	*taxes*
el itinerario	*itinerary*
la línea camionera/aérea	*bus/airline*
la lista de espera	*waiting list*
la plaza / el puesto	*space (e.g., on a bus)*
el retraso	*delay*
la sección de no fumadores	*nonsmoking section*
la tarjeta de embarque	*boarding pass*
alojarse	*to stay (e.g., lodge)*
garantizar / la garantía	*to guarantee / guarantee*
reservar con anticipación	*to reserve in advance*
disponible / la disponibilidad	*available / availability*

> Other words and phrases related to traveling and getting around are cognates with English words: **el ferry, la excursión, el paquete** *(tour package),* **la ruta** *(route),* **la zona** *(zone).*

Sitios de interés

la catedral	*cathedral*
la pirámide	*pyramid*

Para enriquecer la comunicación: Para comentar e informarse de los precios

Perdone, ¿**cuánto vale** ir de aquí al centro?	*Pardon me, **how much does it cost** to go from here to downtown?*
¿**En cuánto me sale** el paquete en total?	***How much is the whole package** going to cost me?*
No está **nada mal** el precio.	*That price isn't **bad at all**.*
Me parece **algo caro / carísimo**.	*That seems **somewhat expensive / very expensive**.*

> **¿Nos entendemos?** In addition to the word **autobús,** throughout the Spanish speaking world there are a variety of other words used to denote a *bus:* **el camión** (Mexico), **la guagua** (Caribbean and Canary Islands), **el carro** (Ecuador), **el colectivo** (Argentina). There is a similar amount of variation with respect to the terms used to denote hitchhiking. In addition to **viajar de aventón,** there is **ofrecer / coger pon** (Puerto Rico), **hacer dedo** (Argentina), **pedir/hacer autostop** (España).

Práctica y expresión

CD1-12

3-15 Estudiantours En la Radio UNAM escuchas el siguiente anuncio comercial sobre ofertas de viajes para estudiantes. Escucha el anuncio para ver si te interesa la última oferta. Contesta las preguntas que siguen.

1. ¿Cuáles de los siguientes sitios están incluidos en el paquete turístico?
   a. La pirámide de Kukulcán
   b. Palenque
   c. La Ciudad de México
   d. San Cristóbal de las Casas
   e. Las ruinas de Chinkultic

2. ¿Qué es el Templo de las Inscripciones?

3. ¿Qué no incluye el paquete turístico?
   a. cenas
   b. recorridos turísticos con guía
   c. propinas
   d. entradas a los sitios arqueológicos
   e. viaje redondo en avión desde la Ciudad de México

4. ¿Cuánto cuesta el paquete por persona?

5. ¿Cuáles son tres detalles de la segunda oferta?

6. ¿A qué número puedes llamar para reservar?

3-16 ¡Dame un aventón! Indica cuáles de los siguientes modos de transporte existen en tu ciudad o estado y da tu opinión sobre cada uno. ¿Piensas que es barato, costoso, (in)cómodo, (in)eficiente, peligroso, (im)práctico? ¿Por qué?

1. tren
2. metro
3. taxi
4. viajar por aventón
5. ferry
6. autobús

3-17 ¿Te ha pasado alguna vez? Entrevista a tu compañero(a) para ver si le han pasado algunas de las siguientes situaciones al viajar. Pregúntale qué hizo en cada situación. Toma apuntes para luego poder reportar a la clase sobre una de las situaciones.

1. Viajar por aventón
2. Perder un vuelo importante
3. Abordar un autobús sin tener el cambio
4. Abordar un autobús/metro/tren sin saber la parada que quería
5. Alojarse en un hotel/hostal sucio y espantoso
6. Bajarse del tren/autobús en el destino equivocado

ANSWERS 3-15 1. b, d, e
2. Son ruinas de Palenque cuyo nombre se debe a las inscripciones jeroglíficas en su entrada. 3. a, c
4. 4.300 pesos, con un descuento de estudiante de 15% sería 3.655 pesos
5. *Accept any three of the following:* renta de un auto, por un fin de semana (3 días), el auto es un Ford Focus, se renta en 700, el conductor tiene que tener un mínimo de 22 años, se necesitan licencia de manejo y tarjeta de crédito vigentes para reservar 6. Al 5-518-5032

EXPANSION 3-15 Have students work in groups to plan a trip to Mexico, using information from the selection and from the Internet or other sources. Groups use Presentational Communication to prepare brochures and/or share information orally.

ALTERNATIVE 3-16 Turn this into a writing activity by having students prepare a brochure for Spanish-speaking students about the types of transportation available to and from your campus. Have them include all the pertinent information including costs, schedules, whether there is a student discount, etc.

TEACHING TIP 3-17 Remind students that they will need to form questions with the phrases below. Preview a question on the board with them by writing **¿Alguna vez viajaste por aventón?**

TEACHING TIP 3-17 Conclude with a prediction activity. Have students predict the number of class members who have hitchhiked, then poll the class to find the answer. Have students comment on the prediction and perhaps discuss their experiences. Continue with the remaining questions, beginning with a prediction in each case.

TEACHING TIP 3-18 Remind students to ask questions pertinent to their roles. The client asks about the types of trips available and the prices, etc., and the agent gives this information and asks for the traveler's personal information to make a reservation. Encourage students to use all appropriate conversational courtesies of the telephone call, and to incorporate as much vocabulary as possible.

TEACHING TIP 3-18 If any students have visited Cancún or another part of Mexico, have them bring to class souvenirs from their trip. They may use Presentational Communication to show items to the class and explain how they acquired them.

3-18 Aventuras en Cancún Estás estudiando en la Universidad Autónoma de Yucatán y llamas a una agencia de viajes para ver lo que pueden hacer tú y tus amigos en Cancún este fin de semana. Usa el siguiente folleto y toma turnos con un(a) compañero(a) haciendo los papeles de agente de viajes y cliente para decidir qué recorrido van a hacer.

Cancún: Recorridos turísticos

Recorrido	Descripción	Tarifa
ISLA MUJERES	Famosa por sus impresionantes escenarios naturales y sus hermosas vistas del Mar Caribe y por tener el acantilado más elevado sobre el nivel del mar en toda la Península de Yucatán. Incluye: Atención personalizada, guía bilingüe, transportación redonda en el Trimarán, equipo de snorkel, tubo de snorkel sin costo, barra libre en la embarcación (refrescos, cerveza, agua). Salidas todos los días a las 7:30 y a las 9:30 de la mañana.	$N471,00
COZUMEL	Isla de playas de blanca arena y mar color turquesa de gran belleza. Incluye: Autobús de lujo o van, con A/A y T.V., transportación redonda, atención personalizada, guía bilingüe, ferry, barra libre en la embarcación (refrescos, cerveza, agua) y comida. Salidas todos los días a las 7:30 de la mañana.	$N728,00
TULÚM / XEL-HA	Tulúm es una bella zona arqueológica y en Xel-Ha se puede explorar las transparentes aguas azules del acuario natural más grande del mundo. Incluye: Autobús de lujo, transportación redonda, atención personalizada, entradas a Tulúm, guía bilingüe, buffet y bebidas. Salidas todos los días a las 8:30 de la mañana.	$N897,00
CHICHÉN ITZÁ	Llamada "La ciudad de los brujos", es la zona arqueológica más importante de la cultura maya. Incluye: Autobús de lujo, transportación redonda, atención personalizada, entradas a la zona arqueológica, guía bilingüe, buffet, Show de Luz y Sonido. Salidas jueves, viernes y sábados a las 7:30 de la mañana.	$N600,00

TEACHING TIP 3-19 Have students brainstorm at home ideas that they might use for this activity. Ask them to imagine the potential problems a student from the U.S. might have upon encountering a new transportation system in an unfamiliar place. If students have personal stories of transportation challenges in unfamiliar places, have them share the stories and incorporate them into the narrative.

ALTERNATIVE 3-19 Do this as a class activity. Bring in a small ball or bean bag and begin the story for the class. Have students sit in a big circle and then toss the ball/bag to a student, who will then have to provide the next sentence of the story. That student then selects the next student by throwing him/her the ball/bag. Continue until the story has been completed.

ALTERNATIVE 3-19 This is an excellent activity to do via computer chat. Put groups of 3–5 students into the same chat room and require that each contribute a sentence via text chat. Afterwards, download the transcripts and have each student write up and edit the story.

3-19 La historia en rueda Con un grupo de compañeros(as) inventen una historia sobre un estudiante estadounidense de intercambio en la Ciudad de México y las aventuras que tuvo al usar diferentes modos de transporte en México. Un estudiante comienza la historia con una oración y luego el (la) siguiente sigue con otra oración que siga lógicamente de la primera. Así en rueda van a construir la historia.

Espejos

Explorando el mundo precolombino

La ciudad de Teotihuacán

La impresionante ciudad de Teotihuacán, o Ciudad de los dioses en nahuatl, fue el centro más importante de Mesoamérica y la ciudad más grande de las Américas. Tenía unas 600 pirámides y más de 200.000 residentes, siendo su población más grande que la de Roma en la misma época *(around the same time)*.

Las dos pirámides principales son la pirámide del sol y la pirámide de la luna, donde se realizaban sacrificios humanos cuando ocurrían eclipses y otros eventos astronómicos. Muchas pirámides estaban alineadas con las estrellas y el sistema solar, lo que demuestra un conocimiento muy avanzado de matemáticas, geografía y astronomía. Es fascinante notar que todas estas pirámides fueron construidas sin herramientas *(tools)* de metal, animales de carga ni rueda *(wheel)*.

La construcción de la ciudad comenzó en el año 100 A.C. y fue abandonada en el 650 D.C. por razones que aún se desconocen, pero Teotihuacán, en su apogeo *(height)*, fue sin duda un lugar de mucha energía, un centro religioso, cultural, comercial y educativo de mucha importancia en el mundo indígena precolombino.

Las dos culturas

1. ¿Qué ciudad que conoces bien tiene aproximadamente 200.000 habitantes? ¿Cómo se compara con Teotihuacán en cuanto a la complejidad de su organización?
2. ¿Qué imperio dominaba en Europa en esos siglos *(centuries)*?
3. ¿Cuántos siglos después aparecerían *(would appear)* los Estados Unidos en el mapa?
4. ¿Hay monumentos indígenas en los Estados Unidos?
5. ¿Qué monumentos históricos son importantes en los Estados Unidos?
6. ¿Has visitado alguno de estos lugares arqueológicos en México? ¿Y en otros países?

JUMP START! Ask students if they are familiar with pre-Colombian cultures in what is now Mexico. Have them share any information that they know. Correct any erroneous beliefs or confusions such as the location of Aztec, Maya, and Inca civilizations.

HERITAGE LEARNERS If any students trace their ancestry to ancient civilizations, you may invite them to share information about their heritage with the class.

TEACHING TIP Have students answer the questions for homework. Point out that they must look for answers to any questions that they do not already know. In class have them work in groups to discuss their answers. Ask if any students have visited Teotihuacán or other sites of indigenous populations or if they have learned about them in other classes.

ANSWERS 1. Ciudades como Lincoln, NE; Orlando, FL; Tacoma, WA 2. El imperio romano duró desde el 200 A.C. hasta el 300 D.C. aproximadamente. 3. Después de la caída de Teotihuacán, siete siglos. 4. Hay muchos *mounds* indígenas (algunos en Missouri, Indiana, Ohio...). 5. Independence Hall, Liberty Bell...). 6. *Answers will very*.

Estructuras

Palabras negativas e indefinidas; Formas comparativas y superlativas

Palabras negativas e indefinidas

The following negative and indefinite words may be used in expressing preferences relating to travel:

Negative		Positive/Indefinite	
no	*no*	sí	*yes*
nada	*nothing*	algo	*something*
nadie	*no one*	alguien	*someone*
ningún,	*none,*	algún,	*some,*
ninguno(a, os, as)	*no one*	alguno(a, os, as)	*someone*
de ningún modo	*by no means*	de algún modo	*somehow*
de ninguna manera	*no way*	de alguna manera	*some way*
nunca, jamás	*never*	alguna vez	*sometime, ever*
		siempre	*always*
(ni)... ni	*(neither) . . . nor*	(o)... o	*(either) . . . or*
tampoco	*neither, not either*	también	*also*

Other negative expressions

ni siquiera	*not even*	todavía no	*not yet*
ni yo tampoco	*nor I, neither do I*	ya no	*no longer*

Use of negative expressions

- Negate a sentence by placing **no** before the verb or its preceding object pronouns.

  —¿Quieres subir las pirámides?

  —No, **no** quiero subirlas.

- Other negative words can be placed either before the verb or after it when **no** or another negative word precedes the verb.

  No he estado en ninguna lista de espera para viajar.

  Nunca he estado en **ninguna** lista de espera para viajar.

- In Spanish, multiple negative words are common.

  El chofer **no** ha llevado a los turistas a **ninguna** parte **tampoco.**

- When **nadie** and **ninguno** (in reference to a person) are used as direct objects they must be preceded by the preposition **a.**

  —¿Conoces a alguno de los turistas en el hostal?

  —**No, no** conozco a **ninguno.** No conozco a **nadie** en el hostal.

- **Ninguno(a)** is generally used in the singular except when the noun it modifies only exists in the plural.

  —¿Quieres unos folletos turísticos?

  —No, **no** quiero **ninguno.**

RECYCLING Use transparency A-6 to compare the sizes of various cities in Mexico. Use H-5 to help students compare and contrast the sizes of various Latin American countries.

iLrn ¡**OJO!** Before beginning this section, review the following themes on pp. B10–B11 of the **Índice de gramática:** Negation, Superlative adjectives, Possessive adjectives and pronouns.

HERITAGE LEARNERS Heritage learners may have difficulty with the spelling of words such as **nadie, alguien,** and **siquiera.**

- **Nunca** and **jamás** both mean *never*. **Alguna vez** is used to mean *ever* in a question.

  —¿Has estado en el D.F. **alguna vez?**
  —**No, nunca.**

- **Algo** and **nada** may also be used as adverbs.

  El viaje fue **algo** aburrido. **No** fue **nada** interesante.

Expresiones comparativas y superlativas

In the context of studying or traveling abroad, the following comparative and superlative forms may be used.

Comparisons of inequality

- Use **más** *(more)* or **menos** *(less)* before an adjective, an adverb, or a noun, and **que** *(than)* after it.

más		adjective (cómodo)	
	+	adverb (puntualmente)	+ que
menos		noun (metros)	

> When the regular comparative forms of **más bueno(a, os, as)** and **más malo(a, os, as)** are used, they refer to moral qualities: **Para muchos, Cortés era un hombre más malo que Moctezuma.**

¿Viajar en microbús? Es **más cómodo que** viajar en camión.
En general, el tren llega **más puntualmente que** el ferry.
En el D.F. hay **más taxis que** camiones.

- Use **más que** or **menos que** after a verb form.

  Los taxistas **trabajan más que** los camioneros.

- Irregular comparatives

mejor(es)	*better*	peor(es)	*worse*
menor(es)	*younger*	mayor(es)	*older*

HERITAGE LEARNERS Some heritage learners may be accustomed to using **más viejo** for **mayor**, **más joven** for **menor**, and even **más bueno** and **más malo** for **mejor** and **peor**, respectively. Point out that the forms presented here have more widespread acceptance, particularly in formal usage.

Los precios son **mejores** si tu estancia incluye un fin de semana.
Es **peor** perder el vuelo que llegar con dos horas de anticipación.

Comparisons of equality

- Use **tan** *(as)* before an adjective or an adverb and **como** *(as)* after it.

> **Tan** can also be used by itself to show a great degree of a given quality; for example: **¡Qué viaje tan perfecto!**

		adjective (interesante)		
tan	+		+	como
		adverb (frecuentemente)		

Ella va al zoológico **tan frecuentemente** como su amiga.

> Note that one can make comparisons with verbs. For example: **Vas de vacaciones tanto como yo.**

- Use **tanto/tanta** *(as much)* or **tantos/tantas** *(as many)* before a noun, and **como** *(as)* after it.

> **Tanto(s)/Tanta(s)** can also be used on their own to show a great amount of something. For example: **¡Hace tanto calor!** *(It's so hot!)*

tanto (color)		
tanta (gente)		
	+	como
tantos (museos)		
tantas (ruinas)		

> One can change a comparison of equality to one of inequality by using the word **no** before a verb. For example: **No hay tantos monumentos en Jalapa como en el D.F.**

¿Hay **tantas ruinas** impresionantes en Palenque como en Chichén Itzá?
No, **no hay tantas ruinas** impresionantes en Palenque porque muchas no han sido excavadas todavía.

Superlative forms

Whereas comparative statements compare two people or things in regard to a particular quality, superlative statements express the highest or lowest degree of a particular quality and always in relation to a group of people or things. In Spanish, superlative statements include a form of the definite article (**el, la, los, las**) and use the preposition **de** to specify the group to which the statement refers. Consider the following formula for superlative constructions:

definite article + noun + **más/menos** + adjective + **de**
Es   el   templo   más   alto   **de** todos.

To indicate the highest degree of a quality, Spanish speakers will either use an adverb, such as **muy** or **sumamente,** before the adjective or add the suffix **-ísimo** (**-a, -os, -as**) to the adjective itself. If the adjective ends in **-o** or **-a**, these letters are dropped before the suffix is added.

El viaje a Chichén Itzá es **sumamente divertido.**

or

El viaje a Chichén Itzá es **divertidísimo.**

Like the comparative forms, superlative constructions have the same irregular forms:

el (la, los, las) mejor(es)   **el (la, los, las) peor(es)**
el (la, los, las) menor(es)   **el (la, los, las) mayor(es)**

Es **el mejor** ejemplo de arquitectura maya de la región.

> ## Un paso más allá: Formas comparativas con ciertas preposiciones

Some pseudo-comparative statements made with the prepositions **entre** *(between),* **como** *(like),* **excepto** *(except),* and **menos** *(less)* require the use of subject pronouns after these words. Consider the following examples:

Entre tú y yo, prefiero viajar solo.

Y **como tú,** me gustan más las plazas que los museos.

Todos compraron algo, **excepto nosotros.**

Todos, **menos ella,** saben el itinerario.

Similarly, Spanish speakers say **igual que tú** *(the same as you)* with the subject pronoun **tú.** Whenever a pronoun follows the comparative word **que,** the subject pronoun is used.

Ella visita el museo de arte moderno más que **yo.**

In comparative statements referring to numerical quantities, Spanish speakers use **más de** instead of **más que.** For example:

Hay **más de** 500 ruinas en Palenque.

When making a comparative statement referring to an idea or abstract concept, **de lo que** is used.

El folleto de turismo tiene más detalles **de lo que** yo esperaba.

Práctica y expresión

TEACHING TIP 3-20 Have students produce more than one sentence from the categories given. Have them explain and justify their responses.

3-20 Preferencias ¿Qué medios de transporte prefieres? ¿Por qué? Da tu opinión formando una oración comparativa usando los siguientes criterios: eficiencia, peligro, rapidez, lentitud, comodidad, preocupación, diversión, problemas, ejercicio.

Ejemplo patineta / patines
La patineta *(skateboard)* es más peligrosa que los patines *(skates)*.

1. avión / crucero
2. metro / taxi
3. coche / autobús
4. andar a pie / andar en bicicleta

TEACHING TIP 3-21 Have students complete the activity for homework and have them find additional information about Mexico to present in a similar fashion. They may use the same vocabulary, **El pueblo de Taxco es lindísimo,** or different vocabulary, **La pirámide del sol es altísima.**

3-21 Impresiones de México ¿Qué cosas le impresionan de México a este estudiante? Lee los comentarios y escribe el superlativo absoluto.

Ejemplo El nombre de la ciudad "San Cristóbal de Las Casas" es largo, ¿no?
¡Es larguísimo!

1. Las ciudades mexicanas Tlalnepantla y Coatzacoalcos son difíciles de pronunciar, ¿no?
2. El volcán Popocatépetl es muy grande, ¿no?
3. La gente en México es muy simpática.
4. ¡Las playas de la costa del Pacífico son muy lindas!
5. Las pirámides son muy antiguas.

ANSWERS 3-21 1. Son dificilísimas de pronunciar. 2. Es grandísimo. 3. Es simpatiquísima. 4. Son lindísimas. 5. Son antiquísimas.

TEACHING TIP 3-22 Students may use Presentational Communication to present information about these countries and others. Require that they include comparisons and contrasts in their presentations.

3-22 México, Guatemala y los EE.UU. Ya estás familiarizado con estos tres países. Trabaja con un(a) compañero(a) y compáralos, escribiendo comparaciones de igualdad y desigualdad.

Ejemplo a. Compara dos países: México es más pequeño que los EE.UU.
b. Compara tres países: Guatemala es el país más pequeño de los tres.
c. ¿Es "más o menos" de lo que pensabas?: Los EE.UU. es más grande de lo que pensaba.

País	República de Guatemala	Estados Unidos de América	Estados Unidos de México
Tamaño	108.890 km^2	9.629.091 km^2	1.972.550 km^2
Colores de la bandera	azul y blanco	rojo, blanco y azul	verde, blanco y rojo
Población amerindia	43%	1.5%	30%
Fertilidad	4.67 hijos por mujer	2.07 hijos por mujer	2.53 hijos por mujer
Independencia	1821	1776	1810
Estados	22 departamentos	50 estados	31 estados

3-23 Un(a) compañero(a) de viaje Tu compañero(a) de viaje es un poco negativo(a). Lee las siguientes oraciones y escribe las expresiones negativas de tu compañero(a).

> **Ejemplo**   De alguna manera voy a subir esa pirámide.
> **Yo no. ¡De ninguna manera!**

1. Alguna vez voy a ir a Acapulco.
2. Voy a comprar algunas cosas de recuerdo.
3. Voy a nadar o a caminar por la playa.
4. Voy a beber algo frío, como una horchata.
5. Tengo hambre, ¿y tú?
6. ¿Quieres comer algo?
7. ¿Ya comiste?
8. ¿Tienes alguna idea para divertirnos?
9. ¿Por qué eres tan negativo(a) siempre?
10. ¿Te quiere alguien?

3-24 ¿Qué piensas tú? Lee las siguientes oraciones y compara tu opinión con la de tu compañero(a). ¿Están de acuerdo o no? ¿Por qué?

1. El mejor coche del mundo es el Mercedes.
2. ¡Los cruceros son carísimos! No valen la pena *(they are not worth it)*.
3. El avión es el medio de transportación más peligroso de todos.
4. El coche es el medio de transportación menos eficiente de todos.
5. ¡Los taxis son peligrosísimos!

3-25 México Pongan a prueba su conocimiento de México. En grupos de tres, decidan quién es más convincente y parece saber más.

> **Ejemplo**   ¿Quién es más inteligente, el presidente de los EE.UU. o el presidente de México?
> **El presidente de México es tan inteligente como el presidente de los EE.UU.**

1. ¿Qué país es más interesante, México o Nicaragua? ¿Por qué dices esto?
2. ¿Qué hoteles son más caros, los de los EE.UU. o los de México?
3. ¿Qué música es más conocida en el mundo, la música folklórica de los EE.UU. o la música mariachi de México?
4. ¿Qué país produce menos petróleo, los EE.UU. o México?
5. Sin mirar un mapa, ¿qué país crees que es más pequeño, Perú o México?
6. ¿Quién es mejor músico, Carlos Santana o Jerry García? ¿Por qué piensas eso?

Rumbo abierto

3

TEACHING TIP Remind students of the reading strategy used with the literary reading and encourage them to use context and their knowledge of the meaning of other words to make intelligent guesses about the meaning of unknown words.

> **Paso 1**   A continuación vas a leer una entrevista en la revista estudiantil *Nuestra Comunidad* que publica la Universidad Iberoamericana de México. En esta entrevista el estudiante mexicano Enrique A. Acuña Tam habla sobre su experiencia como estudiante de intercambio en una universidad francesa. Antes de leer el texto, entrevista a un(a) compañero(a) y pregúntale sobre su interés y experiencia en programas de intercambio educativo. Aquí tienes algunas preguntas que te pueden ayudar:

1. ¿Has estudiado en un país extranjero?

2. ¿Tienes interés en participar en un programa de intercambio estudiantil?

3. ¿Cuáles pueden ser algunos de los beneficios de los programas de intercambio?

> **Paso 2**   Ahora lee la entrevista que aparece en la siguiente página.

ANSWERS Paso 3: 1. Relaciones Internacionales 2. la necesidad de aprender otro idioma 3. Con FLAME se puede estudiar materias en francés para extranjeros. 4. Diplomado de Negocios en Europa 5. En la Ibero las calificaciones son sobre 10 y en Rouen sobre 20.

> **Paso 3**   Lee la entrevista y en parejas o grupos de tres contesta las siguientes preguntas.

1. ¿Qué estudia Enrique Acuña Tam?

2. ¿Qué lo motivó a estudiar en Francia?

3. ¿Cuál es una de las características del programa FLAME de la Universidad de Rouen?

4. ¿Qué estudió Enrique durante su primer trimestre?

5. ¿Qué diferencias hay entre la manera de calificar en la Ibero y en Rouen?

> **Paso 4**   ¿Qué opinas? Con un(a) compañero(a), contesta las siguientes preguntas.

1. ¿Cuáles son algunos de los beneficios de estudiar en el extranjero?

2. ¿Tiene sentido para un mexicano ir a Francia y tomar cursos en inglés? ¿o para un estadounidense ir a Francia para estudiar el español? ¿Por qué?

3. ¿Qué criterios utilizarías para seleccionar un programa de intercambio estudiantil? Piensa en tus metas académicas y tus planes profesionales.

Aprovechar oportunidades de intercambio: Entrevista con el alumno Enrique Acuña de Relaciones Internacionales, desde Rouen, Francia.

Enrique A. Acuña Tam, alumno de octavo semestre de Relaciones Internacionales, realiza actualmente estudios en la École Supérieure de Commerce (ESC) de Rouen, Francia, por medio de la Subdirección de Intercambio Estudiantil de la Universidad Iberoamericana. Cursó un trimestre de enero a marzo, y ahora, de septiembre a diciembre, estudia un segundo periodo. A continuación transcribimos una entrevista que Acuña Tam concedió —vía correo electrónico— a Nuestra Comunidad.

¿Por qué el interés de realizar un intercambio? ¿Qué repercusiones personales y/o profesionales encuentras?

La razón principal por la cual decidí irme de intercambio es porque sentía la necesidad de aprender otro idioma. Cada día nuestro mundo se vuelve más global y por lo tanto más pequeño, por esto se debe estar preparado para poder asimilar y comprender otras culturas, para poder aceptar otras formas de ser.

Las repercusiones profesionales son de gran trascendencia, ya que hoy en día las empresas multinacionales y transnacionales están buscando personas que se adapten fácilmente a otras formas de trabajo y que tengan "movilidad" en el mundo.

¿Por qué seleccionaste esa universidad?

Hubo tres razones principales por las cuales yo elegí esta escuela. En primer lugar, porque es la única en Francia donde hay posibilidades de estudiar materias en inglés, y también porque tiene un programa llamado FLAME con materias en francés para extranjeros. La segunda razón es porque en la ESC Rouen se puede obtener un *Graduate Certificate of European Business Studies* sin tener que haber terminado la licenciatura. Y en tercer lugar, porque la ESC Rouen es una "Grande École", que es un título que existe en Francia para las mejores escuelas.

¿Qué materias estás cursando?

El primer semestre cursé el Diplomado de Negocios en Europa. Esta vez estoy estudiando siete materias de FLAME, por ejemplo, Vinos en Francia o Negocios en Francia, y tres materias normales de la escuela, por ejemplo, Derecho Internacional o Socio-psicología.

¿Encuentras diferencias sustanciales en los métodos de enseñanza entre las dos universidades?

Los métodos de enseñanza son totalmente distintos. Aquí los períodos escolares son de tres meses y las clases tienen una duración de 20 horas al trimestre. La mayor parte del trabajo lo realizas por cuenta propia, ya sea investigando en la biblioteca o en Internet. También varía la forma de corregir: aquí la calificación es sobre 20 (no sobre 10), pero prácticamente nadie saca más de 15.

¿Cuáles han sido hasta ahora tus experiencias de cambio a otro país y a otra universidad?

Esta experiencia ha sido una oportunidad magnífica para conocer a personas de varios países del mundo, conocer sus culturas y comprender por qué somos tan distintos. También ha sido una experiencia increíble en mi vida profesional ya que gracias a la ESC Rouen conseguí un "stage", o trabajo de estudiante, de abril a agosto en Londres, en una empresa multinacional, lo cual me ha preparado mejor para el futuro.

¡A escribir!

ATAJO *Functions:* Writing a letter; Comparing and distinguishing; Saying how often you do something; Talking about daily routines

Vocabulary: Food, house, means of transportation, traveling

Grammar: Accents; Comparisons; Negation; Prepositions: **por** & **para**; Verbs: reflexive

El año que viene vas a estudiar en México en la Universidad de Guadalajara y vas a vivir con una familia mexicana. La universidad acaba de mandarte la siguiente carta de la madre de una posible familia anfitriona y te pidió que le escribieras una carta (o un mensaje por correo electrónico) para presentarte y para contarle a la familia un poco de ti.

> Paso 1

La carta personal se distingue de otros tipos de textos por ser más interactiva. Es en realidad un diálogo con personas ausentes. El lenguaje usado en ese diálogo va a depender de la persona a quien le escriba el (la) autor(a), la relación que tenga con esa persona y el propósito de la carta. Como cualquier otro tipo de escrito, la carta personal se define también por su estructura. Tiene una fecha, comienza con un saludo, expresa un propósito y termina con una despedida. Ahora te toca a ti contestarle a Elena.

> Guadalajara, Jalisco, el 15 de octubre de 2005
>
> Querido(a) estudiante:
>
> Deseo que esta carta te encuentre bien. Soy Elena, y a mi familia y a mí nos gustaría mucho ser anfitriones de un estudiante de intercambio de los Estados Unidos. Somos una familia de cinco: mi esposo, José, y nuestros tres hijos, Samuel, Amanda y Rafael, de 18, 12 y 10 años respectivamente, y yo. Vivimos en Guadalajara, no lejos de la universidad, y ya tenemos una recámara privada esperándote.
>
> Nos gustaría saber algo de ti y así podemos ayudarte a instalarte y acoplarte mejor a nuestra cultura. ¿Alguna vez has vivido en otro país? ¿Tienes algunas necesidades especiales? ¿Te gusta involucrarte en actividades? ¿Cómo es tu rutina diaria? ¿A qué hora acostumbras levantarte y dormirte? ¿Prefieres algunas comidas más que otras? ¿Piensas viajar mucho durante tu estancia? ¿Prefieres visitar algunos sitios más que otros?
>
> Tenemos muchas ganas de conocerte.
>
> Un fuerte abrazo,
> Elena Gómez de García y familia

> Paso 2

En esta carta quieres contestar las preguntas de Elena y quieres comunicarle quién eres para establecer una relación. A la vez vas a querer saber más de su familia, por lo cual le vas a hacer algunas preguntas también. Para organizarte, piensa en cada una de las siguientes categorías y escribe durante cinco minutos todo lo que se te ocurra en cada categoría.

Respuestas a sus preguntas   Otras cosas para describirte y tus preferencias   Cosas que quieres saber de la familia de Elena

Después de apuntar todas tus ideas, organízalas dentro de cada categoría. Trata de incluir todo el vocabulario del capítulo que puedas. También piensa si puedes usar algunos verbos reflexivos y/o frases comparativas, superlativas o negativas.

ESTRATEGIA DE ESCRITURA

Diccionarios bilingües tradicionales y electrónicos

The quality of your dictionary and how you use it will directly impact the quality of the translation you obtain. Many words and phrases are not easily translated, and often the definition of a word depends on the context in which it is used. Only high quality dictionaries will provide you with the quantity of words and information about those words that you will need to express yourself appropriately in Spanish. Ask your teacher to recommend a good dictionary and follow these tips for use:
1. Know what kind of word you are trying to translate. Are you looking for a noun or a verb? If you need to translate *play* you will find **jugar** as a verb (i.e., *to play*), but **obra de teatro** as a noun (i.e., *a live performance*). Remember that verbs like *pay-back* and *look-up* are considered one word in Spanish. Do not try to look up each separately! **2. Be careful with verb types.** Notations like *tr.* or *intr.* indicate whether the verb needs an object (*tr*ansitive) or whether it can be used without one (*intr*ansitive). Some verbs can be intransitive in English, but will require an object in Spanish.
3. Confirm the context. If your dictionary doesn't tell you how the word is used, look it up in a Spanish monolingual dictionary. Alternatively, you can search that Spanish word in quotations ("...") on the Internet to see how it is used in context. **4. Try synonyms.** If you can't find the word you are looking for, think about other ways in which that meaning is expressed in English and search for those words.

> Paso 3

Escribe la carta usando la siguiente estructura:

La fecha: Escríbela en la parte superior derecha de la carta, con el mes en letra minúscula.

El saludo: Se debe usar un saludo apropiado para el tipo de carta y la relación entre el (la) escritor(a) y el (la) destinatario(a). En este caso, "Querida Sra. Gómez de García", tal vez sea lo más apropiado. Nota que el saludo va seguido por dos puntos (:).

La salutación: Escríbela antes de comenzar el cuerpo de la carta. Para este tipo de carta es apropiado escribir: "Espero que se encuentre bien."

El cuerpo: Incluye tanto tus respuestas a las preguntas de Elena como tus propias preguntas para ella. Cada párrafo debe tratar sólo de una idea, así que usa párrafos distintos para contestar sus preguntas y para hacer las tuyas.

La despedida y tu firma: Algunas opciones son: Atentamente *(f)*, Saludos cordiales *(f, i)*, Cuídese *(i)*, Un abrazo *(i)*, Cariñosamente *(i)*, Un beso *(i)*. En este caso, todas menos la última es apropiada.

> Other more informal options for a salutation include: **Ojalá estés bien. ¿Qué tal tu vida?**

Trabaja con un(a) compañero(a) de clase para revisar tu primer borrador. Lee su carta y comparte con él/ella tus respuestas a las siguientes preguntas: ¿Tiene la carta todos los elementos necesarios (fecha, saludo, salutación, cuerpo, despedida y firma)? ¿Son apropiados el saludo y la despedida para dirigirse a la señora de una familia desconocida? ¿Por qué sí o no? ¿Incluye en el cuerpo respuestas a las preguntas de la señora Gómez de García? ¿Presenta suficiente información de sí mismo(a)? ¿Está bien organizada la carta? ¿Usa bien el vocabulario y gramática del capítulo?

> Paso 5

Considera los comentarios de tu compañero(a) y haz los cambios necesarios. También enfoca específicamente las palabras y estructuras que aprendiste en este capítulo. ¿Usaste bien el vocabulario? ¿Usaste bien los verbos reflexivos, palabras negativas, **por** y **para** y las estructuras comparativas y superlativas? Por último, haz una última revisión de la ortografía.

> Elena's greeting, **Querido(a)**, is used in personal, informal letters. For friends, family members, and younger people it can be used with a first name, e.g., **Querido Juan**, and have a more informal tone. The greeting becomes more formal when used with a title, such as **Querida señora Gómez de García**. Other options for greetings that range from the more formal *(f)* to the more informal *(i)* are: **Apreciado(a)** *(f)*, **Estimado(a)** *(f)*, **Mi querido(a)** *(i)*.

¡A ver!

> **Paso 1** Para muchos estudiantes de Latinoamérica la participación activa en la vida política del país es un fenómeno muy común. Con otro(a) estudiante describan las asociaciones estudiantiles de carácter político que hay en su universidad. ¿Participan en alguna de ellas? ¿Les interesan a ustedes los temas políticos? ¿Votan en las elecciones universitarias?

TEACHING TIP Allow students to view the video segment at least two times. Suggest they watch and listen the first time but not try to take notes. Have them read the questions in **Paso 3** and then, as they watch it a second time, have them write information related to the questions.

> **Paso 2** Mira el reportaje desde México sobre la participación de los universitarios en la vida política de la ciudad.

> **Paso 3** ¿Qué recuerdas? Contesta las siguientes preguntas.

1. ¿Dónde se reunieron miles de estudiantes universitarios?

2. ¿Qué querían hacer?

3. ¿Por qué empezaron las manifestaciones hace más de seis meses en la universidad?

4. ¿Qué otras razones tienen los estudiantes para participar en la manifestación de hoy?

5. ¿Por qué crees que el gobierno se opone a la manifestación?

TEACHING TIP Have students work with a partner to discuss answers to the questions, then review them with the class. Note any items that students found difficult to understand.

ANSWERS Paso 3: 1. en la principal arteria vial (calle) 2. Querían bloquear el tránsito de cientos de miles de vehículos. 3. Porque querían evitar un alza en las matrículas. 4. la libre expresión y el derecho a manifestarse 5. Porque la manifestación va a paralizar el tránsito en una ciudad de más de 20 millones de habitantes.

TEACHING TIP Have students share their answers with the class. You may lead a class discussion referring to recent political events on your own campus. Or you may have students write a paragraph describing a particular celebration.

> **Paso 4** ¿Qué opinas? Con otro(a) estudiante, contesta las siguientes preguntas.

1. ¿Tienen derecho los estudiantes a manifestar fuera del *campus* universitario para protestar por el alza en las matrículas? ¿Por qué?

2. ¿Qué es más importante, el derecho de los ciudadanos a manifestar o el derecho de los ciudadanos a transitar por la vía pública sin impedimento?

3. ¿Deben designarse lugares especiales exclusivamente reservados para manifestaciones estudiantiles? ¿Por qué?

Vocabulario

CD1–13

Para describir la experiencia

el choque cultural *culture shock*

acoplarse *to fit in*

enfrentarse a los retos *to confront challenges*

enriquecer *to enrich*

extrañar a los amigos *to miss friends*

integrarse *to integrate oneself (into a country)*

madurar *to mature*

Para describir los trámites administrativos

el (la) asesor(a) *adviser*

la asistencia financiera *financial aid*

la beca *scholarship*

la cobertura total *complete coverage*

la colegiatura *tuition*

el departamento *apartment*

la estancia *stay, period of time*

la fecha límite *deadline*

los gastos *expenses*

el historial académico *academic transcript*

el hospedaje/hospedarse *lodging/to lodge oneself*

la licenciatura *undergraduate*

el posgrado *graduate studies*

la recámara *bedroom*

el trámite *step (in a process)*

la vacuna *vaccination*

vigente *current*

cursar *to take courses, to deal with a process*

darse de alta/baja *to add/drop*

inscribirse *to enroll*

Para instalarse en el nuevo entorno

el acceso a Internet de alta velocidad *high-speed Internet access*

el adaptador eléctrico *electricity adapter*

la casa de cambio *place to exchange currency*

el colegio residencial *dorm*

la llamada local /de larga distancia/por cobrar *local/long distance/collect phone call*

la tarjeta de banco *bank card*

la tarjeta telefónica de pre-pago *prepaid phone card*

la tasa de cambio *exchange rate*

cobrar un cheque *cash a check*

hospedarse *to stay (lodge)*

involucrarse en actividades *to get involved in activities*

mudarse *to move (residence)*

retirar dinero *withdraw money*

Para hablar del transporte y los viajes

el andén *platform*

el cambio *loose change*

la catedral *cathedral*

el (la) chofer *driver*

el crucero *cruise*

el descuento *discount*

el destino *destination*

la ficha *token*

el folleto *brochure*

el hostal *hostel*

los impuestos *taxes*

el itinerario *itinerary*

la licencia de manejo *driver's license*

la línea camionera/aérea *bus/airline*

la lista de espera *waiting list*

el monumento *monument*

la parada *stop (e.g., bus)*

el pasaje *ticket, passage*

la pirámide *pyramid*

la plaza *space (e.g., on a bus)*

el recorrido turístico *sightseeing trip*

el retraso *delay*

las ruinas *ruins*

la sección de no fumadores *nonsmoking section*

la taquilla *ticket office*

la tarifa *price*

la tarjeta de embarque *boarding pass*

la terminal *terminal*

el vagón *car (of a train)*

el viaje redondo *round trip*

disponible / la disponibilidad *available / availability*

abordar/transbordar *to board, get on / to transfer (e.g., on a bus)*

alojarse *to stay (e.g., lodge)*

garantizar / la garantía *to guarantee / guarantee*

pedir/dar un aventón *to hitchhike / give a ride*

perder el tren/autobús/vuelo *to miss the train/bus/flight*

regatear *to bargain*

rentar un carro *to rent a car*

reservar con anticipación *to reserve in advance*

Capítulo 4

RUMBO A CUBA, PUERTO RICO Y REPÚBLICA DOMINICANA

Metas comunicativas

En este capítulo vas a aprender a...

- opinar sobre actividades de ocio y comida
- hacer, aceptar y rechazar invitaciones
- hablar de la cocina y preparación de comida
- ofrecer y aceptar de comer y beber
- escribir una reseña

Estructuras

- Subjuntivo en cláusulas sustantivas
- Voz pasiva con los verbos **ser** y **estar**
- Expresiones impersonales

Cultura y pensamiento crítico

En este capítulo vas a aprender sobre...

- la música, los deportes y la cultura popular del Caribe
- un concepto diferente del tiempo
- algunas comidas típicas del Caribe

 Spanish

 Nuevo Latino Track 1

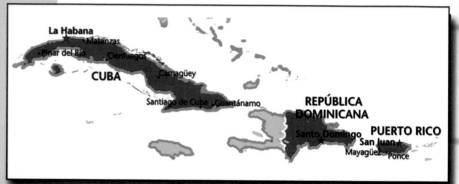

MARCANDO EL RUMBO Use transparencies A-3, A-10 and A-11 in addition to the images and information on these pages to assess students' familiarity with Cuba, Puerto Rico and Dominican Republic, particularly their history and unique position in the world.

TEACHING TIP 4-1 Assign the time line as homework before class. Ask students to look at the map, the time line, and the pictures and to write a list of people, places, and historical events that they associate with Cuba, Puerto Rico, and the Dominican Republic. At the beginning of class you can ask students to share their lists with a partner.

TEACHING TIP 4-1 Review answers and where misconceptions arise, question students about them. Refer back to students' list of perceptions and discuss which are false stereotypes and which are facts.

TEACHING TIP 4-1 The aim of this exercise is to help students activate their knowledge about the different aspects of these countries and to put them into a broader historical context. Find out if any students in the class have been to any of these countries and ask questions about their experiences.

ANSWERS 4-1 1. F - Hay más jugadores dominicanos. 2. F - Es de origen dominicano. 3. C 4. C 5. C

TEACHING TIP 4-2 Have students brainstorm vocabulary they might use, in categories such as geography, transportation, and sports and leisure activities.

ANSWERS 4-2 1. C 2. F - Es un ritmo cubano. 3. F - Es un tipo de comida caribeña. 4. F - Debe visitar Puerto Rico. 5. C

Cuba, Puerto Rico y Repúb. Dominicana	**Antes de 1492** Habitan en estas islas los taínos, siboney y caribes	**1496** Bartolomé Colón funda Santo Domingo, en la República Dominicana	**1511** Juan Ponce de León funda San Juan, Puerto Rico	**1538** Se funda la Universidad Autónoma de Santo Domingo, la más antigua del hemisferio	**1853** Nace José Martí, escritor y patriota cubano	**1874** Nace el béisbol en Cuba	
	1490	**1500**	**1520**	**1550**	**1850**	**1870**	**1900**
Los Estados Unidos					**1819** El Presidente James Monroe le compra a España el estado de la Florida por cinco millones de dólares		**1898** España le cede Puerto Rico, Guam y las Filipinas a los EE.UU.

El Ocio

Roberto Clemente

Teófilo Stevenson

Sammy Sosa

Marcando el rumbo

4-1 Cuba, Puerto Rico y República Dominicana: ¿Qué sabes del Caribe? Con un(a) compañero(a), determina si las siguientes ideas sobre estas tres naciones del Caribe y su gente son ciertas o falsas. Si son falsas, corrígelas y escribe lo que te parezca correcto.

1. Hay más jugadores cubanos en las grandes ligas de los Estados Unidos que de ningún otro país latinoamericano.
2. El merengue es un tipo de baile popular de origen puertorriqueño.
3. Cuba es la isla más grande de las Antillas.
4. Los puertorriqueños son ciudadanos norteamericanos.
5. La gastronomía caribeña tiene influencia española y africana.

4-2 El Caribe: Cuba, Puerto Rico y República Dominicana Vas a escuchar una descripción de algunas características sobresalientes de estos tres países.

CD1-14

Paso 1: Escucha la siguiente descripción de ciertos aspectos culturales del Caribe y toma apuntes: La música; La gastronomía; Los deportes y la cultura.

Paso 2: ¿Cierto o falso? Lee las siguientes oraciones e indica si son ciertas o falsas. Si la oración es falsa, corrígela.

1. La música caribeña representa una mezcla de influencias de África y Europa.
2. El mambo es un plato típico cubano.
3. El sancocho es un tipo de música dominicana.
4. Una persona interesada en surfing debe visitar Cuba.
5. En Cuba se celebra cada año un festival de cine.

Paso 3: ¿Qué recuerdas? Acabas de escuchar una descripción de algunos atractivos turísticos de Puerto Rico, Cuba y la República Dominicana. Imagínate que tienes sólo una semana para visitar esos tres países. Con un(a) compañero(a), haz un itinerario de lo que quieres hacer durante esos siete días. Las siguientes preguntas te pueden ayudar a completar esta actividad.

Cuando vas de vacaciones, ¿te gusta descansar o estar activo(a)? ¿Te gusta ir a diferentes restaurantes para probar la comida típica de la región? ¿Te gusta informarte sobre la historia y la cultura del país? ¿Te gusta traer regalos de recuerdo para tus amigos y familiares?

1920	1950	1960	1965	1980	1990	2005
1917 El Presidente Woodrow Wilson firma una ley que concede ciudadanía estadounidense a los puertorriqueños	**1952** Puerto Rico pasa a ser un Estado Libre Asociado de los Estados Unidos	**1959** Revolución cubana / **1961** El presidente John F. Kennedy fracasa en su intento de derrocar a Fidel Castro con la invasión de Playa Girón (Bay of Pigs)	**1962** Alicia Alonso crea el Ballet Nacional de Cuba, compañía de fama mundial / **1965** Lyndon B. Johnson interviene militarmente en la República Dominicana	**1966** Roberto Clemente, puertorriqueño, es nombrado el jugador más valioso de las Grandes Ligas / **1979** Se celebran los Juegos Panamericanos en San Juan, Puerto Rico		**2004** El equipo de fútbol femenino de los Estados Unidos gana la medalla de oro olímpica

Vocabulario en contexto

El ocio

http://www.ociocaribeño.com

ociocaribeño.com

Cine

Música

Libros

Comida

Clubs

GUÍA DEL OCIO en la Red
Para **entretenerte**, hoy destacamos…

Las artes

Museo de Arte de Ponce, Puerto Rico:
Exposición de la Escuela Puertorriqueña de Pintura.

Museo de arte taíno, Puerto Plata, República Dominicana:
Exposición de **piezas** de **cerámica** taína.

Universidad de Puerto Rico, Recinto de Río Piedras:
Recital de guitarra clásica.

Deportes espectáculo

Copa Cuba: Campeonato Nacional de **Atletismo**

Boxeo: Coliseo Angulo de Carolina, Puerto Rico

Béisbol: Los tigres de Licey contra los leones de Ponce- República Dominicana

Deportes activos

República Dominicana:
Escalada en roca, Pico Duarte

Explorar las **cuevas** de Cabarete

Puerto Rico:
Probar surfing con **cometa** en Punta Las Marías

Practicar **tablavela** en Palmas del Mar

Practicar **paracaidismo** en Humacao

Juegos de mesa en la Red

Jugar al **ajedrez**

Jugar a **las damas**

Jugar a **las cartas**
Póker
Veintiuna
Dominó
Backgammon

Bolera Paradise La cadena más grande de **boleras** en el mundo
Ligas de **boliche** para niños y adultos   Salón de juegos de video   Discoteca
Teléfono: 787-792-6594

Para hablar del ocio

el (la) aficionado(a)	*fan*
el blanco	*target*
la carrera de relevo	*relay race*
el coleccionismo / coleccionar	*collecting / to collect*
el crucigrama	*crossword puzzle*
los dardos	*darts*
la montaña rusa	*roller coaster*
el parque de atracciones	*amusement park*
el torneo	*tournament*
apostar	*to bet, gamble*
apuntar	*to aim*
barajar / la baraja	*to shuffle / deck of cards*
empatar / el empate	*to tie (the score) / tie (score)*
hacer equipos	*to form teams*
lograr el golpe	*get a strike (bowling)*
navegar a vela / en canoa	*to sail (a sailboat) / to canoe*
remar / el remo	*rowing, paddle / to row*
repartir las cartas	*to deal cards*
tirar la bola	*throw the ball*
volar una cometa	*to fly a kite*
voltear los bolos	*knock over bowling pins*

Para enriquecer la comunicación: Hacer, aceptar y rechazar una invitación

¿Te apetece ir al partido de béisbol mañana?	*Do you feel like going to the baseball game tomorrow?*
Sí. **Sería estupendo.**	*Yes. That would be great.*
¿Te gustaría ir a la bolera conmigo?	*Would you like to go to the bowling alley with me?*
¡Ay, **cuánto lo siento!** No puedo mañana, tal vez otro día.	*I'm really sorry. I can't tomorrow, maybe another day.*
¿Estás libre el viernes?	*Are you free Friday?*
Sí, **¿qué tienes en mente?**	*Yes, what do you have in mind?*

Práctica y expresión

4-3 Conociendo Cuba Escucha el siguiente anuncio publicitario sobre Cuba, que sale en una estación de radio mexicana, y luego contesta las preguntas. CD1-15

1. ¿Cuáles de las siguientes actividades se pueden hacer en Varadero? Identifica la foto y escribe el nombre de la actividad.

a. _____ b. _____ c. _____ d. _____

2. ¿Qué tiene el Museo del Deporte?
3. ¿Cuáles serían dos actividades de interés para los coleccionistas?
4. Según el anuncio, ¿qué actividades de ocio nocturno ofrece la isla?
5. ¿Cómo se llega a Cuba desde México?
6. ¿Te parece Cuba un buen sitio para el ocio? ¿Por qué sí o no?

TEACHING TIP 4-4 This may be done as a pair activity. Encourage students to recycle known vocabulary to add to the lists. Allow them 4–5 minutes and then ask them to share their lists with the class. Comment on differences of opinion that may arise. Follow up by asking students questions about whether they like the activity or do it frequently.

4-4 ¿Estás de acuerdo? En una página web sobre el ocio encontraste la siguiente lista de actividades en categorías. ¿Estás de acuerdo con la clasificación de las actividades? Si no, cambia las listas. ¿Puedes pensar en otras actividades para añadir a las listas?

Actividades de ocio

Juegos de mesa	Deportes extremos	Actividades artísticas o culturales	Deportes competitivos
• las cartas	• la escalada en roca	• una exposición de arte	• el atletismo
• los dardos	• el paracaidismo	• una clase de cerámica	• la tablavela
• subir a la montaña rusa	• jugar al boliche	• hacer crucigramas	• el ajedrez
• las damas	• explorar cuevas	• apostar dinero en las cartas	• el remo
	• un recital de poesía	• un recital de música	

TEACHING TIP 4-5 Turn this into a jigsaw activity by having one student close the book while the other describes several of the activities. Allow them to work for 3–4 minutes and then have them change roles.

ALTERNATIVE 4-5 Turn this into a Pictionary game (in pairs or small groups) by having one student draw a representation of the activity while others try to guess the activity. The person drawing may not use letters or words in the picture.

4-5 ¡Vamos a jugar! Toma turnos con tu compañero(a) y explica cada una de las siguientes actividades sin mencionar qué actividad es. Tu compañero(a) tiene que adivinar la actividad que describes.

el piragüismo
volar una cometa
el boliche
el boxeo
la escalada en roca
navegar en vela
el paracaidismo
subir en la montaña rusa
los dardos
el atletismo

TEACHING TIP 4-6 Make this a timed activity and have students speak with several different partners. Monitor conversations and encourage students to gather as much information as possible about each partner in the time allotted. Conclude by having students compare and contrast their own experiences with those of at least one other person.

4-6 Momentos de ocio Entrevista a un(a) compañero(a) sobre cómo le gusta pasar sus momentos de ocio. Trata de ver si tienes intereses en común con él o ella.

Pregúntale sobre:

■ las actividades que le gusta hacer.
■ la frecuencia con la que hace esas actividades.
■ una de sus experiencias más memorables haciendo una de esas actividades y por qué fue tan memorable.
■ cuándo hará esa actividad en el futuro.
■ ¿?

Basándote en sus intereses, ¿le puedes recomendar alguna actividad de ocio?

TEACHING TIP 4-7 Have groups of students act out their dramatizations for the class. Give groups time to practice before performing, but do not allow them to write scripts and read them for the class. Have the class vote for the best dramatizations in categories such as funniest, most believable, least believable, and so on.

4-7 Dramatizaciones En grupos de tres, seleccionen una de las siguientes situaciones para dramatizar. ¡Sean creativos!

1. Dos amigos(as) "compiten" para lograr salir con la misma persona. Los (Las) dos la/lo llaman el mismo día para invitarlo(a) a salir en "la cita de sus sueños", un día lleno de diversión y actividad. Él/Ella tiene que decidir qué invitación aceptar y cuál va a rechazar.
2. Un sábado por la noche un grupo de amigos de la universidad conversa sobre sus opciones para entretenerse. Todos tienen ideas muy extrañas. ¿Qué deciden hacer?

Espejos

¿A qué hora empieza el partido?
Un concepto diferente del tiempo

Un estereotipo muy conocido de los latinoamericanos es que no llegan a tiempo a ninguna parte. ¿Es esto verdad o es un mito? Como todos los estereotipos, tiene algo de verdad. En general, los caribeños tienen una actitud más relajada en cuanto al tiempo, especialmente en eventos sociales.

—¿A qué hora salimos? —Pues, cuando estemos listos... por la tardecita.

—¿A qué hora es la fiesta? —Vente a eso de las 7:00... (que quiere decir después de las ocho)

—¿A qué hora debemos reunirnos para salir al partido de baloncesto?

—Déjame ver... la guagua (bus) sale a las 6:00 P.M.... ¡¡Escuchen todos, deben estar aquí a las 5:00 P.M.!!

No todo es tan relajado. La escuela, la iglesia, los medios de transporte, los programas de televisión, el trabajo, y especialmente la hora de salida, siguen un horario determinado.

Las personas que regresan a los EE.UU. después de una estadía (stay) en Latinoamérica sienten la diferencia al llegar. La vida en los EE.UU. cobra velocidad y urgencia. En los EE.UU. el reloj "corre", ¡pero en el Caribe, las manecillas (hands) del reloj "andan"!

> Cuatro perspectivas

Perspectiva I En los Estados Unidos...

1. ¿Es importante llegar a tiempo? Y para ti, ¿es importante?
2. ¿Piensas que ser puntual es una característica positiva o negativa en los EE.UU.?

Perspectiva II ¿Cómo vemos a los caribeños? Marca con una (X) tu opinión.

1. Los caribeños no son eficientes porque no prestan atención al tiempo. _____
2. La vida es más relajada. _____
3. Pierden el tiempo. _____
4. Disfrutan la vida. _____
5. No entienden que el tiempo es oro (time is money). _____

_____

Perspectiva III En Puerto Rico, la República Dominicana y Cuba... algunos dicen:

1. No es bueno ser el primero en llegar a una fiesta. Es mejor hacer una "entrada".
2. Una cosa es el trabajo, controlado por el tiempo, y otra es estar en la casa, tranquilo, sin un plan específico.
3. Es bueno visitar a los amigos y sentarse a hablar sin prisa.

Perspectiva IV ¿Cómo ven los caribeños a los estadounidenses? ¿Sabes?

Las dos culturas

1. ¿Llegaste tarde a algún sitio alguna vez?
2. ¿Te enojas cuando hay un atraso (delay)? ¿Por qué?

Estructuras

Subjuntivo en cláusulas sustantivas

¡OJO! Before beginning this section, review the following themes on pp. B12–B13 of the **Índice de gramática:** Present subjunctive of regular verbs, Present subjunctive of irregular verbs, Present subjunctive of stem-changing verbs, Present subjunctive of verbs with spelling changes.

RECYCLING Use transparency G-7 to review vocabulary of leisure activities and the present subjunctive. Ask students if they participate in various activities, then ask if they recommend them to others. Model use of subjunctive with wishes, desire, and will. Help students form sentences based on your model. Use transparencies G-5, G-6, and G-8 for additional practice.

> The impersonal expressions **es verdad** and **es cierto** require the use of the indicative mood in the noun clause they introduce, unless they are used in an interrogative sentence as described in **Un paso más allá.**

The subjunctive is not a tense, but rather a mood. In Spanish, the indicative mood is used to describe or to refer to events that are certain, definite, and factual. The subjunctive mood, on the other hand, is used after certain verbs and expressions that communicate desire, doubt, emotion, necessity, will, or uncertainty. In this section we will focus on the use of the subjunctive mood as it appears in noun clauses, to talk about preferences and recommendations related to leisure. Noun clauses (**cláusulas sustantivas o nominales**) are dependent or subordinate clauses that function as the object of a preceding verb. Noun clauses are always introduced by **que.**

Mi amiga	**recomienda**	**que yo haga el paracaidismo.**
Subject	verb	noun clause/subordinate clause (direct object)

The subjunctive is used in the noun clause/subordinate clause when the verb in the main clause:

- expresses wish, desire, or will, with verbs such as **desear, preferir, proponer,** and **querer,** and with the expression **ojalá.**

  Sus padres **prefieren** que él no **escale** montañas solo.
  Ojalá que **haya** buen tiempo para navegar a vela.

- expresses hope or emotion, with verbs such as **alegrarse, enfadarse, enojarse, esperar, estar contento de, lamentar, sentir, sorprender, temer, tener miedo de.**

  Me alegro que les **gusten** los deportes acuáticos. El esquí acuático es muy popular aquí.
  Lamento que no **puedan** esquiar hoy por la lluvia.
  Sentimos que ustedes siempre **pierdan** el dinero jugando a las cartas.
  (A ellos) **Les sorprende** que no apostemos dinero en los partidos.

- is an impersonal expression conveying emotion, preference, or probability such as the following:

es bueno	es malo
es horrible	es posible
es importante	es raro
es increíble	es triste

  Es bueno que ellos **hayan** llevado sus canoas con ellos.
  Es probable que mañana **puedan** salir. El tiempo va a mejorar.

- expresses doubt, uncertainty or denial, with verbs such as **dudar, negar, no creer, no pensar.**

  Ella **duda** que **vaya** a haber muchas personas en el lago hoy.
  No cree que el equipo de remo **practique** hoy.

- expresses request, preference, or advice, with verbs such as **aconsejar, exigir, insistir, impedir, mandar, obligar, ordenar, oponer, pedir, recomendar.**

  Aconsejamos que los participantes **jueguen** a las cartas o a los dardos mientras esperan.
  Pedimos que todos **tengan** paciencia.

Un paso más allá: El subjuntivo, el indicativo o el infinitivo después de ciertos verbos

There are several instances in which, depending on the context, either the subjunctive or indicative can be used in the noun clause.

■ With the verbs **decir** and **pedir**, the indicative is used when the verbs convey or report information. When **decir** or **pedir** are used to express a command, then the subjunctive is used.

Juan **dice** que el torneo **empieza** a las seis. (Reporting when the tournament will begin.)
Juan **pide** que el torneo **empiece** a las seis. (Requesting that the tournament begin at a specific time.)

■ With the verbs **creer** and **pensar**, the indicative is used in an affirmative statement. The subjunctive is used when either of these verbs is negated. The subjunctive may also be used in an interrogative sentence with these verbs according to the degree of doubt the speaker has about a particular proposition.

Yo **creo** que la exposición **es** buena, pero mi amigo **no piensa** que **sea** tan interesante.
¿**Crees** tú que **es** buena? (The speaker thinks so.)
¿**Piensas** que **sea** buena? (The speaker doesn't think so.)

■ Similarly, the expressions **quizá(s)**, **tal vez**, and **acaso** require the subjunctive when the speaker is uncertain about a particular action. If the speaker is relatively certain, then the indicative is used.

Quizás tengamos tiempo para ir al parque de atracciones. (Speaker is unsure.)
Tal vez tienen una montaña rusa allí. (Speaker is fairly certain that they do.)

With certain verbs, such as **aconsejar, dejar, hacer, impedir, mandar, obligar a, ordenar, permitir, prohibir**, it is possible to use an infinitive in place of a noun clause.

Mi esposa no me **deja hacer** el paracaidismo.

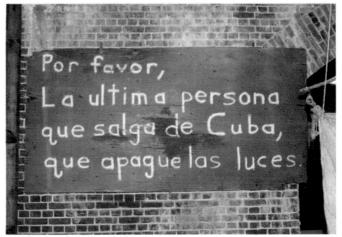

Key West, Florida

Práctica y expresión

TEACHING TIP 4-8 Have students complete the sentences with the correct verb forms for homework. In class have them discuss their opinions with one or more classmates.

4-8 Personalidades Mira a ver cómo es tu personalidad y la de tu compañero(a). Tomen turnos haciéndose las siguientes preguntas. ¡Luego pregúntale por qué piensa esto!

	Sí	No

1. Creo que nueve entradas *(innings)* en béisbol ___son___ (ser) demasiadas. _____ _____

2. Lamento que no ___haya___ (haber) béisbol todo el año. _____ _____

3. Prefiero ___jugar___ (jugar) a las cartas en vez de *(instead of)* tirar la bola con un amigo. _____ _____

4. Siento que un equipo ___tenga___ (tener) que ganar, prefiero que ___empaten___ (empatar). _____ _____

5. Si voy ganando un juego por muchos puntos, dejo que mi oponente ___gane___ (ganar) unos puntos. _____ _____

6. En un juego de mesa como Monopolio, no creo que prestar dinero ___sea___ (ser) buena idea. _____ _____

7. En un juego de mesa como Risk, me alegra ___destruir___ (destruir) a mis oponentes. _____ _____

8. Pienso que ganar no ___es___ (ser) tan importante. _____ _____

9. Niego que los jugadores, en cualquier juego, no ___quieran___ (querer) ganar. _____ _____

10. Prefiero que no ___transmitan___ (transmitir) ningún juego deportivo por televisión. _____ _____

ANSWERS 4-9 Answers will vary, but here are some possibilities: Lamento que sean tan diferentes. Es horrible que le guste el boxeo. Es increíble que se den tantos golpes. No creo que haya tanta sangre. Dudo que el atletismo sea tan interesante como el boxeo. Es verdad que el atletismo es más civilizado que el boxeo. Es terrible que te guste apostar. Es una pena que pierdas dinero. No creo que apostar sea mejor que el boxeo.

4-9 Somos diferentes Tu compañero(a) va a leer lo siguiente y tú comentas sobre su dilema, oración por oración, especialmente sobre lo subrayado.

Ejemplos Tu compañero(a): Mi novio(a) y yo somos muy diferentes...
Tú: **¡Qué interesante que sean tan diferentes!**

Tu compañero(a): A él/ella le gusta el boxeo...
Tú: **¡Qué increíble que le guste el boxeo!**

Vocabulario útil: pienso, creo, no dudo, dudo, es terrible, es increíble, es importante, es bueno, es malo, lamento, ojalá, es posible...

Mi novio(a) y yo <u>somos</u> muy diferentes. A él/ella <u>le gusta el boxeo</u>. Admira a Óscar de la Hoya, Kermit Cintrón y Félix Trinidad... A mí no me gusta la violencia. ¡<u>Tantos golpes!</u> ¡<u>Tanta sangre!</u> Yo <u>prefiero jugar a la baraja o mirar atletismo</u>. Las carreras de relevo son tan elegantes y emocionantes. ¡<u>Es mucho más civilizado!</u> El único problema es que <u>me gusta apostar</u> y a veces se me va la mano *(I get carried away)* y <u>pierdo mucho dinero</u>, pero es <u>mejor que el boxeo</u>, ¿no?

4-10 ¿Verdad o mentira? Pregúntale a un(a) compañero(a) sobre su conocimiento del béisbol. ¿Quién de los dos acertó *(was right)* más?

Ejemplo Treinta por ciento de los beisboleros en los EE.UU. son de ascendencia latinoamericana.
No pienso que 30% sean latinoamericanos. o Sí, creo que 30% son latinoamericanos.
(Respuesta: Sí, es verdad que 30% son latinoamericanos.)

1. A-Rod es un beisbolero de ascendencia dominicana.
2. Fidel Castro es un aficionado al béisbol.
3. Hay más jugadores cubanos que de Puerto Rico o de la República Dominicana.
4. Un jugador llamado I-Rod o Pudge es de ascendencia puertorriqueña.
5. El fútbol es tan popular como el béisbol en el Caribe.
6. Los equipos de béisbol de Cuba son tan buenos como algunos equipos profesionales de los EE.UU.
7. El béisbol nació en Cuba, no en los EE.UU.

4-11 Un día de lluvia ¿Qué prefieres hacer para entretenerte en un día de lluvia? Con un(a) compañero(a), reacciona a las siguientes sugerencias usando **prefiero, dudo, espero, creo, no creo, pienso**, etc.

Ejemplo ¿Qué tal si vamos a la playa?
No creo que sea buena idea. Es mejor ir a la playa cuando hace sol.

1. ¿Qué tal si volamos cometas?
2. ¿Te gustaría ir a remar en el río?
3. ¿Y si jugamos a los dardos?
4. ¿Qué tal si hacemos el crucigrama del periódico?
5. ¿Te gusta ir a un parque de diversiones?
6. ¿Quieres ir a la bolera?

4-12 Hombres versus mujeres En grupos de cuatro (dos hombres y dos mujeres), usen frases como: **queremos que, sugerimos que, es mejor que, es preferible que, ya saben que, te aconsejo que, insistimos que**, etc., para demandar ciertas cosas. Después compartan su lista de demandas con la clase.

Ejemplo Ellos: **Queremos que** las mujeres miren partidos de béisbol en televisión con nosotros.
Ellas: **Pensamos que** ellos deben cocinar para nosotras.

4-13 Demandas al instructor En grupos de tres, hagan una lista y lleguen a un consenso sobre cambios que quieren en la clase de español para hacerla más divertida. Miren a ver qué dice el profesor sobre sus ideas. Usen el vocabulario del ocio y la cocina.

Ejemplo Nosotros queremos que nos enseñe a jugar barajas españolas en la clase.

Exploración literaria

JUMP START! Ask the students if they are familiar with other feminist writers from the Spanish-speaking world, such as Lidia Falcón or Gloria Fuertes. Ask students if they are familiar with the strategies these women writers employ in their works and whether they have read Elaine Showalter's critical studies or novels by Virginia Woolf.

"De bípeda desplumada a Escritora Puertorriqueña (Con E y P machúsculas)"

Ana Lydia Vega es una escritora puertorriqueña que se ha dedicado, tanto en sus cuentos como en sus ensayos, a explorar el tema de la mujer en el contexto machista del Caribe. Su obra también investiga varias facetas sociales y políticas de la historia de su país natal, incluyendo tensiones con los EE.UU. y problemas religiosos en la región. La autora escribe con humor, ironía y, a veces, sarcasmo, mientras demuestra un conocimiento profundo de las corrientes feministas actuales.

Estrategia de lectura | Reconociendo la función de un texto

If as readers we are aware of the author's purpose in writing a piece of literature, we will have a better understanding of the author's message. Common functions of literary texts include reporting, analyzing, comparing, reviewing, critiquing, and defending. Often times we can deduce a text's function from its title. For example, the title of the text "Dos acercamientos a la ironía en los cuentos de Ana Lydia Vega" suggests that the function of the work will be primarily analytical.

Below are titles of five works of literature. Based on the titles, determine which function or combination of functions the text is likely to offer.

"*Fresa y chocolate:* una comedia irresistible" [reviewing]

"Cuba y Puerto Rico: dos islas cercanas con grandes diferencias" [comparing]

"Tres refugiados encontrados en una playa de Key West, Florida" [reporting]

"La reafirmación del Estado Libre Asociado" [defending/reporting]

"Sálvese quien pueda: la censura tiene auto" [critiquing]

Next, consider other titles of works you may be familiar with. Are there additional functions that you could add to those mentioned above? Are there instances when a title of a work is deceiving? Finally, consider the title of the work you are about to read, "De bípeda desplumada *(featherless)* a Escritora Puertorriqueña (Con E y P machúsculas)." What functions might you attribute to this reading?

Sobre la autora y su obra

Ana Lydia Vega nació en 1949 en Santurce, Puerto Rico. Después de completar sus estudios en la Universidad de Puerto Rico en 1968, decidió ir a Francia para cursar estudios de maestría y doctorado. En 1978 recibió su doctorado en literatura comparada en la Universidad de Provence. Actualmente es profesora de francés y literatura francesa de la Universidad de Puerto Rico, Río Piedras. La selección de ensayo que incluimos aquí es de *Esperando a Loló* del año 1994. Como sugiere el título, la autora suele usar muchos intertextos de la cultura literaria y de la cultura popular. En el ensayo veremos como la autora incorpora referencias a los deportes masculinos en defensa de su posición como mujer escritora.

ANA LYDIA VEGA (1949–)

> ## "De bípeda desplumada a Escritora Puertorriqueña (Con E y P machúsculas)"

Ana Lydia Vega

Lo primero que debe aprender una bípeda aspirante es que no basta con escribir bien. Digo, si es que se tiene la dicha de saber y la suerte de poder escribir. ¿Quién será esa Mujer Biónica que pueda tirarse[1] ocho horas mal salariadas de oficina, fábrica, hospital o escuela, ocho de labores domésticas y deberes familiares no remunerados[2], unas cuantas horas de sueño inquieto y todavía recibir en su tiempo libre (¡JA!) la visita inspiradora de las Musas, quienes, dicho sea de paso[3], no son bobas[4], acaban de sindicarse[5] y no trabajan durante las noches? Es difícil imaginar cómo puede realizarse tamaña hazaña[6] sin dejar el pellejo en garras del estrés[7], a menos que se sea soltera y rica. O poseedora de un marido militante del neo-machismo ilustrado post viaje de Lidia Falcón[8] a Puerto Rico.

Pero, aun sin cuarto propio, supongamos que a una pueda darle, de pura maldad, con cambiar el plumero[9] por la pluma. Ay, entonces tendrá que hacerle a[10] la cuadruple jornada (doméstica, profesional, política y social) que agobia a la escritora boricua[11] peso-completo[12]. Porque, además de cumplir con las tareas antes señaladas, deberá embestir[13] como el "toro que no muge" contra el Imperio de los Bárbaros Trucutú y romper rodillos por ese quimérico[14] ideal de ideales, la Igualdad Sexual, desenmascarando[15] en todo momento los mil proteicos[16] disfraces del machismo-leninismo.

Escritora y puertorriqueña, tremendo cruce de cables[17]. Leves contradicciones asoman[18] entre una y otra misión evangélica. ¿Y si el machismo resultara ser uno de esos tan proclamados Valores Nacionales que todo escritor criollo debe defender so pena de dejar de serlo[19]? ¿Y si tus personajes masculinos son pobres-puertorriqueños-oprimidos-por-el-imperialismo-yanqui pero a la vez sinvergüenzas opresores de sus pobres-puertorriqueñas-oprimidas-por-el-imperialismo-yanqui mujeres? Sólo saldrá del lío[20] la que sepa bailar salsa en patines sobre la mismísima cuerda floja que tumbó[21] al Gran Wallenda. Si te tiras por lo puro nacional, gritan las hermanas que les haces el juego[22] a los machos. Pero también les invades el terreno, que las diosas te acompañen y te protejan... Si te quedas en lo puro sexual (menos mal que lo sexual nunca es muy puro), los solemnes estudiosos de la literatura patria tildarán tus obras cumbres de chismes de biutiparlor. Como quiera que te pongas, dice el refrán, siempre tienes que llorar.

¿Quién dijo libre albedrío? En este país de cuatro pisos y medio (el medio piso es para las mujeres, naturalmente), los escritores llevamos todos una alambrada[23] en la cabeza. Y ya ven, estoy a punto de añadir: "producto de cinco siglos de coloniaje..."

---

[1]**pueda...** pasar tiempo con dificultad [2]**no...** no pagados [3]**dicho...** *by the way* [4]**bobas** tontas [5]**sindicarse** *unionize* [6]**realizarse...** lograr terminar un trabajo grande [7]**dejar...** *pulling your hair out* [8]**Lidia...** *a major figure of the Spanish-speaking feminist movement*

[9]**plumero** *feather duster* [10]**hacerle...** luchar contra [11]**boricua** *Puerto Rican* [12]**peso-completo** *heavyweight, as in boxing* [13]**embestir** atacar [14]**quimérico** sueño imposible [15]**desenmascarando** quitando la máscara [16]**proteicos** variables de forma o de ideas [17]**cruce...** *short-circuit*

[18]**asoman** aparecen [19]**so...** *or risking not being one* [20]**lío** problema [21]**tumbó** hizo caer [22]**haces...** favoreces [23]**alambrada** *tangle of wiring*

Después de leer

 4-14 Reconociendo la función del texto Con la ayuda de un(a) compañero(a), vuelvan a considerar la(s) función(es) que habían identificado para la lectura antes de leer. ¿Tenían razón? Ahora, después de leer, ¿cuáles son otras funciones del texto que podrían añadir?

ANSWERS 4-15 1. El título sugiere que el ambiente en que se encuentra la escritora puertorriqueña es muy machista y que la mujer tiene que luchar mucho para establecerse como artista. 2. Tendría que ser una Mujer Biónica para poder cumplir con todas las tareas diarias que suele tener. 3. las que son ricas, solteras, o casadas con un hombre muy liberal 4. Significa cambiar los papeles domésticos por los de una escritora. 5. Tendrá que enfrentarse con las dificultades domésticas, profesionales, políticas y sociales que pueden agobiar a la escritora. 6. para demostrar que las mujeres pueden competir con los hombres en el mismo terreno 7. Describe el reto de satisfacer a los lectores, como uno de bailar salsa en patines sobre una cuerda. 8. Sugiere que el coloniaje también es otro obstáculo a las escritoras puertorriqueñas. 9. *Answers will vary.*

4-15 Comprensión y expansión En parejas o en grupos de tres, contesten las siguientes preguntas.

1. ¿Cuál es el significado del título del ensayo? ¿Qué nos indica sobre el texto que vamos a leer?
2. ¿Por qué tendría que ser la escritora puertorriqueña una especie de Mujer Biónica?
3. Según la autora, ¿qué mujeres pueden ser artistas más fácilmente?
4. ¿Qué significa cambiar el plumero por la pluma?
5. Si una mujer logra cumplir con las tareas domésticas y todavía quiere dedicarse a la escritura, ¿cuáles son otras dificultades con las que tendrá que enfrentarse?
6. ¿Cuál es el efecto de emplear términos como "peso-completo" y otras imágenes masculinas en el segundo párrafo?
7. ¿Cuál es la imagen que usa la autora para demostrar las dificultades con las que se enfrenta la escritora puertorriqueña con sus lectores y lectoras?
8. ¿Cuál es el significado de la última frase del ensayo?
9. En tu opinión, ¿han tenido las mujeres estadounidenses las mismas dificultades en establecerse como escritoras?

Introducción al análisis literario | Comprender las intenciones de la autora en el ensayo

The essay is a genre of literature that, by definition, attempts to persuade the reader to adopt a particular viewpoint. It is important, then, to be aware of the ways in which an author can guide our interpretation of the text toward accepting his or her own perspective or position. Writers may use any number of strategies to persuade us of the validity of their position. These may include, but are certainly not limited to, the following:

- Appeal to authority or to a body of known facts
- References to historical knowledge
- Use of specific discourses (languages specific to certain bodies of knowledge)
- Argumentation or rebuttal to a specific set of ideas
- Anecdote or example
- Allegory
- Irony
- Humor
- Sympathy

Successful essayists will often use several of these strategies to influence their readers.

Working with a partner, consider how the author of the essay chooses to influence or persuade us of her position that Puerto Rican women face unusual difficulties in establishing themselves as writers. Once you've identified these strategies, consider which are most effective. Are there means the author uses to convince us of her position that aren't included in the list above?

Vocabulario en contexto

La cocina

TEACHING TIP Use the realia to stimulate students' interest in the topic of food and help them remember familiar vocabulary. Ask if they like to cook, if they do so often and what sort of dishes they prepare.

HERITAGE LEARNERS Ask heritage learners about the cuisine of their communities. Ask about blending of ingredients, practices, and customs from the U.S. and their native countries.

¿Te apetece ser chef de la cocina criolla?
¡Es facilísimo!

RECETA DEL MES: EL MOFONGO

Aunque tiene muchas variantes y se conoce por diferentes nombres (Matajíbaro o Fufú en Cuba, Mangú en la República Dominicana y Mofongo en Puerto Rico), el plátano verde machacado es siempre el ingrediente básico de este famosísimo plato.

INGREDIENTES:

- 3 plátanos **verdes**
- 1/2 **libra** de **chicharrones** o **tocino**
- **dientes de ajo**
- 1 **cucharada** de aceite de oliva
- sal **a gusto**
- aceite para **freír**

UTENSILIOS DE COCINA:

- un **mortero**
- una **sartén**

PREPARACIÓN:

1. Primero, **remojas** los plátanos en agua con sal durante 15 minutos.

2. Luego **fríes** los plátanos en la sartén sin **tostarlos** demasiado.

3. Tienes que **machacar** el ajo, los plátanos fritos y el tocino o los chicharrones con el aceite.

4. Después, **agregas** la sal para **sazonar** la mezcla.

5. Por último, tomas 3 o 4 cucharadas de la mezcla para formarla en una bola, y sigues haciendo lo mismo con el resto.

6. ¡Es recomendable servirlo caliente!

Tabla de medidas
1 **pizca** = 1/8 **cucharadita**
4 cucharadas = 1/4 **taza** = 2 onzas = 56 gramos
1/4 libra = 4 onzas = 115 gramos

> Other words and phrases related to cooking are cognates with English words: **el cubo** (cube), **la gastronomía** (gastronomy, cuisine), **las hierbas** (herbs), **la onza** (ounce), **el orégano** (oregano), **el procesador** (food processor), **el puré** (puree), **el ron** (rum), **los utensilios** (utensils), **la vainilla** (vanilla).

Para hablar de los ingredientes y la preparación

la canela	cinnamon
la olla	pan, pot
el perejil	parsley
el recipiente	container
la yema	yolk
agrio / agridulce	bitter, sour / sweet and sour, bittersweet
de lata / de bolsa	canned / in a bag
maduro	ripe
picante	spicy
sabroso / el sabor	tasty, delicious / taste
adobar / el adobo	to marinate / marinade
asar a la parrilla; asar	to broil, grill; to roast
batir	to whip
cubrir	to cover
derretir	to melt
descartar	to discard, throw out
echar(le) sal	to add salt (to something)
enfriar	to cool
hervir	to boil
picar, cortar	to cut
retirar	to remove
verter	to pour out
a fuego bajo/medio/alto	on low/medium/high heat
en trozos	in pieces

Para enriquecer la comunicación: Para pedir, ofrecer y servir de comer y beber

¿Puedo ofrecerle algo de beber/comer?	Can I offer you something to drink/eat?
No, gracias. Acabo de tomar algo.	No, thank you. I just had something.
Tenga, sírvase Ud. mismo(a).	Here, serve yourself.
Muchas gracias. Está sabrosísimo(a).	Thanks very much. It's delicious.
¿Qué te traigo?	What can I bring (serve) you?
¿Me das un cafecito?	Can you get me a cup of coffee?
¡Claro! Con mucho gusto.	Of course! With pleasure.

> **¿Nos entendemos?** There is a great deal of variation in Spanish with food related vocabulary since the foods themselves present a great deal of diversity throughout the Spanish speaking world. For example, **el plátano, el banano,** and **el guineo** are all used to denote a banana, but they really refer to different varieties of this fruit. Other examples of this type of variation include: **el frijol** (Mexico and Central America); **la habichuela** (Caribbean); **el poroto** (Argentina, Uruguay, Chile); **la judía** (Spain). There is also some variation among the words used for kitchen utensils. For example, in Spain and South America the word for mortar is **el mortero,** but in the Caribbean it is **el pilón,** and in Mexico it is **el molcajete.** Do you know of other examples of vocabulary variation of this type?

Práctica y expresión

4-16 Secretos de cocina Mientras buscas una estación de radio encuentras un CD1-16 programa de cocina en español. Escucha el programa y contesta las preguntas que siguen.

1. Según la locutora, ¿por qué es tan fácil de preparar el Mangú?
2. ¿Qué es la Bandera Dominicana?
3. ¿Cuáles de los siguientes no son ingredientes para el sofrito?
   a. cebolla
   b. canela
   c. tomate
   d. ron
4. Según la locutora, ¿cuáles de los siguientes pasos no son parte de la preparación del sofrito?
   a. cortar las verduras
   b. hervir las verduras en una olla
   c. freír las verduras
   d. verter los ingredientes en un recipiente
5. ¿Por qué dice la locutora que el sofrito es fundamental para la cocina criolla?
6. Según la locutora, ¿cuál es el secreto para lograr el verdadero sabor criollo?

4-17 Asociaciones Identifica las relaciones entre las palabras de la columna derecha con las de la columna izquierda.

Ejemplo La libra se asocia con la medida porque una libra es una medida.

1. _____ la libra	a. la medida
2. _____ el mortero	b. el chile
3. _____ la yema	c. el huevo
4. _____ agrio	d. machacar
5. _____ picante	e. el limón
6. _____ freír	f. el cubo de hielo
7. _____ hervir	g. la sartén
8. _____ la canela	h. la olla
9. _____ enfriar	i. dulce

4-18 Recetas para cualquier ocasión Habla con tu compañero(a) para ver cuáles son sus recetas preferidas (de comida o bebida) para las siguientes ocasiones. Pregúntale también sobre los ingredientes y la preparación de esas recetas.

1. Durante las Navidades
2. Para fiestas con los amigos
3. Durante el verano
4. Cuando no tiene mucho tiempo
5. ¿?

4-19 El menú del día Tú y otro(a) estudiante tienen que preparar un menú especial para otros dos estudiantes de la clase. Juntos entrevisten a los otros dos sobre sus gustos y preferencias alimenticias *(food)*. Luego, trabaja con tu compañero(a) para elaborar un menú completo de comidas para un día, incluyendo el desayuno, la comida y la cena.

4-20 Cocinando con... Trabaja con otro(a) estudiante para presentar a la clase una receta de la cocina cubana, dominicana o puertorriqueña. Tienen que presentar tanto los ingredientes y los utensilios necesarios como la manera de prepararla.

Espejos ¡Para chuparse los dedos!

¡Para chuparse los dedos!

JUMP START! Ask students what they have learned so far about Caribbean cuisine. Ask them to contrast it with the more familiar Mexican food. If restaurants in your area serve Caribbean dishes, ask students what they have tried.

HERITAGE LEARNERS If your class includes heritage learners with ties to different parts of the Spanish-speaking world, have them compare and contrast the dishes that they believe are most representative of the cuisine of their countries and regions.

TEACHING TIP Encourage students to look these recipes up on the Internet. Have them note the ingredients and the method of preparation and compare them to dishes they are familiar with, from the U.S. or from other countries.

Ya se sabe que no todos los hispanohablantes comen tacos y enchiladas; eso está claro. De hecho, ¡muchos estadounidenses tienen una mejor noción de la comida mexicana que un puertorriqueño, un español o un uruguayo! Pero si no comen flautas ni salsa picante, ¿qué se come en estos tres países caribeños?

Lo más común es que toda carne muy bien sazonada con ajo, ya sea pollo, lechón *(pork)*, carne de res, cabrito *(goat)* o ternera *(veal)*, se coma con arroz y habichuelas *(beans)*, muchas veces acompañados de plátanos. En Cuba a esta combinación de habichuelas negras y arroz blanco se le llama "moros y cristianos". ¿Por qué será?

Los platos más conocidos y sabrosos *(tasty)* son los varios tipos de carne o marisco preparados en fricasé o en asopao *(sopa)*: el mojo isleño (pescado), la lengua de vaca y las chuletas *(chops)* y patitas *(feet)* de cerdo y ropa vieja.

Hay plátanos de muchos tipos y se cocinan de mil maneras: verdes o maduros, en sopa, fritos, hervidos *(boiled)*, machacados *(mashed)*, asados y se sirven como piononos, piñón, mofongo, tostones, amarillos, pasteles (algo similar a tamales), guineitos verdes en escabeche... La variedad es enorme, ¡y es todo para chuparse los dedos! ¿Ya se les hace la boca agua?

Arroz blanco, ropa vieja, amarillos y tostones

Carne de cerdo frita, morcillas *(blood sausages)*, arroz con marisco, pescado frito y pollo frito ¡Todo riquísimo!

ANSWERS 1. la hamburguesa, los sándwiches, el pastel de manzana 2. *Answers will vary* 3. *Answers will vary. They may not like to try the pig's feet or the cow's tongue because it is unfamiliar and unsightly for them, which leads to the next question.* 4. Los moros son más oscuros de piel y los cristianos son más blancos. 5. Quizás no les gusten los *hot dogs* porque tienen partes de ojos, corazón, hígado, lengua, narices, tendones, huesos, riñones, intestinos, sangre y productos preservativos. 6. la papa 7. "finger-licking good" y "it's mouth-watering" 8. Sí.

TEACHING TIP If any students have read the novel *Como agua para chocolate* or have seen the film based on the book, have them share their ideas about the relationship between food and emotions that is depicted.

Las dos culturas

1. ¿Qué comidas son típicas de los EE.UU.?
2. ¿Qué comidas de las arriba mencionadas conoces o has comido?
3. ¿Qué comidas no te gustaría probar *(try)* y por qué?
4. ¿Por qué crees que al arroz y las habichuelas *(beans)* se les llama "moros y cristianos"?
5. ¿Qué comidas de los EE.UU. crees que no les gustarían a las personas de otras culturas?
6. ¿Qué comida en los EE.UU. es similar en popularidad y versatilidad al plátano?
7. ¿Qué dicho *(saying)* en inglés es equivalente a "para chuparse los dedos" y "se me hace la boca agua"?
8. ¿Afecta la geografía el tipo de comida que se come en tu región?

Estructuras

iLrn ¡OJO! Before beginning this section, review the following themes on p. B13 of the **Índice de gramática:** Past participles

RECYCLING Use transparency N-4 to present passive voice sentences. Give the characters names and tell by whom each dish was prepared, saying something such as **La ensalada fue preparada por Julieta y las papas fueron hechas por Guillermo.**

La voz pasiva con **ser**; Expresiones impersonales

La voz pasiva con *ser* + participio pasado

In making statements about preparing food, Spanish speakers will often use a form of the passive voice. In Spanish the active voice implies a subject that performs the action of the verb to an object. In the passive voice, however, what is normally the object of the sentence comes to occupy the subject position. Consider the following:

> ACTIVE: La cocinera preparó el sancocho.
>
> PASSIVE: El sancocho fue preparado por la cocinera.

The true passive voice in Spanish is composed of the verb **ser** and a second verb in the past participle form (functioning as an adjective). Often the preposition **por** is used with the true passive to reintroduce the doer of the action. In the passive voice, the verb **ser** can appear in any of the tenses. It should be noted, however, that the passive is not frequently used in speech, but more common in reporting in writing.

> El pastel **fue decorado** hace una hora por Cristina.
>
> Los dientes de ajo **son añadidos** al final.

The verb **estar** can also be used with past participles to indicate the result of an action, but this is not considered the passive voice. When **estar** is used with the past participle, the construction stresses that the object has already undergone the action of the verb and remains in the state of that resulting action. Since the focus is only on the object and its resultant state, **por** + the doer of the action is never used. Consider these examples:

> Los pasteles ya **están decorados.** (stresses that the cakes are in the state of being decorated without importance given to the process of decorating them or to who decorated them)
>
> Los pasteles **son decorados** cada mañana a las 8 **por los cocineros.** (stresses the action of decorating the cakes and who does it)

Expresiones impersonales

In addition to the true passive voice, there are a variety of ways to communicate the reduced importance of the subject of a sentence while placing more emphasis on the action itself. Impersonal expressions include:

- use of the third person plural (if the subject or agent is not known or deemed unimportant)

  Dicen que la comida puertorriqueña es estupenda.
  They say that Puerto Rican food is great.

If a **se** construction is used with a verb in the third-person singular, it is only possible through context to distinguish between the impersonal **se** and the passive **se.**

- use of the passive/impersonal **se** construction to communicate the idea that an unspecified agent is responsible for the action. In English, this construction can be translated as *one does something* or as *something is done.*

  Se asa la carne a la parrilla.
  One cooks the meat on a grill. (impersonal meaning)
  or
  The meat is cooked on a grill. (passive meaning)

When the verb is in the third-person plural, as in the following example, only the passive **se** meaning is possible, and it is assumed that the subject or agent is not known or is deemed unimportant.

> **Se compran** las aceitunas en la otra tienda.
> *The olives are purchased in the other store. (passive meaning)*

Note that the use of **por** + the doer of the action is not permitted in either the passive or the impersonal **se** constructions, but rather only with the true passive (**ser** + past participle).

> ## Un paso más allá: El uso del *se* accidental para comunicar acciones accidentales o no intencionales

RECYCLING Use transparency I-7 to remind students of this construction. Say that the shopper went to the market because she ran out of several items and/or she forgot to buy items on her last shopping trip.

In Spanish the passive **se** construction is also used with certain verbs to indicate actions that are unplanned or unexpected. In these occurrences, the verb is either in the third-person singular or the third-person plural, agreeing with either a singular or plural object of the sentence. An indirect object pronoun is also used to indicate to whom the unintentional action occurred.

> **(A mí)** + **se** + **me** **cayó** la olla.
> (**a** + indirect object noun or pronoun) + **se** + indirect object pronoun
>   + verb in the third person + noun

Other verbs commonly used in this construction include the following:

acabar: A ella se le acabó el apio.

olvidar: A ti se te olvidó añadir la sal.

descomponer: A ellos se les descompuso el batidor eléctrico.

perder: Se me perdieron mis recetas favoritas.

romper: A nosotros se nos rompió el mortero.

Práctica y expresión

ANSWERS 4-21 1. Ya está puesta. 2. Ya están arregladas. 3. Ya está limpiada. 4. Ya está puesta. 5. Ya está abierta. 6. Ya están encendidas. 7. Ya está servida. 8. Ya está envuelto. 9. Ya está firmada.

 4-21 Una cena romántica Pregúntale a un amigo qué más debes hacer para tener una cena romántica perfecta. Contesta las preguntas usando el participio pasado. Decide al final si lo ha hecho todo bien o no.

> **Ejemplo**   ¿Adobaste la carne?
>   **Ya está adobada.**

1. ¿Pusiste la mesa?
2. ¿Arreglaste las flores?
3. ¿Limpiaste la cocina?
4. ¿Pusiste la música?
5. ¿Abriste la puerta?
6. ¿Encendiste las velas?
7. ¿Serviste la comida?
8. ¿Envolviste el regalo?
9. ¿Firmaste la tarjeta de aniversario?

4-22 Coquito Escribe otra vez la receta para hacer "Coquito", ¡una bebida puertorriqueña riquísima! Tu compañero(a) te dictará todo <u>lo que hizo</u> y tú escribes <u>cómo se hace</u>. ¡Trata de hacer coquito en casa!

> **Ejemplo** Tu compañero(a): Compré todos los ingredientes.
> Tú escribes: **Se compran todos los ingredientes.**

Ingredientes:

> dos tazas de ron blanco
> dos tazas de leche evaporada
> una lata de crema de coco
> ocho yemas de huevo
> canela, azúcar y extracto de vainilla a gusto

1. <u>Combiné</u> la leche, el ron y la crema de coco.
2. Después, <u>mezclé</u> las yemas de huevo con el azúcar y la vainilla.
3. Un poquito antes, <u>puse a hervir</u> los palitos de canela en una taza de agua y le <u>añadí</u> el agua sin los palitos.
4. <u>Vertí</u> todo en un recipiente grande para combinarlo todo bien.
5. <u>Coloqué</u> el coquito en botellas y lo <u>metí</u> al refrigerador.
6. Una hora antes de servirlo, lo <u>agité</u> bien y lo <u>serví</u> en copitas con polvo de canela por encima.

4-23 Clases de cocina Doña Carmen Aboy de Valldejuli es la Julia Child de Puerto Rico. Hoy, nada le sale bien a sus estudiantes. ¿Qué pasa hoy en sus clases de cocina?

> **Ejemplo** Mario, ¿por qué te vas a la tienda ahora? (acabar / leche)
> **¡Se me acabó la leche!**

1. Juan, ¿por qué hay pedazos *(pieces)* de vidrio *(glass)* en el piso? (caer / botella de vino)
2. Julia, ¿por qué estás limpiando la mesa? (derramar / salsa de tomate)
3. Se secaron las habichuelas. ¿Por qué no les añadieron más agua? (no ocurrir)
4. ¿Por qué ustedes no tienen platos? (romper)
5. Marga, esta carne está casi negra. ¿Qué pasó? (quemar)
6. Néstor, ¿dónde está la receta que debías traer? (quedar / casa)
7. Mari y Tito, el plato les quedó soso *(bland)*. ¿Por qué no le pusieron sal? (olvidar)

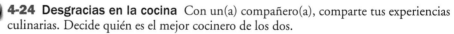

4-24 Desgracias en la cocina Con un(a) compañero(a), comparte tus experiencias culinarias. Decide quién es el mejor cocinero de los dos.

1. ¿Cocinas con frecuencia? ¿Por qué sí o por qué no?
2. ¿Es difícil o fácil para ti?
3. ¿Se te ha quemado algún plato? ¿Qué pasó?
4. ¿Se te ha caído un plato? ¿Con o sin comida?
5. ¿Se te ha roto un vaso o una copa cara? ¿Qué pasó? ¿Cómo reaccionó el dueño?
6. ¿Se te ha derramado una copa de vino tinto en una alfombra? ¿Qué hiciste para limpiarla?
7. ¿Se te ha olvidado echarle un ingrediente importante a un plato?
8. ¡¿Se te ha acabado la leche alguna vez!? ¿Qué hiciste?

4-25 Tu plato favorito Con un(a) compañero(a), comparte una receta favorita. Usa la construcción con **se** cuando sea posible. En grupos más grandes decidan cuál es la receta más sabrosa.

1. ¿De qué país es la receta?
2. ¿Quién te enseñó a cocinarla?
3. ¿Es fácil o difícil?
4. ¿Cuáles son los ingredientes?
5. ¿Qué haces primero?
6. ¿Con qué se come?

Rumbo abierto

④

> **Paso 1** Antes de leer esta reseña lee con rapidez el texto y trata de usar las destrezas de la lectura que estudiaste al principio de este capítulo. Con otro(a) estudiante, trata de hacer una lista de los nombres, eventos y conceptos que asocias con la isla de Cuba, su gente, su historia y sus relaciones con los Estados Unidos.

> **Paso 2** Ahora lee la reseña de una película del director estadounidense Julián Schnabel que se estrenó en el año 2001. El protagonista es el actor español Javier Bardem y la obra narra la vida de un intelectual cubano.

ANSWERS Paso 3:
1. C 2. C 3. C 4. F – está basada en la vida de Arenas 5. C

> **Paso 3** Después de leer esta reseña, decide si las siguientes afirmaciones son ciertas o falsas. Corrige las falsas.

1. La película ganó un premio en Europa.

2. En la película participan diferentes personas de muchos países.

3. Reinaldo Arenas participó en la Revolución cubana.

4. La película del escritor cubano está basada en la biografía del escritor J. Schnabel.

5. Reinaldo Arenas fue uno de los cubanos que salió de Cuba durante el éxodo del Puerto Mariel.

TEACHING TIP Have students share their ideas in small groups. Following their conversations you may lead a class discussion on the topic or you may have students write a paragraph in which they summarize what they learned and turn it in to you.

> **Paso 4** ¿Qué opinas sobre la relación entre el arte y la política? Con un(a) compañero(a), explora las siguientes preguntas. ¿Tiene el gobierno el derecho de prohibir cierto tipo de arte? ¿arte antirreligioso? ¿arte de contenido sexual? ¿Debe tener el artista la libertad de criticar la moralidad de la mayoría en una sociedad?

¡A leer!

JUMP START! Ask students if they have seen the film *Antes que anochezca* or know anything about the work or life of the Cuban writer Reinaldo Arenas.

ANTES QUE ANOCHEZCA

Ganador del Premio del Gran Jurado en el Festival de Cine de Venecia 2000, *Antes que anochezca* es un paseo de gran riqueza imaginativa por la vida y los escritos del brillante autor cubano exiliado Reinaldo Arenas. Dirigida y co-escrita por Julián Schnabel (*Basquiat*), la película está protagonizada por el actor español Javier Bardem (*Boca a Boca*; *Jamón, Jamón*), cuya elocuente y compleja interpretación en el papel de Arenas lo hizo merecedor de la Copa Volpi por Mejor Actor en el Festival de Cine de Venecia 2000.

Antes que anochezca se extiende a lo largo de toda la vida de Arenas, desde su infancia en un ambiente rural y su temprana participación en la Revolución, hasta la persecución que más tarde experimentaría como escritor y homosexual en la Cuba de Castro; desde su salida de Cuba en el éxodo de Mariel Harbor en 1980, hasta su exilio y muerte en los Estados Unidos. Es el retrato de un hombre cuyo afán de libertad —artística, política, sexual— desafió la pobreza, la censura, la persecución, el exilio y la muerte. Como el trabajo de Arenas, *Antes que anochezca* combina pasajes llenos de una imaginación arrebatadora con un apremiante realismo; al hacerlo, representa el genio creativo al que Arenas dedicó su vida: transformar la experiencia en libre expresión.

El pintor y realizador Julián Schnabel supo acerca de Reinaldo Arenas cuando vio el documental *Habana*, un recorrido oral por la historia de Cuba dirigido por Java Bokova. Arenas cautivó la atención y la imaginación de Schnabel, tanto por su historia como por la manera en la que la contaba. Schnabel recuerda, "Decía: 'Por el momento, mi nombre es Reinaldo Arenas y soy un ciudadano de ningún lugar. El Departamento de Estado me ha declarado apatriado, así que, legalmente, no existo'. Pensé que era un hombre muy divertido y humilde. Después había un fragmento de un poema en prosa llamado 'The Parade Ends', que me dio la idea de que su vida podría convertirse en una película".

¡A escribir!

ATAJO *Functions:*
Describing; Talking about
films; Writing an
introduction; Writing a
conclusion
Vocabulary: Food; Leisure; Sports
Grammar: Adjectives: agreement;
Adjectives: position; Verbs:
passive; Verbs: passive with **se**;
Verbs: subjunctive

> Before beginning your review,
read the **Estrategia de escritura**
on p. 115.

TEACHING TIP This activity is designed
to engage students with Hispanic culture outside the classroom, as well as to
give purpose to their writing. Encourage
them to seek activities focused on
Hispanic (or Caribbean) culture: a local
museum exhibition (or even perhaps an
Internet exhibit), a Cuban/Dominican/
Puerto Rican (or other) restaurant (or
try recipes on their own), or suggest
they view one of the following movies:
Azúcar amarga (EE.UU., 1996), *Cuatro
hombres y un ataúd* (República Dominicana, 1996), *Fresa y chocolate*
(Cuba, 1993). Make sure student selections represent a variety of choices.
Publish final drafts in a paper or
web-page format for the class to read.

> ## Paso 1

Por medio de la reseña el (la) autor(a) nos describe un libro, una película,
una exposición, un restaurante, etc., desde su punto de vista personal.
Contamos con las reseñas para decidir qué película queremos ver, para
probar un nuevo restaurante o para hacer alguna actividad nueva. Por
ejemplo, acabas de leer una reseña sobre la película *Antes que anochezca*
y basándote en esa información puedes decidir si te interesa verla o no.

Vas a contribuir una reseña a una *Guía del ocio* en español que va a
crear tu clase. Vas a probar algo nuevo y luego vas a escribir una reseña
sobre la experiencia. Identifica lo que quieres hacer y toma apuntes de la
experiencia.

> ## Paso 2

Una buena reseña combina datos objetivos con la opinión personal de
su autor. Para organizarte a escribir, haz una lista de todos los datos objetivos
importantes para la descripción de tu tema. Debes incluir la siguiente
información:

- el nombre
- la ubicación (si es un restaurante)
- el tipo de película / exposición / restaurante
- el nombre del director, artistas/actores o chef (si lo tienes)
- detalles objetivos sobre las piezas o platos (si es exposición o restaurante) o sobre el argumento *(plot)* de la película

Ahora, toma entre diez y quince minutos para escribir en español todas tus
reacciones a tu objeto de estudio. Considera lo siguiente: ¿Cuál fue tu primera
reacción? ¿Cambió tu opinión al final? ¿Qué te gustó? ¿Qué no te gustó? ¿Por
qué? ¿Cuáles son los aspectos más interesantes? ¿Se lo recomiendas a todo el
mundo, o solamente a personas con intereses especiales? ¿Por qué sí o no?
Resume tu experiencia en una oración.

ESTRATEGIA DE ESCRITURA

La revisión de forma

The revision of surface form refers to correcting the spelling and grammar errors in your completed writing draft. In this section, we will focus on spelling errors. If you use a word processing program, you can use the Spell Check function to catch a good number of errors. Typically this function will underline or highlight a word that it does not recognize, and sometimes it might suggest a new word. If no new word or spelling is suggested, you can try a couple of strategies. Think whether the word needs an accent. You can review the rules of written accentuation with the Atajo Writing Assistant CD. Try a couple of different spellings, keeping in mind that the following letters or groups of letters can often be confused: b/v, c/z/s, gi/ge/ji/je, j/g/h, qu/k/c, gu/g, ll/y, r/rr. Alternatively, look up the word in a dictionary. If none of these strategies works, make sure that you have not inadvertently *invented* the word. Remember that Spell Check only catches misspelled words; it does not catch words spelled correctly, but used improperly. There are a number of Spanish words whose spelling only differs by the use of an accent mark: **solo/sólo, mas/más, tu/tú, mi/mí, te/té, el/él, de/dé, si/sí.** To these we can include question words such as **qué, cuándo,** etc., which when used as a conjunction do not have an accent. Finally, we can also add verb forms, such as **hablo,** which means *I speak,* but whose meaning changes to *she or he spoke,* **habló,** when the accent is used. In order to catch these types of errors you will have to take caution when using these words.

Many word processing programs come with a Spanish dictionary either installed or as an option that you can install. Others might require an additional purchase. Check with your campus computing department for help if you do not currently have access to software with Spanish Spell Check.

> ### Paso 3

Escribe tu primer borrador e incluye las siguientes partes:

Una introducción: Incluye el nombre y la ubicación (si es relevante), el tipo de obra, exposición, comida que es, etc.

El desarrollo (cuerpo de la reseña): Dale al lector suficiente información para poder entender bien cómo es la obra, la exposición o el restaurante. Usa adjetivos descriptivos para demostrar tus opiniones. Por ejemplo, si escribes "la exposición presenta una colección impresionante del arte taíno", se entiende que piensas que tiene una buena colección. Por eso no hace falta usar frases como yo creo, en mi opinión, etc.

Una conclusión: Resume en una o dos oraciones la información que presentaste en la reseña, incluyendo tu opinión. Puedes usar la frase que escribiste en el Paso 2 para resumir tu opinión. Concluye con tu recomendación para el lector.

Un título: Piensa en algo que capte bien el tema de tu reseña, tu opinión o las dos cosas.

> ### Paso 4

Trabaja con tu compañero(a) de clase para revisar tu primer borrador. Lee su reseña y comparte con él/ella tus respuestas a las siguientes preguntas: ¿Tiene una introducción, un cuerpo, una conclusión y un título? Después de leer su reseña, ¿tienes una buena idea de cómo es el objeto de su reseña? ¿Crees que necesita elaborar más o menos en su descripción? ¿Se nota la opinión de tu compañero(a) en la reseña? ¿Es convincente su opinión o necesita dar más detalles para apoyar su opinión? ¿Usa bien algunos conectores para enlazar de manera correcta las ideas, oraciones y párrafos de su reseña? ¿Hace una recomendación al final? ¿Usa bien el subjuntivo? ¿Usa la voz pasiva y/o expresiones personales? ¿Ves algunos casos donde puede usar estas estructuras? ¿Usa bien el vocabulario del capítulo?

> ### Paso 5

Considera los comentarios de tu compañero(a) y haz los cambios necesarios. Haz una revisión de forma para corregir errores de vocabulario y gramática.

TEACHING TIP If time or your teaching situation make the peer review phase prohibitive, recommend that students use **Pasos 4** and **5** to edit their own work before writing a final draft.

¡A ver!

> **Paso 1** Algunos musicólogos opinan que si estudiamos con cuidado diferentes tipos de música popular *como hip-hop, jazz, blues* o *rock 'n roll,* vamos a encontrar huellas de ritmos afro-cubanos. Con otro(a) estudiante, describe su música popular favorita. ¿Cuál es su cantante favorito? ¿Cuál es su grupo predilecto? ¿Cuál es la mejor música para bailar?

TEACHING TIP Allow students to view the video segment at least two times. Suggest they watch and listen the first time but not try to take notes. Have them read the questions in **Paso 3** and then, as they watch it a second time, have them write information related to the questions.

> **Paso 2**

Mira el reportaje sobre una pareja de salseros en Cuba y toma notas.

> **Paso 3** ¿Qué recuerdas? Contesta las siguientes preguntas.

1. ¿Qué campeonato ganó esta pareja?

2. ¿Dónde lo ganaron?

3. ¿De qué país son?

4. ¿Dónde bailaron en La Habana?

5. ¿Cuál es la principal característica de la manera cubana de bailar salsa?

TEACHING TIP Have students work with a partner to discuss answers to the questions, then review them with the class. Note any items that students found difficult to understand.

ANSWERS Paso 3: 1. Ganó el campeonato mundial de salsa. 2. en Roma 3. Gran Bretaña 4. en uno de los mejores clubes de La Habana 5. La gente baila con todo el cuerpo.

TEACHING TIP Have students share their answers with the class. You may lead a class discussion referring to recent stories about controversies about music content or copyright issues. Or you may have students write a paragraph describing a favorite group, type of music, or vocalist.

> **Paso 4** ¿Qué opinas? Con otro(a) estudiante contesta las siguientes preguntas.

1. ¿Existe algún tipo de música que se debe prohibir?

2. ¿Se debe permitir copiar música sin pagar derechos de autor? ¿Por qué?

3. ¿Por qué crees que cada generación tiene su propio tipo de música?

Para hablar del Ocio

el (la) aficionado(a) *fan*
el ajedrez *chess*
el atletismo *track and field*
el blanco *target*
la bolera *bowling alley*
el boliche *bowling*
el boxeo *boxing*
la carrera de relevo *relay race*
las cartas *cards*
el coleccionismo / coleccionar *collecting / to collect*
el crucigrama *crossword puzzle*
las damas *checkers*
los dardos *darts*
la escalada en roca *rock climbing*

la exposición *exposition*
los juegos de mesa *board games*
la montaña rusa *roller coaster*
el parque de atracciones *amusement park*
la pieza de cerámica *ceramic piece*
el recital *recital*
el remo / remar *rowing, paddle / to row*
el torneo *tournament*
la veintiuna *blackjack*

apostar *to bet, gamble*
apuntar *to aim*
barajar / la baraja *to shuffle / deck of cards*
empatar / el empate *to tie (the score) / tie (score)*
entretener(se) *to entertain (oneself)*

explorar cuevas *to explore caves*
hacer equipos *to form teams*
lograr el golpe *get a strike (bowling)*
navegar a vela / en canoa *to sail (a sailboat) / to canoe*
practicar paracaidismo *to skydive*
practicar tablavela *to windsurf*
repartir las cartas *to deal cards*
tirar la bola *throw the ball*
volar una cometa *to fly a kite*
voltear los bolos *knock over bowling pins*

Para hablar de la cocina

la canela *cinnamon*
el chicharrón *pork rind*
la cucharada *tablespoon*
la cucharadita *teaspoon*
la libra *pound*
el mortero *mortar*
la olla *pan, pot*
el perejil *parsley*
la pizca *pinch*
el recipiente *container*
la sartén *frying pan*
la taza *cup*
el tocino *bacon*
la yema *yolk*

agrio(a) / agridulce *bitter, sour / sweet and sour, bittersweet*
de lata / de bolsa *canned / in a bag*

maduro(a) *ripe*
picante *spicy*
sabroso(a) / el sabor *tasty, delicious / taste*
verde *unripe / green*

adobar / el adobo *to marinate / marinade*
agregar *to add*
asar a la parrilla; asar *to broil, grill; to roast*
batir *to whip*
cubrir *to cover*
derretir *to melt*
descartar *to discard, throw out*
echar(le) sal *to add salt (to something)*
enfriar *to cool*
freír *to fry*
hervir *to boil*

machacar *to crush, to mash*
picar *to cut*
remojar *to soak*
retirar *to remove*
sazonar *to season*
tostar *to brown, to toast*
verter *to pour out*

a fuego bajo/medio/alto *on low/ medium/high heat*
a gusto *to taste*
en trozos *in pieces*

Capítulo 5

RUMBO A ESPAÑA

Metas comunicativas

En este capítulo vas a aprender a...

- describir las características físicas y la personalidad de otras personas
- describir la ropa y comentar las tendencias de moda
- expresar preferencias sobre la moda
- escribir una biografía

Estructuras

- Pronombres de objeto directo
- Pronombres de objeto indirecto y verbos como **gustar**
- Pronombres de objeto dobles

Cultura y pensamiento crítico

En este capítulo vas a aprender sobre...

- los piropos
- percepciones sobre el cuerpo
- los estereotipos
- los conceptos sobre la imagen en las dos culturas

 iLrn Spanish · Nuevo Latino Track 9

España					
	218 A.C. a 300 D.C. Dominación romana	**711** Invaden los árabes (moros)	**1492** Cristóbal Colón llega al nuevo mundo; los Reyes Católicos expulsan a los judíos de España		
	300	**700**	**1500**	**1600**	**1750**
Los Estados Unidos	Por siglos es la tierra de los Sioux, Cherokee, Apache, Iroquois, Navajos, Chippewa, Pueblo y muchas tribus más		**1513** Juan Ponce de León llega a la Florida	**1565** Los españoles fundan San Agustín en la Florida	**1607** Inmigrantes de Inglaterra fundan Jamestown en Virginia — **1776** Las trece colonias se declaran independientes

La imagen: Percepción y realidad

Acueducto
de
Segovia

Café
al aire libre

Los Reyes
Católicos
de España

Marcando el rumbo

5-1 España: Percepción y realidad

Paso 1: Mira el mapa, la cronología histórica y las fotos de España. Con un(a) compañero(a), haz una lista de personajes, culturas, hechos históricos y lugares geográficos que ustedes asocian con España. Luego, utiliza la lista para comentar con tu compañero(a) sobre la imagen que ustedes tienen de España. Después de comentar sus percepciones, escriban una lista de algunas de sus ideas.

| Personajes | Cultura | Lugares geográficos | Hechos históricos |

Paso 2: ¿Cierto o falso? Con un(a) compañero(a), determina si las siguientes ideas sobre España y su gente son ciertas o falsas. Si son falsas, corrígelas y escribe lo que te parece correcto.

1. Los españoles comen muy tarde en la noche después de ir al cine, al teatro, a un concierto o a bailar.
2. España es un país del tercer mundo.
3. En España se vende cerveza en las máquinas expendedoras *(vending machines)* en las universidades y otros sitios públicos.
4. En España se puede esquiar.
5. El español de España es más puro y más prestigioso que el español de las Américas.

5-2 Un viaje a España ¿Qué te gustaría conocer?

CD1-18

A continuación vas a escuchar un anuncio de la agencia de viajes Olé que se especializa en visitas guiadas para turistas interesados en la historia y el arte. La agencia ofrece cuatro viajes diferentes.

Paso 1: Escucha el anuncio y toma notas sobre lo siguiente:

De la edad de piedra al cristianismo
Por las tierras de los conquistadores
Al-Andaluz
Joyas del arte de España

Paso 2: Escribe una descripción corta de los lugares que quieres visitar durante unas vacaciones de verano y por qué. Recuerda que España tiene una variedad de climas según la región y la época del año. ¿Qué ropa llevarías para los diferentes viajes?

Paso 3: Comparte tus preferencias con otros estudiantes de la clase para ver los lugares más populares entre todos.

ANSWERS 5-1 1. C 2. F – Es un país del primer mundo. 3. C 4. C 5. F – Es una variante del español.

1810 Empiezan a independizarse las colonias españolas en Centro y Sudamérica

1898 Guerra Hispanoamericana

1936–1939 Guerra civil

1936–1975 Dictadura de Francisco Franco

1975 Juan Carlos I establece una monarquía constitucional

1986 España se une a la Unión Europea

1800 **1850** **1860** **1940** **1970** **1980**

1848 Los Estados Unidos anexan Texas, California, Nevada, partes de Arizona, Utah, Colorado, Wyoming y Nuevo México

1861–1865 Guerra civil

1941 Los Estados Unidos entran en la Segunda Guerra Mundial

Vocabulario en contexto

La apariencia física y el carácter

Mejora tu imagen con el Dr. Josep Sempre Bello

¿Te falta **autoestima**?

¿Quieres estar más **seguro de ti mismo**?

El Dr. Josep Sempre Bello te puede ayudar…

¡Mejora tu **aspecto físico** y mejora tus relaciones con los demás!

¡Proyecta una imagen de una persona **audaz** y segura de sí misma!

En el centro del Dr. Josep Sempre Bello te ofrecemos los siguientes servicios:
- Gimnasio con entrenador personal
- Cursos para mejorar la personalidad que proyectas: cómo ser más extrovertido, cómo mejorar **el genio**, cómo aumentar **el amor propio**

Dicen los pacientes del Dr. Sempre Bello:

Oscar Mario

"En el año 1999 yo era **pequeño de estatura** y a la vez algo gordo. Me gustaban mis grandes **facciones** (sobre todo la **nariz aguileña**) pero no me gustaba ser **calvo**, y era muy **sensible** a la crítica. Era tímido y siempre estaba **de mal humor**, y por eso era difícil hacer amigos.

Antes

Después

"¡Gracias al doctor Bello soy una persona totalmente nueva! Después de las clases de autoestima y el programa de tonificación, estoy más **delgado de cintura** y creo que tengo **buen aspecto**, pues ¡hasta me gusta mi cabeza calva! Noto también cambios en mi personalidad: ahora **tengo buen genio** y proyecto la imagen de una persona **despreocupada** y **juguetona**. Debido al Dr. Sempre Bello estoy más seguro de mí mismo y me sobra el amor propio".

El doctor Josep Sempre Bello te espera!

Centro del Dr. Josep Sempre Bello. Avda. de la Plata, 118 – 46006 Valencia. 041-240878.

> Other words and phrases related to physical and character descriptions and image are cognates of English words: **cara triangular u ovalada** (round or oval face); **la cirugía plástica** (plastic surgery); **tener un complejo** (to have complex); **voluptuoso(a)** (voluptuous); **frívolo(a)** (frivolous); **potente** (strong, potent).

> The term **un sinvergüenza** can be very strong and can imply an arrogant or disrespectful person.

Para describir la apariencia física

adelgazar / engordar	*to lose weight / gain weight*
tener...	*to have . . .*
arrugas / una cicatriz	*wrinkles / a scar*
una barbilla / un mentón redonda(o)	*a round chin*
cejas pobladas	*thick eyebrows*
facciones delicadas	*delicate facial features*
una nariz chata	*a flat/snub nose*
pelo lacio/rizado	*straight/curly hair*

Para describir el carácter (la personalidad) de una persona

ser...	*to be . . .*
apasionado(a)	*passionate*
atrevido(a)	*daring, risqué*
caprichoso(a)	*capricious, impulsive*
cariñoso(a)	*affectionate, loving*
egoísta	*selfish*
(mal)educado(a)	*(bad) mannered, (im)polite*
mimado(a)	*spoiled, pampered*
patoso(a)	*clumsy*
quisquilloso(a)	*finicky, fussy*
(in)seguro(a) de sí mismo(a)	*(in)secure*
sensato(a)	*sensible*
terco(a)	*stubborn*
valiente	*courageous*
vanidoso(a)	*vain, conceited*
un(a) sinvergüenza	*a shameless person*

Para enriquecer la comunicación: Para comentar el carácter de la gente

Tiene **mala leche.**	*He has a **bad temper.** (informal)*
Ella **no me cae bien** / me cae muy mal.	*She doesn't sit well with me / she rubs me the wrong way.*
Le sobra el amor propio.	*He's got plenty (more than enough) of pride.*
A ella no le importa **el qué dirán.**	*She isn't bothered by **what people say.***
Ana no tiene **pelos en la lengua.**	*Ana doesn't **mince words.***

> **¿Nos entendemos?** Caution should always be taken when using colloquial expressions in Spanish. What is common and acceptable in one place and context, might be offensive in another. This is the case with the phrase **tener mala leche,** where in some countries it is a common expression, but in others it is considered rude or offensive. If you are not sure about the status of colloquial phrases, it is best not to use them in unfamiliar contexts.

Práctica y expresión

5-3 En el consultorio del Dr. Josep Sempre Bello Trabajas como consejero(a) del centro del doctor. Escucha el perfil *(profile)* de esta nueva paciente y toma nota de sus características. Sigue las indicaciones del siguiente formulario y determina los tratamientos y los programas que sean necesarios.

CD1–19

Formulario de consulta

Centro Dr. Josep Sempre Bello
Paciente: Sra. Sara Rodríguez Recinos

Descripción física: _____

Descripción del carácter: _____

Programas / tratamientos recomendados:

_____   Entrenador personal   _____   Cirugía plástica

Cursos para mejorar la personalidad:

_____   Cómo ser más audaz   _____   Cómo mejorar las relaciones interpersonales
_____   Cómo aumentar el amor propio   _____   Cómo ser menos quisquilloso

Otras recomendaciones:

5-4 En otras palabras ¿Cuál es la imagen o percepción que tenemos de las personas con las siguientes características? ¿Qué hacen o qué no hacen? Escribe una frase que describa a una persona con las siguientes características.

Ejemplo   una persona egoísta
              Una persona egoísta siempre piensa en sí misma y no comparte sus cosas con los demás.

1. una persona despreocupada
2. una persona sensible
3. una persona patosa
4. una persona valiente

5. una persona vanidosa
6. un sinvergüenza
7. una persona mimada

5-5 Españoles famosos En la siguiente lista aparecen nombres de algunas de las personas o personajes españoles más famosos en o fuera de España. ¿Cómo son? Si no los conoces, haz una pequeña investigación en Internet y escribe una breve descripción física y de la personalidad de cada uno. Luego, comenta con un(a) compañero(a) las características que los hacen tan famosos.

1. Su alteza real, Sofía de Grecia, reina de España
2. Sancho Panza, compañero de Don Quijote

3. Rosie de Palma, actriz
4. Julián López, "El Juli", torero

5-6 La belleza en los Estados Unidos ¿Cómo es la imagen del hombre y de la mujer "ideal" en los Estados Unidos actualmente? Haz una lista de características físicas y cualidades de su personalidad. Compara tus listas con las de otros(as) compañeros(as) de la clase. ¿En qué están de acuerdo? ¿En qué no?

5-7 ¿De acuerdo? A continuación se presentan algunas de las ideas y estereotipos que se oyen sobre la imagen. Léelas e indica si estás de acuerdo o no. Explica por qué.

1. Las rubias se divierten más que las morenas.
2. Si no te gustas tal y como estás, te cambias y vas a aumentar la autoestima.
3. Sólo la gente vanidosa se hace la cirugía plástica.
4. La belleza es universal.

Espejos

Nuestra imagen y los piropos

¿Qué es un piropo?

Un piropo es un comentario dirigido a una mujer en la calle. Es un cumplido *(a compliment)* que tiene como propósito dar confianza, no intimidar, confesar una atracción, no hostigar *(harass)*, decir algo gracioso o poético para llamar la atención, no ofender. Algunos lo consideran "poesía de la calle", o "echarle *(throw)* una flor a alguien".

¿Qué se hace al oír piropos?

Echar piropos es una costumbre que está desapareciendo, pero que definitivamente aún existe en España y Latinoamérica. Las mujeres cuando

¿Se abrió el cielo y bajaron los ángeles?

escuchan que alguien les dirige un piropo, no contestan, sino que siguen caminando. Su autoestima, confianza en sí misma y su importancia como persona no se ven afectadas al recibir este tipo de cumplido. Algunos ejemplos de piropos son:

> ¡Diosa! *(Goddess!)*
> ¡Tantas curvas y yo sin frenos! *(So many curves and I don't have brakes!)*
> ¿Desde cuándo los bombones caminan por la calle? *(Since when does candy walk down the street?)*
> Mírame a los ojos, morena, que quiero ver el cielo. *(Look me in the eyes, brunette, because I want to see heaven.)*
> ¡Y dicen que la Virgen no tiene hermanas! *(And they say the Virgin Mary has no sisters!)*

> Cuatro perspectivas

Perspectiva I En los Estados Unidos...

¿Cuál es el equivalente de un piropo en los Estados Unidos?
¿Es algo positivo o negativo?
¿Echarías tú un piropo?

Perspectiva II ¿Cómo vemos a los españoles?

Marca con un (✔) si estás de acuerdo, (X) si no estás de acuerdo y (N) si te sientes neutral.

☐ El piropo es una forma de hostigamiento *(harassment)* sexual hacia la mujer española.

☐ Los españoles no son muy sensibles *(sensitive)* hacia las mujeres.

☐ El piropo es gracioso, pero no es apropiado.

☐ Una mujer española liberada no debe aceptar un piropo.

☐ Los piropos son sexistas.

☐ Me gustan los piropos.

Perspectiva III En España...

Algunos hombres dicen:

> Es un cumplido, es echar una flor.
> Es una frase graciosa para expresar admiración.

Algunas mujeres dicen:

> No hace daño, es gracioso, es una rima o juego.
> Mientras más pasan los años, más aprecias los piropos.

Perspectiva IV ¿Cómo ven a los estadounidenses?

> Comenta con unos(as) compañeros(as) cómo creen Uds. que los españoles ven a los estadounidenses.

Las dos culturas

Si consideramos los piropos como un juego verbal, ¿hay alguna forma de juego verbal en los Estados Unidos?

Pronombres de objeto directo

 ¡OJO! Before beginning this section, consult the following topics on p. B14 of the **Índice de gramática:** Formation and placement of direct object pronouns.

RECYCLING You may recycle direct object pronouns and clothing vocabulary with transparency I-1, saying something such as **Javier mira una camisa azul. La compra porque le gusta mucho. Mariana mira un suéter pero no va a comprarlo porque no lo necesita.** Ask students if the individuals in the drawing do or do not buy various items that are pictured.

> **¿Nos entendemos? El leísmo hispano** Occasionally, and more commonly in Spain, speakers of Spanish will use the indirect object pronoun **le(s)** to substitute for the direct object. For example, instead of saying: **Yo voy a llamarlo mañana sobre nuestros planes,** someone in Spain might say: **Yo voy a llamarle mañana sobre nuestros planes.** Although this phenomenon is thought to be limited to Spain and primarily to the singular, masculine form, it actually has a more widespread occurrence.

In describing physical characteristics or someone's personality, Spanish speakers will often use pronouns to avoid redundancies in speaking and in writing.

The direct object of a sentence is usually a person or a thing, and it answers the questions *what?* or *whom?* in relation to the sentence's subject and verb (in the same manner that an indirect object pronoun answers the questions *to whom?* or *for whom?*).

Subject	Verb	Direct object	
Andrea	mira	un anuncio.	*What does she look at? (an announcement)*
Marcos	llamó	a su amiga.	*Whom did he call? (his friend)*

In Spanish, direct object pronouns may be used in place of direct object nouns when it is clear from context what the pronouns designate. In this manner, Spanish speakers can avoid repetition of an object previously stated in a conversation. In the same way, English speakers use *it* and *them* in the place of direct objects to shorten sentences and to avoid repetition.

—¿Conociste **a la nueva amiga de Alicia?**

—Sí, **la** conocí ayer en el centro.

—¿Viste **el pelo rizado** que tiene?

—Sí, **lo** vi. Lo tiene como el tuyo.

The direct object pronoun **lo** can be used to stand for actions, conditions, or ideas in general.

—Rafael, ¿puedes creer *que la señora antes tenía pelo rizado?*

—¡No puedo creer**lo**!

> ## Un paso más allá: El uso de pronombres de objeto directo y otros pronombres juntos

In the preceding sentences, the direct object pronouns **la** and **lo** replace the direct object nouns **la nueva amiga de Alicia** and **el pelo rizado,** respectively. In the first example, it is possible to include a pronoun along with the direct object pronoun *(La conocí a ella).* It is not possible, however, to include the direct object and the direct object pronoun together in the same sentence *(La conocí a la nueva amiga de Alicia).*

Práctica y expresión

EXPANSION 5-8 Ask additional question with the verb **cambiar** and have students answer with direct object pronouns: **¿Cambiaron los labios? Sí, los cambiaron. ¿Cambiaron el mentón? No, no lo cambiaron.** Ask about a variety of body parts.

5-8 Un arreglo extremo Contesta las preguntas llenando los espacios en blanco con el pronombre del objeto directo apropiado para decir qué mejoras *(improvements)* le hicieron a esta persona.

1. ¿Qué hicieron con la nariz? ___La___ hicieron más pequeña.
2. ¿Qué hicieron con el pelo? ___Lo___ recortaron muy a la moda.
3. ¿Qué pasó con las cejas? ___Las___ redujeron mucho.
4. ¿Qué pasó con la cicatriz que tenía en la cara? ___La___ borraron con cirugía plástica.
5. ¿Y sus arrugas? ___Las___ eliminaron con botox.
6. Sus ojos son diferentes. ___Los___ cambiaron de color.

TEACHING TIP 5-9 Have students speak with several different classmates and compare and contrast answers they receive.

ANSWERS 5-9 *Answers may vary. Possibilities:* 1. Sí, lo/la comprendo. Él/Ella no me comprende. 2. La amo. Ella me ama. 3. La quiero. Ellos me quieren. 4. Lo/La busco. Lo/La busca. Me busca también. 5. Los visito con frecuencia. No me visitan. 6. Los necesito. Me necesitan. 6. Los miro. Ellos los miran también.

 5-9 ¿Cómo eres tú? ¿Cómo son los demás? Conversa con otro(a) estudiante para ver cómo es la relación de los padres de cada uno. Contesten las preguntas usando el objeto directo cuando sea posible.

Ejemplo ¿Escuchas a tus padres? ¿Y tus padres?
Yo los escucho. Mis padres no me escuchan.

1. ¿Comprendes a tu novio(a)? ¿Y él/ella?
2. ¿Amas a tu madre? ¿Y ella?
3. ¿Quieres a tu familia? ¿Y tu familia?
4. ¿Buscas a un hombre (una mujer) con dinero? ¿Y él/ella?
5. ¿Visitas a tus abuelos? ¿Y ellos?
6. ¿Necesitas a tus amigos? ¿Y ellos?
7. ¿Miras programas de ejercicios? ¿Y tus amigos?

ANSWERS 5-10 Translation: "That eye that you see, is not an eye because you see it. It is an eye because it sees you." *Other possibilities are:* 1. Esa mano que tú tocas, no es mano porque tú la tocas. Es mano porque te toca. 2. Esos labios que besas, no son labios porque tú los besas, son labios porque te besan.

EXPANSION 5-10 Have students gather information on Machado. They may use Presentational Communication to share it with the class. They may present short examples of his work.

5-10 Antonio Machado Lo siguiente fue escrito por el poeta español Antonio Machado. Léelo para ver qué significa y luego trata de producir algo similar.

El ojo que ves,
no es ojo porque tú lo ves.
Es ojo porque te ve.

¿Comprendes este juego de palabras? ¿Estás de acuerdo con su opinión?

¿Podrías componer algo parecido con otra parte del cuerpo, como la mano? Completa la frase "Esa mano que tocas, no es una mano porque la tocas..."

¿Qué tal "labios"? Esos labios que besas...

5-11 Dos actores y dos atletas ¿Qué piensas de estos destacados españoles? Con un(a) compañero(a), comparte tu opinión usando los pronombres de objeto directo cuando sea posible.

Vocabulario útil: admirar, respetar, odiar, amar, adorar, conocer, comprender

Sobre Antonio Banderas y Penélope Cruz:
¿Los conoces? ¿Viste sus últimas películas? ¿Dónde? ¿Las recomiendas?
¿Qué piensas de su cara, su nariz, sus labios, su pelo... ?
¿Qué piensas de su talento artístico?
Y como personas, ¿qué piensas de ellos?

Sobre Juan Carlos Ferrero (tenista) y Sergio García (golfista):
¿Los conoces? ¿Los has visto jugar alguna vez? ¿Cuándo? ¿Dónde?
¿Qué piensas de su talento atlético?
¿Qué piensas de su cara, su pelo, su ropa... ?
Y como personas, ¿qué piensas de ellos?

"La gloria de los feos"

TEACHING TIP Ask students if they can identify literary works or films in which the characters are considered different from the rest of society. Ask how the characters are treated by other members of society. Also ask if authors or directors offer a sympathetic view of the characters or not.

En esta lectura conocerás a dos jóvenes que no son aceptados por otros niños de su edad. El cuento va más allá del ambiente contemporáneo de España y nos invita a considerar nuestro trato con otros que son diferentes a nosotros. El estilo periodístico de Rosa Montero es directo, lógico y lleno de detalles descriptivos. Aprenderás a usar estas características de su cuentística para entender más fácilmente el cuento "La gloria de los feos".

TEACHING TIP Point out that the 2003 film *Lucía, Lucía,* starring Cecilia Roth, is based on the work *La hija del caníbal* by Rosa Montero. Ask if any students have seen the film, and if any have, ask them to comment on it.

Estrategia de lectura | **Usar la estructura de los párrafos para diferenciar entre ideas principales e ideas subordinadas**

In order to organize a composition for the reader, writers will often express the main idea of a text (sometimes identified as a **thesis statement**) in the first paragraph and then develop this idea further in each of the subsequent paragraphs. These subsequent (or body) paragraphs, in turn, may begin with an idea (subordinate to the thesis statement) that is then developed in the rest of the paragraph. These subordinate ideas are often called **topic sentences** and represent different facets embraced by the thesis statement of the first paragraph. Having an awareness of this organization—a main idea in the first paragraph (thesis) supported by subordinate ideas (topic sentences) in the subsequent paragraphs—will help you to navigate through a text and will facilitate your identification of main and subordinate ideas.

Begin by reading the first paragraph of the selection and identify what you suspect will be the controlling idea (thesis) for the selection and write it down.

Central idea(s) or thesis statement(s): _____

Below are listed the first sentences of the remaining paragraphs. As you read through the selection, ask yourself if these are the topic sentences for each of the paragraphs. If not, identify the sentences that do fulfill this role. Next, determine if each topic sentence supports the main idea that you wrote above. If not, you may have misidentified the thesis sentence.

1. Lupe y Lolo eran así: llevaban la estrella negra en la cabeza.
   (alternative topic sentence): _____   Supporting ideas: _____

2. Pero lo peor, con todo, era algo de dentro; algo desolador e inacabado.
   (alternative topic sentence): _____   Supporting ideas: _____

3. En cuanto a Lolo, vivía más lejos de mi casa, en otra calle.
   (alternative topic sentence): _____   Supporting ideas: _____

4. Poco después me enteré de su nombre, porque los demás niños le estaban llamando todo el rato.
   (alternative topic sentence): _____   Supporting ideas: _____

5. Pasaron los años y una tarde, era el primer día de calor de un mes de mayo, vi venir por la calle vacía a una criatura singular; era un esmirriado muchacho de unos quince años con una camiseta de color verde fosforescente.
   (alternative topic sentence): _____   Supporting ideas: _____

Enfoque estructural: Notice the use of the direct object pronouns that appear in italics.

6. Y entonces *la* vi a ella.
   (alternative topic sentence): _____   Supporting ideas: _____

7. Lo demás, en fin, sucedió de manera inevitable.
   (alternative topic sentence): _____   Supporting ideas: _____

As you continue to read, use the outline above to jot down supporting ideas and descriptions for each paragraph. After you finish, review the outline to determine if it accurately summarizes the main ideas and the supporting arguments of the text.

Sobre la autora y su obra

Hoy en día Rosa Montero, además de ser periodista de reputación internacional, es una de las autoras españolas más leídas. Rosa Montero se ha dedicado a la literatura española y ha escrito nueve novelas —entre ellas: *La loca de la casa* (2003), *La función Delta* (1981), *Te trataré como a una reina* (1983), *La hija del caníbal* (1997), *El corazón del tártaro* (2001)— tres colecciones de cuentos infantiles y cinco colecciones de relatos. Debido a su formación periodística, su narrativa se enfoca en personajes de toda condición social y siempre está comprometida con la realidad circundante *(surrounding)*. Su cuento "La gloria de los feos" viene de su colección *Amantes y enemigos: Cuentos de parejas* (1998) y es representativo de un don de observación propio de una periodista.

ROSA MONTERO (1951–)

> La gloria de los feos

Rosa Montero

Me fijé en[1] Lupe y Lolo, hace ya muchos años, porque eran, sin lugar a dudas, los *raros* del barrio. Hay niños que desde la cuna son distintos y, lo que es peor, saben y padecen[2] su diferencia. Son esos críos[3] que siempre se caen en los recreos; que andan como almas en pena, de grupo en grupo, mendigando[4] un amigo. Basta con que el profesor *los* llame a la pizarra para que el resto de la clase se desternille[5], aunque en realidad no haya en ellos nada risible[6], más allá de su destino de víctimas y de su mansedumbre[7] en aceptarlo.

Lupe y Lolo eran así: llevaban la estrella negra en la cabeza[8]. Lupe era hija de la vecina del tercero, una señora pechugona[9] y esférica. La niña salió redonda desde chiquitita[10]; era patizamba[11] y, de las rodillas para abajo, las piernas se le escapaban cada una para un lado como las patas de un compás[12]. No es que fuera gorda; es que estaba mal hecha, con un cuerpo que parecía un torpedo y la barbilla saliendo directamente del esternón[13].

Pero lo peor, con todo, era algo de dentro; algo desolador[14] e inacabado[15]. Era guapa de cara: tenía los ojos grises y pelo muy negro, la boca bien formada, la nariz correcta. Pero tenía la mirada cruda[16], y el rostro borrado por una expresión de perpetuo estupor[17]. De pequeña *la* veía arrimarse[18] a los corrillos[19] de los otros niños: siempre fue grandona y les sacaba a todos la cabeza[20]. Pero los demás críos parecían ignorar su presencia descomunal[21], su mirada vidriosa[22]; seguían jugando sin prestarle atención, como si la niña no existiera. Al principio, Lupe corría detrás de ellos, patosa y torpona, intentando ser una más; pero, para cuando llegaba a los lugares, los demás ya se habían ido. Con los años la vi resignarse a su inexistencia. Se pasaba los días recorriendo sola la barriada[23], siempre al mismo paso

doblando las mismas esquinas, con esa determinación vacía e inútil con que los peces recorren[24] una y otra vez sus estrechas peceras[25].

En cuanto a Lolo, vivía más lejos de mi casa, en otra calle. Me fijé en él porque un día los otros chicos le dejaron atado[26] a una farola[27] en los jardines de la plaza. Era en el mes de agosto, a las tres de la tarde. Hacía un calor infernal, la farola estaba al sol y el metal abrasaba[28]. Desaté al niño, lloroso y moqueante[29]; me ofrecí a acompañarle a casa y le pregunté quién le había hecho eso. "No querían hacerlo", contestó entre hipos[30]: "Es que se han olvidado". Y salió corriendo. Era un niño delgadísimo, con el pelo hundido y las piernas como dos palillos[31]. Caminaba inclinando hacia delante, como si siempre soplara frente a él un ventarrón furioso[32], y era tan frágil que parecía que se iba a desbaratar[33] en cualquier momento. Tenía el pelo tieso[34] y pelirrojo, grandes narizotas[35], ojos de mucho susto. Un rostro como careta de verbena[36], una cara de chiste. Por entonces debía de estar cumpliendo los diez años.

Poco después me enteré de[37] su nombre, porque los demás niños le estaban llamando todo el rato. Así como Lupe era invisible, Lolo parecía ser omnipresente: los otros chicos no paraban de[38] martirizarle, como si su aspecto de triste saltamontes[39] despertara en los demás una suerte de ferocidad entomológica. Por cierto, una vez coincidieron en la plaza Lupe y Lolo; pero ni siquiera se miraron. Se repelieron entre sí, como apestados[40].

Pasaron los años y una tarde, era el primer día de calor de un mes de mayo, vi venir por la calle vacía a una criatura singular; era un esmirriado[41] muchacho de unos quince años con una camiseta de color verde fosforescente. Sus vaqueros, demasiado cortos, dejaban ver unos tobillos picudos[42] y unas canillas[43] flacas; pero lo peor era el pelo, una mata espesa rojiza y reseca[44], peinada con gomina[45], a los años cincuenta, como una inmensa ensaimada[46] sobre el cráneo. No me costó trabajo reconocerle; era Lolo, aunque un Lolo crecido y transmutado[47] en calamitoso[48] adolescente. Seguía caminando inclinando hacia delante, aunque ahora parecía que era el peso de su pelo, de esa especie de platillo volante[49] que coronaba su cabeza, lo que le mantenía desnivelado[50].

Y entonces *la* vi a ella. A Lupe. Venía por la acera[51], en dirección contraria. También ella había dado el estirón puberal[52] en el pasado invierno. Le había crecido la misma pechuga que a su madre, de tal suerte que, como era cuellicorta[53], parecía llevar la cara en bandeja[54]. Se había

teñido[55] su bonito pelo oscuro, así como a lo punky. Estaban los dos, en suma, francamente espantosos[56]; habían florecido, conforme a sus destinos, como seres ridículos. Pero se los veía anhelantes[57] y en pie de guerra[58].

Lo demás, en fin, sucedió de manera inevitable. Iban ensimismados[59] y chocaron el uno contra el otro. Se miraron entonces como si se vieran por primera vez, y se enamoraron de inmediato. Fue un 11 de mayo y, aunque ustedes quizá no lo recuerden, cuando los ojos de Lolo y Lupe se encontraron tembló el mundo, los mares se agitaron, los cielos se llenaron de ardientes meteoros. Los feos y los tristes tienen también sus instantes gloriosos.

---

[1]**Me...** Presté atención a [2]**padecen** sufren por [3]**críos** niños [4]**mendigando** *begging for* [5]**se...** *erupts in laughter* [6]**risible** cómico [7]**mansedumbre** estado calmado [8]**llevaban...** *were born under a bad sign* [9]**pechugona** con pechos grandes [10]**desde...** desde joven [11]**patizamba** *bow-legged* [12]**patas...** *hands of a compass* [13]**esternón** *sternum* [14]**desolador** *bleak* [15]**inacabado** no terminado [16]**cruda** *raw, primitive* [17]**rostro...** *her face always showed a look of stupor* [18]**arrimarse** acercarse [19]**corrillos** *cliques* [20]**les...** *she was taller than the rest* [21]**descomunal** grande

[22]**vidriosa** *glassy* [23]**barriada** sector del pueblo [24]**recorren** pasan por [25]**peceras** *fish bowls* [26]**le...** *left him tied* [27]**farola** *lamp post* [28]**abrasaba** quemaba [29]**moqueante** *runny-nosed* [30]**hipos** *hiccups, sobs* [31]**palillos** *toothpicks* [32]**como...** *as if he were facing furiously blowing winds* [33]**desbaratar** *fall apart* [34]**tieso** rígido [35]**narizotas** *nostrils* [36]**Un...** *a face like a mask on a carnival attraction* [37]**me...** supe [38]**no paraban...** no dejaron de [39]**saltamontes** *grasshopper* [40]**Se...** *They repelled one another, as if suffering from the plague* [41]**esmirriado** flaco,

delgado [42]**picudos** *bony* [43]**canillas** *shins* [44]**una...** *a clump of thick, dry, red hair* [45]**gomina** *hair grease* [46]**ensaimada** *Common Spanish breakfast pastry similar in shape to a cinnamon roll* [47]**transmutado** transformado [48]**calamitoso** desastroso [49]**platillo...** *flying saucer* [50]**lo...** *which kept him unbalanced* [51]**acera** *sidewalk* [52]**ella...** *she had a growth spurt* [53]**cuellicorta** con un cuello corto [54]**en...** *on a tray* [55]**teñido** *dyed* [56]**espantosos** *horribles* [57]**anhelantes** con deseos [58]**en...** *on the war path* [59]**ensimismados** *self-absorbed*

Después de leer

5-12 Interpretando ideas centrales y subordinadas Haz un bosquejo (*outline*) de la lectura. ¿Cuál es el propósito de la autora al escribir este cuento? ¿Cuál es el mensaje? ¿Hay una frase que resuma todo el mensaje del texto? ¿Cuál es? ¿Depende el mensaje del contexto cultural de España o es universal?

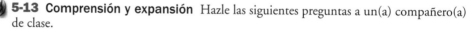 **5-13 Comprensión y expansión** Hazle las siguientes preguntas a un(a) compañero(a) de clase.

1. En tu opinión, ¿cuál es la situación de la narradora? ¿Conoce ella bien a Lupe y Lolo? ¿Por qué sí o por qué no?

2. ¿Con qué objetos se compara a Lupe en el segundo y el tercer párrafo? ¿Es una descripción positiva o negativa? ¿Por qué se usan imágenes del reino animal?

3. Según la narradora, ¿le prestan mucha atención los otros chicos a Lupe o la ignoran?

4. ¿En qué sentido es Lolo diferente a Lupe?

5. Antes de la escena final, ¿se habían conocido Lupe y Lolo?

6. Después de unos años, ¿cómo cambian Lupe y Lolo?

7. Al encontrarse los dos al final del cuento, ¿qué pasa para marcar este encuentro amoroso? ¿Cuál es el significado de estos eventos naturales?

8. ¿Has conocido a personas como Lupe y Lolo? ¿Es realista el trato que reciben de sus amigos o es exagerado? ¿Puede ser la juventud tan cruel como sugiere la narradora?

9. En tu opinión, ¿suelen juntarse las personas *raras* como Lupe y Lolo? ¿Por qué sí o por qué no?

10. ¿Cómo afecta nuestra interpretación del cuento el hecho de que nunca sabemos lo que están pensando Lupe y Lolo? ¿Cómo cambiaría el cuento si fuera desde el punto de vista de ellos?

Introducción al análisis literario | Determinar la voz narrativa y el punto de vista

The story you have just read features a first-person narrator **(narrador(a) en primera persona)** who is a direct witness to the scene she describes, but who is not privy to the inner thoughts of the characters. Unlike an omniscient narrator **(narrador(a) omnisciente),** the narrator here reveals that she has limited understanding of the situation she describes because of her status as a present but inactive character in the story she tells **(narrador(a) testigo).**

Reread the first paragraph and identify where we are first introduced to the narrator as a first person witness to the scene she describes. Next, continue to mark instances where the narrator reveals her presence in the story. Finally, note the instances in which the narrator's perspective is limited to her own thoughts and feelings.

A narrator who participates as an observing character in a story will often reveal his/her own point of view **(punto de vista)** in regard to the subjects he/she describes. To help you determine the narrator's point of view in the story, prepare a list of words or phrases that the narrator uses to describe Lupe and Lolo.

Adjetivos descriptivos:

Lupe
redonda
mal hecha
las patas de un compás

Lolo
un niño delgadísimo
grandes narizotas
calamitoso adolescente

The narrator also uses metaphors **(metáforas)**—a comparison that does not employ "like" or "as"—from the animal kingdom to describe her subject. For example, she describes Lupe as having an **aspecto de triste saltamontes.** Can you find other comparisons of this type in the text? Considering the words and metaphors employed by the narrator in her description of Lupe and Lolo, what can we conclude about her point of view? Does she appear sympathetic to the people she describes or is her treatment of them as dehumanizing and critical as that of their peers? How does the point of view of the narrator, then, contribute to your understanding of the story?

Actividad de escritura

Working with a partner, decide how you might portray two characters similar to Lupe and Lolo. Try to employ the same critical point of view as the narrator in your description. As an alternative, try to imagine how Lupe and Lolo's children might look were they ever to marry. Try to use vocabulary and structures from the chapter.

Vocabulario en contexto

La moda y la expresión personal

RECYCLING You may use transparencies I-1, I-3, and I-4 to review the **Índice de palabras conocidas**, p. A7, related to clothing.

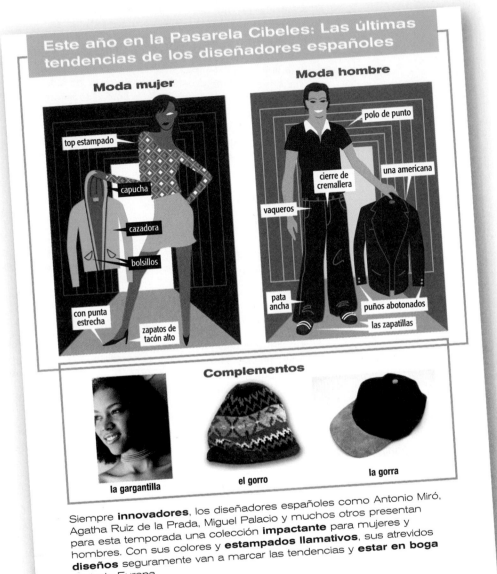

Este año en la Pasarela Cibeles: Las últimas tendencias de los diseñadores españoles

Moda mujer

top estampado

capucha

cazadora

bolsillos

con punta estrecha

zapatos de tacón alto

Moda hombre

polo de punto

cierre de cremallera

una americana

vaqueros

pata ancha

puños abotonados

las zapatillas

Complementos

la gargantilla

el gorro

la gorra

Siempre **innovadores**, los diseñadores españoles como Antonio Miró, Agatha Ruiz de la Prada, Miguel Palacio y muchos otros presentan para esta temporada una colección **impactante** para mujeres y hombres. Con sus colores y **estampados llamativos**, sus atrevidos **diseños** seguramente van a marcar las tendencias y **estar en boga** en toda Europa.

> CULTURA: **Pasarela Cibeles** is the principal design platform in Spain. A rival to the runways of Paris and Milan, Cibeles' main objective is to promote Spain's great fashion designers.

TEACHING TIP Use the realia to encourage students to communicate about the topic. If Spanish language fashion magazines or catalogs are available, share them with the class. You may also have students use the Internet to look for recent creations from Spain.

¡OJO! Don't forget to consult the **Índice de palabras conocidas**, p. A7, to review vocabulary related to clothing and fashion.

JUMP START! After browsing related vocabulary (i.e., clothing, colors, styles), review in class with a guessing game. Have students describe what another student in the class is wearing while the rest try to guess whom he/she is describing.

> Other words and phrases related to clothing and fashion are cognates or direct borrowings from English: **el top** (women's top); **el polo** (polo shirt); **la parka; el poliéster** (polyester); **los mocasines** (moccasines); **las tendencias** (trends).

HERITAGE LEARNERS Have heritage learners share vocabulary they use for identifying and describing clothing. Note regional differences. Ask them to comment on **hortera** and **me chiflan**, and offer synonyms. Point out possible spelling challenges such as **c, s,** and **z** in **cazadora, calzado, cierre, impres-cindible, lencería,** and **lucir.** Heritage learners may confuse **ll** and **y** in words such as **bolsillo, cremallera, gargan-tilla,** and **zapatilla.** The **b** in **boga** and silent **h** in **adhesiva** and **holgado** may present a challenge.

TEACHING TIP Para enriquecer la comunicación: Point out to students that these phrases are colloquial and are for the most part particular to Spain.

> The word **hortera** only varies in number and not in gender: **camiseta hortera, conjunto hortera.**

TEACHING TIP These are just *examples* of some of the variation. Argentina and Mexico are used as reference points, and students should not think that these words are limited to just those countries, or that there is not more variation to be found within these countries.

TEACHING TIP Encourage students to survey their Spanish-speaking friends or classmates to learn other lexical items related to clothing and fashion. Have a contest to see which student can find the largest number of words for a particular clothing item. Alternatively, see who can find the most meanings for a single word related to clothing.

Vocabulario relacionado con la moda

el atuendo / el conjunto	*outfit*
el calzado	*footwear*
las chanclas	*flip-flops, beach sandals*
los zapatos planos	*flat shoes*
la chaqueta	*jacket*
el encaje	*lace*
la franela	*flannel*
el jersey	*pullover sweater*
la lencería	*lingerie*
el camisón	*nightgown*
el sujetador	*bra*
las bragas	*panties*
los calzoncillos	*underpants (men's)*
la marca	*brand*
la pana	*corduroy (Spain/Argentina), velvet*
el punto	*knit*
la ropa de etiqueta	*designer clothing*
la sudadera	*sweatshirt*
el tatuaje adhesivo	*adhesive tattoo*
fresco(a)	*fresh*
imprescindible	*indispensable*
innovador(a)	*innovative*
lucir un estilo	*to show off a style*
vestir (una prenda)	*to wear (an item of clothing)*

Para enriquecer la comunicación: Para conversar sobre la moda

Esos pantalones **le quedan holgados/ ajustados.**	*Those pants **fit him/her loosely/ tightly.***
La chaqueta **le marca** bien la cintura.	*The jacket **shows off** her waist nicely.*
¡Qué **mono(a)** estás!	*How **cute** you look!*
Esos zapatos están **pasados de moda.**	*Those shoes are **out of style.***
Ese estilo **no me va (no me cuadra).**	*That style **doesn't fit** me.*
Los tatuajes **me chiflan.** (España)	*I really **dig** tattoos.*
¡Qué pantalones más **horteras!** (España)	*What a **tacky** pair of pants!*

> **¿Nos entendemos?** With clothing and fashion related vocabulary, there is a great deal of diversity in Spanish. For example, the word **las zapatillas** means *slippers* or *tennis shoes* in Spain, but in Mexico, Puerto Rico, and some other Spanish-speaking countries, it is used for a woman's shoe. In many of these countries **los zapatos de tenis**, or simply **los tenis**, is used for *tennis shoes*, and the word **las chanclas** is used for *slippers*. In Mexico and other countries the word **el saco** is used instead of **la americana**, but in Spain **el saco** means a *sack* or *bag*. Similar examples include:

la braga (España) = **el calzón** (México) = **los pantis** (Puerto Rico) = **la bombacha** (Argentina)
la cazadora (España) = **la chamarra** (México) = **la chaqueta** (P.R.) = **la campera** (Argentina)
el gorro (España/Argentina) = **la cachucha** (México) = **la gorra** (P.R.)

Práctica y expresión

CD1–20 **5-14 El desfile de modas** Para saber cuáles van a ser las tendencias este año, escucha la descripción de los modelos en la Pasarela Cibeles. Luego, mira los dibujos abajo e indica cuáles son las prendas que llevan los modelos. Finalmente, indica cuáles de las prendas descritas no están representadas en los dibujos y descríbelas bien.

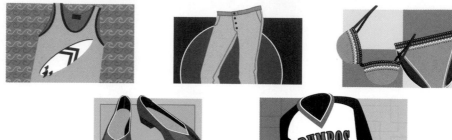

5-15 La moda de la clase Con un(a) compañero(a) de clase, haz una lista de todas las prendas y complementos (con una descripción de las telas y los colores) que visten los estudiantes de la clase. Luego, juntos, escriban una descripción de las modas de la clase basándose en su lista.

5-16 ¡Qué hortera! A veces lo que está muy de moda un año, está muy pasado de moda en otro. ¿Te acuerdas de algunas de esas tendencias del pasado? Comenta con un(a) compañero(a) de clase todos los ejemplos que puedan recordar y luego comparen las respuestas con otros de la clase y comenten las diferencias de opinión.

Ejemplo los pantalones de poliéster de la época de la música disco

5-17 La moda en nuestra sociedad Contesta con un(a) compañero(a) de clase las siguientes preguntas.

1. ¿Es importante la moda en nuestra sociedad? ¿Cuáles son los indicadores del nivel de importancia?
2. ¿Es más importante la moda para las mujeres que para los hombres? ¿Por qué sí o por qué no? ¿Es más importante la moda para los jóvenes que para los adultos? ¿Por qué sí o por qué no?
3. ¿Cuál es la ropa de etiqueta más de moda entre los niños? ¿Entre los estudiantes universitarios? ¿Cuánto cuesta una prenda típica de cada uno de esos diseñadores?
4. ¿Cuáles son las tendencias actuales que más te fascinan? ¿Cuáles son las tendencias que más te molestan? ¿Por qué?

5-18 Dramatizaciones Con otros dos estudiantes de la clase, elaboren una dramatización de las siguientes situaciones. Traten de incorporar todo el vocabulario que puedan.

1. Alicia quería un cambio de aspecto y acaba de gastar mucho dinero en un atuendo y peinado nuevos. ¿El problema? A ella le chifla el nuevo estilo que luce, pero a sus compañeros de casa les parece algo fuera de moda. Al llegar a casa, Alicia les pide sus opiniones sobre su transformación.
2. Jaimito tiene sólo 16 años y se hizo un agujero *(piercing)* en la nariz sin el permiso de sus padres. Vuelve a casa con un aro en la nariz y sus padres lo descubren. Los padres no están contentos y empiezan a decirle a Jaimito por qué no les gusta. ¡Lo que no saben todavía es que Jaimito también se hizo un tatuaje!

Espejos

El destape: ¿con ropa o sin ropa?

La actitud frente a la desnudez *(nudity)* es diferente en España. En los años 60, sólo las extranjeras hacían topless, pero luego de la muerte del dictador Francisco Franco en 1975, la práctica del topless quedó totalmente despenalizada *(de-penalized)* al abolirse la ley del "escándalo público y las faltas *(sins)* contra la moral, las buenas costumbres y la decencia pública".

En la televisión y anuncios publicitarios de revistas no es raro ver niñitos desnudos y mujeres casi desnudas.

Chicos en la playa, 1910 por Joaquín Sorolla y Bastida

Las dos culturas

¿Qué piensas sobre esta costumbre? Mira las opiniones siguientes con los números del uno al cinco. Lee las oraciones y decide qué piensas tú o un estadounidense típico marcando tu opinión a la izquierda, y adivina *(guess)* cómo piensa un español típico a la derecha.

1 = Está bien. ¿Por qué no?
2 = Lo acepto, pero no es apropiado.
3 = No me importa.
4 = No es aceptable.
5 = ¡Qué horror!

Los Estados Unidos		España
1 2 3 4 5	a. Revistas que contienen mujeres desnudas de la cintura hacia arriba.	1 2 3 4 5
1 2 3 4 5	b. Niños y niñas (de dos a cinco años) totalmente desnudos en una playa pública.	1 2 3 4 5
1 2 3 4 5	c. Hombres totalmente desnudos en una playa pública.	1 2 3 4 5
1 2 3 4 5	d. Hombres sin ropa de la cintura hacia arriba en una playa pública.	1 2 3 4 5
1 2 3 4 5	e. Mujeres sin ropa de la cintura hacia arriba en una playa pública.	1 2 3 4 5
1 2 3 4 5	f. Niñas de 1 a 10 años sin ropa de la cintura hacia arriba en una playa pública.	1 2 3 4 5
1 2 3 4 5	g. Mujeres de 60 años, o más, sin ropa de la cintura hacia arriba en una playa pública.	1 2 3 4 5
1 2 3 4 5	h. Amamantar *(breastfeed)* a un bebé en público.	1 2 3 4 5

1. ¿Dónde se acepta la desnudez en los Estados Unidos?
2. ¿Qué películas populares en los Estados Unidos son explícitas en cuanto al sexo?
3. ¿Qué programas de televisión son verbalmente explícitos en cuanto al sexo?
4. Generalmente, los programas de televisión en los Estados Unidos son verbalmente explícitos pero no se muestran los desnudos. ¿Por qué? ¿Cuál es la actitud hacia el cuerpo en los Estados Unidos y cuál es en Europa?

Estructuras

ilrn **¡OJO!** Before beginning this section, consult the following topics on pp. B14-B16 of the **Índice de gramática:** Formation and placement of indirect object pronouns, Pronouns as objects of prepositions, Verbs commonly used with indirect object pronouns, and Placement of double object pronouns.

RECYCLING Review indirect object pronouns, clothing vocabulary and weather expressions with transparency H-1. Ask students to identify weather conditions and then ask for recommendations for clothing. Model one by pointing to the top left and saying **Hace fresco. Le recomiendo el suéter, pero no le recomiendo el abrigo porque no hace mucho frío.** Ask for recommendations for two people to practice plural forms.

Pronombres de objeto indirecto; Verbos como **gustar**; Pronombres de objeto dobles

Pronombres de objeto indirecto

In making recommendations about clothing, Spanish speakers often use indirect object pronouns to identify the recipient(s) of the action of a particular verb. Indirect object pronouns tell *to whom* or *for whom* the action of the verb is performed.

El diseñador **les** muestra los nuevos conjuntos **a sus amigos.**
The designer shows the new outfits to his friends.
¿**Te** gusta **a ti** lucir un nuevo estilo?
Do you like to show off a new style?

As the above sentences demonstrate, Spanish speakers often include both the indirect object and the indirect object pronoun in the same sentence. In sentences involving the third person, the pronoun is included to resolve any ambiguities of the indirect object pronoun **le(s)**, which could mean **a usted(es)**, **a él (ellos)**, or **a ella (ellas)**. While the indirect object may be left out (assuming the person referred to has been previously identified in the conversation), the indirect object pronoun is almost always used.

¿**Le** recomendaste la chaqueta **a Sara?**
Did you recommend the jacket to Sara?
Sí, **le** recomendé la chaqueta.
Yes, I recommended the jacket to her.

Le puse el tatuaje adhesivo **a Juan.**
I put the adhesive tattoo on John.
Pero su novia **le** quitó el tatuaje.
But his girlfriend took it off him (removed it from him).

The final two sentences demonstrate that, while indirect object pronouns generally communicate *to whom*, they can also communicate *on whom, for whom,* or even *from whom.*

Verbos como *gustar*

As you recall, the verb **gustar** is special because it always requires the use of an indirect object pronoun. This is because **gustar** does not literally translate as *to like*, but rather *to be pleasing to*. In the first example below, the sentence literally means *The jeans are pleasing to me.* The subject in English becomes the indirect object in Spanish, and the direct object (the thing or person liked) becomes the subject in Spanish.

Me gustan los vaqueros.
I like the jeans.

Verbs like **encantar** and **molestar** function exactly like the verb **gustar** and always require indirect object pronouns. Like **gustar,** these verbs are usually used only in third person singular or plural.

> ¿Te importa tener ropa de etiqueta?
> *Does having designer clothing matter to you?*
>
> A veces. ¡Sobre todo, me encantan los zapatos italianos!
> *Occasionally. Above all, I love Italian shoes!*

Other verbs like **gustar:**

caer bien/mal	*to like/dislike a person*	importar	*to matter to, to be important to*
encantar	*to delight, to love*	interesar	*to be of interest to*
enojar	*to anger*	molestar	*to annoy*
faltar	*to miss, to be lacking*	parecer	*to seem; to appear*
fascinar	*to fascinate*	quedar	*to fit; to remain; to keep*

 Though verbs like **gustar** are typically used in the third person singular or plural, all forms can be used. For example: **Me gustas** *(I like you),* **Les fascinamos** *(We fascinate them).*

HERITAGE LEARNERS Ask heritage learners about their use of these verbs. Note regional differences.

Los usos de objetos indirectos y pronombres de objeto indirecto juntos

In some cases Spanish speakers may include the indirect object along with the pronoun in order to further qualify or add emphasis to their opinions, as exemplified in the following conversation:

> Pablo: Mercedes me cae fatal.
> *I can't stand Mercedes.*
>
> Mónica: Pues, **a nosotras** Mercedes **nos** cae muy bien.
> *Well, we really like Mercedes.*

A nosotras is included here to emphasize that Mónica and her friend's opinion is contrary to Pablo's.

Un paso más allá: Pronombres de objeto dobles

Occasionally, speakers of Spanish use both direct and indirect object pronouns together in the same sentence. The indirect object pronouns **le** and **les** always change to **se** when they are used together with the direct object pronouns **lo, la, los,** and **las.**

Yo **le** compré **una camisa de franela** a mi hermana.

Se la compré ayer en el centro.

También **les** compré **unas camisetas** a mis amigas.

Se las compré en la misma tienda.

Práctica y expresión

5-19 Gustos diferentes Mira los dibujos y determina qué tipo de ropa les gusta a las siguientes personas. Usa el verbo **gustar** para expresar sus preferencias.

TEACHING TIP 5-19 Have students share answers to the final question with members of a small group or with the class. Bring unique items of clothing to class and ask students to express likes and dislikes about them, or bring magazine photos of clothing and ask for students' opinions.

1. A Carlos _____.
2. A Sarita _____.
3. A Marisol _____.
4. A Pili y a Mili _____.
5. A todos ellos _____ lucir su propio estilo.
6. Y a ti, ¿_____? Respuesta: _____.

TEACHING TIP 5-20 Remind students that in most parts of Spain the **vosotros** form is used when directly addressing two or more people in a familiar/informal manner. If you do not require recognition or production of the **vosotros** form, substitute the third person plural pronoun in item 3.

5-20 Regalos feos Para tu cumpleaños, recibiste muchas cosas que no te gustaron. ¿Qué hiciste? Tomen turnos y pregúntense qué hicieron con los regalos. Sustituyan el objeto directo y el objeto indirecto en sus respuestas. Utilicen también los siguientes verbos: quedar, regalar, dar, ofrecer.

Ejemplo   Tú: ¿Qué hiciste con el jersey amarillo? (a mi primo)
Compañero(a): **Se lo di a mi primo.**

POSSIBLE ANSWERS 5-20 1. Se los di a mi hermanito. 2. Se lo ofrecí a la iglesia. 3. Os la di a vosotros en el club. 4. Se las di a ustedes. 5. Te la regalé a ti. 6. Me las quedé.

1. ¿Qué hiciste con los pantalones cortos? (a mi hermanito)
2. ¿Qué hiciste con el vestido de pana? (a la iglesia)
3. ¿Qué hiciste con la sudadera anaranjada? (a vosotros en el club)
4. ¿Qué hiciste con las camisetas con estampados llamativos? (a ustedes)
5. ¿Qué hiciste con la chaqueta de poliéster morada? (a ti)
6. ¿Qué hiciste con las corbatas de lunares? (para mí)

TEACHING TIP 5-21 Have your students work in groups of 3, sharing information and comparing and contrasting answers. Have them find something in common that they like and report to class using **"A nosotros nos gusta..."**

5-21 Tus compañeros(as) de clase En grupos de tres averigua los gustos de tus compañeros(as) de clase. Pregúntales lo siguiente y luego comparte con toda la clase.

1. Las sudaderas no resaltan la figura. ¿Te gustan? ¿Por qué?
2. ¿Qué piensas de las chaquetas de cuero? ¿Te molesta la conciencia o no?
3. ¿Te gustan los tatuajes? ¿En ti o en otras personas? ¿Prefieres los permanentes o los adhesivos?
4. ¿Te gusta la moda de ahora? ¿Qué está a la moda? ¿Qué te gusta? ¿Qué no te gusta?
5. ¿Te gusta vestirte bien o prefieres la ropa informal?

5-22 ¿Eres quisquilloso, o no? Con un(a) compañero(a) compara opiniones sobre las siguientes situaciones. Contesta usando pronombres de objeto indirecto y directo.

Ejemplo —¿Le prestas tu camisa favorita a tu hermanito? ¿Por qué?

—**¡No! No se la presto nunca porque él no se baña con frecuencia.**

1. ¿Le regalas ropa interior a tu compañero(a) de cuarto en su cumpleaños? ¿Por qué?
2. ¿Te quitas el sombrero o la gorra cuando entras a una casa? ¿Por qué?
3. ¿Le lavas la ropa a tu novio(a)? ¿Por qué?
4. ¿Te piden dinero tus amigos? ¿Te molesta?
5. ¿Le dices a un(a) amigo(a) que lleva ropa fea? ¿Cómo?
6. ¿Te prestan tus amigos los zapatos algunas veces? ¿Te molesta?

5-23 ¿Tienes escrúpulos? En grupos de dos o tres, imagínense que están en las siguientes situaciones y decidan cuál es la mejor solución.

1. Eres amigo(a) de la novia en una boda. Sabes que el novio es un maleducado y atrevido, y tiene una relación amorosa con otra mujer. ¿Le dices la verdad a tu amiga?

2. Te dan como regalo una cazadora muy cara. Con mucho entusiasmo te preguntan: "¡¿Te gusta, te gusta?!" ¿Les dices la verdad, que no te gusta, o les dices una mentira, que sí te gusta mucho y gracias?

3. Tu amigo te presenta a su novia (que no es muy agraciada) y te dice: "Ella es la mujer de mi vida, es muy muy guapa, ¿no?" ¿Le respondes que sí piensas que es muy guapa o cambias el tema?

4. Una buena amiga te da como regalo unos pantalones muy vanguardistas pero a ti no te gustan. Una semana después vas a un cumpleaños pero no tienes dinero para comprar un regalo. ¿Le das los pantalones que te dio tu amiga a la persona que cumple años?

5. Vas a casarte y ves a tu ex-novia entre los invitados. Tu futura esposa, que tiene muy mal genio, no la conoce. ¿Le dices que ella está en la boda? ¿O le dices que no sabes quién es?

5 Rumbo abierto

JUMP START: Get students thinking about the topic by asking questions like the following: **¿Te gustan las películas? ¿Qué premios están relacionados con las películas?** (Oscars, Golden Globes) **¿Conoces a algún actor, actriz o director español?** (Antonio Banderas, Penélope Cruz, Pedro Almodóvar, who won an Oscar in 2003).

> **Paso 1**   Vas a leer un artículo biográfico sobre un actor español famoso, Javier Bardem. ¿Has oído de este actor? ¿Has visto algunas de sus películas? Mira su foto y descríbelo físicamente. ¿Qué percepción de su carácter te da su imagen? ¿Es sexy, terco, valiente... ? ¿En qué tipo de películas puedes verlo?

> **Paso 2**   Para facilitar tu comprensión de la lectura, recuerda la estrategia de lectura que aprendiste en este capítulo: Lee cada párrafo e identifica la tesis o idea central. Después, haz una pequeña lista de las ideas del párrafo que apoyan esta tesis o idea central. Haz esto para cada párrafo y al final mira tu bosquejo (outline) para determinar si resume bien el artículo.

TEACHING TIP: Have students answer the questions in **Paso 1** independently and then share their descriptions and perceptions with a partner.

ANSWERS 1. C 2. C 3. C 4. F - De niño le interesaban el rugby y el boxeo. 5. C 6. C

> **Paso 3**   Después de leer la biografía del actor Javier Bardem, decide si las siguientes afirmaciones son ciertas o falsas. Corrige las falsas.

1. Javier Bardem es español. Él nació en las Canarias.

2. Javier Bardem empezó a actuar desde los 6 años.

3. Su familia está muy relacionada con el cine en muchos aspectos.

4. De niño, sólo le interesaba actuar, no hacer deportes.

5. Fue nominado al Óscar y al Globo de Oro, pero no ganó.

6. Tiene un aspecto rudo y tiene la nariz rota pero es muy tierno y amable.

> **Paso 4**   Haz una lista de todos los aspectos de Javier Bardem y de su vida que describe el artículo. Debajo de cada categoría en tu lista, escribe algunas de las frases descriptivas que se usan para describir al actor. Busca en el diccionario las palabras que no conozcas. ¿Cómo se compara la percepción que tenías del actor con lo que leíste en este artículo?

JAVIER BARDEM, TERNURA TRAS RUDOS RASGOS

Los americanos lo han descubierto ahora, pero nosotros hace tiempo que sabemos que Bardem es uno de los mejores actores nacionales del momento. Ha sido el primer español en ser nominado a un Oscar como Mejor Actor por la película *Antes que anochezca*. Aunque tiene un rostro con rasgos grandes y un tanto toscos, este actor esconde una gran sensibilidad y ternura.

Javier Encinas Bardem nació el 1 de marzo de 1969 en Canarias en el seno de una familia de grandes actores. Su madre es la actriz Pilar Bardem, y sus abuelos, Rafael Bardem y Matilde Muñoz Sampedro, también son actores. Su tío es el director de cine Juan Antonio Bardem y sus hermanos, Carlos y Mónica, también se dedican a la interpretación y a la dirección. Así que no es extraño que Javier, desde muy pequeño se interesara por esta profesión. Su primer trabajo como actor lo realizó cuando sólo tenía 6 años en *El pícaro*, una serie dirigida por Fernando Fernán Gómez. En 1985 reaparece ante las cámaras cuando interviene *(participa)* en cuatro capítulos de la serie *Segunda enseñanza*, de Pedro Masó. De nuevo, bajo las órdenes de Masó, interpreta a un drogadicto en la serie de Televisión Española, *Brigada Central*.

Cuando era más joven, el mundo del deporte le interesaba mucho. Su gran afición por el rugby con tan sólo trece años, lo llevó a formar parte de la selección española. Las pesas y el boxeo también formaron parte de sus aspiraciones. Su afición al dibujo lo llevó a estudiar en la Escuela de Artes y Oficios. Trabajó como dibujante publicitario hasta finales de 1989, cuando empieza a disfrazarse de supermán en el matinal de TVE "El día por delante". También se interesó por el teatro y participó en un grupo independiente con el que realizó una gira por España con las obras "El médico a palos" y "El sombrero de tres picos".

Bardem cuenta con una filmografía muy extensa y en el año 1995 se convirtió en uno de los actores más premiados y solicitados por su excelente trabajo en *Días Contados*. Gracias a esta película consiguió el Goya al mejor actor y el premio al mejor actor del Círculo de Escritores Cinematográficos. En 1997 le seguirían trabajos en *Carne trémula* dirigida por Pedro Almodóvar y *Perdita Durango*, una demoníaca *(maligna)* aventura de pasión, sexo y violencia en la frontera entre México y los EE.UU. *Antes que anochezca* (2000), del director norteamericano Julian Schnabel, le lanzó su carrera internacional. Gracias a esta película el actor canario ha entrado por la puerta grande de Hollywood y a punto estuvo de ganar el Globo de Oro, que se lo arrebató Tom Hanks. También se quedó a las puertas de ganar el Óscar que finalmente ganó Russell Crowe. Sin embargo, consiguió el Premio al Mejor Actor del Cine Independiente y, luego, La Sociedad Nacional de Críticos de Cine de Estados Unidos (NSFC) le nombró Mejor Actor del año 2000.

Su relación con la prensa es regular, la verdad es que a Javier no le hace sentir muy cómodo. Sin embargo, sabemos que es gran amante de su familia y nunca le faltan elogios para hablar de las personas que la forman. Considera a su madre una gran mujer y trabajar con ella en algunas ocasiones es todo un placer para él.

Hoy es uno de los actores más solicitados. Su aspecto rudo, su nariz rota y su corpulencia física le dan cierto aire tosco, pero es capaz de mostrar muy diversos registros que nos descubren en él una faceta tierna y amable. Esperamos que este actor tan macizo y con tanta personalidad siga cosechando muchos éxitos.

¡A escribir!

ATAJO *Functions:*
Describing people;
Expressing an opinion
Vocabulary: Body;
Personality; Emotion
Grammar: Adjectives: agreement;
Adjectives: position; Personal
Pronouns: direct & indirect; Verbs:
present; Verbs: use of **gustar**

> Paso 1

El periódico español *El país* tiene un certamen *(concurso)* de escritura para estudiantes internacionales y piden biografías interesantes. Para inscribirte, tienes que escribir una breve biografía sobre una persona especial/interesante en tu vida.

Las biografías nos permiten conocer a una persona más a fondo y suelen incluir descripciones tanto del aspecto físico de la persona como de su carácter y de los hechos que la hacen una figura interesante. Piensa en dos o tres personas importantes/especiales en tu vida. ¿Por qué son importantes/especiales? Selecciona la persona sobre quien puedes escribir la biografía más interesante.

 Paso 2

Usa las siguientes categorías para hacer listas de varias de las características de la persona que seleccionaste:

- su aspecto físico o carácter (adjetivos que lo/la describen)

- ¿qué le fascina/molesta/interesa?

- su familia y sus comienzos (dónde y cuándo nació, descripción de su familia...)

- su modo de vestir

- sus logros profesionales o personales *(achievements)*

> Before beginning your biography, read the **Estrategia de escritura** on p. 141.

Trata de usar primero el vocabulario que ya conoces. Luego, si lo necesitas, puedes buscar palabras en un diccionario bilingüe. ¿Puedes usar algunas de las frases descriptivas que aprendiste en el cuento *La gloria de los feos* o en la biografía de Javier Bardem? Después de elaborar tu lista, subraya algunas de las características que más demuestran por qué es tan especial/interesante esta persona para ti y escribe una o dos oraciones completas que describan a esta persona y lo que tiene de especial.

> Paso 3

Escribe un borrador de tu biografía usando como modelo la estructura de la biografía de Javier Bardem.

La introducción: Usa la oración (o las dos oraciones) que escribiste en el Paso 2 para escribir un breve párrafo de introducción.

El cuerpo: Escribe dos o tres párrafos para describir otros aspectos de la vida de esta persona que tengan relación con tu introducción. **¡OJO!** Es posible que no uses todas las características que apuntaste en el Paso 2. Sólo usa las que ejemplifiquen el punto que haces en tu introducción.

La conclusión: Escribe un párrafo de conclusión que resuma las características más distintivas que mencionaste en el primer párrafo.

El título: Escribe un título que capte *(captures)* la esencia de tu biografía.

ESTRATEGIA DE ESCRITURA

La revisión de forma II: Gramática

There are a couple of strategies that can make the process of reviewing your work for grammar problems easier. The first is to know your common errors. Perhaps the most common type of student error in writing is that of agreement between adjectives and articles and their nouns, and between verbs and their subjects. To check for these errors in your writing, take a clean draft of your work and highlight (or underline) all the adjectives and articles. Remember that for our purposes adjectives include not only descriptive words like **listo,** but also words like **algunos, mis, míos, esta,** etc. Once you have highlighted the adjectives, go back to each one and draw an arrow to the noun it is supposed to modify. Ask yourself if it agrees in number, and, where appropriate, gender with the noun. If not, correct the form. Using a different color, highlight (or circle) each verb form on the page. For each form, ask yourself what tense the form should be in, and who the subject is. Then verify that you have indeed used the correct verb ending for your intended subject and tense. Another strategy for checking your grammar is to keep a list of the errors you commonly make. If you regularly make errors with **ser** and **estar** or with **gustar**-type verbs, you can specifically check your work to see if you have used these forms, and if so, if you have avoided your usual mistakes. You can use the search function of your word processor to help find these grammatical items in your work. For example, open the search window and type in **gustar, gusta,** and **gustan.** Then, check to see that you have used the proper form and accompanying pronouns. The more you take conscious, proactive steps to improve your surface grammar, the less you will find that you need to do so.

> **Paso 4**

Trabaja con un(a) compañero(a) de clase para revisar el primer borrador. Lee su biografía y comparte tus respuestas a las siguientes preguntas con tu compañero(a): ¿Puedes entender por qué es especial la persona que describe? ¿Incluye detalles pertinentes? ¿Tiene algún detalle que no apoye el punto fundamental de la biografía o el punto fundamental de cada párrafo? ¿Resume bien la conclusión el punto fundamental de la biografía? ¿Tiene alguna palabra o frase que no reconoces o que no entiendes? ¿Tienes alguna recomendación específica para tu compañero(a)?

TEACHING TIP Ask students to e-mail you their drafts before class. Select a good model to anonymously share with the class on an overhead. Go over the peer review questions and comment on the draft to model peer feedback for the class.

TEACHING TIP If time does not permit for peer review, ask students to review their own work using the questions in **Paso 4** as a guide.

> **Paso 5**

Considera los comentarios de tu compañero(a) y luego enfoca específicamente en las estructuras que aprendiste en este capítulo. ¿Usaste bien el verbo **gustar** u otros verbos de este tipo? ¿Usaste bien los pronombres de objeto directo e/o indirecto? ¿Puedes usar estos pronombres para eliminar la repetición en tu biografía? Por último, haz una revisión de la forma y escribe un segundo borrador.

¡A ver!

> **Paso 1** Vas a ver un reportaje sobre un desfile de modas celebrado en España. Como el título del segmento lo indica, se trata de un desfile muy particular. Con otro(a) estudiante, presenta tu opinión sobre la importancia de los desfiles de moda. ¿Qué función tienen? ¿Viste la gente común y corriente el tipo de ropa que aparece en esos desfiles? ¿Por qué? ¿Es la moda un arte o un oficio? ¿Has asistido alguna vez a un desfile?

TEACHING TIP If time does not allow for viewing of the entire segment in class, you may choose to show only the first 4 minutes. Allow students to view the video or the short segment at least two times. Suggest they watch and listen the first time but not try to take notes. Have them read the questions in **Paso 3** and then, as they watch it a second time, have them write information related to the questions.

> **Paso 2** Ve el reportaje y toma notas sobre los participantes en el desfile, las características de los diseños, las motivaciones de los modistos y los trajes de matrimonio.

> **Paso 3** ¿Qué recuerdas? Contesta las siguientes preguntas.

1. ¿Quiénes participan en este desfile de anti-moda?

2. ¿Cuáles son algunas de las características de la anti-moda?

3. ¿Cómo puedes describir los diseños del modisto panameño?

4. ¿En qué consiste el concepto de la moda anti-novia?

5. ¿Qué tipo de traje anti-novia presentaron la pareja de modistos Trujillo y Acuña?

ANSWERS Paso 3: 1. En este evento participan diseñadores, jóvenes modelos y reinas de la noche. 2. La anti-moda usa lo antiguo, va en contra del canon de la moda, es un movimiento estético con elementos sociales y mucha libertad. 3. Los diseños del modisto panameño son innovadores por su colorido, provocación y extravagancia. 4. La moda anti-novia consiste en trajes de novia hechos con imaginación y valentía. 5. Trujillo y Acuña presentaron un traje de novia hecho de fotografías antiguas de matrimonios.

TEACHING TIP Have students share their opinions in small groups. Following their conversations you may lead a class discussion of the topic or you may have students write a paragraph in which they express their opinions and turn it in to you.

> **Paso 4** Este tipo de espectáculo para muchas personas representa la expresión artística y creativa de un grupo de personas. Para otros puede representar una exhibición de mal gusto. Con un(a) compañero(a), decide si crees que es algo de buen o mal gusto. Trata de apoyar tu opinión con argumentos lógicos.

Para describir la apariencia física

ser... agraciado(a) *to be attractive*
   calvo(a) *to be bald*
   delgado(a) de cintura/caderas *to be thin waisted/in the hips*
   pequeño(a) de estatura *to be small in stature (size)*
tener... buen aspecto *to look good*

arrugas / una cicatriz *to have wrinkles / a scar*
una barbilla / un mentón redonda(o) *to have a round chin*
cejas pobladas *to have thick eyebrows*
facciones grandes/delicadas *to have large/delicate facial features*

una nariz aguileña/chata *to have a hooked/flat nose*
pelo lacio/rizado *to have straight/curly hair*
adelgazar / engordar *to lose weight / gain weight*

Para describir el carácter (la personalidad) de una persona

ser... apasionado(a) *to be . . . passionate*
   atrevido(a) *daring, risqué*
   audaz *daring, bold*
   caprichoso(a) *capricious, impulsive*
   cariñoso(a) *affectionate, loving*
tener... (el) amor propio *pride / self-respect*
   (la) autoestima *to have . . . self-esteem*
   buen/mal genio *a bad/good temper*

despreocupado(a) *carefree*
(mal)educado(a) *(bad) mannered, (im)polite*
egoísta *selfish*
juguetón(a) *playful*
mimado(a) *spoiled, pampered*
patoso(a) *clumsy*
quisquilloso(a) *finicky, fussy*

(in)seguro(a) de sí mismo(a) *(in)secure*
sensato(a) *sensible*
sensible *sensitive*
un(a) sinvergüenza *shameless*
terco(a) *stubborn*
valiente *courageous*
vanidoso(a) *vain, conceited*

Vocabulario relacionado con la moda

el atuendo / el conjunto *outfit*
el calzado *footwear*
   las chanclas *flip-flops, beach sandals*
   las zapatillas *slippers, sports shoes*
   los zapatos
      con puntas estrechas *pointed toe*
      de tacón alto *high-heeled*
      planos *flat*
las chaquetas y los abrigos *jackets and coats*
   la americana / el saco *men's blazer*
      con puños abotonados *with buttoned cuffs*
   la cazadora *jacket (waist length)*
el diseño *design*
el encaje *lace*
el estampado *print*
la franela *flannel*

la gargantilla *short necklace, choker*
el gorro / la gorra *cap (no visor) / cap (with visor)*
el jersey *pullover sweater*
la lencería *lingerie*
   las bragas *panties*
   los calzoncillos *underpants (men's)*
   el camisón *nightgown*
   el sujetador / el sostén *bra*
la marca *brand*
la pana *corduroy, velvet*
los pantalones
   los vaqueros *jeans*
      de pata ancha *wide-legged*
      con cierre de cremallera *zipper*
      con bolsillos *with pockets*

el punto *knit*
la ropa de etiqueta *designer clothing*
la sudadera *sweatshirt, sweat suit*
      con capucha *hooded*
el tatuaje adhesivo *adhesive tattoo*

fresco(a) *fresh*
impactante *striking, powerful*
imprescindible *indispensable*
innovador(a) *innovative*
llamativo(a) / vistoso(a) *showy, flashy*

estar en boga *to be in vogue*
lucir un estilo *to show off a style*
vestir (una prenda) *to wear (an item of clothing)*

Capítulo 6

RUMBO A COSTA RICA, EL SALVADOR Y PANAMÁ

Metas comunicativas

En este capítulo vas a aprender a...

- hablar de la búsqueda de trabajo
- describir las oportunidades para trabajar y prestar servicio en el extranjero
- manejar la conversación durante una entrevista
- hacer una llamada telefónica formal
- escribir una carta de presentación

Estructuras

- Los tiempos verbales del futuro y del condicional
- Mandatos formales e informales
- Posición de los pronombres con mandatos

Cultura y pensamiento crítico

En este capítulo vas a aprender sobre...

- diferencias culturales en entrevistas y relaciones personales en el trabajo
- el Arzobispo Óscar Romero y su influencia en El Salvador
- las maquiladoras textiles en El Salvador
- las experiencias de una voluntaria española en El Salvador

 Spanish

 Nuevo Latino Track 7

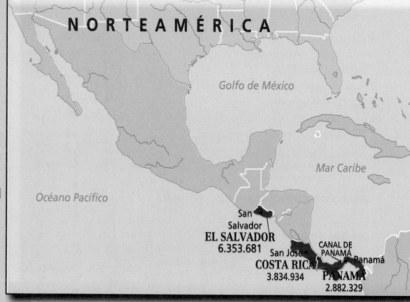

NORTEAMÉRICA

Golfo de México

Océano Pacífico

Mar Caribe

San Salvador
EL SALVADOR
6.353.681

San José
COSTA RICA
3.834.934

CANAL DE PANAMÁ
Panamá
PANAMÁ
2.882.329

MARCANDO EL RUMBO Use transparencies A-2, A-15, and A-16 in addition to the images and information on these pages to assess students' familiarity with Costa Rica, El Salvador, and Panama, particularly their history and unique position in the world.

ANSWERS 6-1 1. C 2. F - Las fuentes principales de trabajo son la manufactura, los servicios y el turismo. 3. C 4. F - Panamá tiene la soberanía sobre el canal. 5. F - Panamá tiene un segmento de población bilingüe de ascendencia caribeña.

TEACHING TIP 6-1 Review answers, and where misconceptions arise, question students about where their misconceptions may come from. Refer back to students' list of perceptions about these three countries and discuss which are false stereotypes and which are facts.

ANSWERS 6-2 1. C 2. C 3. F - Viven en la isla San Blas, en Panamá. 4. F - en Portobelo, Panamá 5. C

Costa Rica, El Salvador y Panamá							
	1502 Cristóbal Colón llega a Puerto Limón, Costa Rica		**1878** Ferdinand de Lesseps inicia la construcción del Canal de Panamá	**1903** Panamá declara su independenca de Colombia	**1914** Se inaugura el Canal de Panamá		
1500	**1790**		**1880**	**1900**		**1925**	**1930**
Los Estados Unidos		**1791** Se agrega el "Bill of Rights" a la Constitución de los Estados Unidos		**1899** Se funda la compañía United Fruit Company	**1920** Las mujeres ganan el derecho a votar	**1929** Inicio del período de depresión económica en los Estados Unidos	**1933** El presidente Franklin D. Roosevelt inicia el Programa de Reformas Sociales llamado "New Deal"

Explorando tu futuro

Zona de conservación Guanacaste

Volcán San Salvador

Comunidad cuna

Marcando el rumbo

6-1 Costa Rica, El Salvador y Panamá: ¿Qué sabes de Centroamérica? Con un(a) compañero(a), determina si las siguientes oraciones sobre estas tres naciones de Centroamérica y su gente son ciertas o falsas. Si son falsas, corrígelas y escribe lo que te parezca correcto.

1. Costa Rica es uno de los países más estables y prósperos de Latinoamérica.
2. La mayoría de los trabajos disponibles en Costa Rica están en el campo del medio ambiente.
3. El dólar se usa como moneda en El Salvador y en Panamá.
4. Los Estados Unidos tienen hoy en día el control legal del Canal de Panamá.
5. En El Salvador hay un segmento de la población que habla español e inglés y que tiene vínculos culturales con el Caribe de habla inglesa.

CD1-22

6-2 El mundo centroamericano: Costa Rica, El Salvador y Panamá Vas a escuchar una descripción de algunas características sobresalientes de estos tres países.

Paso 1: Escucha la siguiente descripción de ciertos aspectos culturales de Centroamérica y toma notas.

La naturaleza   La cultura   La economía

Paso 2: ¿Cierto o falso? Lee las siguientes oraciones e indica si son ciertas o falsas. Si la oración es falsa, corrígela.

1. El Parque Nacional Isla del Coco en Costa Rica y el Parque Nacional Darién en Panamá forman parte del patrimonio de la humanidad.
2. Costa Rica considera su biodiversidad como un recurso económico.
3. Los indios cuna viven en una isla de la costa de El Salvador.
4. En El Salvador hay un excelente ejemplo de herencia colonial de América.
5. El envío de dinero a sus familiares por parte de salvadoreños en el extranjero, es un aspecto importante de la economía de ese país.

Paso 3: ¿Qué recuerdas? La descripción de los tres países centroamericanos que acabas de escuchar incluyó algunos rasgos geográficos, históricos, étnicos, económicos y culturales. Escribe una descripción de los rasgos comunes de los tres países y una descripción de las diferencias. ¿Qué país te gustaría visitar? ¿Por qué? ¿Te gustaría pasar unos meses trabajando como voluntario en una organización no gubernamental en Costa Rica? ¿Por qué? ¿Qué te gustaría hacer?

1980 El arzobispo Óscar Arnulfo Romero es asesinado en San Salvador

1987 Óscar Arias Sánchez, estadista costarricense, recibe el Premio Nobel de la Paz

1991 Representantes del Frente Farabundo Martí y del gobierno salvadoreño firman un acuerdo de paz que da fin a una cruenta guerra civil

1998 El huracán Mitch provoca inundaciones y derrumbes en Centroamérica

1999 Eligen a Mireya Elisa Moscoso de Gruber como presidenta de Panamá

1960   **1980**   **1985**   **1990**   **1995**   **2000**

1961 Se crea el Cuerpo de Paz

1978 El Senado ratifica el acuerdo firmado por el presidente Carter y el presidente Torrijos otorgándole soberanía a Panamá sobre la zona del canal

1986 El presidente Reagan se ve envuelto en el "Iran-Contra Affair"

1999 El Canal de Panamá regresa a control panameño

Vocabulario en contexto

La búsqueda de trabajo

http://www.yahoraque.com

¿Y ahora qué? Tu **reclutador** en Internet
Con más de 2.000 empresas en nuestra base de datos
y te conectamos con los mejores trabajos

Bolsa de trabajo

Ver ofertas
Lista de empresas

Candidatos

Ingresar currículum
Modificar currículum

Empresas

Registrar tu empresa
Buscar candidatos

BOLSA DE TRABAJO

Ejecutivo de cuentas: Empresa multinacional con operaciones en Panamá y El Salvador con énfasis en **ventas** de telefonía celular.
Responsabilidades: Desarrollar y atender el mercado, **cotizar** precios y obtener órdenes de venta.
Requisitos: Estudios universitarios, experiencia **previa** en vender servicios y **atención al cliente**, alto grado de motivación, **buena presencia, dispuesto a** viajar.
Edad: No mayor de 30 años
Sexo: Masculino
Salario: Base + **comisiones** por metas alcanzadas + **bonos**
Beneficios: Seguro médico y **capacitación** continua en ventas y en estrategias de atención al cliente
Solicitudes: Enviar currículum, foto y **carta de presentación**

Diseñador gráfico: Diseñar elementos gráficos de la compañía, catálogos, papelería.
Requisitos: **dominio** de Corel, Freehand y Photoshop y mínimo de un año de experiencia, trabajar bien **bajo presión**
Edad: Mayor de 18 años
Sexo: Femenino
Salario: Negociable según experiencia
Solicitudes: Únicamente por correo electrónico

Consultor en **bases de datos:** Crear, **implementar** y **administrar** bases de datos. **Planear** proyectos, capacitar al personal.
Requisitos: Conocimientos avanzados en SQL, **manejo de** sistema operativo UNIX y Windows
Edad: Mayor de 18 años
Sexo: Indistinto
Salario: Según experiencia
Solicitudes: Enviar currículum por correo electrónico. Incluir foto y datos personales (estado civil, familia)

SISTEMAS SOLOTÚ
Atención **empresarios**: Haz click aquí para aprender a **hacerte** rico. ¡**Monta tu propio negocio** y ¡empieza a ganar millones ya!

¡Lrn ¡OJO! Don't forget to consult the **Índice de palabras conocidas**, pp. A7–A8, to review vocabulary related to jobs and the workplace.

> Other Spanish words and phrases related to jobs and job searches that are cognates with English or English loan words include: **el (la) aprendiz(a)** *(apprentice)*, **la aptitud, dinámico(a), el (la) director(a), el (la) distribuidor(a)** *(distributor)*, **exportar** *(to export)*, **freelance, importar, la iniciativa** *(initiative)*, **marketing, negociable** *(negotiable)*, **el personal** *(personnel)*, **la productividad, el (la) promotor(a), talento.**

HERITAGE LEARNERS Have heritage learners comment on this vocabulary. Ask if they use additional cognates. Point out potential spelling problems with **c, s,** and **z** in words such as **capacidades, comisiones, cotizar, destrezas, finanzas,** and **presencia.**

Para hablar de la búsqueda de trabajo

el (la) agente de bienes raíces	*real estate agent*
los atributos	*attributes*
el (la) científico(a)	*scientist*
el (la) corredor(a) de bolsa	*stock broker*
las destrezas	*skills*
el (la) gerente de sucursal	*branch manager*
el (la) jefe(a) de finanzas	*head of finances*
la pensión	*pension*
el sindicato	*union*
emprendedor(a)	*enterprising*
encargarse de	*to be in charge of*
supervisar	*to supervise*
vender acciones	*to sell stocks, shares*

Para enriquecer la comunicación: Para manejar la entrevista

Tengo entendido que el puesto es de tiempo completo.	*I understand that it's a full-time position.*
Efectivamente. Estoy listo para comenzar ya.	*Indeed. I am ready to begin now.*
Opino como usted. Es una oportunidad fantástica.	*I share your opinion. It's a fantastic opportunity.*
Estoy totalmente de acuerdo con usted.	*I totally agree with you.*
¿Y cómo lo ve usted?	*And how do you see it?*
Como decía, puedo comenzar la semana que viene.	*As I was saying, I can start next week.*
Cambiando de tema...	*Changing the topic . . .*

TEACHING TIP 6-3 Play the recording once and allow 2 minutes to share their notes and make a guess about which is the most appropriate candidate. Play it again and allow 2 minutes to discuss and justify their selection. Ask pairs to share with class their selections and justifications. See if all are in agreement or not and discuss the reasons why.

ANSWERS 6-3 1. Ángela Reyes, María Victoria Daneri, Francisco Javier Ramírez. 2. *There should be debate over María Victoria and Fco. Javier. For example*: María Victoria hizo su carrera en farmacia y la compañía trabaja con compañías farmacéuticas. Pero María Victoria no tiene experiencia ni en ventas ni en capacitación y Fco. Javier sí la tiene. Además Fco. Javier domina el inglés y la compañía dice que es posible que el empleado viaje al extranjero.

> **Lic.** is an abbreviation for the title **licenciado**.

TEACHING TIP 6-4 While one student describes a term, have the other one close his/her book. Allow 5–6 minutes for students to complete the activity, then select different students to describe terms for the class while others volunteer to guess which term is described.

FOLLOW UP 6-4 As you review descriptions of the terms with the class, ask them follow-up questions that connect the terms with local/national realities: **¿Cómo se llaman algunos de los sindicatos importantes en los Estados Unidos? ¿En qué tipos de trabajos se tiene que trabajar mucho bajo presión?** etc.

ANSWERS 6-4 *Answers will vary. Examples include:* 1. Es lo que mandas con una solicitud de trabajo, donde explicas por qué solicitas el trabajo. 2. Es el servicio especial que le das a un cliente en un negocio. 3. Es una persona que te busca trabajos. 4. Es una organización que protege los derechos de los trabajadores. 5. Es un beneficio que se le paga al empleado después de su jubilación. 6. Es un pago adicional por alcanzar tus metas. 7. Es una lista de anuncios de trabajos disponibles.

ALTERNATIVE 6-5 Have students note their ideas on paper. For homework have students search for these jobs in online **bolsas de trabajo** for El Salvador, Costa Rica, Panama, or other Spanish-speaking countries (by typing **bolsa de trabajo Panamá**, for example, into a search engine). Divide class into groups and have each group search a different country to make the comparisons more interesting. In class they can compare their responses. Encourage comparisons among the Spanish-speaking countries, as well as with the U.S., in terms of salary, skills, etc.

Práctica y expresión

6-3 El reclutador de personal Vicente es dueño de un servicio de reclutamiento de personal. Hoy en su contestador encuentra tres mensajes de nuevos candidatos que buscan empleo. Escucha sus mensajes y ayúdalo a seleccionar el mejor candidato para la siguiente vacante que acaba de salir.

Avenida 10, Calles 17, 19
San José de Costa Rica

Transforce S.A.

Se busca: Coordinador de Representantes, Línea Dermatológica

Somos una importante empresa, dedicada a dar servicio a la industria farmacéutica. Requerimos un coordinador de una línea dermatológica, para supervisar a representantes dermatológicos, hacer capacitación de productos y ventas. Tiene que tener buena presencia y estar dispuesto a viajar, a veces al extranjero. Sexo: indistinto. Edad: entre 30–40 años. Mínimo 3 años de experiencia en puesto afín.

Contacto: Lic. Araceli García

1. ¿Cómo se llaman los tres candidatos?
2. ¿Quién es el (la) mejor candidato(a) para este puesto? ¿Por qué?

6-4 En otras palabras Toma turnos con un(a) compañero(a) y explica cada uno de los siguientes términos para ver si él (ella) puede adivinar qué termino describes.

1. Carta de presentación
2. Atención al cliente
3. Reclutador
4. Sindicato
5. Pensión
6. Bono
7. Bolsa de trabajo

6-5 ¿Te interesa? Comenta con tu compañero(a) cada uno de los siguientes puestos o profesiones: ¿Qué haces en ese trabajo? ¿Cuáles son los atributos y destrezas necesarios para hacerlo? ¿Cuál es un salario típico para este tipo del trabajo en los Estados Unidos? ¿Cuáles son algunos de los beneficios típicos que se ofrecen en estos puestos? ¿Cuáles son algunas de las compañías que ofrecen ese tipo de trabajo? Luego, comenta sobre si te gustaría hacer ese trabajo o no y por qué.

1. Corredor de bolsa
2. Farmacéutico
3. Nutricionista
4. Agente de bienes raíces
5. Gerente de la sucursal en un banco
6. Empresario

ALTERNATIVE 6-6 Bring to class two sets of three jobs ads each from a real **bolsa de trabajo.** Give the first recruiter one set of ads and tell him/her not to show them to the client. After their interview, the recruiter makes a recommendation for the most appropriate job of the three, if there is one. Allow 6–7 minutes and then ask students to switch roles. Distribute the remaining set to the new recruiters and allow another 6–7 minutes for the interview. At the end, find out how many successful job placements there were and check to see that these placements were appropriate.

TEACHING TIP 6-7 Encourage students to be creative and even humorous with their role plays. Allow them 4–5 minutes to prepare and then select groups to perform for the class. Later have the class vote for the best role play.

RECYCLING 6-7 Have students use comparative forms that were practiced extensively in **Capítulo 3.** If necessary, suggest they consult the **Índice de gramática.**

HERITAGE LEARNERS 6-7 If possible, have students speak to someone who has participated in the job interview process in the Spanish-speaking world, including a Spanish-speaking community in the U.S. Have them share information they learn with the class. Have students compare and contrast what they learn with customs they know in the U.S.

6-6 ¡El trabajo de tus sueños! Buscas el trabajo de tus sueños y consultas con un(a) reclutador(a). Toma turnos con otro(a) estudiante haciendo los papeles de reclutador(a) y cliente. Deben hablar de las responsabilidades que el (la) candidato(a) busca desempeñar, las habilidades y destrezas especiales que tiene, su formación académica y el horario, el salario y los beneficios que le gustaría tener. El (La) reclutador(a) le hace sugerencias sobre trabajos apropiados.

6-7 Dramatizaciones En grupos de tres, hagan una pequeña dramatización de una de las siguientes situaciones.

1. El (La) presidente(a) de una compañía multinacional tiene que escoger entre uno de sus dos aprendices para un nuevo puesto en Costa Rica. El (La) presidente(a) les hace una entrevista y, basándose en la entrevista, se decide por un(a) aprendiz(a).

2. Un(a) candidato(a) vio una vacante en una compañía y solicitó el puesto. En su currículum y carta de presentación exageró *(exaggerated)* mucho sobre sus habilidades. Lo hizo tan bien que lo (la) seleccionaron para una entrevista. Se entrevista con dos vice presidentes de la compañía y le hacen preguntas sobre su currículum. Luego, los dos presidentes hablan del (de la) candidato(a).

Espejos

En busca de trabajo

JUMP START! Ask students if they have participated in a job interview recently and if the following questions were included: **¿Es usted casado? ¿Cómo es su salud?** Ask if they would have been surprised or offended if these questions had been asked. You may wish to have them speak with an older person who interviewed for a job in the U.S. more than 25 years ago and ask if such questions were acceptable at that time. Note changes over time in the U.S. in addition to changes from one culture to another. Have students speculate about reasons.

ANSWERS Students should observe that in one announcement the sex of the candidate is specified and that in another a photograph is required.

TEACHING TIP You may ask students to pretend that they are bosses who have to make decisions, or role-play an activity in which two personnel officers discuss the characteristics they desire and do not desire to find in a candidate. If their discussions include factors that may not be considered under U.S. law, point that out and ask students to comment on their inclusion of such information and on U.S. law.

Mira los anuncios clasificados de la página 146. A primera vista, no se ve del todo diferente a un anuncio en los Estados Unidos pero, ¿puedes ver algunas diferencias importantes?

Las diferencias continúan en la entrevista de trabajo. Si tienes una entrevista en El Salvador o en algún país latinoamericano (¡o en la mayor parte del mundo!) encontrarás que las preguntas son un poco más personales, como: ¿Es usted casado? ¿Planea casarse? ¿Cuántos años tiene? ¿Tiene hijos? ¿Piensa tener más? ¿Cómo está de salud? Hábleme sobre su familia...

Una vez estés trabajando, verás que es importante mantener una buena relación a nivel personal además de a nivel laboral. Los problemas se resolverán de una manera o de otra, pero si hay amistad y conexiones en el trabajo, la cooperación se facilita grandemente.

Cuatro perspectivas

TEACHING TIP Have students work with a partner or in a small group to share ideas and opinions, then lead a class discussion. Emphasize that they are not to determine which views are right or wrong but to examine perspectives that lead to different views.

Perspectiva I En los Estados Unidos...

1. ¿Hacemos preguntas personales en las entrevistas? ¿Por qué sí o por qué no?
2. ¿Qué preguntas son ilegales en los Estados Unidos?
3. ¿Es importante formar amistades en el trabajo?

Perspectiva II ¿Cómo vemos a los salvadoreños, costarricenses y panameños? Marca con una (X) las opiniones con las que estás de acuerdo y con un(a) compañero(a) explica por qué piensas así.

1. En el Salvador quieren saber cosas personales y en realidad, no es de su incumbencia (it's none of their business). _____
2. En muchos países del mundo hay discriminación basada en el sexo y la edad (age), y eso no es justo (fair) para el empleado. _____
3. Las empresas quieren conocer bien a la persona que van a emplear. Hasta cierto punto tienen razón. _____
4. En El Salvador las relaciones personales son importantes, pero no entiendo por qué. _____

Perspectiva III ¿Qué piensan en esos países? Contesta honestamente y sin juzgar (without judgment) las siguientes preguntas para ver el punto de vista de muchas empresas en el mundo.

1. ¿Por qué hacer preguntas personales? ¿Por qué no?
2. ¿Prefieres a una persona que se lleve bien con los demás? ¿sí o no?
3. ¿Es bueno emplear a una mujer que en unos meses vaya a pedir tiempo libre para tener un bebé?
4. ¿Por qué emplear a una persona enferma que va a faltar mucho al trabajo?

Perspectiva IV ¿Cómo ven los panameños a los estadounidenses? ¿Sabes? Escribe una lista de tus ideas y las de tu compañero(a) sobre su punto de vista. Comparte con la clase.

Las dos culturas

A pesar de (in spite of) las limitaciones en las entrevistas aquí en los EE.UU., ¿se discrimina de todas maneras (anyway)?

ANSWERS Perspectiva I: In general it is illegal to ask personal questions in a job interview in the U.S. Students may identify questions related to age, marital status, plans for relocation, and the like.

ANSWERS Las dos culturas: *A possible answer may be:* Probablemente piensan que tienen tantas leyes y limitaciones pero siempre discriminan de una forma u otra. Se dan excusas para evitar entrevistar a personas con nombres que suenen (sound) afro-americanos. No piden fotos, pero en la entrevista descartan (eliminan) a la persona menos agraciada, etc.

Estructuras

iLrn **¡OJO!** Before reviewing this section, consult the following topics on p. B17 of the **Índice de gramática:** Regular future and conditional verbs; and Irregular stems in the future and conditional.

RECYCLING Review the future tense using transparency D-3 to tell what professions various people will pursue. Continue with M-4, I-9, and I-10 to discuss possible purchases in the future and O-2 and G-8 to talk about leisure activities and vacations in the future. Follow with a discussion of what would occur in a perfect world, using the conditional tense and the same transparencies. Ask students about their plans and their preferences.

Refer students to the presentation on past subjunctive on p. 207.

> The past subjunctive may be also used in this manner.

El futuro y el condicional

By definition, both the future and conditional tenses refer to an action subsequent to another. The future tense is used to talk about events that will happen after a moment in the present, and the conditional describes actions that will take place after a moment in the past. More common uses of these two verb tenses, used to make statements about professional goals and aspirations, are summarized below:

The future tense is used to:

- refer to future actions or events.

  Algún día **montaré** mi propio negocio y no **tendré** que depender de las comisiones.

- express probability or conjecture in the present.

  —Hace mucho que no tengo noticias de Juan. ¿Qué **estará haciendo** estos días?
  It's been a long time since I've heard anything about Juan. I **wonder** *what he is doing these days.*

  —**Estará planeando** una presentación para el jefe de finanzas.
  He is **probably** *planning a presentation for the head of finance.*

The conditional tense is used to:

- express what would be done under conditions that are either hypothetical or highly unlikely.

  Con unos años de experiencia más, Marta **sería** la directora de la sucursal.
  Si pudiera elegir mi carrera otra vez, yo **querría** ser nutricionista en vez de farmacéutico(a).

- talk about future actions from a point of reference in the past.

  Ayer Carlos dijo que **se encargaría** del nuevo proyecto.
  En aquel momento no sabía que **tendría** que trabajar tanto.

- make polite requests or to soften suggestions and statements with verbs like **deber, gustar, poder, preferir, querer,** and **tener.**

  ¿**Podría** indicarme dónde debo dejar mi carta de presentación?
  ¿**Preferiría** dejarla conmigo o dársela directamente al jefe?

- express probability or conjecture in the past

  —¿En qué año vino Pablo a trabajar con nosotros?
  —**Vendría** aquí hace seis años, ¿no?

> ## Un paso más allá: Sustitutos para el tiempo futuro

In Spanish, there are a number of viable substitutes for the future tense.

- The present tense is often used to refer to actions that will take place in the near future.

  Mañana **tengo** la entrevista y también **hago** la presentación para los ejecutivos.

- The construction **ir + a** plus infinitive is also used to describe future actions. The simple future may be preferred, however, to express a stronger sense of intention or purpose.

  —En la entrevista **voy a** mostrarles que soy una persona de buena presencia y que **voy a** poder trabajar bajo presión.
  —Te **darán** el puesto. No te preocupes.

- Certain verbs that express intention or obligation, such as **pensar, deber, necesitar,** and **tener que,** can be used in the present with a futuristic meaning.

  —¿**Piensas** solicitar el puesto de corredora de bolsa?
  Are you thinking about applying for the stock broker job?

  —Sí, **debo** enviarles mi solicitud pronto.
  Yes, I should send them my application soon.

  —¿**Necesitas** incluir cartas de recomendación?
  Do you need to include letters of recommendation?

  —Sí, **tengo que** pedirte una carta.
  Yes, I have to ask you for a letter.

Práctica y expresión

TEACHING TIP 6-8 This can be done as a pair activity in which one student reads the verb phrase and the other guesses the job.

ANSWERS 6-8 1. b (leerá)
2. d (vigilarán) 3. h (se sentará)
4. i (examinarán) 5. a (estudiaremos)
6. g (les aconsejará) 7. c (trabajará)
8. f (tratarán) 9. e (venderá)

TEACHING TIP 6-8 Personalize the activity by having students discuss their future, saying if they will or will not pursue the professions and do the activities that are listed. Have them explain their answers.

6-8 Lo mismo de siempre ¿Qué hará cada persona en su trabajo? Escribe otra vez la oración con otra forma de expresar el futuro.

Ejemplo   Carpintero: <u>Va a trabajar</u> con madera.
            Trabajará con madera.

1. Un farmacéutico
2. Los corredores de bolsas
3. Un diseñador gráfico
4. Los optómetras
5. Nosotros los estudiantes
6. Un nutricionista
7. Un científico
8. Los empleados
9. Una agente de bienes raíces

a. Vamos a estudiar muchísimo.
b. Va a leer las recetas.
c. Va a trabajar en un laboratorio.
d. Van a vigilar las subidas y bajadas de la bolsa.
e. Va a vender casas y edificios.
f. Van a tratar de "usted" al jefe.
g. Les va a aconsejar a sus pacientes qué comer.
h. Se va a sentar frente a su mesa a dibujar.
i. Van a examinar a sus pacientes.

TEACHING TIP 6-9 Have students use Presentational Communication to describe their lives in the future. They may present to the class or to a small group. Require a visual aid.

6-9 El año 2020 ¿Cómo será tu vida en el año 2020? Usa tu imaginación y comparte con un(a) compañero(a) de clase cómo será tu vida. Pregúntense más detalles.

¿Qué tipo de trabajo tendrás?

¿Cómo será tu jefe(a)?

¿Cuánto dinero ganarás?

¿Dónde vivirás?

¿Te casarás? ¿Cómo será tu esposo(a)?

¿Tendrás hijos? ¿Cuántos?

¿Qué coche manejarás?

¿Usarás español en tu trabajo?

¿Te acordarás *(remember)* de tu profesor(a) de español?

TEACHING TIP 6-10 You may have students converse in pairs, or you may divide the class into groups of 3–5 students. Give each group the names of 3–5 students and have them prepare sentences about the future of each person. Conclude by having groups share their predictions with the class. When a student's future is predicted, have him or her confirm or refute the prediction.

6-10 El futuro de tus compañeros ¿Qué pasará con tus compañeros de clase en 25 años? En grupos de tres o cuatro, predigan el futuro de un(a) compañero(a) de otro grupo.

Ejemplo Fulanito vivirá en El Salvador. Ayudará a las personas de su comunidad. Se casará con una salvadoreña de nombre Ana María Rodríguez Villar. Tendrán cuatro hijos guapísimos. Hablará español como un salvadoreño. En agradecimiento, le enviará dinero a su viejo profesor de español.

TEACHING TIP 6-11 Call students' attention to the use of the conditional tense in the model. Circulate and monitor their use of the conditional during their conversations.

EXPANSION 6-11 If students can speak with someone who has interviewed for jobs in the U.S. and in the Spanish-speaking world, have them discuss these questions with that person and ask what differences they have noticed in the two cultures. Ask them to note any others as well.

6-11 Una entrevista de trabajo Aconseja a tu amiga sobre lo que debe o no debe hacer en una entrevista. Contesta las siguientes preguntas usando el condicional.

Ejemplo ¿Como chicle?

Yo no comería chicle. Si tengo uno en la boca lo tiraría en la basura antes de entrar a la entrevista.

1. ¿Qué me recomiendas para tener un aliento *(breath)* fresco si no puedo comer chicle?
2. ¿Está bien si fumo?
3. ¿Qué tal si llego con el look de "mal afeitado" que está de moda?
4. Espero una llamada importante y no quiero apagar mi celular.
5. ¿Puedo llevar tacones muy altos? Son mis favoritos.
6. ¿Puedo llevar perfume?
7. ¿Debo sonreír siempre?
8. ¿Qué digo si me hacen preguntas personales?
9. Si me entrevista una mujer, ¿le doy la mano de una manera firme o blanda?
10. ¿Debo tratar a la persona de "tú" o de "usted"?

TEACHING TIP 6-12 Have students work with several different partners to complete this activity. You may have them change partners after every one or two completions, or you may signal for all to change at the same time. Conclude by having students share completions that they found to be interesting or humorous.

EXPANSION 6-12 Have students interview someone who speaks Spanish and is in a profession that interests them. Have them use Presentational Communication to tell the class about the individual and his or her profession. The student concludes with information about what he or she would do as a member of that profession.

6-12 A soñar... Con otro(a) estudiante, di qué pasaría si estuvieras en una de las situaciones siguientes: ¿Qué harías? ¿Dónde estarías? ¿Con quién trabajarías? ¿Cuánto ganarías?

Ejemplo Si fuera cocinero...

trabajaría en un restaurante elegantísimo, cocinaría platos exóticos y sería muy famoso y ganaría un montón *(a whole bunch)* **de dinero.**

1. Si fuera agente de bienes raíces...
2. Si trabajara en Costa Rica como técnico(a) de computadoras...
3. Si hiciera telemercadeo...
4. Si fuera el (la) jefe(a)...
5. Si trabajara en una carnicería...
6. Si yo trabajara de maestro(a) de español...
7. Si fuera presidente(a) de los Estados Unidos...

Exploración literaria

"Flores de volcán"

JUMP START! Ask the students what they know about Aztec and Mayan dieties. Ask them to find out the names of major gods and goddesses and their functions for both civilizations. You may wish to direct them to find information on Chac Mool and Tlaloc in particular since they are mentioned in the selection.

TEACHING TIP Ask students if they are familiar with volcanic activity in Central America. Have them research the still active volcano Izalco in Western El Salvador. Have students investigate the number of times the volcano has erupted in the past 100 years and how these eruptions have affected human populations in the region.

Claribel Alegría es una poeta salvadoreña que siempre ha luchado por el derecho de autodeterminación de los habitantes de Centroamérica. En este sentido es la voz poética de los que han sufrido opresiones y violencia. En particular, la poeta hace un llamado de atención a los casos de los miles de desaparecidos, y en general aboga por la justicia social y los derechos humanos. Su poesía es apasionada, directa, y, a veces, gráfica, comunicando los aspectos de una realidad social que es brutal y sangrienta. Su estilo se somete directamente a la temática. Por eso su poesía utiliza el verso libre (versos sin organización estrófica convencional) en que el mensaje y las emociones determinan la forma poética. Su poesía frecuentemente se relaciona con eventos reales. En el poema "Flores de volcán" la poeta utiliza una erupción real de un volcán en El Salvador como una metáfora para comentar sobre la injusticia social, que afecta, sobre todo, a los niños pobres.

Estrategia de lectura | **Clarificar el significado al entender la estructura de la oración**

When language is employed poetically, it is often distorted, departing from the normative sequence of subject – verb – object, so that certain words or phrases acquire a significance or importance that they wouldn't normally carry in everyday speech. Furthermore, poetry is an art form that is often characterized by the elimination of words or phrases deemed unnecessary by the poet. For this reason, in poetry it is common to encounter not only a rearrangement of language, but also its very elimination. Dealing with the fragmentary and disjointed nature of poetry can sometimes be confusing, especially when reading poetry in a foreign language. To help negotiate the difficulties presented by a poetic text, it often helps to reorganize the text according to more conventional uses of language. If we use the basic premise that sentences, at their most essential level, contain a subject (**un sujeto**) and a verb (**un verbo**), it is possible to reorganize a text, which, though less poetic, is easier to understand.

Below are the first 12 lines of the poem "Flores de volcán." For these lines, construct a series of sentences that each have subjects and verbs. In some cases, you will have to provide a subject or a verb that has been left out. Finally, eliminate any repetitive prepositional phrases, that is, extra or redundant phrases that begin with prepositions such as **en, con, de, para,** etc.

> After reorganizing the text into sentences with subjects and verbs and eliminating extra prepositional phrases, the text might look like the following collection of seven sentences:
> Catorce volcanes se levantan en mi país [de] memoria.
> [Hay] catorce volcanes de follaje y piedra donde nubes extrañas se detienen.
> A veces [hay] un chillido de un pájaro extraviado.
> ¿Quién dijo que era verde mi país?
> [Mi país] es más rojo.
> [Mi país] es más gris.
> [Mi país] es más violento.

Catorce volcanes se levantan
en mi país memoria
en mi país mito
que día a día invento
catorce volcanes de follaje y piedra
donde nubes extrañas se detienen
y a veces el chillido
de un pájaro extraviado
¿Quién dijo que era verde mi país?
es más rojo
es más gris
es más violento

chillido *screech*

Though the poetic impact of the poem is compromised by this process, the meaning of the text is clearer. Now, when we return to the original language of the poem, we can better understand the poetic intention of the poet.

CLARIBEL ALEGRÍA (1924–)

Sobre la autora y su obra

Claribel Alegría nació en Nicaragua en 1924. Al año siguiente la familia se mudó a El Salvador y, por eso, se considera salvadoreña. Cuando tenía 19 años fue a los Estados Unidos donde ingresó en la Universidad George Washington. En 1985, después de residir por varios años en los Estados Unidos, volvió a Nicaragua para colaborar en la reconstrucción del país. Claribel Alegría ha publicado más de veinte libros de poesía. Su colección más famosa es *Sobrevivo,* por la cual obtuvo el premio Casa de las Américas en 1978. Es también ensayista y novelista, y ha publicado varios testimonios, como *Fuga de Canto Grande* (1992) que relata el escape de 47 guerrilleros peruanos del Movimiento "Túpac Amaru", de la cárcel de Canto Grande, el 9 de julio de 1990. Aunque su poesía explora temas como la violencia, las violaciones y la muerte, hay siempre la esperanza del triunfo de la justicia. En el poema "Flores de volcán", la justicia se manifiesta como la venganza de una fuerza natural, la erupción de un volcán.

> Flores de volcán

Claribel Alegría

A Roberto y Ana María

Catorce volcanes se levantan
en mi país memoria
en mi país mito
que día a día invento
5   catorce volcanes de follaje y piedra
donde nubes extrañas se detienen
y a veces el chillido
de un pájaro extraviado[1]
¿Quién dijo que era verde mi país?
10   es más rojo
es más gris
es más violento:
el Izalco[2] que ruge
exigiendo[3] más vidas
15   los eternos chacmol[4]
que recogen la sangre
y los que beben sangre
del chacmol
y los huérfanos grises
20   y el volcán babeando[5]
toda esa lava incandescente
y el guerrillero muerto
y los mil rostros traicionados
y los niños que miran
25   para contar la historia.
No nos quedó ni un reino
Uno a uno cayeron
a lo largo de América

el acero[6] sonaba
30   en los palacios
en las calles
en los bosques
y saqueaban[7] el templo
los centauros
35   y se alejaba el oro
y se sigue alejando
en barcos yanquis
el oro del café
mezclado con la sangre
40   mezclado con el látigo[8]
y la sangre.
El sacerdote huía[9]
dando gritos
en medio de la noche
45   convocaba a sus fieles[10]
y abrían el pecho de un guerrero
para ofrecerle al Chac
su corazón humeante[11].
Nadie cree en Izalco
50   que Tlaloc[12] esté muerto
por más televisores
heladeras
toyotas
el ciclo ya se acercaba
55   es extraño el silencio del volcán
desde que dejó de respirar
Centroamérica tiembla

se derrumbó[13] Managua
se hundió[14] la tierra en Guatemala
60 el huracán Fifi
arrasó con Honduras[15]
dicen que los yanquis lo desviaron[16]
que iba hacia Florida
y lo desviaron
65 el oro del café
desembarca en Nueva York
allí lo tuestan[17]
lo trituran[18]
lo envasan[19]
70 y le ponen un precio.
"Siete de junio[20] noche fatal bailando el tango la capital."
Desde la terraza ensombrecida
se domina el volcán San Salvador
le suben por los flancos
75 mansiones de dos pisos
protegidas por muros
de cuatro metros de alto
le suben rejas y jardines
con rosas de Inglaterra
80 y araucarias enanas
y pinos de Uruguay
un poco más arriba
ya en el cráter
hundidos en el cráter
85 viven gentes del pueblo
que cultivan sus flores

y envían a sus niños a venderlas.
El ciclo ya se acerca
las flores cuscatlecas
90 se llevan bien con la ceniza
crecen grandes y fuertes
y lustrosas
bajan los niños del volcán
bajan como la lava
95 con sus ramos de flores
como raíces bajan
como ríos
se va acercando el ciclo
los que viven en casa de dos pisos
100 protegidas del robo por los muros
se asoman al balcón
ven esa ola roja
que desciende
y ahogan en whisky su temor[21]
105 sólo los pobres niños
con flores del volcán
con jacintos
y pascuas
y mulatas
110 pero crece la ola
que se los va a tragar[22]
porque el chacmol de turno
sigue exigiendo sangre
porque se acerca el ciclo
115 porque Tlaloc no ha muerto.

---

[1]**extraviado** perdido [2]**Izalco** a still-active volcano in El Salvador [3]**exigiendo** demanding [4]**chacmol** Chac Mool, the Maya-Toltec god of rain, thunder and lightning and the inventor of agriculture; he was appeased by frequent sacrifices [5]**babeando** drooling

[6]**acero** steel [7]**saqueaban** plundered [8]**látigo** whip [9]**huía** was fleeing [10]**fieles** congregation [11]**humeante** steaming [12]**Tlaloc** Aztec god of rain; the counterpart of Chac Mool [13]**se...** crumbled [14]**se...** sank [15]**arrasó...** devastated Honduras

[16]**lo...** redirected it [17]**lo...** roast it [18]**lo...** grind it [19]**lo...** package it [20]**"Siete...** song of unknown origin, popular in El Salvador in 1917, the year of a terrible earthquake [21]**ahogan...** they drown their fear in whisky [22]**tragar** to swallow

Después de leer

 6-13 Clarificando el significado al entender la estructura de la oración Con la ayuda de un(a) compañero(a), identifica las líneas problemáticas del poema. ¿Has podido entenderlas utilizando la estrategia?

ANSWERS 6-14 1. Aunque el color de la vegetación natural es verde, la poeta ve a su país en términos del sufrimiento humano (rojo) o en términos de la destrucción por los volcanes y la ceniza (gris). 2. Se compara al dios Chacmol porque el volcán, igual que Chacmol, mata a víctimas inocentes. 3. Se refiere a la pérdida de todos los imperios indígenas que desaparecieron como consecuencia de la conquista. 4. Son los conquistadores. 5. Sí, ya que los estadounidenses consumen el café de la región a precios muy bajos. 6. Representan la edad tecnológica, globalizada, frente a la cual, el volcán todavía va a triunfar. 7. Han construido mansiones sobre los flancos del volcán. 8. El volcán y su erupción representa metafóricamente la venganza de los pobres contra las personas cuya riqueza es, en parte, la fuente de su miseria. 9. Termina con la imagen de Tlaloc/Chacmol, sugiriendo que la pobreza va a vengarse por fin 10. *Answers will vary. Students might mention Pompeii as an example.*

6-14 Comprensión y expansión En parejas o en grupos de tres, contesten las siguientes preguntas.

1. ¿Por qué no piensa la poeta que su país sea verde? ¿Por qué son más adecuados los otros colores?
2. ¿Por qué se describe el volcán Izalco en términos de un dios azteca?
3. ¿Qué significa la línea "No nos quedó ni un reino"?
4. ¿Quiénes son los centauros que "saqueaban el templo"?
5. Según el poema, ¿sigue la explotación hoy en día?
6. ¿Qué representan los televisores, heladeras y toyotas mencionados en el poema?
7. ¿Qué evidencia hay en el poema de que los habitantes de la región no hacen caso del peligro del volcán?
8. ¿Por qué se describe la erupción del volcán en términos de niños pobres bajando hacia las casas de la gente privilegiada?
9. ¿Con qué imagen termina el poema?
10. ¿Has leído de eventos parecidos a los que se describen en el poema?

Introducción al análisis literario | Comprender el lenguaje poético

Poetic language makes use of two primary devices, simile (**símil**) and metaphor (**metáfora**). Similes are comparisons drawn between two words connected by *like* or *as*. Metaphors are also comparisons but involve a substitution of one term for another. In "Flores del volcán" there are numerous metaphors. For example, in the lines **"y saqueaban el templo / los centauros,"** centaurs are a metaphor for the conquistadores who came to conquer the various indigenous empires. The term *centaurs* is evocative because the centaur, a mythical creature, half horse and half man, corresponds to the vision that indigenous peoples held upon contemplating strange-looking Europeans mounted on creatures (horses) that had never been seen before in the Americas.

Below are additional metaphors and similes from the poem. Working with a partner, contemplate each and speculate as to why it was chosen and how it adds to our appreciation of the poem.

> el silencio del volcán
> los niños del volcán bajan como la lava
> como raíces bajan / como ríos
> el Izalco que ruge / exigiendo más vidas / los eternos chacmol

Now that you have considered the metaphors and similes, why do you suppose the poetic language of the poem centers around the volcano? Is the volcano itself a metaphor for something else?

El voluntariado

> December 5th is the International Day of Volunteerism.

¿Qué harás de tu vida?
Deja que te ayudemos con la respuesta
OPERACIÓN PAZ

OPERACIÓN PAZ es una organización **sin fines de lucro** que **promueve la paz** y el **mejoramiento** del **bienestar** humano por medio del **voluntariado**. Considera una de las muchas posibilidades que ofrecemos para echar una mano y mejorar el mundo.

El voluntariado doméstico

Programas para **repartir** comida a gente **desamparada** y para la **prevención** del SIDA.

El voluntariado internacional

Programas para **construir viviendas, promover** la educación y para **combatir** las enfermedades **infecciosas**. Puedes hacer una **gira** de tres meses hasta dos años o más.

El voluntariado durante las vacaciones

Si no puedes **comprometerte a largo plazo**, sé voluntario durante 20 días de vacaciones en Costa Rica. Ayuda en el **rescate** de animales silvestres o en la **repoblación** de bosques.

El voluntariado virtual

Puedes **ofrecerte como voluntario** sin moverte de tu casa. Usa tus talentos para dar asistencia técnica, traducir documentos o desarrollar páginas web.

Contáctanos hoy: ¡Tu futuro te espera!
http://www.operacionpaz.org

iLrn ¡OJO! Don't forget to consult the **Índice de palabras conocidas**, pp. A7–A8, to review vocabulary related to volunteerism.

> Other Spanish words or phrases related to volunteerism are cognates with English: **la ayuda humanitaria, colaborar, los desastres naturales, donar** *(to donate)*, **la erupción** *(eruption)*, **impactar, el medicamento** *(medication)*, **el triunfo** *(triumph)*.

> **Atención a la palabra:** Atender is somewhat of a false cognate. It means *to attend to* (people), but is not used to mean *to attend* (class). The verb **asistir**, on the other hand, means *to attend,* as in *to be present,* but can also mean *to serve* or *to help.*

RECYCLING Words and phrases associated with informal telephone communication were presented in **Capítulo 3.** Point out that these phrases are more formal and should be used in business communication.

HERITAGE LEARNERS Have heritage learners comment on telephone customs and etiquette they are familiar with. Many words on the list provide spelling challenges, such as the **b/v** distinction in **bienestar, combatir, promover, viviendas,** and even **voluntariado.** The letters **g** and **h** in **gira** and **higiene** may be challenging.

Para hablar del voluntariado

el altruismo / el (la) altruista	*altruism / altruist*
el estipendio	*stipend*
gratificante	*gratifying*
remunerado(a) / remunerar	*paid / to pay, reward*
en vías de desarrollo	*developing*

Para describir las situaciones y las tareas

el acueducto	*aqueduct*
el agua potable	*drinkable water*
el conflicto armado	*armed conflict, war*
el desarrollo sostenible	*sustainable development*
el deslizamiento	*landslide*
la desnutrición	*malnutrition*
la higiene	*hygiene*
el incendio forestal	*forest fires*
la inundación	*flood*
la pobreza	*poverty*
el puente	*bridge*
la sequía	*drought*
el terremoto	*earthquake*
discapacitado(a)	*disabled*
atender	*to attend to, to pay attention to*
impartir / enseñar clases	*to teach classes*
recaudar fondos	*to raise funds*

Para enriquecer la comunicación: Una llamada telefónica *(formal)*

Quisiera hablar con la señora Peralta.	*I would like to speak with Mrs. Peralta.*
¿De parte de quién?	*Who is calling?*
¿Sería tan amable de dejarle un mensaje?	*Would you be so kind as to give her a message?*
La llamo **con respecto al** anuncio de empleo.	*I'm calling **with respect to** the job announcement.*
Se lo agradecería mucho.	*I would really appreciate it.*
Gracias. **Muy amable.**	*Thank you. You've been **very kind.***

Práctica y expresión

CD1-24
6-15 Crónicas de El Salvador Juan Carlos Díaz es un español que se ofreció para una gira voluntaria en El Salvador. Durante su estancia allí grabó varias crónicas. Escucha la primera y la última y luego contesta las preguntas que siguen.

1. ¿En qué pueblo de El Salvador comenzó su trabajo? ¿Dónde se ubica este pueblo?
2. ¿Qué trabajos hizo Juan Carlos en El Salvador?
3. ¿Qué dificultades tuvo en hacer su trabajo?
4. ¿Fue una experiencia positiva o negativa para él? Explica.
5. ¿Te interesaría hacer el trabajo que hizo Juan Carlos? ¿Por qué sí o por qué no?

6-16 Identificaciones Empareja la letra de la palabra o frase en la columna izquierda con su definición en la columna derecha.

<u>e</u> 1. Pedirle dinero a un grupo para alguna causa en particular   a. el altruismo

<u>h</u> 2. Que no busca ganancias   b. la desnutrición

<u>b</u> 3. Una condición producida por falta de comida, vitaminas o minerales   c. el agua potable

<u>j</u> 4. Dinero recibido por un trabajo o servicio   d. la inundación

<u>a</u> 5. Preocuparse por el bienestar de otros   e. recaudar fondos

<u>d</u> 6. Desastre natural producido por un exceso de lluvia   f. remunerar

<u>f</u> 7. Pagar   g. el deslizamiento

<u>i</u> 8. Sistema de agua   h. organización sin fines de lucro

<u>c</u> 9. Que se puede beber   i. el acueducto

<u>g</u> 10. Desastre natural producido por la caída de piedras y tierra de una colina o montaña   j. el estipendio

6-17 ¡Echa una mano! Con un(a) compañero(a), contesta las siguientes preguntas.

1. ¿Alguna vez te has ofrecido de voluntario(a)? ¿Dónde? ¿Qué hiciste? ¿Por cuánto tiempo?
2. ¿Qué tipo de voluntariado te interesa más y por qué?
3. ¿Qué talentos podrías aportar? ¿Qué trabajos podrías hacer?
4. ¿Qué oportunidades/necesidades hay en tu comunidad para prestar servicio?

6-18 ¿Qué significa el voluntariado? Trabaja con dos compañeros(as) y decidan cuáles de las siguientes tareas pueden considerarse parte del voluntariado. Luego, basándose en sus decisiones, formulen una definición del término "voluntariado".

Repartir ropa a gente desamparada en Nueva York

Donar sangre

Construir puentes y acueductos en un país en vías de desarrollo

Cualquier trabajo no remunerado

Atender a los enfermos de SIDA en una clínica como parte de un curso en la universidad

Participar en una campaña contra la destrucción de los bosques en Sudamérica

Recaudar dinero para niños discapacitados en El Salvador

Cuidar a un familiar o amigo discapacitado tres días a la semana

Pasar dos semanas de vacaciones en una zona rural de Panamá impartiendo clases sobre la higiene y la salud reproductiva

Trabajar para una empresa multinacional sin remuneración

TEACHING TIP 6-15 Prepare students for listening by having them think about and discuss the geography of El Salvador, what they know about the economic and political situation there, and the kind of aid that they think could be needed. Encourage recycling of vocabulary as well as practice of the conditional tense.

ALTERNATIVE 6-15 Do this as a pair activity. Send out one student of the pair while playing the first report, then have them switch to listen to the second report. Have students then share the information they heard and try to answer the questions together.

ANSWERS 6-15 1. Zaragoza, a 14 km de la capital 2. Les entregó comida a familias pobres; formuló proyectos para ayudar en las zonas afectadas por terremotos. 3. Había muchas familias y poca comida; había mucha destrucción y miseria 4. Positiva 5. *Answers will vary.*

TEACHING TIP 6-16 Have students identify any items on the list that relate to experiences they have had. Have them share information about their experiences with the class.

TEACHING TIP 6-17 If your university has an Office of Community Service Learning, you might invite a representative to come and discuss opportunities for service using Spanish in your local community. Alternatively, try to have a Spanish-speaking student who has done CSL work to come and talk to the class and allow the class to interview him/her.

EXPANSION 6-17 There are many non-profit organizations for volunteerism (of all the types discussed in this section) with websites. For homework ask students to search the Internet with the terms **voluntariado,** or **voluntariado internacional,** etc., to investigate some of the opportunities available, including work being done in El Salvador, Costa Rica, Panama, and other parts of Latin America. Have students look for opportunities that relate to their majors or other areas that interest them and ask several students to report back to the class.

TEACHING TIP 6-18 Allow groups 5–6 minutes to discuss the activities listed and to develop a definition of volunteerism. Then have a member from each group write their definition on the board. Ask the class to compare and contrast the definitions listed. Discuss where differences arise.

6-19 Debate Trabaja con un grupo de compañeros(as) para debatir las siguientes opiniones sobre el voluntariado. Tu grupo tiene que seleccionar una opinión para defender.

1. No existe el altruismo puro: toda forma de voluntariado contiene un elemento de intercambio.

2. El estudiante que presta servicio no remunerado por motivación de un programa escolar, no es por definición voluntario.

3. El beneficiario de un acto de voluntariado tiene que ser alguien que no tenga parentesco con el voluntario.

Espejos

El arzobispo Óscar Romero, un voluntario involuntario

JUMP START! Ask students to name contemporary or historic figures who are known for helping those who cannot help themselves. Ask what characteristics these individuals possess. Also ask students if they know people who are not famous who deserve recognition for service and have them describe those individuals and tell what they do.

En muchos países hispanohablantes, la iglesia católica es tan importante como el gobierno. La Iglesia está presente en cada evento social y oficial, desde nacimientos, bautizos, comunión, matrimonios y muerte, la Iglesia siempre está presente. Los ricos le dan dinero a la Iglesia para mantener el estatus quo y los pobres rezan *(pray)* por una vida mejor.

TEACHING TIP Have students find more information on topics such as the civil war in El Salvador, the history of the country before and after independence from Spain, and the intervention of the U.S. government in Latin American countries. If possible, have students speak with someone from El Salvador or another Central American nation to discuss that person's view of the role of the Catholic church in the region and the prevailing view of the U.S.

Con la esperanza de mantener el orden social de siempre, la Iglesia escogió *(selected)* al conservador Óscar Romero para ser arzobispo. Al principio el arzobispo Romero se mantuvo a la derecha, pero pronto cayó en cuenta *(realized)* del sufrimiento de los salvadoreños cuando su amigo, el padre Rutilio Grande fue brutalmente asesinado por soldados *(soldiers)*. Finalmente, se sintió forzado a hablar por su gente.

Este voluntario involuntario dio un cambio radical y se dedicó desde entonces a usar el poder de la Iglesia para combatir asesinatos y secuestros *(kidnappings)*. Caminó hombro con hombro con su pueblo y se convirtió en su portavoz *(spokesperson)*. Desde el púlpito le imploró varias veces al gobierno de los Estados Unidos que dejara de enviar armas al ejército, sin éxito *(without success)*. La guerra civil tomó las vidas de 75.000 salvadoreños.

El 24 de marzo de 1980, el arzobispo Óscar Arnulfo Romero fue asesinado mientras daba misa en un hospital. Poco antes de su muerte había dicho: "No creo en la muerte, sino en la resurrección. Si me matan, regresaré a la vida en el pueblo salvadoreño."

POSSIBLE ANSWERS 1. A Martin Luther King Jr. Luchó hombro con hombro con su gente; fue un ministro religioso; usó el púlpito para apoyar a los oprimidos; sabía que iba a morir pronto; fue asesinado. 2. Para suprimir el movimiento popular de los pobres, considerados comunistas. 3. En 13 países: Argentina, Chile, Nicaragua, Panamá, Cuba, Puerto Rico, Honduras, República Dominicana, México, Guatemala, Costa Rica, Uruguay y Bolivia. 4. *Answers will vary.*

Las dos culturas

1. ¿A qué mártir te recuerda el arzobispo Óscar Romero? ¿En qué sentido son similares?
2. ¿Sabes por qué los Estados Unidos enviaban *(send)* armas a El Salvador?
3. Además de El Salvador, ¿en qué otros países de habla hispana han intervenido militarmente los Estados Unidos?
4. ¿Crees que hay algún tipo de resentimiento *(resentment)* hacia los Estados Unidos en esos países? ¿Cómo nos ven a nosotros?

Estructuras

iLrn **¡OJO!** Before reading this section, consult pp. A18–A19 of the **Índice de gramática:** Formal command forms for **-ar, -er,** and **-ir** verbs; Informal command forms for **-ar, -er,** and **-ir** verbs; and Irregular informal commands.

RECYCLING Use transparency K-4 to review formal commands. Arturo has undergone a physical exam in preparation for a new job. He receives commands from various health professionals. Model regular and irregular formal commands with verbs such as **comer, hacer, mantenerse, preocuparse,** and the like.

> **¿Nos entendemos?** In Spain it is quite common to use **vosotros(as)** commands. As with formal commands, the subjunctive is also used to form negative **vosotros(as)** commands. Affirmative **vosotros(as)** commands are formed by dropping the final **-r** of the infinitive and adding **-d.** With affirmative **vosotros(as)** commands of reflexive verbs, the final **-d** is dropped from the verb before adding the pronoun **os:**
> **Enteraos de la importancia de la repoblación de bosques.**
> **Si no nosotros, ¿quién?**
> **Ir** is the only exception as it maintains the final **-d.** Reflexive **-ir** verbs require an accent over the i:
> **Vestíos e idos rápidamente. Hay otro incendio forestal que tenemos que combatir.**

> With affirmative **nosotros(as)** commands, the final **-s** is dropped from the verb before adding the pronouns **se** and **nos: Acostémonos temprano. Mañana tenemos que madrugar.** Note the following:
> —¿Les damos los medicamentos a ellos?
> —Sí, ¡démoselos!
> —No, no se los demos.

Mandatos formales e informales

Formal and informal commands are useful in expressing directives in the realm of service activities and projects. The present subjunctive is used to form affirmative and negative commands for Ud., Uds., and **nosotros(as)**. The subjunctive is also used to form negative **tú** commands. Affirmative **tú** commands are formed by using third person singular indicative. Consider the following chart:

Subject	Affirmative command		Negative command	
tú	3rd person sing. indic.	habla	no + subjunctive	no hables
Ud.	subjunctive	hable	no + subjunctive	no hable
Uds.	subjunctive	hablen	no + subjunctive	no hablen
nosotros(as)	subjunctive	hablemos	no + subjunctive	no hablemos
vosotros(as)	infinitive – r + d	hablad	no + subjunctive	no habléis

Nosotros(as) commands are used to include the speaker and translate as *let's.*

—¡**Empecemos** nuestra gira como voluntarios mañana!

The verb **ir** has the only irregular **nosotros(as)** command form and only in the affirmative.

—**Vamos** a la clínica para empezar con nuestro programa de prevención.

Vamos a + infinitive is often substituted for the **nosotros(as)** affirmative command form.

—**No vayamos** a menos que los médicos nos digan que están listos.
—Entonces, **vamos a esperar** hasta que nos llamen.

There are eight irregular affirmative familiar (**tú**) commands:

decir	**di**	ir	**ve**	salir	**sal**	tener	**ten**
hacer	**haz**	poner	**pon**	ser	**sé**	venir	**ven**

Ven conmigo a ver los carteles para el nuevo programa de voluntariado.
No vengas a repartir medicamentos si sólo puedes quedarte un par de horas.

> ## Un paso más allá: Posición de los pronombres con mandatos

Affirmative commands require that pronouns be attached to the end of command. As the pronoun(s) become part of the word, it may be necessary to add an accent to maintain the original stress of the word. Negative commands require that pronouns precede the command. In either case, pronouns are placed in the following order: reflexive, indirect, direct.

¡**Ofrécete** como voluntario!
No **te ofrezcas** como voluntario, a menos que quieras ayudar de verdad.

—¿Me pongo los guantes ahora?
—Sí, **póntelos** antes de trabajar con el cemento y no **te los quites** hasta que termines.

Práctica y expresión

TEACHING TIP 6-20 Have students use the Internet or another source to find information on proper procedures to follow in the event of an earthquake. Have them present the information they find to one or more classmates using informal commands.

6-20 Un terremoto Un amigo nunca ha sentido un terremoto. Dile qué debe hacer si siente un terremoto. Llena los espacios con mandatos informales.

Si estás en un edificio ____no uses____ (no usar) los ascensores. ____Quédate____ (Quedarse) en el edificio. ____No corras____ (No correr) afuera porque van a llover escombros (*debris*). ____Mantente____ (Mantenerse) alejado de ventanas y estantes que se te puedan caer encima. ____Métete____ (Meterse) debajo de un escritorio. Si estás afuera, ____corre____ (correr) hasta llegar a un área abierta, si puedes. Al terminar el terremoto, ____escucha____ (escuchar) la radio para recibir instrucciones y ____ayuda____ (ayudar) a los heridos, si no estás herido tú.

TEACHING TIP 6-21 Have students look for information on hurricane preparation and response. Then have them use Presentational Communication to design a poster that outlines procedures to follow in case of a hurricane or an earthquake. You may allow them to choose other disasters such as floods or tornados if they have experience with or interest in them.

ANSWERS 6-21 1. Ve a la tienda. 2. Cómpralas. 3. Búscalas. 4. Cúbrelas. 5. Ponla. 6. No la bebas. 7. Hiérvela. 8. Ten cuidado.

6-21 Un huracán ¿Qué debemos hacer en caso de que anuncien un huracán? Convierte las siguientes instrucciones en oraciones más directas usando mandatos informales para hablar con un amigo. Usa pronombres cuando sea posible.

> **Ejemplo** Hay que comprar comidas en lata.
> **Cómpralas hoy.**

1. Hay que ir a la tienda antes de que llegue el huracán.
2. Hay que comprar pilas (*batteries*) para las linternas (*flashlights*).
3. Hay que buscar las linternas.
4. Hay que cubrir las ventanas con madera.
5. Hay que poner agua potable en envases (*containers*) grandes.
6. No podemos beber el agua del grifo (*tap water*).
7. Hay que hervir (*boil*) el agua.
8. Hay que tener cuidado con los cables eléctricos.

TEACHING TIP 6-22 If any students work in restaurants, have them look for information in Spanish regarding sanitation practices. If they find information and can make a copy to bring to class, have them share it with classmates. Note uses of commands.

ANSWERS 6-22 mantente, lávate, lávatelas, cocina, no la dejes, cocínala, cepíllate, cepíllatelos, sé

6-22 Instrucciones para mantener la higiene Aconseja a un muchacho. Repítele lo que una vez te dijeron tus padres, pero dilo en una forma más directa usando mandatos informales.

> **Ejemplo** Es bueno comer frutas todos los días.
> **Cómelas todos los días.**

Para mantenerte libre de enfermedades tienes que lavarte las manos antes de comer. Es mejor lavártelas con un jabón antibacterial, si es posible. Al preparar la comida, debes cocinar la carne completamente, no debes dejarla a medio cocer (*half cooked*). Es importante cocinarla toda para matar las bacterias. Luego de comer es importante cepillarse los dientes. Sería ideal cepillártelos tres veces al día. Hay que ser constante para conservar una buena salud.

ANSWERS 6-23 ofrezca, sea amable; No tenga miedo, tenga; vea y trate, No sea; considere; respete; aprenda, escúchelos.

6-23 Instrucciones para los voluntarios En un folleto hay instrucciones y consejos para los voluntarios que van a trabajar en regiones rurales en El Salvador. Escribe otra vez las oraciones en forma de mandatos formales.

Es importante ofrecer una palabra de amistad, una sonrisa, ser amable.
No hay que tener miedo de mostrar afecto. Es bueno tener compasión.
Es mejor ver y tratar a las personas como iguales a usted. No es bueno ser arrogante.
Hay que considerar los sentimientos de las personas.
Es importante respetar las ideas y tradiciones de la gente.
Es posible aprender de ellos también. Debe escucharlos.

6-24 Problemas Piensa en un problema que tienes ahora y díselo a un(a) compañero(a) para que te dé consejos. Si tu compañero(a) es de tu misma edad, usa mandatos informales. Si es mayor que tú, usa mandatos formales.

> **Ejemplo** Quiero ir a Costa Rica de vacaciones y no tengo dinero.
> **Busca un trabajo en el verano o pídele dinero a tus padres.**
> or **Busque un trabajo en el verano o pídale dinero a sus padres.**

6-25 ¿Qué me recomiendas? ¿Recuerdas los países que hemos estudiado —México, Guatemala, El Salvador, Nicaragua, Costa Rica, Panamá, Honduras y España? Pregúntale a tu compañero(a) qué país recomienda y qué debes hacer allí.

> **Ejemplo** **Ve a México. Camina por las calles de Acapulco. Nada en el mar. Mira a los (las) muchachos(as) guapos(as) y toma piña coladas en la playa. Ve a Tenochtitlán.**

Costa Rica

Tulúm, México

Rumbo abierto

JUMP START! Ask students about their experiences as volunteers. Have them comment on when, where, why, and how they have carried out volunteer work. Ask if they would recommend it to others and why or why not.

Una experiencia inolvidable El deseo de poder dedicar parte de nuestro tiempo libre a trabajar en algún proyecto que nos sirva para ganar experiencia profesional, y que al mismo tiempo pueda ayudar a nuestro prójimo es algo que muchos jóvenes españoles logran, participando en una diversidad de programas que diferentes entidades organizan para lograr estas metas. En la siguiente página vas a leer una carta de una española que acaba de regresar a casa después de haber participado en un programa de este tipo.

> Paso 1

Antes de leer la carta recuerda la estrategia de lectura que aprendiste en este capítulo. Ahora con un(a) compañero(a), describe una experiencia que hayas tenido lejos de casa y de tu familia. Piensa en un viaje con compañeros de tu escuela o quizá la primera vez que viajaste solo(a). Las siguientes preguntas te pueden ayudar a completar la actividad.

¿Adónde fuiste? ¿Por qué? ¿Cómo te sentiste (triste, alegre, entusiasta, con miedo)? ¿Qué hiciste?

> Paso 2

Ahora lee la carta que aparece en la siguiente página.

> Paso 3

Después de leer esta carta, decide si las siguientes afirmaciones son ciertas o falsas. Corrige las falsas.

ANSWERS Paso 3:
1. C 2. C 3. F - Tomó este curso de formación en Valencia.
4. C 5. C

1. Giovanna pasó un mes en el departamento de La Libertad en El Salvador.

2. Ella describe en la carta las diferentes fases de su experiencia.

3. Después de llegar a El Salvador tuvo que tomar un curso de formación.

4. La tarea principal de la voluntaria fue la de realizar un diagnóstico socio-económico.

5. El mural de avisos tiene como función la de informar a la comunidad sobre asuntos importantes.

> Paso 4

¿Qué opinas? Con un(a) compañero(a), contesta las siguientes preguntas.

1. ¿Qué ventajas tiene este tipo de trabajo voluntario para un(a) joven universitario(a)?

2. ¿Qué habilidades y conocimientos tienes que puedas utilizar en este tipo de programas de ayuda?

3. ¿Crees que la universidad debe ofrecer este tipo de programas para sus estudiantes? ¿Por qué?

4. ¿Adónde te gustaría ir y qué te gustaría hacer?

TEACHING TIP Have students share their ideas in small groups. Following their conversations you may lead a class discussion on the topic or you may have students write a paragraph in which they summarize what they learned and turn it in to you.

Un mes inolvidable
Giovanna García Baldovi

¡Hola, hola!

No hace ni una semana que he vuelto de El Salvador, concretamente del Norte del Departamento de La Libertad; en una pequeña comunidad llamada Ita-Maura. Mi viaje comenzó con el curso de cooperación del Fons Valenciá per la Solidaritat, en mi ciudad, Valencia. Es una asociación de ayuntamientos a nivel de la comunidad valenciana, que financia proyectos en Latinoamérica. Nuestra labor empieza realizando un curso de formación, en el que te preparan muy por encima de lo que vas a ver en los países, lo que debes y no debes hacer, te informan de temas como la cooperación...

La segunda fase es la de convivencia en los países. No tenemos una tarea en concreto, te incorporas en cualquier proyecto que se esté realizando y si tienes ideas que puedan ayudar, pues mejor.

Una vez en El Salvador la organización de allí, UCRES (Unión de Comunidades Rurales del Norte de San Salvador y la Libertad), nos encargó realizar un diagnóstico de la comunidad en la que íbamos a estar, así que eso hicimos. Fue divertido porque ibas conociendo a todas las personas de la comunidad, pero a la vez costoso porque teníamos que preguntar datos sobre ingresos, tierras y algunas personas no quieren confiar en ti para eso. Luego, una vez hecho el diagnóstico, ya teníamos tiempo para llevar a cabo nuestras ideas: preparamos capacitaciones para jóvenes y adultos, sobre creación de empresa (tienen bastantes mini-granjas de pollos), dirección y liderazgo, educación sexual... También realizamos un "mural de avisos" (tablón de anuncios) para que no tuvieran que usar el megáfono cada vez que quisieran dar avisos, en fin si vas con ganas puedes hacer muchas cosas.

Ha sido una experiencia inolvidable: es un mundo diferente, con gente totalmente diferente. Al principio parecía un sueño, porque ¿cómo es posible que cruzando el océano cambie tanto todo? Entonces te das cuenta de todo lo que tenemos; y de que, además, siempre estamos queriendo tener más. En cambio esta gente, si tiene una cosa, por pequeña que sea, esa pequeña cosa te la regalan.

Hay tanta humildad, tanta hospitalidad, tanto amor en ese pequeño país... Da lástima pensar que todo lo que tienen donde yo estuve es gracias a organizaciones españolas. Es triste ver que un país se olvida de la mitad de la población y sólo se hace cargo de unos pocos.

El próximo proyecto que quieren realizar es la construcción de una iglesia, estamos buscando financiadores para ellos.

Bueno, no acabaría nunca de contar, pero sí quiero decir una cosa: he ido este año por primera vez, pero volveré el año que viene; y también tengo pensado, en un futuro, quedarme en el país.

¡Saludos!

¡A escribir!

ATAJO *Functions:* Writing a letter (formal); Expressing intention
Vocabulary: Personality; Professions; Working conditions
Grammar: Accents; Adjectives: agreement; Nouns: irregular; Nouns: gender; Verbs: commands; Verbs: conditional; Verbs: imperative

> It will be helpful to review the Chapter 5 vocabulary related to personality characteristics, as well as the vocabulary of this chapter before writing your letter.

> If you include a resumé/c.v., you can mention it in the last paragraph of the letter's body: **Anexo mi currículum.**

> Paso 1

Por medio de una carta de presentación, el (la) candidato(a) para un puesto de trabajo intenta resaltar su interés en el puesto y la empresa, destacar sus atributos y habilidades, y abrir el camino a nuevos contactos con la empresa u organización. Este tipo de carta se distingue de otros tipos por su estructura y por su formalidad.

Haz una búsqueda por Internet en las bolsas de trabajo o con organizaciones sin fines de lucro que operan en El Salvador, Costa Rica o Panamá. Identifica un puesto de trabajo interesante, remunerado o voluntario, y escribe una carta de presentación para solicitarlo.

> Paso 2

Prepárate para escribir la carta haciendo dos listas: una para identificar lo que sabes de la empresa u organización y sus necesidades y otra de los atributos y destrezas que te hacen un(a) buen(a) candidato(a). Apunta ideas para cada lista durante diez minutos; escribe cualquier idea que se te venga a la mente.

Después, selecciona de la primera lista dos o tres detalles que mejor demuestren tu interés en el puesto y tus conocimientos de la empresa u organización. Luego, selecciona de la segunda lista tres de tus atributos y/o destrezas que mejor responden a las necesidades de la empresa u organización.

> Paso 3

Escribe la carta siguiendo la siguiente estructura:

La dirección de la persona que escribe la carta, *el (la) remitente:* Va en la parte superior, derecha o izquierda.

La fecha: va debajo de la dirección, a la derecha o a la izquierda.

La dirección de la persona a quien se le manda la carta, *el (la) destinatario(a):* va debajo de la fecha. Va siempre a la izquierda.

El saludo formal: *Estimado(a) Sr(a). Martín,* o en caso de no saber el nombre del destinatario, *Estimado(a) señor(a).*

El cuerpo de la carta: suele consistir en un máximo de cuatro párrafos. En el primero preséntate y explica brevemente lo que buscas. Algunas frases que se usan para abrir la carta son: *Me dirijo a usted para…, Tengo el agrado de presentarme para el puesto de…* o simplemente, *Soy recién graduado(a) de la Universidad de…* En el segundo párrafo escribe lo que sabes del puesto y de la empresa u organización. En el tercer párrafo explica lo que puedes ofrecer, resaltando tus atributos, destrezas y habilidades, que aportarán valor a la empresa u organización. En el último párrafo agradécele al seleccionador su tiempo e intenta abrir el camino a una futura comunicación, ya sea en persona, por teléfono o por correo electrónico. Algunas frases útiles son: *Me gustaría agradecerle el tiempo que se tomó en leer mi carta, Espero poder concertar una entrevista con usted(es) para hablar más…*

La despedida y la firma: Algunas frases formales comunes son: *Me quedo en espera de su respuesta, Atentamente, Respetuosamente, Cordialmente.*

El uso de los conectores para lograr la cohesión en el texto

Cohesion means the degree to which ideas, sentences and paragraphs of a text flow together. Connectors are phrases that establish or highlight relationships between ideas, sentences, and paragraphs, and can help to guide the reader through your text. Therefore, a careful use of connector phrases can help you to achieve more cohesion in your writing. In Spanish there are many different types of connector phrases. Here are a few organized by the function they serve. Keep in mind that while using these phrases can help you to achieve more cohesion in your writing, overusing them can make your writing sound contrived and difficult to read.

Organizing connectors These phrases help to open, continue, sequence, or close the discussion of a specific topic or an entire composition.

Opening:

Ante todo	*First of all*
En primer/	*In the first/*
segundo lugar	*second place*

Continuing:

De igual manera	*In the same way*

Sequencing:

Por un lado	*On the one hand*
Por otro lado	*On the other hand*
Primero/Segundo	*Firstly/Secondly*

Concluding/closing:

Por eso	*For that reason*
Por lo tanto	*Therefore*
Por último	*Last*

Countering connectors These phrases help to introduce information counter to ideas or sentences that have already been presented.

Sin embargo	*However*
No obstante	*Nevertheless*

> **Paso 4**

Trabaja con un(a) compañero(a) de clase para revisar tu primer borrador. Lee su carta y comparte con él/ella tus respuestas a las siguientes preguntas: ¿Tiene la carta todos los elementos necesarios? ¿Son apropiados el saludo y la despedida? ¿Incluye suficiente información para que quede claro que él/ella es un(a) buen(a) candidato(a), que sabe mucho del puesto y de la empresa u organización? ¿Qué otros detalles recomiendas que incluya? ¿Usa bien algunos conectores? ¿Usa bien el vocabulario y la gramática del capítulo?

> People's titles, unless the first word of a sentence or greeting, are written in lowercase. However, you must capitalize the first letter of the title if you use its abbreviated form: **Estimado Sr.** vs. **Estimado señor.** Also remember you do not use definite articles with titles when you are addressing somone directly, as in a greeting: **Estimado señor García,** but not **Estimado el señor García.**

TEACHING TIP If time does not permit pair feedback, have students review their own papers using the questions in **Paso 4** as a guide.

> **Paso 5**

Considera los comentarios de tu compañero(a) y luego haz los cambios necesarios. Piensa en si puedes incorporar más vocabulario o gramática del capítulo. ¿Comprobaste que no tienes errores de ortografía?

¡A ver!

JUMP START! Have students brainstorm about American companies that moved their production abroad. Do they know of a specific example?

> **Paso 1** Muchas economías del mundo no pueden generar suficientes empleos para toda la población que busca trabajo. Por lo tanto, muchos gobiernos en Centroamérica le dan la bienvenida a empresas estadounidenses que se trasladan a sus países para abrir nuevas empresas. Con un(a) compañero(a), identifica el tipo de empresas estadounidenses que trasladan su producción a países en vías de desarrollo. ¿Cuáles pueden ser algunas de las ventajas y desventajas para los dueños y para los empleados?

TEACHING TIP Allow students to view the video segment at least two times. Suggest they watch and listen the first time but not try to take notes. Have them read the questions in **Paso 3** and then, as they watch it a second time, have them write information related to the questions.

> **Paso 2**

Mira el reportaje.

> **Paso 3** ¿Qué recuerdas? Contesta las siguientes preguntas.

1. Según el reportaje, ¿qué tipo de empresa cerró su producción?

2. ¿Quién es y de dónde es el propietario de la compañía?

3. ¿Quiénes trabajaban principalmente en esta empresa?

4. ¿Qué hicieron los trabajadores para proteger sus intereses?

5. ¿Qué posibles consecuencias tendrá la firma del Tratado de Libre Comercio con los Estados Unidos?

ANSWERS Paso 3: 1. una maquiladora textil 2. Es un empresario de Carolina del Sur. 3. mujeres cabeza de hogar 4. Se instalaron en la fábrica para cuidar la maquinaria. 5. Es posible que se repita la historia de esta maquiladora textil.

TEACHING TIP Have students work with a partner to discuss answers to the questions, then review them with the class. Note any items that students found difficult to understand.

TEACHING TIP Have students share their answers with the class. You may lead a class discussion on advantages and disadvantages of free trade agreements. Or you may have students write a paragraph describing their views on the issue.

> **Paso 4** ¿Qué opinas? Con un(a) compañero(a), contesta las siguientes preguntas.

1. ¿Cuáles son las ventajas y desventajas de los tratados de libre comercio entre diferentes países?

2. ¿Qué tipo de responsabilidad tiene una compañía hacia la comunidad donde se encuentra instalada su fábrica?

3. ¿Debe existir un salario mínimo a nivel mundial? ¿Por qué?

Para hablar de la búsqueda de trabajo

el (la) agente de bienes raíces *real estate agent*

la atención al cliente *customer service*

la bolsa de trabajo *job listings*

el bono *bonus*

la capacitación / capacitar *training / to train*

la carta de presentación *cover letter, letter of introduction*

el (la) científico(a) *scientist*

la comisión *commission*

el (la) consultor(a) *consultant*

...en bases de datos *database consultant*

el (la) corredor(a) de bolsa *stock broker*

el (la) diseñador(a) gráfico(a) *graphic designer*

el (la) ejecutivo(a) de cuentas *account executive*

el (la) empresario(a) *entrepreneur*

el (la) gerente de sucursal *branch manager*

el (la) jefe(a) de finanzas *head of finances*

la pensión *pension*

el (la) reclutador(a) *recruiter*

el sindicato *union*

las ventas *sales*

administrar *to administer, run, manage*

cotizar / la cotización *to quote / quote*

encargarse de *to be in charge of*

hacerse (rico, abogado...) *to become, make yourself (rich, a lawyer . . .)*

implementar *to implement*

montar un negocio *to start a business*

planear *to plan*

supervisar *to supervise*

vender acciones *to sell stocks, shares*

Para hablar de la preparación del candidato

los atributos *attributes*

la buena presencia *good appearance*

las destrezas *skills*

el dominio de *mastery of*

la experiencia previa *previous experience*

el requisito *requirement*

emprendedor(a) *enterprising*

tener manejo de *to manage, understand (to get the hang of)*

trabajar bajo presión *to work under pressure*

(estar) dispuesto(a) a *(to be) prepared to, capable of*

Para hablar del voluntariado

el altruismo / el (la) altruista *altruism / altruist*

el estipendio *stipend*

la organización sin fines de lucro *non-profit organization*

en vías de desarrollo *developing*

gratificante *gratifying*

remunerado(a) / remunerar *paid / to pay, reward*

Para describir las situaciones y las tareas

el acueducto *aqueduct*

el agua potable *drinkable water*

el bienestar *well being*

el conflicto armado *armed conflict, war*

el desarrollo sostenible *sustainable development*

el deslizamiento *landslide*

la desnutrición *malnutrition*

las enfermedades infecciosas *infectious diseases*

la gente desamparada *homeless people*

la gente discapacitada *disabled people*

la gira *tour (of duty)*

la higiene *hygiene*

el incendio forestal *forest fires*

la inundación *flood*

el mejoramiento *betterment*

la pobreza *poverty*

la prevención / prevenir *prevention / to prevent*

el puente *bridge*

la repoblación / repoblar *repopulation, reforestation / to repopulate, reforest*

el rescate *rescue*

la sequía *drought*

el terremoto *earthquake*

la vivienda *housing, house*

el voluntariado *volunteerism, group of volunteers*

atender *to attend to*

combatir *to combat, fight against*

comprometerse *to commit oneself*

impartir/enseñar clases *to teach classes*

ofrecerse de voluntario(a) *to offer to serve as a volunteer*

promover la paz *to promote peace*

recaudar fondos *to raise funds*

a largo/corto plazo *long/short term*

Capítulo 7

RUMBO A ECUADOR, PERÚ Y BOLIVIA

Metas comunicativas

En este capítulo vas a aprender a...

- hablar de las luchas por los derechos
- expresarte ante situaciones desagradables
- comentar y expresar tus opiniones sobre el crimen y la justicia
- describir y opinar sobre un juicio
- escribir un reportaje

Estructuras

- El subjuntivo en cláusulas adjetivales
- El subjuntivo en cláusulas adverbiales

Cultura y pensamiento crítico

En este capítulo vas a aprender sobre...

- diferentes grupos indígenas de Sudamérica
- la pluralidad cultural del continente
- las líneas preincaicas en Nazca, Perú

Track 2

MARCANDO EL RUMBO Use transparencies A-4, A-12, and A-13 in addition to the images and information on these pages to assess students' familiarity with Ecuador, Peru, and Bolivia, particularly their history and unique position in the world.

TEACHING TIP 7-1 Assign the time line as homework before class. Ask students to look at the map, the time line, and the pictures and to write a list of people, places, and historical events that they associate with Ecuador, Peru, and Bolivia. At the beginning of the class you can ask students to share their lists with a partner.

TEACHING TIP 7-1 Assign this activity to be done as homework before class. Encourage students to recall what they know about these countries. Class time can then be used to share perceptions and have a class discussion.

TEACHING TIP 7-1 Review answers and where misconceptions arise, question students about where they may come from. Refer back to students' list of perceptions about these 3 countries and discuss which are false stereotypes and which are facts.

Ecuador, Perú y Bolivia					
3000 A.C. Hasta la conquista española viven aquí las culturas Chavín, Mochica, Chimú, Nazca e Inca	**1535** Francisco Pizarro funda la ciudad de Lima, Perú	**1551** Se funda la Universidad Nacional Mayor de San Marcos en Lima, Perú	**1821** Perú declara su independencia de España	**1822** Ecuador se independiza de España	**1884** Bolivia pierde acceso al mar como resultado de la Guerra del Pacífico (Perú, Chile y Bolivia)
3000 A.C.	**1500**	**1550**	**1820**	**1830**	**1880**

Los Estados Unidos			
	1769 El padre Junípero Serra funda la Misión de California en San Diego	**1830** El presidente Andrew Jackson firma el "Indian Removal Act" para obtener las tierras de los indígenas	**1863** Emancipación de los esclavos en los Estados Unidos

TEACHING TIP 7-1 The aim of this exercise is to help students activate their knowledge about the different aspects of these countries and to put them into a broader historical context. Find out if any students in the class have been to any of these countries and ask questions about their experiences.

Derechos y justicia

Simón
Bolívar

Carnaval
de
Oruro

Lago
Titicaca

Marcando el rumbo

7-1 Ecuador, Perú y Bolivia: ¿Qué sabes de esta parte de Sudamérica? Con un(a) compañero(a), determina si las siguientes oraciones sobre estas tres naciones de Sudamérica y su gente son ciertas o falsas. Si son falsas, corrígelas y escribe lo que te parezca correcto.

1. Los puertos marítimos más importantes de Bolivia se encuentran en el Océano Pacífico.
2. Un alto porcentaje de la población de Ecuador, Perú y Bolivia es indígena y mestiza.
3. Titicaca es uno de los lagos más importantes de Ecuador.
4. Cuzco fue una de las ciudades más importantes del imperio Inca.
5. La mayoría de la población de Bolivia es menor de 25 años de edad.

CD2-2

7-2 Ecuador, Perú y Bolivia: Cultura, historia y naturaleza de los Andes

Paso 1: A continuación vas a escuchar una descripción de la naturaleza, la historia y la cultura de Ecuador, Bolivia y Perú. Escucha con cuidado y toma notas.

Paso 2: Contesta las siguientes preguntas.

1. ¿Dónde se encuentra el lago Titicaca?
2. ¿Qué idiomas se hablan en estos tres países?
3. ¿Quién fue Simón Bolívar?
4. ¿Qué tipo de grupo es Sendero Luminoso?
5. ¿Quién fue Oswaldo Guayasamín?

Paso 3: En el cine Piensa en un programa de televisión o una película que tú hayas visto y que tenga como tema o como fondo algún aspecto de la naturaleza, la historia o la cultura de Ecuador, Perú o Bolivia. Ahora describe ese programa o película a otro(a) estudiante de la clase. Asegúrate de incluir el nombre del programa/ película, cuándo lo viste y si te gustó o no.

ANSWERS 7-1 1. F - Bolivia no tiene acceso al mar. 2. C 3. F - Es un lago entre Perú y Bolivia. 4. C 5. C

TEACHING TIP 7-2 You may have students investigate topics associated with Ecuador, Peru, and Bolivia and use Presentational Communication to share information with the class. Possible topics include Simón Bolívar, the Inca civilization, and the guerrilla movements.

ANSWERS 7-2 1. entre Bolivia y Perú 2. el español, el quechua y el aymara 3. el libertador de Ecuador, Bolivia y Perú 4. un grupo guerrillero peruano 5. un reconocido pintor ecuatoriano

1910	1940	1960	1965	1990	2000
		1952 La revolución boliviana (nacionalización de minas y reforma agraria)	**1967** Ernesto Che Guevara es asesinado en Bolivia		**2000** Arequipa, Perú, es declarada Patrimonio de la Humanidad por la UNESCO
1911 El profesor estadounidense Hiram Bingham descubre Machu Picchu, Perú	**1948** Se crea la Organización de Estados Americanos	**1962** John Steinbeck gana el Premio Nobel de Literatura	**1968** Muere asesinado Martin Luther King Jr.	**1993** El presidente Clinton le otorga póstumamente a César Chávez la Medalla de la libertad	**2001** Ataque a las Torres Gemelas del World Trade Center

Vocabulario en contexto

La lucha por los derechos

EL VOCERO
DE LATINOAMÉRICA

SUPLEMENTO ESPECIAL La lucha por los derechos: pasado y presente

Perú: Activistas protestan el **maltrato** y la **marginación** de los que sufren del SIDA y VIH y **exigen solidaridad** con estos enfermos. Exigen también acceso a tratamientos contra el virus. Dicen que **privarlos** de las drogas necesarias es privarlos de sus derechos humanos. [Véase la página 3]

El SIDA no **discrimina.** ¡No lo hagas tú!

Bolivia: UNICEF, gran **defensor** de los derechos de los niños **toma medidas** para proteger su **seguridad**. [Véase la página 6]

El pueblo unido ¡jamás será vencido!

Bolivia: Por medio de un **levantamiento** histórico que incluyó un **paro** nacional de labores y **marchas**, las masas populares (indígenas, obreros, estudiantes...) lucharon en defensa de sus derechos. Lograron **derrocar** al presidente boliviano Sánchez de Lozada. [Véase la página 2]

Ecuador: Los pueblos indígenas realizaron **movilizaciones** con **bloqueos** de carreteras para **llamar la atención** a la situación de corrupción, **desigualdad** y pobreza a la que están **sometidos** los grupos indígenas. [Véase la página 4]

Con **pancartas** al hombro y gritando su **consigna** de protesta, "¡Ahora es cuándo!" las masas populares se levantan en contra de la **opresión**.

TEACHING TIP: Issues presented in this realia piece are important in the countries of focus. As you present the vocabulary, draw comparisons to these issues in the U.S. For example, access to the AIDS cocktail is very limited among those without insurance in the U.S. The protest pictures represent the continual struggle of the campesinos and indigenous people of these nations against the exploitation of their natural resources by multinational interests. Comparisons might be drawn to U.S. labor struggles, and even the "Walmartization" of small-town America. Use this realia to promote critical thinking, asking students about how protests in the U.S. have led to the protection of human rights and whether they believe the popular masses in the U.S. could force a president from office.

¡OJO! Don't forget to check the **Índice de palabras conocidas,** p. A8, to review vocabulary related to the struggle for rights.

> **Atención a la palabra:** **Respeto** should not be confused with **respecto,** which is only used in the phrase "with respect to." Therefore you say, **Respeto mucho a mi padre,** but, **Con respecto a la política del país, no tengo mucho que decir.**

> Other Spanish words and phrases related to the struggle for rights are cognates with English. **El abuso** *(abuse)*, **el (la) activista, la amnistía** *(amnesty)*, **el boicot** *(boycott)*, **la crisis, la demanda, el (la) líder, el (la) piquetero(a)** *(picketer)*.

HERITAGE LEARNERS Have heritage learners share variations related to this vocabulary that they use, and offer additional items related to the topic. Point out potential spelling problems in words with **b** and **v** such as **vencido, levantamiento, movilización, válgame,** and **barbaridad.** Call attention to **c, s, x,** and **z** in words such as **amenaza, censura, creencia, esclavo, explotar, expresión,** and **portavoz.**

Para describir la lucha por los derechos

la amenaza / amenazar	*threat / to threaten*
la censura / censurar	*censure / to censure*
la creencia	*belief*
la dignidad	*dignity*
el esclavo / la esclavitud	*slave / slavery*
la explotación / explotar	*exploitation / to exploit*
la expresión	*expression*
la liberación / liberar	*liberation / to liberate*
el (la) portavoz	*spokesperson*
la privacidad	*privacy*
el respeto / respetar	*respect / to respect*
la tortura / torturar	*torture / to torture*
la violación / violar	*violation / to violate*
pacífico(a)	*peaceful*
sangriento(a)	*bloody*
tener derecho a...	*to have a right to . . .*

Para enriquecer la comunicación: Cómo expresarse ante situaciones desagradables

¡Qué horror/barbaridad!	*How horrible!*
¡Esto es insoportable!	*This is unbearable!*
Eso me da coraje/rabia.	*That infuriates me.*
Esto es una verdadera pesadilla.	*This is a real nightmare.*
¡Válgame Dios!	*Oh my God!*
¡Caramba!	*Darn it!*

Práctica y expresión

CD2-3

7-3 Radio pública Escucha el programa de radio sobre el pueblo boliviano y la lucha por sus derechos. Luego contesta las preguntas que siguen.

1. ¿Por qué está el gas natural en el centro de la lucha por los derechos del pueblo boliviano?
2. Según el profesor, ¿cuáles son las razones básicas que llevaron al derrocamiento del presidente Sánchez de Lozada?
3. ¿Por qué es tan importante este derrocamiento en la historia de Bolivia y en la historia de los derechos humanos?
4. ¿Cuándo ocurrió el levantamiento?
5. ¿Cuál fue una de las consignas de las protestas?
6. ¿Qué aspecto del levantamiento le pareció tan interesante a la locutora de radio? ¿Por qué le pareció interesante? ¿Compartes su opinión? ¿Por qué sí o no?

7-4 Los derechos humanos En la columna de la izquierda están algunos de los derechos humanos proclamados universales por las Naciones Unidas. En la columna de la derecha están algunas acciones que pueden ser asociadas con estos derechos. Escribe la letra de todas las acciones que puedan ser asociadas con cada derecho y luego decide si el derecho permite la acción o la prohíbe.

_____ 1. Todo individuo tiene derecho a la vida, a la libertad y a la seguridad de su persona.

_____ 2. Nadie será objeto de interferencias arbitrarias en su vida privada, su familia, su domicilio o su correspondencia, ni ataques a su honra o su reputación.

_____ 3. Toda persona tiene derecho a la libertad de pensamiento, de conciencia y de religión.

_____ 4. A nadie se le privará arbitrariamente de su nacionalidad ni del derecho a cambiar de nacionalidad.

_____ 5. Todo individuo tiene derecho a la libertad de opinión y expresión.

_____ 6. Toda persona tiene derecho a la libertad de reunión y asociación pacíficas.

_____ 7. Toda persona tiene derecho a un nivel de vida adecuado que le asegure, así como a su familia, la salud y el bienestar.

a. Tener seguros médicos

b. Cambiar de creencia religiosa

c. Emigrar de un país a otro

d. Participar en una manifestación contra el gobierno

e. Torturar o maltratar a prisioneros políticos

f. Estar en frente de la Casa Blanca con pancartas de protesta contra el Presidente

g. Publicar un artículo lleno de mentiras sobre una figura pública

TEACHING TIP 7-3 Have students read the comprehension questions for homework before listening. Have them listen a first time to get the gist of what is said, and then jot down everything they can remember. Have them listen a second time and add to their notes. Finally, have them review their notes, listen a third time, and then jot down ideas for the answers to the questions. In the next class, have students work in pairs to discuss what they remember hearing in the audio. Allow 2–3 minutes and then ask them to jointly answer the questions. Share back answers and correct errors.

ANSWERS 7-3 1. Porque Bolivia tiene la reserva más grande de gas natural en Sudamérica y por eso debe ser un país rico, pero la mayoría de los bolivianos no se benefician del gas. 2. la desigualdad y la pobreza 3. Porque a pesar de ser muy pobres, lograron organizar un levantamiento masivo contra el gobierno para exigir sus derechos. 4. durante octubre de 2003 5. "¡El gas no se vende!" y "¡Ahora es cuándo!" 6. Que un 50% de los que marcharon eran mujeres y el 90% de ellas eran indígenas. Probablemente porque las mujeres están aún muy oprimidas. Su presencia demuestra no sólo su valentía, sino también el poder del pueblo.

HERITAGE LEARNERS 7-3 If any students can speak with individuals who have first-hand knowledge of the struggle of Bolivia's poor, have them share information with the class. Encourage students to speak with individuals who have knowledge of similar struggles in other parts of the Spanish-speaking world and allow them to share information.

ANSWERS 7-4 1. a, e 2. g 3. b, d, f 4. c 5. d, f, g 6. d, f 7. a; *Whether the action would be permitted or not is an opinion and/or subject to interpretation.*

FOLLOW UP 7-4 Discuss students' opinions about whether they think the actions would be permitted or prohibited. Explain that these are questions greatly debated throughout the world. Recycle conditional forms by asking students to think of other situations that would be permitted or prohibited by these rights.

TEACHING TIP 7-5 Encourage students to use real examples to justify their opinions. Remind students to be open to opinions, or ask students to discuss what different political perspectives would be on these issues, i.e., conservative vs. liberal. Encourage students to converse with each other and use the suggested phrases to respond to their partner's ideas.

TEACHING TIP 7-6 This activity can recycle present perfect and past tenses.

TEACHING TIP 7-6 Assign part of this activity as homework. Ask students to investigate some of the human and civil rights issues current in Peru, Bolivia, and Ecuador and shown in the vocabulary presentation. Note that this can be used as a preparation for Activity 7-7.

ANSWERS 7-6 *Possible answers include:* 1. La lucha de las mujeres por conseguir el voto, las luchas por los derechos civiles para los afroamericanos, la lucha por la "libre elección" en cuanto al aborto y la planificación familiar, etc. 2. La lucha por los derechos de los trabajadores inmigrantes, la lucha por el "derecho a la vida" en contra del aborto, la lucha de los homosexuales por el derecho a casarse, la lucha de los ancianos por medicamentos más baratos, etc.

HERITAGE LEARNERS 7-6 Have students interview family members or friends and ask what events they consider most important in relation to human rights and civil rights in their homelands. Have students report information to the class.

TEACHING TIP 7-7 You may make this activity humorous or serious. Have students demonstrate for changes in your class such as no homework or tests, or have them address real campus issues such as tuition hikes, censorship, and the like. Another option is to choose problems in your community, your state, or the nation. Encourage creativity and the use of new vocabulary.

TEACHING TIP 7-7 Divide the class into small groups and allow each to choose a different cause. Offer suggestions or let students choose. Groups prepare speeches and written propaganda, if desired. Give each group equal time for their demonstration. Have other students observe and ask questions after each speech. Conclude by having all students vote for the most effective demonstration.

7-5 ¿Protección o amenaza? ¿Crees que los siguientes conceptos y acciones protegen los derechos de los seres humanos o los amenazan? ¿Por qué sí o no? Comparte tus opiniones con otros estudiantes. ¿Están todos de acuerdo?

Las siguientes frases pueden ser útiles para expresar el acuerdo o desacuerdo:

Acuerdo	**Desacuerdo**
¡De acuerdo!	No exactamente.
Opino como tú.	No estoy de acuerdo del todo.
Pensamos igual.	No me convences *(you're not convincing me)*.
Decimos lo mismo.	

1. Establecer <u>una</u> lengua oficial
2. El capitalismo
3. La guerra contra el terrorismo
4. La práctica del perfil racial *(racial profiling)*
5. La censura del lenguaje y material gráfico en los medios de comunicación

7-6 Entonces y ahora ¿Cuánto sabes de las luchas históricas y actuales por los derechos? Contesta las siguientes preguntas con otro estudiante.

1. ¿Cuál ha sido la lucha por los derechos más significativa en los Estados Unidos? ¿Por qué fue tan importante? ¿Quiénes lucharon? ¿Quiénes fueron los portavoces de esta lucha? ¿Qué lograron? ¿Cómo lo hicieron?
2. ¿Cuáles son algunas de las luchas actuales por los derechos en los EE.UU. o en el mundo latino? ¿Quiénes están luchando? ¿Quiénes son los portavoces? ¿Cuáles son los temas más sobresalientes de esta lucha? ¿Qué exigen los que están luchando? ¿Qué han logrado hasta ahora?

7-7 Manifestación Entre todos o en grupos de estudiantes de la clase, organicen una manifestación pacífica sobre uno de los temas de abajo. Hagan pancartas, desarrollen consignas apropiadas y preparen una lista de demandas. Nombren portavoces para que hagan un discurso durante la manifestación.

1. Los derechos de los estudiantes en la clase
2. Los derechos de los estudiantes en la universidad
3. Los derechos de algunas personas marginadas en su propia comunidad / en el mundo
4. Los derechos de los animales
5. ¿?

Espejos

La situación indígena

JUMP START! Ask students what they know about indigenous populations, in the U.S. or in other countries. Ask if they are aware of issues that are important in these communities. If any students identify with such communities, invite them to share their views on relations with the larger community. Also ask what they know about Francisco Pizarro and Atahualpa.

TEACHING TIP Have students brainstorm about what they think about the U.S.–Native American relationship. *Possible answers:* **En los Estados Unidos no hay problema porque los indígenas se han resignado a vivir en las reservaciones y no están pidiendo sus tierras de vuelta.** Remind students that they are not searching for one correct answer but are using critical thinking skills to consider various perspectives and logical responses.

En Europa, el año 1492 marca el fin de la Edad Media y el principio de la Moderna, pero para los indígenas de las Américas, este mismo año marcó el principio del fin de su mundo.

En el Perú, el fin de la civilización indígena empezó con el conquistador español Francisco Pizarro, quien en nombre del rey español, asesinó al líder inca, Atahualpa, y capturó Cuzco, la capital incaica en 1533. Desde entonces, los descendientes de esta cultura invasora han desplazado a los indígenas de sus tierras ancestrales, han instituido programas de exterminación y han establecido obvias y claras preferencias hacia los inmigrantes europeos, quienes —hasta hoy día— los siguen relegando y considerando como inferiores.

Además de sufrir la discriminación racial y cultural de sus compatriotas, los indígenas también tienen que hacerle frente a las empresas transnacionales que destruyen sus tierras. Un caso de interés internacional es el oleoducto *(pipeline)* que atravesará Ecuador, y que afectará áreas frágiles de extrema importancia geológica y agrícola. Pasará por once áreas protegidas, incluyendo territorios indígenas.

Estos tristes conflictos culturales han ocurrido por siglos. Las protestas también continuarán.

POSSIBLE ANSWERS Perspectiva I: *All statements mostly true except for #3 and #5:* Mientras en Sudamérica prefieren negar *(deny)* que se tiene ascendencia indígena, en los Estados Unidos hay personas que sostienen *(claim)* abiertamente y con orgullo que tienen ancestros indígenas.

Cuatro perspectivas

Perspectiva I ¿Cómo nos vemos a nosotros mismos? ¿Cómo fue la situación con los indígenas en los Estados Unidos? Indica lo que crees que es cierto.

1. El gobierno les quitó las tierras a los indígenas.
2. El gobierno desplazó *(transferred)* a los indígenas a reservaciones.
3. En los EE.UU., la población general considera a los indígenas inferiores.
4. El gobierno, hoy día, está tratando de ayudar a los indígenas.
5. El gobierno quiere devolverle las tierras a los indígenas.

Perspectiva II ¿Cómo los vemos a ellos?

1. ¿Qué piensas del conflicto indígena?
2. ¿Qué debe hacer el gobierno?

Perspectiva III En Perú, Bolivia y Ecuador algunas personas dicen...

El abuso de los indígenas es una situación injusta. ¡Hay que hacer algo!

Algunos indígenas se resisten a asimilarse y eso limita su progreso.

Los extranjeros piensan que todos somos indígenas, pero aquí hay blancos y mestizos también.

Perspectiva IV ¿Qué piensan de nosotros en los Estados Unidos? ¿Sabes?

Las dos culturas

¿Piensas que deben devolverles las tierras a los indígenas en Sudamérica?
¿Piensas que aquí debemos devolverles las tierras también o pagar restitución?
¿Crees que los EE.UU. tiene el derecho moral de criticar esta situación en Sudamérica?

TEACHING TIP Have students explain their answers. Encourage students who disagree to listen to opposing opinions and respond to them based on evidence rather than on emotion.

Estructuras

iLrn **¡OJO!** Before reviewing this section, consult the following topics on p. B20 of the **Índice de gramática:** Personal **a**; and Negative and indefinite words.

RECYCLING Recycle use of subjunctive in adjectival clauses with transparency F-3. Explain that a group is planning a demonstration and seeks a location that has a wide street, is close to a train station, is near a parking facility, and offers lodging and dining nearby. Recycle familiar vocabulary with the structure, using transparency I-1 to describe types of clothing the individuals want, I-7 and I-9 to explain what shoppers are looking for, and G-8 to identify characteristics sought in a vacation destination.

El subjuntivo en cláusulas adjetivales

An adjectival clause modifies or describes a noun in the main clause and is usually introduced by either **que** or **donde**:

Conozco a <u>un hombre</u> **que lucha por los derechos humanos.**

      (Noun   + adjectival clause introduced by **que**)

Él vive en <u>un lugar</u> **donde no hay mucha tranquilidad.**

      (Noun   +   adjectival clause introduced by **donde**)

Speakers of Spanish might use the subjunctive in adjectival clauses in a variety of contexts while discussing issues of social justice and activism. The subjunctive is used in adjectival clauses when:

- the speaker has no knowledge or experience of someone (or something) with a particular attribute.

 Tomás quiere hablar con <u>una persona</u> **que sepa algo sobre el levantamiento popular.**
 (Subjunctive—Speaker is not identifying a specific person who knows something about the uprising.)

 Tengo <u>algunos amigos</u> **que han participado en una huelga de hambre.**
 (Indicative—Speaker is referring to a specific group of friends who have participated in a hunger strike.)

- the speaker is questioning the existence of someone (something) with a particular attribute.

 —¿Conoces <u>a alguien</u> **que proteste contra la discriminación por edad?**
 (Subjunctive—Questioning the existence; **alguien** *does not refer to a specific person.)*

 —Sí, yo conozco a <u>muchas personas</u> **que protestan contra la discriminación por edad.**
 (Indicative—Affirming the existence; speaker is referring to a specific group of people.)

- the speaker is denying the existence of someone (something) with a particular attribute.

 —No hay <u>ningún grupo terrorista</u> **que sea capaz de derrocar el gobierno.**
 (Subjunctive—Denying the existence)

 —Sí, tienes razón. Pero hay <u>algunos</u> **que han afectado el resultado de las elecciones.**
 (Indicative—Affirming the existence)

- the speaker makes a superlative expression about someone or something with a particular attribute about which the speaker is uncertain.

 Este hostigamiento es <u>el peor abuso de derechos humanos</u> **que Tomás haya visto.**
 *(Subjunctive—The speaker is expressing that this **may** be the worst that Tomás has seen, but the speaker cannot be sure.)*

 Con la movilización de más de miles de personas, es la <u>protesta más grande</u> **que ha ocurrido en este pueblo.**
 (Indicative—Indicates that the speaker is sure that this protest is the largest that has occurred.)

As the examples given in the previous section demonstrate, using an indefinite or negative expression doesn't necessarily dictate that the subjunctive will be used in an accompanying adjectival clause. The choice between the indicative and the subjunctive depends on whether the speaker is referring to a specific person, place, or thing. With the indefinite quantifier **un(a)**, the presence of the **a personal** indicates that the speaker is referring to a specific person and, therefore, will use the indicative. For example:

Busco **una** persona que **sepa** hablar con los grupos marginados.
(Speaker has no knowledge of who this person might be.)

Busco **a una** persona que **sabe** cómo hablarles a los grupos marginados.
(Speaker has knowledge of a particular person with this attribute.)

Nevertheless, with indefinite/negative expressions using **alguien**, or **nadie**, the **a personal** is used regardless of whether the adjectival clause is in the indicative or subjunctive.

¿Cómo puedo ayudar **a alguien** que **ha sido amenazado?**
(Speaker knows of a particular person who has been threatened.)

¿Conoces **a alguien** que **haya participado** en la movilización?
(Speaker does not know of a particular person.)

Práctica y expresión

EXPANSION 7-8 Have students gather additional information about Bolivia and use Presentational Communication to present it to the class.

HERITAGE LEARNERS If any students have ties to Bolivia invite them to share information.

7-8 ¿Por qué quiero ir a Bolivia? Llena los espacios en blanco con la forma correcta del subjuntivo o el indicativo para saber por qué Bolivia es tan interesante.

¿Por qué ir a Bolivia? Es que busco un país que ____esté____ (estar) muy alto en las montañas, donde ____haga____ (hacer) frío y viento porque me encanta ese tipo de clima. Bolivia es un país cuya capital ____está____ (estar) a 4.100 metros de altura; ¡fascinante! Quiero ir a un país donde ____pueda____ (poder) observar animales exóticos. También me gustaría conocer a alguien que ____hable____ (hablar) quechua o aymara y así aprender unas palabras. Hay también un sitio que ____pienso____ (pensar) visitar: se llama el valle de la luna. No hay otro paisaje que ____sea____ (ser) igual en este planeta. ¡Bolivia es increíble!

TEACHING TIP 7-9 Have students complete the sentences for homework. In class they work in small groups to compare and contrast answers. Conclude by having each group share at least one completion for each sentence.

POSSIBLE ANSWERS 7-9 1. luche por la justicia 2. se envuelva 3. proteja a los pobres 4. respete a la clase baja 5. luchen por los derechos de los pobres

 7-9 Una sociedad justa ¿Qué necesitamos para tener una sociedad justa? Con un(a) compañero(a), comparen sus respectivas opiniones. ¿Piensas igual? Completa las siguientes frases con tu opinión. Palabras útiles: respetar, envolverse, luchar, proteger, defender, tolerar.

> **Ejemplo** Necesitamos líderes políticos que... **piensen en su pueblo y no en ellos mismos.**

1. Necesitamos un líder político que...
2. Necesitamos una población que...
3. Necesitamos un gobierno que...
4. Necesitamos una clase alta que...
5. Necesitamos unos activistas que...

TEACHING TIP 7-10 Have students form groups of 3 or 4. Students take turns asking questions of one another and noting responses. Follow with a whole class check in which they may answer: **En mi grupo no hay nadie que le guste la política.** or **Sí, Ivan lucha por una causa.** Ask follow-up questions after their answers: **¿Luchas por una causa? ¿Qué causa es ésa?**

ANSWERS 7-10 sea, pueda, le guste, luche, odie, conozca, quiera, se considere, comprenda.

7-10 ¿Hay alguien aquí que... ? Para saber más sobre tus compañeros de clase, levántate y pregúntales a tus compañeros lo siguiente.

¿Hay alguien aquí que...

_____ (ser) de ascendencia indígena?

_____ (poder) hablar un idioma indígena de las Américas?

_____ (gustarle) la política?

_____ (luchar) por alguna causa?

_____ (odiar) la política?

_____ (conocer) a un líder de la comunidad?

_____ (querer) algún día formar parte del gobierno?

_____ (considerarse) un(a) activista?

_____ (comprender) las demandas de los indígenas de las Américas?

7-11 Preferencias En grupos de mujeres o de hombres solamente, piensen y hagan una lista de qué tipo de persona buscan en la vida. En un anuncio clasificado, ¿qué escribirían? ¿Qué tipo de hombre o mujer buscan?

> **Ejemplo** Buscamos a un hombre que nos respete. o Queremos a una mujer que le guste viajar.

HERITAGE LEARNERS 7-12 Have students interview family and friends to obtain their views on what is needed in U.S. politicians. Have them share information with the class and encourage students to compare and contrast the ideas with their own. Discuss the perspectives behind the views presented by Spanish-speaking individuals who now live in the U.S.

7-12 Tu gobierno En grupos, conversen y comparen su opinión sobre algunos problemas que tenemos con los líderes en nuestro país.

> **Ejemplo** Necesitamos un(a) presidente(a) que piense en los pobres.

1. presidente(a)
2. senadores(as)
3. gobernador(a)
4. alcalde *(mayor)*
5. presidente(a) de la universidad
6. profesor(a)

George W. Bush y Alberto Gonzales

Exploración literaria

"Entre dos luces" (selección)

César Bravo, miembro de una nueva generación de dramaturgos peruanos, prefiere en sus obras los temas de la justicia y los derechos humanos. En "Entre dos luces" ofrece un vistazo al mundo sombrío *(somber)* de los universitarios que se dedican a una lucha política por los cambios sociales. En la selección a continuación, el dramaturgo utiliza la oscuridad escénica para comunicar el conflicto principal de la obra que existe entre la ignorancia y la comprensión. En la siguiente escena observamos el encuentro de dos universitarios. Una estudiante, Elizabeth, cree que tiene creencias políticas verdaderas, hasta que empieza a hablar con Hernán, el otro estudiante. En el ambiente de la oscuridad, Hernán le demuestra a Elizabeth que, a veces, una ideología política auténtica tiene que defenderse frente a la violencia.

JUMP START! Ask the students if they recall information in **Capítulo 6** about Túpac Amaru. You may also want to ask students what they know about the other revolutionary group in Peru, Sendero Luminoso. Explain to students that both these groups have had violent reputations, but recently there have been efforts by both organizations to legitimize their practices as part of a movement for social change. Carlos Tapia, for example, is a known sociologist who has stepped up to defend the practices of Sendero in recent years.

Estrategia de lectura | Separar los hechos de las opiniones

In order to read a text critically, you must first learn to separate factual information from opinions. Factual information consists of objective truths that can be accepted on face value. They are ideas that are true, regardless of particular circumstances, and are not subject to debate or interpretation. For example, it is a fact that César Bravo is a Peruvian playwright. Opinions, on the other hand, are more subjective ideas that reflect biases, or only a partial understanding of an issue. They are ideas that are debatable and subject to interpretation. For example, it is an opinion that César Bravo writes politically subversive plays. Opinions will often depend on a single word or phrase that makes the assertion controversial. In this case, the word "subversive" opens up the claim to debate. Authors will often use a variety of perspectives in their works in order to generate a clash of ideas, with the intent that the reader, in having to sort out these positions, will ultimately have a better appreciation of a particular issue. The following passages, based on the reading, represent either objective truths or an individual perspective. For each one, decide whether the information is factual (**F**) or an opinion (**O**), and then ask yourself on what basis you determined your response. If the idea is an opinion, is there a particular word or phrase that identifies it as such?

1. Soy Elizabeth, amiga de Carlos. (F)
2. La puerta está abierta. (F)
3. El mes pasado hubo disturbios y murió un estudiante. (F)
4. Los terroristas son los de Sendero o Túpac Amaru en Perú. (O, terroristas)
5. Túpac Amaru es un movimiento burgués bien intencionado, que quiere hacer la Revolución Cubana aquí. (O, movimiento burgués bien intencionado)
6. Hay varios movimientos en contra de la política del gobierno en Perú. (F)
7. Los que tienen control en el país quieren adueñarse de *(take ownership of)* su destino con palabras tan bonitas como Democracia y Libertad, a costa del trabajo "honrado y digno" que le dan a sus empleados. (O, con palabras tan bonitas como Democracia y Libertad)
8. Gandhi insistió en las prácticas de la no violencia como una manera de resistir. (F)
9. Túpac Amaru es un movimiento progresista. (O, progresista)
10. Descubre sentado a Hernán con una venda en los ojos, que contiene pequeñas manchas de sangre y que deprimen su figura de estudiante. (F y O, deprimen)

Now that you have practiced separating facts from opinions, you are ready to consider the entire selection. As you read, recall your reasons for the decisions you made in the preceding exercise. Also ask yourself which of the two perspectives offered by the selection is the most convincing to you. Though the two positions still represent subjective opinions, the author of the work clearly favors one over the other.

TEACHING TIP Have student volunteers read all or part of the selection aloud in class.

Sobre el dramaturgo y su obra

César Bravo nació en Lima, Perú, en 1960. Recibió su formación teatral en el Teatro de la Universidad Católica. Actualmente él dirige y escribe teatro. Se dedica también a la enseñanza teatral. Ha trabajado con el grupo Brequeros y con la Escuela del Arte del Espectáculo del grupo Cuatrotablas. Es miembro de una nueva generación de dramaturgos peruanos que están renovando el teatro de Perú.

CÉSAR BRAVO (1960–)

> ### Entre dos luces (selección)

ESCENA I
EL DEPARTAMENTO DE UN EDIFICIO A OSCURAS. SUENA EL TIMBRE.

H.: ¿Quién es?
E.: ¿Hernán?
H.: Sí. ¿Quién es?
E.: Soy Elizabeth, amiga de Carlos. ¿Puedo pasar? ¿Puedo pasar?
H.: La puerta está abierta.

ELIZABETH SE QUEDA EN EL UMBRAL. TODO ESTÁ OSCURO.

E.: ¿No hay luz? No se ve nada.
H.: Si vas a entrar, cierra la puerta; si no, te puedes ir.

SILENCIO. SE CIERRA LA PUERTA. OSCURIDAD TOTAL.

H.: ¿Estás ahí?
E.: Sí.
H.: ¡Qué valiente! Si caminas cinco pasos de frente, vas a encontrar un sillón.
...

E.: ¿Por qué está todo oscuro? ¿No te da miedo?
H.: Sí, a veces tengo miedo, pero no de la oscuridad.
E.: ¿Sino?
H.: De otras cosas.
E.: ¿Cuáles?
H.: No sé. Pero no de la oscuridad. Bueno, depende de qué oscuridad hablemos.
...

E.: La oscuridad también sirve para esconder, para ocultar.
H.: O para aclarar.
...

E.: El mes pasado hubo disturbios y murió un estudiante, ¿no?
H.: Sí.
E.: En mi universidad hicimos una marcha de silencio, protestando por la represión policial; y estamos organizando, con la ayuda de algunos grupos de teatro, un pasacalle[1] en favor de la paz.

H.: ¿Gandhi? ¿La no violencia?
...

E.: ¿Conocías al chico que murió?
H.: No.
E.: Era de Letras.
H.: Somos tantos.
E.: Dicen que era terrorista.
H.: ¿Terrorista?
E.: ¿No lo era?
H.: ¿Qué es ser un terrorista?
E.: No sé, ... Sendero, Túpac Amaru. ...No sé.
H.: No, no era.
E.: ¿Lo conocías? Se apellidaba Barrientos, una amiga lo conocía ... ¿Te sientes mal?
...

E.: ...¿Me vas a contar qué te pasó en la universidad? ... (SILENCIO) ¿Te llevaron a la Dincote[2]?
H.: No.
E.: ¿Entonces? ¿A la morgue?
H.: Al hospital.
E.: ¿Te hirieron?
H.: Sí.
E.: ¿Dónde?
H.: En el pecho, pero fueron perdigones[3].
E.: ¿Cómo así? ¿Qué pasó?
H.: Saliendo de clases.
E.: No lo sabía.
H.: Mira, prefiero hablar de otras cosas.
...

E.: ... ¿Qué opinas de Sendero?
H.: Es el Partido Comunista del Perú.
E.: ¿Y Túpac Amaru?
H.: Un movimiento burgués bien intencionado, que quiere hacer la Revolución Cubana aquí.
E.: ¿Y Sendero?
H.: La Revolución en el Perú.
E.: ¡Cómo! ¿Matando gente inocente? ¿Sembrando terror en la población?

...

H.: No soy como tú.

E.: ¿Por qué? ¿no te gustan las fiestas? ¿No te gusta el licor, la música, las mujeres?

H.: No, no me gusta.

E.: ¿No te gustan las mujeres?

H.: No.

E.: ¿No te gusto?

H.: No me vas a engañar con tu cara bonita.

E.: Lo que pasa es que no lo quieres reconocer porque saldrías perdiendo.

H.: No tengo nada que perder.

E.: Claro que sí. Si aceptaras que te gusta, perderían tú y tu Partido Comunista y se descubrirían todos sus resentimientos.

H.: ¿Qué resentimientos?

E.: Sus resentimientos de no poder hacer lo que quieren hacer y de no tener lo que quisieran tener. Lo sabes y no lo puedes negar, ¿verdad? ¿O no los tienes?

H.: Sí, los tengo. Porque gente como tú gobierna este país y se quiere adueñar de su destino con palabras tan bonitas como Democracia y Libertad, a costa del trabajo "honrado y digno" que le dan a sus empleados; mientras toman su Coca Cola helada en las playas del sur, porque en la Costa Verde hay muchos cholos[4]. Por eso mi resentimiento, porque tú tienes todo lo que quieres y los demás lo mendigamos[5]. Porque las posibilidades, las relaciones y las invitaciones ya tienen dueño. A mí no me vas a engañar con tus posturas de progresista dando vivas[6] a la izquierda.

...

ELIZABETH SE DIRIGE A LA PUERTA, LA ABRE Y EN UN ARREBATO[7] PRENDE LA LUZ. AL VOLTEAR[8] SUFRE UN IMPACTO, DESCUBRE SENTADO A HERNAN CON UNA VENDA EN LOS OJOS, QUE CONTIENE PEQUEÑAS MANCHAS DE SANGRE Y QUE DEPRIMEN SU FIGURA DE ESTUDIANTE. ELIZABETH SE CHORREA[9] POR EL MARCO DE LA PUERTA Y QUEDA SENTADA EN EL SUELO.

H.: ¿Elizabeth?

E.: Perdóname.

---

[1]**un pasacalle** procesión [2]**Dincote** una cárcel en Lima [3]**perdigones** *pellets*

[4]**cholos** gente con dinero [5]**lo...** *we beg for it* [6]**dando...** *cheering*

[7]**arrebato** movimiento rápido [8]**voltear** dar una vuelta [9]**Se...** *slides down*

Después de leer

7-13 Separando los hechos de las opiniones Con otro(a) estudiante, identifica las dos posiciones básicas de la selección. ¿Cuál de los dos lados favorece el autor del drama y por qué?

7-14 Comprensión y expansión En parejas o en grupos de tres, contesten las siguientes preguntas.

1. ¿Quiénes son los personajes de la selección y en qué circunstancias los encontramos?

2. ¿Por qué parece que Hernán prefiere la oscuridad?

3. Aparentemente, ¿por qué ha venido Elizabeth a visitar a Hernán?

4. ¿Cómo se llama el chico que murió? ¿Cómo murió?

5. ¿Cómo reaccionaron los estudiantes de la universidad de Elizabeth a la muerte del chico?

6. Según Elizabeth, ¿era terrorista el chico? ¿Según Hernán?

7. ¿Con qué movimientos políticos se asocian Elizabeth y Hernán?

8. ¿Por qué tiene resentimientos Hernán hacia Elizabeth y su partido político?

9. ¿Qué descubre Elizabeth al final de la escena?

10. ¿Has tenido tú un encuentro en que tuviste que defender una posición política?

Introducción al análisis literario | Comprender las convenciones teatrales

Unlike other literary genres, theater relies entirely on spoken language to communicate meaning to the spectators **(los espectadores).** Given this restriction, a playwright will often resort to other elements of the stage, such as the scenery **(el escenario),** lighting **(la iluminación),** and music to convey additional meanings to the audience. When writing a play, playwrights will include stage directions **(las acotaciones)** in order to specify how the play should be staged to achieve the desired effect. How the director of the play chooses to interpret these stage directions, however, can significantly affect the interpretation of the play.

In the selection you have just read, the stage directions appear in uppercase. Working with a partner, read back over the stage directions. What element in particular stands out as being significant? How does this aspect of the physical staging of the play contribute to the clash of perspectives between Elizabeth and Hernán? Due to the physical presentation of the play, are we more inclined to sympathize with one perspective over the other?

El huésped del sevillano, España

Vocabulario en contexto

TEACHING TIP Use the realia to activate students' knowledge about the topic and to generate interest. Ask if they watch similar programs in English and have them identify situations that may be treated in such a program. Ask students if they would like to appear on a program of this type and why or why not.

El derecho a la justicia

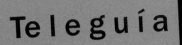

Teleguía Lima

Ahora en ATV:
La **corte** del pueblo:
¡El **juicio** ha comenzado!

El **juez** Manuel Franco

La corte del pueblo, un programa donde las cámaras de televisión entran en una corte judicial, le trae al televidente todo el drama de las batallas legales. En la corte del juez Franco la justicia se administra de forma rápida y **justa**. Aquí, cualquier ciudadano tiene el derecho a resolver sus **disputas**.

¡Pero la frase "silencio en la corte" es algo que prácticamente no existe! Los **casos** más sencillos pueden convertirse en una batalla emocional. En este programa de la vida real, el honorable y muy directo juez Manuel Franco escucha las **demandas** diarias de la gente en diversas situaciones. ¡Todos buscan la justicia, pero el juez Franco siempre tiene la última palabra!

Esta semana en la corte del pueblo. . .

La borrachera
El **demandante acusa** a su vecino de **manejar ebrio** y chocar con su auto. El **demandado** dice que no es **culpable** y **sospecha** que el demandante mismo estaba muy borracho esa noche.

El mentiroso
La demandante acusa a su ex novio de **fraude**. Dice que la **estafó** por dos mil dólares antes de dejarla. El demandado rechaza la **acusación** y dice que su ex novia es una mentirosa y que el año anterior las **autoridades** la **detuvieron** y la **arrestaron** por **falsificar** documentos legales.

Uds. están **condenados** al drama de lunes a viernes 20:00–20:30.

¡OJO! Don't forget to check the **Índice de palabras conocidas,** p. A8, for other words and phrases related to crime and justice.

> Other Spanish words related to crime and justice are cognates with English: **apelar** (to appeal), **el asilo** (asylum), **la evidencia, la extradición, el homicidio, inocente** (innocent), **(i)legal, sentencia, traficar / traficante de drogas.**

> **Atención a la palabra:** The term **el (la) acusado(a)** is used for a defendant in a criminal trial; **el (la) demandado(a)** is used in civil trials.

> **¿Nos entendemos?** In many Spanish-speaking countries the word **el tribunal** is used instead of **la corte.** Also, instead of using the phrase **manejar ebrio,** many Spanish speakers say **manejar o conducir bajo la influencia de alcohol.** Do you know variants for other words in the vocabulary list?

HERITAGE LEARNERS Have heritage learners share vocabulary associated with this topic. Note cognates and Anglicisms. Point out possible spelling problems with words that contain **g, h,** and **j: herir, hostigar, juez, jurar, justa,** and **plagio.**

Para hablar del crimen

el asesino / el asesinato / asesinar	*murderer / murder / to murder*
el atentado	*attack, assault, attempted attack*
el atraco / atracar	*hold-up, mugging / to hold up, mug*
el (la) desaparecido(a) / desaparecer	*disappeared, missing (person) / to disappear*
el hostigamiento / hostigar	*harassment / to harass*
la pandilla / el (la) pandillero(a)	*gang / gangster*
el plagio / plagiar	*plagiarism / to plagiarize*
el secuestro / secuestrar	*kidnapping / to kidnap*
el soborno / sobornar	*bribe, bribery / to bribe*
el (la) sospechoso(a) / sospechar	*suspect / to suspect*
cometer un delito	*to commit a crime*
dispararle a alguien	*to shoot someone*
herir a alguien	*to wound, hurt someone*

Para hablar del proceso de la justicia

el cargo	*charge*
el castigo / castigar	*punishment / to punish*
la condena / condenar	*conviction, sentence / to convict, to sentence*
los daños	*damages*
la demanda / presentar una demanda contra alguien	*lawsuit / to take legal action against someone*
la denuncia / denunciar / ponerle una denuncia	*accusation / to make an accusation against someone*
el jurado	*jury*
la multa / ponerle una multa	*ticket, fine / to give someone a ticket, fine*
la pena de muerte / la pena / cadena perpetua	*death sentence / life sentence*
estar preso(a) / meter preso(a)	*to be in prison / to put in prison*
jurar	*to testify, swear*

Para enriquecer la comunicación: Cómo expresar inocencia y culpabilidad

Juan siempre se hace el inocente.	*Juan always plays the innocent one.*
¡No me eches la culpa!	*Don't blame me!*
No debería haberlo hecho.	*I shouldn't have done it.*
No se atreve a levantar los ojos.	*He/She doesn't dare raise his/her eyes.*
Me siento culpable.	*I feel guilty.*

Práctica y expresión

7-15 Delitos deliciosos Dos amigas conversan sobre el último episodio de su telenovela favorita. Escucha su conversación y luego contesta las preguntas que siguen.

CD2–4

1. ¿Cuáles son los dos crímenes que cometió Ignacio?
2. ¿Lo condenó la jueza? Explica.
3. ¿Logró justicia Lucinda? ¿Por qué sí o no?
4. ¿Era culpable la hermana de Lucinda? Explica.

7-16 En otras palabras Toma turnos con un(a) compañero(a) de clase para definir las siguientes palabras en español.

1. el hostigamiento
2. jurar
3. pandilla
4. secuestrar
5. el jurado
6. el demandante
7. sobornar
8. el atraco
9. la pena de muerte
10. detener

7-17 El crimen y nuestra sociedad ¿Cuáles son los delitos más problemáticos en nuestra sociedad? Con otro(a) estudiante, ordena la siguiente lista de acuerdo a la gravedad de los delitos mencionados. Justifiquen bien sus decisiones. Pueden incluir otros que no aparecen en la lista.

el asesinato	el tráfico de animales exóticos
el crimen organizado	el tráfico de armas
el plagio	el tráfico de drogas
manejar ebrio	el secuestro de niños
el atraco	el atentado terrorista
la violencia contra las mujeres	¿?

7-18 ¿Crimen o justicia? ¿Crees que las siguientes acciones son formas de conseguir justicia o son delitos? ¿Depende? ¿De qué? Intercambia opiniones con otro(a) estudiante de la clase.

1. Condenar a la pena de muerte a un asesino en serie
2. Las multas dadas por las cámaras en los semáforos
3. Expulsar *(expel)* a un estudiante de la universidad por cometer plagio por primera vez
4. Detener a personas porque se sospecha que son terroristas

7-19 La corte del pueblo Con un grupo de estudiantes dramaticen un juicio y dejen que los otros estudiantes sean el jurado para determinar si es inocente o culpable el acusado o demandado y para decidir el castigo apropiado. ¡Sean creativos!

Espejos

Las líneas de Nazca

Nazca es una pequeña ciudad peruana en el medio de uno de los desiertos más secos *(dry)* del mundo. Este desierto le sirvió a un pueblo preincaico, los nazca, como lienzo *(canvas)* para diseñar unas inmensas figuras de perfecta proporción y exactitud que todavía hoy se consideran uno de los mayores enigmas del mundo.

Muchas líneas forman enormes figuras geométricas: ángulos, triángulos, espirales, rectángulos, y círculos concéntricos. Otras líneas forman animales marinos y terrestres como también figuras humanas. Estas figuras son tan grandes que su creación ha debido tomar cientos de años y un gran número de personas para terminarlas. Para algunos, es difícil creer que una raza de "indígenas primitivos" pudiera tener la inteligencia para concebir tal proyecto y mucho menos la tecnología para llevarlo a cabo *(carry it out)*, pero otros descubrimientos de su cultura demuestran que sí tenía el conocimiento *(knowledge)* para hacerlo.

¿Por qué se construyeron estas líneas? Se dice que es un calendario astronómico que anuncia la llegada de cada estación. Otros afirman que, debido a que sólo se pueden apreciar desde el aire, son señales para visitantes de otros planetas.

En 1970, el Instituto Nacional de Cultura declaró las Pampas de Nazca como zona protegida y sus líneas declaradas por la UNESCO como Patrimonio Cultural de la Humanidad. Desafortunadamente, aunque están protegidos por estrictas leyes, los famosos dibujos de Nazca se están destruyendo en forma acelerada; hay vandalismo, construcciones ilegales a metros de las líneas y excavaciones para robar artefactos preincaicos, entre otros.

Lo que ha podido conservarse por tantos siglos está en peligro de desaparecer a pesar de *(in spite of)* la lucha continua para preservar este gran tesoro nacional.

Las dos culturas

1. ¿Han dejado algo similar los indígenas de Norteamérica?
2. ¿Tienen los arqueólogos alguna explicación?
3. ¿Están estas áreas protegidas por el gobierno, como las líneas de Nazca?
4. ¿Qué piensas tú sobre el "progreso" y la "preservación de la historia"?
5. ¿Hay algo relativamente reciente que se hace en los campos de los EE.UU. similar a las líneas de Nazca?

Estructuras

¡OJO! Before reviewing this section, consult the following topics on pp. B20–B21 of the **Índice de gramática:** and Conjunctions; and Interrogative words.

RECYCLING Use transparency C-2 to review familiar uses of the subjunctive in adverbial clauses. Marta is anxious to join her friends at a protest march, but her mother tells her she may not leave the house until she cleans her room and then places other restrictions on her. Present statements from her mother such as **No puedes salir antes de que limpies el cuarto. No vas a ninguna parte a menos que pases la aspiradora. Te permito usar el coche con tal que llenes el tanque de gasolina. Tienes que llamarme tan pronto como termine la manifestación.**

El subjuntivo en cláusulas adverbiales

An adverbial clause modifies or describes a verb in the main clause by stating conditions of time, place, or manner. Adverbial clauses are introduced by a conjunction, such as **cuando** or **para que:**

> La víctima <u>lo denunciará</u> **cuando tenga más pruebas del delito.**
> > (Verb + adverbial clause in the subjunctive introduced by **cuando,** which describes the time when the verb in the main clause will be carried out)

> En casos de secuestros, los investigadores <u>piden</u> mucha información **para que** las autoridades **puedan actuar rápido.**
> > (Verb + adverbial clause in the subjunctive introduced by **para que,** which describes the conditions under which the verb is carried out)

There are certain conjunctions that always require the use of the subjunctive in the adverbial clause. These include:

a condición (de) que	*provided that*	por miedo (a) que	*for fear that*
a fin (de) que	*in order that*	en caso (de) que	*in case that*
a menos que	*unless*	para que	*in order that*
a no ser que	*unless*	siempre que	*provided that*
antes (de) que	*before*	(siempre y cuando)	
con tal que	*provided that*	sin que	*without*

> En muchos países no es legal interrogar a un sospechoso **antes de que** pueda hablar con un abogado.

> El jurado condena al criminal a cadena perpetua **a fin de que** él tenga tiempo para reflexionar sobre sus acciones.

If the subject of both clauses is the same, the infinitive is normally used, for example, **Ella va a hablar con su abogado antes de confesar.**

There are other conjunctions that may cause the subjunctive, depending on whether the action described is experienced versus anticipated, or known versus unknown.

- With the following conjunctions the subjunctive is used if the action described refers to a future time as an anticipated or pending action. If this is not the case, then the indicative is used.

en cuanto	*as soon as*	luego que	*after*
cuando	*when*	mientras (que)	*while*
después (de) que	*after*	para cuando	*by the time that*
hasta que	*until*	siempre que	*whenever*

> Encontraron a los responsables del atentado **en cuanto** recibieron una llamada anónima.
> *(Verb in the adverbial clause is in the indicative because the act of receiving the call is not presented as a future, pending event in relation to the finding of those responsible.)*

No voy a denunciar la corrupción **hasta que** tenga pruebas *(evidence)* concretas.
(Verb in the adverbial clause is in the subjunctive because the finding of the evidence is described as a future, pending event.)

- With the following conjunctions, the indicative is used if the speaker has knowledge of the action described. If the speaker has no knowledge or has doubts of the action described, then the subjunctive is used in the adverbial clause.

a pesar (de) que	*in spite of*	de manera que	*so that, in a way that*
aun cuando	*even when*	de modo que	*so that, in a way that*
aunque	*although*	donde	*where*
como	*as, how*		

Siempre paso por la embajada **aunque**, a veces, es peligroso.
(Verb in the adverbial clause is in the indicative because the speaker believes it to be dangerous.)

Voy a pasar por la ciudad **a pesar de que** probablemente haya peligros.
(Verb in the adverbial clause is in the subjunctive because the speaker suspects it <u>may</u> be dangerous, but is not sure.)

With these conjunctions it is common to use two clauses, even if the subject is the same.
Aunque sean terroristas, todavía tienen derechos.

- The indicative is always used after the following conjunctions, as they always convey experience or knowledge of the action described:

ahora que	*now that*
puesto que	*since*
ya que	*since*

El hombre tiene que aparecer ante el tribunal **ahora que** tiene los documentos necesarios.

 Un paso más allá: El subjuntivo después de expresiones indefinidas

After expressions ending in **-quiera** or other similar indefinite expressions, the subjunctive is used in the adverbial clause. These include:

cual(es)quiera	*whichever, whatever*	por + (más) *adjective*	*no matter how*
cuandoquiera	*whenever*	or *adverb* + que	
dondequiera	*wherever*	mientras más... más	*the more . . .*
quien(es)quiera	*whoever*		*the more*

Dondequiera que vayas, habrá disputas entre personas.

En Perú, **por pobre que sea la persona**, siempre va a poder comerse un plato de papas asadas.

Por más difícil que sea, tenemos que combatir el terrorismo.

Mientras más precauciones tomes, más seguro te sentirás.

Práctica y expresión

7-20 Los policías ¿Qué debemos hacer cuando nos dan una multa? Subraya el verbo en el indicativo o el subjuntivo según el contexto.

Daniel: Tengo mala suerte: Algunas veces cuando (tengo / tenga) prisa, manejo un poco rápido y casi siempre (me paran / me paren) y me ponen una multa. A pesar de que yo (les digo / les diga) que yo soy inocente, no tienen compasión.

Amigo: Mira, hay que usar la sicología: la próxima vez, cuando (te para / te pare) un policía, es mejor confesar y ser humilde. Sigue diciendo que es tu culpa hasta que (se cansa / se canse) de oírte. Mientras más (hablas / hables) de tu familia y tus hijos, más culpable (se va a sentir / se sienta) el policía. Mientras (escribe / escriba) la multa, dile lo mucho que admiras el trabajo que hacen los policías. Después de que (te perdona / te perdone) sigue manejando cuidadosamente hasta que (estás / estés) fuera de su alcance. El resto es tu problema.

7-21 Las leyes y la justicia En un mundo perfecto, ¿necesitamos leyes y cortes? Llena los espacios en blanco con la forma correcta del subjuntivo o del indicativo. Decide si estás de acuerdo o no con estas ideas.

Dondequiera que _____haya_____ (haber) seres humanos, van a _____haber_____ (haber) conflictos. Es parte de la vida. Las leyes existen a fin de que cada uno _____respete_____ (respetar) los derechos del otro; esto es así para que todos _____podamos_____ (poder) vivir sin miedo a que la persona más fuerte _____nos quite_____ (quitarnos) nuestra propiedad. Es mejor tener leyes antes de que todos _____nos peleemos_____ (pelearse) unos con otros, ya que ésta _____es_____ (ser) la naturaleza humana.

Muchas personas piensan que no hay justicia pura. Por más cuidadoso que _____seamos_____ (ser) nosotros, siempre mandaremos a algunos inocentes a la cárcel. Y aunque la persona _____sea_____ (ser) culpable, no es posible aislar (isolate) la justicia de modo que sólo _____castiguemos_____ (castigar) a una persona. No podemos enviar a una persona a la cárcel sin _____afectar_____ (afectar) a su esposo(a) y a sus hijos también. El mundo no es perfecto.

7-22 La pena de muerte En Bolivia y Ecuador se abolió la pena de muerte en 1906 y 1997, respectivamente. En el Perú, no hay pena de muerte a menos de que sea un caso de traición a la patria o sea un caso de terrorismo. Compara tu opinión con la de otro(a) estudiante. ¿En qué casos apoyas (support) la pena de muerte?

1. A menos que...
2. Siempre que...
3. Quienquiera que...
4. Siempre y cuando...

EXPANSION 7-23 If possible, have students interview Spanish-speaking individuals who have lived outside of the U.S. and ask them to comment on the cases presented in the activity. Students should ask for opinions on the frequency of such lawsuits in the U.S. and ask if similar ones are pursued in other countries where the individuals have lived.

7-23 Casos de la vida real Nuestra sociedad tiende a plantear muchas demandas; algunas son frívolas y otras no. Compara tu opinión con la de tus compañeros.

> **Ejemplo** **Tiene derecho a compensación, a no ser que no esté diciendo la verdad.**
>
> o
>
> **Tiene derecho a compensación, a pesar de que el caso es ridículo.**

1. Un conductor no entendió bien lo que era un "cruise control"; dejó su vehículo de recreación *(RV)* en "cruise control" y se fue a lavar los platos. El vehículo chocó contra un árbol y el conductor planteó una demanda porque no explicaron bien qué era "cruise control".

2. Un hombre que perdió muchísimo dinero apostando *(gambling)*, le planteó una demanda al casino por permitirle apostar mientras estaba bebiendo alcohol.

3. La madre de un atleta planteó una demanda en contra de la escuela que eliminó a su hijo de un equipo. Dice que todos en la escuela deben ser tratados como iguales y nadie debe ser excluido de los equipos atléticos.

4. Una mujer planteó una demanda en contra de un restaurante porque no le notificaron que el café estaba muy caliente y al derramárselo *(spill it)* en la falda accidentalmente, se quemó.

5. Una persona demandó a una empresa de comida rápida porque al almorzar allí todos los días, subió muchísimo de peso.

Rumbo abierto

7

JUMP START: Get students thinking about the topic by asking questions like the following: **¿Te gusta escuchar música mientras estás trabajando o estudiando? ¿Te molesta la música cuando estás tratando de concentrarte? ¿Por qué?**

TEACHING TIP: Have students answer these questions independently and then share their descriptions and perceptions with a partner.

> **Paso 1**   Vas a leer un reportaje de un periódico ecuatoriano que trata sobre una ordenanza *(law)* que busca controlar la contaminación causada por el ruido. Entrevista a un(a) estudiante de la clase para saber qué opina sobre la contaminación causada por el ruido. Aquí tienes unas preguntas que te pueden servir de guía. ¿Te molesta cuando alguien maneja con el radio a todo volumen? ¿Por qué? ¿Se debe permitir la música en los autobuses y el metro? ¿Por qué? ¿Crees que se deben aprobar leyes limitando el ruido en lugares públicos? ¿Por qué?

> **Paso 2**   Para facilitar tu comprensión de la lectura, recuerda la estrategia de lectura que aprendiste en este capítulo: Cómo separar los hechos de las opiniones. Lee ahora el artículo que aparece en la siguiente página, tomando notas sobre las quejas y las posibles soluciones.

ANSWERS 1. la música, el ruido del motor, los pitos y los gritos de los conductores 2. La Ordenanza no sanciona el volumen de los radios. 3. Le producen dolor de cabeza y la alteran. 4. Un otorrinolaringólogo trata la garganta, la nariz y los oídos. 5. El Concejo tiene que estudiar la Ordenanza por 15 días y tener un segundo debate.

> **Paso 3**   Con otro(a) estudiante, contesta las siguientes preguntas.

1. ¿Qué cosas contribuyen a la concentración del ruido en los autobuses públicos?
2. Según Jéssica Guarderas ¿qué no sanciona hasta ahora el proyecto de Ordenanza?
3. Según la vendedora de cosméticos ¿qué efecto perjudicial tiene el ruido en los autobuses?
4. Según el contexto ¿qué tipo de médico es un otorrinolaringólogo?
5. ¿Qué tiene que suceder antes de que la Ordenanza entre en vigor?

> **Paso 4**   El concejo de tu comunidad ha decidido pasar una ordenanza prohibiendo que los conductores de automóviles transiten por la vía pública con las ventanas abiertas y el volumen del radio muy alto. Con otro(a) estudiante, decidan si ustedes están a favor o en contra de esta ordenanza. Recuerden que esta ley afecta sólo a los autos particulares. Hagan una lista de por lo menos tres razones a favor o en contra, y estén listos a defender su punto de vista.

TEACHING TIP Have students share their ideas in small groups. Following their conversations you may lead a class discussion on the topic or you may have students write a paragraph in which they summarize their opinions and turn it in to you.

La ordenanza del ruido pasa el primer debate

El coro "la de pelo suelto y la falda cortita..." retumbaba, el miércoles, a las 18:30, en los parlantes del bus 0272, La Comuna-Primavera. Al llegar a las avenidas Colón y 6 de diciembre, el sonido de ese vallenato se fundió con el ruido del motor a diesel de otro bus. En cada parada se oían pitos y el grito del cobrador: "siga, avance para atrás"...

Los buses del distrito, y también los interprovinciales, son espacios de concentración de ruido.

Sin embargo, según Jéssica Guarderas, de la Dirección de Medio Ambiente, el proyecto de Ordenanza contra el ruido no sanciona a los vehículos por el volumen de sus radios, aunque sí por los pitos y por el ruido de los tubos de escape. Las multas llegan a los 572 dólares.

El miércoles, a las 18:30, Gilda Ruata, de 68 años, estaba sentada en la primera fila del bus tipo 0272 y se veía molesta. "Todos los días me subo en cuatro o cinco buses porque vendo maquillaje y el ruido es fastidioso. Es bonito oír canciones, pero con volumen bajo. Uno llega a la casa con dolor de cabeza, alterada y es por la música que ponen aquí." Al frente suyo estaba Paulina Aguilar, de 18 años, coreando a Los Reyes del Vallenato. "Algunos temas me gustan, pero pido que bajen el volumen." También antier, a las 11:30, los parlantes del bus El Condado-El Congreso emitían un sonido alto. Parecía que Ricardo Arjona ofrecía un "show" en vivo, con su canción "El taxi". Uno de los pasajeros, Enrique Hidalgo, de 56 años, comentaba que los choferes no aprecian la buena música y mientras decía esto en seis parlantes se oía la estrofa: "es mejor olvidar, ya no quiero verte más y sufrir y llorar...".

El jefe de otorrinolaringología, del Hospital Espejo, Fernando Serrano, asegura que, desde 1990, en su consulta, se incrementó de un 10 a 20 por ciento los pacientes con problemas de oído. Él no lo atribuye sólo a la música que se escucha en los vehículos. Pero sí cree que hay una serie de factores a los cuales la gente está expuesta constantemente al transportarse y que pueden perjudicarle. "Hay molestias irreversibles en pacientes de 20 a 30 años, por la exposición al ruido de los pitos, tubos de escape, música de las discotecas, carros...".

La Ordenanza está por salir

Ayer fue aprobada, en primer debate, la Ordenanza para la prevención y control de la contaminación originada por la emisión de ruido y vibraciones. Durante 15 días, la Comisión de Medio Ambiente del Concejo tratará las observaciones realizadas ayer antes de aprobar la norma en segundo y definitivo debate. La Ordenanza pretende regular las emisiones de ruido, ya que éste es un "contaminante que altera o modifica las características del ambiente, perjudicando la salud y el bienestar del ser humano...".

Entre las observaciones realizadas por los concejales está la necesidad de mejorar los mecanismos de control municipales a los emisores de ruido. También buscar una metodología que ayude a canalizar los mecanismos de denuncia de la ciudadanía y la aplicación de las normas de uso de suelo.

¡A escribir!

El reportaje

TEACHING TIP Draw students' attention to the **reportaje** in the **¡A leer!**
section. Have them identify and list
the different verbs and phrases used to
present direct and indirect quotes.
Make transparencies of different paragraphs from several different newspa-
per articles containing examples of
both direct and indirect quotations for
more practice. Encourage them to incorporate a variety of these verbs and
phrases into their report.

TEACHING TIP If possible, have
students enhance their articles with
a picture or two.

Before beginning your article, read
the **Estrategia de escritura** on
p. 197.

> Paso 1

El reportaje es un tipo de texto que puedes encontrar en un periódico o
una revista y tiene cuatro funciones básicas: investigar, documentar, informar objetivamente y entretener. Acabas de leer un reportaje en **¡A leer!**
y ahora te toca a ti escribir uno sobre una lucha actual por los derechos.
Puede ser en tu universidad, en tu comunidad, en los EE.UU. o en
Latinoamérica (especialmente Ecuador, Bolivia o Perú).

> Paso 2

Después de seleccionar el tema, empieza con la investigación. Busca información para contestar las siguientes preguntas: ¿Sobre qué es la lucha? Si
se trata de una violación de los derechos, ¿cómo han sido violados los derechos? ¿Quiénes luchan? ¿Qué han logrado hasta ahora? ¿Qué esperan lograr
en el futuro? ¿Es posible lograrlo? ¿Qué tiene que pasar para que lo logren?

Para contestar estas preguntas no puedes contar sólo con tus propias
opiniones, ya que el reportaje debe ser una descripción objetiva del tema. Por
eso, tienes que investigar y documentar los resultados de tu investigación.
Para hacer la investigación puedes usar libros, otros periódicos, Internet o, si
es posible, entrevistas con las personas involucradas *(involved)*. Es siempre
importante tomar buenos apuntes y documentar bien las fuentes de las
cuales consigas la información. Después de consultar con varias fuentes,
mira tus apuntes y trata de escribir una o dos oraciones para contestar cada
una de las preguntas mencionadas arriba. Al lado de cada oración, apunta la
fuente de la cual conseguiste la información.

> Paso 3

Escribe tu primer borrador del reportaje siguiendo la siguiente estructura:

La introducción: Escribe un párrafo para presentar el tema que vas a tratar. Para captar el interés del
lector, puedes usar una cita *(quote)* que resuma bien el tema.

El cuerpo: Escribe las respuestas a las preguntas que contestaste en el Paso 2, recordando que
cada párrafo debe tratar sólo una idea. No te olvides de documentar las fuentes de la información que
presentas.

El final: El reportaje no suele tener una conclusión, como en otros tipos de escritos, porque muchas
veces el tema tratado no ha concluido. Sin embargo, como puedes observar en el reportaje de **¡A leer!**,
el texto sí termina con unas oraciones que resumen el tono del texto. Escribe el final de tu reportaje.
¿Puedes incluir una cita que resuma bien tu reportaje?

El título: Escribe un título que capte el tono de tu reportaje.

ESTRATEGIA DE ESCRITURA

Las citas directas e indirectas

There are two ways to quote the words of others when you write, directly and indirectly. A direct quote is always enclosed between **comillas** (" " or << >>), and represents verbatim what a person said: **El piquetero dijo, "Sólo busco justicia"**. An indirect quote is when you do not write the exact words someone used, but rather paraphrase what someone said: **El piquetero dijo que buscaba justicia por esta violación de sus derechos.** Quotation marks are only used with direct quotations. Either type of citation, however, can be introduced or followed by a variety of words that can add context and meaning to the quotation. Consider the following examples: **"Seguiremos la lucha el tiempo que sea necesario", gritaba el activista. "¿Qué va a hacer el juez ahora?" preguntó la madre de la acusada. Según advierte la portavoz de los activistas, va a ser una protesta larga.**

The verb **gritar** indicates that the words were not merely said, but shouted, while the verb **preguntar,** highlights that this was a question, and finally the verb **advertir** indicates that what was said was a warning.

Whenever you write, any ideas or words that you use are considered to be your own unless you explicitly indicate otherwise. You must therefore document any source from which you borrow ideas or language. In term papers and other types of writing, a formal bibliography or footnotes are used to acknowledge references. In the **reportaje,** however, you should document your source right in your text. Following are two examples of how this is done: **Según la Declaración Universal de los Derechos Humanos, ningún ser humano debe ser sometido a torturas.**
El periódico peruano, *El Excelsior,* **informa que hubo menos crimen urbano en Ecuador el año pasado.**

> ## Paso 4

Trabaja con otro(a) estudiante para revisar tu primer borrador. Lee su reportaje y comparte con él/ella tus respuestas a las siguientes preguntas: ¿Explica bien el tema que trata? ¿Lo puede explicar mejor? ¿Te parece interesante el tema? ¿Puede hacerlo más interesante? ¿Cómo? ¿Incluye citas y documenta bien sus fuentes de información? ¿Usa bien el vocabulario del capítulo? ¿Puede usar más? ¿Ha usado frases que requieren el subjuntivo? ¿Ha utilizado bien el subjuntivo? ¿Tienes otros consejos para mejorar su reportaje?

> ## Paso 5

Considera los comentarios de tu compañero(a) y luego haz los cambios necesarios. Trata de incorporar más vocabulario o gramática del capítulo. ¿Comprobaste que no tienes errores de ortografía?

TEACHING TIP If time does not allow for peer review, have students edit their own papers using the questions in **Paso 4** as a guide.

TEACHING TIP This is a good time to talk to your students about plagiarism and all the examples that constitute plagiarism. Give them specific guidelines for how you expect them to acknowledge their sources of information for this and all assignments.

> Remember that a failure to acknowledge the work of others in your writing is considered plagiarism, and is a serious offense.

¡A ver!

Manifestaciones en Ecuador

> **Paso 1** Vas a ver un reportaje de televisión sobre una posible participación de indígenas en una manifestación en contra de la política del gobierno por las calles de Quito, Ecuador. Muchos de ellos vinieron de diferentes países del continente para una reunión de indígenas evangélicos latinoamericanos. Vas a escuchar los puntos de vista de indígenas, de líderes campesinos, de funcionarios del gobierno ecuatoriano, de un empresario y de una analista *(expert)*. ¿Cuáles pueden ser algunas de las quejas de los indígenas? ¿Cuál crees que puede ser el punto de vista de un funcionario de gobierno ante posibles manifestaciones por las calles de su ciudad? ¿Qué relación puede existir entre temas de religión, política y sociedad?

> **Paso 2**

Mira el reportaje. Escucha con cuidado las opiniones de las diferentes personas entrevistadas y toma notas.

> **Paso 3** ¿Qué entendiste? Lee las siguientes oraciones y señala con una X las que se mencionaron en el reportaje.

1. Los indígenas de diferentes partes de Latinoamérica vinieron a Quito a participar en un encuentro religioso.

2. La gran mayoría de los participantes eran personas muy jóvenes.

3. El ministro de gobierno dice que los indígenas tienen derecho a protestar.

4. La protesta que vemos en el reportaje es muy violenta.

5. La analista cree que la solución para los diferentes problemas es el diálogo.

> **Paso 4** **Debate** ¿Estás de acuerdo con los comentarios de los entrevistados? Con un(a) compañero(a), lee las siguientes citas y contesta las preguntas.

1. El indígena peruano dijo: "El Evangelio no es solamente un asunto espiritual sino un asunto social. Lo llamamos el Evangelio Integral." ¿Debe siempre existir una separación entre asuntos espirituales y asuntos políticos? Usa dos o tres razones para apoyar tu opinión.

2. Un dirigente de la protesta cree que los problemas del país son la culpa de la clase política. Él dijo: "La clase política hace leyes en vez de discutir y hacer leyes con el pueblo." ¿Crees que esto pasa también en los Estados Unidos? ¿De qué manera participan los ciudadanos estadounidenses en la creación de las leyes del país?

3. El ministro de gobierno apoya el derecho de los indígenas a protestar en lugares públicos pero dice: "Tendremos que abrir las carreteras porque el derecho de los más no puede estar sujeto a la conveniencia de los menos." ¿Qué argumentos puede utilizar un líder para convencer al ministro de gobierno de su derecho a obstruir carreteras como forma de protesta?

Para hablar de la lucha por los derechos

la amenaza / amenazar *threat / to threaten*

el bloqueo / bloquear *blockade / to blockade*

la censura / censurar *censure / to censure*

la consigna *slogan*

la creencia *belief*

el (la) defensor(a) *defender*

el derrocamiento / derrocar *overthrow / to overthrow*

la dignidad *dignity*

la discriminación / discriminar *discrimination / to discriminate*

el (la) esclavo(a) / la esclavitud *slave / slavery*

la exigencia / exigir *demand / to demand*

la explotación / explotar *exploitation / to exploit*

la expresión *expression*

la (des)igualdad *(in)equality*

el levantamiento *uprising*

la liberación / liberar *liberation / to liberate*

la lucha / luchar contra (por) *struggle / to struggle against (for)*

el maltrato / maltratar *mistreatment / to mistreat*

la marcha / marchar *march / to march*

la marginación / el (la) marginado(a) *marginalization / the marginalized*

la movilización / movilizar *mobilization / to mobilize*

la opresión / oprimir *oppression / to oppress*

la pancarta *(picket) sign*

el paro *stoppage*

el (la) portavoz *spokesperson*

la privacidad *privacy*

el privilegio *privilege*

el respeto *respect*

la seguridad *security, safety*

la solidaridad *solidarity*

la tortura / torturar *torture / to torture*

la violación / violar *violation / to violate*

pacífico(a) *peaceful*

sangriento(a) *bloody*

llamar la atención *to call attention to*

privar(se) de *to deprive (oneself) of*

someter *to subject*

tener derecho a *to have a right to*

tomar medidas *to take measures*

vencer *to defeat, overcome*

Para hablar de la justicia

la acusación / el (la) acusado(a) / acusar *accusation / the accused / to accuse*

el cargo *charge*

el caso *case*

el castigo / castigar *punishment / to punish*

la condena / condenar *conviction, sentence / to convict, to sentence*

los daños *damages*

la demanda / presentar una demanda contra *lawsuit / to take legal action against someone*

la denuncia / denunciar, ponerle una denuncia *accusation / to make an accusation against someone*

la disputa *dispute*

la interrogación / interrogar *interrogation / to interrogate*

el juez *judge*

el juicio *trial*

el jurado *jury*

la multa / ponerle una multa *ticket, fine / to give someone a ticket, fine*

la pena de muerte / pena/cadena perpetua *death sentence / life sentence*

justo(a) *fair*

estar preso(a) / meter preso(a) *to be in prison / to put in prison*

jurar *to testify, swear*

Para hablar del crimen

el asesino / el asesinato / asesinar *murderer / murder / to murder*

el atentado *attack, assault*

el atraco / atracar *hold-up, mugging / to hold-up, mug*

las autoridades *authorities*

el (la) desaparecido(a) / desaparecer *disappeared, missing (person) / to disappear*

la estafa / estafar *fraud, swindle / to cheat, swindle*

el fraude / defraudar *fraud / to defraud*

el hostigamiento / hostigar *harassment / to harass*

la pandilla / el (la) pandillero(a) *gang / gangster*

el plagio / plagiar *plagiarism / to plagiarize*

el secuestro / secuestrar *kidnapping / to kidnap*

el soborno / sobornar *bribe, bribery / to bribe*

el (la) sospechoso(a) / sospechar *suspect / to suspect*

cometer un delito *to commit a crime*

detener *to stop, detain, arrest*

dispararle a alguien *to shoot someone*

falsificar *to falsify*

herir a alguien *to wound, hurt someone*

manejar ebrio *to drive drunk*

ser culpable *to be guilty*

Capítulo 8

RUMBO A COLOMBIA Y VENEZUELA

Metas comunicativas

En este capítulo vas a aprender a...

- hablar de las artes plásticas
- describir la literatura
- expresar tus reacciones a la literatura
- escribir un poema

Estructuras

- El imperfecto del subjuntivo
- El uso del subjuntivo en cláusulas condicionales con **si**
- Pronombres relativos

Cultura y pensamiento crítico

En este capítulo vas a aprender sobre...

- el arte y los artistas de Colombia y Venezuela
- Gabriel García Márquez
- Rómulo Gallegos
- la arquitectura en Caracas

 Spanish

 Nuevo Latino
Track 10

Mar Caribe

VENEZUELA
CARACAS

COLOMBIA

Océano Atlántico

SUDAMÉRICA

Océano Pacífico

Colombia y Venezuela	**1499** Alonso de Ojeda bautiza al área del lago de Maracaibo con el nombre de Venezuela	**1538** Juan Gonzalo de Quezada funda la ciudad de Santa Fe de Bogotá, la actual capital de Colombia					**1929** Rómulo Gallegos (Venezuela) publica *Doña Bárbara*
	1500	**1530**	**1600**	**1775**	**1875**	**1900**	**1925**
Los Estados Unidos			**1598** Juan de Oñate inicia la conquista de Nuevo México	**1749** Benjamín Franklin funda la Universidad de Pensilvania	**1876** Mark Twain publica *The Adventures of Tom Sawyer*	**1903** El presidente Theodore Roosevelt apoya militarmente la creación de la República de Panamá	**1927** Se otorga en Hollywood el primer Oscar

La expresión artística

Paisaje de Ávila

Puerto Viejo de San Tropez

Café colombiano

Marcando el rumbo

8-1 Colombia y Venezuela: ¿Qué sabes de esta parte de Sudamérica? Con un(a) compañero(a), determina si las siguientes oraciones sobre estas dos naciones de Sudamérica y su gente son ciertas o falsas. Si son falsas, corrígelas y escribe lo que te parezca correcto.

1. Venezuela es uno de los principales exportadores de petróleo del continente.
2. El estado colombiano lucha con el apoyo de los Estados Unidos en contra de grupos armados que quieren derrocar el gobierno.
3. La calidad del café venezolano tiene más fama que el colombiano.
4. Cali y Medellín son dos ciudades importantes de Colombia.
5. Gabriel García Márquez fue el libertador de Colombia y Venezuela.

8-2 Colombia y Venezuela: Dos países andinos

CD2-6

Paso 1: A continuación vas a escuchar una descripción de la geografía, la historia y la cultura de Colombia y Venezuela. Escucha con cuidado y toma notas.

Geografía   Historia   Cultura

Paso 2: Contesta las siguientes preguntas.

1. ¿Cuál es el origen del nombre Venezuela?
2. ¿Cuáles son las regiones principales que caracterizan la geografía de Colombia y Venezuela?
3. ¿Qué significa la palabra *llanero?*
4. ¿Quién fue Andrés Bello?
5. ¿Quién escribió la novela *Cien años de soledad?*

Paso 3: El arte y la cultura de Colombia y Venezuela han contribuido al desarrollo de la cultura hispánica en general. Acabas de escuchar una corta descripción de algunas de las características de estos dos países. ¿Tienes curiosidad por saber más sobre esta área del continente? ¿Conoces a algún colombiano o venezolano? ¿Conoces a alguien que haya visitado esos países? Si tuvieras la oportunidad de entrevistar a una persona de esa región ¿qué preguntas le harías? Con otro(a) estudiante, escribe cinco preguntas sobre el tema de la geografía, la historia y la cultura de Colombia y Venezuela.

1960 Venezuela participa en la fundación de la Organización de Países Exportadores de Petróleo (OPEP)

1964 Se crea en Venezuela el premio de novela Rómulo Gallegos para honrar a escritores del mundo hispánico

1982 Gabriel García Márquez, autor colombiano, gana el Premio Nobel de Literatura

1994 Exhibición de esculturas del artista colombiano Fernando Botero en Chicago

2004 La escritora colombiana Laura Restrepo gana el prestigioso premio Alfaguara con su novela *Delirio*

1940   **1960**   **1965**   **1980**   **1995**   **2000**

1949 Se estrena en Broadway el drama de Arthur Miller *Death of a Salesman*

1954 Ernest Hemingway gana el Premio Nobel de Literatura

1963 Primera exhibición de Arte Pop (incluye obras de Andy Warhol y Jasper Johns) en el Museo Guggenheim de Nueva York

1964 Martin Luther King, Jr. recibe el Premio Nobel de la Paz

2004 *Farenheit 9/11* del documentalista Michael Moore recibe el primer premio en el Festival de Cine de Cannes

Vocabulario en contexto

La expresión artística: Artes plásticas

TEACHING TIP Use this realia to stimulate students' interest in the topic of visual arts and to activate familiar vocabulary. Ask students to describe the items they see and comment on preferences. Recycle subjunctive and indicative with questions about what students think and believe and by asking for recommendations and suggestions related to participation in the visual arts.

ArteTour presenta

RECORRIDO
Las Bellas Artes de Venezuela

¡Oportunidad única para **apreciar** y **experimentar** las artes a lo vivo en Venezuela!

Estudie la arquitectura colonial

Panteón Nacional **(la cúpula)**

Panteón Nacional **(la fachada)**

Panteón Nacional — lugar histórico donde reposan los restos de Simón Bolívar. Sus orígenes **datan del** siglo XVIII. En una época la fachada era de estilo gótico, pero hoy en día se considera una de las más importantes **muestras** de arquitectura neocolonial en Venezuela. Por dentro guarda varios tesoros artísticos, incluidos los **murales** del gran artista venezolano, Tito Salas.

Explore la diversidad de la **artesanía**

Talla de **madera**

Alfarería

La artesanía es la expresión **simbólica** de los valores y tradiciones de las culturas venezolanas. Hasta hoy en día las piezas son siempre **elaboradas a mano** usando **técnicas** que se trasmiten oralmente de generación en generación.

Aprenda de la pintura de los grandes maestros venezolanos

Paisaje de Caracas; **óleo** sobre **lienzo**

Pintura de Pedro Ángel González (1939–) **Rompió con la tradición** de su época con una expresión más libre en la que pintó **paisajes** y **naturaleza muerta**.

El tour incluye: hoteles, entradas a monumentos, museos, y transporte local. Museos de Caracas incluidos: Museo de Bellas Artes, Museo de Arte **Contemporáneo**, Galería de Arte Nacional.

ArteTour
Visítenos a http://www.artetour.com.

iLrn ¡OJO! Don't forget to consult the **Índice de palabras conocidas,** pp. A8–A9, to review vocabulary related to the arts and artistic expression.

> **Atención a la palabra:** The word **arte** in the singular form is masculine and adjectives used with this word are masculine, as in **el arte contemporáneo.** However, when used in the plural, feminine gender agreement is required with adjectives. The term **las bellas artes** refers specifically to the fine arts.

> Other words related to the arts are cognates with English words: **abstracto(a), la animación, la columna** (column), **el impresionismo, la galería, la paleta** (palette), **el surrealismo.**

TEACHING TIP Have students use the Internet to search for art museums in Colombia and Venezuela. Have them note use of new vocabulary and have them share information they find with the class. They may use Presentational Communication to show an example of Colombian or Venezuelan art and comment upon it.

HERITAGE LEARNERS Have heritage learners comment on this vocabulary. Point out possible spelling problems with **c, s,** and **z** in words such as **artesanía, lienzo, paisaje, naturaleza, matiz, pincel,** and **arcilla.**

HERITAGE LEARNERS Invite heritage learners to bring to class any examples of art or crafts they have from the Spanish-speaking world. Have them tell about the origin of the works.

Para hablar de la expresión artística

el arco	*arch*
la torre	*tower*
la acuarela / acuarelista	*watercolor / watercolor artist*
el matiz / matizar	*shade, tint / to blend (colors)*
el pincel	*paintbrush*
pintar al óleo	*to paint in oils*
el lente gran angular / telefoto	*wide angle / telephoto lens*
el rollo de película (blanco y negro / en colores)	*roll of film (black and white / color)*
revelar	*to develop (film)*
la arcilla	*clay*
el mármol	*marble*
la vidriera de colores	*stained glass*
el vidrio	*glass*
la estética / estético(a)	*aesthetics / aesthetic*
la influencia / influir	*influence / to influence*
la sombra	*shadow*
en primer término	*in the foreground*
en el fondo / en segundo término	*in the background*
desafiar / desafiante	*to defy / challenging, defiant*
manipular	*to manipulate*
moldear	*to mold*
tallar	*to carve, shape, engrave (metal)*

Para enriquecer la comunicación: Para hablar de las formas y los colores

El edificio **tiene forma de pirámide.**	*The building is **shaped like a pyramid.***
A mí me encanta el arte **tridimensional.**	*I love **three dimensional** art.*
Su belleza se debe a su **forma simétrica.**	*Its beauty is owed to its **symmetrical shape.***
Son sus **colores cálidos** los que me gustan.	*It's its **warm colors** that I like.*
Su obra se destaca por **los colores brillantes.**	*His/Her work stands out because of its **brilliant colors.***

Práctica y expresión

8-3 Los museos de Caracas El Instituto del Patrimonio Cultural de Venezuela ofrece por teléfono información sobre los museos y eventos relacionados con el arte cada semana. Escucha el mensaje de esta semana y luego contesta las preguntas que siguen. CD2-7

1. ¿A qué museos puedes ir para ver arte contemporáneo?
2. ¿Es típica del arte de Colombia la obra de Obregón? ¿Por qué sí o no?
3. ¿Qué tipo de muestras de la obra de Obregón tendrá el Museo de Bellas Artes?
4. ¿Por qué se considera la Galería de Arte Nacional una obra de arte de por sí?
5. ¿Qué clases se ofrecen este fin de semana en el Museo de los Niños? ¿Qué se puede aprender en estas clases?
6. ¿Cuál de los museos mencionados te gustaría visitar más? ¿Por qué?

8-4 Asociaciones ¿Qué materiales y técnicas de la columna de la derecha se pueden asociar con las categorías de la columna de la izquierda? Trabajando en grupos de tres, hagan las asociaciones y justifiquen sus decisiones.

1. _____ Fotografía
2. _____ Pintura
3. _____ Arquitectura
4. _____ Artesanía

a. la arcilla
b. el arco
c. el pincel
d. el lente gran angular
e. la vidriera de colores
f. en primer término
g. la sombra
h. la talla
i. la cúpula
j. el mármol
k. el paisaje
m. la torre
n. moldear

8-5 ¿Aficionado(a) al arte o artista? Entrevista a otro(a) estudiante sobre sus gustos y talentos artísticos. Decide si es artista o al menos aficionado(a) al arte. Usa las siguientes preguntas y algunas tuyas.

¿Aprecias el arte? ¿Qué formas te gustan? ¿Tienes una forma de arte favorita? ¿Por qué es tu favorita? ¿Qué obras de arte o artesanía tienes en tu hogar? ¿Creas arte o artesanía? ¿Qué tipo? ¿Qué técnicas usas? ¿Con qué materiales trabajas?

8-6 El arte que nos rodea Para ganar más dinero, tu universidad decide vender todas las obras de arte que hay en el campus y le toca a tu clase escribir un catálogo en español de las obras de arte en el campus y su valor. Trabaja con otros dos estudiantes para escribir un pequeño catálogo. Incluyan por lo menos seis piezas y para cada una incluyan la siguiente información.

- una descripción del tipo de arte que es y de cuándo data
- una descripción de los materiales y técnicas usados en su elaboración
- una descripción de su valor estético o utilidad
- un precio

8-7 Artistas famosos Con otros dos estudiantes, seleccionen uno de los siguientes artistas para investigar y presentar a la clase. Busquen información sobre el artista, el tipo de artista que es, las obras que ha producido, sus inspiraciones artísticas, el simbolismo de sus obras, etc. Traten de buscar fotos de sus obras para mostrarle a la clase.

1. Fernando Botero
2. Doris Salcedo
3. Alejandro Obregón
4. Jesús Rafael Soto
5. José Antonio Dávila

Jesús Soto, Venezuela

Espejos

La arquitectura venezolana a través de los años

JUMP START! Have students look at the photos and comment on them. Have them compare and contrast them with familiar structures, in the U.S. or in other parts of the world.

HERITAGE LEARNERS Have students who have ties to Venezuela share information about the architecture of the country with the class.

El palafito es la primera "casa" venezolana. Es un tipo de arquitectura indígena que surge por la necesidad de protección contra los animales y para recibir las brisas de los ríos o lagos. Los canales del río servían de vías de comunicación.

Alonso de Ojeda y con él, un florentino Amérigo Vespucci, de cuyo nombre se deriva el nombre "América", ven los palafitos y como les recuerda a Venecia, le dan el nombre de "pequeña Venecia" o "Venezziola" a la región. Y claro, es de allí que se origina el nombre de Venezuela.

Hoy en día se pueden observar iglesias, mansiones y castillos construidos por los españoles en el período colonial. Otros estilos llegaron de Italia, Portugal y Alemania, como se puede ver en la colonia Tovar, fundada y construida por inmigrantes alemanes.

Pero Venezuela se destaca más por su modernismo, que empezó a principios de los años 1900, cuando mucha de la riqueza del descubrimiento del petróleo se invirtió en la renovación de Caracas. Caracas es una de las ciudades más modernas de Sudamérica.

Cuatro perspectivas

Perspectiva I ¿Qué sabes sobre la arquitectura de los Estados Unidos? Con otro(a) estudiante, hagan una lista de lo que saben sobre:

1. los tipos de vivienda de los indígenas de los Estados Unidos.
2. los diferentes países y culturas que ejercen influencia en las diferentes regiones de los Estados Unidos. ¿En qué edificios?
3. ¿Hay un estilo estadounidense? ¿Sí, no? ¿Por qué? ¿Cómo es?

Perspectiva II ¿Cómo los vemos a ellos?

¿Qué piensas sobre la vivienda en Sudamérica en general? ¿Piensas que es tan moderna como en los Estados Unidos?

¿Hay autopistas? ¿Cómo crees que son las autopistas? ¿Cómo son las casas? ¿Piensas que hay mucha pobreza?

Perspectiva III En Venezuela algunas personas dicen...

Venezuela conserva restos de la arquitectura indígena y colonial.
Caracas se considera una de las ciudades más modernas del mundo.

Perspectiva IV ¿Qué piensan los venezolanos de la arquitectura en los Estados Unidos? ¿Sabes?

POSSIBLE ANSWERS Perspectiva I:
1. Tepees, hogans, adobe, longhouses, wigwams, igluliks, wickiups, etc. 2. En general: Inglaterra e Italia en el noreste y sur, España en el sureste, oeste y suroeste, China en el oeste y muchos otros. 3. Quizás el viejo oeste con sus fachadas falsas en el segundo piso; los rascacielos.

POSSIBLE ANSWERS Perspectiva II:
Mucha gente no piensa que una ciudad como Caracas pueda tener rascacielos, un sistema de autopistas moderno o casas que no sean de cartón.

Las dos culturas

¿Qué semejanzas hay entre la historia de la arquitectura en Venezuela y la de los Estados Unidos?

TEACHING TIP Have students brainstorm about what those visiting the U.S. for the first time, from Venezuela or other countries throughout the world, might think about architectural styles across the U.S. Ask students to focus on the variety of styles and contrasts: cosmopolitan vs. historical, skyscrapers vs. small buildings spread out over larger areas of land, etc.

TEACHING TIP Have students once again comment on the photos and compare them to familiar sites in the U.S. Have them consider a historical perspective. You may have them find photos from the Internet or other sources to compare and contrast with the ones shown.

Estructuras

¡LRN ¡OJO! Before reviewing this section, consult the following topics on pp. B22–B27 of the **Índice de gramática:** Past subjunctive; Conditional tense; Future tense; Present progressive tense; Present perfect tense; Commands; Preterite tense; Imperfect tense; and Past perfect tense/Pluperfect tense.

RECYCLING Use transparency F-2 to review the imperfect subjunctive in context. Say something such as **Cuando fui a Caracas el año pasado, mis amigos me hicieron muchas recomendaciones. Sugirieron que fuera a los museos y que comiera comida típica en los restaurantes. Recomendaron que admirara la arquitectura colonial de las iglesias y que visitara los parques.** Continue with additional uses of the imperfect subjunctive.

> In order to preserve the original stress of the word, the **nosotros** form of the imperfect subjunctive carries an accent over the final **e** (for **-er** and **-ir** verbs) or over the penultimate **a** (for **-ar** verbs).

> **¿Nos entendemos?** A second set of imperfect subjunctive endings may be used in Spain: **-se, -ses, -se, –semos, -seis, -sen.**

El imperfecto del subjuntivo; El uso del subjuntivo en cláusulas condicionales con si

El imperfecto del subjuntivo

Spanish speakers may use the imperfect subjunctive while making subjective statements about art in the past. To form the imperfect subjunctive, the **-ron** ending is dropped from the third person plural form of the preterite and then the endings **-ra, -ras, -ra, -ramos, -rais, -ran** are added. For example:

pintar → pintaron → pintaran
Nosotros esperábamos que los artistas **pintaran** un cuadro nuevo.

Comprender → comprendieron → comprendiéramos
En la tienda de artesanía, la dependienta habló despacio para que nosotros **comprendiéramos.**

A verb that has an irregular third person plural form in the preterite tense will carry the same irregularity over to the imperfect subjunctive form. For example,

andar → anduvieron → **anduviera** (él/ella)
decir → dijeron → **dijeras** (tú)
dormir → durmieron → **durmiéramos** (nosotros)
leer → leyeron → **leyeran** (ellos)

The imperfect subjunctive occurs in the same contexts as the present subjunctive. The only difference is that the verb in the main clause is in a past tense rather than in a present or future tense.

La artista **insiste** en que **haya** armonía entre los componentes de sus cuadros.

La artista **insistía** en que **hubiera** armonía entre los componentes de sus cuadros.

The following chart indicates possible combinations between main clause verb tenses and either present subjunctive or imperfect subjunctive in the subordinate clause:

El maestro nos sugiere
El maestro nos está sugiriendo
El maestro nos ha sugerido } que nosotros pintemos el lienzo con colores
El maestro nos sugerirá   brillantes.
¡Dile al maestro que venga en seguida!
El maestro nos sugirió
El maestro nos sugería
El maestro nos había sugerido } que pintáramos el lienzo con colores brillantes.
El maestro nos sugeriría
El maestro nos habría sugerido

The chart on page 207 indicates probable combinations. However, it is also possible to have a verb in the main clause in the present tense with the verb in the subordinate clause in the imperfect subjunctive.

¡**Es** imposible que **terminaras** el trabajo en una sola noche!

El uso del subjuntivo en cláusulas condicionales con *si*

The imperfect subjunctive is used with the conditional tense to express hypothetical situations. The imperfect subjunctive always appears in the **si** clause, expressing the situation that is contrary to fact. The conditional tense expresses what *would* happen if the premise in the **si** clause *were* factual.

Si tuviera talento artístico, me dedicaría a la fotografía en blanco y negro.
If I had artistic talent (but I don't), I would dedicate myself to black-and-white photography.

The imperfect subjunctive is also used with **como si** *(as if)* to make hypothetical statement.

Él habla **como si supiera** mucho sobre el surrealismo.
He talks as if he knows a lot about surrealism (but he doesn't).

Un paso más allá: El subjuntivo versus el indicativo en cláusulas con *si*

The imperfect subjunctive is only used in an *if* clause if it presents a situation that is hypothetical or contrary to fact. If the **si** clause presents a possibility that either might occur in the future or might have occurred in the past, then the indicative is used.

INDICATIVE IN **SI** CLAUSE

Si ella **tiene** tiempo, **va a ir** a la exhibición de arte contemporáneo.
(It is possible that she will go.)

Si ella **fue** a la exhibición de arte contemporáneo ayer, no **va a ir** hoy.
(It is possible that she already went.)

SUBJUNCTIVE IN **SI** CLAUSE

Si ella **tuviera** tiempo, **iría** a la exhibición de arte contemporáneo.
(If she had time [and she does not], she would go.)

Si ella **hubiera tenido** tiempo, ella **habría** (**hubiera**) **ido** a la exhibición de arte contemporáneo.
(If she had had time [and she didn't], she would have gone.)

Práctica y expresión

EXPANSION 8-8 After students complete the paragraph, ask questions to check comprehension or have them jot down 4–5 important points about Bogen and his life. Have students use the Internet or another source to find examples of his work. They may bring examples to class and discuss their reactions to the works.

8-8 Un artista venezolano Llena los espacios en blanco con la forma apropiada del verbo. Decide si necesitas el imperfecto del subjuntivo o el indicativo (pasado o presente) para saber sobre la vida de este artista venezolano. Indica si te gustaría ver su obra.

A Carlos González Bogen le gustaba el arte desde niño. Mientras otros niños preferían jugar, Carlos le pedía a su madre que (1) ____le comprara____ (comprarle) pinceles y lienzos. Esperaba a que todos (2) ____se fueran____ (irse) y se ponía a pintar. A los 14 años, cuando fue evidente que (3) ____iba a ser____ (ir a ser) un gran artista, le aconsejaron que (4) ____se fuera____ (irse) a estudiar a Francia. Allí, otros artistas venezolanos lo invitaron a que (5) ____se hiciera____ (hacerse) miembro del grupo "Los disidentes".

De regreso a Caracas, convenció a otros artistas que (6) ____lo ayudaran____ (ayudarlo) a fundar una galería de abstracción geométrica. Esperaba que (7) ____fuera____ (ser) un éxito y así fue. Más adelante lo invitaron a que (8) ____hiciera____ (hacer) una serie de viajes por todo el mundo y (9) ____creara____ (crear) obras, que ahora se exhiben en Berlín y París. En Caracas le pidieron que (10) ____realizara____ (realizar) varios murales, esculturas y monumentos, por los cuales recibió numerosos premios. No hay duda de que Bogen (11) ____fue____ (ser) uno de los artistas más destacados de Venezuela.

TEACHING TIP 8-9 You may have students work alone, with a partner, or in a small group to complete the sentences. Have them share responses with classmates

POSSIBLE ANSWERS 8-9 1. ganaría mucho dinero 2. las vendería en una galería 3. no tuviera miedo de las alturas 4. tuviera un guía 5. fueran muy buenas 6. no tuviera que trabajar 7. compraría muchas pinturas 8. todos conocerían mi nombre.

TEACHING TIP 8-10 Divide the class in half and ask one group to write the conditional clause and the other, the subjunctive clause. Ask them to read their sentences out loud to see if together they make sense or not. Sometimes funny things emerge. Provide a humorous example if you wish.

TEACHING TIP 8-11 If time allows, have students work with more than one partner. Conclude with a discussion of information gathered from different classmates.

8-9 ¿Qué pasaría si...? Completa las siguientes frases para saber qué te pasaría en las siguientes situaciones hipotéticas. Compáralas con las de otro(a) estudiante.

1. Si fuera un buen fotógrafo...
2. Si pudiera pintar acuarelas...
3. Yo sería un muralista si...
4. Yo iría a un museo si...
5. Vendería mis pinturas si...
6. Pintaría todo el día si...
7. Si tuviera mucho dinero...
8. Si fuera un pintor famoso...

8-10 Expresiones artísticas Trabaja con otro(a) estudiante para ver qué tipo de oración pueden escribir juntos(as). Escribe cuatro frases con el imperfecto del subjuntivo y tu compañero(a) escribirá cuatro frases con el condicional. Cuando acaben, junten las partes para ver las oraciones y miren a ver si tienen sentido o si son graciosas *(funny)*.

Ejemplos de frases con el subjuntivo:

Si hubiera sombra...
Si tuviera arcilla...
Si fuera un buen/una buena artista

Ejemplo de frases con el condicional:

...pintaría una montaña.
...sería un pintor impresionista.
...trabajaría con mármol.

8-11 Clases de arte Con otro(a) estudiante conversa sobre tus clases de arte en la escuela primaria o secundaria. ¿Tuviste una experiencia similar o diferente?

1. ¿Te pedía la maestra que dibujaras? ¿Podías dibujar bien?
2. ¿Qué te decía la maestra que (no) hicieras? ¿... que no jugaras con la pintura? ¿... que no te pintaras la cara? ¿... que te pusieras un delantal *(apron)*? ¿... que pintaras algo bonito? ¿... que llevaras tu obra a tu casa?
3. ¿Te importaba mucho que otros fueran mejor que tú? ¿Te daba vergüenza? ¿Te sentías orgulloso(a)?
4. ¿Esperabas que tus padres exhibieran tu trabajo? ¿Preferías esconderlo *(hide it)*?

Exploración literaria

"El insomne"

JUMP START! Ask students if they have awakened during the night upon hearing a strange noise or with a feeling that something was not right. Have them describe any such experiences.

HERITAGE LEARNERS Have heritage learners ask family members or friends if they have memorized any sonnets in Spanish. If they can find an individual who has and is willing to recite the work on tape, have students record the recitation and play it for the class.

En el poema *El insomne,* Eduardo Carranza emplea el modelo clásico del soneto —una composición poética de 14 versos endecasílabos (de once sílabas) organizada en dos cuartetos (estrofa *[stanza]* de 4 versos que riman ABBA) y dos tercetos (estrofa de 3 versos de rima variable). Por ser de origen italiano, el soneto es reconocido como una estructura clásica con una forma muy controlada. La mayoría de los sonetos de Carranza consideran el amor u otro tópico idealista. En este poema, no obstante, el poeta se dedica a otro tema propio de un hombre mayor contemplando su vejez y su propia mortalidad. En el contexto de una noche en que el poeta no puede dormirse, éste se encuentra con alguien en su casa que se acerca al hombre con una determinación invencible.

Estrategia de lectura | **Reconocer la función de una palabra como indicio de su significado**

Your knowledge of Spanish grammar and sentence structure can assist you in providing clues to the meaning of individual words within a text. As you know from reading the poem in **Capítulo 6,** the structure of poetic language is often distorted in order to achieve rhythmic or symbolic effects. Your first task, then, should be to restructure the words of a verse to provide a more conventional sequence of Subject-Verb-Object. For example, the first line of the poem, "**A alguien oí subir por la escalera.**" can be rewritten as *Oí a alguien subir por la escalera.* The third line from the poem is "**Callaban el rocío y la campana.**" First we recognize that the line has two nouns, **el rocío y la campana,** because nouns typically carry articles, in this case **el** and **la. Callaban** we recognize as a verb because of its third-person plural ending in the imperfect tense. Because of the plural ending of the verb, we can assume that **el rocío y la campana** function as the subject of the verb and, therefore, could be placed before the verb to render a more conventional reading of the verse: *El rocío y la campana callaban.* Knowing that the verb **callar** means *to be quiet,* we can deduce that two elements of the poet's surroundings are in the process—from the imperfect ending—of becoming quiet. As you probably know, **campana** means *bell.* The only word you may be unfamiliar with in this verse is **rocío** *(dew).* From the next line of the poem, "**...Sólo el tenue crujir de la madera,**" we recognize that the noun **la madera** means *wood.* We recognize the verb **crujir** because of its **-ir** ending and know that it is being used here as a noun because it is in the infinitive form and accompanied by an article, **el.** The preposition **de** following the infinitive attributes the action of the verb to a property of wood. Even if we don't know the meaning of the verb **crujir,** we can limit our guesses to something to do with wood. We might guess that wood *splinters, cracks, knocks,* or *creaks.* Given that the poet has already described a staircase in the first verse of the poem, we can deduce that here **crujir** means *to creak,* the sound made by someone walking up a wooden staircase. The word preceding the verb, **tenue,** is used to modify *the creaking of the wood.* As *the creaking of the wood* is a noun phrase, we know that **tenue** functions here as an adjective. Returning to the context of the first stanza, we know that someone advancing up the staircase causes the wood to creak. We might guess, then, that the adjective **tenue** means *slight.* The line, "**...Sólo el tenue crujir de la madera,**" can be translated as *Only the slight creaking of the wood.* We were able to do this although we knew the meaning of only one word, **la madera.** The rest we determined based on our knowledge of the context and our understanding of Spanish grammar and sentence structure.

The following lines from the poem can be approached in a fashion similar to that used in the lines we just completed. For each one, try to determine the meaning of each underlined word, identifying first whether the word is a noun (**sustantivo**), verb (**verbo**), adjective (**adjetivo**) or adverb (**adverbio**). In some cases, you may want to restructure the sentence in a more conventional order. Use the dictionary only as a last resort.

1. Ni <u>el son</u> del tiempo en mi cabeza <u>cana</u>. *sustantivo, the sound*; *adjetivo, gray (-haired)*
2. (<u>Deliraba</u> de estrellas la ventana.) *verbo, was delirious with*
3. Sonó un reloj en la <u>desierta</u> casa. *adjetivo, deserted*
4. <u>Nombrado</u> me sentí por vez primera. *adverbio, named*
5. en esa voz de acento <u>conocido</u>... *adjetivo, known*

EDUARDO CARRANZA (1913–1985)

Sobre el poeta y su obra

Eduardo Carranza, un poeta colombiano, nació en Apiay en 1913 y murió en 1985 a la edad de 72 años. Era el miembro más conocido de Piedra y Cielo, un grupo de poetas colombianos que se formó en 1935 con la intención de volver a las normas clásicas después del período experimental de la vanguardia. Eduardo Carranza empezó a distinguirse en el campo literario con la publicación de sus poesías en 1934. También fue periodista, catedrático y diplomático. Por un período dirigió con mucho éxito la Biblioteca Nacional de Colombia. Su poesía muestra una preferencia por las formas clásicas, especialmente el soneto. Sus poemas frecuentemente tratan de la patria, la muerte, el amor y el paisaje. Sus obras más conocidas incluyen, *"Canciones para iniciar una fiesta"*, *"Seis elegías y un himno"*, *"Ella, los días y las nubes"*, *"Azul de ti"*, *"Diciembre azul"* y *"El olvidado"*.

> El insomne

Eduardo Carranza

A Alberto Warnier

A alguien oí subir por la escalera.
Eran —altas— las tres de la mañana.
Callaban el rocío y la campana.
... Sólo el tenue crujir de la madera.

No eran mis hijos. Mi hija no era.
Ni el son del tiempo en mi cabeza cana.
(Deliraba de estrellas la ventana.)
Tampoco el paso que mi sangre espera...

Sonó un reloj en la desierta casa.
Alguien dijo mi nombre y apellido.
Nombrado me sentí por vez primera.

No es de ángel o amigo lo que pasa
en esa voz de acento conocido...
... A alguien sentí subir por la escalera...

Después de leer

 8-12 Reconociendo la función de una palabra como indicio de su significado
Con otro(a) estudiante, asegúrense de que han identificado todas las palabras problemáticas del texto. ¿Qué palabra les resultó más difícil y por qué?

 8-13 Comprensión y extensión En parejas o en grupos de tres, contesten las siguientes preguntas.

ANSWERS 8-13 1. Se refiere a la persona que sufre de insomnio. 2. a las tres de la mañana 3. alguien subiendo la escalera 4. Tres de los cuatro versos de la estrofa empiezan con formas negativas. 5. Se refiere al latido de su corazón. 6. En el primer terceto todos los verbos están en el pretérito. Además la rima ha cambiado desde ABBA a CDA. 7. Sugiere que la figura que visita al poeta es un ser que conoce al hombre muy a fondo. 8. Porque no es ni de un ángel ni de un amigo. 9. Sugiere la llegada de algo inevitable, tal como la muerte. 10. *Answers will vary. Students might mention works by Dylan Thomas.*

1. Tomando en cuenta que *el insomnio* se refiere al estado de no poder dormirse, ¿cuál es el significado del título del poema, *"El insomne"*?

2. ¿A qué hora toma lugar la acción del poema?

3. ¿Qué acción se destaca en la primera estrofa?

4. En la segunda estrofa el poeta rechaza una serie de posibilidades para el ruido que ha escuchado. ¿Cómo contribuye la estructura de la estrofa al enfoque en lo negativo?

5. ¿Cómo se refiere el poeta a sí mismo en la segunda estrofa?

6. Después de los primeros dos cuartetos de un soneto, suele haber un cambio en los tercetos. Pensando tanto en la estructura como en los verbos de la tercera estrofa, ¿cuáles son los cambios que se ven?

7. ¿Cuál es el significado de ser nombrado el poeta en la tercera estrofa?

8. En la última estrofa, ¿por qué tenemos la sensación de que la visita no será algo positivo para el poeta?

9. ¿Cuál es el efecto de repetir el primer verso del poema al final del poema? ¿Nos indica algo la repetición del verso sobre el tema del poema?

10. ¿Has leído otros poemas similares a éste? ¿En qué sentido es universal el tema del poema?

Introducción al análisis literario | La alegoría

In contemporary literature, George Orwell offers an allegorical treatment of modern society in his novel *Animal Farm.* In this work, humankind is symbolically represented through various societies of animals, each with different virtues and vices. As you know from reading the poem in **Capítulo 5,** symbolic substitutions and comparisons—in the form of metaphor and simile—are quite common in poetry. Allegory depends on a deliberate and systematic substitution of one series of elements for another. In this sense, allegory can be thought of as an extended metaphor in which several features are elaborated, all referring to a central theme or portrayal. The poem you just read presents an allegorical treatment of death. Rather than present us with biological details describing the end of life, the poet prefers to construct an allegory in which death takes the form of a nocturnal visitor.

Assuming that the poem is a literary treatment of death, reread the poem in order to identify the attributes we typically associate with this phenomenon. For example, you might mention the early hour of the morning, the elderly state of the poet, or the death-like quiet of the house. Are there additional attributes you can identify? Identifying allegory is useful to understanding poetry because it allows us to better understand the symbolic context from which the poet is drawing his/her comparisons. For example, we can understand that the poet has chosen to repeat the first verse of the poem at the end of the poem in order to portray death as something inevitable and unavoidable. After you finish with the poem, consider other allegorical treatments you are familiar with and how they might compare to the one you just read.

Vocabulario en contexto

El mundo de las letras

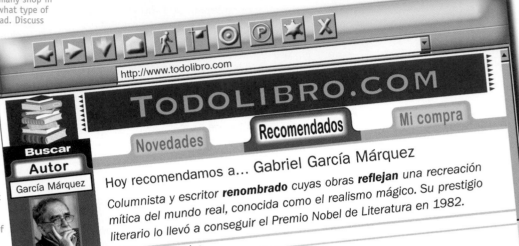

http://www.todolibro.com

TODOLIBRO.COM

Novedades | Recomendados | Mi compra

Buscar
Autor
García Márquez

Hoy recomendamos a... Gabriel García Márquez

Columnista y escritor **renombrado** cuyas obras **reflejan** una recreación mítica del mundo real, conocida como el realismo mágico. Su prestigio literario lo llevó a conseguir el Premio Nobel de Literatura en 1982.

Libros del autor: 42 libros encontrados

Cien años de soledad

Clasificación: **Ficción** y Literatura   Fecha de publicación: Octubre 2000   Formato: **Rústica**
Número de páginas: 360
ISBN: 950-07-0029-8   Precio $ 23,00.– US$ 7.85.–   6.48.–

Sin duda es una de las novelas más **fascinantes** del siglo XX. Millones de **ejemplares** de Cien años de soledad son leídos en todas las lenguas y le dio a su autor el premio Nobel de Literatura. Una **aventura** fabulosa de la familia Buendía-Iguarán, con sus milagros, **fantasías**, obsesiones, tragedias, incestos, adulterios, rebeldías, descubrimientos y condenas, representaba al mismo tiempo el **mito** y la historia, la **tragedia** y el amor del mundo entero.

Comprar

El amor en los tiempos del cólera

Clasificación: Ficción y Literatura   Fecha de publicación: Agosto 2000   Formato: **Tapa dura**
Número de páginas: 456
ISBN: 950-07-0320-3   Precio $ 27,00.– US$ 9.22.–   7.61.–

Con humor y su impecable estilo, García Márquez **relata** la historia de sus **protagonistas**, Fermina Daza y Florentino Ariza, y su amor frustrado. Esta novela tuvo un gran recibimiento por parte de los **lectores** y la crítica, y confirmó a García Márquez como un escritor de **reconocimiento** mundial.

Comprar

Doce cuentos peregrinos

Clasificación: Ficción y Literatura   Fecha de publicación: Julio 2003   Formato: Rústica
Número de páginas: 224
ISBN: 987-11-3809-1   Precio $ 12,00.– US$ 4.10.–   3.38.–

"El esfuerzo de escribir un cuento corto es tan intenso como empezar una novela. Pues en el primer párrafo de una novela hay que definir todo: estructura, **tono**, estilo, ritmo, longitud, y a veces hasta el carácter de algún **personaje**..." Este volumen recoge cuentos de García Márquez, precedidos por un prólogo.

Comprar

Otros libros de García Márquez

Vivir para contarla El primer volumen de las **memorias** del autor. Cuenta la historia de sus abuelos, los amores de su padre y su trabajo periodístico.

Cómo se cuenta un cuento García Márquez **revela** algunos de los puntos fundamentales para la creación de un texto.

2005© Derechos reservados- Todolibro.com

iLrn **¡OJO!** Don't forget to consult the **Índice de palabras conocidas**, pp. A8–A9, to review vocabulary related to the arts.

> **Atención a la palabra:** **Carácter** is somewhat of a false cognate in that it only means personality. **Personaje** is the Spanish word for a character in a story. Notice this contrast in the description of *Doce cuentos peregrinos.*

> Other words and phrases related to literature are cognates with English words: **la antología** (anthology), **la (auto)biografía, clásico(a), la fábula** (fable), **el héroe/la heroína** (hero, heroine), **misterio** (mystery), **el (la) prosa** (prose), **el soneto** (sonnet).

HERITAGE LEARNERS Ask heritage learners about their use of this vocabulary. Point out possible spelling challenges with **g** and **j** in words such as **ejemplar, género, mitología, reflejar,** and **tragedia.** Point out the silent **h** in **hadas** and **homenaje** and caution against adding an **h** to words such as **épica** and **ejemplar.**

HERITAGE LEARNERS Ask students to speak with family members and friends about their favorite Spanish-language books. Have them share information with the class.

Para hablar de la literatura

el cuento de hadas	*fairy tale*
el desenlace	*ending*
la épica	*epic*
la ficción / ficticio	*fiction / fictitious*
la fuente artística	*artistic source, inspiration*
el género literario	*literary genre*
el homenaje	*homage, tribute*
la ironía / irónico(a)	*irony / ironic*
la leyenda	*legend*
la metáfora	*metaphor*
la mitología / mítico(a)	*mythology / mythical*
el (la) narrador(a)	*narrator*
la narrativa	*narrative*
la novela policíaca	*detective novel*
la novela rosa	*romantic novel*
el realismo / realista	*realism / realistic, realist*
la rima / rimar	*rhyme / to rhyme*
la sátira / satírico(a)	*satire / satirical*
el seudónimo	*pseudonym*
el símil	*simile*
la tradición oral	*oral tradition*
la trama	*plot*
el verso	*verse (line of poetry)*
reaccionar	*to react*

Para enriquecer la comunicación: Para comentar una obra literaria

Seguramente va a ser un "best seller" / libro de superventas.	*Surely it will be a best seller.*
¡Es un poema maravilloso!	*It's a marvelous poem.*
Es la historia más conmovedora que he leído.	*It's the most moving story I've read.*
Ese libro es incomprensible.	*That book is incomprehensible.*
No escribe de un modo muy asequible.	*He/She doesn't write in a very accessible way.*

Práctica y expresión

8-14 La biografía de García Márquez Escucha el siguiente *Momento biográfico* sobre Gabriel García Márquez y luego contesta las preguntas que siguen.

CD2–8

1. ¿Por qué fueron tan importantes los primeros años de la vida del autor?
2. ¿Por qué usaba García Márquez el seudónimo de Séptimus cuando escribía su columna periodística?
3. ¿Qué es Macondo?
4. ¿Cuál fue la novela que convirtió al autor en una de las figuras más importantes en la literatura latinoamericana?
5. ¿Qué es el realismo mágico?
6. ¿Qué tipo de libro es *Vivir para contarla*?
7. ¿Te gustaría leer la literatura de García Márquez?

8-15 En otras palabras Empareja el término de la columna de la izquierda con la frase que mejor lo defina o ejemplifique en la columna derecha.

1. __f__ la ironía
2. __c__ la tradición oral
3. __g__ el símil
4. __j__ la novela policíaca
5. __a__ el género literario
6. __d__ la novela rosa
7. __i__ el desenlace
8. __h__ la sátira
9. __b__ las memorias
10. __e__ el verso

a. categoría de obra literaria: ensayo, novela, poesía, teatro, etc.
b. obra biográfica o autobiográfica que relata los sucesos de la vida de alguien
c. literatura transmitida de generación en generación sin ser escrita
d. novela romántica
e. palabra o grupo de palabras usadas en la poesía
f. lo contrario de lo que se dice o se cree
g. técnica literaria de comparar expresamente una cosa con otra
h. técnica literaria de poner en ridículo algo o a alguien
i. final de una narración u obra dramática
j. obra que relata historias, delitos o crímenes y el trabajo de la policía para investigarlos y capturar a los culpables

8-16 Encuesta de gustos literarios En grupos de tres compartan sus respuestas a las siguientes preguntas. Luego, compartan sus respuestas con la clase para ver quiénes tienen gustos literarios parecidos.

1. ¿Con qué frecuencia lees por placer?
   __ Todos los días.   __ Sólo durante las vacaciones.
   __ Sólo durante los fines de semana. __ No me agrada leer.

2. ¿Te gustaría poder leer más?
   __ Si pudiera, viviría en la biblioteca.
   __ Sí, me gustaría poder leer algo más.
   __ Si tuviera más tiempo libre no me lo pasaría leyendo.

3. ¿Cuáles son los dos géneros literarios que más te gustan? ¿Por qué?
   __ novela   __ teatro
   __ cuento corto __ libro de texto
   __ poesía   __ tira cómica
   __ ensayo

4. ¿Cuáles son los dos tipos de literatura que más te gustan?

___ fantasía, mitos y leyendas

___ la sátira

___ la aventura

___ novela/cuento rosa

___ novela policíaca / cuento policíaco
   de misterio

5. ¿Cuántas obras literarias has leído en español?

___ He leído tres o más obras en español.

___ He leído una obra literaria en español.

___ Sólo he leído las obras en este libro.

___ No he leído ninguna obra en español.

6. ¿Te gustaría leer más literatura en español?

___ ¡Claro que sí!

___ Me da algo de miedo, pero sí me gustaría.

___ Sólo si mi profesor(a) me obliga.

___ ¡No quiero leer más literatura ni en inglés!

8-17 La mejor que he leído Habla con otro(a) estudiante sobre la mejor historia que hayas leído. Cuéntale del título, autor y género de la obra y también cuéntale sobre la trama, los personajes, el narrador y su tono y estilo, y el desenlace. Dile por qué crees que es la mejor historia que has leído.

8-18 ¿Cómo se cuenta un cuento? En grupos, lean el siguiente trozo de un cuento corto de Gabriel García Márquez de su libro *Doce cuentos peregrinos*, y basándose en la información de la selección, inventen un cuento. Antes de relatar la historia, hablen de los personajes, la trama, el estilo que el cuento va a tener, etc. Luego, empiecen a contar el cuento oralmente, tomando turnos entre todos los miembros del grupo.

La mañana siguiente me despertó el teléfono. Había olvidado cerrar las cortinas al regreso de la fiesta y no tenía la menor idea de la hora, pero la alcoba estaba rebozada (cubierta) por el esplendor del verano. La voz ansiosa en el teléfono, que no alcancé a reconocer de inmediato, acabó por despertarme.

—¿Te acuerdas del chico que se llevaron anoche para Cadaqués (pueblo playero de España)?

No tuve que oír más. Sólo que no fue como me lo había imaginado, sino aún más dramático. El chico, despavorido por la inminencia del regreso, aprovechó un descuido de los suecos venáticos (locos) y se lanzó al abismo desde la camioneta en marcha, tratando de escapar de una muerte ineluctable (inevitable).

TEACHING TIP 8-17 Circulate as students converse, asking questions and encouraging them to use as much theme-related vocabulary as possible. Allow students 6–8 minutes to share their information, then call on individuals to report to the class on what their partner said. Ask them if they would want to read the story based on their partner's description, **¿Leerías esta historia si tuvieras la oportunidad?** Finally, identify broad categories in which to place works mentioned and have students categorize works and comment on similarities among students' choices.

TEACHING TIP 8-18 Ask students to read the fragment and think about the story that it suggests before coming to class. In class, put students in groups of 4–5 and have them share their ideas for 5–6 minutes. Then ask that they spend another 5–7 minutes constructing the story. Share back with the class and have the class vote on which group came up with the most interesting story.

TEACHING TIP 8-18 This fragment is from the ending of the story *Tramontana,* which is available online. After students have completed the activity, ask them to find the story online and try to read it and comment on how similar or different the class's ideas were from the actual story.

ALTERNATIVE 8-18 This activity can be done via computer chat. Set up as many chat rooms as there are groups and have students share their ideas and create the story. Check transcripts to assure that all students participated. Ask students to use the transcripts to write up the story their group created and then share with the class.

Este escritor y político venezolano, nacido en Caracas (1884–1969) es el más conocido internacionalmente de todos los escritores venezolanos. Publicó numerosas novelas realistas centradas en la vida de su país y basadas en la lucha de la vida real. En sus obras expone la causa de los mulatos (mezcla de españoles y africanos) y defiende el valor del mestizaje *(the mixing of races)*.

TEACHING TIP More information about *Doña Bárbara* appears in activity 8-19.

Su obra más conocida es la novela *Doña Bárbara*, publicada en 1929. Esta obra se considera una de las novelas más representativas de la literatura hispanoamericana.

> Tenga mucho cuidado con doña Bárbara. Usted va para Altamira, que es como dicen, los correderos de ella *(her pathways)*. Ahora sí puedo decirle que la conozco. Esa es una mujer que ha fustaneado *(destroyed)* a muchos hombres...
>
> Tal era la famosa doña Bárbara: lujuria *(lust)* y superstición, codicia y crueldad...

De esta obra nacieron varias versiones de películas distribuidas por toda Hispanoamérica. En esta obra se representa la lucha entre el progreso y la civilización, y lo primitivo y lo natural, así como también la lucha contra las fuerzas de la tiranía en Venezuela. Esta fuerte crítica contra el gobierno lo obligó a exiliarse por unos años. Al regresar en 1947, Rómulo Gallegos ganó las primeras elecciones populares de la República de Venezuela. Desafortunadamente, menos de un año después fue depuesto *(deposed)* por un golpe militar.

Como muestra *(gesture)* de su aporte al mundo literario, se fundó el Centro de Estudios Latinoamericanos Rómulo Gallegos. También se creó el Premio Internacional de Novela Rómulo Gallegos, que es uno de los más prestigiosos de Latinoamérica.

POSSIBLE ANSWERS 1. Es aquélla en que se describen eventos más duramente reales y vulgares especialmente de las clases baja y media. 2. *Answers will vary.* 3. Mark Twain, Henry James, William Dean Howells, Rebecca Harding Davis 4. Bárbara se relaciona con bárbaro que es algo natural, salvaje, no civilizado. Doña Bárbara es la "dueña" del campo natural y salvaje. 5. *Answers will vary.*

Las dos culturas

1. *Doña Bárbara* es una novela realista. ¿Qué crees que es una novela realista?
2. ¿Conoces algún otro escritor latinoamericano o español?
3. ¿Cuáles son los escritores estadounidenses realistas más conocidos? ¿Conoces sus obras?
4. ¿Cuál es el simbolismo del nombre Doña Bárbara? ¿Qué significa el nombre literalmente?
5. ¿Has leído o visto alguna película donde haya una confrontación entre lo primitivo y natural en contra de lo urbanizado y civilizado?

Estructuras

iLrn **¡OJO!** Before reviewing this section, consult the following topics on pp. B27–B29 of the **Índice de gramática:** Pronouns.

RECYCLING Use transparencies E-1 and E-2 to present information about a family using relative pronouns. For example, point to a female and describe her, saying **Elena es una mujer que tiene mucho interés en la literatura. Le encanta leer.** Point to her husband and say **Su eposo, Gerardo, con quien se casó hace muchos años, lee mucho también. Ellos compran muchos libros, los leen y los discuten, lo cual resulta en discusiones animadas en su casa.** Continue with similar information about other family members.

> Although in informal English a sentence may end with a preposition, in Spanish the preposition must precede the relative pronoun.

> **Quien** or **quienes** may also be used instead of **que** to introduce a nonrestrictive clause—a clause that provides additional information and is not necessary to complete the idea of the main clause—set off by commas: **El profesor, quien es dramaturgo, viene a charlar con nosotros hoy.**

Pronombres relativos

Spanish speakers will often use relative pronouns when making assertions about an author or an artist and the work that they do. In English there are three primary relative pronouns: *that, which,* and *who/whom.* Relative pronouns are connecting words used to link two sentences together in which the same words or phrases are repeated. For example,

El personaje principal de la obra es un abogado.

El abogado se llama Alberto.

By linking the two sentences together with the relative pronoun **que**, a single, complex sentence—a sentence consisting of two clauses—is formed. This condensation avoids the redundancy of repeating the word **abogado:**

El personaje principal de la obra es un abogado **que** se llama Alberto.

In English the relative pronoun is often omitted. In Spanish, the relative pronoun must be included.

Me encantó el libro de bolsillo **que** me diste.
I loved the paperback book (that) you gave me.

El hombre **con quien** hablaste es autor de novelas policíacas.
The man (that) you talked with is an author of detective novels.

In Spanish, relative pronouns include the following:

que	*that, which, who*
quien, quienes	*who, whom, the one(s) who*
el (la) cual, los (las) cuales	*which, who*
el (lo, la, los, las) que	*the one(s) who (which), he (she, those) who*

In Spanish **que** is the most commonly used relative pronoun. **Que** can be used:

■ as either a subject or an object of a verb, substituting a person, place, or thing.

Carlos es un autor **que** antes escribía novelas rosas. (**que** *is used to substitute for the subject of the clause.*)

■ after the short prepositions **a, de, con,** and **en** in reference to a place or thing.

El libro **en que** estoy pensando es un estudio biográfico.

¿Has visto la sección de literatura infantil **de la que** nos habló la bibliotecaria?

The relative pronouns **quien** and **quienes** are used only in reference to people. Furthermore, these pronouns are only used:

■ following short prepositions such as **a, de, con,** and **en.**

Mi amiga, **con quien** hablaste, está escribiendo un libro de memorias.

■ to express in Spanish *he who, the one(s) who,* etc.

Quien se dedique a leer la novela entera encontrará un desenlace fascinante.

The relative pronouns **el (la) cual**, **los (las) cuales**, and **el (la, los, las) que** are also used:

■ with longer prepositions.

   Esos escritores escribían en los años de la dictadura, **bajo la cual (en la que)** había poca libertad de expresión.

■ in the case of two antecedents to refer to the more remote of the two.

   El amigo de la directora, **el cual (el que)** viene aquí todos los veranos, tiene su propia compañía de teatro.

In the example above, the more remote antecedent is **el amigo. El cual** or **el que** resolves the potential ambiguity, indicating that it is **el amigo**, rather than **la directora**, who comes here every summer.

■ to translate *the one(s) that.*

   Estos versos son buenos, pero **los que** escribiste ayer me gustaban más.

■ as an alternative to **quien** or **quienes** to mean *he (she) who, those who.*

   El que se dedique a leer la novela entera encontrará un desenlace fascinante.

> ## Un paso más allá: Los usos de *lo que, lo cual* y *cuyo(a/os/as)*

Lo que and **lo cual** are neuter relative pronouns that are used to refer to an entire preceding idea or action.

   La mitología contiene muchos elementos fantásticos, **lo cual (lo que)** me fascina.
   (**lo cual** *in this case substitutes the entire idea that mythology has many fantastic elements.*)

Lo que may also be used to express *what* in the sense of *that which.*

   Lo que más me gusta de la poesía moderna son las metáforas.

Cuyo(a/os/as) is used to express *whose.* As a relative adjective, it must agree in number and gender with the noun that it modifies.

   Los autores realistas, **cuyas novelas** leímos en clase, son mis favoritos.

Práctica y expresión

ANSWERS 8-19 1. Santos Luzardo, quien regresó de la ciudad, es el dueño del Rancho Altamira. 2. Doña Bárbara, quien cautiva misteriosamente a los hombres, les roba sus tierras. 3. Lorenzo Barquero, con quien Doña Bárbara tuvo una hija, fue una de sus víctimas. 4. Marisela, con quien Doña Bárbara nunca habla, es su hija. 5. Doña Bárbara, quien bautizó sus propiedades "El Miedo", tiene fama de bruja. 6. Santos Luzardo, a quien le pertenece el rancho, le hace frente a Doña Bárbara.

EXPANSION 8-19 Have students find additional information about this novel, including literary criticism. Have them look for comparisons between the work and English-language works they are familiar with.

HERITAGE LEARNERS 8-19 Have heritage learners ask family members and friends if they have read this novel. If any have, ask students to discuss the work with them and then share information with the class.

8-19 Doña Bárbara ¿De qué se trata esta novela venezolana? Para saberlo, lee las oraciones y júntalas con los pronombres relativos: quien, a quien, de quien, con quien, etc. Indica si te gustaría leer esta novela.

Ejemplo   Doña Bárbara es astuta y cruel. Se rumora que tiene un pacto con el diablo.
   Doña Bárbara, quien se rumora que tiene un pacto con el diablo, es astuta y cruel.

1. Santos Luzardo es el dueño del Rancho Altamira. Regresó de la ciudad.
2. Doña Bárbara cautiva misteriosamente a los hombres. Les roba sus tierras.
3. Doña Bárbara tuvo una hija con Lorenzo Barquero. Él fue una de sus víctimas.
4. Doña Bárbara nunca habla con Marisela. Marisela es su hija.
5. Doña Bárbara bautizó sus propiedades "El Miedo". Ella tiene fama de bruja *(witch)*.
6. El Rancho le pertenece a Santos Luzardo. Santos Luzardo le hace frente *(confronts)* a Doña Bárbara.

EXPANSION 8-20 Have students find more information about this legend. You may have them prepare a skit in which they depict the action or a children's book in which they tell the story and enhance it with illustrations. You may have them explore other legends of the Spanish-speaking world such as the legend of El Dorado.

HERITAGE LEARNERS 8-20 Have students speak with family members and friends about legends native to their countries or regions of origin. Have them share information, using taped interviews if possible. If they have access to art or crafts based on legends, have them bring items to class and describe them for classmates.

TEACHING TIP 8-21 This may be done as a pair activity or a whole class competition in a game show format. Divide the class in half and have each side prepare definitions to present to the other. Teams receive points for correct use of relative pronouns in definitions and for identifying words defined by the opposing team. Have students add their opinions of the items they describe.

TEACHING TIP 8-22 Begin by having students brainstorm a list of characters they might describe. Brainstorming may be done as a class or in groups.

8-20 Una leyenda colombiana Llena los espacios en blanco con los pronombres relativos correspondientes, para saber sobre esta antigua leyenda colombiana sobre el origen del maíz.

Los indígenas chibchas, ____los cuales____ padecían de hambre y gran miseria, mandaron a un hombre llamado Piracá, ____quien____ tenía unas valiosas mantas *(sheets)*, al mercado para intercambiarlas por oro. En el mercado obtuvo unos granos de oro ____en los que____ puso toda su fe *(faith)*. En el camino a casa tropezó *(tripped)* y se cayó en un hueco *(hole)*. Un ave negra le arrebató *(snatched)* la bolsa ____en la cual____ había puesto el oro. Los granos ____que____ se llevó el ave se fueron cayendo uno a uno en la tierra. Piracá logró salir del hueco ____en el cual____ cayó, pero no encontró el oro. Al regresar quince días después, Piracá, ____cuya____ fe era grande, encontró abundantes y hermosas plantas, ____de las cuales____ colgaban granos de color oro. Era el maíz. Desde ese momento los indígenas chibchas no volvieron a sufrir hambre.

8-21 Definiciones Escoge una de las palabras del vocabulario de este capítulo y escribe una definición. Otro(a) estudiante debe adivinar qué es y añadir su opinión sobre el género. La definición debe contener pronombres relativos.

Ejemplo —Es una historia en la que hay magia y cuyo final es casi siempre feliz.
—Es un cuento de hadas. Me gustan mucho los cuentos de hadas.

8-22 Personajes interesantes Con un(a) compañero(a), piensa en un personaje literario de una novela, un cuento o una película conocida. Describe este personaje usando por lo menos dos cláusulas relativas. Tu compañero(a) debe adivinar quién es.

Ejemplo Es el que está enamorado de una mujer joven y que es de una familia enemiga. (**Romeo**)
o
Es un personaje idealista y un poco loco que vive en un lugar de la Mancha, España, cuyo compañero se llama Sancho Panza. (**Don Quijote**)

8-23 Más sobre los gustos literarios Con otro(a) estudiante, conversa sobre lo que estás leyendo últimamente y tus gustos literarios.

1. ¿Qué es lo que más te gusta leer? ¿Qué es lo que menos te gusta?
2. ¿Qué estás leyendo ahora?
3. ¿Qué es lo más emocionante del libro? ¿lo que te hizo llorar? ¿lo que te hizo reír más? ¿lo que más te gustó? ¿lo que menos te gustó?
4. Piensa en una novela o cuento con cuyo personaje te identificas más. ¿Quién es?
5. ¿Te gusta la poesía? ¿Qué es lo que te gusta de la poesía? ¿Y qué es lo que no te gusta?

Rumbo abierto

8

JUMP START: Get students thinking about the topic by asking questions like the following: **¿Qué pintores latinoamericanos conoces? ¿Conoces alguna pintura con tema de crítica social o política? ¿Tienes algún/ alguna pintor(a) favorito(a)? ¿Puedes describir alguna característica de su obra?**

> Paso 1 Vas a leer un reportaje sobre una nueva exhibición del pintor colombiano Fernando Botero. En la siguiente página tienes un ejemplo de una pintura de Botero. Con otro(a) estudiante, describe la pintura y trata de identificar tres o cuatro características del estilo del pintor.

> Paso 2 Para facilitar tu comprensión de la lectura, recuerda la estrategia de lectura que aprendiste en este capítulo: Reconocer la función de una palabra como indicio de su significado. Lee ahora el artículo tomando notas de las opiniones de diferentes personas sobre las características y las funciones del arte en general.

ANSWERS Paso 3: 1. el conflicto armado en Colombia 2. El pintor quiere que la gente se acuerde de este momento trágico de la historia del país. También quiere que reflexionen sobre la violencia. 3. las familias típicas, los aristócratas, los campesinos, la naturaleza 4. dar placer 5. con *Guernica* de Picasso y con la obra de Goya

> Paso 3 ¿Qué has entendido? Contesta las siguientes preguntas.

1. ¿Cuál es el tema de estos óleos y dibujos?
2. ¿Cuál es la finalidad principal de esta exhibición según el pintor?
3. ¿Cuáles han sido hasta ahora los temas de Fernando Botero?
4. Según Botero ¿cuál es la finalidad del arte?
5. ¿Con qué otras pinturas famosas se están comparando los óleos de Botero?

> Paso 4 En la lectura te diste cuenta de que existe un debate en cuanto a cuál debe ser la finalidad del arte. ¿Debe ser la de dar placer o la de educar al público? Con otro(a) estudiante decidan si ustedes creen en que el arte en general debe tener una función social (hacer pensar a la gente sobre su situación) o debe sólo entretener. Hagan una lista de cuatro argumentos a favor y cuatro en contra de su opinión.

TEACHING TIP: Have students answer these questions independently and then share their descriptions and perceptions with a partner.

TEACHING TIP Have students share their ideas in small groups. Following their conversations you may lead a class discussion on the topic or you may have students write a paragraph in which they summarize what they learned and turn it in to you.

EXPANSION Have students find examples of Botero's works. They may prepare short reports of various pieces and use Presentational Communication to share them with the class or they may prepare a gallery exhibition of Botero's work, including written descriptions of works included and/or a CD of the descriptions.

EXPANSION Have students find information on works mentioned in the article, Picasso's *Guernica* and Goya's works based on the Napoleonic invasion of Spain, or on other Colombian artists mentioned, such as Alejandro Obregón and Enrique Grau.

Fernando Botero retrata la guerra en Colombia en una nueva exposición

BOGOTÁ (AP) — Las gruesas figuras que se han convertido en el sello del pintor y escultor colombiano Fernando Botero, han caído bajo las balas y bombas que desangran a este país desde hace décadas. Así lo refleja la nueva exposición que se inaugura este martes en el Museo Nacional de Bogotá, compuesta por 23 óleos y 27 dibujos donados por el afamado artista que tienen como contexto el conflicto armado provocado por guerrilleros, paramilitares y narcotraficantes. Mujeres llorando a sus familiares, cadáveres devorados por buitres, esqueletos circulando por el mundo de los vivos, hombres desnudos maniatados (hands tied behind their backs) y con los ojos vendados, son algunas de las imágenes recurrentes de las últimas obras de Botero.

"La idea de esta exposición es que en el futuro la gente se acuerde del momento más trágico de nuestra historia", explicó el lunes el artista en una conferencia de prensa. Agregó que también busca que en el presente los colombianos reflexionen sobre este "horrible cáncer de la violencia, que viene de todas partes".

Atrás parecen haber quedado las bucólicas imágenes de los aristócratas y campesinos que poblaron durante años sus cuadros y esculturas, que están repartidos por museos, galerías y colecciones privadas de todo el mundo. Sus pinturas más tradicionales suelen representar a familias típicas de los pueblos de su Antioquia natal, generales engalanados con medallas, mujeres desnudas en actitudes cotidianas y voluminosas naturalezas muertas.

Botero aseguró que como artista no podía ser indiferente a la violencia que sacude a su país, a pesar de que vive entre Nueva York y Europa desde hace décadas. Incluso tuvo que ir más allá de sus convicciones, ya que para él, el arte tiene como finalidad "dar placer". La información de prensa fue clave para inspirar estos 50 cuadros pintados entre 1999 y este año. "El pintor puede hacer visible lo invisible en el momento del drama", dijo.

Botero, de 72 años, es el más importante pintor colombiano vivo, e integra la trilogía de los máximos exponentes de la pintura de este país en el siglo XX, junto a Alejandro Obregón y Enrique Grau, ambos fallecidos. Sin embargo, ésta no es la primera vez que el artista incursiona en la temática de la violencia, ya que ha realizado retratos del capo de la droga Pablo Escobar atravesado por las balas y del jefe guerrillero Manuel Marulanda. En el 2000 donó gran parte de su colección personal de obras propias y de otros artistas al Museo de Antioquia, en Medellín, y a la Casa de Moneda del Banco de la República, en Bogotá. En ambos sitios hay muestras permanentes que son visitadas por miles de personas.

La directora del Museo Nacional en Bogotá, Elvira Cuervo de Jaramillo, cree que la nueva donación no sólo es una expresión de la inmensa generosidad del artista, sino también de su voluntad de contribuir a la memoria de Colombia para que el país no repita su historia de violencia. "En 20 o 30 años, cuando el país viva en paz, yo creo que esto será similar al *Guernica* de Picasso o a Los fusilamientos de Goya", dijo Cuervo. La muestra "Botero en el Museo Nacional de Colombia: Donación 2004" recorrerá las principales ciudades del país para regresar después al recinto capitalino.

¡A escribir!

La expresión poética: Pintando con palabras

ATAJO *Functions:* Describing
Vocabulary: Animals, Emotions; People; Personality
Grammar: Adjectives: agreement; Adjectives: placement; Adverbs; Verbs: *if* clauses

TEACHING TIP Make this activity a poetry contest. Have students provide two final copies of their work: one anonymous and another with their name on it. Number the anonymous copies and place them around the class for an **exposición.** Put students into groups of 3 and have them circulate around class and read the poems. The group must make a collective decision on their top three choices for the best poems.

TEACHING TIP Several online dictionaries have synonym search options. You may recommend the Anaya dictionary, which can be accessed at http://www.diccionarios.com

TEACHING TIP Ask students to email you one of their poems before class. Select a few and anonymously display them for the class. Go over the questions in **Paso 4** with the class and explore possibilities for improving the descriptive language in the poems. If you have Internet access, you can use an online dictionary with the class to help them identify more descriptive vocabulary. Once you have commented on a few, ask that students work in pairs on **Paso 4.**

Habrá una exposición de arte poético entre tus compañeros de clase y vas a contribuir con un par de poemas. Puesto que el tema de la exposición es "Pintando con palabras", tus poemas van a presentar una descripción vívida de personas, animales, objetos o ideas.

> Paso 1

No hay una sola manera de escribir poesía. En la *Exploración literaria* viste un ejemplo de un tipo de poema llamado soneto, el cual responde a un patrón estructural específico en cuanto al número de versos, estrofas, sílabas y tipo de rima. Los poemas que vas a escribir responden a otro tipo de patrón estructural. Se trata de la poesía cinquain y es parecida al haiku. Los poemas cinquain describen diferentes cosas: animales, personas, edificios, conceptos, etc. Aquí tienes un ejemplo:

Anochecer

Anochecer
resplandeciente, pacífico
iniciando gloriosamente la expiración
imparte con licencia su silencio armónico
serenidad

Antes de comenzar a escribir, piensa en dos o tres temas que te gustaría pintar con tus poemas. Algunas sugerencias son: un(a) amigo(a)/pariente/novio(a)/persona famosa; una mascota; una obra de arte; un deporte; un lugar o paisaje que te gusta.

> Paso 2

Selecciona dos de los temas que pensaste. Comienza con un tema y durante cinco o diez minutos, apunta en un papel todo lo que se te venga a la mente para describir precisa y vívidamente ese tema. Piensa primero en los cinco sentidos (cómo se ve, cómo suena, cómo huele, cómo se siente y cómo sabe). Luego piensa en tus reacciones al tema (cómo te hace a ti sentir, pensar, hablar, portarte, etc.). Trata de apuntar todas tus ideas en español y no te preocupes por la forma. Una vez que acabes con un tema, vuelve a hacer lo mismo con el otro.

> Paso 3

Ahora vas a escribir tus propios poemas cinquain. Como puedes observar en el ejemplo, el poema cinquain consiste en cinco versos que no riman. A diferencia del soneto, donde el verso tiene una estructura silábica estricta, el verso del poema cinquain se basa en el número de palabras. Sigue esta estructura:

Primer verso: Escribe una palabra que nombre el tema, por ejemplo, *Anochecer.* Normalmente es un sustantivo *(noun).*

Segundo verso: Describe el tema en dos palabras. Pueden ser dos adjetivos o un sustantivo y un adjetivo.

Tercer verso: Describe en tres o cuatro palabras una acción que hace el tema. Pueden ser tres verbos o una frase verbal.

Cuarto verso: Describe en cuatro o cinco palabras una emoción que provoca el tema.

Quinto verso: Nombra el tema en una palabra, usando un sinónimo del nombre que usaste en el primer verso. Puedes usar un diccionario de sinónimos para ayudarte.

El título: Ponle un título que describa el contenido del poema.

Cuando acabes un poema, vuelve a escribir otro sobre el otro tema. No te olvides de tratar de seguir la estrategia para mejorar la descripción en tus versos.

ESTRATEGIA DE ESCRITURA

La descripción y el lenguaje descriptivo

Good descriptions create a clear, precise, and vivid image for the reader. One of the easiest ways to improve your descriptions is to incorporate more adjectives into your writing. Sometimes it can be hard to think of adjectives in Spanish, so it helps to first visualize the noun and then try to describe it in terms of how it looks, feels, tastes, sounds, or smells. Note whatever comes to mind, and then select from your notes the adjective or adjectives that most precisely represent the noun and match the tone of your writing.

Many nouns and verbs have related adjectival forms, so it is often possible to reduce a more wordy descriptive phrase into a more concise description by using a related adjective. For example, if you are trying to describe a person and you note that he or she likes adventures (**le gustan las aventuras**) you can also use an adjectival form and say that he or she is adventurous (**es aventurero[a]**). In the same way, you can describe a place by saying that it is a place where it rains a lot (**es un lugar donde llueve mucho**) or you can use the adjectival form of the verb **llover** and state that it is a rainy place (**es un lugar lluvioso**). The best way to know if adjectival forms that replace verbs or nouns exist is to look up that verb or noun in the dictionary and see if an adjective form is listed within or next to its entry. Be sure to always read the definition of the adjectival form to make sure that it retains the same meaning that you are trying to convey.

Whereas adjectives describe nouns, adverbs describe verbs, and a judicious use of adverbs and adverbial phrases can greatly add to the quality of your descriptions. Remember that adverbs can describe aspects of a verb such as time, place, and manner. Here are some examples:
Time: **cada viernes, en la mañana, nunca, rara vez, temprano,** etc.
Place: **afuera de, en el rincón, en la parte superior de, desde abajo, por encima de,** etc.
Manner: **apasionadamente, con determinación, directamente, sin delicadeza,** etc.

Your selection of nouns and verbs also contributes to the descriptive picture you paint in your writing. For example, the noun **historia** does not give us as much information (i.e., is not as descriptive) as the noun **aventura**. Likewise, the verb **decir** does not offer as specific information as does the verb **gritar**.

TEACHING TIP Remind students that this strategy is meant to help improve their writing in general and is not specific to writing poetry.

> **Paso 4**

Trabaja con un(a) compañero(a) de clase para revisar el primer borrador de tus poemas. Lee sus poemas y comparte tus respuestas a las siguientes preguntas: ¿Sigue la estructura del poema cinquain? ¿Describe vívidamente su tema? ¿Cuáles son las palabras descriptivas que usa? ¿Conoces otras que pueda usar? ¿Tiene el poema palabras comunes que puedan ser reemplazadas con palabras más precisas o descriptivas? ¿Tiene un título apropiado? ¿Tienes alguna recomendación para tu compañero(a)?

> **Paso 5**

Considera los comentarios de tu compañero(a) y vuelve a pensar en el lenguaje que has usado. Trata de explorar más con el diccionario las posibilidades de mejorar la precisión de tus descripciones. Luego, haz los cambios necesarios y escribe el segundo borrador de tus poemas.

TEACHING TIP If time does not permit for peer review, have students use the questions in **Paso 4** to review their own work.

> You have already learned that the past participle of many verbs functions as an adjective: **amar > amado; callar > callado; conocer > conocido; divertir > divertido;** etc.

> Remember that many adjectives can become adverbs by using the feminine adjectival form and adding **-mente (cuidadoso - cuidadosamente)** or by adding **-mente** only, when the adjective does not have a feminine form (**frecuente > frecuentemente; fácil > fácilmente**).

¡A ver!

> **Paso 1** Vas a ver un reportaje de televisión sobre algunas atracciones turísticas y la gente de una de las ciudades más importantes de Colombia. Antes de ver este vídeo entrevista a un(a) compañero(a) y hazle las siguientes preguntas: ¿Qué te gusta hacer cuando visitas una ciudad por primera vez? ¿Qué te gusta hacer durante el día? ¿Qué te gusta hacer durante la noche? ¿Cómo te preparas antes de visitar una ciudad por primera vez?

TEACHING TIP Allow students  to view the video segment at least two times. Suggest they watch and listen the first time but not try to take notes until the second time.

> **Paso 2** Mira el reportaje. Trata de identificar lo que se puede hacer, los lugares interesantes que se pueden visitar y las características de la ciudad.

> **Paso 3** ¿Qué has entendido?

1. ¿Qué es una chiva?
2. Según el reportaje, ¿qué les gusta hacer a los caleños en la noche?
3. ¿Cuáles son algunos de los sitios interesantes para visitar durante el día?
4. ¿Cuántos años acaba de cumplir la ciudad?
5. ¿Qué significa "Cali" en la lengua aborigen?

ANSWERS 1.Una chiva es un autobús. 2. Les gusta ir a las discotecas a bailar salsa. 3. la ermita, el parque de los poetas, la Plaza de Caicedo, el Palacio Nacional y la Catedral de San Pedro 4. La ciudad acaba de cumplir 461 años. 5. Cali significa "casa hermosa".

TEACHING TIP Have students share their opinions in small groups. Following their conversations you may lead a class discussion of the topic or you may have students write a paragraph in which they express their opinions and turn it in to you.

> **Paso 4** ¿Qué opinas? Entrevista a un(a) compañero(a) sobre la ciudad de Cali. Aquí tienes algunas preguntas que puedas usar: ¿Te gustaría visitar Cali? ¿Por qué? ¿Qué lugares te gustaría visitar? ¿Por qué? ¿Qué te ha sorprendido sobre la ciudad? ¿Te gusta ir a discotecas o a museos? ¿Qué ciudades fuera de los Estados Unidos has visitado? ¿Qué hiciste durante la visita?

Para hablar del arte

la acuarela / acuarelista *watercolor / watercolor artist*

la alfarería *pottery*

la arcilla *clay*

el arco *arch*

la artesanía *arts and crafts*

la cúpula *dome*

la estética / estético(a) *aesthetics / aesthetic*

la fachada *façade*

la influencia / influir *influence / to influence*

el lente gran angular / telefoto *wide angle / telephoto lens*

el lienzo *canvas*

la madera *wood*

el mármol *marble*

el matiz / matizar *shade, tint / to blend (colors)*

la muestra *sample, copy*

el mural *mural*

la naturaleza muerta *still life*

el paisaje *landscape*

el pincel *paintbrush*

el rollo de película (blanco y negro / en colores) *roll of film (black and white / color)*

el símbolo / simbolizar *symbol / to symbolize*

la sombra *shadow*

la talla / tallar *sculpture, carving / to carve, shape, engrave (metal)*

la técnica *technique*

la torre *tower*

la vidriera de colores *stained glass*

el vidrio *glass*

contemporáneo(a) *contemporary*

en el fondo / en segundo término *in the background*

en primer término *in the foreground*

apreciar *to appreciate*

datar de *to date from*

desafiar / desafiante *to defy / challenging, defiant*

elaborar a mano *to produce, make by hand*

experimentar *to try, to experience*

manipular *to manipulate*

moldear *to mold*

pintar al óleo *to paint in oils*

revelar *to develop (film)*

romper con la tradición *to break with tradition*

Para hablar de las letras

la aventura *adventure*

el cuento de hadas *fairy tale*

el desenlace *ending*

el ejemplar *copy*

la épica *epic*

la fantasía / fantástico(a) *fantasy / fantastic*

la ficción / ficticio(a) *fiction / fictitious*

la fuente artística *artistic source, inspiration*

el género literario *literary genre*

el homenaje *homage, tribute*

la ironía / irónico(a) *irony / ironic*

el (la) lector(a) *reader*

la leyenda *legend*

las memorias *memoirs*

la metáfora *metaphor*

el mito / la mitología / mítico(a) *myth / mythology / mythical*

el (la) narrador(a) *narrator*

la narrativa *narrative*

la novela policíaca *detective novel*

la novela rosa *romantic novel*

el personaje *character*

el (la) protagonista *protagonist*

el realismo / realista *realism / realistic, realist*

el reconocimiento *recognition*

la rima / rimar *rhyme / to rhyme*

la sátira / satírico(a) *satire / satirical*

el seudónimo *pseudonym*

el símil *simile*

la tapa dura / rústica *hard cover / paperback*

el tono *tone*

la tradición oral *oral tradition*

la tragedia *tragedy*

la trama *plot*

el verso *verse (line of poetry)*

fascinante *fascinating*

renombrado(a) *renowned, famous*

reaccionar *to react*

reflejar *to reflect*

relatar *to tell, relate*

revelar *to reveal*

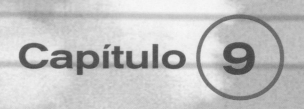

Capítulo 9

RUMBO A ARGENTINA Y URUGUAY

Metas comunicativas

En este capítulo vas a aprender a...

- comentar y explicar los inventos históricos y actuales
- describir las cuestiones éticas que conlleva la alta tecnología
- conversar sobre temas controvertidos
- escribir un ensayo expositivo

Estructuras

- El presente perfecto del subjuntivo y el pluscuamperfecto del subjuntivo
- El futuro perfecto y el condicional perfecto

Cultura y pensamiento crítico

En este capítulo vas a aprender sobre...

- las protestas electrónicas y en vivo
- la agricultura tradicional y moderna
- las actitudes de los argentinos hacia los teléfonos modernos e Internet

 Spanish

Nuevo Latino Track 8

MARCANDO EL RUMBO Use transparencies A-4, A-8, and A-9 in addition to the images and information on these pages to assess students' familiarity with Argentina and Uruguay, particularly their history and unique position in the world.

TEACHING TIP 9-1 Assign the time line as homework before class. Ask students to look at the map, the time line, and the pictures and to write a list of people, places, and historical events that they associate with Uruguay and Argentina. At the beginning of the class you can ask students to share their lists with a partner.

ANSWERS 9-1 1. F - Bernardo Alberto Houssay y César Milstein han ganado ese premio. 2. C 3. C 4. C

Argentina y Uruguay					
	1900 El escritor uruguayo José Enrique Rodó publica *Ariel*, importante ensayo latinoamericano	**1920** Se inicia una época de prosperidad económica en Argentina	**1947** El científico argentino Bernardo Alberto Houssay gana el Premio Nobel de Medicina	**1971** Eduardo Galeano, ensayista e intelectual uruguayo, publica uno de los ensayos más influyentes de la década, *Las venas abiertas de Latina América*	
1875	**1900**	**1925**	**1950**	**1970**	**1975**
Los Estados Unidos **1876** Alexander Graham Bell inventa el teléfono	**1909** Se introduce al mercado el modelo T de la compañía Ford		**1945** Se produce la primera bomba atómica	**1969** Neil A. Armstong y Edwin Aldrin logran aterrizar en la Luna	**1977** Se fabrica el primer ordenador Apple

Tecnología: ¿progreso?

Un gaucho

La Pampa

Una científica

Marcando el rumbo

9-1 **Argentina y Uruguay: ¿Qué sabes de esta parte de Sudamérica?** Con otro(a) estudiante, determina si la siguiente información sobre estas dos naciones de Sudamérica y su gente es cierta o falsa. Si las oraciones son falsas, corrígelas y escribe lo que te parezca correcto.

1. Ningún argentino ha ganado el Premio Nobel de Medicina.
2. La agricultura y la ganadería representan dos fuentes de ingresos importantes para las economías de Argentina y Uruguay.
3. Uruguay tiene una de las tasas más altas de alfabetización en el continente.
4. Uruguay es uno de los países latinoamericanos con un buen sistema de bienestar social.

 9-2 Argentina y Uruguay

CD2-10 **Paso 1:** A continuación vas a escuchar una descripción de algunos aspectos de la geografía, la población, el desarrollo socio-económico y la cultura de Argentina y Uruguay. Escucha con cuidado y toma notas.

Geografía   Población
Desarrollo socio-económico   Cultura

Paso 2: Contesta las siguientes preguntas.

1. ¿Cuáles son las características principales de la geografía de Argentina?
2. ¿Cuáles son algunas de las características de la población de Argentina y Uruguay?
3. ¿Qué avances científicos impulsaron el desarrollo socio-económico de Argentina y Uruguay?
4. ¿Cómo se llaman los argentinos ganadores del Premio Nobel de Medicina?
5. ¿Qué representa el gaucho para la cultura de Argentina y Uruguay?

Paso 3: Acabas de escuchar acerca de varios avances científicos como método de limitar el libre movimiento de las vacas y los caballos y las técnicas modernas de agricultura como catalizadores del desarrollo de la economía y la sociedad argentina y uruguaya. Con otro(a) estudiante, identifica cuatro inventos que hayan influido sobre tu vida diaria y describe de qué manera.

ANSWERS 9-2 1. la diversidad de climas y tipos de terreno (los Andes, la Pampa y la Patagonia) 2. La población es principalmente de ascendencia europea debido a la inmigración. Tienen un alto índice de capacitación. 3. el descubrimiento del alambre para limitar el movimiento de las vacas y los caballos, la refrigeración, los ferrocarriles y las técnicas modernas de agricultura 4. Bernardo Alberto Houssay y César Milstein 5. la valentía, la independencia y la relación del hombre con la naturaleza

1980 El argentino Adolfo Pérez Esquivel gana el Premio Nobel de la Paz por su esfuerzo por lograr paz y justicia en Latinoamérica

1980 El argentino Jorge Luis Borges gana el Premio Cervantes

1984 El doctor argentino César Milstein gana el Premio Nobel de Medicina

2003 El científico uruguayo Rodolfo Gambini gana el primer premio de la Academia de Ciencias del Tercer Mundo

1980   **1985**   **2005**

2003 Desastre de la nave espacial Columbia al entrar en la atmósfera terrestre

2004 Se reanuda el debate sobre el uso de células extraídas de embriones humanos en los Estados Unidos

Vocabulario en contexto

Los inventos de ayer y de hoy

http://www.ciudadInternet.com.ar

CIUDAD INTERNET

Tu portal tecnológico en Argentina

Cuenta de webmail | **Usuario** | **Contraseña**

Buscador Google +8 Ubbi

Alta tecnología

Microsoft Windows anuncia un nuevo **sistema operativo** para PCs.

Autos **híbridos**: Desarrollan proyecto para fabricar autos de **hidrógeno** en Santa Cruz.

Compras

IPOD **Reproductor** de MP3
Para escuchar tu colección de música **digitalizada**

BlackBerry **asistente personal digital** (APD) con teléfono integrado
¡Con una **potencia inimaginable**: 128 MB RAM!

Memoria portátil USB con capacidad de **almacenar** más de 1GB de información.

Foros de debate y opinión

¿Cuál es el **invento** más **útil** de los últimos 200 años? [Participar]

La **cerilla** (237 votos)

La **pila** (343 votos)

El **envase de burbuja** (12 votos)

¿Comprarías un auto híbrido? [Participar]
Sí (300 votos)
No (400 votos)

Educación a **distancia**

LA UNIVERSIDAD DE BUENOS AIRES

TEACHING TIP Use this realia to generate interest in the topic of inventions and, in particular, the effect of technological developments on the lives of your students. Ask them to identify items that are most important to them and explain why. Ask them to classify technology in two categories: items that improve the lives of individuals and those that benefit society as a whole. Encourage students to share opinions and defend them.

> **Atención a la palabra:** The word **actual** is somewhat of a false cognate, since it means *current*, not *real* as it does in English. The English word *actual* is translated into Spanish as **real**, or **verdadero**, and *actually* is translated as **en realidad** or **de hecho**.

> Other words related to technology and invention are cognates with English: **la aplicación, la batería** (car battery), **la fibra óptica** (fiber optics), **interactivo(a), el láser, el microscopio, el procesador** (processor), **la realidad virtual, reparar** (to repair), **el robot, robótico(a)**.

Para hablar de los inventos de ayer y de hoy

la actualidad / actual	*present time / present, current*
la anestesia	*anesthesia*
el dispositivo	*device, gadget*
el helicóptero	*helicopter*
la herramienta	*tool*
el marcapasos	*pace maker*
la píldora anticonceptiva	*birth control pill*
la predicción / predecir	*prediction / to predict*
el recargador / recargar	*(battery) charger / to recharge*
la rueda	*wheel*
el transbordador espacial	*space shuttle*
anticuado(a)	*old fashioned, antiquated*
descabellado(a)	*crazy / crackpot*
eficaz / eficazmente	*efficient / efficiently*
novedoso(a)	*novel, new*
intercambiar ficheros	*to exchange files, file share*

Para enriquecer la comunicación: Para hacer un juicio sobre algo o alguien

¡Qué bárbaro(a)! (Argentina, Uruguay)	*How terrific!*
¡Es de película!	*It's fantastic!*
No me lo esperaba.	*I didn't expect it.*
¿Sueño o estoy despierto(a)?	*Am I awake or dreaming?*

> **¿Nos entendemos?** Because many technological devices are so new and unique, there is no Spanish equivalent for their names, and they are therefore known in the Spanish-speaking world by their English names. In spoken Spanish, these words are pronounced according to the rules of Spanish pronunciation. Some examples include: **el DVD, el microchip, el Palm, el televisor plasma,** and **la webcam.** Because these are not Spanish words, it is not uncommon for there to be variation with respect to their gender or form. For example, in some areas **el Playstation, el Internet,** and **el computador** are used, while in others, **la Playstation, la Internet,** and **la computadora** are preferred.

Práctica y expresión

CD2–11 **9-3 Feria de inventos** Escucha el siguiente reportaje sobre inventos argentinos y uruguayos y luego contesta las preguntas que siguen.

1. ¿Cuáles son dos de los inventos históricos que nombran en el reportaje? ¿De qué países vienen?
2. ¿Para qué sirve el EMIUM? ¿Por qué predicen que cambiará el mundo en el nuevo milenio?
3. ¿Cuál es el invento uruguayo reciente que se menciona en el reportaje? ¿En dónde se está usando actualmente?
4. ¿Cuál fue el invento que más sorprendió a la reportera? ¿Para qué sirve el aparato?
5. ¿Cuál fue el invento más descabellado de la exposición?
6. ¿Qué se tiene que hacer para conseguir entradas gratuitas para la exposición?
7. ¿Qué invento te pareció más interesante? ¿Por qué?

9-4 Veinte preguntas Toma turnos con otro(a) estudiante para jugar a las veinte preguntas. Selecciona un invento de la lista y deja que tu compañero(a) te haga preguntas para averiguar cuál es. Tú sólo puedes contestar que sí o que no.

Ejemplo (la rueda) Estudiante 1: **¿Lo usas con la computadora?**
Estudiante 2: **No.**

Estudiante 1: **¿Es algo anticuado?**
Estudiante 2: **No.**

Estudiante 1: **¿Fue inventado recientemente?**
Estudiante 2: **No.**

Estudiante 1: **¿Se usa todos los días?**
Estudiante 2: **Sí.**

1. el helicóptero
2. un sistema operativo
3. el módem inalámbrico
4. el marcapasos
5. el transbordador espacial
6. software para intercambiar ficheros de música
7. la píldora anticonceptiva
8. el reproductor de DVD
9. el envase de burbuja
10. la anestesia

9-5 Los más... Con otros dos estudiantes, trata de pensar en tres inventos o innovaciones de la tecnología para cada categoría. Cada uno tiene que justificar bien sus ideas.

Los inventos más útiles o eficaces   Los inventos más descabellados
Los inventos más novedosos

9-6 El futuro tecnológico Trabaja con otro(a) estudiante y para cada categoría decidan cuáles probablemente serán dos o tres inventos futuros. Luego conversen sobre lo que inventarían si pudieran inventar algo novedoso.

Los aparatos electrónicos   La transportación
   (computadoras, cámaras, etc.)   ¿?
Los electrodomésticos

9-7 El sobreviviente Tú y tres estudiantes serán concursantes (*contestants*) en un programa de realidad. Irán a la Patagonia en julio y competirán con otro equipo para ver quiénes serán los sobrevivientes (*survivors*). No pueden traer nada consigo, pero cada miembro del equipo puede pedirle al director que le dé dos cosas. Sin embargo, todo el equipo tiene que estar de acuerdo sobre las cosas que va a pedir cada miembro. Conversen y discutan entre todos los miembros del equipo sobre las cosas más importantes para pedir.

Espejos

Caceroladas en el Internet

Argentina está hoy día pasando por una crisis financiera que empeoró el 19 de diciembre de 2001, cuando el gobierno estableció una ley en la que prácticamente prohibió retirar dinero del banco. A esta ley la llamaron "el corralito" *(the little pen)*, porque el dinero puede gastarse en el país, pero no puede salir. Esto ha afectado grandemente a la clase media, a quienes sólo se les permite sacar una fracción, devaluada diariamente, de sus ahorros *(savings)*. La reacción del pueblo argentino ha sido una de indignación y protesta.

Una forma de expresión de protesta desde los años de Salvador Allende en Chile en los años 70, ha sido las "caceroladas" o "cacerolazos", donde unas personas hacen ruido pegándole a una cacerola *(pot)*, a las cuales otros vecinos se unen, hasta esparcirse *(spread)* por toda la ciudad. Como en Chile, en Argentina los manifestantes también forman un impresionante estruendo *(thunderous noise)* que los une en una potente voz de protesta.

Una versión moderna de esta tradicional cacerolada ha surgido en Internet. Citando que muestran una mala imagen de Argentina al mundo, los medios noticiosos, influenciados en gran manera por el gobierno, han montado una campaña para suprimir *(suppress)* las caceroladas, lo que ha hecho que muchas de las protestas se hayan mudado *(moved)* a Internet. Con escribir en un buscador "cacerolas" o "cacerolazo" se encuentran varios lugares dedicados a la protesta. En estos sitios se organizan protestas y se publican foros para la libre expresión. Argentina ha encontrado en Internet otra forma de cacerolada para llamar la atención a su causa.

Cuatro perspectivas

Perspectiva I En los Estados Unidos...

1. ¿Qué tipos de protestas son comunes? ¿Has participado en algunas?
2. ¿En qué época estuvieron los Estados Unidos en una gran crisis económica?
3. ¿Puede nuestro gobierno influenciar los medios noticiosos?
4. ¿Participas en foros en Internet?

Perspectiva II ¿Cómo vemos a los argentinos? Marca con una (X) las opiniones con las que estás de acuerdo.

1. Los argentinos tienen una forma muy creativa de protestar. _____
2. Las caceroladas le dan una mala imagen a los argentinos. _____

3. Argentina es un país pobre; ¿cómo pueden organizarse por Internet? _____
4. El gobierno tiene influencia sobre los medios noticiosos. _____

Perspectiva III En Argentina algunos dicen...

Las caceroladas y los foros en Internet son un vehículo más de expresión.
En Argentina también se hacen marchas y demostraciones pasivas.

Perspectiva IV ¿Cómo ven los argentinos a los estadounidenses? ¿Sabes?

Las dos culturas

¿Sabes qué papel tienen los Estados Unidos en la crisis económica de Argentina?

Estructuras

ilrn **¡OJO!** Before reviewing this section, consult the following topics on p. B30 of the **Índice de gramática**: Past participles; Present perfect tense; and Past perfect tense/Pluperfect tense.

RECYCLING Use transparency D-3 to model use of the present perfect subjunctive and to ask questions that elicit student use of the forms. Describe things that have changed in recent years due to technology (we have used computers to perform mathematical calculations, we have traveled to the moon, we have learned to do banking transactions online), and ask students if the changes are good, bad, logical, necessary, etc. Offer your opinions as models, then ask questions. Use the pluperfect subjunctive by choosing a point of time in the past (for example, when I graduated from high school) and express opinions about things you and others had or had not done by that time.

El presente perfecto del subjuntivo; El pluscuamperfecto del subjuntivo

As you know from chapter 2, the perfect tenses are used to refer to an action or condition either before a moment in the present (present perfect) or before a moment in the past (past perfect). Perfect tenses communicate the idea of *having done something* (present perfect) or *had done something* (past perfect) and imply completion with respect to some point in time.

Al prender la computadora, el programa me pregunta si **he entrado** la contraseña.

Al prender la computadora, el programa me preguntó si **había entrado** la contraseña.

There are only two forms of the perfect subjunctive: the present perfect subjunctive and the pluperfect (past perfect). Both of these forms may be used when making statements about technology in the context of the past.

El presente perfecto del subjuntivo

The present perfect subjunctive is formed with the present subjunctive of the verb **haber** plus the past participle.

el presente del subjuntivo de			
haber		**+ participio pasado**	
	-ar	**-er**	**-ir**
haya	bajado	vendido	prohibido
hayas	digitalizado	comprendido	pedido
haya	intercambiado	prendido	recibido
hayamos	almacenado	encendido	construido
hayáis	recargado	podido	asistido
hayan	recuperado	aprendido	dicho

The present perfect subjunctive is used for the same reasons that require the use of the present subjunctive. The only difference in meaning is that the action has been completed before the time in the present conveyed by the main verb.

Me alegro de que **aproveches** los recursos digitalizados en la biblioteca.
(that you are taking advantage of)

Me alegro de que **hayas aprovechado** los recursos digitalizados en la biblioteca.
(that you have taken advantage of)

Puedes apagar la computadora **en cuanto almacenes** todos los datos.
(as soon as you finish)

Puedes apagar la computadora **en cuanto hayas almacenado** todos los datos.
(as soon as you have finished)

El pluscuamperfecto del subjuntivo

The pluperfect subjunctive is formed with the imperfect subjunctive of the verb **haber** plus the past participle.

el imperfecto del subjuntivo de			
haber		**+ participio pasado**	
	-ar	-er	-ir
hubiera	bajado	vendido	predicho
hubieras	digitalizado	comprendido	pedido
hubiera	intercambiado	prendido	recibido
hubiéramos	almacenado	encendido	dicho
hubierais	recargado	podido	construido
hubieran	recuperado	aprendido	asistido

The pluperfect subjunctive is used in the same contexts as the imperfect subjunctive. The only difference in meaning is that the action had been completed *before* the time in the past conveyed by the main verb.

Era inimaginable que la empresa **cambiara** tanto con el nuevo sistema inalámbrico. (*that the company changed*)

Era inimaginable que la empresa **hubiera cambiado** tanto con el nuevo sistema inalámbrico. (*that the company had changed*)

Si yo no **hubiera visto** los cambios en persona, yo no los **habría creído**.

As the example above demonstrates, **si** clauses can contain both verbs in the perfect tense. The pluperfect subjunctive conveys a hypothetical situation or an idea contrary to the fact and is always associated with the **si** clause.

> ## Un paso más allá: Distinguir entre el subjuntivo del presente perfecto, el subjuntivo del pluscuamperfecto y otras formas del subjuntivo

The present perfect subjunctive will be used only if the speaker wishes to convey that an action or condition has been completed *before* the time *in the present* indicated by the main verb.

El doctor **espera** que los pacientes **hayan considerado** los riesgos de la cirugía con rayos láser antes de consultar con él. (*The doctor **hopes** that the patients **have considered** the risks of laser surgery **before** consulting with him.*)

———[los pacientes hayan considerado]———[el doctor espera]——→

(*action completed before time in present*)   ^ (*action /condition in present*)

Similarly, the pluperfect subjunctive will be used only if the speaker wishes to convey that an action or condition had been completed *before* the time *in the past* indicated by the main verb.

El doctor **esperaba** que los pacientes **hubieran considerado** los riesgos de la cirugía con rayos láser antes de consultar con él. *(The doctor **hoped** that the patients **had considered** the risks of laser surgery **before** consulting with him.)*

——————[los pacientes hubieran considerado]—[el doctor esperaba]—————→
(action completed before time in past)   ^ *(action / condition in past)*

If the speaker intends to indicate that the action of the subordinate clause occurs either simultaneously or after the time indicated by the main verb, then either present subjunctive or imperfect subjunctive would be used (assuming, of course, that the structure of the sentence requires the use of the subjunctive in the first place).

El doctor **espera** que los pacientes **consideren** los riesgos de la cirugía con rayos láser. *(The doctor **hopes** that the patients **will consider** the risks of laser surgery.)*

El doctor **esperaba** que los pacientes **consideraran** los riesgos de la cirugía con rayos láser. *(The doctor **hoped** that the patients **would consider** the risks of laser surgery.)*

Práctica y expresión

TEACHING TIP 9-8 After students react to each sentence, encourage conversation by asking them to explain their opinions to their partners. Also ask them to address the consequences of these developments.

POSSIBLE ANSWERS 9-8 1. Es ridículo que hayan cubierto las ciudades... 2. Es increíble que hayan inventado un coche que pueda... 3. Es peligroso que hayan logrado predecir... 4. Es fantástico que hayan implantado un chip... 5. ¡Es una lástima que hayan eliminado la necesidad de tener... 6. Es bueno que hayan encontrado una manera...

9-8 Hacia atrás en el tiempo Imagina que puedes ver y comentar sobre los avances en la tecnología en el año 2060. Usando el presente perfecto del subjuntivo, explícale a un(a) compañero(a) qué te alegra, te molesta, te da lástima o consideras ridículo de lo que hayan inventado.

Ejemplo   Inventaron coches que pueden funcionar sin chofer.
Me alegro de que hayan inventado coches que puedan funcionar sin chofer. ¡Qué bárbaro!

1. Cubrieron las ciudades con burbujas gigantes para controlar el clima.
2. Inventaron un coche que usa agua como combustible.
3. Lograron predecir la esperanza de vida *(life expectancy)* de un ser humano al nacer *(at birth)*.
4. Se implantaron chips en el cerebro para poder hablar una lengua extranjera.
5. ¡Eliminaron la necesidad de tener profesores de español!
6. Encontraron una manera para que animales extintos vuelvan a existir.

9-9 Hechos de la historia Completa las oraciones usando el pluscuamperfecto del subjuntivo para contemplar qué habría ocurrido dadas (given) otras circunstancias. Pregúntale a un(a) compañero(a): ¿cuáles de estas posibilidades es la más interesante?

Ejemplo Uruguay se independizó de Brasil en 1825.
Si el Uruguay no se hubiera independizado de Brasil, los uruguayos habrían adoptado el portugués como idioma oficial.

1. Los europeos llegaron a Uruguay y prácticamente extinguieron a los indígenas charrúas.
Si _____, los indígenas charrúas no se habrían casi extinguido.
2. Uruguay utilizó la nueva invención de la refrigeración para exportar carne a Europa, lo cual ayudó grandemente la economía.
Si _____, la economía no habría mejorado.
3. Argentina ganó su independencia de España en 1816.
Si _____, los argentinos habrían sido todavía una colonia de España.
4. Juan Domingo Perón se casó con Eva (Duarte) Perón y ésta llegó a ser la primera dama de la Argentina.
Si _____, no habría sido la primera dama de la Argentina.
5. Muchos inmigrantes de Italia llegaron a la Argentina y por eso los argentinos hablan español con un acento italiano.
Si _____, los argentinos no habrían hablado español con un acento italiano.

9-10 Si pudiera regresar en el tiempo ¿De qué te arrepientes (regret)? ¿Qué habrías hecho o cambiado? Usando el pluscuamperfecto del subjuntivo, conversa con otro(a) estudiante sobre lo siguiente.

Ejemplo ¿Perdiste algo en la computadora?
Sí, y si hubiera guardado mi documento, ¡no habría perdido tantas horas de trabajo!

1. ¿Perdiste algún objeto? (Ejemplos: llaves, libros, cartera, un documento)
2. ¿Rompiste algo muy caro? (Ejemplos: una herramienta, una computadora)
3. ¿Se enojó alguien contigo? (Ejemplos: tu profesor, tus padres)
4. ¿Te enojaste con alguien? (Ejemplos: tu amigo, tu novio[a])
5. ¿Se te olvidó algo importante? (Ejemplos: la contraseña, comprar baterías)
6. ¿Saliste mal en un examen?

9-11 ¿Es verdad o mentira? En grupos, cada uno escribe individualmente algo que ha hecho. Puede ser verdad o mentira, pero de todas formas, ¡díganlo en una forma convincente! Los demás del grupo deben adivinar si ese estudiante lo ha hecho o no.

Ejemplo Tú dices: He nadado en el río Paraná en Uruguay.
Otro(a) estudiante: Dudo que hayas nadado en el río Paraná. o
Es posible que hayas nadado en el río Paraná.

9-12 Comodidades Con un(a) compañero(a), imagínate cómo habría sido tu vida sin estos inventos. (Usa el pasado del subjuntivo.)

Ejemplo teléfono inalámbrico
¡Si no hubiera tenido un teléfono inalámbrico, habría tenido que sentarme cerca del teléfono durante toda la conversación!

1. el microscopio
2. la anestesia
3. las pilas
4. el automóvil

5. la píldora anticonceptiva
6. el microondas
7. el televisor

Exploración literaria

"Vacío era el de antes" (selección)

JUMP START! Ask students if they can identify books, films or television programs that have provided a critical or even satirical look at modernization. Ask them to identify works and comment on them. Ask how each approached the subject, seriously, humorously or perhaps in an instructional manner. You may suggest works such as George Orwell's novel *1984*, the film *2001: A Space Odyssey*, and episodes of *The Simpsons* that include problems at the nuclear power plant.

En el cuento "Vacío era el de antes", Luisa Valenzuela describe con un tono satírico la situación del progreso de las obras de construcción en la ciudad de Buenos Aires. Este cuento forma parte de la colección *Aquí pasan cosas raras* en la que la autora hace una crítica de varios aspectos de su ciudad natal. La colección se publicó por primera vez en 1975, al volver la autora a la ciudad después de haber pasado tres años afuera. Con su vuelta, la autora descubrió que la ciudad se había transformado de un lugar tranquilo y seguro a una ciudad marcada por la violencia, la delincuencia y la sospecha. *Aquí pasan cosas raras* fue un intento, por parte de la autora, de entender la locura que se había apoderado de los habitantes de Buenos Aires. En "Vacío era el de antes" la autora describe las ironías producidas por una ciudad que quiere aprovecharse de la modernización pero sin poder resolver una serie de crisis sociales y económicas. Parte de la ironía del cuento se relaciona con la fama que tiene Argentina como gran productor de carne.

Estrategia de lectura | Identificar el tono

Tone in literature indicates to the reader a set of attitudes that the author has toward his or her subject matter. Tone includes a broad range of perspectives, including nostalgic, sentimental, passionate, distanced, didactic, humorous, ironic, critical, and cynical, just to name a few. A work will often provide several attitudes that, together, will help shape for the reader the author's purpose in writing a particular piece.

The following excerpts of the story provide examples of the variety of tones used in the story. From the following list, choose the term or combination of terms that best describes the tone of each passage.

sentimental	didactic	critical
nostalgic	satiric	sacred
ironic		

1. Lo bueno de los mediodías grises es el olor a asadito *(the smell of roasting meat)* que se escapa de las obras en construcción. sentimental/nostalgic

2. ¿Y ahora? Nuevos materiales sintéticos han reemplazado a los huesitos tan vistosos, y además siempre hay veda *(period of prohibition)* de carne. critical

3. Pero el olor a asado forma parte indispensable de las obras en construcción y no hay edificio que adelante si no se lo consagra *(bless)* con los vahos *(vapores)* de la parrilla. didactic/sacred

4. Las cosas ya no vienen como antes; el acabado fino *(the finish or final layer)* con mosaico de huesitos ha caído en desuso y los albañiles *(masons)* no trabajan como en otras épocas por culpa de la mala nutrición y de las huelgas. critical/nostalgic

5. Para ingresar en este equipo de peladores *(people who gnaw on bones)* se requiere una dentadura tan perfecta y filosa que pocos pueden ser los elegidos. satiric

From these examples, we can conclude that the author's use of tone conveys a sense of nostalgia for past practices combined with a less forgiving critique of contemporary reality. The focus on the use of bones for building materials is, of course, an ironic exaggeration, especially considering Argentina's fame for high quality beef products. The final example, in which the author portrays a society of professional bone strippers, goes a step beyond being merely ironic, and gives evidence of a systematic development of satire.

Now that you have practiced identifying tone, read the story to determine if the tones of the sample texts are continued throughout the rest of the story or if there are different perspectives added. When you finish reading, consider which of the tones tend to dominate through repetition or further elaboration.

Sobre la autora y su obra

Luisa Valenzuela nació en 1938 en Buenos Aires. A los diecisiete años se interesó en el periodismo y desde entonces ha colaborado con la revista *Crisis* y el diario *La Nación*. Escribió su primera novela *Hay que sonreír* en 1959, mientras vivía en Francia. Recibió una beca Fullbright en 1969 y pasó una temporada en México, París, Barcelona y Nueva York, hasta su vuelta a Buenos Aires en 1975. En 1979 se trasladó a los Estados Unidos donde dio clases y talleres de escritura en las universidades de Nueva York y Columbia. En sus libros la autora ha tratado mucho los temas de la política y la opresión de las mujeres, mediante un estilo metafórico pero preciso. Frecuentemente se observa en sus obras una combinación original de fantasía y humor, y una crítica bien profunda de la realidad que la rodea.

LUISA VALENZUELA (1938–)

> "Vacío era el de antes" (selección)

Luisa Valenzuela

Lo bueno de los mediodías grises es el olor a asadito que se escapa de las obras en construcción. Ahora bien, me pregunto qué pondrán los obreros sobre sus parrillas[1]. Antes la cosa era simple: asado de tira[2], tan sabroso y tan útil para hacer con los huesitos[3] el acabado fino del palier[4]. ¿Y ahora? Nuevos materiales sintéticos han reemplazado a los huesitos tan vistosos, y además siempre hay veda de carne. Pero el olor a asado forma parte indispensable de las obras en construcción y no hay edificio que adelante si no se lo consagra con los vahos[5] de la parrilla.

Las cosas ya no vienen como antes; el acabado fino con mosaico de huesitos ha caído en desuso y los albañiles no trabajan como en otras épocas por culpa de la mala nutrición y de las huelgas. Ahora todos los cucharas[6] y los media cucharas desprecian las obras en barrios populares y tratan de conchabarse[7] por Palermo Chico[8] o en la zona aldeana a Callao y Quintana. Saben que allí la última moda son los ángulos adornados con huesos de bife de costilla, y eso vale más que un doble aguinaldo[9]. Claro que cuando logran, después de paciente espera y de uno que otro empujoncito, ser tomados en alguna de esas obras, la cruda realidad nada tiene de edificante a pesar de tratarse de un edificio en construcción. Es decir que: en esos rascacielos de superlujo nada puede ser librado al azar y entonces una legión de peladores de huesos de bife de costilla se apersona[10] a la hora indicada que es la del mediodía y se apresta 1° a devorar los bifes y 2° a dejar los huesos perfectamente pelados y pulcros[11], listos para ser colocados sin el consabido[12] tratamiento a la cal[13] viva que deteriora las tonalidades[14] rosadas.

Para ingresar en este equipo de peladores se requiere una dentadura tan perfecta y filosa que pocos pueden ser los elegidos. Cada vez menos, si se tiene en cuenta además la escasez no sólo de bifes de costilla, sino también de construcciones de superlujo a partir de los tres últimos desmoronamientos[15]. (No puede decirse que la falla sea imputable a[16] los ángulos de hueso en el hall de entrada o en los salones. El hueso es, como se sabe, el material de construcción más resistente que se encuentra en plaza, si es que se encuentra.) [...]

En los barrios menos aristocráticos la parálisis de la construcción es imputable más a la falta del olor a asado que el desabastecimiento[17] de huesitos, reemplazables como ya dijimos por sucedáneos[18] plásticos. La ausencia del olor a asado y el bajo índice de productividad de los obreros por falta de proteínas son también tema obligado en toda reunión de directorio[19]. Hasta se ha apelado[20] a técnicos extranjeros que estudian el problema desde todos los ángulos. Y precisamente el técnico más imaginativo e informado dio por fin con una solución bien argentina: el vacío[21]. Gracias al vacío y al bajísimo costo (¡costo nulo!) se puede de ahora en adelante engañar el estómago de la masa obrera y sahumar[22] los futuros rascacielos. Por eso digo que es bueno en los días grises, los de mucha niebla, pasar frente a las obras en construcción y percibir el olorcito a asado. En días resplandecientes, no: resulta más bien triste entrever por algún hueco de la tapia las brasas ardiendo bajo la parrillas y sobre las parrillas, nada.

---

[1]**parrillas** *grills* [2]**asado...** *barbecued or roasted ribs, popular in South America* [3]**huesitos** *huesos pequeños* [4]**acabado...** *the finishing touches of the framing for a wall* [5]**vahos** *vapores* [6]**cucharas** *término popular para un albañil* [7]**conchabarse** *to band together* [8]**Palermo...** *an affluent* *neighborhood in Buenos Aires characterized by curved and irregular streets* [9]**aguinaldo** *Christmas bonus* [10]**se...** *show up* [11]**pulcros** *limpios* [12]**consabido** *normal* [13]**cal** *lime* [14]**tonalidades** *matices de color* [15]**desmoronamientos** *periods of economic crisis* [16]**imputable...** *due to* [17]**desabastecimiento** *escasez* [18]**sucedáneos** *sustitutos* [19]**directorio** *management* [20]**apelado** *preguntado* [21]**vacío** *emptiness; special boneless cut of meat* [22]**sahumar** *to perfume with incense*

Después de leer

 9-13 **Reconocer el tono de un texto** Con otro(a) estudiante, haz una lista de todos los tonos que has identificado en la selección. ¿Cuáles son los tonos que predominan? ¿Cómo contribuyen los tonos dominantes al significado del cuento?

9-14 **Comprensión y expansión** En parejas o en grupos de tres, contesten las siguientes preguntas.

1. ¿Por qué es irónica la práctica de usar huesos para el acabado de un edificio? ¿Qué nos sugiere sobre las condiciones de las obras de construcción en Argentina?
2. Según la autora, ¿por qué son tan importantes "los vahos de la parrilla" en las obras de construcción en Argentina?
3. ¿Por qué no trabajan como antes los albañiles en Argentina? ¿Qué nos indica sobre la sociedad en general?
4. ¿Por qué prefieren trabajar los obreros en zonas como Palermo Chico o Callao y Quintana?
5. ¿Qué desilusión sufren los obreros una vez contratados en estas zonas?
6. Para ser contratado de pelador, ¿que características se requieren?
7. Según la autora, ¿por qué se estiman tanto los huesos en la construcción de edificios en Argentina?
8. ¿Por qué es irónico el hecho de que el gobierno ha invitado a "técnicos extranjeros" a estudiar la práctica de usar huesos en una obra de construcción en Argentina?
9. ¿Cuál es la solución que ha propuesto uno de los técnicos al problema de la escasez creciente de huesos en las obras de construcción?
10. Has leído otro cuento con los mismos elementos irónicos /satíricos que este cuento? ¿Por qué será la sátira un modo eficaz de criticar?

ANSWERS 9-14 1. Porque se supone que los edificios modernos requieren materiales más modernos. Nos da la impresión de una escasez de materiales apropiados para la construcción y sugiere que, a pesar de las apariencias, el modo de construir es muy primitivo. 2. Tienen un valor sagrado y se usan para consagrar la obra al comienzo. 3. No trabajan como antes por la mala nutrición y las huelgas. Nos sugiere que Argentina tiene problemas económicos por la escasez de recursos y los problemas de pagar a los albañiles. 4. Porque saben que allí la moda es usar "los ángulos adornados con huesos de bife," lo cual supone que los obreros comen bien en aquellos lugares. 5. Se dan cuenta que unos peladores especiales, y no los obreros regulares, van a limpiar los huesos. 6. una dentadura perfecta y filosa 7. Son el material más resistente que hay para la construcción. 8. Porque sugiere un método muy sofisticado y científico para estudiar un fenómeno muy primitivo. 9. Eliminar totalmente los huesos, "el vacío", y engañar a los estómagos de los obreros mediante un olor artificial de asado. 10. *Answers will vary. Students might mention satires by Jonathan Swift and comment that satire is effective because it distorts reality through a humorous yet critical exaggeration.*

Introducción al análisis literario | La ironía y la sátira

Irony is the product of a disparity between our expectations of how something should be and its actual portrayal in literature. For example, in the story you just read, it is ironic that masons use bones to construct skyscrapers because we would assume that they would use more sophisticated materials. Irony is often used in developing a critical portrayal for this very reason: it calls attention to the way things should be versus the way they are described. When irony or its cousin, sarcasm, are used systematically and with exaggeration, the product is often satire. Satire is directed at exposing a particular vice or folly of a specific society. Jonathan Swift used satire in *Gulliver's Travels* as a means to comment critically on British political practices in the eighteenth century.

Assuming that "Vacío era el de antes" is a contemporary satire of Argentinean society, discuss with a classmate what elements the author might be attacking. You might consider, for example, the references to scarcity, unemployment, and the mention of strikes. You might also consider how this portrayal is both tragic and humorous in its satirical dimension. Why do you suppose that darkly humorous satires are often the most effective in serving the author's purpose? Were you to read other stories from *Aquí pasan cosas raras*, would you expect similar satirical portrayals? Are you familiar with other contemporary examples of satire? How do they differ from the one you just read?

Vocabulario en contexto

La tecnología y la ciencia

CONGRESO LATINOAMERICANO DE BIOTECNOLOGÍA Y LA BIOÉTICA
4-5-6-SEPTIEMBRE 2007
RADISSON VICTORIA PLAZA HOTEL | MONTEVIDEO, URUGUAY

PANELES

4 DE SEPTIEMBRE

La **clonación** y las **células madre**

10:00–12:00 Aplicaciones **terapéuticas**
- **Tratamientos** para Alzheimer y Parkinson
- Tratamientos para diabetes

15:00–17:00 El cultivo de las células madre: posibilidades y **cuestiones éticas**
- ¿de la **médula** humana de los adultos?
- ¿del **cordón umbilical** de los recién nacidos?
- ¿de los **embriones** humanos?

5 DE SEPTIEMBRE

La **manipulación genética**

10:00–12:00 **La clonación**
- Animales **clones** y el **transplante de órganos** en los humanos

15:00–17:00 Los alimentos y animales **transgénicos**
- ¿Peces con narices?: La modificación de los **genes** en los animales
- **Beneficios** y **riesgos** de comer productos transgénicos

18:00–19:30 Debate: ¿Se debe permitir, **prohibir** o limitar la investigación de la clonación humana?

6 DE SEPTIEMBRE

El proyecto del **genoma humano**

10:00–12:00 El proyecto y los **remedios** para enfermedades **incurables**
15:00–17:00 La otra cara del proyecto: cuestiones éticas
- El **perfil genético** y la **confidencialidad** de la información
- La selección genética y el aborto

18:00–19:00 Foro abierto: La **terapia** genética

Organizado por:
La Asociación Uruguaya de Empresas de Biotecnología (AUDEBIO)
La Universidad Católica de Uruguay
La Federación Latinoamericana de Empresas de Biotecnología (FELAEB)

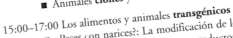

JUMP START! Have students scan this piece of realia and quickly identify as many cognates as possible. Make a list and confirm that all students understand the words based on their knowledge of English words. Ask students to identify a general category for the term. They may use the title of this section or create another appropriate category. You may ask them to identify the topics that are most important to them or the ones they believe are most controversial. Allow students to express opinions on some of the topics if they wish to do so.

> Other words related to the benefits and dangers of science and technology are cognates with English: **la bioética** (bioethics), **el bioterrorismo, el cáncer, el defecto, la inseminación artificial, la leucemia, el medicamento** (medication), **la mutación, la energía nuclear.**

> **Atención a la palabra:** Though the word **cuestión** is a cognate with the English word *question*, its meaning is more closely related with the English words *matter* and *issue* since it typically connotes a controversial or critical type of decision. The word **pregunta** is used in the normal sense of the English word *question*.

HERITAGE LEARNERS Point out potential spelling problems with **c** and **s** in words such as **confidencialidad, controversia, repercusión,** and **sintética.** Have students note the silent **h** in **hormona, humano,** and **prohibir.** If heritage learners use variations of these words or other words, have them share information with the class.

Para hablar de los beneficios y los peligros de la tecnología y la ciencia

la calidad de vida	*quality of life*
la controversia / controvertido(a)	*controversy / controversial*
la cura / curar	*cure / to cure*
el inconveniente	*drawback*
la prevención / prevenir	*prevention / to prevent*
la repercusión	*repercussion*
los derechos de autor	*copyrights*
la piratería / el(la) pirata / piratear	*piracy / pirate / to pirate*
la propiedad intelectual	*intellectual property*
el espionaje cibernético / el (la) espía / espiar	*cyber spying / spy / to spy*
el esteroide	*steroid*
la fertilización in vitro / la (in)fertilidad	*in-vitro fertilization / (in)fertility*
la hormona sintética	*synthetic hormone*
la prueba de ADN (ácido desoxirribonucleico)	*DNA test*
el robo de identidad	*identity theft*
dañino(a) / dañar	*damaging / to damage*
detectar	*to detect*
prolongar la vida	*to prolong life*

Para enriquecer la comunicación: Para hablar de temas controvertidos

Eso, **¡ni pensarlo!**	***Don't even think about it!***
Sus métodos **se han puesto en tela de juicio.**	*Their methods **have been called into question.***
Eso es otra **cuestión.**	*That's a whole different **matter.***
La cuestión es que **no hay pruebas.**	*The thing is that **there is no evidence.***
Lo tienen que **poner a prueba.**	*They have to **put it to the test.***

Práctica y expresión

TEACHING TIP 9-15 Have students listen and try to answer questions before coming to class. In class students work in pairs to share their answers and then share back with the class.

CD2–12

9-15 La biotecnología en Argentina Escucha el siguiente programa de radio sobre avances tecnológicos en Argentina. Luego, contesta las preguntas que siguen.

1. ¿Quién es Pampa? ¿Por qué representa un logro importante para la empresa BioSidus?
2. ¿Por qué buscaba BioSidus otra manera de producir la hormona de crecimiento humano?
3. ¿Por qué dice el señor Criscuolo que sus vacas son transgénicas?
4. ¿Cuál fue el primer país en el mundo en producir una vaca clonada que produce la hormona de crecimiento en su leche?
5. ¿Por qué dice la locutora que la tecnología de BioSidus es controvertida?
6. Según el Señor Criscuolo, ¿cuáles son los beneficios de la tecnología que desarrolla su empresa?
7. ¿Qué piensas tú de los logros de BioSidus? ¿Te interesan? ¿Te sorprenden? ¿Te enojan? ¿Te dan miedo? ¿Por qué?

ANSWERS 9-15 1. Pampa es una vaca producida por la clonación. Porque fue la primera vaca clonada en Latinoamérica. 2. Porque la producción tradicional costaba mucho y eso encarecía el tratamiento para niños que sufrían de enanismo. 3. Porque aparte de ser clones, sus genes han sido manipulados y llevan un gen humano para producir la hormona de crecimiento en su leche. 4. Argentina, en la compañía BioSidus 5. Los activistas dicen que no sabemos las repercusiones que esta tecnología pueda traer y que también falla mucho y eso resulta en la destrucción de muchos embriones. 6. Producir tratamientos y curas para enfermedades hasta ahora incurables, mejorar la calidad de vida para muchos. 7. *Answers will vary.*

9-16 Conexiones Trabaja con otro(a) estudiante para explicar la relación entre las palabras de cada fila. Si no hay una relación entre todas, expliquen por qué.

Ejemplo transplante, prolongar la vida, espionaje cibernético
Un transplante de un órgano es cuando toman un órgano de una persona o un animal y se lo ponen a otra persona. Un transplante es un tratamiento que puede prolongar la vida de una persona enferma. El espionaje cibernético es cuando una persona espía a otra por la computadora e Internet. No hay una clara relación con el transplante y no puede prolongar la vida.

1. clonación, genes, calidad de vida
2. ADN, espionaje, detectar
3. fertilización in vitro, implantar, cordón umbilical
4. médula, tratamiento, transplante
5. piratería, inconveniente, derechos de autor
6. adelanto, controversia, riesgo
7. alimentos transgénicos, repercusión, dañino
8. perfil genético, robo de identidad, prolongar la vida

9-17 Adelantos y cuestiones éticas Para cada uno de los avances científicos y/o tecnológicos de abajo, trabaja con otro(a) estudiante para describir todos los beneficios actuales y potenciales y todos los posibles riesgos que puedan presentar.

1. Internet
2. Los alimentos genéticamente manipulados (transgénicos)
3. Los esteroides sintéticos
4. El transplante de órganos

9-18 Ciencia-ficción Trabaja con otros dos estudiantes para inventar la trama de una breve historia de ciencia-ficción sobre los riesgos de uno de los adelantos científicos o tecnológicos actuales. ¿Qué grupo puede inventar la mejor historia?

9-19 Cuestiones éticas ¿Estarías a favor o en contra de las siguientes aplicaciones de la tecnología? Comenta cada situación con otros dos estudiantes. ¿A qué conclusiones llegan?

1. La aplicación de la clonación terapéutica para generar células del hígado *(liver)* como tratamiento para alcohólicos a los que se les ha dañado el hígado.
2. El uso del perfil genético para permitir que los padres seleccionen varias características de sus bebés (el sexo, el color del pelo, la probabilidad de ciertas enfermedades).
3. La creación de embriones para cultivar células madre para salvar la vida de un bebé.

Espejos

Tradición y tecnología en la agricultura

Las economías de Uruguay y Argentina están basadas, no sólo en la ganadería *(cattle rasing)*, sino en la agricultura. Por ejemplo, en la región del Cuyo, en el valle oeste-central de la Argentina, se encuentra el corazón de la producción de sus vinos, famosos mundialmente. Argentina ocupa el quinto lugar en el mundo en la producción de vinos. Argentina también es muy conocida por otros productos. Misiones, una provincia situada entre los ríos Paraná y Uruguay, es la tierra natal de la yerba mate, con cuya hoja se prepara una bebida rica en vitamina C. Los otros cultivos principales de la pampa en la parte central del país son el trigo *(wheat)*, maíz, papa, arroz, algodón y la soja *(soy)*.

Tradicionalmente, estos cultivos han sido el pan de cada día de la región, pero en las últimas dos décadas la agricultura se ha ido transformando con la incorporación de nuevos cultivos. Hoy, la soja y sus variedades transgénicas tolerantes a herbicidas y resistentes a plagas, han permitido disminuir *(lower)* los costos de producción: menor gasto en herbicidas, insecticidas y mano de obra *(labor)*. Debido a que las empresas multinacionales ven la soja como un producto con futuro, este producto se ha convertido en el cultivo más importante de la región. La producción de la nueva soja ha crecido exponencialmente debido a que existe un mercado lleno de productores que buscan "la solución definitiva" al problema de las malezas *(weeds)* y el costo de herbicidas. En Argentina se usa poco insecticida, comparado con otros países como Francia (10 veces más) y los Estados Unidos (4 veces más).

El efecto de éste en los mamíferos, aves y reptiles es también mínimo comparado con estos dos países.

A pesar de que hay resistencia a los productos genéticamente modificados en varios países de Europa, la producción agrícola argentina le está demostrando al mundo que su sistema productivo está al nivel de calidad que requieren los mercados mundiales.

Las dos culturas

1. ¿Sabes qué se exporta de Argentina y Uruguay a los Estados Unidos? ¿Y de los Estados Unidos a estos países?
2. ¿Has probado algún vino argentino o uruguayo?
3. ¿Has probado la yerba mate?
4. ¿Qué actitud hay en los Estados Unidos en cuanto a los productos genéticamente modificados?
5. ¿Consumes este tipo de producto? ¿Prefieres el uso de insecticidas? ¿Prefieres los productos orgánicos?

Estructuras

¡OJO! Before reviewing this section, consult the following topics on p. B30 of the **Índice de gramática**: Past participles; Present perfect tense; and Past perfect tense/Pluperfect tense.

RECYCLING Using transparency C-1, ask students which items they have already purchased and which they will have purchased by the year 2020. Use transparencies A-1, A-2, A-3, and A-4 to ask students which countries they have visited and which ones they will have visited by 2020. Provide models based on your own travels. Using transparencies C-1, C-2, and C-3 initiate a discussion about things that you and the students would and would not have invented if you had had the ability to do so. Provide an example such as **Si hubiera tenido la habilidad, habría inventado el teléfono porque las comunicaciones personales son importantes. No habría inventado la alarma para los coches porque creo que molesta mucho.**

El futuro perfecto; El condicional perfecto

In Chapter 2 you reviewed two perfect tenses, the present perfect (**he aprendido**) and the pluperfect (**había estudiado**), and in the first part of this chapter you reviewed the present perfect subjunctive (**haya comprado**) and the past perfect subjunctive (**hubiera conocido**). There are two additional perfect tenses, the future perfect and the conditional perfect, and like the other perfect tenses, the future and conditional forms convey the idea of an action or condition that is completed before a time conveyed by the main verb or context of the sentence.

El futuro perfecto

The future perfect is formed with the future forms of the verb **haber** plus the past participle.

el futuro de			
haber		**+ participio pasado**	
	-ar	**-er**	**-ir**
habré	clonado	puesto	prohibido
habrás	implantado	tenido	abierto
habrá	manipulado	vuelto	servido
habremos	beneficiado	roto	dicho
habréis	desempeñado	visto	escrito
habrán	reparado	sido	oído

The future perfect tense is used to indicate that an action or condition *will have been completed* before a moment in time in the *future* conveyed by the main verb or by the context of the sentence.

Para el año 2020, los científicos **habrán hecho** muchos avances en el campo de la manipulación genética.

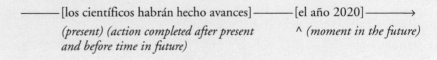

———[los científicos habrán hecho avances]———[el año 2020]———→
(present) (action completed after present
and before time in future)   ^ (moment in the future)

Los científicos tendrán que enfrentarse con muchas cuestiones éticas debido a los éxitos que **habrán tenido** en prolongar la vida.

El condicional perfecto

The conditional perfect is formed with the conditional forms of the verb **haber** plus the past participle.

el condicional de			
haber		**+ participio pasado**	
	-ar	-er	-ir
habría	clonado	puesto	prohibido
habrías	implantado	tenido	abierto
habría	manipulado	vuelto	servido
habríamos	beneficiado	roto	dicho
habríais	desempeñado	visto	escrito
habrían	reparado	sido	oído

The conditional perfect tense is used to indicate that an action or condition *would have been completed before* a moment in the past but *after* a time conveyed by the main verb or by the context of the sentence. As the idea of *would have* is speculative, it is common to express in translation the idea of *probably*.

> En el pasado, antes de la llegada de la edad del ciberespacio, los autores **habrían sufrido** menos problemas con cuestiones de la propiedad intelectual. (they had *probably* suffered fewer problems)

As with other future tenses, the future perfect can also convey the idea of *probably* when used to speculate about ideas in the present.

> Ahora, en la edad del ciberespacio, defender los derechos de autor **se habrá convertido** en un problema bastante complicado. (has *probably* become a very complicated problem)

Práctica y expresión

9-20 ¿Qué pasará? Imaginemos un buen futuro para el cono sur. Ya para el año 2020, ¿qué habrá pasado? Usa el futuro perfecto para predecir el futuro.

> **Ejemplo**   Un argentino va a encontrar la cura para el cáncer.
> **Para el año 2020, un argentino habrá encontrado la cura para el cáncer.**

1. Van a poder prolongar la vida con esta cura.
2. Los argentinos van a vender esta medicina y ganarán billones y billones de pesos.
3. Van a poder pagar todas sus deudas (*debts*).
4. El "corralito" va a ser eliminado.
5. Las caceroladas van a pasar a la historia.
6. Los uruguayos van a encontrar grandes yacimientos de plata y petróleo.
7. Los avances tecnológicos van a traer nueva prosperidad.
8. El Uruguay se va a convertir en "la Suiza" de Sudamérica.

9-21 Elecciones electrónicas Abajo se habla de los planes para las próximas elecciones en Argentina y Uruguay. Usa el futuro perfecto para escribir otra vez el párrafo indicando qué habrá pasado en las próximas elecciones si todo va de acuerdo a lo planeado.

Ejemplo Medio millón de argentinos votarán electrónicamente en las próximas elecciones.
Para las próximas elecciones, medio millón de argentinos habrán votado electrónicamente.

Medio millón de argentinos votarán electrónicamente en las próximas elecciones. Este sistema se usará primero en Buenos Aires. Uruguay está estudiando el mismo sistema y planea usarlo para las próximas elecciones también. ¿Cuál es el propósito? Hacer el proceso más barato, simplificar las elecciones, ahorrar papel, lograr más transparencia en el sistema y eliminar un sistema anticuado.

9-22 Si lo hubiera sabido... Ahora los seres humanos son capaces de hacer muchas cosas. Si lo hubieras sabido antes, ¿qué habrías hecho diferente? Usando el verbo en paréntesis como sugerencia, completa las oraciones usando el condicional perfecto.

Ejemplo Podemos hacer clones y ahora estamos clonando a muchos animales. (hacer)
Si lo hubiéramos sabido, no lo habríamos hecho.

1. Tenemos suficientes armas nucleares para destruir el mundo. Si Einstein lo hubiera sabido... (ayudar)
2. Podemos copiar y escuchar música de Internet. Si los músicos lo hubieran sabido... (prohibir)
3. Podemos manipular los genes de los humanos. Si mis padres lo hubieran sabido... (cambiar)
4. Estoy perdiendo mi capacidad auditiva. Si lo hubiera sabido... (escuchar)
5. Los científicos que trabajan con la genética ganan muchísimo dinero. Si lo hubiera sabido... (estudiar)
6. Muchas dietas son dañinas. Si lo hubiera sabido... (comer)

9-23 Tu vida en el futuro Imagina el futuro de tu compañero(a). Usando el futuro perfecto, dile qué habrá pasado para el año 2025.

Ejemplo Salir de la universidad
Para el año 2025 ya habrás salido de la universidad. o
Para el año 2025, ¡todavía no habrás salido de la universidad!

1. Ejercer una profesión. ¿Cuál?
2. Clonar a alguien. ¿A quién?
3. Comprar una casa. ¿Dónde?
4. Inventar algo importante. ¿Qué?
5. Tener hijos. ¿Cuántos?
6. Usar autos ecológicos. ¿De qué tipo?
7. Digitalizar todo en la vida. ¿Qué cosas?
8. ¿?

Rumbo abierto

Una encuesta sobre el uso de los teléfonos celulares Algunas encuestas tienen como finalidad determinar las preferencias y opiniones que diferentes personas tienen sobre algún producto, servicio o tema de interés social. La siguiente encuesta explora uno de estos objetivos.

> Paso 1

Antes de leer la encuesta recuerda la estrategia de lectura que aprendiste en este capítulo. Ahora con un(a) compañero(a), presenta tu punto de vista sobre la función social de los métodos modernos de comunicación. Estas preguntas te pueden ayudar a completar la actividad. ¿Tienes un teléfono celular? ¿Para qué lo usas principalmente? ¿Qué beneficios tiene el teléfono celular que no tiene el teléfono común y corriente? ¿Apoyan los nuevos métodos de comunicación los lazos familiares y las amistades? ¿Qué prejuicios existen contra estos medios de comunicación?

> Paso 2

Ahora lee la encuesta que aparece en la siguiente página.

> Paso 3

¿Qué has entendido? Contesta las siguientes preguntas.

1. ¿Qué porcentaje de los encuestados creen que el teléfono móvil favorece la comunicación familiar?

2. ¿Cuándo prefieren usar las mujeres el celular?

3. Según las mujeres, ¿cuál es uno de los beneficios del celular que contrasta con el punto de vista de los hombres?

4. ¿Cómo explica la psicoanalista las diferencias de actitud ante los celulares entre hombres y mujeres?

5. ¿Cómo podemos resumir los resultados de la encuesta?

> Paso 4

¿Qué opinas? Con otro(a) estudiante, contesta las siguientes preguntas. ¿Crees que en los Estados Unidos existe esa diferencia de actitud por parte de mujeres y hombres en cuanto al uso de los teléfonos celulares e Internet? En tu opinión ¿por qué existen estas diferencias? ¿Crees que la clase social y la edad influyan en la actitud de las personas hacia los métodos modernos de comunicación? ¿Por qué? ¿De qué manera?

¡A leer!

Una encuesta de la Universidad Argentina de la Empresa (UADE): realizada en capital y GBA. El celular estrecha los lazos familiares

Por Fabiola Czubaj

El 57% piensa que el teléfono móvil favorece la comunicación en la familia. Sobre Internet opinaran que une varias generaciones. Sólo el 5% considera que su uso es perjudicial. Las mujeres prefieren utilizar el celular de noche y en sus casas. Para los varones, utilidad se vincula con el trabajo.

Mucho ya se ha dicho y escrito sobre el uso de Internet y de los teléfonos celulares, visto a través de distintos cristales: social, psicológico, económico... Pero ¿para qué los usan los hombres y las mujeres en la Argentina? Una encuesta *(survey)* reciente que, entre otras, se ocupa de las diferencias entre sexos, señala que siete de cada diez mujeres creen que el teléfono celular favorece la relación con su pareja. Entre ellos, en cambio, la proporción disminuye a cuatro de cada diez. "Para ellas, el celular es una nueva vía de comunicación con sus seres queridos y los resultados de la encuesta dan por tierra *(discredit)* con el prejuicio de que estos nuevos medios los alejan de los seres queridos", señala la doctora María Fernanda Arias, coordinadora del Observatorio de Opinión Pública de la Universidad Argentina de la Empresa (UADE), que realizó la encuesta. "Es por ello que las mujeres, mucho más que los hombres, consideran que favorecen las relaciones familiares, tanto con sus parejas como con sus hijos."

En general, el 57% de los 420 usuarios porteños y bonaerenses consultados opina que el pequeño aparatito mejora cada vez más la comunicación familiar y social, mientras que sólo un 5% responde que lo perjudica. Claro que lo que llamó la atención a los autores del trabajo fue que, a diferencia de los hombres, las mujeres lo utilizan más en la casa y a la noche porque están más tranquilas en un ámbito del que son dueñas *(where they are in control)*: el hogar. Para la doctora Arias, el hombre, en cambio, se siente más dueño de la oficina, diferencias que atribuye a una cuestión cultural de la que participan padres, hijos y nietos.

"La investigación demuestra que las diferencias sexuales existen más allá de que hoy por hoy, mujeres y hombres se desarrollen profesionalmente con características de paridad", señala la licenciada Diana Barimboim, miembro adherente de la Asociación Psicoanalítica Argentina. Para la especialista, que considera dicha paridad complementaria y no sinónimo de igualdad, lo masculino está relacionado con la expectativa de poder (económico, político, profesional, etcétera) y se corresponde con el producir y tener. "Lo femenino, en cambio, hace referencia al amor, lo emocional, el sostenimiento de los vínculos mediante un pensamiento más intuitivo y sensible; se liga a lo maternal como la necesidad de estar junto al otro, disponible y hasta casi incondicional. La maternidad representa para la mujer una de sus más importantes «empresas» con la que se compromete de por vida."

Según los entrevistados, el hogar dejó de ser un lugar de encuentro. "Los chicos tienen horarios diferentes porque trabajan y estudian, observa la doctora Arias. Internet es una forma de contacto entre los miembros de la familia, aunque pertenezcan a distintas generaciones."

"Podemos pensar que el teléfono celular e Internet, objetos de la tecnología producidos por la cultura, recrean un espacio intermedio entre la realidad psíquica y la realidad externa, donde permitirían sostener el juego de presencia y ausencia materna fundamental en la constitución psíquica del niño", dice la licenciada Barimboim.

Y es por eso por lo que para lograr ese doble juego de roles de manera efectiva, la mujer aprovecha las herramientas que tiene al alcance de la mano. "Se apropia de estas nuevas tecnologías para establecer un puente imaginario que le garantiza su estar ahí cercano a las necesidades que surjan en la crianza del hijo y en el bienestar de sus padres y de su pareja", advierte la especialista, que también es profesora en la UADE y tuvo acceso a los resultados de la encuesta.

Asimismo, el ciberespacio aparece como especialmente útil para comunicarse con los hijos adolescentes, que permanecen muchas horas frente a la pantalla *(in front of the screen)*. "Es una forma de favorecer el intercambio, utilizar los mismos códigos culturales, destaca. En síntesis, según la investigación, las mujeres valoran positivamente estos objetos tecnológicos más que los hombres porque les permiten satisfacer una de sus necesidades vitales."

¡A escribir!

ATAJO *Functions:* Writing an essay; Writing an introduction; Making transitions; Writing a conclusion
Vocabulary: Computers; Medicine
Grammar: Prepositions; Nouns; Relatives; Verbs

TEACHING TIP You may collect students' papers and choose several to share with the class anonymously. (Consider requesting permission of all students to share their work in this way.) Use appropriate papers to ask students if necessary items and characteristics are demonstrated: clear thesis sentence, interesting topic, appropriate level of formality, etc. Avoid using more than one negative example from any single paper. Ask students for positive suggestions to address any shortcomings that are noticed.

> Before beginning your essay, read the **Estrategia de escritura** on p. 251.

El título de este capítulo plantea la pregunta de que si los avances tecnológicos implican progreso. Durante todo el capítulo has explorado diferentes perspectivas de la pregunta y ahora te toca a ti elaborar una respuesta a la pregunta en forma de un ensayo expositivo.

> Paso 1

El propósito del ensayo expositivo es el de explicar y analizar una pregunta específica sobre un tema. El tema de la tecnología y el progreso es bastante amplio, así que lo primero que tienes que hacer es limitarlo. Toma unos 5 minutos para apuntar algunos sub-temas sobre los que puedas escribir. Algunos ejemplos son:

- los esteroides y los deportes
- los transgénicos y la salud
- la industria de la música y la piratería

Una vez que hayas apuntado varios ejemplos, toma unos minutos más para pensar en algunas preguntas específicas que sugieran tus ejemplos. Por ejemplo, ¿puede destruir la piratería en Internet la industria de la música? Por último, escoge la pregunta sobre la que mejor puedas escribir tu ensayo.

> Paso 2

Para escribir un buen ensayo, tienes que empezar con una tesis, es decir, el punto que vas a explicar, demostrar, analizar, etc. La tesis siempre representa un punto de vista o una opinión que se puede demostrar y no un hecho. Además, tiene que ser interesante para los lectores.

Tesis: *La piratería va a destruir la industria de la música.*

Hecho: *Mucha gente baja música ilegalmente por Internet.*

Tesis no interesante: *Si no hubiera podido bajar música pirata por Internet primero, nunca habría comprado discos del grupo Maná.*

Escribe una tesis para el tema que seleccionaste. Después, durante 10–20 minutos haz una lista de todas las razones (con ejemplos específicos donde sea posible) por las que tienes esa opinión. Es posible que tengas que investigar tu tesis para conseguir información o ejemplos precisos y objetivos. No te olvides de apuntar las fuentes que consultes. Cuando acabes, selecciona las tres mejores razones para demostrar o apoyar tu tesis. Cada razón debe tratar un aspecto distinto de la tesis y debe presentar información objetiva y ejemplos específicos.

ESTRATEGIA DE ESCRITURA

El ensayo académico

It is likely that the academic essay will be the most frequent type of writing you will do in an academic context. This type of essay differs from other types of texts in the following ways.

- **It is non-narrative and addresses a specific topic and question.** This type of essay is neither an anecdote, nor a collection of your thoughts about a general topic, such as *technology*, but rather a logically organized presentation of information and examples to demonstrate a specific point, such as *The Internet is threatening minority languages*.
- **It is objective and well supported.** You must present well-founded and concrete examples and avoid language such as **yo pienso que, mi amigo dice que...**, as one's personal opinion is likely neither objective nor well informed.
- **It is not interactive.** You do not directly address your reader and you cannot assume that he/she shares specific knowledge with you. You cannot discuss things that you have not specifically presented in the essay first.
- **It uses formal language.** You cannot use informal, conversational language. Sentences must be complete, well-structured, and free from slang. Whereas in a personal letter it may be permissible to write **Bueno, pues te voy a explicar por qué creo que el Internet no va a existir en veinte años, pues me parece que no nos va a ser tan útil en el futuro, ¿sabes?** In the academic essay, such an idea must be expressed as **Este ensayo tratará la utilidad actual del Internet y las predicciones para su futuro.**
- **Sources of information are always acknowledged.** A failure to acknowledge your sources is called plagiarism and is illegal. You can acknowledge your sources in several ways including using a list of works consulted or cited, footnotes, endnotes, or in-text references. You should always ask your teacher how sources of information should be acknowledged.

> Paso 3

Escribe tu primer borrador del ensayo siguiendo la siguiente estructura:

La introducción: Escribe un párrafo para presentar el tema y exponer tu tesis. Tu objetivo es el de capturar el interés del lector y al mismo tiempo enfocarlo hacia tu tesis.

El cuerpo: Escribe varios párrafos para explicar, demostrar y apoyar tu tesis. Usa las tres razones que seleccionaste en el Paso 2 y desarrolla cada una en su propio párrafo. Ordena los párrafos según el impacto de la información con la razón más convincente al final.

La conclusión: Escribe un párrafo para resumir la información que presentaste en el ensayo y resaltar *(highlight)* tu tesis. Debe ser parecida a la introducción y no debe presentar información nueva.

El título: Ponle un título que resuma el tema de tu ensayo y que a la vez capture el interés del lector.

> Paso 4

Trabaja con otro(a) estudiante para revisar tu primer borrador. Lee su ensayo y comparte con él/ella tus respuestas a las siguientes preguntas: ¿Tiene una tesis específica? ¿Es una opinión? ¿Es interesante? ¿Se desarrolla en cada párrafo del cuerpo un ejemplo distinto que apoye la tesis? ¿Hay algo que no entiendas o que tenga que explicar más? ¿Es objetivo el contenido y el lenguaje? ¿Tiene ejemplos de lenguaje informal u oral que deba quitar? ¿Tiene elementos narrativos que deba quitar? ¿Resume la conclusión la información presentada en el ensayo? ¿No incluye información que no se haya mencionado en el ensayo? ¿Tiene un buen título? ¿Qué otras recomendaciones tienes para tu compañero(a)?

> Paso 5

Considera los comentarios de tu compañero(a) y haz los cambios necesarios. También haz una revisión de la gramática y el vocabulario. Por último, asegúrate de que has citado todas tus fuentes de información. Escribe tu borrador final.

ALTERNATIVE If time does not allow for peer review, ask students to revise their own draft using the questions in **Paso 4.**

¡A ver!

> **Paso 1** Vas a ver un reportaje desde Argentina sobre un cementerio virtual. Con otro(a) estudiante, presenta tu opinión sobre este tipo de idea. ¿Qué hacen en tu familia para recordar a los seres queridos que han fallecido? ¿Qué puede motivar a una persona a crear un cementerio virtual? ¿Qué servicios imaginas que ofrece este cementerio?

TEACHING TIP Allow students to view the video segment at least two times. Suggest they watch and listen the first time but not try to take notes. Have them read the questions in **Paso 3** and then, as they watch it a second time, have them write information related to the questions.

> **Paso 2** Ve el reportaje y toma notas sobre la manera habitual de recordar a los seres queridos, el nombre del cementerio, las "personas virtuales" que se encuentran enterradas y los servicios que ofrece esta compañía.

> **Paso 3** ¿Qué recuerdas? Contesta las siguientes preguntas.

1. Según el reportaje ¿cuáles son algunos de los escenarios habituales para recordar a un ser querido que ha muerto?

2. ¿Cómo se llama el primer cementerio virtual del mundo?

3. ¿Cuántas personas se encuentran "virtualmente" en este cementerio?

4. ¿Qué ventaja tiene el cementerio virtual sobre el cementerio habitual?

5. Según el reportaje ¿cómo honramos tradicionalmente la memoria de los muertos?

ANSWERS Paso 3: 1. bóvedas, nichos o tumbas con arreglos florales 2. Se llama Paz Eterna punto com. 3. cuarenta y dos personas fallecidas 4. Las personas fallecidas pueden ser visitadas por parientes y amigos residentes en otros países. 5. recordando ciertas fechas, comprando flores y depositándolas en la tumba

> **Paso 4** Para algunas personas este tipo de cementerio se puede considerar como algo impersonal y de mal gusto. Con un(a) compañero(a), da tu opinión sobre este tipo de uso del ciberespacio. ¿Crees que tendrá éxito este tipo de servicio? ¿Por qué? ¿Qué función psicológica o social puede prestar a nuestra sociedad moderna?

TEACHING TIP Have students share their opinions in small groups. Following their conversations you may lead a class discussion of the topic or you may have students write a paragraph in which they express their opinions and turn it in to you.

CD2–13

Para hablar de los inventos de ayer y de hoy

la actualidad / actual *present time / present, current*

la alta tecnología *high technology*

la anestesia *anesthesia*

el asistente personal digital (APD) *Personal Digital Assistant (PDA)*

el auto híbrido/de hidrógeno *hybrid car / hydrogen car*

la banda ancha *broad band*

el buscador / la búsqueda *search engine / search*

la cerilla *match*

la contraseña *password*

el dispositivo *device, gadget*

la educación a distancia *distance learning*

el envase de burbuja *bubble wrap*

el foro de debate *debate forum (online forum)*

el helicóptero *helicopter*

la herramienta *tool*

el invento / inventar *invention / to invent*

el marcapasos *pace maker*

la pila *battery*

la píldora anticonceptiva *birth control pill*

la potencia / potente *power / powerful*

el reproductor (de MP3, DVD...) *MP3/DVD player*

la rueda *wheel*

el sistema operativo *operating system*

el transbordador espacial *space shuttle*

el (la) usuario(a) *user*

anticuado(a) *old fashioned, antiquated*

descabellado(a) *crazy / crackpot*

eficaz / eficazmente *efficient / efficiently*

(in)alámbrico / el alambre *wire(less) / wire*

(in)dispensable *(in)dispensable*

(in)imaginable *(un)imaginable*

(in)útil / la (in)utilidad *useful (useless) / usefulness (uselessness)*

novedoso(a) *novel, new*

almacenar *to store*

digitalizar *to digitize*

intercambiar ficheros *to exchange files, file share*

predecir / la predicción *to predict / prediction*

recargar / recargador *to recharge / (battery) charger*

recuperar *to recover*

Para hablar de los beneficios y los peligros de la tecnología y la ciencia

el beneficio *benefit*

la calidad de vida *quality of life*

la célula madre *stem cell*

la clonación / el clon / clonar *cloning / clone / to clone*

la confidencialidad *confidentiality*

la controversia / controvertido(a) *controversy / controversial*

el cordón umbilical *umbilical cord*

la cuestión ética *ethical question, issue*

la cura / (in)curable / curar *cure / (in)curable / to cure*

los derechos de autor *copyrights*

el embrión *embryo*

el espionaje cibernético / el (la) espía / espiar *cyber spying / spy / to spy*

el esteroide *steroid*

la fertilización in vitro / la (in) fertilidad *in-vitro fertilization / (in)fertility*

el gen *gene*

el genoma humano *human genome*

la hormona sintética *synthetic hormone*

el inconveniente *drawback*

la manipulación genética / manipular *genetic manipulation, engineering / to manipulate*

la médula *marrow*

el perfil genético *genetic profile*

la piratería / el (la) pirata / piratear *piracy / pirate / to pirate*

la prevención / prevenir *prevention / to prevent*

la propiedad intelectual *intellectual property*

la prueba de ADN (ácido desoxirribonucleico) *DNA test*

el remedio / remediar *remedy / to remedy*

la repercusión *repercussion*

el riesgo / arriesgar *risk / to risk*

el robo de identidad *identity theft*

el transplante de órganos *organ transplant*

el tratamiento *treatment*

dañino(a) / dañar *damaging / to damage*

terapéutico(a) / la terapia *therapeutic / therapy*

transgénico(a) *transgenetic*

detectar *to detect*

prohibir *to prohibit*

prolongar la vida *to prolong life*

Capítulo 10

RUMBO A CHILE Y PARAGUAY

Metas comunicativas

En este capítulo vas a aprender a...

- describir los temas sociales y ambientales conectados con la globalización
- analizar el impacto de la globalización en el medio ambiente
- elaborar y defender una opinión sobre temas sociales y ambientales
- escribir un ensayo argumentativo

Estructuras

- Los tiempos progresivos
- Repaso de tiempos verbales

Cultura y pensamiento crítico

En este capítulo vas a aprender sobre...

- la migración
- el bilingüismo y el guaraní
- los cartoneros y el reciclaje
- los mapuches de Chile

 Spanish

 Track 5

MARCANDO EL RUMBO Use transparencies A-4, A-9, and A-13 in addition to the images and information on these pages to assess students' familiarity with Chile and Paraguay, particularly their history and unique position in the world.

SUDAMÉRICA

Océano Pacífico

PARAGUAY
5.834.491
Asunción

CHILE
15.498.930

★ Santiago

TEACHING TIP 10-1 Assign the time line as homework before class. Ask students to look at the map, the time line, and the pictures and to write a list of people, places, and historical events that they associate with Chile and Paraguay. At the beginning of the class you can ask students to share their lists with a partner.

TEACHING TIP 10-1 The aim of this exercise is to help students activate their knowledge about the different aspects of these countries and to put them into a broader historical context. Find out if any students in the class have been to any of these countries and ask questions about their experiences.

TEACHING TIP 10-1 Assign this activity to be done as homework before class. Encourage students to recall what they know about these countries. Class time can then be used to share perceptions and have a class discussion.

TEACHING TIP 10-1 Review answers and where misconceptions arise, question students about where their misconceptions may come from. Refer back to students' list of perceptions about these two countries and discuss which are false stereotypes and which are facts.

Chile y Paraguay	**1605** El padre Diego de Torres funda la Provincia Jesuítica del Paraguay		**1870** Termina la guerra de la Triple Alianza, la cual costó a Paraguay casi dos terceras partes de su población y dejó sólo 29 mil hombres vivos		**1932** Se declara la guerra entre Paraguay y Bolivia por el control de la región del Chaco	**1934** María Luisa Bombal, escritora chilena, publica *La última niebla*	**1945** La poeta chilena Gabriela Mistral recibe el Premio Nobel de Literatura
	1600	**1800**	**1900**		**1930**	**1935**	**1945**
Los Estados Unidos		**1791** Se adoptan las Diez Primeras Enmiendas a la constitución o "Bill of Rights"		**1920** Las mujeres ganan el derecho al voto	**1930** Deportaciones masivas de méxico-americanos y mexicanos		

Desafíos del mundo globalizado

Carretera rural

Valparaiso, Chile

Metro de Santiago

Marcando el rumbo

10-1 Chile y Paraguay: ¿Qué sabes de esta parte de Sudamérica? Con un(a) compañero(a), determina si las siguientes ideas sobre estas dos naciones de Sudamérica y su gente son ciertas o falsas. Si son falsas, corrígelas y escribe lo que te parezca correcto.

1. Paraguay tiene costas en el océano Pacífico.
2. Los idiomas oficiales del Paraguay son el español y el guaraní.
3. Los jesuitas fundaron una serie de misiones para colonizar y cristianizar a los indígenas mapuche de Chile.
4. Un sector importante de la economía chilena es la exportación de frutas.
5. El pueblo de Chile eligió de manera democrática el primer gobierno marxista del continente americano.

CD 2–14

10-2 Chile y Paraguay: aspectos de su entorno e historia

Paso 1: A continuación vas a escuchar una descripción corta de la geografía y la historia de Chile y Paraguay. Escucha con cuidado y toma notas.

| Geografía (Chile) | Historia (Chile) |
| Geografía (Paraguay) | Historia (Paraguay) |

Paso 2: Contesta las siguientes preguntas.

1. ¿Dónde se encuentra el desierto de Atacama?
2. ¿Por qué son conocidas las ciudades de Valparaiso y Viña del Mar?
3. ¿En qué se basa la economía de Paraguay y cómo la podemos caracterizar?
4. ¿Quién fue Salvador Allende?
5. ¿Qué impacto pudo haber tenido la elección de Allende en la política estadounidense hacia Latinoamérica?

1950	1970	1975	2000	2005
1954 La Corte Suprema declara ilegal la segregación racial en las escuelas públicas	**1970** El socialista Salvador Allende asume la presidencia de Chile / **1970** Se celebra por primera vez el Día de la Tierra (*Earth Day*)	**1971** Pablo Neruda, escritor chileno, recibe el Premio Nobel de Literatura / **1973** Se aprueba una ley que protege a los animales en peligro de extinción (*Endangered Species Act*)	**2003** Los Estados Unidos y Chile firman un acuerdo de libre comercio / **2001** Los Estados Unidos se retira del Protocolo de Kyoto (Acuerdo internacional sobre el calentamiento global)	**2004** La Corte de Apelaciones de Chile suspende la inmunidad del dictador Augusto Pinochet / **2004** Se inaugura en Washington, DC el Museo Nacional del Indígena Americano

Vocabulario en contexto

Los desafíos sociales de la globalización

TEACHING TIP Use the realia to generate interest. Ask students about magazines they read and classify them as sports, news, entertainment, decorating etc. Ask if they read magazines that target a particular race or ethnic group. Ask if they are familiar with magazines for Latinos in the U.S. Have students look for such publications at newsstands. As you present the vocabulary, draw upon parallels with the U.S., particularly issues of immigration, protection of minority languages, bilingualism, etc. Focus on issues that are important in your area.

Mujeres que superan las **barreras** al mercado laboral

La hora chilena

SUPLEMENTO ESPECIAL: *Los desafíos sociales de la globalización*

La migración y la **aldea global**

*En tan solo los últimos diez años el **ingreso** de inmigrantes al país ha crecido un seis por ciento y está al nivel más alto de nuestra historia. Casi la mitad de estos nuevos inmigrantes (47%) son nuestros vecinos argentinos y peruanos que **emigran** de sus países con la **esperanza** de encontrar trabajo y una vida mejor.*

¿Fronteras abiertas o restringidas?

La época global nos obliga a desarrollar una **política migratoria** moderna para manejar el movimiento de personas. Pero eso no es una tarea fácil. **Atraer** a los extranjeros para que trabajen e **inviertan** en nuestro país puede resultar **ventajoso**, pero permitir el tránsito libre por las fronteras puede resultar costoso. Sin embargo, restringir estrictamente el acceso al país puede **conllevar** un aumento en la inmigración **indocumentada** y **el tráfico de personas** a través de las fronteras. [Véase p. 3]

Los costos de la emigración

Como la inmigración, el **desplazamiento** de personas fuera de su país también tiene sus costos. Toda la **inversión** del Estado en formar y educar a una persona se pierde cuando emigra, y esto afecta la **mano de obra** de un país, ya que se pierde la productividad de personas capacitadas. Este fenómeno se llama la **fuga de cerebros**, y debe ser una consideración importante en el desarrollo de una política migratoria. Sin embargo, hay que reconocer que la emigración tiene un punto a favor que es el dinero que el emigrado le envía a su familia en su país de origen. Según el Banco Interamericano de Desarrollo, durante los próximos 10 años estas **remesas** hacia los países latinoamericanos sumarán el equivalente a 300 millones de dólares. [Véase p. 2]

- El empleo en la economía global: ¿Se pueden **disminuir** los salarios debido a la competencia con mercados de bajos salarios?

- La nueva economía y la **brecha** entre los ricos y los pobres

- ¿Globalización = **colonización**? Las **inquietudes** de los chilenos sobre los efectos de la globalización en nuestra **identidad cultural**

- Las comunidades indígenas: ¿Más oportunidades para participar en la **toma de decisiones** del país?

- Protección de la **diversidad lingüística** en Chile: las lenguas indígenas y la educación intercultural **bilingüe**

iLrn ¡OJO! Don't forget to check the **Índice de palabras conocidas**, pp. A10, to review vocabulary related to environmental and social challenges.

Atención a la palabra: The word **política** can have two meanings: one is its cognate meaning of *politics*, but the other is that of *policy* when referring to a government or managerial plan or course of action. The Spanish word **póliza** refers specifically to an insurance policy.

> Other words and phrases related to social challenges that are cognates with English words include: **la consecuencia, la cooperación, deportar, estimular, la legislación, la modernización, la tolerancia, la xenofobia.**

HERITAGE LEARNERS Have heritage learners comment on this vocabulary. Ask if they use additional cognates. Point out potential spelling problems with **c, s,** and **z** in words such as **alcance, alcanzar, desplazamiento, esperanza, fortalecer, fortalecimiento, imposición, menosprecio,** and **menospreciar.** Point out the **ü** in **bilingüe** and **lingüística.**

ANSWERS 10-3 1. Porque las personas contribuyen a la mano de obra, la cual se convierte en un producto de exportación, en un mercado libre. 2. Primera: 1870–1910 inmigración a Chile desde lejos (Europa); Segunda: 1960 y 1973 emigración de chilenos hacia otros países; Tercera: La actual, inmigración a Chile desde países vecinos. 3. Prefiere el término *irregular* porque significa que la persona tiene un permiso, pero está vencido. 4. El nivel de desempleo y subempleo de los inmigrantes es igual que el de los chilenos. 5. Algunos piensan que los inmigrantes les han quitado trabajos a los chilenos. El Sr. Torrealba dice que la mayoría de los inmigrantes hace trabajos que los chilenos no quieren hacer. 6. Sí. Todos los inmigrantes, legales e irregulares, tienen acceso a médicos y hospitales. 7. *Accept any logical answer.*

EXPANSION 10-3 Expand activity with follow up to Question 7. Have students do some research before class on migration into Chile or provide information about an interesting parallel between U.S. and Peruvian immigration. Peruvians must cross an inhospitable desert to enter Chile; many fall victim to **coyotes,** traffickers that arrange for illegal entrance in exchange for money, and once in Chile, the large majority take up low-paying domestic labor jobs.

Para hablar de los desafíos sociales de la globalización

el abuso / abusar	abuse / to abuse
el alcance / alcanzar	reach, range, scope / to reach, attain, achieve
el convenio	agreement, treaty
el desempleo /el subempleo	unemployment / underemployment
la disputa / disputar	dispute / to dispute
la dominación / dominar	domination / to dominate
la exclusión / excluir	exclusion / to exclude
el fortalecimiento / fortalecer	strengthening / to strengthen
la homogeneización / homogeneizar	homogenization / to homogenize
la imposición / imponer	imposition / to impose
la legalización / legalizar	legalization / to legalize
la lengua materna	mother tongue, native language
el menosprecio / menospreciar	scorn, lack of appreciation / to despise, to undervalue

Para enriquecer la comunicación: Para debatir y discutir

Por mucho que quieran creerlo, no es cierto.	*However much* they want to believe it, it's not true.
Digamos que es así, mi punto es todavía válido.	*Let's say it's like that,* my point is still valid.
Tienen inquietudes. **Es más,** tienen miedo.	They have concerns. *What's more,* they are afraid.
¡De ninguna manera!	*Certainly not!*
¡Desde luego! Es importantísimo.	*Of course!* It's very important.

Práctica y expresión

10-3 Radio chilena Hoy en *La mañana informativa* Pamela Pacheco entrevista a un representante del gobierno chileno sobre el tema de la migración. Escucha la entrevista y contesta las preguntas que siguen.

CD2-15

1. Según el Sr. Torrealba, ¿por qué tiene un papel importante la migración en el comercio del mundo?
2. ¿Cuáles son las tres tendencias migratorias de la historia de Chile?
3. Al Sr. Torrealba no le gusta el término *indocumentado.* ¿Qué término prefiere? ¿Por qué?
4. ¿Quedan excluidos de la mano de obra los inmigrantes en Chile? Explica.
5. ¿Qué inquietud tienen algunos sobre el impacto de los inmigrantes en la mano de obra? ¿Qué dice el Sr. Torrealba al respecto?
6. ¿Tienen acceso a la salud pública todos los inmigrantes en Chile?
7. En tu opinión ¿qué diferencias y semejanzas hay entre las situaciones de Chile y las de los Estados Unidos con respecto al tema de la inmigración?

HERITAGE LEARNERS 10-3 You may invite heritage learners to share information on the subject of immigration, based on their own experience or on that of family members or friends. Have them share information only if they wish to do so.

Vocabulario en contexto **257**

10-4 En otras palabras Trabaja con otro(a) estudiante para definir las siguientes palabras.

atraer
colonización
desventajoso
diversidad lingüística

fortalecer
inquietud
menosprecio
remesa

10-5 Desafíos actuales ¿Cuáles de los desafíos sociales de la lista se aplican a los Estados Unidos en este momento? ¿Por qué son desafíos? ¿Qué se ha hecho hasta ahora para superar estos desafíos? ¿Qué se debe hacer en el futuro?

1. el tráfico de drogas ilegales
2. la exclusión de las mujeres de los altos rangos del mercado laboral
3. las pandillas en los centros urbanos
4. la participación de las minorías en la toma de decisiones del gobierno
5. el multilingüismo
6. la brecha entre los ricos y los pobres
7. la homogeneización de la cultura
8. ¿?

10-6 Opiniones A continuación hay varios argumentos con respecto al tema de la migración. Para cada uno, trata de pensar en por lo menos un ejemplo que lo apoye y en un ejemplo que lo invalide.

1. En el contexto de la globalización, la migración es fundamental para el desarrollo de un país.
2. Una política de fronteras cerradas disminuye el ingreso de inmigrantes indocumentados.
3. Una política de fronteras abiertas hace que un país sea vulnerable al terrorismo.
4. La migración siempre será más ventajosa para algunos sectores y más desventajosa para otros.
5. Las migraciones aumentan los recursos del país en mano de obra.
6. La inmigración es negativa puesto que el país receptor puede perder dinero con las remesas que se envían al extranjero.
7. Las migraciones contribuyen a la riqueza cultural del país receptor.
8. La emigración tiene un impacto negativo en la economía de un país.

10-7 ¿Qué sabes de la globalización? Haz una investigación por Internet sobre el estado de la globalización en Chile, Paraguay y en Latinoamérica en general. Luego, presenta a la clase lo que aprendiste con respecto a las siguientes categorías.

1. Los convenios internacionales
2. La mano de obra
3. La fuga de cerebros
4. La salud
5. Las fronteras y la migración
6. La brecha entre los ricos y los pobres
7. Las inversiones en el país
8. La diversidad lingüística y la identidad cultural

Espejos

Paraguay, un país bilingüe

Paraguay, al igual que casi todos los países de los continentes americanos, cuenta con grupos indígenas que han conservado su lengua hasta hoy. Pero si bien es cierto que se conservan y se hablan los idiomas nativos, éstos son hablados por grupos cuya identidad se define más por lo étnico que por lo nacional. La gran diferencia aquí es que ¡la población de Paraguay es una sociedad no indígena que habla una lengua indígena!

El guaraní, junto con el español, es el idioma oficial de Paraguay y es hablado por el 90% de la población. ¿Cómo fue que la población general llegó a adoptar esta lengua? Cuando llegaron los españoles en el siglo XVI, los guaraníes ofrecieron sus hijas a los españoles como prueba de amistad, y éstos, que vinieron de España sin mujeres, tomaron varias esposas cada uno. Los mestizos siguieron hablando el guaraní de su madre y el español de su padre. De esta manera, el guaraní comenzó a cobrar (*gain*) tanta importancia, que los misioneros Jesuitas decidieron adoptar el guaraní para enseñar la fe católica. Se desarrolló un alfabeto (era una lengua oral); surgieron diccionarios, textos de gramática y libros religiosos en guaraní.

Varios líderes políticos intentaron a través de los años, por motivos raciales y sociales, eliminar o destruir esta lengua, pero dos guerras (contra Bolivia, Argentina y Brasil) ayudaron a elevar y a unir el idioma guaraní al orgullo (*pride*) nacional. Durante las guerras, el guaraní fue utilizado por la prensa y en comunicaciones militares. El guaraní se implantó como un factor de unión y consuelo (*solace*) en el país. En 1992 el gobierno paraguayo reconoció oficialmente la importancia del guaraní y lo declaró idioma oficial al mismo nivel que el español.

> Cuatro perspectivas

Perspectiva I En los Estados Unidos...

1. ¿Qué idiomas se hablan en los Estados Unidos además del inglés? ¿Dónde?
2. ¿Por qué tenemos sólo el inglés como idioma oficial?
3. ¿Crees que algún día adoptaremos otro idioma? ¿Por qué crees esto?

Perspectiva II ¿Cómo vemos a los paraguayos? Marca con una (X) las opiniones con las que estás de acuerdo.

1. El gobierno paraguayo es menos eficiente porque tiene que traducir todo a dos idiomas. _____
2. El tener un sólo idioma unifica el país. _____
3. Me sorprende que un idioma indígena sea tan dominante. _____

4. No es eficiente aprender un idioma que no se habla fuera de Paraguay. _____
5. Ser bilingüe siempre es mejor que ser monolingüe. _____

Perspectiva III En Paraguay algunos dicen...

Nosotros somos bilingües.

El guaraní nos hace diferentes a otros países. Es parte de nuestra identidad.

Hay un orgullo nacional conectado con el guaraní; nos identifica.

Perspectiva IV ¿Cómo ven los paraguayos a los estadounidenses? ¿Sabes?

Las dos culturas

1. ¿Recuerdas algún tiempo en nuestra historia cuando trataron de suprimir (*surpress*) los idiomas indígenas? ¿y los idiomas que trajeron los inmigrantes? ¿Fue mejor que pasara eso?
2. ¿Fue la situación de Paraguay diferente de la de los Estados Unidos?

Estructuras

Los tiempos progresivos

iLrn **¡OJO!** Before reviewing this section, consult the following topics on pp. B35–B38 of the **Índice de gramática:** Present progressive tense; Present participles; Direct object pronouns; Indirect object pronouns; and Reflexive pronouns.

RECYCLING Use transparency C-6 to review the present progressive tense. José Ramón and Josefina have left their native Paraguay and are settling in their new home in the U.S. Explain the actions that they are doing and emphasize that the actions are in progress in the illustrations. You may also use transparency I-7, narrating the visit of a mother and son to a traditional Hispanic food market in the U.S. Contrast the present progressive with simple present tense, explaining activities in progress but also describing various elements of the scene.

In describing actions in progress, related to environmental or social challenges, Spanish speakers may use one of the many forms of the progressive. The progressive tenses are formed with the verb **estar,** and less frequently with the verbs **seguir, continuar, ir, venir,** and **andar,** combined with the present participle (**el participio presente**) of a second verb. The present participle of -**ar** verbs ends in -**ando,** and that of -**er** and -**ir** verbs, in -**iendo.**

alcanzar → alcanz**ando**	empobrecer → empobrec**iendo**	pedir → pid**iendo**

Remember that if the stem of an -**er** or -**ir** verb ends in a vowel, the **i** of the participle ending will change to a **y.**

caer	→ cayendo
oír	→ oyendo
leer	→ leyendo
disminuir	→ disminuyendo

There are five indicative progressive tenses and two subjunctive conjugations.

	Indicativo		**Subjuntivo**
Presente	están colonizando	**Presente**	estén ingresando
Futuro	estarán disminuyendo	**Imperfecto**	estuvieran
Imperfecto	estaban contrarrestando		menospreciando
Condicional	estarían disputando		
Perfecto	han estado buscando		

The progressive tense is used in Spanish:

- to indicate an action in progress at the moment of speaking.

    El desempleo **está aumentando** en algunos sectores de la sociedad.

- to indicate an action or condition that is considered unusual or a departure from the norm.

    Por primera vez, el gobierno **estaba intentando** controlar el ingreso de inmigrantes de otros países.

- to add emotional impact to a statement or conjecture.

    ¡Por fin **estamos celebrando** la diversidad lingüística de nuestro país!

    ¿Y qué **estaría pensando** nuestro presidente cuando aprobó los cortes en los programas multiculturales?

- with the verbs **seguir, continuar,** and **venir** to mean *to continue* or *keep on doing something.*

    Los políticos **siguen disputando** la importancia de los gastos militares pero **vienen aprobando** los mismos presupuestos del año pasado.

- with the verb **ir** to indicate progress toward a goal.

   Los miembros del comité **iban fortaleciendo** la importancia de las lenguas maternas en las escuelas primarias.

- with the verb **andar** to convey an action in progress that is haphazard or disorganized.

   Los inmigrantes indocumentados **andan buscando** trabajo donde puedan.

The progressive tense in Spanish is not as commonly used as the progressive in English. The progressive is *not* used:

- to indicate future or anticipated action.

   El mes que viene **ponemos en marcha** (vamos a poner / pondremos) los nuevos programas.
   *Next month **we will be putting into action** the new programs.*

   El presidente dijo que el gobierno **iba a considerar** el problema creciente con las pandillas.
   *The president said that the government **would be considering** the growing problem with gangs.*

- with the verbs **ser, poder,** and **tener;** the use of the progressive with **ir** and **venir** is limited to the specific contexts mentioned previously.

   El país **tiene** problemas serios de xenofobia en este momento.
   *The country **is having** serious problems with xenophobia at this time.*

The subjunctive forms of the progressive are used in the same contexts as other subjunctive tenses.

   Es bueno que la mano de obra **esté diversificándose.**

   Yo no creía que el bilingüismo **estuviera disminuyendo** la importancia de la identidad nacional.

> **Un paso más allá: El participio presente versus el infinitivo**

In English the present participle can be used as a noun. In Spanish, however, the present participle cannot be used as a noun. The only verb form that can assume this function is the infinitive. Consider the following examples:

(El) Estudiar la política migratoria es cada vez más importante.
Studying migration policies is increasingly complex.

Antes de **comenzar** la reunión, los miembros del comité tenían opiniones muy fuertes sobre la colonización.
*Before **beginning** the meeting, the members of the committee had strong opinions about colonization.*

 Using the definite article **el** before the noun when it functions as the subject or direct object of a sentence is optional.

Práctica y expresión

ANSWERS 10-8 1. estaba convirtiendo; estaban sobreviviendo 2. seguía hablando; estaban explorando 3. seguía tratando; estaba sacando 4. estuviera usando; estuviera desarrollando 5. están enseñando; está permitiendo

EXPANSION 10-8 After students complete the sentences, have them comment on the activities described. Emphasize comparisons and contrasts in events that were taking place in the U.S. and Paraguay.

10-8 ¿Qué estaba pasando en estos dos países? Llena los dos espacios en blanco con la forma correcta del progresivo. (Puedes usar: **estar, continuar, andar, seguir, tratar.**)

1. Cerca del 1620, los españoles en Paraguay _____ _____ (convertir) a los indígenas al catolicismo.

   En los EE.UU., los ingleses _____ _____ (sobrevivir) en Norteamérica.

2. Cerca del 1800, la población paraguaya _____ _____ (hablar) dos idiomas.

   En los EE.UU., Lewis y Clark _____ _____ (explorar) el oeste del continente norteamericano.

3. En los años de 1830 a 1840, el gobierno paraguayo _____ _____ (tratar) de homogeneizar la cultura eliminando el idioma guaraní.

   En esos años, el presidente Andrew Jackson _____ _____ (sacar) a miles de indígenas de sus tierras.

4. Era increíble que el gobierno _____ _____ (usar) la lengua guaraní en sus guerras.

   En los EE.UU. fue increíble que en la Segunda Guerra Mundial el gobierno _____ _____ (desarrollar) un código basado en el lenguaje navajo.

5. Ahora en Paraguay _____ _____ (enseñar) el guaraní en las escuelas.

   Ahora en los EE.UU., el gobierno _____ _____ (permitir) que enseñen las lenguas indígenas.

POSSIBLE ANSWERS 10-9 1. No sé, estará buscando su licencia. 2. No sé, estará vendiendo algo. 3. No sé, estará tratando de entrar al país. 4. No sé, estarán hablando idiomas diferentes.

TEACHING TIP 10-9 Have students work with one partner for several minutes, then have them change partners in order to relate and to listen to a wider variety of possible answers. Conclude by having students share answers with the whole class.

10-9 ¿Qué estará pasando? En parejas, mira el dibujo y di lo que posiblemente esté pasando. ¿Piensa tu compañero(a) lo mismo? ¿Qué posibilidades hay?

Ejemplo   ¿Qué estará pasando?
No sé, estarán peleando por dinero.
¿Qué crees tú?

1. ¿Qué estará pasando?

2. ¿Qué estará pasando?

3. ¿Qué estará pasando?

4. ¿Qué estará pasando?

10-10 En la oficina de desempleo Mira el dibujo y, usando formas progresivas, describe lo que está pasando en esta oficina de desempleo. Comparte con tu compañero(a) las varias posibilidades en los números 4 y 7.

1. Los tres: Roberto, Sofía y Javier _____.
2. El dependiente y Javier _____.
3. El dependiente _____.
4. Es posible que Javier _____.
5. Roberto _____.
6. Sofía _____ porque _____.
7. Es probable que Sofía _____.

10-11 Antes y ahora Usando una forma del progresivo, habla con otro(a) estudiante sobre lo que estaba pasando antes y lo que está pasando ahora en las siguientes situaciones. ¿Están mejorando o empeorando las cosas?

Ejemplo Antes muchos chilenos migraban de Chile y ahora...
Chile está recibiendo inmigrantes.

1. Antes se menospreciaban las culturas minoritarias en el mundo y ahora...
2. El bilingüismo no era importante en los EE.UU. y ahora...
3. La frontera de México–EE.UU. es porosa (porous). ¿Qué está haciendo el gobierno ahora?
4. En la frontera de Cuba y los EE.UU. hay mucho tráfico. ¿A quiénes están aceptando ahora?
5. En California se hablaba español en el siglo XIX y ahora...
6. En Paraguay no se aceptaba el guaraní pero ahora...

10-12 Migraciones y fronteras Con otro(a) estudiante, contesta las siguientes preguntas sobre los problemas de fronteras y aculturación.

1. ¿Qué actitud tenían los residentes de Norteamérica hacia la inmigración en los años 1700–1820? ¿Qué está pasando en la frontera de México–EE.UU. ahora? ¿Tuvo México la misma situación con los emigrantes de los EE.UU. alguna vez? ¿Qué estaba pasando en esos años? ¿Qué crees que pasará en 20 años?
2. ¿Sabes qué cambios están ocurriendo en las fronteras de Chile y Paraguay? ¿Hacia dónde están yendo o viniendo las personas? Adivina (guess).
3. ¿Crees que la actitud hacia los inmigrantes esté cambiando? ¿Qué problemas se les achaca (are blamed) a ellos?
4. ¿Puedes imaginarte cómo sería tu vida si tuvieras que emigrar a Paraguay, por ejemplo? ¿Qué estarías haciendo el primer año? ¿Qué lenguas estarían aprendiendo tus hijos?

ALTERNATIVE 10-12 Make this a Presentational Communication activity. Have students work in groups and assign each group a question to address. Students gather information and prepare short presentations that they deliver to the whole class. Conclude with a class discussion of information presented or a short test to check comprehension of the presentations.

Exploración literaria

La última niebla (selección)

La última niebla, una novela corta publicada por la escritora chilena María Luisa Bombal en 1935, trata sobre la tragedia de las normas sociales en relación a la situación de la mujer chilena en el siglo XX. En la selección a continuación, observamos cómo la protagonista, una mujer joven, es obligada a inventar un mundo imaginario para encontrar un sentido de amor verdadero. El texto muestra que la mujer en esa época dependía del matrimonio como un modo único de escapar de la pobreza y la falta de dignidad de las mujeres solteras. Atrapada en un matrimonio sin amor, la protagonista se encuentra como prisionera de un mundo patriarcal, un mundo que determina hasta el peinado y la ropa de la persona. Su imaginación es la única salida de ese mundo infernal y, por lo tanto, el lector tiene que descifrar si lo descrito es realidad o ensueño. La niebla, un elemento constante en la narración, es un símbolo de la ambigüedad que existe entre las fantasías de la mujer y la realidad patética y deshumanizante de su ambiente. A pesar de ser escrita en los años treinta, la novela ofrece una visión de una sociedad chilena que ha cambiado poco a lo largo de los años. La mujer de hoy sigue encontrándose frente a muchos de los mismos obstáculos que casi consumen a la protagonista al final de la novela.

JUMP START! Ask students if they can identify women, historical or contemporary, real or fictitious who live under the control of a dominant husband. Ask them to describe or speculate about the lives of such women. Ask if they can identify works of literature or cinema that employ fog or mist as a symbol of uncertainty, ambiguity, or confusion. You may also ask them to identify other atmospheric elements that are used as symbols in novels and films.

Estrategia de lectura | Reconocer palabras conectivas

As you know from the writing strategy in **Capítulo 6,** connecting words serve to establish relationships between ideas. While some words establish a relationship between sentences, others function within a sentence, such as the Spanish conjunctions **porque, aunque,** or **tal como.** Below are two compound sentences composed of identical clauses that are, nevertheless, joined together with different connecting words. Notice how the choice of subordination can radically change the overall meaning of the sentence:

> La mujer se casó *porque* ella estaba muy enamorada.
> La mujer se casó *aunque* ella estaba muy enamorada.

The first sentence with the conjunction *porque* establishes a causal relationship between the two clauses, indicating that the first clause is a result of an action or condition of the second clause. The second sentence, with a change in the connecting word from *porque* to *aunque,* indicates that the action of the first clause took place in spite of the condition expressed by the second clause. In other words, the second compound sentence suggests that the woman got married even though she was very much in love with another person.

Below are groupings of common connecting words and phrases. Some of these you have seen already in **Capítulo 6.** Connecting words are used:

- to indicate the *cause* of an action or condition:

a causa de (que)	debido a
como / ya que	porque

- to indicate the *motive* of an action or condition or a *condition* upon which it depends:

para que	con tal (de) que

- to indicate the *effect* of an action or condition:

así (que)	por lo tanto
de modo que	por eso
por consiguiente	

- to indicate temporal sequence

ya	mientras
antes	cuando
después	

- to indicate a *contrast* to an action or condition:

aunque	a diferencia de
en cambio	a pesar de (que)
por otra parte	pero
no obstante	sino
sin embargo	

- to indicate a *similarity* to an action or condition:

| así como | igual que + *noun* |
| de la misma manera | tal como |

- to indicate *additional* or *exemplary* information about an action or condition:

| además (de) | por ejemplo |

Connecting words are important because they are essential conveyors of meaning in sentences or paragraphs. Use the words or phrases given above to connect the following clauses in order to provide the relationship indicated for each.

1. (CAUSE) Mi marido me ha obligado después a recoger mis extravagantes cabellos _____ en todo debo esforzarme en imitar a su primera mujer. porque

2. (TEMPORAL SEQUENCE) Me pongo a temblar. _____ él se inclina sobre mí y rodamos enlazados al hueco del lecho. Entonces

3. (CONTRAST) Quise llamarlo, _____ mi impulso se quebró en una especie de grito ronco, indescriptible. pero

4. (SIMILARITY) De costumbre, permanezco en el estanco *(pond)* largas horas, _____ que yo había hecho el verano anterior. de la misma manera

5. (ADDITIONAL INFORMATION) Sospechaba que algo ocurría entre mi esposo y Regina. _____, una tarde él tardó mucho tiempo en volver del campo. Por ejemplo

Now that you have developed an appreciation for the power and importance of connecting words and subordination, read the story while paying special attention to these features. When you finish reading, ask yourself which of the categories of words described above are most frequently employed. What can you conclude about the author's objective in writing the story based on this identification?

Sobre la autora y su obra

María Luisa Bombal nació en Viña del Mar, Chile, en 1910. Después de acabar con sus estudios universitarios en París, la autora regresó a Chile en 1931. Dos años después se trasladó a Buenos Aires en donde empezó a publicar sus primeros cuentos en la revista *Sur*, dirigida por Victoria Campo y Jorge Luis Borges. Volvió a Chile en 1970, después de pasar una temporada larga en los Estados Unidos y murió el 6 de mayo de 1980. La narrativa fantástica de Borges influyó bastante en las obras de la escritora chilena. Aunque solamente escribió dos novelas breves, *La última niebla* (1935) y *La amortajada* (1938), y cinco cuentos, es una autora que ha influido de forma fundamental en autores como Gabriel García Márquez e Isabel Allende. Junto con Borges, es una de las practicantes más tempranas del realismo fantástico. En el campo del feminismo, Bombal también se destaca por sus contribuciones pioneras. En *La última niebla*, la protagonista narra en primera persona las experiencias a medida que ella las experimenta. Este estilo íntimo invita al lector a ser cómplice de la mujer del texto, lo cual le dificulta separar la fantasía de la realidad.

MARÍA LUISA BOMBAL (1910–1980)

TEACHING TIP You may have students find information on Gabriel García Márquez, Isabel Allende, and Jorge Luis Borges. If students have read works by these authors, perhaps in translation, have them share information with the class.

> La última niebla (selección)

María Luisa Bombal

El vendaval[1] de la noche anterior había removido las tejas[2] de la vieja casa de campo. Cuando llegamos, la lluvia goteaba en todos los cuartos.

—Los techos no están preparados para un invierno semejante —dijeron los criados al introducirnos en la sala, y como echaran sobre mí una mirada de extrañeza, Daniel explicó rápidamente:

—Mi prima y yo nos casamos esta mañana.

Tuve dos segundos de perplejidad.

"Por muy poca importancia que se haya dado a nuestro repentino[3] enlace, Daniel debió haber advertido a su gente", pensé, escandalizada.

A la verdad, desde que el coche franqueó[4] los límites de la hacienda, mi marido se había mostrado nervioso, casi agresivo.

Y era natural.

Hacía apenas un año efectuaba el mismo trayecto[5] con su primera mujer; aquella muchacha huraña[6] y flaca a quien adoraba, y que debiera morir[7] tan inesperadamente tres meses después. Pero ahora, ahora hay algo como de recelo[8] en la mirada con que me envuelve de pies a cabeza. Es la mirada hostil con la que de costumbre acoge[9] siempre a todo extranjero. [...]

Pasamos a una segunda habitación más fría aún que la primera. Comemos sin hablar.

—¿Te aburres? —interroga de improviso mi marido.

—Estoy extenuada[10] —contesto.

Apoyados los codos en la mesa, me mira fijamente largo rato y vuelve a interrogarme:

—¿Para qué nos casamos?

—Por casarnos —respondo.

Daniel deja escapar una pequeña risa.

—¿Sabes que has tenido una gran suerte al casarte conmigo?

—Sí, lo sé —replico, cayéndome de sueño.

—¿Te hubiera gustado ser una solterona arrugada, que teje para los pobres de la hacienda?

Me encojo de hombros.

—Ése es el porvenir que aguarda a tus hermanas. [...]

Pienso en la trenza demasiado apretada que corona sin gracia mi cabeza. Me voy sin haber despegado[11] los labios.

Ante el espejo de mi cuarto, desato mis cabellos, mis cabellos también sombríos. Hubo un tiempo en que los llevé sueltos, casi hasta tocar el hombro. Muy lacios y apegados a las sienes[12], brillaban como una seda fulgurante[13]. Mi peinado se me antojaba[14], entonces, un casco[15] guerrero que, estoy segura, hubiera gustado al amante de Regina. Mi marido me ha obligado después a recoger mis extravagantes cabellos; porque en todo debo esforzarme en imitar a su primera mujer, a su primera mujer que según él, era una mujer perfecta. [...]

La niebla se estrecha, cada día más, contra la casa. Ya hizo desaparecer las araucarias[16] cuyas ramas golpeaban las balaustrada[17] de la terraza. Anoche soñé que, por entre rendijas[18] de las puertas y ventanas, se infiltraba lentamente en la casa, en mi cuarto, y esfumaba[19] el color de las paredes, los contornos de los muebles, y se entrelazaba[20] a mis cabellos, y se me adhería al cuerpo y lo deshacía todo, todo. [...]

No me siento capaz de huir. De huir, ¿cómo, adónde? La muerte me parece una aventura más accesible que la huida. De morir, sí me siento capaz. Es muy posible desear morir porque se ama demasiado la vida.

Entre la oscuridad y la niebla vislumbro[21] una pequeña plaza. Como en pleno campo, me apoyo extenuada contra un árbol. Mi mejilla busca la humedad de su corteza[22]. Muy cerca, oigo una fuente desgranar[23] una sarta[24] de pesadas gotas.

La luz blanca de un farol, luz que la bruma[25] transforma en vaho, baña y empalidece mis manos, alarga a mis pies una silueta confusa, que es mi sombra. Y he aquí que, de pronto, veo otra sombra junto a la mía. Levanto la cabeza.

Un hombre está frente a mí, muy cerca de mí. Es joven; unos ojos muy claros en un rostro moreno y una de sus cejas levemente arqueada, prestan a su cara un aspecto casi sobrenatural. De él se desprende un vago pero envolvente calor.

Y es rápido, violento, definitivo. Comprendo que lo esperaba y que le voy a seguir como sea, donde sea. Le echo los brazos al cuello y él entonces me besa, sin que por entre sus pestañas las pupilas luminosas cesen de mirarme. [...]

Lo abrazo fuertemente y con todos mis sentidos escucho. Escucho nacer, volar y recaer su soplo; escucho el estallido que el corazón repite incansable en el centro del pecho y hace repercutir[26] en las entrañas y extiende en ondas por todo el cuerpo, transformando cada célula en un eco sonoro. Lo estrecho, lo estrecho siempre con más afán; siento correr la sangre dentro de sus venas y siento trepidar la fuerza que se agazapa[27] inactiva dentro de sus músculos; siento agitarse la burbuja de un suspiro. Entre mis brazos, toda una vida física, con su fragilidad y su misterio, bulle[28] y se precipita. Me pongo a temblar.

Entonces él se inclina sobre mí y rodamos enlazados al hueco del lecho. Su cuerpo me cubre como una grande ola hirviente, me acaricia, me quema, me penetra, me envuelve, me arrastra desfallecida[29]. A mi garganta sube algo así como un sollozo, y no sé por qué empiezo a quejarme, y no sé por qué me es dulce quejarme, y dulce a mi cuerpo el cansancio infligido por la preciosa carga que pesa entre mis muslos. [...]

Pasan los años. Me miro al espejo y me veo, definitivamente marcadas bajo los ojos, esas pequeñas arrugas que sólo me afluían[30], antes, al reír. Mi seno está perdiendo su redondez y consistencia de fruto verde. La carne se me apega a los huesos y ya no parezco delgada, sino angulosa. Pero, ¡qué importa! ¡Qué importa que mi cuerpo se marchite[31], si conoció el amor! Y qué importa que los años pasen, todos iguales. Yo tuve una hermosa aventura, una vez...Tan sólo con un recuerdo se puede soportar una larga vida de tedio. Y hasta repetir, día a día, sin cansancio, los mezquinos[32] gestos cotidianos. [...]

Hoy he visto a mi amante. No me canso de pensarlo, de repetirlo en voz alta. Necesito escribir: hoy lo he visto, hoy lo he visto.

Sucedió este atardecer, cuando yo me bañaba en el estanque[33].

De costumbre permanezco allí largas horas, el cuerpo y el pensamiento a la deriva[34]. A menudo no queda de mí, en la superficie, más que un vago remolino[35]; yo me he hundido en un mundo misterioso donde el tiempo parece detenerse bruscamente, donde la luz pesa como una sustancia fosforescente, donde cada uno de mis movimientos adquiere sabias y felinas lentitudes y yo exploro minuciosamente los repliegues[36] de ese antro[37] de silencio. Recojo extraños caracoles, cristales que al atraer a nuestro elemento se convierten en guijarros[38] negruzcos e informes. Remuevo piedras bajo las cuales duermen o se resuelven miles de criaturas atolondradas y escurridizas[39].

Emergía de aquellas luminosas profundidades cuando divisé a lo lejos, entre la niebla, venir silencioso, como una aparición, un carruaje[40] todo cerrado. Tambaleando[41] penosamente, los caballos se abrían paso entre los árboles y la hojarasca[42] sin provocar el menor ruido. [...]

Tras la ventanilla estrecha del carruaje, vi, entonces, asomarse e inclinarse, para mirarme, una cabeza de hombre.

Reconocí inmediatamente los ojos claros de mi amante.

Quise llamarlo, pero mi impulso se quebró en una especie de grito ronco, indescriptible. No podía llamarlo, no sabía su nombre. Él debió ver la angustia pintada en mi semblante, pues, como para tranquilizarme, esbozó[43] a mi intención una sonrisa, un leve ademán de la mano. Luego, reclinándose hacia atrás, desapareció de mi vista. [...]

Hace ya un tiempo que no distingo las facciones de mi amigo, que lo siento alejado. Le escribo para disipar un naciente malentendido[44]:

"Yo nunca te he engañado. Es cierto que, durante todo el verano, entre Daniel y yo se ha vuelto a anudar con frecuencia ese feroz abrazo, hecho de tedio, perversidad y tristeza. Es cierto que hemos permanecido a menudo encerrados en nuestro cuarto hasta el anochecer, pero nunca te he engañado. Ah si pudiera contentarte esta sola afirmación mía. Mi querido, mi torpe amante, obligándome a definir y a explicar, das carácter y cuerpo de infidelidad a un breve capricho de verano. [...]

En el preciso instante en que voy saliendo, una ambulancia entra al hospital. Me aprieto contra la pared, para dejarla pasar mientras algunas voces resuenan bajo la bóveda del portón... "Un muchacho, lo arrolló[45] un automóvil..."

El hecho de lanzarse bajo las ruedas de un vehículo requiere una especie de inconsciencia. Cerraré los ojos y trataré de no pensar durante un segundo.

Dos manos que me parecen brutales me atraen vigorosamente hacia atrás. Una tromba de viento y de estrépito se escurre delante de mí. Tambaleo y me apoyo contra el pecho del imprudente que ha creído salvarme.

Aturdida, levanto la cabeza. Entreveo la cara roja y marchita de un extraño. Luego me aparto violentamente, porque reconozco a mi marido. Hace años que lo miraba sin verlo. ¡Qué viejo lo encuentro, de pronto! ¿Es posible que sea yo la compañera de este hombre maduro? Recuerdo, sin embargo, que éramos de la misma edad cuando nos casamos.

Me asalta la visión de mi cuerpo desnudo, y extendido sobre una mesa en la Morgue. Carnes mustias[46] y pegadas a un estrecho esqueleto, un vientre sumido entre las caderas... El suicidio de una mujer casi vieja, qué cosa repugnante e inútil. ¿Mi vida no es acaso ya el comienzo de la muerte? Morir para rehuir ¿qué nuevas decepciones? ¿Qué nuevos dolores? Hace algunos años hubiera sido, tal vez, razonable destruir, en un solo impulso de rebeldía, todas las fuerzas en mí acumuladas, para no verlas consumirse, inactivas. Pero un destino implacable me ha robado hasta el derecho de buscar la muerte, me ha ido acorralando[47] lentamente, insensiblemente, a una vejez sin fervores, sin recuerdos... sin pasado. [...]

Alrededor de nosotros, la niebla presta a las cosas un carácter de inmovilidad definitiva.

---

[1]**vendaval** tormenta [2]**había...** *had shaken the tiles* [3]**repentino** *sudden* [4]**franqueó** *entered* [5]**efectuaba...** *was making the same journey* [6]**huraña** *unsociable* [7]**que...** *would die* [8]**recelo** *suspicion* [9]**acoge** *he welcomes* [10]**extenuada** *muy cansada* [11]**sin...** *without having opened* [12]**sienes** *temples* [13]**fulgurante** *brillante* [14]**se...** *me parecía* [15]**casco** *helmet* [16]**araucarias** *a type of tree native to Chile* [17]**balaustrada** *balustrades;*

ornate railings made of stone or cement [18]**rendijas** *nooks and crannies* [19]**esfumaba** *was fading* [20]**se...** *became entwined with* [21]**vislumbro** *I make out* [22]**corteza** *bark* [23]**desgranar** *spew forth* [24]**sarta** *serie* [25]**bruma** *mist* [26]**repercutir** *beat* [27]**se...** *hides* [28]**bulle** *boils* [29]**desfallecida** *faint* [30]**me...** *would appear* [31]**se...** *wilts* [32]**mezquinos** *petty* [33]**estanque** *pond* [34]**a...** *drifting* [35]**remolino** *swirl* [36]**repliegues** *folds*

[37]**antro** *joint* [38]**guijarros** *pebbles* [39]**atolondradas...** *scattered and slippery* [40]**carruaje** *carriage* [41]**Tambaleando** *Staggering* [42]**hojarasca** *fallen leaves* [43]**esbozó** *outlined, sketched* [44]**malentendido** *misunderstanding* [45]**arrolló** *ran over* [46]**mustias** *limp* [47]**me...** *has been pushing me in the direction of*

Después de leer

 10-13 Reconocer palabras conectivas Con otro(a) estudiante, hagan una lista de todas las palabras conectivas que han encontrado en la selección. ¿A qué categoría pertenecen? ¿Cuál fue el objetivo de la autora en enfocar en esa(s) categoría(s)?

10-14 Comprensión y expansión En parejas o en grupos de tres, contesten las siguientes preguntas.

1. Cuando la protagonista conoce por primera vez a los criados de la casa de su marido, ¿por qué se siente incómoda?

2. Según la información sobre la primera esposa del marido, ¿cuánto tiempo ha pasado desde la muerte de ella y la decisión del marido de casarse por segunda vez?

3. Según la pareja, ¿por qué han decidido casarse? ¿Por qué piensa Daniel que le está haciendo un gran favor a la protagonista al casarse con ella?

4. ¿Por qué se preocupa tanto la protagonista de su peinado y su modo de vestir?

5. ¿Cómo es el ambiente del encuentro entre la protagonista y el hombre misterioso? ¿Hay elementos que sugieren que la reunión entre ellos es producto de la imaginación de la protagonista?

6. ¿Por qué sigue siendo tan importante para la protagonista el encuentro con su amante?

7. ¿Cuándo ve la protagonista a su amante por segunda vez? ¿Por qué sospechamos que es también producto de su imaginación?

8. ¿Qué intenta hacer la protagonista enfrente del hospital? ¿Quién interviene?

9. ¿De qué se da cuenta la protagonista al final de la selección? ¿Cuál es la última impresión que tenemos de ella y su ambiente?

10. En tu opinión, ¿pudo haber tomado lugar la historia de la protagonista aquí en los Estados Unidos?

Introducción al análisis literario | Estrategias para acercarse a narrativas más largas

Reading longer works of fiction in a foreign language is, in many ways, an easier proposition than one would first assume. Authors of longer narratives have the luxury of developing a story over an extended period of time. Once you, as the reader, can pin down the essential elements of the story—such as characterization, plot, themes, and narrative voice—you'll find that the continuation of the novel is merely an elaboration of elements with which you are already familiar. Specifically, longer narratives provide the unique opportunity to appreciate how characters, plots and themes evolve over time. With this in mind, you might ask yourself the following questions about the work:

1. Who are the main characters in the story and how do they relate to one another? How do the characters change over time? Are the characters representative of a particular class or of a certain set of ideas?
2. What are the essential developments of the plot and how can they be summarized?
3. How does the narrator relate to the story he or she is telling? Is he or she part of the story or removed from the story? What is the attitude of the narrator toward the story he or she is describing?
4. How does the beginning of the novel compare with the end?
5. Are there any fundamental symbols or motifs in the work that are elaborated over the course of the novel?
6. What are the major themes of the work and how can they be summarized?
7. What is the relationship between the story and the social context within which it is told?

The work you have just read features selections from a longer narrative. Given what you have read of the complete text of *La última niebla*, work with a partner in order to provide answers to the questions asked above. For example, in answering question 5, you might identify the fog as a key symbol to the novel. You might go on to say that the fog, though initially aiding the protagonist in forming an imaginary lover, ultimately comes to stand for her entrapment at the end of the work. As you work through these questions, you may come up with other general categories that help you to understand and talk about this particular work. You may also wish to consider how you have approached longer narratives in other classes with texts appearing in English.

Vocabulario en contexto

TEACHING TIP Use the realia to activate familiar vocabulary related to ecology and environmental concerns. Ask students to describe the photos, then have them identify ecological concerns in your area and any that they are aware of in the Spanish-speaking world. Ask if any students participate in programs that address ecological concerns.

La ecología global

http://www.econciencia.com

Econciencia
La conciencia ecológica para la aldea global

Portada | ¿Quiénes somos? | Sitios de interés | Noticias | Contáctanos

El Planeta Tierra:
Un recurso global

**El Día de la Tierra
22 de abril**

Manejo ecológico
del **suelo**
¿Cómo hacer el
abono orgánico?

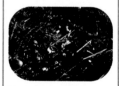

El abono orgánico es producido a partir de plantas que viven, mueren y **se descomponen** para alimentar otras plantas. Aprende a usar tus **deshechos orgánicos,** como el corazón de una manzana, hojas de árboles, etc., para hacer tu propio abono y mejorar el suelo.

El poder hidroeléctrico: ¿Recurso renovable?

*La Itaipú Binacional, empresa binacional desarrollada por Paraguay y Brasil. Su **presa** y **embalse** de agua forman parte de la Central hidroeléctrica más grande y potente del mundo.*

Ubicado en el río Paraná entre Paraguay y Brasil, la central hidroeléctrica produce un 95% de la energía eléctrica **consumida** en Paraguay y 24% de la demanda brasileña. La energía hidroeléctrica no es un **recurso inagotable** pero sí **renovable**. Sin embargo, puede también tener un **impacto devastador** en el medio ambiente. Las presas crean riesgos para los **ecosistemas** acuáticos y varios estudios demuestran que la producción hidroeléctrica puede contribuir al **calentamiento global** con sus emisiones.

Día Mundial de los **Humedales**

*Humedal Chaco Lodge — Reserva privada
Aparte de su riqueza natural, el humedal es un área de gran valor para la **biodiversidad**.*

Paraguay tiene una **abundancia** de humedales (alcanzan casi 17% del área total del país). Son zonas de lagunas y de inundación natural de ríos de fundamental importancia para la **regulación** de flujos de agua.

Con el Día Mundial de los Humedales el gobierno espera **concienciar** a la gente sobre el valor ambiental de estas zonas.

ESPECIAL La globalización y el **desarrollo sostenible** en Latinoamérica: **Estrategias** para hacerlo posible. [Leer más]

iLrn **¡OJO!** Don't forget to check the **Índice de palabras conocidas**, pp. A9–A10, to review vocabulary related to conservation and the enviroment.

> ¿Nos entendemos? In many Spanish-speaking countries the word **sustentable** is used in addition to or instead of **sostenible**.

> Other words and phrases related to global ecology that are cognates with English words include: **la atmósfera, la energía hidroeléctrica/nuclear/solar, la erosión, frágil, el generador, el hábitat, la polución, hidráulico(a), revitalizar, tóxico(a).**

HERITAGE LEARNERS Have heritage learners comment on this vocabulary. Ask if they use additional cognates. Point out potential spelling problems with **c**, **s**, and **z** in words such as **cacería, cazar, carencia, carecer, concienciar, consumido, embalse,** and **sostenible** and the silent **h** in **deshechos, hábitat, hidroeléctrico,** and **hidráulico.**

Para hablar de la ecología global

el agua dulce	*fresh water*
la cacería / cazar	*hunting / to hunt*
la carencia / carecer	*lack / to lack*
las causas subyacentes	*underlying causes*
el derrame / derramar	*spill / to spill*
el desgaste / desgastar(se)	*wear, corrosion / to wear out (get worn out)*
el deterioro / deteriorar	*deterioration, damage / to deteriorate, damage*
el efecto invernadero	*greenhouse effect*
las especies silvestres	*wild species*
la expansión / expandir	*expansion / to expand*
el incentivo / incentivar	*incentive / to motivate, encourage*
el pantanal	*marsh*
el rescate / rescatar	*rescue / to rescue*
los residuos radioactivos	*radioactive waste*
la restauración / restaurar	*restoration / to restore*
la sobrepesca	*overfishing*
la tala / talar	*tree felling / to fell a tree*
el veneno / envenenar	*poison / to poison*
fallar	*to fail*

Para enriquecer la comunicación: Cómo resumir y concluir

Total, rescataron muchas especies.	*In short, they rescued many species.*
El consumo innecesario es **en esencia** anti-ecológico.	*Unnecessary consumption is in essence anti-ecology.*
En pocas palabras, el desarrollo sostenible es...	*In a few words, sustainable development is . . .*
Al fin y al cabo resultó muy positivo.	*When all was said and done, it ended positively.*

Práctica y expresión

10-15 Visita virtual a la Central Itaipú Escucha la presentación de la visita virtual a la CD2-16 Central y luego contesta las preguntas que siguen.

1. ¿Cuándo comenzaron las obras en la presa de Itaipú?
2. ¿Cómo se llama el embalse de la Central?
3. ¿Qué fue la operación Mymba Kuera? ¿Por qué lleva ese nombre?
4. ¿Por qué tuvieron que reforestar parte de la región de la Central en los comienzos del proyecto?
5. ¿Por qué estudian la erosión del lago? ¿Qué han aprendido de estos estudios?
6. ¿Qué es el programa "Va y viene"? ¿Cuál es su objetivo?
7. ¿Conoces alguna central en los Estados Unidos parecida a Itaipú?

10-16 Temas ecológicos Describe cada uno de los términos ecológicos y luego clasifícalos según las categorías indicadas. Justifica tus clasificaciones.

- Recurso
- Amenaza al medio ambiente
- Estrategia de rescate/restauración/conservación

el calentamiento global	la biodiversidad
el agua dulce	la cacería
la sobrepesca	los residuos radioactivos
concienciar a la gente	el Planeta Tierra
un derrame de petróleo	incentivar el reciclaje
el desarrollo sostenible	el abono orgánico
el humedal	la tala
los deshechos tóxicos	las especies silvestres
una presa	el consumo
la expansión	

10-17 Las riquezas naturales de Chile y Paraguay Haz una investigación por Internet sobre los recursos naturales de Chile y Paraguay. Busca información en las siguientes categorías.

- Recursos naturales renovables y no renovables
- La biodiversidad
- Las estrategias de conservación

10-18 Los desafíos ambientales de la globalización Con otros dos estudiantes, trata de contestar las siguientes preguntas. Luego, busquen información por Internet para confirmar, cambiar o elaborar sus respuestas.

1. En la economía global el crecimiento económico está íntimamente conectado con los conceptos de producción, consumo y competitividad. ¿Qué desafíos ambientales surgen a raíz de este hecho? ¿Creen que puede ocasionar más o menos problemas para los países de Latinoamérica que para los Estados Unidos?

2. ¿Qué significa el desarrollo sostenible? ¿Por qué es importante para la globalización?

3. El transporte de personas, animales, plantas y artículos es mucho más fácil en el mundo globalizado. ¿Qué impacto ambiental puede tener este transporte globalizado?

4. La protección del medio ambiente llega a ser un deber global y por lo tanto se requieren políticas ambientales globales. ¿Qué desafíos creen que puede haber en desarrollar estas políticas?

10-19 Debate La explotación de los recursos renovables es un tema de mucho debate. Por un lado puede ayudar a conservar el medio ambiente, pero al mismo tiempo puede ocasionar grandes inconvenientes, ya sea para el medio ambiente, la industria o los consumidores. ¿Cuáles son algunos de los argumentos a favor y en contra de la explotación y uso de algunos recursos renovables en particular? ¿Cuál sería la postura de los ambientalistas? ¿de los consumidores? ¿de los jefes de negocios/de industria/desarrollo?

Espejos

Los cartoneros y el reciclaje en Chile

Chile ocupa el tercer lugar en el mundo en el reciclaje de la basura. Los cartoneros *(cardboard men)*, como los llaman en Chile, aportan un gran servicio rescatando *(rescuing)* la basura como recurso y potencial valioso.

La tarea del cartonero es rescatar de los residuos, papel, plásticos, vidrios *(glass)* y metales que después venderán a empresas recicladoras. Hay gente que se queja por el desorden, otras en cambio, colaboran separando los materiales para facilitar la recolección. No es una ocupación muy bien vista, pero para muchos es "más digna que salir a robar". Se ganan el pan buscando en la basura materiales para reciclar. Reciclan tanto que el gobierno ha reconocido el servicio de los cartoneros como una contribución social y ambiental. En algunas ciudades se les ha dado estatus oficial. Algunos han formado cooperativas que les han ayudado a doblar el dinero que ganaban como trabajadores independientes.

Hoy, la vida de los cartoneros ha mejorado y reciben mérito y reconocimiento por hacer de Chile uno de los países que más recicla en el mundo.

Las dos culturas

1. ¿Tenemos el equivalente a "cartoneros" en los Estados Unidos?
2. ¿Cómo los ve la sociedad?
3. ¿Se recicla en tu comunidad? ¿Reciclas tú?

Estructuras

iLrn ¡OJO! Before reviewing this section, consult the following topics on pp. B31–B36 of the **Índice de gramática:** Present Indicative of regular verbs; Present progressive tense; Imperfect tense; Preterite tense; Future tense; Conditional tense; Present perfect tense; Past perfect tense/ Pluperfect tense; Future perfect tense; Conditional perfect tense; Present participles; and Past participles.

Repaso de tiempos verbales

In our review of Spanish grammar, we have studied five simple (as opposed to compound) indicative verb forms: present, imperfect, preterite, future, and conditional. Of these five, four have commonly used equivalents in the compound tenses of both the perfect and the progressive: present perfect, pluperfect, future perfect, and conditional perfect; present progressive, imperfect progressive, future progressive, and conditional progressive. We have also reviewed two subjunctive tenses, present and past, along with their corresponding perfect and progressive forms. The imperative forms do not display tense and depend on affirmative versus negative meaning, and the nature of the subject: formal versus informal and singular versus plural. The following charts provide a graphic summary of the tenses reviewed in this book with representative conjugations of -**ar,** -**er,** and -**ir** verbs. Of the three verbs appearing below, **proveer** and **revertir** have several irregular forms. Can you identify them and explain why they appear as they do?

Simple Tenses

		Indicative	Subjunctive		Imperative AFF.	NEG.
	Present	regulan	regulen	Ud.	regule	regule
	Imperfect	regulaban	regularan	Uds.	regulen	regulen
-ar	Preterite	regularon		tú	regula	regules
	Future	regularán		vosotros	regulad	reguléis
	Conditional	regularían		nosotros	regulemos	regulemos

		Indicative	Subjunctive		Imperative AFF.	NEG.
	Present	proveen	provean	Ud.	provea	provea
	Imperfect	proveían	proveyeran	Uds.	provean	provean
-er	Preterite	proveyeron		tú	provee	proveas
	Future	proveerán		vosotros	proveed	proveáis
	Conditional	proveerían		nosotros	proveamos	proveamos

		Indicative	Subjunctive		Imperative AFF.	NEG.
	Present	revierten	reviertan	Ud.	revierta	revierta
	Imperfect	revertían	revirtieran	Uds.	reviertan	reviertan
-ir	Preterite	revirtieron		tú	revierte	reviertas
	Future	revertirán		vosotros	revertid	revertáis
	Conditional	revertirían		nosotros	revirtamos	revirtamos

> The preterite tense also has a perfect equivalent—**hubieron regulado,** for example—that is rarely used. The preterite progressive may also be formed with constructions such as **estuvieron regulando,** etc.

Compound Tenses

Perfect verb forms: **haber** + *past participle*

	Indicative	Subjunctive	Past Participle
Present	han	hayan	regulado
Pluperfect	habían	hubieran	provisto / proveído
Future	habrán		revertido
Conditional	habrían		

Progressive verb forms: **estar** + *present participle*

	Indicative	Subjunctive	Present Participle
Present	están	estén	regulando
Pluperfect	estaban	estuvieran	proveyendo
Future	estarán		revirtiendo
Conditional	estarían		

Práctica y expresión

EXPANSION 10-20 Have students find information on other legends of Chile and Paraguay. They may use Presentational Communication to share information with the class. Require a visual aid or have students act out part of a legend.

HERITAGE LEARNERS 10-20 Have students speak with members of their communities to learn about legends from various parts of the Spanish-speaking world. Have them tell classmates about their findings. Encourage students to compare and contrast them with legends they know from U.S. culture or other parts of the world.

10-20 La leyenda de la yerba mate Esta leyenda guaraní nos explica el origen de la planta llamada yerba mate. Llena los espacios en blanco con la forma apropiada del verbo en paréntesis. Con un(a) compañero(a), justifica tu selección del tiempo verbal.

Cuenta la leyenda, que hace mucho, mucho tiempo, los dioses y diosas
(1) _____acostumbraban_____ (acostumbrar) bajar del cielo y disfrutar de las tierras, la flora y la fauna de los indígenas guaraníes. Uno de estos (2) _____era_____ (ser) la diosa luna que
(3) _____caminaba_____ (caminar) por los bosques con mucha frecuencia. Para que nadie la
(4) _____reconociera_____ (reconocer), tomaba la forma de una indígena guaraní.

Una tarde (5) _____se sentía_____ (sentirse) tan feliz (6) _____recogiendo_____ (recoger) flores que no se dio cuenta que llegaba la noche y de repente (7) _____apareció_____ (aparecer) un tigre grandísimo. El tigre (8) _____saltó_____ (saltar) para devorarla pero no llegó a tocarla porque un indígena guaraní (9) _____había_____ _____lanzado_____ (lanzar) una flecha y
(10) _____había_____ _____matado_____ (matar) al tigre. La diosa inmediatamente
(11) _____tomó_____ (tomar) su forma celeste y (12) _____subió_____ (subir) al cielo.

Por la noche, desde el cielo le (13) _____dijo_____ (decir) la diosa luna al indígena: "Por salvar mi vida (14) _____te daré_____ (darte) una recompensa a ti y a todo tu pueblo. Es una planta muy valiosa. ¡(15) _____Cuídala_____ (cuidarla) bien! ¡Con ella
(16) _____podrás_____ (poder) preparar un té que (17) _____servirá_____ (servir) de alimento y también (18) _____calmará_____ (calmar) la sed!"

De ahí en adelante, el té de yerba mate (19)_____fue_____ (ser) la bebida favorita del pueblo guaraní.

10-21 La extinción de los Selknams Lee la historia de los Selknams en esta lista de datos escrita en el presente y nárrasela a otro(a) estudiante en el pasado usando tus propias palabras. Juntos deben contestar y discutir las preguntas que siguen.

Los Selknams viven en la patagonia chilena.
Ha sido su tierra por 120 siglos *(centuries)*.
Cazan guanacos (animales parecidos a las llamas).
Es un pueblo confiado y bondadoso.
En 1878 llegan los chilenos y los argentinos a apoderarse *(take over)* de su territorio.
Pronto empieza la "caza humana" de los Selknams.
Matan, secuestran y violan a la población.
Ni el gobierno chileno ni el argentino hace nada para protegerlos.
Los recién llegados toman sus tierras para criar ovejas *(sheep)*.
Impactan negativamente su ambiente.
En 1920 sólo quedan 300 Selknams, 84 en 1931 y 2 adultos en 1980.
En la actualidad el pueblo Selknam está completamente extinguido.

1. ¿Habían oído antes sobre los Selknams?
2. ¿Saben de otros grupos indígenas que hayan desaparecido?
3. ¿Qué hubiera prevenido la extinción de los Selknams?
4. ¿Por qué creen que el gobierno no los protegió?
5. ¿Creen que la extinción de algunos grupos es inevitable? ¿Creen que es parte de la vida?

10-22 ¿Qué recomiendas? Aquí hay una lista de problemas ecológicos. Con otro(a) estudiante di: 1. ¿Cuál es tu opinión? 2. ¿Qué soluciones recomiendas? Escoge el tema con el cual estés más familiarizado.

Ejemplo   la cacería
Pienso que la cacería es buena para controlar la población de una especie, pero muchas veces es dañina. Si quieres cazar, consigue una licencia, compra el equipo más caro (a veces es el mejor) ¡y toma precauciones!

1. calentamiento global
2. expansión ganadera
3. reciclaje
4. regular la población
5. materiales radioactivos
6. la pesca

10-23 Un mundo ideal Con otro(a) estudiante habla sobre el tema con el cual estés más familiarizado. Explica: 1. ¿Qué es? 2. ¿Qué pasaría si lo hiciéramos? 3. ¿Cuál sería el efecto en el futuro? 4. ¿Lo harías tú?

1. abono orgánico
2. ser vegetariano
3. un coche híbrido
4. proveer hábitat para especies amenazadas
5. usar recursos renovables

Rumbo abierto

JUMP START: Get students thinking about the topic by asking questions like the following: **¿Te interesa el tema del medio ambiente? ¿Puedes enumerar cinco problemas relacionados con el medio ambiente? ¿Cuál es el problema más grave de contaminación ambiental en tu comunidad?**

TEACHING TIP Paso 1: Have students answer these questions independently and then share their descriptions and perceptions with a partner.

> **Paso 1** Vas a leer un artículo de EcoPortal.net, un sitio en Internet. Este portal de Internet está dedicado a la difusión de información sobre el medio ambiente, la naturaleza, los derechos humanos y la calidad de vida. Antes de leerlo, contesta las siguientes preguntas con un(a) compañero(a). ¿Hay alguna relación entre la contaminación del medio ambiente y los derechos humanos? ¿Hay maneras seguras de deshacerse de la basura que generamos? ¿Quién tiene la responsabilidad de proteger a la comunidad de los problemas del deterioro del medio ambiente?

> **Paso 2** Para facilitar tu comprensión de la lectura, recuerda la estrategia de lectura que aprendiste en este capítulo: prestar atención a esas palabras que sirven para conectar diferentes partes de la oración. Lee ahora el artículo tomando notas sobre los diferentes puntos de vista en este debate.

TEACHING TIP You may lead a class discussion on the topic or you may have students write a paragraph in which they summarize their opinions and turn it in to you.

ANSWERS Paso 3: 1. la acumulación de basura en sus tierras ancestrales 2. por la cantidad de basura y su cercanía a las comunidades indígenas y campesinas 3. Los mapuches han realizado la clausura simbólica de diferentes vertederos. 4. Para la cultura mapuche la relación con la tierra es algo muy importante y la contaminación de la tierra la ven como un ataque racista contra su cultura. 5. Para los mapuches la naturaleza y su forma de vida deben estar en equilibrio. Los basurales dañan a ese equilibrio y afectan los lugares sagrados donde habitan sus antepasados.

> **Paso 3** Con otro(a) estudiante, conteste las siguientes preguntas.

1. ¿Qué problema ecológico afecta a las comunidades mapuches?
2. ¿Por qué representa esto un problema grave?
3. ¿Qué acciones han llevado a cabo los mapuches para protestar por esta situación?
4. ¿Por qué consideran los mapuches este problema como un problema de discriminación racial y cultural?
5. Según la cosmovisión del pueblo mapuche ¿cuál es la relación del hombre con la naturaleza?

> **Paso 4** **Cabildeo.** Una de las características de las sociedades democráticas es la habilidad de sus ciudadanos de defender políticas que ellos consideren favorables a sus comunidades y al bienestar de la sociedad. Con otro(a) estudiante, haz una lista de argumentos persuasivos que se puedan utilizar para pedirles a las autoridades competentes de Chile que dejen de utilizar basureros en tierras mapuches, que limpien los que ya existen y que paguen a la comunidad compensación monetaria por los daños que han sufrido. Traten de anticipar los argumentos que los representantes del gobierno van a utilizar para negar este tipo de solución.

¡A leer!

Mapuches, Discriminación y Basura

Por Alejandro Navarro Brain

Unas 11.500 toneladas de basura son depositadas mensualmente en tierras mapuches; de los 28 basurales en la región 19 están al interior o muy cercanos de comunidades y el resto en sectores de campesinos pobres.

Desde hace mucho tiempo, las comunidades mapuches de la Novena Región han levantado una demanda, distinta de la reivindicación de tierras ancestrales, y que tiene que ver con revertir una acción concreta y sistemática de discriminación en su contra: la erradicación de los basurales y vertederos instalados en el territorio donde viven desde hace siglos.

Hoy, unas 11.500 toneladas de basura son depositadas mensualmente en tierras mapuches; de los 28 basurales en la región 19 están al interior o muy cercanos de comunidades y el resto en sectores de campesinos pobres; 15 han cumplido su vida útil; varios de ellos se encuentran sin autorización sanitaria y otros sólo la han obtenido a principios y mediados de los años noventa. Del total de vertederos, 25 se encuentran sin resolución de calificación ambiental.

En los últimos meses, al no ser escuchadas, organizaciones de apoyo y familias pertenecientes a la coordinación de comunidades mapuches en conflicto por basurales y konapewman[1], han realizado la clausura simbólica y pacífica de los vertederos de Boyeco, en Temuco; el de Ancúe, en Gorbea; el de Llancamil, en Perquenco; el de Ranquilco Alto, en Nueva Imperial; el de Llanchahue y Quechuco, en Pitrufquén; y el de Pelahuenco, en Galvarino, entre otros.

Para los mapuches, que construyen su cultura en relación indisoluble con la tierra, es legítimo rechazar esta "ocupación" de territorio mapuche y propiciar la erradicación de los basurales, que son una versión actualizada de colonialismo. La clausura de los basurales es necesaria para frenar una de las prácticas más racistas que ha afectado al pueblo mapuche: ser el depósito de basuras de las ciudades, recibiendo graves impactos al medio ambiente y la salud de las personas, sin ningún respeto a su cultura y su sociedad.

Un ejemplo de esto es la muerte del niño mapuche Aquiles Epul, de Boyeco, en agosto de 2000. Los médicos determinaron que había sido víctima de la terrible "bacteria asesina", situación que se relacionó con la existencia del basural. Las familias presentaron un recurso de protección que finalmente fue rechazado por la Corte de Apelaciones de Temuco en el 2001. Fue en el marco de esa lucha que se enteraron de la existencia de un nuevo proyecto que buscaba mantener el vertedero funcionando hasta el 2025.

Pese a esta situación, que debiera mover a la preocupación de las autoridades regionales, ha sido la Conadi, el único organismo que ha manifestado su preocupación por el hecho cierto de que los líquidos percolados que emanan del vertedero de Boyeco contaminan el Estero Cusaco, que por su curso, traslada esta contaminación a otras 17 comunidades indígenas de la región. Poco o nada han dicho sobre que la Escuela G-523, con una matrícula de 120 alumnos, esté a sólo escasos metros del vertedero.

[...]

El funcionamiento de basurales ha provocado también la alteración de su sistema de vida, ya que muchos han debido cambiar radicalmente sus actividades de subsistencia. Las posibilidades de desarrollo agrícola, ganadero y turísticos son absolutamente limitadas. Ello también contribuye a que muchos mapuches emigren a zonas urbanas buscando nuevas posibilidades.

Para la cosmovisión del pueblo mapuche su relación con el entorno territorial es de un equilibrio entre las fuerzas de la naturaleza y su forma de vida. La existencia de basurales en sus tierras produce irreparables daños a la cultura territorial. La violación y contaminación de pantanos, árboles como el canelo, plantas medicinales y espacios sagrados donde habitan sus antepasados, generan graves desequilibrios por la ruptura de los elementos de la territorialidad.

Por ello se requiere que tomen las medidas que corresponden ahora. Las comunidades han esperado demasiado. Confiamos en que el alcalde René Saffirio cumplirá su palabra y en 90 días habrá soluciones concretas para más de 200 familias que ven afectada su cultura, su forma de vida y su salud por la existencia de un vertedero, como el de Boyeco, que aunque cuenta con proyecto aprobado sigue funcionando como un simple botadero de basura.

En el futuro inmediato, esperamos que las autoridades regionales consideren las particularidades de cada sector en que pretendan autorizar el funcionamiento de vertederos o rellenos sanitarios. La tierra mapuche y lo que representa merece respeto y no puede seguir convirtiéndose en el basurero de las ciudades. Ya es hora de que las políticas de Estado respeten nuestros orígenes.

[1] **konapewman** grupo que impulsa acciones de voluntariado, sin fines de lucro

¡A escribir!

El ensayo argumentativo

Before beginning your essay, read the **Estrategia de escritura** on p. 281.

El ensayo argumentativo es un tipo de ensayo académico en el que expones y defiendes tu opinión sobre algún tema de debate, con la intención de convencer al lector de tu punto de vista. En este capítulo has explorado varios temas de mucho debate y ahora vas a escribir un ensayo argumentativo sobre uno de ellos.

> Paso 1

Antes de exponer una opinión, tienes que tener un tema interesante sobre el cual puedes presentar una opinión fundamentada. Para identificar un buen tema, haz una lista de los temas de debate que exploraste en este capítulo. Algunos ejemplos son la inmigración, la identidad cultural en el mundo globalizado, el bilingüismo y la protección del medio ambiente. Luego, pasa entre 10 y 20 minutos identificando los debates relacionados con los temas que apuntaste.

Cuando acabes, selecciona el tema y el debate que te parezcan más interesantes y escribe dos o tres frases para anotar tu punto de vista acerca del tema.

TEACHING TIP Ask students to e-mail you an outline with their thesis and supporting arguments before class. Choose several to anonymously display on a transparency and work with the class to offer feedback on each example.

> Paso 2

Haz una investigación sobre el tema que elegiste. Busca información objetiva que apoye tu punto de vista y también busca información sobre las opiniones opuestas a las tuyas. No te olvides de apuntar cuidadosamente las fuentes que consultes para documentarlas en tu ensayo.

Después de hacer tus investigaciones, escribe la tesis que quieres apoyar en tu ensayo.

Luego, apunta tres o cuatro de tus mejores argumentos y la evidencia que apoya esos argumentos. No te olvides de incluir información para contradecir por lo menos uno de los argumentos del otro lado del debate.

ESTRATEGIA DE ESCRITURA

Cómo escribir un ensayo argumentativo

The purpose of the argumentative essay is to convince your readers of your point of view about a specific issue. Your ability to be convincing rests largely on the quality of your thesis, the strength of your arguments to support your thesis, and the tone of your language.

Elements of a good thesis:

- It must present an informed opinion about a topic of interest about which there are multiple points of view.
- It must contradict, inform or strengthen the beliefs of your reader about your topic.
- It must be able to be proven or supported by concrete evidence or logical argumentation.

Example: **La cacería regulada es una estrategia efectiva para proteger los animales en peligro de extinción.**

This thesis presents an opinion about a topic of interest and debate that likely challenges the beliefs of many readers and can be supported with statistics, reports, etc.

Example: **Hay muchos desafíos ambientales hoy en día.**

This is a poor thesis because it is not a debatable opinion, but rather a matter of fact.

Elements of effective argumentation:

- Your arguments must be logical and based in fact rather than conjecture or popular opinion. The intelligent reader is not convinced by proclamations without objective facts to back them up. If you are not an expert on your topic, you will need to provide your reader with objective information (facts, data, expert opinions, etc.).
- You must scrutinize your sources of information. You want to consult expert and objective sources. Be particularly careful of information on web pages. Anyone with access to a computer can publish his or her opinion on a topic; this does not make him or her an expert!
- You should present information that refutes some of the stronger opposing points of view. This is the way you get your reader to see the logic of your viewpoint.
- Your tone should be authoritative and objective. Avoid phrases such as **en mi opinión, yo creo, desde mi punto de vista, etc.,** as they weaken your argument by limiting your opinion to yourself alone.

Paso 3

Escribe tu primer borrador del ensayo siguiendo la siguiente estructura:

La introducción: Escribe un párrafo para presentar el tema y tu tesis. Incluye información específica para demostrar la importancia del tema y también la naturaleza del debate.

El cuerpo: Elabora tus argumentos. Cada argumento debe tratar un aspecto distinto de tu tesis y por eso debe tener su propio párrafo.

La conclusión: Resume tu ensayo, conectando tus argumentos para llegar a la conclusión que presentaste en tu tesis.

El título: Ponle un título que resuma el tema del ensayo y a la vez capture el interés del lector.

ALTERNATIVE If time does not allow for peer review, ask students to revise their own draft using the questions in **Paso 4.**

Paso 4

Trabaja con otro(a) estudiante para revisar tu primer borrador. Lee su ensayo y comparte con él/ella tus respuestas a las siguientes preguntas: ¿Trata un tema de debate? ¿Presenta la tesis una opinión fundamentada? ¿Presenta datos y ejemplos específicos, objetivos y convincentes que apoyen la tesis? ¿Refuta algunos de los argumentos en contra de su punto de vista? ¿Usa un lenguaje objetivo? En la conclusión, ¿resume los argumentos presentados para sacar la conclusión presentada en la tesis? ¿Te ha convencido de su punto de vista? ¿Por qué sí o no? ¿Documenta sus fuentes de información? ¿Captura el título el interés? ¿Qué otras recomendaciones tienes para tu compañero(a)?

Paso 5

Considera los comentarios de tu compañero(a) y haz los cambios necesarios. También haz una revisión de la gramática y el vocabulario.

¡A ver!

Mapuches:
Concierto y miseria

> **Paso 1** Vas a ver un reportaje de televisión sobre las demandas por parte de los indígenas mapuche de Chile. Antes de verlo contesta las siguientes preguntas con la ayuda de otro(a) estudiante. ¿Cuáles son algunos de los problemas económicos, sociales y culturales de los grupos indígenas de los Estados Unidos? ¿Crees que los mapuches tengan los mismos problemas? ¿Por qué? ¿Cuáles pueden ser algunas de las demandas de los grupos indígenas de Chile?

TEACHING TIP Allow students to view the video segment at least two times. Suggest they watch and listen the first time but not try to take notes. Have them read the statements in **Paso 3** and then, as they watch it a second time, have them write notes.

TEACHING TIP Have students share their opinions in small groups. Following their conversations you may lead a class discussion of the topic or you may have students write a paragraph in which they express their opinions and turn it in to you.

> **Paso 2**

Mira el reportaje. Escucha con cuidado las opiniones de las diferentes personas y toma notas.

El reportero

Los entrevistados

> **Paso 3** ¿Qué has entendido? Contesta las siguientes preguntas.

1. ¿Qué están celebrando los mapuches?

2. ¿Qué prometió el gobierno a los grupos mapuches?

3. ¿Cuál es la demanda principal para muchas comunidades mapuches?

4. ¿Qué opinan los expertos en cuanto al problema de los indígenas?

5. Según una entrevistada ¿qué se necesita además de la recuperación de tierras?

ANSWERS Paso 3: 1. el Año Nuevo 2. entregar 50 mil hectáreas de tierra, dos millones de dólares en semillas y capacitación 3. la recuperación de tierras 4. Es un problema complejo que no tiene soluciones simples. 5. recursos técnicos

> **Paso 4** Una de las principales demandas de las comunidades mapuches es la recuperación de la tierra. Con otro(a) estudiante, haz una lista de cinco argumentos a favor y cinco en contra de la restitución de tierras a estas comunidades. ¿Cuáles de los argumentos son los más persuasivos? ¿Por qué? ¿Se pueden utilizar estos argumentos en el caso de los indígenas de los Estados Unidos? ¿Por qué?

CD2-17

Para hablar de los desafíos sociales de la globalización

el abuso / abusar *abuse / to abuse*

el alcance / alcanzar *reach, range, scope / to reach, attain, achieve*

la aldea global *global village*

la barrera *barrier, obstacle*

la brecha *gap, breach*

la colonización / colonizar *colonization / to colonize*

el convenio *agreement, treaty*

el desempleo / el subempleo *unemployment, underemployment*

el desplazamiento / desplazar(se) *displacement, removal / to displace, move*

la disputa / disputar *dispute / to dispute*

la diversidad lingüística *linguistic diversity*

la dominación / dominar *domination / to dominate*

el emigrante / emigrar *emigrant / to emigrate*

la esperanza *hope*

la exclusión / excluir *exclusion / to exclude*

el fortalecimiento / fortalecer *strengthening / to strengthen*

la fuga de cerebros / fugarse *brain drain / to flee, escape*

la homogeneización / homogeneizar *homogenization / to homogenize*

la identidad cultural *cultural identity*

la imposición / imponer *imposition / to impose*

el ingreso de inmigrantes / ingresar *entrance of immigrants / to enter*

la inquietud / inquieto(a) *anxiety, worry / anxious, worried*

la inversión / invertir *investment / to invest*

la legalización / legalizar *legalization / to legalize*

la lengua materna *mother tongue*

la mano de obra *workforce*

el menosprecio / menospreciar *scorn, lack of appreciation / to despise, to undervalue*

el monolingüismo / bilingüismo *monolingualism / bilingualism*

la pandilla *gang*

la política migratoria *immigration policy*

el racismo *racism*

la remesa *remittance*

la restricción / restringir *restriction / to restrict*

la toma de decisiones *decision making*

el tráfico de personas / traficar *trafficking of people / to traffic*

(des)ventajoso(a) *(dis)advantageous*

indocumentado(a) *undocumented*

atraer *to attract*

conllevar *to entail, involve*

disminuir *to decrease, diminish*

Para hablar de la ecología global

el abono orgánico *compost*

la abundancia / abundar *abundance / to abound*

el agotamiento / agotar *depletion / to deplete*

el agua dulce *fresh water*

la biodiversidad *biodiversity*

la cacería / cazar *hunting / to hunt*

el calentamiento global *global warming*

la carencia / carecer *lack / to lack*

las causas subyacentes *underlying causes*

la conciencia / concienciar (de) *conscience / to make aware (of)*

el consumo / consumir *consumption / to consume*

el derrame / derramar *spill / to spill*

el desarrollo sostenible *sustainable development*

el desgaste / desgastar(se) *wear, corrosion / to wear out (get worn out)*

los deshechos / deshacer *remains / to dissolve, take apart, undo*

el deterioro / deteriorar *deterioration, damage / to deteriorate, damage*

el ecosistema *ecosystem*

el efecto invernadero *greenhouse effect*

el embalse *reservoir*

las especies silvestres *wild species*

la estrategia *strategy*

la expansión / expandir *expansion / to expand*

el humedal *wetland*

el impacto devastador *devastating impact*

el incentivo / incentivar *incentive / to motivate, encourage*

el pantanal *marsh*

el Planeta Tierra *Planet Earth*

la presa *dam*

los recursos renovables *renewable resources*

la regulación / regular *regulation / to regulate*

el rescate / rescatar *rescue / to rescue*

los residuos radioactivos *radioactive waste*

la restauración / restaurar *restoration / to restore*

la riqueza natural *natural richness*

la sobrepesca *overfishing*

el suelo *ground*

la tala / talar *tree felling / to fell a tree*

el veneno / envenenar *poison / to poison*

descomponerse *to decompose, break down*

fallar *to fail*

Apéndices

Índice de palabras conocidas

Capítulo 1

Cómo saludar

Buenos días.	*Good morning.*
Buenas tardes.	*Good afternoon.*
Buenas noches.	*Good evening.*
¡Hola!	*Hi!* (informal)
¿Qué tal?	*What's up?* (informal)
¿Qué hay?	*What's new?* (informal)
¿Cómo estás?	*How are you?* (informal)
¿Cómo está usted?	*How are you?* (formal)

Cómo contestar

Bastante bien.	*Rather well.*
Más o menos.	*So-so.*
(Muy) bien.	*(Very) well.*
Bien, gracias.	*Fine, thanks.*
Me llamo...	*My name is . . .*

Presentaciones

¿Cómo se llama usted?	*What's your name?* (formal)
¿Cómo te llamas?	*What's your name?* (informal)
¿Cuál es tu nombre?	*What's your name?* (informal)
El gusto es mío.	*The pleasure is mine.*
Encantado(a).	*Nice to meet you.*
Mucho gusto.	*Nice to meet you.*
Soy de...	*I'm from . . .*

Cómo despedirse

Adiós.	*Good-bye.*
Buenas noches.	*Good night.*
Chau. / Chao.	*Bye.* (informal)
Hasta luego.	*See you later.*
Hasta mañana.	*See you tomorrow.*
Hasta pronto.	*See you soon.*

Cómo pedir información

¿Cuál es tu nombre?	*What's your name?* (informal)
¿Cuál es tu número de teléfono?	*What's your telephone number?* (informal)
¿De dónde es usted?	*Where are you from?* (formal)
¿De dónde eres tú?	*Where are you from?* (informal)
¿Cómo te llamas?	*What is your name?*
Nos vemos.	*See you later.*

Geografía

el arroyo	*creek*
el bosque	*forest*
el (la) campesino(a)	*farm worker, peasant*
la catarata	*waterfall*
la colina	*hill*
la costa	*coast*
el lago	*lake*
el mar	*sea*
el océano	*ocean*
el río	*river*
la selva	*jungle*
la tierra	*land, earth*
bello(a)	*beautiful*
denso(a)	*dense*
tranquilo(a)	*tranquil, peaceful*

Las estaciones — Seasons

la primavera	*spring*
el verano	*summer*
el otoño	*fall*
el invierno	*winter*

El clima

la lluvia	*rain*
la nieve	*snow*
está despejado	*it's clear*
está nublado	*it's cloudy*
hace buen tiempo	*it's nice out*
hace calor	*it's hot*
hace fresco	*it's cool*
hace frío	*it's cold*
hace sol	*it's sunny*

Preposiciones de lugar

a la derecha de	*to the right of*
a la izquierda de	*to the left of*
al lado de	*next to*
cerca de	*near*
delante de	*in front of*
derecho	*straight*
detrás de	*behind*
enfrente de	*across from*
entre	*between*

hacia	*toward*		
lejos de	*far from*		
el este	*east*		
el norte	*north*		
el oeste	*west*		
el sur	*south*		

Adverbios de lugar

cerca	*near*
demasiado	*too much*
hasta	*up to, until*
lejos	*far (away)*

Nacionalidades

árabe	*Arab*
alemán(-a)	*German*
argentino(a)	*Argentine*
boliviano(a)	*Bolivian*
brasileño(a)	*Brazilian*
canadiense	*Canadian*
chileno(a)	*Chilean*
chino(a)	*Chinese*
colombiano(a)	*Colombian*
coreano(a)	*Korean*
costarricense	*Costa Rican*
cubano(a)	*Cuban*
dominicano(a)	*Dominican (from the Dominican Republic)*
egipcio(a)	*Egyptian*
español(-a)	*Spanish*
estadounidense	*from the United States*
francés(-a)	*French*
guatemalteco(a)	*Guatemalan*
haitiano(a)	*Haitian*
hondureño(a)	*Honduran*
indio(a)	*Indian*
inglés(-a)	*English*
italiano(a)	*Italian*
japonés(-a)	*Japanese*
mexicano(a)	*Mexican*
nicaragüense	*Nicaraguan*
norteamericano(a)	*North American*
panameño(a)	*Panamanian*
paraguayo(a)	*Paraguayan*
peruano(a)	*Peruvian*
puertorriqueño(a)	*Puerto Rican*
ruso(a)	*Russian*
salvadoreño(a)	*Salvadoran*
uruguayo(a)	*Uruguayan*
venezolano(a)	*Venezuelan*

Festivales

los cohetes	*rockets*
el día feriado	*holiday*
el disfraz	*costume*
la máscara	*mask*
la procesión	*parade*
celebrar	*to celebrate*
disfrazarse	*to wear a costume*
gritar	*to shout*
pasarlo bien (mal)	*to have a good (bad) time*
recordar (ue)	*to remember*
reunirse con	*to get together with*

Capítulo 2

Las relaciones familiares

el (la) abuelo(a)	*grandmother/grandfather*
el (la) cuñado(a)	*brother-in-law/sister-in-law*
el (la) esposo(a)	*husband/wife*
el (la) hermano(a)	*brother/sister*
el (la) hijo(a)	*son/daughter*
la madre (mamá)	*mother*
el (la) nieto(a)	*grandson/granddaughter*
la nuera	*daugther-in-law*
el padre (papá)	*father*
la pareja	*couple*
el (la) primo(a)	*cousin*
el (la) sobrino(a)	*nephew/niece*
el (la) suegro(a)	*father-in-law/mother-in-law*
el (la) tío(a)	*uncle/aunt*
el yerno	*son-in-law*
las mascotas	*house pets*
el gato	*cat*
el pájaro	*bird*
el perro	*dog*
el pez	*fish*

Para describir las relaciones familiares

el amor	*love*
el cariño	*affection*
la cita	*date (social)*
el compromiso	*engagement*
el divorcio	*divorce*
la separación	*separation*
la vida	*life*
casado(a)	*married*
soltero(a)	*single*
abrazar(se)	*to hug (each other)*

amar	to love		
besar(se)	to kiss (each other)		
casarse (con)	to get married, to marry		
darse la mano	to shake hands		
divorciarse (de)	to get divorced (from)		
enamorarse (de)	to fall in love (with)		
llevarse bien (mal) (con)	to get along well (poorly) (with)		
querer	to love		
romper (con)	to break up (with)		
salir (con)	to go out (with)		
separarse (de)	to separate (from)		

Las celebraciones familiares

el anfitrión	host
la anfitriona	hostess
el banquete	banquet
la boda	wedding
el cumpleaños	birthday
la fiesta (de sorpresa)	(surprise) party
la flor	flower
los invitados	guests
la luna de miel	honeymoon
el matrimonio	marriage
la novia	bride
el noviazgo	courtship
el novio	groom
la orquesta	band
el pastel	cake
el ramo	bouquet
la recepción	reception
los recién casados	newlyweds
los regalos	gifts
las velas	candles
celebrar	to celebrate
cumplir años	to have a birthday
dar (hacer) una fiesta	to give a party
hacer un brindis	to make a toast
llorar	to cry
olvidar	to forget
pasarlo bien (mal)	to have a good (bad) time
ponerse + *adjective*	to become, to get + adjective
reaccionar	to react
recordar (ue)	to remember
reunirse con	to get together with

Capítulo 3

La gente — *People*

el (la) compañero(a) de clase	classmate
el (la) compañero(a) de cuarto/ de apartamento	roommate

Cursos y especializaciones — *Courses and majors*

la administración de empresas	business administration
el arte	art
la biología	biology
la ciencia	science
la computación	computer science
el derecho	law
la economía	economics
la educación	education
la física	physics
la geografía	geography
la historia	history
la ingeniería	engineering
el inglés	English
la literatura	literature
las matemáticas	math
la medicina	medicine
la música	music
el periodismo	journalism
la pintura	painting
la química	chemistry
la sicología	psychology
la sociología	sociology

Edificios universitarios — *University buildings*

el apartamento	apartment
la biblioteca	library
la cafetería	cafeteria
el campus	campus
el centro estudiantil	student center
el cuarto	room
la escuela	school
el gimnasio	gymnasium
la librería	bookstore
la oficina	office
la residencia	dormitory
la sala de clase	classroom
la universidad	university
enseñar	to teach
entrar	to enter
estudiar	to study
practicar	to practice
tomar clases/exámenes	to take classes/tests

Lugares en el pueblo — *Places in town*

el banco	bank
el café	cafe
la calle	street
el centro	downtown
el centro comercial	mall

el cine	*movie theater*
la iglesia	*church*
el mercado (al aire libre)	*(outdoor) market*
el museo	*museum*
la oficina de correos	*post office*
el parque	*park*
la piscina	*pool*
la plaza	*plaza*
el restaurante	*restaurant*
el supermercado	*supermarket*
la tienda	*store*

Viajar en avión — Airplane travel

la aduana	*customs*
el aeropuerto	*airport*
la agencia de viajes	*travel agency*
el (la) agente de viajes	*travel agent*
el asiento	*seat*
el (la) asistente de vuelo	*flight attendant*
el avión	*plane*
el boleto (billete) de ida	*one-way ticket*
el boleto (billete) de ida y vuelta	*round-trip ticket*
el control de seguridad	*security*
el equipaje (de mano)	*(carry-on) baggage, luggage*
el horario	*schedule*
la inmigración	*passport control/immigration*
la llegada	*arrival*
la maleta	*suitcase*
el (la) pasajero(a)	*passenger*
el pasaporte	*passport*
el pasillo	*aisle*
la puerta	*gate*
la salida	*departure*
la ventanilla	*window*
el viaje	*trip*
el vuelo (sin escala)	*(nonstop) flight*

Verbos

abordar	*to board*
bajar(se) (de)	*to get off*
facturar el equipaje	*to check the luggage*
hacer escala (en)	*to make a stop (on a flight) (in)*
hacer la(s) maleta(s)	*to pack one's suitcase(s)*
ir en avión	*to go by plane*
pasar (por)	*to go through*
recoger	*to pick up, to claim*
viajar	*to travel*

Expresiones idiomáticas

¡Bienvenido(a)!	*Welcome!*
¡Buen viaje!	*Have a nice trip!*
Perdón.	*Excuse me.*

En el hotel — In the hotel

el aire acondicionado	*air-conditioning*
el ascensor	*elevator*
la cama sencilla (doble)	*single (double) bed*
el cuarto	*room*
el hotel de cuatro estrellas	*four-star hotel*
la llave	*key*
la recepción	*front desk*
el (la) recepcionista	*receptionist*
la reserva	*reservation*

Adjetivos

arreglado(a)	*neat, tidy*
cómodo(a)	*comfortable*
limpio(a)	*clean*
privado(a)	*private*
sucio(a)	*dirty*

Verbos

registrarse	*to register*
quedarse	*to stay*
quejarse de	*to complain about*

Capítulo 4

Los deportes — Sports

el baloncesto	*basketball*
el béisbol	*baseball*
el campo de fútbol/de golf	*football field, golf course*
el ciclismo	*cycling*
el fútbol (americano)	*soccer (football)*
el golf	*golf*
la natación	*swimming*
el partido	*game*
el vólibol	*volleyball*
andar en bicicleta	*to ride a bike*
bucear	*to scuba dive*
caminar por las montañas	*to hike/walk in the mountains*
correr	*to run*
correr las olas	*to surf*
esquiar (en el agua)	*to (water) ski*
ganar	*to win*
jugar (ue) al tennis	*to play tennis*

levantar pesas	*to lift weights*	la carne (de res)	*meat (beef)*
montar a caballo	*to go horseback riding*	la chuleta (de cerdo)	*(pork) chop*
nadar	*to swim*	la hamburguesa	*hamburger*
patinar (en línea)	*to (in-line) skate*	el jamón	*ham*
pescar	*to fish*	la langosta	*lobster*
		los mariscos	*shellfish, seafood*

Los pasatiempos / *Pastimes*

acampar	*to camp*	el pavo	*turkey*
bailar	*to dance*	el pescado	*fish*
broncearse (tomar el sol)	*to get a suntan*	el pollo (asado)	*(roast) chicken*
dar un paseo	*to go on a walk*		
hacer esnórquel	*to snorkel*		

Las frutas y los vegetales / *Fruits and vegetables*

hacer un picnic/planes/	*to go on a picnic, to make plans,*	la banana	*banana*
ejercicio	*to exercise*	la lechuga	*lettuce*
hacer una parrillada	*to have a cookout*	la manzana	*apple*
ir	*to go*	la naranja	*orange*
a un bar	*to a bar*	las papas (fritas)	*(french fried) potatoes*
a un club	*to a club*	el tomate	*tomato*
a un concierto	*to a concert*	las verduras	*vegetables*
a una discoteca	*to a disco*		
a una fiesta	*to a party*		

Otras comidas / *Other foods*

al cine	*to the movies*	el arroz	*rice*
de compras	*shopping*	el champiñón	*mushroom*
mirar la tele	*to watch television*	la ensalada	*salad*
pescar	*to fish*	el huevo duro	*hard-boiled egg*
pasear en canoa/velero	*to go canoeing/sailing*	el pan (tostado)	*bread (toast)*
sacar fotos	*to take pictures*	el queso	*cheese*
tocar la guitarra	*to play the guitar*	la salsa	*sauce*
tomar el sol	*to sunbathe*	el sándwich	*sandwich*
visitar un museo	*to visit a museum*	la sopa	*soup*

Las comidas / *Meals*

Los condimentos / *Condiments*

el almuerzo	*lunch*	el aceite	*oil*
la cena	*dinner, supper*	el azúcar	*sugar*
el desayuno	*breakfast*	la mantequilla	*butter*
		la pimienta	*pepper*

Las bebidas / *Beverages*

el agua (f.) mineral con/sin gas	*carbonated/noncarbonated mineral water*	la sal	*salt*
		el vinagre	*vinegar*

Los postres / *Desserts*

el café	*coffee*	el flan (casero)	*(homemade) caramel custard*
la cerveza	*beer*	el helado	*ice cream*
el jugo de fruta	*fruit juice*		
la leche	*milk*		

El restaurante

el refresco	*soft drink*	el (la) camarero(a)	*waiter (waitress)*
el té (helado)	*(iced) tea*	la cuenta	*check, bill*
el vino (blanco, tinto)	*(white, red) wine*	la especialidad de la casa	*house specialty*
		el menú	*menu*

Los platos principales / *Main dishes*

el bistec	*steak*
los calamares (fritos)	*(fried) squid*
los camarones	*shrimp*

Adjetivos

caliente	*hot (temperature)*
fresco(a)	*fresh*
ligero(a)	*light (meal, food)*
pesado(a)	*heavy (meal, food)*
rico(a)	*delicious*

Verbos

almorzar (ue)	*to have (eat) lunch*
cenar	*to have (eat) supper (dinner)*
cocinar	*to cook*
desayunar	*to have (eat) breakfast*
desear	*to wish, to want*
pedir (i)	*to order (food)*
picar	*to eat appetizers*
preparar	*to prepare*
recomendar (ie)	*to recommend*

Expresiones idiomáticas

¡Buen provecho!	*Enjoy your meal!*
¡Cómo no!	*Of course!*
dejar una (buena) propina	*to leave a (good) tip*
Estoy a dieta.	*I'm on a diet.*
Estoy satisfecho(a).	*I'm satisfied. I'm full.*
La cuenta, por favor.	*The check, please.*
No puedo más.	*I can't (eat) any more.*
¿Qué desean/quieren comer (beber)?	*What would you like to eat (to drink)?*
¡Salud!	*Cheers!*
Te invito.	*It's on me (my treat).*
Yo quisiera...	*I would like . . .*

Capítulo 5

Las partes del cuerpo

la boca	*mouth*
los brazos	*arms*
el cabello / el pelo	*hair*
la cabeza	*head*
la cara	*face*
los codos	*elbows*
el corazón	*heart*
el cuello	*neck*
los dedos	*fingers*
los dedos de los pies	*toes*
los dientes	*teeth*
la espalda	*back*
el estómago	*stomach*
la garganta	*throat*
las manos	*hands*
la nariz	*nose*

el oído	*inner ear*
los ojos	*eyes*
las orejas	*(outer) ears*
la piel	*skin*
las piernas	*legs*
los pies	*feet*
los pulmones	*lungs*
las rodillas	*knees*
los tobillos	*ankles*

Para describir la apariencia física

alto(a)	*tall*
bajo(a)	*short (height)*
bonito(a)	*pretty*
delgado(a)	*thin*
feo(a)	*ugly*
gordo(a)	*fat*
grande	*big*
guapo(a)	*good-looking*
joven	*young*
moreno(a)	*brunette*
pequeño(a)	*small*
rubio(a)	*blond(e)*
viejo(a)	*old*

Para describir el carácter de una persona

amable	*friendly*
antipático(a)	*unpleasant*
artístico(a)	*artistic*
atlético(a)	*athletic*
bueno(a)	*good*
extrovertido(a)	*outgoing*
generoso(a)	*generous*
honesto(a)	*honest*
intelectual	*intellectual*
inteligente	*intelligent*
irresponsable	*irresponsible*
listo(a)	*smart, ready*
malo(a)	*bad*
nuevo(a)	*new*
paciente	*patient*
perezoso(a)	*lazy*
pobre	*poor*
responsable	*responsible*
rico(a)	*rich*
simpático(a)	*nice*
sincero(a)	*sincere*
tacaño(a)	*stingy*
tímido(a)	*shy*
tonto(a)	*silly, foolish*
trabajador(a)	*hard-working*

Para hablar de la moda y las tendencias

el abrigo	*overcoat*
el anillo	*ring*
los aretes	*earrings*
la blusa	*blouse*
la bolsa	*purse, bag*
las botas	*boots*
la bufanda	*scarf*
los calcetines	*socks*
la camisa	*shirt*
la camiseta	*T-shirt*
la cartera	*wallet*
el chaleco	*vest*
la chaqueta	*jacket*
el cinturón	*belt*
el collar	*necklace*
la corbata	*necktie*
la falda	*skirt*
las gafas de sol	*sunglasses*
la gorra de béisbol	*baseball cap*
los guantes	*gloves*
el impermeable	*raincoat*
los jeans	*blue jeans*
las medias	*stockings*
los pantalones (cortos)	*pants (shorts)*
el paraguas	*umbrella*
la pulsera	*bracelet*
el reloj	*watch*
las sandalias	*sandals*
el sombrero	*hat*
el suéter	*sweater*
el traje	*suit*
el traje de baño	*swimsuit*
los vaqueros	*jeans*
el vestido	*dress*
los zapatos	*shoes*
de (a) cuadros	*plaid*
de (a) lunares	*polka-dotted*
de (a) rayas	*striped*
es de...	*it's made of . . .*
algodón	*cotton*
cuero	*leather*
lana	*wool*
seda	*silk*
hacer juego con	*to match*
llevar	*to wear; to carry*
mostrar (ue)	*to show*
ponerse	*to put on*
probarse (ue)	*to try on*
quedarle (a uno)	*to fit (someone)*
rebajar	*to reduce (in price)*
usar	*to wear; to use*

Capítulo 6

Las profesiones — *Professions*

el (la) abogado(a)	*lawyer*
el (la) arquitecto(a)	*architect*
el (la) banquero(a)	*banker*
el (la) carpintero(a)	*carpenter*
el (la) cocinero(a)	*cook, chef*
el (la) contador(a)	*accountant*
el (la) dentista	*dentist*
el (la) empleado(a)	*employee*
el (la) fotógrafo(a)	*photographer*
el (la) gerente	*manager*
el hombre (la mujer) de negocios	*businessperson*
el (la) ingeniero(a)	*engineer*
el (la) jefe	*boss*
el (la) maestro(a)	*teacher*
el (la) obrero(a)	*worker; laborer*
el (la) peluquero(a)	*hairstylist*
el (la) periodista	*journalist*
el (la) plomero(a)	*plumber*
el (la) policía	*police officer*
el (la) programador(a)	*programmer*
el (la) siquiatra	*psychiatrist*
el (la) traductor(a)	*translator*
el (la) veterinario	*veterinarian*

La oficina, el trabajo y la búsqueda de trabajo — *The office, work, and the job hunt*

los beneficios	*benefits*
el (la) candidato(a)	*candidate, applicant*
el currículum	*resumé*
la empresa	*corporation; business*
la entrevista	*interview*
el informe	*report*
el proyecto	*project*
el puesto	*job, position*
la reunión	*meeting*
la sala de conferencias	*conference room*
el salario/el sueldo	*salary*
la solicitud	*application (form)*
de tiempo completo	*full-time*
de tiempo parcial	*part-time*
contratar	*to hire*
dejar	*to quit*
despedir (i)	*to fire*

jubilarse	*to retire*
llenar	*to fill out (a form)*
pedir un aumento	*to ask for a raise*
renunciar	*to resign*
reunirse	*to meet*
solicitar un puesto	*to apply for a job*

Capítulo 7

Para hablar de los derechos

el aborto	*abortion*
el (an)alfabetismo	*(il)literacy*
la campaña	*campaign*
el (la) candidato(a)	*candidate*
el (la) ciudadano(a)	*citizen*
el congreso	*congress*
la corrupción	*corruption*
el debate	*debate*
el deber	*duty*
la defensa	*defense*
la democracia	*democracy*
los derechos humanos (civiles)	*human (civil) rights*
el (la) dictador(a)	*dictator*
la dictadura	*dictatorship*
el discurso	*speech*
la drogadicción	*drug addiction*
la educación	*education*
el ejército	*army*
las elecciones	*elections*
el (des)empleo	*(un)employment*
el gobierno	*government*
la guerra	*war*
la huelga	*strike*
los impuestos	*taxes*
la inflación	*inflation*
la inmigración	*immigration*
la ley	*law*
la libertad de la prensa	*freedom of the press*
la manifestación	*demonstration*
el partido político	*political party*
la paz	*peace*
el poder	*power*
la política internacional	*international policy*
el (la) político	*politician*
el (la) presidente(a)	*president*
la reforma	*reform*
el terrorismo	*terrorism*
la vivienda	*housing*
el voto	*vote*

conservador(a)	*conservative*
demócrata	*democratic*
liberal	*liberal*
republicano(a)	*republican*
apoyar	*to support*
aprobar (ue)	*to approve; to pass*
aumentar	*to increase*
defender (ie)	*to defend*
discutir	*to discuss*
elegir (i, i)	*to elect*
eliminar	*to eliminate*
firmar	*to sign*
gobernar (ie)	*to govern*
informar	*to inform*
investigar	*to investigate*
oponer	*to oppose*
proteger	*to protect*
protestar	*to protest*
reducir	*to reduce*
votar	*to vote*

Para hablar del crimen y la justicia

el (la) abogado(a)	*lawyer*
el abuso	*abuse*
el arma	*weapon, arm*
la cárcel	*jail*
el crimen	*crime*
el (la) ladrón(a)	*thief, crook*
la policía / el (la) policía	*police force / police officer*
el (la) prisionero(a)	*prisoner*
el robo / robar	*robbery / to rob*
el terrorismo / el (la) terrorista	*terrorism / terrorist*
arrestar	*to arrest*
matar	*to kill*
obedecer	*to obey*

Capítulo 8

Las artes	**The arts**
el actor	*actor*
la actriz	*actress*
el (la) arquitecto(a)	*architect*
la arquitectura	*architecture*
el artista	*artist*
el bailarín	*dancer*
la bailarina	*dancer*
el ballet	*ballet*
la canción	*song*

el (la) cantante	*singer*
la comedia	*comedy*
el (la) compositor(a)	*composer*
el concierto	*concert*
el cuadro	*painting*
la danza	*dance*
el dibujo animado	*cartoon*
el (la) director(a)	*director*
el documental	*documentary*
el (la) dramaturgo(a)	*playwright*
el edificio	*building*
el (la) escultor(a)	*sculptor*
la escultura	*sculpture*
la fotografía	*photography*
el (la) fotógrafo(a)	*photographer*
la música	*music*
el (la) músico	*musician*
la obra (de arte)	*work (of art)*
la ópera	*opera*
el papel	*role*
la película	*movie, film*
clásica	*classic*
de acción	*action*
de arte	*art*
de ciencia ficción	*science fiction*
de horror	*horror*
de intriga (misterio)	*mystery*
del oeste	*western*
extranjera	*foreign*
romántica	*romantic*
el (la) pintor(a)	*painter*
la pintura	*painting*
el retrato	*portrait*
edificar	*to build, construct*

Las letras

el (la) autor(a)	*author*
la biblioteca	*library*
el drama	*drama, play*
el (la) escritor(a)	*writer*
el (la) poeta	*poet*
la librería	*bookstore*
el libro	*book*
la literatura	*literature*
la poesía	*poetry*
el teatro	*theater*
aburrir	*to bore*
dejar	*to leave; to let, to allow*
molestar	*to bother*

Capítulo 9

Para hablar de los inventos electrónicos

la alarma	*alarm*
la antena parabólica	*satellite dish*
la cámara (digital)	*(digital) camera*
el contestador automático	*answering machine*
el control remoto	*remote control*
el disco compacto	*compact disc (CD)*
el equipo	*equipment*
el estéreo	*stereo*
el fax	*fax machine*
la fotocopiadora	*photocopier*
el satélite	*satellite*
el teléfono celular	*cellular phone*
la videocámara	*video camera*
el videocasete	*videotape*
la videocasetera	*VCR*
apagar	*to turn off*
(des)conectar	*to (dis)connect*
(des)enchufar	*to plug in (to unplug)*
funcionar	*to function (to work)*
grabar	*to record*
prender	*to turn on*

Para hablar de la computadora

los altavoces	*speakers*
el archivo	*file*
el ciberespacio	*cyberspace*
la computadora portátil	*laptop computer*
la conexión	*connection*
el correo electrónico	*e-mail*
el disco duro	*hard drive*
el disquete	*diskette*
el escáner	*scanner*
la impresora	*printer*
Internet	*Internet*
el mensaje	*message*
la página web	*web page*
la pantalla	*screen*
el programa (de CD-ROM)	*(CD-ROM) program*
el ratón	*mouse (of computer)*
el salón (la sala) de charla	*chat room*
el teclado	*keyboard*
abrir un documento (un programa)	*to open a document (program)*
archivar (guardar)	*to save*
estar conectado(a) (en línea)	*to be online*
hacer click (sobre)	*to click (on)*

imprimir	*to print*
navegar la red	*to surf the Net*
programar	*to program*
salir del programa	*to quit the program*
teletrabajar	*to telecommute*

Capítulo 10

El medio ambiente

el (la) agricultor(a)	*farmer*
el arroyo	*stream*
la basura	*trash*
el bosque	*forest*
la carretera	*highway*
la catarata	*waterfall*
el (la) campesino(a)	*farm worker, peasant*
la colina	*hill*
la fábrica	*factory*
la finca	*farm*
la metrópolis	*metropolis*
el rascacielos	*skyscraper*
el ruido	*noise*
la selva	*jungle*
la sobrepoblación	*overpopulation*
la tierra	*land, earth*
el tráfico	*traffic*
el transporte público	*public transportation*
acelerado(a)	*accelerated*
bello(a)	*beautiful*
denso(a)	*dense*
tranquilo(a)	*tranquil, peaceful*
cultivar	*to cultivate*
llevar una vida tranquila	*to lead a peaceful life*
regar (ie)	*to irrigate; to water*
sembrar	*to plant*

La conservación y la explotación

el aire	*air*
la capa de ozono	*ozone layer*
la contaminación	*pollution*
el desarrollo	*development*
el desperdicio	*waste*
la destrucción	*destruction*
la ecología	*ecology*
la energía (solar)	*(solar) energy*
la escasez	*lack, shortage*
el medio ambiente	*environment*
la naturaleza	*nature*
el petróleo	*petroleum*
los recursos naturales	*natural resources*

contaminado(a)	*polluted*
destruido(a)	*destroyed*
puro(a)	*pure*
acabar	*to run out*
conservar	*to conserve*
construir	*to construct*
contaminar	*to pollute*
desarrollar	*to develop*
destruir	*to destroy*
explotar	*to exploit*
proteger	*to protect*
reciclar	*to recycle*
recoger	*to pick up*
reforestar	*to reforest*
resolver (ue)	*to solve, resolve*

Los animales y el refugio natural

el ave	*bird*
la culebra	*snake*
el elefante	*elephant*
las especies	*species*
el gorila	*gorilla*
el guardaparques	*park ranger*
el león	*lion*
el lobo	*wolf*
el mono	*monkey*
el naturalista	*naturalist*
el oso	*bear*
el tigre	*tiger*

Índice de gramática conocida

Capítulo 1

Subject pronouns

I	yo	*we*	nosotros/nosotras
you (informal)	tú	*you* (plural, informal)	vosotros/vosotras
you (formal)	usted	*you* (plural, formal)	ustedes
he	él	*they*	ellos/ellas
she	ella		

Present indicative of regular verbs

To form the present tense of Spanish verbs ending in **-ar**, drop the infinitive ending and add a personal ending to the stem.

hablar

yo	habl**o**	*I speak*
tú	habl**as**	*you* (informal) *speak*
Ud., él/ella	habl**a**	*you* (formal) *speak, he/she speaks*
nosotros(as)	habl**amos**	*we speak*
vosotros(as)	habl**áis**	*you* (informal) *speak*
Uds., ellos/ellas	habl**an**	*you* (formal) *speak, they speak*

To form the present tense of Spanish infinitives ending in **-er** and **-ir**, add the appropriate personal ending to the stem of each.

	com + er			**viv + ir**	
yo	com**o**	*I eat*		viv**o**	*I live*
tú	com**es**	*you* (informal) *eat*		viv**es**	*you* (informal) *live*
Ud., él/ella	com**e**	*you* (formal) *eat; he, she eats*		viv**e**	*you* (formal) *live, he/she lives*
nosotros(as)	com**emos**	*we eat*		viv**imos**	*we live*
vosotros(as)	com**éis**	*you* (informal/plural) *eat*		viv**ís**	*you* (informal/plural) *live*
Uds., ellos/ellas	com**en**	*you* (formal/plural) *eat, they eat*		viv**en**	*you* (formal/plural) *live, they live*

Present indicative of verbs with spelling changes

i > y, before a, e, o		**gu > g, before o**	
construir		seguir (e > i)	
construyo	construimos	**sigo**	seguimos
construyes	construís	sigues	seguís
construye	**construyen**	sigue	siguen

Present indicative of stem-changing verbs

Present tense of *e > ie* stem-changing verbs

Infinitive	comenzar (ie)	pensar (ie)	querer (ie)	preferir (ie)
	(to begin)	*(to think)*	*(to want, to love)*	*(to prefer)*
Stem	comienz-	piens-	quier-	prefier-
	comienzo	pienso	quiero	prefiero
	comienzas	piensas	quieres	prefieres
	comienza	piensa	quiere	prefiere
	comenzamos	pensamos	queremos	preferimos
	comenzáis	pensáis	queréis	preferís
	comienzan	piensan	quieren	prefieren

Two verbs that have stem changes from **e** to **ie** have an irregular **yo** form.

Infinitive	tener (ie)	venir (ie)
	(to have)	*(to come)*
Stem	tien-	vien-
	tengo	**vengo**
	tienes	vienes
	tiene	viene
	tenemos	venimos
	tenéis	venís
	tienen	vienen

Other frequently used **e** to **ie** stem-changing verbs are:

regar (ie)	*to water*	entender (ie)	*to understand*
cerrar (ie)	*to close*	perder (ie)	*to lose; to miss (a function)*
empezar (ie)	*to begin*		

Present tense of *o > ue* stem-changing verbs

Infinitive	jugar (ue)*	almorzar (ue)	poder (ue)	volver (ue)	dormir (ue)
	(to play)	*(to have lunch)*	*(to be able)*	*(to return)*	*(to sleep)*
Stem	jueg-	almuerz-	pued-	vuelv-	duerm-
	juego	almuerzo	puedo	vuelvo	duermo
	juegas	almuerzas	puedes	vuelves	duermes
	juega	almuerza	puede	vuelve	duerme
	jugamos	almorzamos	podemos	volvemos	dormimos
	jugáis	almorzáis	podéis	volvéis	dormís
	juegan	almuerzan	pueden	vuelven	duermen

*****Jugar** is the only **u** to **ue** stem-changing verb in Spanish.

Present tense of *e > i* stem-changing verbs

Infinitive	servir (i)	pedir (i)	decir (i)
	(to serve)	*(to ask for)*	*(to say)*
Stem	sirv-	pid-	dic-
	sirvo	pido	**digo** (the **yo** form of **decir** is irregular)
	sirves	pides	dices
	sirve	pide	dice
	servimos	pedimos	decimos
	servís	pedís	decís
	sirven	piden	dicen

Present indicative of irregular verbs

There are several Spanish verbs that have irregular **yo** forms only in the present tense.

conocer	*to know, to meet*	**conozco**	**Conozco** a Carlos Suárez.
dar	*to give*	**doy**	**Doy** una fiesta el viernes.
estar	*to be (location and health)*	**estoy**	**Estoy** en la discoteca.
hacer	*to do, to make*	**hago**	**Hago** mucho ejercicio.
poner	*to put (on)*	**pongo**	**Pongo** música rock en casa.
saber	*to know (how)*	**sé**	**Sé** jugar bien al béisbol.
salir	*to leave, to go out*	**salgo**	**Salgo** todos los sábados.
traer	*to bring*	**traigo**	**Traigo** mis discos compactos a la fiesta.
ver	*to see*	**veo**	**Veo** a mi profesora en la tienda.

The other present-tense forms of these verbs are regular with the small exception of **ver**, which does not carry an accent on the **-e** of the **vosotros(as)** form as other **-er** verbs do.

	hacer	saber	conocer	dar	traer	ver	poner	salir
yo	hago	sé	conozco	doy	traigo	veo	pongo	salgo
tú	haces	sabes	conoces	das	traes	ves	pones	sales
Ud., él/ella	hace	sabe	conoce	da	trae	ve	pone	sale
nosotros(as)	hacemos	sabemos	conocemos	damos	traemos	vemos	ponemos	salimos
vosotros(as)	hacéis	sabéis	conocéis	dais	traéis	veis	ponéis	salís
Uds., ellos/ellas	hacen	saben	conocen	dan	traen	ven	ponen	salen

Other irregular verbs

	estar	oír	ir	haber	decir	reír	ser
yo	estoy	oigo	voy	he	digo	río	soy
tú	estás	oyes	vas	has	dices	ríes	eres
Ud., él/ella	está	oye	va	ha	dice	ríe	es
nosotros(as)	estamos	oímos	vamos	hemos	decimos	reímos	somos
vosotros(as)	estais	oías	vais	habéis	decís	reís	sois
Uds., ellos/ellas	están	oyen	van	han	dicen	ríen	son

Ir a + infinitive

To express future plans, use a form of the verb **ir** plus the preposition **a**, followed by an infinitive.

—¿Qué **vas a hacer** ahora?   —*What are you **going to do** now?*
—**Voy a jugar** al tenis.   —*I'm **going to play** tennis.*

Gender of articles and nouns

Articles

Definite and indefinite articles Both definite articles (**el, la, los, las**) and indefinite articles (**un, una, unos, unas**) agree in number and in gender with the nouns that they modify. When preceding feminine singular nouns that begin with a stressed **a** or **ha**, the masculine singular form of the article is used:

el agua	*but*	las aguas
el hacha	*but*	las hachas *(the axes, hatchets)*
un alma	*but*	unas almas *(some souls)*
un hada	*but*	unas hadas *(some fairies)*

Nouns

How to determine gender of nouns

1. In Spanish, nouns referring to males and most nouns ending in **-o** are masculine. Nouns referring to females and most nouns ending in **-a** are feminine. Definite and indefinite articles must match the gender (masculine or feminine) of the nouns they refer to.

el/un amigo	**la/una** amiga
el/un escritorio	**la/una** biblioteca

2. Most nouns ending in **-l** or **-r** are masculine, and most nouns ending in **-d** or **-ión** are feminine.

el/un papel	**la/una** universidad
el/un borrador	**la/una** lección

3. Some nouns do not conform to the rules stated above. One way to remember the gender of these nouns is to learn the definite articles and the nouns together, for example, **la clase**, **el día** *(day)*, **el mapa**, and **la mano** *(hand)*.

   Nouns that are of Greek origin ending in **-ma**, **-pa** and **-ta** are masculine: **el problema** *(the problem)*, **el mapa**, **el sistema**.

How to make nouns plural

In Spanish, all nouns are either singular or plural. Definite and indefinite articles (**el, la, los, las; un, una, unos, unas**) must match the number (singular or plural) of the nouns they refer to.

To make Spanish nouns plural, add -**s** to nouns ending in a vowel, and -**es** to nouns ending in a consonant.

Singular	Plural	Singular	Plural
el amigo	**los** amigos	una clase	**unas** clases
la amiga	**las** amigas	un professor	**unos** profesores
		una universidad	**unas** universidades

Here are two additional rules for making nouns plural:

1. For nouns ending in -**án**, -**és**, or -**ión**, drop the accent mark before adding -**es**.

el/un alem**án**	**los/unos** alemanes
el/un japon**és**	**los/unos** japoneses
la/una lecc**ión**	**las/unas** lecciones

2. For nouns ending in -**z**, drop the -**z**, then add -**ces**.

el/un lápi**z**	**los/unos** lápices

Spanish speakers do not consider nouns as being male or female (except when referring to people or animals). Therefore, the terms "masculine" and "feminine" are simply labels for classifying nouns.

Personal a

The personal **a** refers to the placement of the preposition **a** before the name of a person when that person is the direct object of the sentence.

Voy a llamar **a** Enrique.

Contractions

Contractions in Spanish are limited to preposition/article combinations, such as **de** + **el** = **del** and **a** + **el** = **al**, or preposition/pronoun combinations such as **con** + **mí** = **conmigo** and **con** + **ti** = **contigo**.

Demonstrative adjectives

Use demonstrative adjectives to point out a specific noun. Note that these adjectives must agree in gender (masculine or feminine) and number (singular or plural) with the noun to which they refer.

Singular: **este(a)** *this* **ese(a)** *that* **aquel (aquella)** *that (over there)*

Plural: **estos(as)** *these* **esos(as)** *those* **aquellos(as)** *those (over there)*

Note that in order to point out people, things, and places that are far from the speaker and from the person addressed and to indicate something from a long time ago, Spanish speakers use forms of the demonstrative adjective **aquel**. For example:

Este hombre a mi lado es mi tío, **ese hombre** cerca del coche es mi hermano y **aquella niña** en el otro lado de la calle es mi hija.

Demonstrative pronouns

Demonstrative pronouns are used in place of nouns and must agree with them in gender (masculine or feminine) and number (singular or plural). These forms all carry accents to distinguish them from the demonstrative adjectives:

Singular: **éste(a)** **ése(a)** **aquél (aquélla)**

Plural: **éstos(as)** **ésos(as)** **aquéllos(as)**

—¿Quieres ir a esa tienda?	*Do you want to go to that store?*
—Sí, a **ésa**.	*Yes, that one.*
—¿Son tuyos aquellos libros?	*Are those books (over there) yours?*
—Sí, **aquéllos** son míos.	*Yes, those are mine.*

Capítulo 2

Regular preterite verbs

To form the preterite for most Spanish verbs, add the following endings to the verb stem. Note the identical endings for -er and -ir verbs.

	hablar	comer	vivir
yo	hablé	comí	viví
tú	hablaste	comiste	viviste
Ud., él/ella	habló	comió	vivió
nosotros(as)	hablamos	comimos	vivimos
vosotros(as)	hablasteis	comisteis	vivisteis
Uds., ellos/ellas	hablaron	comieron	vivieron

Stem-changing preterite verbs

- -ar and -er stem-changing verbs in the present tense have no stem change in the preterite; use the same verb stem that you would for the **nosotros** form.

  pensar: pensé, pensaste, pensó, pensamos, pensasteis, pensaron
  volver: volví, volviste, volvió, volvimos, volvisteis, volvieron

Verbs with spelling changes in the preterite

- Verbs ending in -car, -gar, and -zar have a spelling change in the **yo** form of the preterite tense.

c changes to **qu**	g changes to **gu**	z changes to c
tocar → toqué	llegar → llegué	comenzar → comencé

- Verbs ending in -ir and -er that have a vowel before the infinitive ending require the following change in the **usted/él/ella** and **ustedes/ellos/ellas** forms of the preterite tense: the i between the two vowels changes to **y**.

	creer	leer	oír
Ud., él/ella	creyó	leyó	oyó
Uds., ellos/ellas	creyeron	leyeron	oyeron

Irregular verbs in the preterite

Some Spanish verbs have irregular verb stems in the preterite. Their endings have no accent marks.

dar: di diste dio dimos disteis dieron
hacer: hice hiciste hizo[1] hicimos hicisteis hicieron
ir: fui fuiste fue fuimos fuisteis fueron
poder: pude pudiste pudo pudimos pudisteis pudieron
poner: puse pusiste puso pusimos pusisteis pusieron
saber: supe supiste supo supimos supisteis supieron
querer: quise quisiste quiso quisimos quisisteis quisieron
venir: vine viniste vino vinimos vinisteis vinieron
estar: estuve estuviste estuvo estuvimos estuvisteis estuvieron[2]
tener: tuve tuviste tuvo tuvimos tuvisteis tuvieron
decir: dije dijiste dijo dijimos dijisteis dijeron[3]
traer: traje trajiste trajo trajimos trajisteis trajeron
ser: fui fuiste fue fuimos fuisteis fueron

Note that the preterite forms for **ir** and **ser** are identical; context clarifies their meaning in a sentence.

[1]Note the spelling change from **c** to **z** in the **usted/él/ella** form.
[2]**Andar** also follows this pattern: **anduve, anduviste, anduvo, anduvimos, anduvisteis, anduvieron.**
[3]Note that both the preterite stems of **decir** and **traer** end in -**j.** With these two verbs, the -**i** is dropped in the **ustedes/ellos/ellas** form to become **dijeron** and **trajeron,** respectively.

Note that **poder, poner, saber, querer, venir, estar,** and **tener** share the same endings:

pud-	-e
pus-	-iste
sup-	-o
quis-	-imos
vin-	-isteis
estuv-	-ieron
tuv-	

Imperfect tense

Regular imperfect verbs

To form the imperfect, add the following endings to the verb stem. Note the identical endings for **-er** and **-ir** verbs.

	jugar	hacer	divertirse
yo	jug**aba**	hac**ía**	me divert**ía**
tú	jug**abas**	hac**ías**	te divert**ías**
Ud., él/ella	jug**aba**	hac**ía**	se divert**ía**
nosotros(as)	jug**ábamos**	hac**íamos**	nos divert**íamos**
vosotros(as)	jug**abais**	hac**íais**	os divert**íais**
Uds., ellos/ellas	jug**aban**	hac**ían**	se divert**ían**

Irregular imperfect verbs

Note that only three Spanish verbs are irregular in the imperfect:

	ir	ser	ver
yo	iba	era	veía
tú	ibas	eras	veías
Ud., él/ella	iba	era	veía
nosotros(as)	íbamos	éramos	veíamos
vosotros(as)	ibais	erais	veíais
Uds., ellos/ellas	iban	eran	veían

Note: The imperfect tense of **hay** is **había**.

Adverbs of time

- Use the following adverbs to express how often something is done.

a veces *sometimes*	**nunca** *never*
dos (tres, etc.) veces *twice (three times, etc.)*	**otra vez** *again*
muchas veces *very often*	**una vez** *once*
cada día (semana, mes, etc.) *each (every) day (week, month, etc.)*	**solamente** *only, just*
	todos los años (días, meses, etc.) *every year (day, month, etc.)*
(casi) siempre *(almost) always*	

- Use the following adverbs to express the order of events.

primero *first*	**entonces** *then; so*	**finalmente** *finally*
luego *then*	**después** *afterward*	**por fin** *at last, finally*

Time expressions with *hace que*, *llevar*, and *acabar de*

Hace que

The verb construction **hace** + period of time + **que** is used to talk about how long an event or condition has been taking place or how long it has been since an event or condition took place. To indicate how long something has been happening, Spanish speakers use the construction **hace** + period of time + **que** + present tense.

—¿**Cuánto tiempo hace que vives** en San Salvador?	*How long have you been living in San Salvador?*
—**Hace seis años que vivo** aquí.	*I've been living here for six years.*

To express how long ago an action or state occurred, Spanish speakers use the verb form **hace** + period of time + **que** + preterite tense.

—¿**Cuánto tiempo hace que se mudaron** ustedes de San Salvador?	*How long ago did you move from San Salvador?*
—**Hace un año que nos mudamos.** (**Nos mudamos hace un año.**)	*We moved a year ago.*

The question ¿**Cuánto tiempo hace que... ?** can be used to ask about either (1) a period of time that continues into the present or (2) the amount of time since an event took place. The only feature that distinguishes the first scenario from the second is the choice of the present tense versus the past tense. Note the different implications for the following questions:

—¿**Cuánto tiempo hace que estudias** medicina?	*How long have you been studying medicine?* (You continue to study or be a student.)
—¿**Cuánto tiempo hace que estudiaste** medicina?	*How long has it been since you studied medicine?* (You are no longer studying or no longer a student.)

Llevar

Spanish speakers use the verb **llevar** *(to carry)* to indicate how long someone has been experiencing a condition, for example: **Carolina lleva tres días en cama.** Llevar is also used to indicate how long someone has been living in a certain place: **Nosotros llevamos dos años en Bolivia.** *(We've been living in Bolivia for two years.)*

Acabar de

Acabar de + infinitive is a way speakers of Spanish talk about things that have just taken place without using the past tense. Literally, **acabar de** + infinitive means to have just finished doing something.

Juan Carlos **acaba de ver** a tres pacientes.	*Juan Carlos **has just seen** three patients.*

Regular past participles

Add **-ado** to the stem of **-ar** verbs, and **-ido** to the stem of **-er** and **-ir** verbs.

Infinitive	Past participle	Infinitive	Past participle
-ar verb	stem + **-ado**	**-er**/**-ir** verb	stem + **-ido**
habl-ar	habl**ado** *spoken*	com-er	com**ido** *eaten*
pens-ar	pens**ado** *thought*	viv-ir	viv**ido** *lived*
lleg-ar	lleg**ado** *arrived*	dorm-ir	dorm**ido** *slept*

Note that several **-er** and **-ir** verbs have an accent mark on the **í** of their past participles.

leer	leído	*read*	**traer**	traído	*brought*
creer	creído	*believed*	**reír**	reído	*laughed*

Irregular past participles

Other verbs have irregular past participles. Here are some of the most common ones.

Infinitive	Past participle	Infinitive	Past participle
abrir	**abierto** *opened*	morir	**muerto** *died*
decir	**dicho** *said; told*	poner	**puesto** *put*
escribir	**escrito** *written*	ver	**visto** *seen*
hacer	**hecho** *done; made*	volver	**vuelto** *returned*

Saber and *conocer*

Saber

Use the verb **saber** to express knowing something (information) or knowing how to do something.

—¿**Sabes jugar** al tenis?	—*Do you know how to play tennis?*
—No, pero **sé jugar** al golf.	—*No, but I know how to play golf.*
—¿**Sabes qué**? ¡Me gusta el golf!	—*Do you know what? I like golf!*

Conocer

Use the verb **conocer** to express being acquainted with a person, place, or thing. Note that Spanish speakers use the preposition **a** immediately before a direct object that refers to a specific person or persons.

—¿**Conoces** Bogotá?	—*Do you know Bogota?*
—No, pero **conozco** Cali.	—*No, but I know Cali.*
—¿Quieres **conocer a** mi amiga?	—*Do you want to meet my friend?*
—Ya **conozco a** tu amiga Luisa.	—*I already know your friend Luisa.*

Tener expressions

The verb **tener** is used in many idiomatic expressions in Spanish. In addition to expressing age and possession, **tener** is used to express the following:

tener calor	*to be hot*	**tener paciencia**	*to be patient*
tener celos	*to be jealous*	**tener prisa**	*to be in a hurry*
tener éxito	*to be successful*	**tener razón**	*to be right*
tener frío	*to be cold*	**tener sed**	*to be thirsty*
tener hambre	*to be hungry*	**tener sueño**	*to be tired, sleepy*
tener miedo (de)	*to be afraid (of)*		

Capítulo 3

Common verbs with prepositions

acabar de	*to have just*	llevar a	*to lead to/take someone to*
ayudar a (algo)	*to help to*	mandar a	*to send to/send someone to*
comenzar a	*to begin to*	obligar a (algo)	*to oblige to/force/compel*
consistir en	*to consist of*		*someone to do something*
contribuir a (algo)	*to contribute to*	pasar a	*to go on to*
cuidar de	*to take care of*	pensar de	*to have an opinion about*
dejar de	*to stop doing something*	pensar en	*to think about (someone)*
depender de	*to depend on*	presumir de	*to boast about*
dudar en	*to hesitate over*	quedar en	*to agree to (used informally)*
empezar a	*to begin to*	soñar con	*to dream about*
enseñar a	*to show how to; teach to*	terminar de	*to finish*
insistir en	*to insist on*	tratar de	*to try to*
invitar a	*to invite to*	volver a (hacer)	*to (do) again*

Common reflexive verbs

aburrirse	*to get bored*	enojarse	*to get angry*
acostarse	*to go to bed*	lastimarse	*to hurt oneself*
afeitarse	*to shave*	lavarse	*to wash (up)*
alegrarse	*to be happy*	levantarse	*to get up*
animarse	*to cheer up*	maquillarse	*to put on makeup*
arreglarse	*to get ready*	peinarse	*to comb (hair)*
asustarse	*to get scared*	pintarse	*to put on makeup*
bañarse	*to bathe*	ponerse	*to put on (clothes)*
calmarse	*to calm down*	preocuparse	*to worry*
caerse	*to fall (down)*	probarse	*to try on*
cansarse	*to get tired*	quebrarse	*to break (arm, leg)*
cepillarse	*to brush (hair, teeth)*	quedarse	*to stay, remain*
cortarse	*to cut (hair, nails, finger)*	quemarse	*to burn (oneself, one's body)*
decidirse	*to make up one's mind*	quitarse	*to take off (clothes)*
despedirse	*to say good-bye to*	romperse	*to tear (clothes); to break*
despertarse	*to wake up*		*(arm, leg)*
divertirse	*to have a good time*	sentarse	*to sit down*
dormirse	*to fall asleep*	sorprenderse	*to be surprised*
ducharse	*take a shower*	vestirse	*to get dressed*
enfermarse	*to get sick*		

Reflexive pronouns

In English, reflexive pronouns end in *-self* or *-selves*, for example, *myself, yourself, ourselves*. In Spanish, reflexive pronouns are used with some verbs (called **reflexive verbs**) that reflect the action back to the subject of a sentence, meaning that the subject of the verb also receives the action of the verb. In the following example, notice how Juan Carlos is both the subject and recipient of the action of getting himself up.

Subject	Reflexive pronoun	Verb
Juan Carlos	**se**	levanta a las ocho.
Juan Carlos		*gets (himself) up at eight.*

Conjugating reflexive constructions

Reflexive verbs are identified by the pronoun **-se** attached to the end of the infinitive form of the verb. To conjugate these verbs, use a reflexive pronoun (e.g., **me**) with its corresponding verb form (e.g., **levanto**), according to the subject of the sentence (e.g., **yo**).

Reflexive infinitive

levantarse (*to get up*)

Subject	Reflexive pronoun + verb form	
yo	me levanto	*I get up*
tú	te levantas	*you* (informal) *get up*
Ud., él/ella	se levanta	*you* (formal) *get up, he/she gets up*
nosotros(as)	nos levantamos	*we get up*
vosotros(as)	os levantáis	*you* (informal) *get up*
Uds., ellos/ellas	se levantan	*you* (formal and informal) *get up, they get up*

Note that when reflexive verbs are used with parts of the body or with articles of clothing, use the definite article (**el, la, los, las**), as shown in the following examples.

Juan Carlos se cepilla **los** dientes.	*Juan Carlos brushes his teeth.*
Sara está poniéndose **el** pijama.	*Sara is putting on her pajamas.*
Tomás va a peinarse **el** cabello.	*Tomás is going to comb his hair.*

Placement of reflexive pronouns

- Place the pronoun in front of the conjugated verb.

  Juan Carlos **se levanta** a las ocho.   *Juan Carlos **gets up** at eight.*

- When a reflexive verb is used as an infinitive or as a present participle, place the pronoun either before the conjugated verb (if there are two or more verbs used together) or attach it to the infinitive or to the present participle.

  Sara **se va a levantar** pronto.
  or   *Sara **is going to get up** soon.*
  Sara **va a levantarse** pronto.

  Sara **se está levantando** ahora.
  or   *Sara **is getting up** now.*
  Sara **está levantándose** ahora.

> When a reflexive pronoun is attached to a present participle (e.g., **levantándose**), an accent mark is added to maintain the correct stress.

Negation

To make a Spanish statement or question negative, place **no** in front of the verb.

No tengo el mapa.
Carlos no está aquí.

In Spanish there are a number of negative expressions used with *no*.

no... nunca	*never*
no... jamás	*never*
no... nunca más	*never again*
no... tampoco	*neither, not either*
no... nada	*nothing*
no... nadie	*no one*
no... en/por ninguna parte	*nowhere*
ya no	*no more*
todaviá no	*not yet*

Superlative adjectives not ending in -o or -a

When using the superlative suffix **-ísmo/a/os/as,** there are several common changes in spelling for adjectives not ending in **-o** or **-a.** These are summarized in the chart below:

written accent is dropped	difícil	→	dificilísimo
-ble becomes **-bil**	sensible	→	sensibilísimo
c becomes **qu**	poco	→	poquísimo
g becomes **gu**	largo	→	larguísimo
gu becomes **qu**	antiguo	→	antiquísimo
z becomes **c**	feliz	→	felicísimo

Possessive adjectives and pronouns

Unstressed possessive adjectives

In Spanish, possessive adjectives must match the number (singular or plural) and, in the cases of **nosotros** and **vosotros**, the gender (masculine or feminine) of the nouns they describe.

	Singular	Plural
my	**mi** abuelo	**mis** abuelos
your (informal)	**tu** gato	**tus** gatos
his, her, its, your (formal), *their*	**su** familia	**sus** familias
our	**nuestro** hijo	**nuestros** hijos (masculine)
	nuestra hija	**nuestras** hijas (feminine)
your (informal)	**vuestro** primo	**vuestros** primos (masculine)
	vuestra prima	**vuestras** primas (feminine)
their	**su** madre	**sus** madres

Stressed possessive adjective and pronouns

In Spanish emphasis is placed on the possessive by using the stressed forms, identified below:

mío(a)(s)	*my, (of) mine*
tuyo(a)(s)	*your, (of) yours*
suyo(a)(s)	*your, of yours; his, (of) his; her, (of) hers, its*
nuestro(a)(s)	*our, (of) ours*
vuestro(a)(s)	*your, (of) yours*
suyo(a)(s)	*your, (of) yours; their, (of) theirs; his (of) his; her (of) hers*

Stressed possessive adjectives

The stressed possessive adjective must come after the noun and, like most other adjectives, agree in number and gender.

Unstressed:	Éstos son mis guantes.	*These are my gloves.*
Stressed:	Estos guantes son **míos.**	*These are **my** gloves.*
		*These gloves are **mine**.*
Unstressed:	Es su blusa.	*It's her blouse.*
Stressed:	Es una blusa **suya.**	*It's **her** blouse.*
		*It's a blouse **of hers**.*

Stressed possessive pronouns

The stressed possessives often function as pronouns, substituting for the omitted noun. When used as a pronoun, stressed possessive adjectives are preceded by a definite or indefinite article.

Silvia no tiene chaqueta.	*Silvia doesn't have a jacket.*
Le doy **la mía.**	*I'll give her **mine**.*
Mi camiseta está sucia.	*My shirt is dirty.*
Préstame **una tuya.**	*Lend me one **of yours**.*

Capítulo 4

Present subjunctive of regular verbs

To form the present subjunctive of regular verbs, drop the **-o** from the present indicative first-person (**yo**) form, then add the endings shown below:

	-ar verbs	**-er** verbs	**-ir** verbs
	lavarse	hacer	escribir
yo	me lave	haga	escriba
tú	te laves	hagas	escribas
Ud., él/ella	se lave	haga	escriba
nosotros(as)	nos lavemos	hagamos	escribamos
vosotros(as)	os lavéis	hagáis	escribáis
Uds., ellos/ellas	se laven	hagan	escriban

Present subjunctive of irregular verbs

Some verbs have irregular forms in the present subjunctive because their stems are not based on the first-person singular form of the present indicative.

dar	**estar**	**ir**	**saber**	**ser**
dé	esté	vaya	sepa	sea
des	estés	vayas	sepas	seas
dé	esté	vaya	sepa	sea
demos	estemos	vayamos	sepamos	seamos
deis	estéis	vayáis	sepáis	seáis
den	estén	vayan	sepan	sean

Present subjunctive of stem-changing verbs

Stem-changing verbs that end in **-ar** and **-er** have the same stem changes (**ie, ue**) in the present indicative and in the present subjunctive. Pay special attention to the **nosotros** and **vosotros** forms.

pensar (e > ie) · poder (o > ue)

Present indicative	Present subjunctive	Present indicative	Present subjunctive
pienso	piense	puedo	pueda
piensas	pienses	puedes	puedas
piensa	piense	puede	pueda
pensamos	pensemos	podemos	podamos
pensáis	penséis	podéis	podáis
piensan	piensen	pueden	puedan

Stem-changing verbs that end in **-ir** have the same stem changes (**ie, ue**) in the present indicative and in the present subjunctive. However, the **nosotros** and **vosotros** forms have a stem change (**e** to **i**, **o** to **u**) in the present subjunctive.

divertirse (ie) · dormir (ue)

Present indicative	Present subjunctive	Present indicative	Present subjunctive
me divierto	me divierta	duermo	duerma
te diviertes	te diviertas	duermes	duermas
se divierte	se divierta	duerme	duerma
nos divertimos	nos divirtamos	dormimos	durmamos
os divertís	os divirtáis	dormís	durmáis
se divierten	se diviertan	duermen	duerman

The verbs **pedir** and **servir** have the same stem change (**e** to **i**) in the present indicative and in the present subjunctive. The **nosotros** and **vosotros** forms have an additional stem change (**e** to **i**) in the present subjunctive.

	pedir (i)			servir (i)	
Present indicative		Present subjunctive	Present indicative		Present subjunctive
pido		pida	sirvo		sirva
pides		pidas	sirves		sirvas
pide		pida	sirve		sirva
pedimos		pidamos	servimos		sirvamos
pedís		pidáis	servís		sirváis
piden		pidan	sirven		sirvan

Present subjunctive of verbs with spelling changes

The stem of verbs that end in **-car**, **-gar**, and **-zar** have a spelling change to maintain pronunciation.

sacar (c > qu)	llegar (g > gu)	comenzar (z > c)
saque	llegue	comience
saques	llegues	comiences
saque	llegue	comience
saquemos	lleguemos	comencemos
saquéis	lleguéis	comencéis
saquen	lleguen	comiencen

Past participles

Regular past participles

Add **-ado** to the stem of **-ar** verbs, and **-ido** to the stem of **-er** and **-ir** verbs.

Infinitive	Past participle	Infinitive	Past participle
-ar verb	stem + **-ado**	**-er/-ir** verb	stem + **-ido**
habl-ar	habl**ado** *spoken*	com-er	com**ido** *eaten*
pens-ar	pens**ado** *thought*	viv-ir	viv**ido** *lived*
lleg-ar	lleg**ado** *arrived*	dorm-ir	dorm**ido** *slept*

Note that several **-er** and **-ir** verbs have an accent mark on the **í** of their past participles.

leer	leído *read*	traer	traído *brought*
creer	creído *believed*	reír	reído *laughed*

Irregular past participles

Other verbs have irregular past participles. Here are some of the most common ones.

Infinitive	Past participle	Infinitive	Past participle
abrir	**abierto** *opened*	morir	**muerto** *died*
decir	**dicho** *said; told*	poner	**puesto** *put*
escribir	**escrito** *written*	ver	**visto** *seen*
hacer	**hecho** done; *made*	volver	**vuelto** *returned*

Capítulo 5

Formation and placement of direct object pronouns

Singular		Plural	
me	*me*	nos	*us*
te	*you* (informal)	os	*you* (informal)
lo	*him, you* (formal), *it* (masculine)	los	*you* (formal), *them* (masculine)
la	*her, you* (formal), *it* (feminine)	las	*you* (formal), *them* (feminine)

Direct object pronouns, like indirect object pronouns, are placed according to the nature of the verb.

• Place the pronoun immediately in front of the conjugated verb.

—¿Cambiaste los pantalones, Alicia?
—Sí, **los** cambié ayer.

—¿**Me** llamaste, Jaimito?
—No, Pablo. No **te** llamé.

• When the direct object pronoun is used with an infinitive (**infinitivo**) or a present participle (**participio presente**), place it either before the conjugated verb or attach it to the infinitive or the present participle. (A written accent is needed to mark the stressed vowel of a present participle or an affirmative command when a direct object pronoun is attached to it.) With reflexive verbs (**verbos reflexivos**) in the infinitive form the direct object pronoun is placed after the reflexive pronoun (**pronombre reflexivo**) at the end of the verb. For example: **Voy a probarme el suéter. Voy a probármelo.** Affirmative commands (**mandatos afirmativos**) also require that the direct object pronoun be attached to the verb.

Lo voy a comprar mañana.
or
Voy a **comprarlo** mañana.

Lo estoy comprando ahora.
or
Estoy comprándolo ahora.

¡Cómpralo ahora!
but
No **lo compres** ahora.

Formation and placement of indirect object pronouns

Singular		Plural	
me	*to (for) me*	nos	*to (for) us*
te	*to (for) you* (informal)	os	*to (for) you* (informal)
le	*to (for) you* (formal), *him, her*	les	*to (for) you* (formal), *them*

Indirect object pronouns are placed according to the nature of the verb.

• Place the pronoun immediately in front of the conjugated verb.

Yo **os** explico ahora cómo ser menos quisquillosos.
No **me** presentaste a tu amigo.

• When the pronoun is used with an infinitive (**infinitivo**) or a present participle (**participio presente**), place it either before the conjugated verb or attach it to the infinitive or the present participle. Affirmative commands (**mandatos afirmativos**) require that the pronoun be attached to the end of the verb. (A written accent is needed to mark the stressed vowel of a present participle or an affirmative command when an indirect object pronoun is attached to it.)

Les voy a dar esta crema a todos mis amigos con pelo canoso.

or

Voy a dar**les** esta crema a todos mis amigos con pelo canoso.

Les estoy dando la crema ahora.

or

Estoy dándo**les** la crema ahora.

¡Da**les** la crema ahora!

but

No **les** des la crema ahora.

Pronouns as objects of prepositions

When a pronoun is used as the object of a preposition, a different set of pronouns is used.

Subject pronouns	Object of preposition pronouns
yo	mí
tú	ti
él	él
ella	ella
usted	usted
nosotros/as	nosotros/as
vosotros/as	vosotros/as
ellos/as	ellos/as
ustedes	ustedes

This second set of pronouns replaces the noun that comes immediately after a preposition.

María habla **de mí.**
Mercedes compró un anillo **para ella.**

Whenever **mí** follows the preposition **con,** the two words combine to form **conmigo.**

¿Por qué no vienes **conmigo?**

Whenever **ti** follows the preposition **con,** the two words combine to form **contigo.**

No voy **contigo,** voy con ellos.

Whenever you want to say "with him, with her, with you (formal), with them, with you all (formal)" there are two possibilities. If the pronoun is referring to the subject of the sentence, use **consigo.** If the pronoun does not refer to the subject of the sentence, use **con** + the appropriate pronoun.

Six special prepositions are followed by subject pronouns rather than object pronouns.

entre	*between*
excepto	*except*
incluso	*including*
menos	*except*
según	*according to*
salvo	*except*

Entre tú y yo, este vestido es muy feo.

Verbs commonly used with indirect object pronouns

dar	to give	mandar	to send	recomendar (ie)	to recommend
decir	to say	preguntar	to ask a question	regalar	to give (as a gift)
contestar	to answer	prestar	to lend	servir (ie)	to serve
escribir	to write	presentar	to introduce	sugerir (ie)	to suggest
explicar	to explain	prometer	to promise		
invitar	to invite	quitar	to remove		

Placement of double object pronouns

- Indirect object pronouns always come **before** direct object pronouns.

Indirect	Direct
me	
te	lo
le (se)	la
nos	los
os	las
les (se)	

- In verb phrases, pronouns may be placed before conjugated verbs or attached to infinitives (**infinitivos**) or present participles (**participios presentes**), but they always come before negative commands (**mandatos negativos**). Pronouns must be attached to affirmative commands (**mandatos afirmativos**); when two pronouns are attached to a verb form, an accent mark is written over the stressed vowel.

Pepa quiere **comprarle** un sombrero de lunares a María Carmen.

Se lo va a comprar hoy.	*or*	Va a **comprárselo** hoy.
Se lo está comprando ahora.	*or*	Está **comprándoselo** ahora.
Pepa, no **se lo** compres allí.	*or*	Pepa, **cómpraselo** allí.

Capítulo 6

Regular verbs in the future tense

To form the future tense for most verbs, add these personal endings to the infinitive: **é, ás, á, emos, éis, án.**

viajar	volver	vivir	irse
viajaré	volveré	viviré	me iré
viajarás	volverás	vivirás	te irás
viajará	volverá	vivirá	se irá
viajaremos	volveremos	viviremos	nos iremos
viajaréis	volveréis	viviréis	os iréis
viajarán	volverán	vivirán	se irán

Verbs with irregular stems in the future tense

Verb	Stem	Ending
decir	**dir-**	
hacer	**har-**	é
poder	**podr-**	ás
poner	**pondr-**	á
querer	**querr-**	emos
saber	**sabr-**	éis
salir	**saldr-**	án
tener	**tendr**	
venir	**vendr-**	

Note: The future tense of **hay** is **habrá** *(there will be).*

Regular verbs in the conditional tense

For most verbs, add these personal endings to the infinitive: **ía, ías, ía, íamos, íais, ían.**

viajar	volver	vivir	irse
viajaría	volvería	viviría	me iría
viajarías	volverías	vivirías	te irías
viajaría	volvería	viviría	se iría
viajaríamos	volveríamos	viviríamos	nos iríamos
viajaríais	volveríais	viviríais	os iríais
viajarían	volverían	vivirían	se irían

Verbs with irregular stems in the conditional tense

Add the conditional endings to the irregular stems of these verbs. These are the identical stems you used to form the future tense.

Verb	Stem	Ending
decir	**dir-**	
hacer	**har-**	ía
poder	**podr-**	ías
poner	**pondr-**	ía
querer	**querr-**	íamos
saber	**sabr-**	íais
salir	**saldr-**	ían
tener	**tendr**	
venir	**vendr-**	

Note: The conditional tense of **hay** is **habría** *(there would be).*

Formal commands

When we give advice to others or ask them to do something, we often use commands such as *Take bus No. 25* and *Give me your address*. Spanish speakers use formal commands when they address people as **usted** or **ustedes**.

To form formal commands for most Spanish verbs, drop the **-o** ending from the present tense **yo** form and add the following endings to the verb stem:

-**e**/-**en** for -**ar** verbs
-**a**/-**an** for -**er** and -**ir** verbs

To form the negative, simply place **no** before the verb.

	Infinitive	Present-tense *yo* form	Usted	Ustedes
-**ar** verbs	hablar	hablo	habl**e**	habl**en**
-**er** verbs	volver	vuelvo	vuelv**a**	vuelv**an**
-**ir** verbs	venir	vengo	veng**a**	veng**an**

Vengan a visitarme pronto en San Juan.   *Come to visit me soon in San Juan.*
No olvide mi dirección.   *Don't forget my address.*

Verbs ending in -**car**, -**gar**, and -**zar** have a spelling change: the **c** changes to **qu**, **g** changes to **gu**, and **z** changes to **c**, respectively.

Infinitive	Present-tense *yo* form	Usted	Ustedes
sacar	saco	sa**que**	sa**quen**
llegar	llego	lle**gue**	lle**guen**
comenzar	comienzo	comien**ce**	comien**cen**

Saque una foto de nosotros.   *Take a picture of us.*
Lleguen a tiempo, por favor.   *Arrive on time, please.*
No comience a caminar todavía.   *Don't start walking yet.*

Several irregular verbs vary from the pattern above.

Infinitive	Usted	Ustedes
dar	**dé**	**den**
estar	**esté**	**estén**
ir	**vaya**	**vayan**
saber	**sepa**	**sepan**
ser	**sea**	**sean**

Sean buenos estudiantes.   *Be good students.*
Vaya al banco.   *Go to the bank.*

In affirmative commands, attach reflexive and object pronouns to the end of the command, thus forming one word. If the command has three or more syllables, write an accent mark over the stressed vowel. In negative commands, place the pronouns separately in front of the verb.

Póngase el abrigo.   *Put on your overcoat.*
No se lo ponga.   *Don't put it on.*
Cómprelo ahora.   *Buy it now.*
No lo compre mañana.   *Don't buy it tomorrow.*

Informal commnads

For most Spanish verbs, use the third person singular (the **él/ella** verb forms) of the present indicative.

Espera un momento.   *Wait a minute.*
Pide un postre, si quieres.   *Order dessert, if you want to.*

Eight verbs have irregular affirmative *tú* commands.

decir: **di**	salir: **sal**
hacer: **haz**	ser: **sé**
ir: **ve**	tener: **ten**
poner: **pon**	venir: **ven**

—**Ven** conmigo para ver el piso.   *Come with me to see the apartment.*
—Sí, pero **ten** paciencia, Alberto.   *Yes, but be patient, Alberto.*
—**Pon** la dirección en tu bolsillo, Francisco.   *Put the address in your pocket, Francisco.*
—**Di**me tus opiniones del piso.   *Give me your opinion about the apartment.*

Infinitive	3rd person present indicative	*tú* command	
hablar	habla	**habla**	*speak*
comer	come	**come**	*eat*
escribir	escribe	**escribe**	*write*
cerrar	cierra	**cierra**	*close*
dormir	duerme	**duerme**	*sleep*

Formation of negative informal commands

To form negative informal commands, you'll be using the same strategy as you would to form either affirmative or negative formal commands.

As you recall from the section above, to form both affirmative and negative formal commands for most Spanish verbs, you drop the -**o** ending from the present-tense **yo** form and add the following endings to the verb stem: -**e**/-**en** for -**ar** verbs; -**a**/-**an** for -**er** and -**ir** verbs. Remember that there are also spelling changes for verbs ending in -**car**, -**gar**, and -**zar** and that there are irregular verbs such as **dar, estar, ir, saber,** and **ser**.

The chart below, demonstrating all the command forms for the verbs **hablar, comer, vivir, dormir,** and **ir**, graphically illustrates the similarities among the negative informal command forms and all the formal command forms.

Infinitive	Informal command *(tú/vosotros)*		Formal command *(Ud./Uds.)*	
	(+)	(−)	(+)	(−)
hablar	**habla**	no hables	**hable**	no hable
	hablad	no habléis	**hablen**	no hablen
comer	**come**	no comas	**coma**	no coma
	comed	no comáis	**coman**	no coman
vivir	**vive**	no vivas	**viva**	no viva
	vivid	no viváis	**vivan**	no vivan
dormir	**duerme**	no duermas	**duerma**	no duerma
	dormid	no durmáis	**duerman**	no duerman
ir	**ve**	no vayas	**vaya**	no vaya
	id	no vayáis	**vayan**	no vayan

As you can see from the chart above, only the affirmative informal commands (**habla/hablad, come/comed, vive/vivid, duerme/dormid,** and **ve/id**) deviate from the endings used in the remaining command forms.

As with negative formal commands, place reflexive or object pronouns before the negated verb.

No **te** olvides de escribirme.   *Don't forget to write me.*
—No **le** hables.   *Don't talk **to him**.*
—¿Debo llamarte?   *Should I call you?*
—No, no **me** llames.   *No, don't call **me**.*

Capítulo 7

Negative and indefinite words

algo	*something, anything*	nada	*nothing, not anything*
alguien	*somebody, anybody*	nadie	*nobody, no one*
algún, alguno(a)	*some, any*	ningún, ninguno(a)	*none, not any*
o... o	*either . . . or*	ni... ni	*neither . . . nor*
siempre	*always*	nunca	*never*
también	*also, too*	tampoco	*neither, not either*

In Spanish, a negative sentence always has at least one negative word before the conjugated verb. Sometimes there are several negative words in one sentence.

—¿Quieres beber **algo?**
—**No, no** quiero **nada,** gracias.

If a negative word precedes the conjugated verb, the negative word **no** is omitted.

no + verb + negative word	negative word + verb
No viene **nadie** conmigo.	**Nadie** viene conmigo.

no + verb + negative word	negative word + verb
No voy nunca al gimnasio.	**Nunca voy** al gimnasio.

The words **algún, alguno, alguna, algunos,** and **algunas** are adjectives; use **algún** before a masculine singular noun. Note that the plural forms **ningunos** and **ningunas** are not used often; instead, use the singular form, and use **ningún** before a masculine singular noun.

Express *neither / not either* with a subject pronoun (**yo, tú, usted, él, ella,** etc.) + **tampoco.**

—Nunca voy al gimnasio.
—Yo **tampoco.**

Place **ni** before a noun or a verb to express the idea of *neither . . . nor.*

—¿Quieres ir a comer o a ver una película?
—No quiero **ni** ir a comer **ni** a ver una película.

Personal *a* (La *a* personal)

The personal **a** refers to the placement of the preposition **a** before the name of a person when that person is the direct object of the sentence.

Voy a llamar **a** Enrique.

Conjunctions

Conjunctions provide links between similar words or groups of words, such as nouns and verbs. Common conjunctions in Spanish include:

entonces	*so, then*
no... ni	*neither . . . nor*
o	*or*
pero	*but*
sea... sea	*either . . . or*
y	*and*

Interrogative words

¿Qué?	*What?*
¿Cuál(es)?	*Which?*
¿Quién(es)?	*Who?*
¿Cómo?	*How?*
¿Dónde?	*Where?*
¿De dónde?	*From where?*
¿Cuántos(as)?	*How many?*
¿Por qué?	*Why?*
¿Cuándo?	*When?*

As an English speaker, there are few basic linguistic points to keep in mind when using Spanish question words.

¿Cuál... ? *(Which . . . ?)* is used far more frequently in Spanish than in English. It has the same meaning as *what . . . ?* when asking someone's name, address, or telephone number. When it asks about a plural noun, it appears as **cuáles**.

¿**Cuál** es tu nombre?	*What's your name?*
¿**Cuál** es tu número de teléfono?	*What's your telephone number?*
¿**Cuál** es tu dirección?	*What's your address?*
¿**Cuáles** son tus amigos?	*Which ones are your friends?*

¿Quién... ?, like ¿Cuál... ?, must be made plural when it asks about a plural group of people.

¿**Quiénes** son tus padres?	*Who are your parents?*

¿Cuántos(as)... ? must agree in gender (masculine or feminine) with the nouns that it describes.

¿**Cuántos** hombres hay en la clase?	*How many men are in the class?*
¿**Cuántas** personas hay en tu familia?	*How many people are in your family?*

Notice that all question words carry accents. The accent indicates that the word is being used as an interrogative. For example, **que** without an accent means *that*. The word only means *what . . . ?* when it appears as ¿**qué**... ?

Capítulo 8

Past subjunctive

For all Spanish verbs, drop the **-ron** ending from the **Uds./ellos/ellas** form of the preterite tense, then add the personal endings shown in boldface below. Any irregularities in the third-person plural of the preterite will be maintained in the imperfect subjunctive (as demonstrated below with the verbs **venir** and **irse**).

	hablar	venir	irse
Uds., ellos/ellas	hablaron	vinieron	se fueron
	hablara	viniera	me fuera
	hablaras	vinieras	te fueras
	hablara	viniera	se fuera
	habláramos	viniéramos	nos fuéramos
	hablarais	vinierais	os fuerais
	hablaran	vinieran	se fueran

> The **nosotros(as)** form always has an accent mark because it is the only form in which the stress falls on the third-from-the-last syllable.

> The past subjunctive has alternate forms that use **-se** instead of **-ra** endings. For example: **hablase, hablases, hablase, hablásemos, hablaseis, hablasen** and **fuese, fueses, fuese, fuésemos, fueseis, fuesen.** These forms are sometimes used in Spain and in literary works or legal documents.

Conditional tense

For most verbs, add these personal endings to the infinitive: -ía, -ías, -ía, -íamos, -íais, -ían.

viajar	volver	vivir	irse
viajaría	volvería	viviría	me iría
viajarías	volverías	vivirías	te irías
viajaría	volvería	viviría	se iría
viajaríamos	volveríamos	viviríamos	nos iríamos
viajaríais	volveríais	viviríais	os iríais
viajarían	volverían	vivirían	se irían

Add the conditional endings to the irregular stems of these verbs. These are the identical stems you used to form the future tense.

Verb	Stem	Ending
decir	dir-	
hacer	har-	
poder	podr-	ía
poner	pondr-	ías
querer	querr-	ía
saber	sabr-	íamos
salir	saldr-	íais
tener	tendr	ían
venir	vendr-	

Note: The conditional tense of **hay** is **habría** (there would be).

Present progressive tense

To form the present progressive, use a present tense form of **estar** plus a present participle, which is formed by adding -**ando** to the stem of -**ar** verbs and -**iendo** to the stem of -**er** and -**ir** verbs.

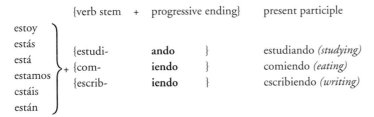

	{verb stem + progressive ending}	present participle
estoy		
estás	{estudi- **ando** }	estudiando *(studying)*
está	+ {com- **iendo** }	comiendo *(eating)*
estamos	{escrib- **iendo** }	escribiendo *(writing)*
estáis		
están		

Two irregular present participles are **leyendo** *(reading)* and **trayendo** *(bringing)*. Verbs that end in -**ir** and have a stem change, such as the verbs **dormir, pedir,** and **servir,** change in the stem from **o** to **u** or **e** to **i** (forming **durmiendo, pidiendo,** and **sirviendo,** respectively).

Present perfect tense

Use the present tense forms of the auxiliary verb **haber** *(to have)* with the past participle of a verb.

Present of *haber* + past participle

yo	**he**	*I have*	
tú	**has**	*you* (informal) *have*	
Ud., él/ella	**ha**	*you* (formal) *have, he/she has*	**hablado** *spoken*
nosotros(as)	**hemos**	*we have*	**comido** *eaten*
vosotros(as)	**habéis**	*you have*	**vivido** *lived*
Uds., ellos/ellas	**han**	*you have, they have*	

Commands

Formal commands

When we give advice to others or ask them to do something, we often use commands such as *Take bus No. 25* and *Give me your address.* Spanish speakers use formal commands when they address people as **usted** or **ustedes.**

To form formal commands for most Spanish verbs, drop the -**o** ending from the present tense **yo** form and add the following endings to the verb stem:

-**e/-en** for -**ar** verbs
-**a/-an** for -**er** and -**ir** verbs

To form the negative, simply place **no** before the verb:

	Infinitive	Present tense *yo* form	Usted	Ustedes
-**ar** verbs	hablar	hablo	hable	hablen
-**er** verbs	volver	vuelvo	vuelva	vuelvan
-**ir** verbs	venir	vengo	venga	vengan

Vengan a visitarme pronto en San Juan.   *Come to visit me soon in San Juan.*
No olvide mi dirección.   *Don't forget my address.*

Verbs ending in -**car**, -**gar**, and -**zar** have a spelling change: the **c** changes to **qu**, **g** changes to **gu**, and **z** changes to **c**, respectively.

Infinitive	Present tense *yo* form	Usted	Ustedes
sacar	saco	saque	saquen
llegar	llego	llegue	lleguen
comenzar	comienzo	comience	comiencen

Saque una foto de nosotros.   *Take a picture of us.*
Lleguen a tiempo, por favor.   *Arrive on time, please.*
No comience a caminar todavía.   *Don't start walking yet.*

Several irregular verbs vary from the pattern above.

Infinitive	Usted	Ustedes
dar	**dé**	**den**
estar	**esté**	**estén**
ir	**vaya**	**vayan**
saber	**sepa**	**sepan**
ser	**sea**	**sean**

Sean buenos estudiantes.   *Be good students.*
Vaya al banco.   *Go to the bank.*

In affirmative commands, attach reflexive and object pronouns to the end of the command, thus forming one word. If the command has three or more syllables, write an accent mark over the stressed vowel. In negative commands, place the pronouns separately in front of the verb.

Póngase el abrigo.   *Put on your overcoat.*
No se lo ponga.   *Don't put it on.*
Cómprelo ahora.   *Buy it now.*
No lo compre mañana.   *Don't buy it tomorrow.*

Informal commands

For most Spanish verbs, use the third person singular (the **él/ella** verb forms) of the present indicative.

Espera un momento.   **Pide** un postre, si quieres.
Wait a minute.   *Order dessert, if you want to.*

Eight verbs have irregular affirmative **tú** commands.

decir: **di**   salir: **sal**
hacer: **haz**   ser: **sé**
ir: **ve**   tener: **ten**
poner: **pon**   venir: **ven**

—**Ven** conmigo para ver el piso.
Come with me to see the apartment.

—Sí, pero **ten** paciencia, Alberto.
Yes, but be patient, Alberto.

—**Pon** la dirección en tu bolsillo, Francisco.
Put the address in your pocket, Francisco.

—**Dime** tus opiniones del piso.
Give me your opinion of the apartment.

Infinitive	3rd-person present indicative	*tú* command	
hablar	habla	**habla**	*speak*
comer	come	**come**	*eat*
escribir	escribe	**escribe**	*write*
cerrar	cierra	**cierra**	*close*
dormir	duerme	**duerme**	*sleep*

Formation of negative informal commands

To form negative informal commands, you'll be using the same strategy as you would to form either affirmative or negative formal commands.

As you recall from the section above, to form both affirmative and negative formal commands for most Spanish verbs, you drop the -o ending from the present tense **yo** form and add the following endings to the verb stem: **-e/-en** for **-ar** verbs; **-a/-an** for **-er** and **-ir** verbs. Remember that there are also spelling changes for verbs ending in **-car**, **-gar**, and **-zar** and that there are irregular verbs such as **dar**, **estar**, **ir**, **saber**, and **ser**.

The chart below, demonstrating all the command forms for the verbs **hablar**, **comer**, **vivir**, **dormir**, and **ir**, graphically illustrates the similarities among the negative informal command forms and all the formal command forms.

Infinitive	Informal command (*tú/vosotros*)		Formal command (*Ud./Uds.*)	
	(+)	(−)	(+)	(−)
hablar	habla	no hables	hable	no hable
	hablad	no habléis	hablen	no hablen
comer	come	no comas	coma	no coma
	comed	no comáis	coman	no coman
vivir	vive	no vivas	viva	no viva
	vivid	no viváis	vivan	no vivan
dormir	duerme	no duermas	duerma	no duerma
	dormid	no durmáis	duerman	no duerman
ir	ve	no vayas	vaya	no vaya
	id	no vayáis	vayan	no vayan

As you can see from the chart above, only the affirmative informal commands (**habla/hablad, come/comed, vive/vivid, duerme/dormid,** and **ve/id**) deviate from the endings used in the remaining command forms.

As with negative formal commands, place reflexive or object pronouns before the negated verb.

—No **te** olvides de escribirme.	*Don't forget to write me.*
—No **le** hables.	*Don't talk **to him**.*
—¿Debo llamarte?	*Should I call you?*
—No, no **me** llames.	*No, don't call **me**.*

Preterite tense

Regular preterite verbs

To form the preterite for most Spanish verbs, add the following endings to the verb stem. Note the identical endings for **-er** and **-ir** verbs.

	hablar	comer	vivir
yo	hablé	comí	viví
tú	hablaste	comiste	viviste
Ud., él/ella	habló	comió	vivió
nosotros(as)	hablamos	comimos	vivimos
vosotros(as)	hablasteis	comisteis	vivisteis
Uds., ellos/ellas	hablaron	comieron	vivieron

Stem-changing preterite verbs

The **-ar** and **-er** stem-changing verbs in the present tense have no stem change in the preterite; use the same verb stem as you would for the **nosotros** form.

pensar: pensé, pensaste, pensó, pensamos, pensasteis, pensaron
volver: volví, volviste, volvió, volvimos, volvisteis, volvieron

Verbs with spelling changes in the preterite

- Verbs ending in -**car**, -**gar**, and -**zar** have a spelling change in the **yo** form of the preterite tense.

c changes to **qu**	g changes to **gu**	z changes to c
tocar → toqué	llegar → llegué	comenzar → comencé

- Verbs ending in -**ir** and -**er** that have a vowel before the infinitive ending require the following change in the **usted/él/ella** and **ustedes/ellos/ellas** forms of the preterite tense: the i between the two vowels changes to **y**.

	creer	leer	oír
Ud., él/ella	creyó	leyó	oyó
Uds., ellos/ellas	creyeron	leyeron	oyeron

Irregular verbs in the preterite

Some Spanish verbs have irregular verb stems in the preterite. Their endings have no accent marks.

dar:	di diste dio dimos disteis dieron
hacer:	hice hiciste hizo[1] hicimos hicisteis hicieron
ir:	fui fuiste fue fuimos fuisteis fueron
poder:	pude pudiste pudo pudimos pudisteis pudieron
poner:	puse pusiste puso pusimos pusisteis pusieron
saber:	supe supiste supo supimos supisteis supieron
querer:	quise quisiste quiso quisimos quisisteis quisieron
venir:	vine viniste vino vinimos vinisteis vinieron
estar:	estuve estuviste estuvo estuvimos estuvisteis estuvieron[2]
tener:	tuve tuviste tuvo tuvimos tuvisteis tuvieron
decir:	dije dijiste dijo dijimos dijisteis dijeron[3]
traer:	traje trajiste trajo trajimos trajisteis trajeron
ser:	fui fuiste fue fuimos fuisteis fueron

Note that the preterite forms for **ir** and **ser** are identical; context clarifies their meaning in a sentence.

Note that **poder, poner, saber, querer, venir, estar,** and **tener** share the same endings:

pud-	e
pus-	iste
sup-	o
quis-	imos
vin-	isteis
estuv-	ieron
tuv-	

---

[1]Note the spelling change from **c** to **z** in the **usted/él/ella** form.

[2]**Andar** also follows this pattern: **anduve, anduviste, anduvo, anduvimos, anduvisteis, anduvieron.**

[3]Note that the preterite stems of both **decir** and **traer** end in -**j.** With these two verbs, the -**i** is dropped in the **ustedes/ellos/ellas** form to become **dijeron** and **trajeron,** respectively.

Imperfect tense

Regular imperfect verbs

To form the imperfect, add the following endings to the verb stem. Note the identical endings for **-er** and **-ir** verbs.

	jugar	hacer	divertirse
yo	jugaba	hacía	me divertía
tú	jugabas	hacías	te divertías
Ud., él/ella	jugaba	hacía	se divertía
nosotros(as)	jugábamos	hacíamos	nos divertíamos
vosotros(as)	jugabais	hacíais	os divertíais
Uds., ellos/ellas	jugaban	hacían	se divertían

Irregular imperfect verbs

Note that only three Spanish verbs are irregular in the imperfect:

	ir	ser	ver
yo	iba	era	veía
tú	ibas	eras	veías
Ud., él/ella	iba	era	veía
nosotros(as)	íbamos	éramos	veíamos
vosotros(as)	ibais	erais	veíais
Uds., ellos/ellas	iban	eran	veían

Note: The imperfect tense of **hay** is **había**.

Past perfect tense/Pluperfect tense

Use the imperfect tense forms of the auxiliary verb **haber** *(to have)* with the past participle of a verb.

Imperfect of *haber* + past participle

yo	**había**	*I had*	
tú	**habías**	*you* (informal) *had*	
Ud., él, ella	**había**	*you* (formal) *had, he/she had*	**hablado** *spoken*
nosotros(as)	**habíamos**	*we had*	**comido** *eaten*
vosotros(as)	**habíais**	*you had*	**vivido** *lived*
Uds., ellos/ellas	**habían**	*you had, they had*	

Pronouns (Los pronombres)

Subject pronouns (Los pronombres sujetos)

I	yo
you (informal)	tú
you (formal)	usted
he	él
she	ella
we	nosotros(as)
you (plural, informal)	vosotros(as)
you (plural, formal)	ustedes
they	ellos/ellas

Demonstrative pronouns

Demonstrative pronouns are used in place of nouns and must agree with them in gender (masculine or feminine) and number (singular or plural). These forms all carry accents to distinguish them from the demonstrative adjectives:

Singular	Plural
éste(a)	éstos(as)
ése(a)	ésos(as)
aquél (aquélla)	aquéllos(as)

Note: According to the Real Academia, **solo** (adverb) can now be written without an accent on the first "**o**." This applies to the pronoun **este** as well that can now be written without an accent on the first "**e**."

—¿Quieres ir a esa tienda?   *Do you want to go to that store?*
—Sí, a **ésa**.   *Yes, that one.*
—¿Son tuyos aquellos libros?   *Are those books (over there) yours?*
—Sí, **aquéllos** son míos.   *Yes, those are mine.*

Indirect object pronouns

Formation and placement of indirect object pronouns

Singular		Plural	
me	*to (for) me*	**nos**	*to (for) us*
te	*to (for) you* (informal)	**os**	*to (for) you* (informal)
le	*to (for) you* (formal), *him, her*	**les**	*to (for) you* (formal), *them*

Indirect object pronouns are placed according to the nature of the verb.

• Place the pronoun immediately in front of the conjugated verb.

Yo **os** explico ahora cómo ser menos quisquillosos.
No **me** presentaste a tu amigo.

• When the pronoun is used with an infinitive (**infinitivo**) or a present participle (**participio presente**), place it either before the conjugated verb or attach it to the infinitive or the present participle. Affirmative commands (**mandatos afirmativos**) require that the pronoun be attached to the end of the verb. (A written accent is needed to mark the stressed vowel of a present participle or an affirmative command when an indirect object pronoun is attached to it.)

Les voy a dar esta crema a todos mis amigos con pelo canoso.
or
Voy a dar**les** esta crema a todos mis amigos con pelo canoso.

Les estoy dando la crema ahora.
or
Estoy dándo**les** la crema ahora.

¡**Dales** la crema ahora!
but
No **les** des la crema ahora.

Verbs commonly used with indirect object pronouns

dar	*to give*	**mandar**	*to send*	**recomendar (ie)**	*to recommend*
decir	*to say*	**preguntar**	*to ask a question*	**regalar**	*to give (as a gift)*
contestar	*to answer*	**prestar**	*to lend*	**servir (ie)**	*to serve*
escribir	*to write*	**presentar**	*to introduce*	**sugerir (ie)**	*to suggest*
explicar	*to explain*	**prometer**	*to promise*		
invitar	*to invite*	**quitar**	*to remove*		

Direct object pronouns

Formation and placement of direct object pronouns

Singular		Plural	
me	*me*	**nos**	*us*
te	*you* (informal)	**os**	*you* (informal)
lo	*him, you* (formal), *it* (masculine)	**los**	*you* (formal), *them* (masculine)
la	*her, you* (formal), *it* (feminine)	**las**	*you* (formal), *them* (feminine)

Direct object pronouns, like indirect object pronouns, are placed according to the nature of the verb.

- Place the pronoun immediately in front of the conjugated verb.

  —¿Cambiaste los pantalones, Alicia?
  —Sí, **los** cambié ayer.

  —¿**Me** llamaste, Jaimito?
  —No, Pablo. No **te** llamé.

- When the direct object pronoun is used with an infinitive (**infinitivo**) or a present participle (**participio presente**), place it either before the conjugated verb or attach it to the infinitive or the present participle. (A written accent is needed to mark the stressed vowel of a present participle or an affirmative command when a direct object pronoun is attached to it.) With reflexive verbs (**verbos reflexivos**) in the infinitive form the direct object pronoun is placed after the reflexive pronoun (**pronombre reflexivo**) at the end of the verb. For example: **Voy a probarme el suéter. Voy a probármelo.** Affirmative commands (**mandatos afirmativos**) also require that the direct object pronoun be attached to the verb.

  Lo voy a comprar mañana.
  or
  Voy a **comprarlo** mañana.

  Lo estoy comprando ahora.
  or
  Estoy comprándolo ahora.

  ¡Cómpralo ahora!
  but
  No **lo compres** ahora.

Placement of double object pronouns (See also: *Formation and placement of reflexive pronouns*, Chapter 3)

- Indirect object pronouns always precede direct object pronouns.

  Indirect before **Direct**

me	
te	lo
le (se)	la
nos	los
os	las
les (se)	

- In verb phrases, pronouns may be placed before conjugated verbs or attached to infinitives (**infinitivos**) or present participles (**participios presentes**), but they always come before negative commands (**mandatos negativos**). Pronouns must be attached to affirmative commands (**mandatos afirmativos**); when two pronouns are attached to a verb form, an accent mark is written over the stressed vowel.

  Pepa quiere **comprarle** un sombrero de lunares a María Carmen.

Se lo va a comprar hoy.	*or*	Va a **comprárselo** hoy.
Se lo está comprando ahora.	*or*	Está **comprándoselo** ahora.
Pepa, no **se lo** compres allí.	*but*	Pepa, **cómpraselo** allí.

Capítulo 9

Past participles (*Los participios pasados*)

Regular past participles

Add **-ado** to the stem of **-ar** verbs, and **-ido** to the stem of **-er** and **-ir** verbs.

Infinitive	Past participle		Infinitive	Past participle
-ar verb	stem + **-ado**		**-er/-ir** verb	stem + **-ido**
habl-ar	habl**ado** *spoken*		com-er	com**ido** *eaten*
pens-ar	pens**ado** *thought*		viv-ir	viv**ido** *lived*
lleg-ar	lleg**ado** *arrived*		dorm-ir	dorm**ido** *slept*

Note that several **-er** and **-ir** verbs have an accent mark on the **í** of their past participles.

leer	leído	*read*	traer	traído	*brought*
creer	creído	*believed*	reír	reído	*laughed*

Irregular past participles

Other verbs have irregular past participles. Here are some of the most common ones.

Infinitive	Past participle		Infinitive	Past participle
abrir	**abierto** *opened*		morir	**muerto** *died*
decir	**dicho** *said; told*		poner	**puesto** *put*
escribir	**escrito** *written*		ver	**visto** *seen*
hacer	**hecho** *done; made*		volver	**vuelto** *returned*

Present perfect tense

Use the present tense forms of the auxiliary verb **haber** *(to have)* with the past participle of a verb.

Present of haber *+ past participle*

yo	**he**	*I have*	
tú	**has**	*you* (informal) *have*	
Ud., él/ella	**ha**	*you* (formal) *have, he/she has*	**hablado** *spoken*
nosotros(as)	**hemos**	*we have*	**comido** *eaten*
vosotros(as)	**habéis**	*you have*	**vivido** *lived*
Uds., ellos/ellas	**han**	*you have, they have*	

Past perfect tense/Pluperfect tense

Use the imperfect tense forms of the auxiliary verb **haber** *(to have)* with the past participle of a verb.

Imperfect of haber *+ past participle*

yo	**había**	*I had*	
tú	**habías**	*you* (informal) *had*	
Ud., él/ella	**había**	*you* (formal) *had, he/she had*	**hablado** *spoken*
nosotros(as)	**habíamos**	*we had*	**comido** *eaten*
vosotros(as)	**habíais**	*you had*	**vivido** *lived*
Uds., ellos/ellas	**habían**	*you had, they had*	

Capítulo 10

Present indicative of regular verbs

To form the present tense of Spanish verbs ending in -**ar**, drop the infinitive ending and add a personal ending to the stem.

	hablar	
yo	habl**o**	*I speak*
tú	habl**as**	*you* (informal) *speak*
Ud., él/ella	habl**a**	*you* (formal) *speak, he/she speaks*
nosotros(as)	habl**amos**	*we speak*
vosotros(as)	habl**áis**	*you* (informal) *speak*
Uds., ellos/ellas	habl**an**	*you* (formal) *speak, they speak*

To form the present tense of Spanish infinitives ending in -**er** and -**ir**, add the appropriate personal ending to the stem of each.

	com + er		viv + ir	
yo	com**o**	*I eat*	viv**o**	*I live*
tú	com**es**	*you* (informal) *eat*	viv**es**	*you* (informal) *live*
Ud., él/ella	com**e**	*you* (formal) *eat, he/she eats*	viv**e**	*you* (formal) *live, he/she lives*
nosotros(as)	com**emos**	*we eat*	viv**imos**	*we live*
vosotros(as)	com**éis**	*you* (informal/plural) *eat*	viv**ís**	*you* (informal/plural) *live*
Uds., ellos/ellas	com**en**	*you* (formal/plural) *eat, they eat*	viv**en**	*you* (formal/plural) *live, they live*

Preterite tense

Regular preterite verbs

To form the preterite for most Spanish verbs, add the following endings to the verb stem. Note the identical endings for -**er** and -**ir** verbs.

	hablar	comer	vivir
yo	habl**é**	com**í**	viv**í**
tú	habl**aste**	com**iste**	viv**iste**
Ud., él/ella	habl**ó**	com**ió**	viv**ió**
nosotros(as)	habl**amos**	com**imos**	viv**imos**
vosotros(as)	habl**asteis**	com**isteis**	viv**isteis**
Uds., ellos/ellas	habl**aron**	com**ieron**	viv**ieron**

Stem-changing preterite verbs

The -**ar** and -**er** stem-changing verbs in the present tense have no stem change in the preterite; use the same verb stem as you would for the **nosotros** form.

pensar: pensé, pensaste, pensó, pensamos, pensasteis, pensaron
volver: volví, volviste, volvió, volvimos, volvisteis, volvieron

Verbs with spelling changes in the preterite

- Verbs ending in -**car**, -**gar**, and -**zar** have a spelling change in the **yo** form of the preterite tense.

c changes to **qu**	g changes to **gu**	z changes to **c**
tocar → toqué	llegar → llegué	comenzar → comencé

- Verbs ending in -**ir** and -**er** that have a vowel before the infinitive ending require the following change in the **usted/él/ella** and **ustedes/ellos/ellas** forms of the preterite tense: the **i** between the two vowels changes to **y**.

	creer	**leer**	**oír**
Ud., él/ella	creyó	leyó	oyó
Uds., ellos/ellas	creyeron	leyeron	oyeron

Irregular verbs in the preterite

Some Spanish verbs have irregular verb stem in the preterite. Their endings have no accent marks.

dar: di diste dio dimos disteis dieron
hacer: hice hiciste hizo[1] hicimos hicisteis hicieron
ir: fui fuiste fue fuimos fuisteis fueron
poder: pude pudiste pudo pudimos pudisteis pudieron
poner: puse pusiste puso pusimos pusisteis pusieron
saber: supe supiste supo supimos supisteis supieron
querer: quise quisiste quiso quisimos quisisteis quisieron
venir: vine viniste vino vinimos vinisteis vinieron
estar: estuve estuviste estuvo estuvimos estuvisteis estuvieron[2]
tener: tuve tuviste tuvo tuvimos tuvisteis tuvieron
decir: dije dijiste dijo dijimos dijisteis dijeron[3]
traer: traje trajiste trajo trajimos trajisteis trajeron
ser: fui fuiste fue fuimos fuisteis fueron

Note that the preterite forms for **ir** and **ser** are identical; context clarifies their meaning in a sentence.

Note that **poder, poner, saber, querer, venir, estar,** and **tener** share the same endings:

pud-	
pus-	e
sup-	iste
quis-	o
vin-	imos
estuv-	isteis
tuv-	ieron

Imperfect tense

Regular imperfect verbs

To form the imperfect, add the following endings to the verb stem. Note the identical endings for **-er** and **-ir** verbs.

	jugar	hacer	divertirse
yo	jugaba	hacía	me divertía
tú	jugabas	hacías	te divertías
Ud., él/ella	jugaba	hacía	se divertía
nosotros(as)	jugábamos	hacíamos	nos divertíamos
vosotros(as)	jugabais	hacíais	os divertíais
Uds., ellos/ellas	jugaban	hacían	se divertían

[1]Note the spelling change from **c** to **z** in the **usted/él/ella** form.
[2]**Andar** also follows this pattern: **anduve, anduviste, anduvo, anduvimos, anduvisteis, anduvieron.**
[3]Note that both the preterite stems of **decir** and **traer** end in **-j.** With these two verbs, the **-i** is dropped in the **ustedes/ellos/ellas** form to become **dijeron** and **trajeron,** respectively.

Irregular imperfect verbs

Note that only three Spanish verbs are irregular in the imperfect:

	ir	ser	ver
yo	iba	era	veía
tú	ibas	eras	veías
Ud., él/ella	iba	era	veía
nosotros(as)	íbamos	éramos	veíamos
vosotros(as)	ibais	erais	veíais
Uds., ellos/ellas	iban	eran	veían

Note: The imperfect tense of **hay** is **había.**

Future tense

Formation of the future tense

To form the future tense for most verbs, add these personal endings to the infinitive: **-é, -ás, -á, -emos, -éis, -án.**

viajar	volver	vivir	irse
viajaré	volveré	viviré	me iré
viajarás	volverás	vivirás	te irás
viajará	volverá	vivirá	se irá
viajaremos	volveremos	viviremos	nos iremos
viajaréis	volveréis	viviréis	os iréis
viajarán	volverán	vivirán	se irán

Verbs with different future stems from the infinitive form

Verb	Stem	Ending
decir	dir-	
hacer	har-	
poder	podr-	é
poner	pondr-	ás
querer	querr-	á
saber	sabr-	emos
salir	saldr-	éis
tener	tendr	án
venir	vendr-	

Note: The future tense of **hay** is **habrá** (*there will be*).

Conditional tense

For most verbs, add these personal endings to the infinitive: **-ía, -ías, -ía, -íamos, -íais, -ían.**

viajar	volver	vivir	irse
viajaría	volvería	viviría	me iría
viajarías	volverías	vivirías	te irías
viajaría	volvería	viviría	se iría
viajaríamos	volveríamos	viviríamos	nos iríamos
viajaríais	volveríais	viviríais	os iríais
viajarían	volverían	vivirían	se irían

Add the conditional endings to the irregular stems of these verbs. These are the identical stems you used to form the future tense.

Verb	Stem	Ending
decir	**dir-**	
hacer	**har-**	ía
poder	**podr-**	ías
poner	**pondr-**	ía
querer	**querr-**	íamos
saber	**sabr-**	íais
salir	**saldr-**	ían
tener	**tendr**	
venir	**vendr-**	

Note: The conditional tense of **hay** is **habría** (*there would be*).

Present perfect tense

Use the present tense forms of the auxiliary verb **haber** *(to have)* with the past participle of a verb.

Present of *haber* + past participle

yo	**he**	*I have*	
tú	**has**	*you* (informal) *have*	
Ud., él/ella	**ha**	*you* (formal) *have, he/she has*	**hablado** *spoken*
nosotros(as)	**hemos**	*we have*	**comido** *eaten*
vosotros(as)	**habéis**	*you have*	**vivido** *lived*
Uds., ellos/ellas	**han**	*you have, they have*	

Future perfect tense

Use the future-tense forms of the auxiliary verb **haber** *(to have)* with the past participle of a verb.

Future of *haber* + past participle

yo	**habré**	*I will have*	
tú	**habrás**	*you* (informal) *will have*	
Ud., él/ella	**habrá**	*you* (formal) *will have* *he/she will have*	**hablado** *spoken* **comido** *eaten*
nosotros(as)	**habremos**	*we will have*	**vivido** *lived*
vosotros(as)	**habréis**	*you will have*	
Uds., ellos/ellas	**habrán**	*you will have, they will have*	

Conditional perfect tense

Use the conditional-tense forms of the auxiliary verb **haber** *(to have)* with the past participle of a verb.

Conditional of *haber* + past participle

yo	**habría**	*I would have*	
tú	**habrías**	*you* (informal) *would have*	
Ud., él/ella	**habría**	*you* (formal) *would have, he/she would have*	**hablado** *spoken* **comido** *eaten*
nosotros(as)	**habríamos**	*we would have*	**vivido** *lived*
vosotros(as)	**habríais**	*you would have*	
Uds., ellos/ellas	**habrían**	*you would have they would have*	

Past perfect tense/Pluperfect tense

How to form the past perfect/pluperfect

Use the imperfect tense forms of the auxiliary verb **haber** *(to have)* with the past participle of a verb.

Imperfect of *haber* + past participle

yo	**había**	*I had*	
tú	**habías**	*you* (informal) *had*	
Ud., él/ella	**había**	*you* (formal) *had, he/she had*	**hablado** *spoken*
nosotros(as)	**habíamos**	*we had*	**comido** *eaten*
vosotros(as)	**habíais**	*you had*	**vivido** *lived*
Uds., ellos/ellas	**habían**	*you had, they had*	

Present participles *(Los participios presentes)*

Present participles are formed by adding **-ando** to the stem of **-ar** verbs and **-iendo** to the stem of **-er** and **-ir** verbs.

estudi-	**ando**	estudiando *(studying)*
com-	**iendo**	comiendo *(eating)*
escrib-	**iendo**	escribiendo *(writing)*

Two irregular present participles are **leyendo** *(reading)* and **trayendo** *(bringing)*. Verbs that end in **-ir** and have a stem change, such as the verbs **dormir, pedir,** and **servir,** change in the stem from **o** to **u** or **e** to **i** (forming **durmiendo, pidiendo,** and **sirviendo,** respectively).

Present progressive tense

To form the present progressive, use a present tense form of **estar** plus a present participle, which is formed by adding **-ando** to the stem of **-ar** verbs and **-iendo** to the stem of **-er** and **-ir** verbs.

	{verb stem + progressive ending}	present participle
estoy		
estás		
está	{estudi- **ando** }	estudiando *(studying)*
estamos	{com- **iendo** }	comiendo *(eating)*
estáis	{escrib- **iendo** }	escribiendo *(writing)*
están		

Two irregular present participles are **leyendo** *(reading)* and **trayendo** *(bringing)*. Verbs that end in **-ir** and have a stem change, such as the verbs **dormir, pedir,** and **servir,** change in the stem from **o** to **u** or **e** to **i** (forming **durmiendo, pidiendo,** and **sirviendo,** respectively).

Past participles *(Los participios pasados)*

Regular past participles

Add **-ado** to the stem of **-ar** verbs, and **-ido** to the stem of **-er** and **-ir** verbs.

Infinitive	Past participle		Infinitive	Past participle	
-ar verb	stem + **-ado**		**-er/-ir** verb	stem + **-ido**	
habl-ar	habl**ado**	*spoken*	com-er	com**ido**	*eaten*
pens-ar	pens**ado**	*thought*	viv-ir	viv**ido**	*lived*
lleg-ar	lleg**ado**	*arrived*	dorm-ir	dorm**ido**	*slept*

Note that several **-er** and **-ir** verbs have an accent mark on the **í** of their past participles.

leer	leído	*read*	traer	traído	*brought*
creer	creído	*believed*	reír	reído	*laughed*

Irregular past participles

Other verbs have irregular past participles. Here are some of the most common ones.

Infinitive	Past participle		Infinitive	Past participle	
abrir	**abierto**	*opened*	morir	**muerto**	*died*
decir	**dicho**	*said; told*	poner	**puesto**	*put*
escribir	**escrito**	*written*	ver	**visto**	*seen*
hacer	**hecho**	*done; made*	volver	**vuelto**	*returned*

Indirect object pronouns

Formation and placement of indirect object pronouns

Singular		Plural	
me	*to (for) me*	**nos**	*to (for) us*
te	*to (for) you* (informal)	**os**	*to (for) you* (informal)
le	*to (for) you* (formal), *him, her*	**les**	*to (for) you* (formal), *them*

Indirect object pronouns are placed according to the nature of the verb.

- Place the pronoun immediately in front of the conjugated verb.

  Yo **os** explico ahora cómo ser menos quisquillosos.
  No **me** presentaste a tu amigo.

- When the pronoun is used with an infinitive (**infinitivo**) or a present participle (**participio presente**), place it either before the conjugated verb or attach it to the infinitive or the present participle. Affirmative commands (**mandatos afirmativos**) require that the pronoun be attached to the end of the verb. (A written accent is needed to mark the stressed vowel of a present participle or an affirmative command when an indirect object pronoun is attached to it.)

  Les voy a dar esta crema a todos mis amigos con pelo canoso.
  or
  Voy a dar**les** esta crema a todos mis amigos con pelo canoso.

  Les estoy dando la crema ahora.
  or
  Estoy dándo**les** la crema ahora.

  ¡Da**les** la crema ahora!
  but
  No **les** des la crema ahora.

Verbs commonly used with indirect object pronouns

dar	*to give*	**mandar**	*to send*	**recomendar (ie)**	*to recommend*
decir	*to say*	**preguntar**	*to ask a question*	**regalar**	*to give (as a gift)*
contestar	*to answer*	**prestar**	*to lend*	**servir (ie)**	*to serve*
escribir	*to write*	**presentar**	*to introduce*	**sugerir (ie)**	*to suggest*
explicar	*to explain*	**prometer**	*to promise*		
invitar	*to invite*	**quitar**	*to remove*		

Direct object pronouns

Formation and placement of direct object pronouns

Singular		Plural	
me	*me*	**nos**	*us*
te	*you* (informal)	**os**	*you* (informal)
lo	*him, you* (formal), *it* (masculine)	**los**	*you* (formal), *them* (masculine)
la	*her, you* (formal), *it* (feminine)	**las**	*you* (formal), *them* (feminine)

Direct object pronouns, like indirect object pronouns, are placed according to the nature of the verb.

- Place the pronoun immediately in front of the conjugated verb.

  —¿Cambiaste los pantalones, Alicia?
  —Sí, **los** cambié ayer.

  —¿**Me** llamaste, Jaimito?
  —No, Pablo. No **te** llamé.

- When the direct object pronoun is used with an infinitive (**infinitivo**) or a present participle (**participio presente**), place it either before the conjugated verb or attach it to the infinitive or the present participle. (A written accent is needed to mark the stressed vowel of a present participle or an affirmative command when a direct object pronoun is attached to it.) With reflexive verbs (**verbos reflexivos**) in the infinitive form the direct object pronoun is placed after the reflexive pronoun (**pronombre reflexivo**) at the end of the verb. For example: **Voy a probarme el suéter. Voy a probármelo.** Affirmative commands (**mandatos afirmativos**) also require that the direct object pronoun be attached to the verb.

  Lo voy a comprar mañana.
  or
  Voy a **comprarlo** mañana.

  Lo estoy comprando ahora.
  or
  Estoy comprándolo ahora.

  ¡Cómpralo ahora!
  but
  No **lo compres** ahora.

Placement of double object pronouns (See also: *Formation and placement of reflexive pronouns*, Chapter 3)

- Indirect object pronouns always precede direct object pronouns.

  Indirect before Direct

me	
te	lo
le (se)	la
nos	los
os	las
les (se)	

- In verb phrases, pronouns may be placed before conjugated verbs or attached to infinitives (**infinitivos**) or present participles (**participios presentes**), but they always come before negative commands (**mandatos negativos**). Pronouns must be attached to affirmative commands (**mandatos afirmativos**); when two pronouns are attached to a verb form, an accent mark is written over the stressed vowel.

  Pepa quiere **comprarle** un sombrero de lunares a María Carmen.

Se lo va a comprar hoy.	*or*	Va a **comprárselo** hoy.
Se lo está comprando ahora.	*or*	Está **comprándoselo** ahora.
Pepa, no **se lo** compres allí.	*but*	Pepa, **cómpraselo** allí.

Reflexive pronouns

In English, reflexive pronouns end in *-self* or *-selves*; for example, *myself, yourself, ourselves*. In Spanish, reflexive pronouns are used with some verbs (called **reflexive verbs**) that reflect the action back to the subject of a sentence, meaning that the subject of the verb, also receives the action of the verb. In the following example, notice how Juan Carlos is both the subject and recipient of the action of getting himself up.

Subject	Reflexive pronoun	Verb
Juan Carlos	**se**	levanta a las ocho.
Juan Carlos		*gets (himself) up at eight.*

Conjugating reflexive constructions

Reflexive verbs are identified by the pronoun **-se** attached to the end of the infinitive form of the verb. To conjugate these verbs, use a reflexive pronoun (e.g., **me**) with its corresponding verb form (e.g., **levanto**), according to the subject of the sentence (e.g., **yo**).

Reflexive infinitive
levantarse (*to get up*)

Subject	Reflexive pronoun + verb form	
yo	me levanto	*I get up*
tú	te levantas	*you* (informal) *get up*
Ud., él/ella	se levanta	*you* (formal) *get up, he/she gets up*
nosotros(as)	nos levantamos	*we get up*
vosotros(as)	os levantáis	*you* (informal) *get up*
Uds., ellos/ellas	se levantan	*you* (formal and informal) *get up, they get up*

Note that when reflexive verbs are used with parts of the body or with articles of clothing, use the definite article (**el, la, los, las**), as shown in the following examples.

Juan Carlos se cepilla **los** dientes.	*Juan Carlos brushes his teeth.*
Sara está poniéndose **el** pijama.	*Sara is putting on her pajamas.*
Tomás va a peinarse **el** cabello.	*Tomás is going to comb his hair.*

Placement of reflexive pronouns

- Place the pronoun in front of the conjugated verb.

Juan Carlos **se levanta** a las ocho.	*Juan Carlos **gets up** at eight.*

- When a reflexive verb is used as an infinitive or as a present participle, place the pronoun either before the conjugated verb (if there are two or more verbs used together) or attach it to the infinitive or to the present participle.

Sara **se va a levantar** pronto.	
or	*Sara **is going to get up** soon.*
Sara **va a levantarse** pronto.	

Sara **se está levantando** ahora.	
or	*Sara **is getting up** now.*
Sara **está levantándose** ahora.	

> When a reflexive pronoun is attached to a present participle (e.g., **levantándose**), an accent mark is added to maintain the correct stress.

Grammar Guide

For more detailed explanations of these grammar points, consult the Index to find the pages where they are explained fully in the body of the textbook.

ACTIVE VOICE (La voz activa) A sentence written in the active voice identifies a subject that performs the action of the verb.

Juan	cantó	la canción.
Juan	*sang*	*the song.*
subject	verb	direct object

In the sentence above Juan is the performer of the verb **cantar**.
(*See also* **Passive voice**.)

ADJECTIVES (Los adjetivos) are words that modify or describe **nouns** or **pronouns** and agree in **number** and generally in **gender** with the nouns they modify.

Las casas **azules** son **bonitas**.
*The blue houses are **pretty**.*

Esas mujeres **mexicanas** son mis amigas **nuevas**.
*Those **Mexican** women are my **new** friends.*

Plazas es un libro **interesante** y **divertido**.
*Plazas is an **interesting** and **fun** book.*

- **DEMONSTRATIVE ADJECTIVES (Los adjetivos demostrativos)** point out persons, places, or things relative to the position of the speaker. They always agree in **number** and **gender** with the **noun** they modify. The forms are: **este, esta, estos, estas / ese, esa, esos, esas / aquel, aquella, aquellos, aquellas.** There are also neuter forms that refer to generic ideas or things, and hence have no gender: **esto, eso, aquello.**

Este libro es fácil.	*This book is easy.*
Esos libros son difíciles.	*Those books are hard.*
Aquellos libros son pesados.	*Those books (**over there**) are boring.*

Demonstratives may also function as **pronouns**, replacing the **noun** but still agreeing with it in **number** and **gender**. Demonstrative pronouns carry an accent mark over the syllable that would be naturally stressed anyway:

Me gustan esas blusas verdes.	*I like those green blouses.*
¿Cuáles, **éstas?**	*Which ones, **these**?*
No. Me gustan **ésas**.	*No. I like **those**.*

- **STRESSED POSSESSIVE ADJECTIVES (Los adjetivos posesivos acentuados)** are used for emphasis and follow the noun that they modifiy. These adjectives may also function as pronouns and always agree in **number** and in **gender**. The forms are: **mío, tuyo, suyo, nuestro, vuestro, suyo.** Unless they are directly preceded by the verb **ser**, stressed possessives must be preceded by the **definite article**.

Ese perro pequeño es **mío**.	*That little dog is **mine**.*
Dame el **tuyo**; el **nuestro** no funciona.	*Give me **yours; ours** doesn't work.*

- **UNSTRESSED POSSESSIVE ADJECTIVES (Los adjetivos posesivos no acentuados)** demonstrate ownership and always precede the **noun** that they modify.

La señora Elman es **mi** profesora.	*Mrs. Elman is **my** professor.*
Debemos llevar **nuestros** libros a clase.	*We should take **our** books to class.*

ADVERBS (Los adverbios) are words that modify **verbs, adjectives,** or other adverbs and, unlike **adjectives**, do not have **gender** or **number.** Here are examples of different classes of adverbs:

Practicamos **diariamente**.	*We practice **daily**. (adverb of manner)*
Ellos van a salir **pronto**.	*They will leave **soon**. (adverb of time)*

Jennifer está **afuera**.	*Jennifer is **outside**.* (adverb of place)
No quiero ir **tampoco**.	*I don't want to go **either**.* (adverb of negation)
Paco habla **demasiado**.	*Paco talks **too much**.* (adverb of quantity)

AGREEMENT (La concordancia) refers to the correspondence between parts of speech in terms of **number, gender,** and **person**. Subjects agree with their verbs; articles and adjectives agree with the nouns they modify, etc.

Todas las lenguas son interesantes.	*All languages are interesting.* (number)
Ella es bonita.	*She is pretty.* (gender)
Nosotros somos de España.	*We are from Spain.* (person)

ARTICLES (Los artículos) precede nouns and indicate whether they are definite or indefinite persons, places, or things.

- **DEFINITE ARTICLES (Los artículos definidos)** refer to particular members of a group and are the equivalent of *the* in English. The definite articles are: **el, la, los, las**.

El hombre guapo es mi padre.	*The handsome man is my father.*
Las mujeres de esta clase son inteligentes.	*The women in this class are intelligent.*

- **INDEFINITE ARTICLES (Los artículos indefinidos)** refer to any unspecified member(s) of a group and are the equivalent of *a(n)* and *some*. The indefinite articles are: **un, una, unos, unas**.

Un hombre vino a nuestra casa anoche.	*A man came to our house last night.*
Unas niñas jugaban en el parque.	*Some girls were playing in the park.*

CLAUSES (Las cláusulas) are subject and verb combinations; for a sentence to be complete it must have at least one main clause.

- **MAIN CLAUSES** (Independent clauses) (**las cláusulas principales**) communicate a complete idea or thought.

Mi hermana va al hospital.	*My sister goes to the hospital.*

- **SUBORDINATE CLAUSES** (Dependent clauses) (**Las cláusulas subordinadas**) depend upon a main clause for their meaning to be complete.

Mi hermana va al hospital	con tal que no llueva.
My sister goes to the hospital	*provided that it's not raining.*
main clause	**subordinate clause**

In the sentence above, *provided that it's not raining* is not a complete idea without the information supplied by the main clause.

COMMANDS (Los mandatos) (*See* **Imperatives**.)

COMPARISONS (Las formas comparativas) are statements that describe one person, place, or thing relative to another in terms of quantity, quality, or manner.

- **COMPARISONS OF EQUALITY (Las formas comparativas de igualdad)** demonstrate an equal share of a quantity or degree of a particular characteristic. These statements use a form of **tan(to)(ta)(s)** and **como**.

Ella tiene **tanto** dinero **como** Elena.	*She has **as much** money as Elena.*
Fernando trabaja **tanto como** Felipe.	*Fernando works **as much as** Felipe.*
Jim baila **tan** bien **como** Anne.	*Jim dances **as well as** Anne.*

- **COMPARISONS OF INEQUALITY (Las formas comparativas de desigualdad)** indicate a difference in quantity, quality, or manner between the compared subjects. These statements use **más/menos... que** or comparative **adjectives** such as **mejor/peor, mayor/menor**.

España tiene **más** playas que México.	*Spain has **more** beaches **than** Mexico.*
Tú hablas español **mejor que** yo.	*You speak Spanish **better than** I.*

(*See also* **Superlatives**.)

CONJUGATIONS (Las conjugaciones) represent the inflected form of the verb as it is used with a particular subject or **person**.

Yo bailo los sábados.	*I dance on Saturdays.* (1st-person singular)
Tú bailas los sábados.	*You dance on Saturdays.* (2nd-person singular)

Ella baila los sábados.	*She dances on Saturdays.* (3rd-person singular)
Nosotros bailamos los sábados.	*We dance on Saturdays.* (1st-person plural)
Vosotros bailáis los sábados.	*You dance on Saturdays.* (2nd-person plural)
Ellos bailan los sábados.	*They dance on Saturdays.* (3rd-person plural)

CONJUNCTIONS (Las conjunciones) are linking words that join two independent clauses together.

Fuimos al centro **y** mis amigos compraron muchas cosas.
*We went downtown **and** my friends bought a lot of things.*

Yo quiero ir a la fiesta, **pero** tengo que estudiar.
*I want to go to the party, **but** I have to study.*

CONTRACTIONS (Las contracciones) in Spanish are limited to preposition/article combinations, such as **de + el = del** and **a + el = al,** or preposition/pronoun combinations such as **con + mí = conmigo** and **con + ti = contigo.**

DIRECT OBJECTS (Los objetos directos) in sentences are the direct recipients of the action of the verb. Direct objects answer the questions *What?* or *Whom?*

¿Qué hizo?	*What did she do?*
Ella hizo **la tarea.**	*She did her **homework.***
Y luego llamó a **su amiga.**	*And then called **her friend.***

(*See also* **Pronouns, Indirect object, Personal a.**)

EXCLAMATIVE WORDS (Las palabras exclamativas) communicate surprise or strong emotion. Like interrogative words, exclamatives also carry accents.

¡Qué sorpresa!	*What a surprise!*
¡Cómo canta Miguel!	*How well Miguel sings!*

(*See also* Interrogatives.)

GENDER (El género) is a grammatical feature of Romance languages that classifies words as either masculine or feminine. The gender of the word is sometimes used to distinguish meaning (**la papa** = *the potato,* but **el Papa** = *the Pope;* **la policía** = *the police force,* but **el policía** = *the policeman*). It is important to memorize the gender of nouns when you learn the nouns.

GERUNDS (Los gerundios) are the Spanish equivalent of the *-ing* verb form in English. Regular gerunds are created by replacing the **infinitive** endings (**-ar, -er/-ir**) with **-ando** or **-iendo.** Gerunds are often used with the verb estar to form the present progessive tense. The present progressive tense places emphasis on the continuing or progressive nature of an action.

Miguel está **cantando** en la ducha.	*Miguel is **singing** in the shower.*

(*See also* **Present participle.**)

IDIOMATIC EXPRESSIONS (Las frases idiomáticas) are phrases in Spanish that do not have a literal English equivalent.

Hace mucho frío.	*It is very cold.* (Literally, *It makes a lot of cold.*)

IMPERATIVES (Los imperativos) represent the mood used to express requests or commands. It is more direct than the **subjunctive** mood. Imperatives are commonly called commands and fall into two categories: affirmative and negative. Spanish speakers must also choose between using formal commands and informal commands based upon whether one is addressed as **usted** (formal) or **tú** (informal).

Habla conmigo.	**Talk** to me. (informal, affirmative)
No me hables.	**Don't talk to me.** (informal, negative)
Hable con la policía.	**Talk** to the police. (formal, singular, affirmative)
No hable con la policía.	**Don't talk** to the police. (formal, singular, negative)
Hablen con la policía.	**Talk** to the police. (formal, plural, affirmative)
No hablen con la policía.	**Don't talk** to the police. (formal, plural, negative)

(*See also* **Mood.**)

IMPERFECT (El imperfecto) The imperfect tense is used to make statements about the past when the speaker wants to convey the idea of 1) habitual or repeated action, 2) two actions in progress simultaneously, or 3) an event that was in progress when another action interrupted. The imperfect tense is also used to emphasize the ongoing nature of the middle of the event, as opposed to its beginning or end. Age and clock time are always expressed using the imperfect.

Cuando María **era** joven, ella **cantaba** en el coro.
*When María **was** young, she **used to sing** in the choir.*

Aquel día **llovía** mucho y el cielo **estaba** oscuro.
*That day **it was raining** a lot and the sky **was** dark.*

Juan **dormía** cuando sonó el teléfono.
*Juan **was sleeping** when the phone rang.*

(*See also* **Preterite.**)

IMPERSONAL EXPRESSIONS (Las expresiones impersonales) are statements that contain the impersonal subjects of *it* or *one*.

Es necesario estudiar.	*It is necessary to study.*
Se necesita estudiar.	*One needs to study.*

(*See also* **Passive voice.**)

INDEFINITE WORDS (Las palabras indefinidas) are **articles**, **adjectives**, **nouns** or **pronouns** that refer to unspecified members of a group.

Un hombre vino.	*A man came.* (indefinite article)
Alguien vino.	*Someone came.* (indefinite noun)
Algunas personas vinieron.	*Some people came.* (indefinite adjective)
Algunas vinieron.	*Some came.* (indefinite pronoun)

(*See also* **Articles.**)

INDICATIVE (El indicativo) The indicative is a mood, rather than a tense. The indicative is used to express ideas that are considered factual or certain and, therefore, not subject to speculation, doubt, or negation.

Josefina **es** española.   *Josefina **is** Spanish.*
(present indicative)

(*See also* **Mood.**)

INDIRECT OBJECTS (Los objetos indirectos) are the indirect recipients of an action in a sentence and answer the questions *To whom?* or *For whom?* In Spanish it is common to include an indirect object **pronoun** along with the indirect object.

Yo **le** di el libro a **Sofía.**	*I gave the book **to Sofía.***
Sofía **les** guardó el libro **para sus padres.**	*Sofía kept the book **for her parents.***

(*See also* **Direct objects** and **Pronouns.**)

INFINITIVES (Los infinitivos) are verb forms that are uninflected or not **conjugated** according to a specific person. In English, infinitives are preceded by *to: to talk, to eat, to live.* Infinitives in Spanish end in **-ar** (**hablar**), **-er** (**comer**), and **-ir** (**vivir**).

INTERROGATIVES (Las formas interrogativas) are used to pose questions and carry accent marks to distinguish them from other uses. Basic interrogative words include: **quién(es)**, **qué**, **cómo**, **cuánto(a)(s)**, **cuándo**, **por qué**, **dónde**.

¿**Qué** quieres?	*What do you want?*
¿**Cuándo** llegó ella?	*When did she arrive?*
¿De **dónde** eres?	*Where are you from?*

(*See also* **Exclamatives.**)

MOOD (El modo) is like the word *mode,* meaning *manner* or *way.* It indicates the way in which the speaker views an action, or his/her attitude toward the action. Besides the **imperative** mood, which is simply giving commands, you learn two basic moods in Spanish: the **subjunctive** and the **indicative.** Basically, the subjunctive mood communicates an attitude of uncertainty or negation toward the action, while the indicative indicates that the action is certain or factual. Within each of these moods there are many **tenses.** Hence you have the present indicative and the present subjunctive, the present perfect indicative and the present perfect subjunctive, etc.

- **INDICATIVE MOOD (El indicativo)** implies that what is stated or questioned is regarded as true.

Yo **quiero** ir a la fiesta.	*I want to go to the party.*
Quieres ir conmigo?	*Do you want to go with me?*

- **SUBJUNCTIVE MOOD (El subjuntivo)** indicates a recommendation, a statement of doubt or negation, or a hypothetical situation.

Yo recomiendo que tú **vayas** a la fiesta.	*I recommend **that you go** to the party.*
Dudo que **vayas** a la fiesta.	*I doubt that **you'll go** to the party.*
No creo que **vayas** a la fiesta.	*I don't believe that **you'll go** to the party.*
Si **fueras** a la fiesta, te divertirías.	*If **you were to go** to the party, you would have a good time.*

- **IMPERATIVE MOOD (El imperativo)** is used to make a command or request.

¡**Ven** conmigo a la fiesta!	***Come** with me to the party!*

(*See also* **Indicative, Imperative,** and **Subjunctive.**)

NEGATION (La negación) takes place when a negative word, such as **no,** is placed before an affirmative sentence. In Spanish, double negatives are common.

Yolando va a cantar esta noche.	*Yolando will sing tonight.* (affirmative)
Yolando **no** va a cantar esta noche.	*Yolanda will **not** sing tonight.* (negative)
Ramón quiere algo.	*Ramón wants something.* (affirmative)
Ramón **no** quiere **nada.**	*Ramón **doesn't** want **anything.*** (negative)

NOUNS (Los sustantivos) are persons, places, things, or ideas. Names of people, countries, and cities are proper nouns and are capitalized.

Alberto	*Albert* (person)
el pueblo	*town* (place)
el diccionario	*dictionary* (thing)

ORTHOGRAPHY (La ortografía) refers to the spelling of a word or anything related to spelling such as accentuation.

PASSIVE VOICE (La voz pasiva), as compared to **active voice (la voz activa),** places emphasis on the action itself rather than the agent of the action (the person or thing that is indirectly responsible for committing the action). The passive se is used when there is no apparent agent of the action.

Luis vende los coches.	*Luis sells the cars.* (active voice)
Los coches **son vendidos por** Luis.	*The cars **are sold by** Luis.* (passive voice)
Se **venden** los coches.	*The cars **are sold.*** (passive voice)

(*See also* **Active voice.**)

PAST PARTICIPLES (Los participios pasados) are verb forms used in compound tenses such as the **present perfect.** Regular past participles are formed by dropping the **-ar** or **-er/-ir** from the **infinitive** and adding **-ado** or **-ido.** Past participles are the equivalent of verbs ending in *-ed* in English. They may also be used as **adjectives,** in which case they agree in **number** and **gender** with their nouns. Irregular past participles include: **escrito, roto, dicho, hecho, puesto, vuelto, muerto, cubierto.**

Marta ha **subido** la montaña.	*Marta has **climbed** the mountain.*
Hemos **hablado** mucho por teléfono.	*We have **talked** a lot on the phone.*
La novela **publicada** en 1995 es su mejor novela.	*The novel **published** in 1995 is her best novel.*

PERFECT TENSES (Los tiempos perfectos) communicate the idea that an action has taken place before now (present perfect) or before a moment in the past (past perfect). The perfect tenses are compound tenses consisting of the verb **haber** plus the **past participle** of a second verb.

Yo **he comido.**	*I have eaten.* (present perfect indicative)
Antes de la fiesta, yo **había comido.**	*Before the party I had eaten.* (past perfect indicative)
Yo espero que **hayas comido.**	*I hope that you have eaten.* (present perfect subjunctive)
Yo esperaba que **hubieras comido.**	*I hoped that you had eaten.* (past perfect subjunctive)

PERSON (La persona) refers to changes in the subject pronouns that indicate if one is speaking (first person), if one is spoken to (second person), or if one is spoken about (third person).

Yo hablo.	*I speak.* (1st-person singular)
Tú hablas.	*You speak.* (2nd-person singular)
Ud./Él/Ella habla.	*You/He/She speak.* (3rd-person singular)
Nosotros(as) hablamos.	*We speak.* (1st-person plural)
Vosotros(as) habláis.	*You speak.* (2nd-person plural)
Uds./Ellos/Ellas hablan.	*They speak.* (3rd-person plural)

PREPOSITIONS (Las preposiciones) are linking words indicating spatial or temporal relations between two words.

Ella nadaba **en** la piscina.	*She was swimming in the pool.*
Yo llamé **antes de** las nueve.	*I called before nine o'clock.*
El libro es **para** ti.	*The book is for you.*
Voy **a** la oficina.	*I'm going to the office.*
Jorge es **de** Paraguay.	*Jorge is from Paraguay.*

PRESENT PARTICIPLE (*See* **Gerunds.**)

PRETERITE (El pretérito) The preterite tense, as compared to the **imperfect tense,** is used to talk about past events with specific emphasis on the beginning or the end of the action, or emphasis on the completed nature of the action as a whole.

Anoche yo **empecé** a estudiar a las once y **terminé** a la una.
Last night I began to study at eleven o'clock and finished at one o'clock.

Esta mañana **me desperté** a las siete, **desayuné, me duché** y **vine** al campus para las ocho.
This morning I woke up at seven, I ate breakfast, I showered, and I came to campus by eight.

PERSONAL A (La *a* personal) The personal **a** refers to the placement of the preposition **a** before the name of a person when that person is the **direct object** of the sentence.

Voy a llamar **a** María.	*I'm going to call María.*

PRONOUNS (Los pronombres) are words that substitute for **nouns** in a sentence.

Yo quiero **éste.**	*I want this one.* (demonstrative—points out a specific person, place or thing)
¿Quién es tu amigo?	*Who is your friend?* (interrogative—used to ask questions)
Yo voy a llamar**la.**	*I'm going to call her.* (direct object—replaces the direct object of the sentence)
Ella va a dar**le** el reloj.	*She is going to give him the watch.* (indirect object—replaces the indirect object of the sentence)
Juan **se** baña por la mañana.	*Juan bathes himself in the morning.* (reflexive—used with reflexive verbs to show that the agent of the action is also the recipient)
Es la mujer **que** conozco.	*She is the woman that I know.* (relative—used to introduce a clause that describes a noun)
Nosotros somos listos.	*We are clever.* (subject—replaces the noun that performs the action or state of a verb)

SUBJECTS (Los sujetos) are the persons, places, or things that perform the action or state of being of a verb. The **conjugated** verb always agrees with its subject.

Carlos siempre baila solo.	*Carlos always dances alone.*
Colorado y **California** son mis estados preferidos.	*Colorado and California are my favorite states.*
La cafetera produce el café.	*The coffee pot makes the coffee.*

(*See also* **Active voice.**)

SUBJUNCTIVE (El subjuntivo) The subjunctive mood is used to express speculative, doubtful, or hypothetical situations. It also communicates a degree of subjectivity or influence of the main clause over the subordinate clause.

No creo que **tengas** razón.	*I don't think that **you're** right.*
Si yo **fuera** el jefe, pagaría más a mis empleados.	*If I **were** the boss, I would pay my employees more.*
Quiero que **estudies** más.	*I want **you to study** more.*

(*See also* **Mood, Indicative.**)

SUPERLATIVE STATEMENTS (Las frases superlativas) are formed by adjectives or adverbs to make comparisons among three or more members of a group. To form superlatives, add a definite article (**el, la, los, las**) before the comparative form.

Juan es **el más alto** de los tres.	*Juan is **the tallest** of the three.*
Este coche es **el más rápido** de todos.	*This car is **the fastest** of them all.*

(*See also* **Comparisons.**)

TENSES (Los tiempos) refer to the manner in which time is expressed through the **verb** of a sentence.

Yo estudio.	*I study.* (present tense)
Yo estoy estudiando.	*I am studying.* (present progressive)
Yo he estudiado.	*I have studied.* (present perfect)
Yo había estudiado.	*I had studied.* (past perfect)
Yo estudié.	*I studied.* (preterite tense)
Yo estudiaba.	*I was studying.* (imperfect tense)
Yo estudiaré	*I will study.* (future tense)

VERBS (Los verbos) are the words in a sentence that communicate an action or state of being.

Helen **es** mi amiga y ella **lee** muchas novelas.
*Helen **is** my friend and she **reads** a lot of novels.*

Auxiliary Verbs (Los verbos auxiliares) or helping verbs are verbs such as **estar** and **haber** used to form the present progressive and the present perfect, respectively.

Estamos estudiando mucho para el examen mañana.
We are studying a lot for the exam tomorrow.

Helen **ha** trabajado mucho en este proyecto.
*Helen **has** worked a lot on this project.*

Reflexive Verbs (Los verbos reflexivos) use reflexive **pronouns** to indicate that the person initiating the action is also the recipient of the action.

Yo **me afeito** por la mañana.	*I shave (**myself**) in the morning.*

Stem-Changing Verbs (Los verbos con cambios de raíz) undergo a change in the main part of the verb when conjugated. To find the stem, drop the -ar, -er, or -ir from the **infinitive: dorm-, empez-, ped-.** There are three types of stem-changing verbs: **o** to **ue**, **e** to **ie** and **e** to **i.**

dormir: Yo d**ue**rmo en el parque.	*I sleep in the park.* (**o** to **ue**)
empezar: Ella siempre emp**ie**za su trabajo temprano.	*She always starts her work early.* (**e** to **ie**)
pedir: ¿Por qué no p**i**des ayuda?	*Why don't you ask for help?* (**e** to **i**)

Los verbos regulares

Infinitive	Present Indicative	Imperfect	Preterite	Future	Conditional	Present Subjunctive	Past Subjunctive	Commands
hablar *to speak*	hablo	hablaba	hablé	hablaré	hablaría	hable	hablara	habla (no hables)
	hablas	hablabas	hablaste	hablarás	hablarías	hables	hablaras	hable
	habla	hablaba	habló	hablará	hablaría	hable	hablara	
	hablamos	hablábamos	hablamos	hablaremos	hablaríamos	hablemos	habláramos	hablad (no habléis)
	habláis	hablabais	hablásteis	hablaréis	hablaríais	habléis	hablarais	hablen
	hablan	hablaban	hablaron	hablarán	hablarían	hablen	hablaran	
aprender *to learn*	aprendo	aprendía	aprendí	aprenderé	aprendería	aprenda	aprendiera	aprende (no aprendas)
	aprendes	aprendías	aprendiste	aprenderás	aprenderías	aprendas	aprendieras	aprenda
	aprende	aprendía	aprendió	aprenderá	aprendería	aprenda	aprendiera	aprended (no aprendáis)
	aprendemos	aprendíamos	aprendimos	aprenderemos	aprenderíamos	aprendamos	aprendiéramos	aprendan
	aprendéis	aprendíais	aprendisteis	aprenderéis	aprenderíais	aprendáis	aprendierais	
	aprenden	aprendían	aprendieron	aprenderán	aprenderían	aprendan	aprendieran	
vivir *to live*	vivo	vivía	viví	viviré	viviría	viva	viviera	vive (no vivas)
	vives	vivías	viviste	vivirás	vivirías	vivas	vivieras	viva
	vive	vivía	vivió	vivirá	viviría	viva	viviera	vivid (no viváis)
	vivimos	vivíamos	vivimos	viviremos	viviríamos	vivamos	viviéramos	vivan
	vivís	vivíais	vivisteis	viviréis	viviríais	viváis	vivierais	
	viven	vivían	vivieron	vivirán	vivirían	vivan	vivieran	

COMPOUND TENSES

Present progressive

estoy		
estás		
está	hablando	aprendiendo	viviendo
estamos		
estáis		
están		

Present perfect indicative

he		
has		
ha	hablado	aprendido	vivido
hemos		
habéis		
han		

Present perfect subjunctive

haya		
hayas		
haya	hablado	aprendido	vivido
hayamos		
hayáis		
hayan		

Past perfect indicative

había		
habías		
había	hablado	aprendido	vivido
habíamos		
habíais		
habían		

Los verbos con cambios en la raíz

Infinitive / Present Participle / Past Participle	Present Indicative	Imperfect	Preterite	Future	Conditional	Present Subjunctive	Past Subjunctive	Commands
pensar *to think* e → ie pensando pensado	pienso piensas piensa pensamos pensáis piensan	pensaba pensabas pensaba pensábamos pensabais pensaban	pensé pensaste pensó pensamos pensasteis pensaron	pensaré pensarás pensará pensaremos pensaréis pensarán	pensaría pensarías pensaría pensaríamos pensaríais pensarían	piense pienses piense pensemos penséis piensen	pensara pensaras pensara pensáramos pensarais pensaran	piensa (no pienses) piense pensad (no penséis) piensen
acostarse *to go to bed* o → ue acostándose acostado	me acuesto te acuestas se acuesta nos acostamos os acostáis se acuestan	me acostaba te acostabas se acostaba nos acostábamos os acostabais se acostaban	me acosté te acostaste se acostó nos acostamos os acostasteis se acostaron	me acostaré te acostarás se acostará nos acostaremos os acostaréis se acostarán	me acostaría te acostarías se acostaría nos acostaríamos os acostaríais se acostarían	me acueste te acuestes se acueste nos acostemos os acostéis se acuesten	me acostara te acostaras se acostara nos acostáramos os acostarais se acostaran	acuéstate (no te acuestes) acuéstese acostaos (no os acostéis) acuéstense
sentir *to feel* e → ie, i sintiendo sentido	siento sientes siente sentimos sentís sienten	sentía sentías sentía sentíamos sentíais sentían	sentí sentiste sintió sentimos sentisteis sintieron	sentiré sentirás sentirá sentiremos sentiréis sentirán	sentiría sentirías sentiría sentiríamos sentiríais sentirían	sienta sientas sienta sintamos sintáis sientan	sintiera sintieras sintiera sintiéramos sintierais sintieran	siente (no sientas) sienta sentid (no sintáis) sientan
pedir *to ask for* e → i, i pidiendo pedido	pido pides pide pedimos pedís piden	pedía pedías pedía pedíamos pedíais pedían	pedí pediste pidió pedimos pedisteis pidieron	pediré pedirás pedirá pediremos pediréis pedirán	pediría pedirías pediría pediríamos pediríais pedirían	pida pidas pida pidamos pidáis pidan	pidiera pidieras pidiera pidiéramos pidierais pidieran	pide (no pidas) pida pedid (no pidáis) pidan
dormir *to sleep* o → ue, u durmiendo dormido	duermo duermes duerme dormimos dormís duermen	dormía dormías dormía dormíamos dormíais dormían	dormí dormiste durmió dormimos dormisteis durmieron	dormiré dormirás dormirá dormiremos dormiréis dormirán	dormiría dormirías dormiría dormiríamos dormiríais dormirían	duerma duermas duerma durmamos durmáis duerman	durmiera durmieras durmiera durmiéramos durmierais durmieran	duerme (no duermas) duerma dormid (no durmáis) duerman

Los verbos con cambios de ortografía

Infinitive / Present Participle / Past Participle	Present Indicative	Imperfect	Preterite	Future	Conditional	Present Subjunctive	Past Subjunctive	Commands
comenzar (e → ie) to begin z → c before e comenzando comenzado	comienzo comienzas comienza comenzamos comenzáis comienzan	comenzaba comenzabas comenzaba comenzábamos comenzabais comenzaban	**comencé** comenzaste comenzó comenzamos comenzasteis comenzaron	comenzaré comenzarás comenzará comenzaremos comenzaréis comenzarán	comenzaría comenzarías comenzaría comenzaríamos comenzaríais comenzarían	**comience** **comiences** **comience** **comencemos** **comencéis** **comiencen**	comenzara comenzaras comenzara comenzáramos comenzarais comenzaran	comienza (no **comiences**) **comience** comenzad (no **comencéis**) **comiencen**
conocer to know c → zc before a, o conociendo conocido	**conozco** conoces conoce conocemos conocéis conocen	conocía conocías conocía conocíamos conocíais conocían	conocí conociste conoció conocimos conocisteis conocieron	conoceré conocerás conocerá conoceremos conoceréis conocerán	conocería conocerías conocería conoceríamos conoceríais conocerían	**conozca** **conozcas** **conozca** **conozcamos** **conozcáis** **conozcan**	conociera conocieras conociera conociéramos conocierais conocieran	conoce (no **conozcas**) **conozca** conoced (no **conozcáis**) **conozcan**
construir to build i → y, y inserted before a, e, o **construyendo** construido	**construyo** **construyes** **construye** construimos construís **construyen**	construía construías construía construíamos construíais construían	construí construiste **construyó** construimos construisteis **construyeron**	construiré construirás construirá construiremos construiréis construirán	construiría construirías construiría construiríamos construiríais construirían	**construya** **construyas** **construya** **construyamos** **construyáis** **construyan**	**construyera** **construyeras** **construyera** **construyéramos** **construyerais** **construyeran**	**construye** (no **construyas**) **construya** construid (no **construyáis**) **construyan**
leer to read i → y; stressed i → í **leyendo** leído	leo lees lee leemos leéis leen	leía leías leía leíamos leíais leían	leí leíste **leyó** leímos leísteis **leyeron**	leeré leerás leerá leeremos leeréis **leyeron**	leería leerías leería leeríamos leeríais leerían	lea leas lea leamos leáis lean	**leyera** **leyeras** **leyera** **leyéramos** **leyerais** **leyeran**	lee (no leas) lea leed (no leáis) lean

Los verbos con cambios de ortografía *(continued)*

Infinitive / Present Participle / Past Participle	Present Indicative	Imperfect	Preterite	Future	Conditional	Present Subjunctive	Past Subjunctive	Commands
pagar *to pay* **g → gu before e** pagando pagado	pago pagas paga pagamos pagáis pagan	pagaba pagabas pagaba pagábamos pagabais pagaban	**pagué** pagaste pagó pagamos pagasteis pagaron	pagaré pagarás pagará pagaremos pagaréis pagarán	pagaría pagarías pagaría pagaríamos pagaríais pagarían	**pague pagues pague paguemos paguéis paguen**	pagara pagaras pagara pagáramos pagarais pagaran	paga (no pagues) **pague** pagad (no **paguéis**) **paguen**
seguir (e → i, i) *to follow* **gu → g before a, o** siguiendo seguido	**sigo** sigues sigue seguimos seguís siguen	seguía seguías seguía seguíamos seguíais seguían	seguí seguiste siguió seguimos seguisteis siguieron	seguiré seguirás seguirá seguiremos seguiréis seguirán	seguiría seguirías seguiría seguiríamos seguiríais seguirían	**siga sigas siga sigamos sigáis sigan**	siguiera siguieras siguiera siguiéramos siguierais siguieran	sigue (no sigas) **siga** seguid (no **sigáis**) **sigan**
tocar *to play, to touch* **c → qu before e** tocando tocado	toco tocas toca tocamos tocáis tocan	tocaba tocabas tocaba tocábamos tocabais tocaban	**toqué** tocaste tocó tocamos tocasteis tocaron	tocaré tocará tocarás tocaremos tocaréis tocarán	tocaría tocarías tocaría tocaríamos tocaríais tocarían	**toque toques toque toquemos toquéis toquen**	tocara tocaras tocara tocáramos tocarais tocaran	toca (no toques) **toque** tocad (no **toquéis**) **toquen**

Los verbos irregulares

Infinitive / Present Participle / Past Participle	Present Indicative	Imperfect	Preterite	Future	Conditional	Present Subjunctive	Past Subjunctive	Commands
andar *to walk* andando andado	ando andas anda andamos andáis andan	andaba andabas andaba andábamos andabais andaban	anduve anduviste anduvo anduvimos anduvisteis anduvieron	andaré andarás andará andaremos andaréis andarán	andaría andarías andaría andaríamos andaríais andarían	ande andes ande andemos andéis anden	anduviera anduvieras anduviera anduviéramos anduvierais anduvieran	anda (no andes) ande andad (no andéis) anden
*caer *to fall* **cayendo** caído	**caigo** caes cae caemos caéis caen	caía caías caía caíamos caíais caían	caí **caíste** **cayó** caímos caísteis **cayeron**	caeré caerás caerá caeremos caeréis caerán	caería caerías caería caeríamos caeríais caerían	**caiga** **caigas** **caiga** **caigamos** **caigáis** **caigan**	cayera cayeras cayera cayéramos cayerais cayeran	cae (no caigas) **caiga** caed (no caigáis) **caigan**
*dar *to give* dando dado	**doy** das da damos dais dan	daba dabas daba dábamos dabais daban	**di** diste dio dimos disteis dieron	daré darás dará daremos daréis darán	daría darías daría daríamos daríais darían	**dé** des **dé** demos deis den	diera dieras diera diéramos dierais dieran	da (no des) **dé** dad (no deis) den
*decir *to say, tell* **diciendo** **dicho**	digo dices dice decimos decís dicen	decía decías decía decíamos decíais decían	**dije** **dijiste** **dijo** **dijimos** **dijisteis** **dijeron**	**diré** **dirás** **dirá** **diremos** **diréis** **dirán**	**diría** **dirías** **diría** **diríamos** **diríais** **dirían**	**diga** **digas** **diga** **digamos** **digáis** **digan**	**dijera** **dijeras** **dijera** **dijéramos** **dijerais** **dijeran**	**di** (no digas) **diga** decid (no digáis) **digan**
*estar *to be* estando estado	**estoy** **estás** **está** estamos estáis **están**	estaba estabas estaba estábamos estabais estaban	**estuve** **estuviste** **estuvo** **estuvimos** **estuvisteis** **estuvieron**	estaré estarás estará estaremos estaréis estarán	estaría estarías estaría estaríamos estaríais estarían	**esté** **estés** **esté** estemos estéis **estén**	estuviera estuvieras estuviera estuviéramos estuvierais estuvieran	está (no estés) esté estad (no estéis) estén

Los verbos irregulares (continued)

Infinitive / Present Participle / Past Participle	Present Indicative	Imperfect	Preterite	Future	Conditional	Present Subjunctive	Past Subjunctive	Commands
haber *to have* habiendo habido	he	había	hube	habré	habría	haya	hubiera	
	has	habías	hubiste	habrás	habrías	hayas	hubieras	
	ha [hay]	había	hubo	habrá	habría	haya	hubiera	
	hemos	habíamos	hubimos	habremos	habríamos	hayamos	hubiéramos	
	habéis	habíais	hubisteis	habréis	habríais	hayáis	hubierais	
	han	habían	hubieron	habrán	habrían	hayan	hubieran	
*hacer *to make, to do* haciendo hecho	hago	hacía	hice	haré	haría	haga	hiciera	
	haces	hacías	hiciste	harás	harías	hagas	hicieras	haz (no hagas)
	hace	hacía	hizo	hará	haría	haga	hiciera	haga
	hacemos	hacíamos	hicimos	haremos	haríamos	hagamos	hiciéramos	haced (no hagáis)
	hacéis	hacíais	hicisteis	haréis	haríais	hagáis	hiciérais	
	hacen	hacían	hicieron	harán	harían	hagan	hicieran	hagan
ir *to go* yendo ido	voy	iba	fui	iré	iría	vaya	fuera	
	vas	ibas	fuiste	irás	irías	vayas	fueras	ve (no vayas)
	va	iba	fue	irá	iría	vaya	fuera	vaya
	vamos	íbamos	fuimos	iremos	iríamos	vayamos	fuéramos	id (no vayáis)
	vais	ibais	fuisteis	iréis	iríais	vayáis	fuerais	
	van	iban	fueron	irán	irían	vayan	fueran	vayan
*oír *to hear* oyendo oído	oigo	oía	oí	oiré	oiría	oiga	oyera	
	oyes	oías	oíste	oirás	oirías	oigas	oyeras	oye (no oigas)
	oye	oía	oyó	oirá	oiría	oiga	oyera	oiga
	oímos	oíamos	oímos	oiremos	oiríamos	oigamos	oyéramos	oíd (no oigáis)
	oís	oíais	oísteis	oiréis	oiríais	oigáis	oyerais	
	oyen	oían	oyeron	oirán	oirían	oigan	oyeran	oigan

Los verbos irregulares *(continued)*

Infinitive Present Participle Past Participle	Present Indicative	Imperfect	Preterite	Future	Conditional	Present Subjunctive	Past Subjunctive	Commands
poder (o → ue) *can, to be able* **pudiendo** podido	**puedo** **puedes** **puede** podemos podéis **pueden**	podía podías podía podíamos podíais podían	pude pudiste pudo pudimos pudisteis pudieron	podré podrás podrá podremos podréis podrán	podría podrías podría podríamos podríais podrían	**pueda** **puedas** **pueda** podamos podáis **puedan**	pudiera pudieras pudiera pudiéramos pudierais pudieran	
*poner *to place, to put* poniendo **puesto**	**pongo** pones pone ponemos ponéis ponen	ponía ponías ponía poníamos poníais ponían	puse pusiste puso pusimos pusisteis pusieron	pondré pondrás pondrá pondremos pondréis pondrán	pondría pondrías pondría pondríamos pondríais pondrían	**ponga** **pongas** **ponga** **pongamos** **pongáis** **pongan**	pusiera pusieras pusiera pusiéramos pusierais pusieran	pon (no pongas) ponga poned (no pongáis) pongan
querer (e → ie) *to want, to wish* queriendo querido	**quiero** **quieres** **quiere** queremos queréis **quieren**	quería querías quería queríamos queríais querían	quise quisiste quiso quisimos quisisteis quisieron	querré querrás querrá querremos querréis querrán	querría querrías querría querríamos querríais querrían	**quiera** **quieras** **quiera** querramos querráis **quieran**	quisiera quisieras quisiera quisiéramos quisierais quisieran	quiere (no quieras) quiera quered (no queráis) quieran
reír (e → i) *to laugh* **riendo** **reído**	**río** **ríes** **ríe** **reímos** reís **ríen**	reía reías reía reíamos reíais reían	reí reíste rió reímos reísteis rieron	reiré reirás reirá reiremos reiréis reirán	reiría reirías reiría reiríamos reiríais reirían	**ría** **rías** **ría** **riamos** **riáis** **rían**	riera rieras riera riéramos rierais rieran	ríe (no rías) ría reíd (no riáis) rían

Los verbos irregulares *(continued)*

Infinitive / Present Participle / Past Participle	Present Indicative	Imperfect	Preterite	Future	Conditional	Present Subjunctive	Past Subjunctive	Commands
*saber to know sabiendo sabido	sé sabes sabe sabemos sabéis saben	sabía sabías sabía sabíamos sabíais sabían	supe supiste supo supimos supisteis supieron	sabré sabrás sabrá sabremos sabréis sabrán	sabría sabrías sabría sabríamos sabríais sabrían	sepa sepas sepa sepamos sepáis sepan	supiera supieras supiera supiéramos supierais supieran	sabe (no sepas) sepa sabed (no sepáis) sepan
*salir to go out saliendo salido	salgo sales sale salimos salís salen	salía salías salía salíamos salíais salían	salí saliste salió salimos salisteis salieron	saldré saldrás saldrá saldremos saldréis saldrán	saldría saldrías saldría saldríamos saldríais saldrían	salga salgas salga salgamos salgáis salgan	saliera salieras saliera saliéramos salierais salieran	sal (no salgas) salga salid (no salgáis) salgan
ser to be siendo sido	soy eres es somos sois son	era eras era éramos erais eran	fui fuiste fue fuimos fuisteis fueron	seré serás será seremos seréis serán	sería serías sería seríamos seríais serían	sea seas sea seamos seáis sean	fuera fueras fuera fuéramos fuerais fueran	sé (no seas) sea sed (no seáis) sean
*tener to have teniendo tenido	tengo tienes tiene tenemos tenéis tienen	tenía tenías tenía teníamos teníais tenían	tuve tuviste tuvo tuvimos tuvisteis tuvieron	tendré tendrás tendrá tendremos tendréis tendrán	tendría tendrías tendría tendríamos tendríais tendrían	tenga tengas tenga tengamos tengáis tengan	tuviera tuvieras tuviera tuviéramos tuvierais tuvieran	ten (no tengas) tenga tened (no tengáis) tengan

Los verbos irregulares *(continued)*

Infinitive Present Participle Past Participle	Present Indicative	Imperfect	Preterite	Future	Conditional	Present Subjunctive	Past Subjunctive	Commands
*traer	**traigo**	traía	**traje**	traeré	traería	**traiga**	**trajera**	trae (no traigas)
to bring	traes	traías	**trajiste**	traerás	traerías	**traigas**	**trajeras**	**traiga**
trayendo	trae	traía	**trajo**	traerá	traería	**traiga**	**trajera**	traed (no
traído	traemos	traíamos	**trajimos**	traeremos	traeríamos	**traigamos**	**trajéramos**	traigáis)
	traéis	traíais	**trajisteis**	traeréis	traeríais	**traigáis**	**trajerais**	**traigan**
	traen	traían	**trajeron**	traerán	traerían	**traigan**	**trajeran**	
*venir	**vengo**	venía	**vine**	**vendré**	**vendría**	**venga**	**viniera**	**ven** (no **vengas**)
to come	**vienes**	venías	**viniste**	**vendrás**	**vendrías**	**vengas**	**vinieras**	**venga**
viniendo	**viene**	venía	**vino**	**vendrá**	**vendría**	**venga**	**viniera**	venid (no
venido	venimos	veníamos	**vinimos**	**vendremos**	**vendríamos**	**vengamos**	**viniéramos**	**vengáis)**
	venís	veníais	**vinisteis**	**vendréis**	**vendríais**	**vengáis**	**vinierais**	**vengan**
	vienen	venían	**vinieron**	**vendrán**	**vendrían**	**vengan**	**vinieran**	
ver	**veo**	**veía**	**vi**	veré	vería	**vea**	viera	ve (no **veas**)
to see	ves	**veías**	**viste**	verás	verías	**veas**	vieras	**vea**
viendo	ve	**veía**	**vio**	verá	vería	**vea**	viera	ved (no **veáis**)
visto	vemos	**veíamos**	**vimos**	veremos	veríamos	**veamos**	**viéramos**	**vean**
	veis	**veíais**	**visteis**	veréis	veríais	**veáis**	vierais	
	ven	**veían**	**vieron**	verán	verían	**vean**	vieran	

*Verbs with irregular *yo* forms in the present indicative

Glosario español-inglés

This Spanish-English Gossary includes all the words and expressions that appear in the text except verb forms, regular superlatives and diminutives, and most adverbs ending in -**mente.** Only meanings used in the text are given. Gender of nouns is indicated except for masculine nouns ending in -**o** and feminine nouns ending in -**a.** Feminine forms of adjectives are shown except for regular adjectives with masculine forms ending in -**o.** Verbs appear in the infinitive form. Stem changes and spelling changes are indicated in parentheses, e.g., **divertirse (ie, i); buscar (qu).** The number following each entry indicates the chapter in which the word with that particular meaning first appears. The following abbreviations are used:

adj. adjective
adv. adverb
conj. conjunction
m. masculine
f. feminine
pl. plural
prep. preposition

A

a *prep.* at, to
   a fin (de) que in order that, 7
   a la deriva drifting, 10
   a lo menos at least, 1
   a menos que *conj.* unless, 7
   a menudo *adv.* often, 2
   a no ser que *conj.* unless, 7
   a pesar de in spite of, 6
abono órganico compost, 10
abordar to board, get on, 3
abrasar to burn, 5
abrigo overcoat, 5
abundancia abundance, 10
abundar to abound, 1
aburrido *adj.* boring; bored, 1
abusar to abuse, 10
abuso abuse, 10
acabar to finish, 1
acantilado cliff, 1
acceso a Internet de alta velocidad high-speed Internet access, 3
acera sidewalk, 2
acero steel, 6
acertar (ie) to be right, 4
acoger to welcome, 1
acoplar to fit in, 3
acordar (ue) to agree, 3
   acordarse de to remember, 3
acotación *f.* stage direction, 7
actual *adj.* present, current, 9
actualidad *f.* present time, 9
acuarela watercolor, 8
acuarelista *m./f.* watercolor artist, 8
acueducto aqueduct, 6
acusación *f.* accusation, 7
acusado(a) accused, 7
acusar to accuse, 7
adaptador *m.* **eléctrico** electricity adapter, 3
adelantado: por adelantado in advance, 3

adelgazar to lose weight, 5
adivinar to guess, 1
administrar to administer, run, manage, 6
adobar to marinate, 4
adobo marinade, 4
adoptar to adopt, 2
adorno ornament, decoration, 2
adueñarse de to take ownership of, 7
aficionado(a) fan *(sports, music),* 4
afluir to appear in great numbers, 10
agazaparse to hide, 10
agente de bienes raíces *m./f.* real estate agent, 6
agobiado *adj.* worn out, 2
agotamiento depletion, 10
agotar to deplete, 10
agraciado *adj.* attractive, 5
agradecer (zc) to thank, 2
agradecimiento gratefulness, gratitude, 2
agregar (gu) to add, 4
agridulce *adj.* sweet and sour, bittersweet, 4
agrio *adj.* bitter, sour, 4
agua *f.* **potable/del grifo** drinkable/tap water, 6
   agua dulce fresh water, 10
aguacero downpour, 2
aguinaldo Christmas bonus, 9
agujero piercing, 5
ahogar (gu) to drown, 6
ahora: por ahora for now, 3
ahorros *pl.* savings, 9
ajedrez *m.* chess, 4
alambrada tangle of wiring, 4
alambre *m.* wire, 9
alcance *m.* reach, range, scope, 10
alcanzar to reach, attain, achieve, 10
aldea global global village, 10
alfarería pottery, 8
algo something, 3
alguien someone, 3

algún, alguno *adj.* some, 3
   de algún modo somehow, 3
   alguna vez sometime, ever, 3
   de alguna manera some way, 3
alguno(a) someone, 3
aliento breath, 6
alimenticio *adj.* food, nutritional, 4
alivio relief, 2
almacenar to store, 9
alojarse to stay, lodge, 3
alta tecnología high technology, 9
alternativo *adj.* alternative, 2
altiplano high plateau, 1
altruismo altruism, 6
altruista *m./f.* altruist, 6
altura height, altitude, 1
alucinante *adj.* amazing, incredible, 1
amanecer *m.* sunrise, 1
amenaza threat, 7
amenazar to threaten, 7
americana men's blazer, 5
amigo(a) por correspondencia pen pal, 2
aminorar to mitigate, 2
andén *m.* platform, 3
anestesia anesthesia, 9
anglohablante *m./f.* English speaker, 1
anhelante *adj.* yearning, longing, 5
aniversario de bodas wedding anniversary, 2
anoche *adv.* last night, 2
antepasado(a) ancestor, 1
antes (de) que *conj.* before, 7
anticuado *adj.* old-fashioned, antiquated, 9
antiguo *adj.* old, 1
antojarse to fancy, feel like, 10
antro joint *(anatomy),* 10
apariencia física physical appearance, 5
apasionado *adj.* passionate, 5
apegado *adj.* attached, 3
apelar to ask, appeal, 9
apersonarse to show up, 9

aplastarse to become crushed, 1
apogeo height *(of fame, power)*, 3
aporte *m.* contribution, 1
apostar (ue) to bet, gamble, 4
apoyar to support, 7
apreciar to appreciate, 8
apuntar to aim, 4
arcilla clay, 8
arco arch, 8
argumento plot *(of a play or film)*, 4
arrasar to devastate, 6
arrebatar to snatch, 9
arrebato rapid movement; a fit of anger/passion, 7
arrepentirse (ie) to repent, 3; to regret, 9
arriesgar (ue) to risk, 9
arrimarse to approach, 5
arrollar to run over, 10
arrugar (gu) la nariz to wrinkle one's nose, 1
arte *m.* art, 8
artesanía arts and crafts, handicrafts, 8
asar to roast, 4
    asar a la parrilla to broil, grill, 4
ascendencia heritage; nationality, 1
asesinar to murder, 7
asesinato murder, 7
asesino(a) murderer, 7
asesor(a) advisor, 3
así como así just like that, 2
asilo convalescent home, 2
asimilarse to assimilate, 1
asistencia financiera financial aid, 3
asistente personal digital (APD) *m.* Personal Digital Assistant (PDA), 9
asomar to begin to appear, 4
atado *adj.* tied, 5
atención *f.* **al cliente** customer service, 6
atender (ie) to attend to, 6
atentado attack, assault, 7
atiborrar to fill, stuff, 2
atinar to find, come upon, 2
atletismo track and field, 4
atolondrado *adj.* scattered, confused, 10
atracar (qu) to hold-up, mug, 7
atraco hold-up, mugging, 7
atractivo attraction, 1
atraer to attract, 10
atraso delay, 4
atrevido *adj.* daring, risqué, 5
atributo attribute, 6
atuendo outfit, 5
audaz *adj.* daring, bold, 5
auto híbrido/de hidrógeno hybrid/hydrogen car, 9
autodenominarse to call oneself, 1
autoridad *f.* authority, 7
aventura adventure, 8

avisar to warn, 1
ayer *adv.* yesterday, 2

B

babear to drool, 6
bahía bay, 1
balaustrada balustrade, 10
banda ancha broadband, 9
bandeja tray, 5
baraja deck of cards, 4
barajar to shuffle, 4
barbilla redonda round chin, 5
barrendero(a) janitor, 1
barrera barrier, obstacle, 10
barriada neighborhood, 5
batir to whip, 4
bautismo baptism, 2
beca scholarship, 3
bendecir (i) (la mesa) to bless (the table), 2
bendición *f.* blessing, 2
beneficio benefit, 9
bienestar *m.* well-being, 6
bilingüismo bilingualism, 10
biodiversidad *f.* biodiversity, 10
bisabuelo(a) grandfather (grandmother), 2
bisnieto(a) great-grandson (great-granddaughter), 2
blanco target, 4
bloquear to blockade, 7
bloqueo blockade, 7
bobo *adj.* silly, 4
bochorno sultriness, stuffiness, 2
bolera bowling alley, 4
boliche *m.* bowling, 4
bolsa bag
    bolsa de trabajo job listings, 6
    de bolsa in a bag, 4
bolsillo pocket, 5
bono bonus, 6
boquete *m.* narrow entrance, 2
boricua *m./f.* Puerto Rican, 1
botica pharmacy, 3
boxeo boxing, 4
bragas panties, 5
brecha gap, breach, 10
brindis *m.* toast (at a celebration), 2
bruma mist, 10
bueno *adj.* good, 1
bullir to boil, 10
burbuja: envase *m.* **de burbuja** bubble wrap, 9
buscador *m.* search engine, 9
búsqueda search, 9
    búsqueda de trabajo job search, 6

C

cabrito kid, young goat, 4
cacería hunting, 10
cacerola pot, 9
caerse bien/mal to like/dislike a person, 5
cal *f.* lime, 9

calamitoso *adj.* disastrous, 5
caldera large pot, 3
calentamiento global global warming, 10
calidad *f.* **de vida** quality of life, 9
calvo *adj.* bald, 5
calzado footwear, 5
calzoncillos underpants (men's), 5
camarote *m.* ship's cabin, 3
cambio loose change, 3
camisón *m.* nightgown, 5
camposanto cemetary, 1
candelabro candelabra, 2
canela cinnamon, 4
canilla shin, 5
capacitación *f.* training, 6
capacitar to train, 6
caprichoso *adj.* capricious, impulsive, 5
captar to capture, 5
capucha: con capucha hooded, 5
carácter *m.* character, 5
carecer (zc) de to lack, 10
carencia lack, 10
cargo charge, 7
cariñoso *adj.* affectionate, loving, 5
carrera de relevo relay race, 4
carruaje *m.* carriage, 10
carta de presentación cover letter, letter of introduction, 6
carta card, 4
casa de cambio place to exchange currency, 3
casco helmet, 10
caso case, 7
castañetear los dientes to chatter the teeth, 2
castigar (gu) to punish, 7
castigo punishment, 7
catedral *f.* cathedral, 3
causa subyacente underlying cause, 10
cazadora jacket *(waist length)*, 5
cazar to hunt, 10
ceja poblada thick eyebrow, 5
celebración *f.* celebration, 1
célula madre stem cell, 9
censura censure, 7
censurar to censure, 7
cercano *adj.* close, 2
ceremonia ceremony, 2
cerilla match, 9
cerro hill, 1
certamen *m.* contest, 1
chancla flip-flop, beach sandal, 5
chaqueta con puños abotonados jacket with buttoned cuffs, 5
chasquido cracking sound, 3
chicano(a) Chicano, 1
chicharrón *m.* pork rind, 4
chofer *m.* driver, 3
choque cultural *m.* culture shock, 3
chorrearse to slide down, 7
chubasco heavy rain shower, 1
chuleta pork or lamb chop, 4
científico(a) scientist, 6

cierre *m.* **de cremallera** zipper, 5
circundante *adj.* surrounding, 5
claraboya skylight, 3
clase *f.* **social** social class, 1
clima *m.* climate, 1
clon *m.* clone, 9
clonación *f.* cloning, 9
clonar to clone, 9
cobertura total complete coverage, 3
cobrar to gain, 10
   cobrar un cheque to cash a check, 3
cocina kitchen; cooking, 4
cohesivo *adj.* cohesive, 2
colchón *m.* mattress, 2
coleccionar to collect, 4
coleccionismo collecting, 4
colegiatura tuition, 3
colegio residencial dorm, 3
colocar (qu) to hang, to place, 2
colonización *f.* colonization, 10
colonizar to colonize, 10
combatir to combat, fight against, 6
cometer un delito to commit a crime, 7
comisión *f.* commission, 6
como *adv.* like; as, 3
compartir share, 1
comprometerse to commit oneself, 6
comunicación *f.* **franca** frank/open
   communication, 2
comunión: primera comunión *f.* first
   communion, 2
con tal que *conj.* provided that, 7
concha sea shell, 1
conchabarse to band together, 9
conciencia conscience, 10
concienciar (de) to make aware (of), 10
concordar (ue) to make agree, 1
condado county, 1
condena conviction, sentence, 7
condenar to convict, sentence, 7
confidencialidad *f.* confidentiality, 9
conflicto armado armed conflict, war, 6
conjunto outfit (clothing), 5
conllevar to entail, involve, 10
conmemorar to commemorate, 2
conocimiento knowledge, 7
consabido *adj.* normal, usual, 9
consentir (ie) en to agree to, 2
consigna slogan, 7
consultor(a) (en bases de datos) (database)
   consultant, 6
consumir to consume, 10
consumo consumption, 10
contar (ue) to count; to tell
   contar con to count on, 2
   contar chistes to tell jokes, 2
contemporáneo *adj.* contemporary, 8
contraseña password, 9
controversia controversy, 9
controvertido *adj.* controversial, 9
convenio agreement, treaty, 10

convivir to live together, 2
cordillera mountain chain, 1
cordón *m.* **umbilical** umbilical cord, 9
corredero pathway, 8
corredor(a) de bolsa stockbroker, 6
corrillo clique, 5
corteza bark, 10
costal *m.* bag, 3
cotización *f.* quote, 6
cotizar to quote, 6
creencia belief, 7
criar to raise, 2
crimen *m.* crime, 7
crío infant, 5
crisis *f.* crisis, 2
crisol *m.* melting pot, 1
crucero cruise, 3
crucigrama *m.* crossword puzzle, 4
crudo *adj.* raw, primitive, 5
cual(es)quiera whoever, whatever, 7
cuando *conj.* when, 2
cuandoquiera *conj.* whenever, 7
cuaresma Lent, 2
cubrir to cover, 4
cucharada tablespoon, 4
cucharadita teaspoon, 4
cuellicorto short-necked, 5
cuento de hadas fairy tale, 8
cuestión *f.* **ética** ethical question, issue, 9
culpable *adj.* guilty, 7
cumplido compliment, 5
cúpula dome, 8
cura *m.* priest, 2; *f.* cure, 9
curable *adj.* curable, 9
curar to cure, 9
cursar to take courses; to deal with a
   process, 3

D

damas *pl.* checkers, 4
dañar to damage, 9
dañino *adj.* damaging, 9
daño damage, 7
dar to give
   dar el pésame to offer condolences, 2
   dar vivas to cheer, 7
   darse cuenta de to realize, 3
   darse de alta/baja to add/drop, 3
dardo dart, 4
datar de to date from, 8
decisiones: toma de decisiones decision
   making, 7
decorar to decorate, 2
defensor(a) defender, 7
defraudar to defraud, 7
degustar to taste, sample, 1
delito: cometer un delito to commit
   a crime, 7
demanda lawsuit, 7
denuncia accusation, 7
denunciar to make an accusation against

someone, 7
departamento apartment, 3
depuesto *adj.* deposed, 8
derecho *n.* right, 3
derechos de autor copyright, 9
derramar to spill, 10
derrame *m.* spill, 10
derretir (i) to melt, 4
derrocamiento overthrow, 7
derrocar (qu) to overthrow, 7
derrumbarse to crumble, 6
desabastecimiento scarcity, 9
desafiante *adj.* challenging, defiant, 8
desafiar to defy, 8
desafío challenge, defiance, 10
desamparo helplessness, 2
desaparecer (zc) to disappear, 7
desaparecido(a) missing person, 7
desarrollo sostenible sustainable
   development, 6
   en vías de desarrollo developing, 6
desasosiego anxiety, 2
desazón *f.* uneasiness, 2
desbaratar to fall apart, 5
descabellado *adj.* crazy, crackpot, 9
descartar to discard, throw out, 2
descomponerse to decompose, break
   down, 10
descomunal *adj.* large, 5
describir to describe, 1
descuento discount, 3
desempleo unemployment, 10
desenlace *m.* ending, 8
desenmascarar to unmask, 4
desfallecido *adj.* faint, 10
desgajar to rip, tear off, 2
desgastar to wear out, 10
desgaste *m.* wear, corrosion, 10
desgranar to spew forth, 10
deshacer to dissolve, take apart, undo, 10
deshechos *pl.* remains, 10
desierto desert, 1
desigualdad *f.* inequality, 7
deslizamiento landslide, 6
deslizar to slip by, 2
desmoronamiento period of economic
   crisis, 9
desnivelado *adj.* unbalanced, 5
desnudez *f.* nudity, 5
desnutrición *f.* malnutrition, 6
desolador(a) *adj.* bleak, 5
despedir (i) to fire, 3
   despedirse de to say good-bye, 3
despegar (gu) to open, 10
desplazamiento displacement, removal, 10
desplazar to transfer, 7; to displace, move, 10
desplumado *adj.* featherless, 4
despreocupado *adj.* carefree, 5
después (de) que *conj.* after, 7
destacar(se) (qu) to (make something) stand
   out; to make oneself stand out, 1

desternillarse de risa to erupt in laughter, 5

destino destination, 3

destreza skill, 6

destripar to disembowel, 3

desventajoso *adj.* disadvantageous, 10

desviar to redirect, 6

detectar to detect, 9

detener (ie) to stop, detain, arrest, 7

deteriorar to deteriorate, damage, 10

deterioro deterioration, damage, 10

día *m.* **del santo** day of one's saint's name, 2

dicho saying, 4

digitalizar to digitize, 9

dignidad *f.* dignity, 7

diosa goddess, 5

directorio management, 9

discriminación *f.* discrimination, 7

discriminar to discriminate, 7

diseñador(a) gráfico graphic designer, 6

diseño design, 5

disminuir to lower, 9; to decrease, diminish, 10

dispararle a alguien to shoot someone, 7

disponer to dispose, arrange, 2

disponibilidad *f.* availability, 3

disponible *adj.* available, 3

dispositivo device, gadget, 9

disputa dispute, 7

disputar to dispute, 10

diversidad *f.* **lingüística** linguistic diversity, 10

dominación *f.* domination, 10

dominar to dominate, 10

dominio de mastery of, 6

dondequiera *adv.* wherever, 7

dormir (ue) to sleep, 3

dormirse to fall asleep, 3

duradero *adj.* lasting, 2

durante *prep.* during, 2

E

echar to throw, 5

echar(le) sal to add salt *(to something)*, 4

ecosistema *m.* ecosystem, 10

edad *f.* age, 6

educación *f.* **a distancia** distance learning, 9

educado *adj.* well-mannered, polite, 5

educar (qu) to educate; to teach manners to, 2

efecto invernadero greenhouse effect, 10

eficaz *adj.* efficient/ efficiently, 9

eficazmente efficiently, 9

egoísta *adj.* selfish, 5

egresado(a) graduate, 3

ejecutivo(a) de cuentas account executive, 6

ejemplar *m.* copy, 8

ejército army, 1

elaborar a mano to produce, make by hand, 8

embalse *m.* reservoir, 10

embestir (i) to attack, 4

emborracharse to get drunk, 2

embozado *adj.* muffled, masked, 2

embrión *m.* embryo, 9

emigrante *m./f.* emigrant, 10

emigrar to emigrate, 10

empacar (qu) to pack, 2

empatar to tie *(the score)*, 4

empate *m.* tie *(score)*, 4

emprendedor(a) *adj.* enterprising, 6

empresario(a) entrepreneur, 6

en *prep.* in

en caso (de) que *conj.* in case that, 7

en cuanto as soon as, 7

encaje *m.* lace, 5

encantador(a) *adj.* charming, 1

encantar to delight, to love, 5

encargarse (gu) de to be in charge of , 6

encontradizo encounter, 3

encuesta survey, 9

enfermedad *f.* **infecciosa** infectious disease, 6

enfermo(a) *n.* sick person; *adj.* ill, 1

enfrentarse a los retos to confront challenges, 3

enfriar to cool, 4

engañar to deceive, 1

engordar to gain weight, 5

enojar to anger, 5

enojarse to get angry, 1

enriquecer (zc) to enrich, 3

enseñar clases to teach classes, 6

ensimismado *adj.* self-absorbed, 5

enterarse de to learn about, 5

entorno surroundings, 3

entre *prep.* between, 3

entrecortado *adj.* intermittent, 2

entrelazarse to become entwined with, 10

entretener(se) (ie) to entertain (oneself), 4

entretenido *adj.* entertaining, 1

entusiasmo enthusiasm, 1

envasar to package, 6

envase *m.* container, 6

envase de burbuja bubble wrap, 9

envenenar to poison, 10

enviar to send, 6

envolver (ue) regalos to wrap presents, 2

épica epic, 8

esbozar to outline; to sketch, 10

escalada en roca rock climbing, 4

escapada escapade, 3

escenario stage, 1; scenery, 7

esclavitud *f.* slavery, 7

esclavo(a) slave, 7

escoger to pick, 2; to select, 6

escombros *pl.* debris, 6

esconder to hide, 8

escurridizo *adj.* slippery, 10

escusado toilet, 1

esfumarse to fade, 10

esmirriado *adj.* skinny, 5

espantoso *adj.* horrible, 5

esparcir to spread, 9

especie *f.* **silvestre** wild species, 10

espectáculo show, 1

espectador(a) spectator, 7

esperanza hope, 10

esperanza de vida life expectancy, 9

espía *m./f.* spy, 9

espiar to spy, 9

espionaje *m.* **cibernético** cyber spying, 9

estable *adj.* stable, 2

establecer(se) (zc) to establish (oneself), 1

estafa fraud, swindle, 7

estafar to cheat, swindle, 7

estampado print, 5

estancia stay, period of time, 3

estanque *m.* pond, 10

estar to be

estar de luto to be in mourning, 2

estar de sobremesa to be at the table for table talk, 2

estar despejado to be clear *(skies)*, 1

estar dispuesto a to be prepared to, capable of, 6

estar en el borde to be on the edge, 1

estar en las afueras to be on the outskirts, 1

estar preso(a) to be in prison, 7

estar situado to be situated, 1

no estar para to not be in the mood for, 3

esternón *m.* sternum, 5

esteroide *m.* steroid, 9

estética aesthetics, 8

estético *adj.* aesthetic, 8

estipendio stipend, 6

estrategia strategy, 10

estrellarse to smash, crash, 3

estrepitosamente noisily, 2

estruendo clamor, noise, 2

impresionante estruendo thunderous noise, 9

estupor *m.* stupor, 5

etnia ethnicity, 1

étnico: grupo étnico ethnic group, 1

evitar to avoid, 1

excluir to exclude, 10

exclusión *f.* exclusion, 10

exigencia demand, 7

exigir to demand, 6

éxito success, 6

expandir to expand, 10

expansión *f.* expansion, 10

expectativa expectation, 2

experiencia previa previous experience, 6

experimentar to try; to experience, 8

explícito *adj.* explicit, 3

explorar cuevas to explore caves, 4

explotación *f.* exploitation, 7

explotar to exploit, 7
exposición *f.* exposition, 4
expresión *f.* expression, 7
exquisito *adj.* exquisite, 1
extendido *adj.* extended, 2
extenuado *adj.* very tired, 10
extrañar a los amigos to miss friends, 3
extraviado *adj.* lost, 6

F

facciones grandes/delicadas *pl.* large/delicate facial features, 5
fachada façade, 8
fajar to whip, 1
fallar to fail, 3
falsificar (qu) to falsify, 7
falta sin, 5
faltar to be missing, lacking, 5
fantasía fantasy, 8
fantástico *adj.* fantastic, 8
farola lamp post, street light, 5
fascinante *adj.* fascinating, 8
fascinar to fascinate, 5
fe *f.* faith, 8
fecha límite deadline, 3
feligrés(esa) parishoner, 2
fertilidad *f.* fertility, 9
fertilización *f.* **in vitro** in vitro fertilization, 9
festejar to celebrate, 1
festivo *adj.* festive, 1
ficción *f.* fiction, 8
ficha token, 3
ficticio *adj.* fictitious, 8
fidelidad *f.* faithfulness, 2
fieles *pl.* congregation, 6
fiesta patria celebration in honor of one's homeland, 1
fijarse en to pay attention to, 5
flagrante *adj.* flagrant, 2
fogata bonfire, 2
folleto brochure, 3
fondear to anchor, 3
fondo: en el fondo in the background, 8
foro de debate debate forum (online forum), 9
fortalecer (zc) to strengthen, 10
fortalecimiento strengthening, 10
fracasar to fail , 2
fracaso failure, 2
franela flannel, 5
franquear to enter, pass through, 10
fraude *m.* fraud, 7
freír to fry, 4
fresco *adj.* fresh, 5
fuego fire
  a fuego bajo/medio/alto on low/médium/high heat, 4
  fuegos artificiales *pl.* fireworks, 1
fuente *f.* **artística** artistic source,

inspiration, 8
fuga de cerebros brain drain, 10
fugar (gu) to flee, escape, 10
fulgurante *adj.* brilliant, 10
funeral *m.* funeral, 2
fustanear to destroy, 8

G

gallinero hencoop, 1
ganadería cattle raising, 9
garantía guarantee, 3
garantizar to guarantee, 3
gargantilla short necklace, choker, 5
gastar bromas to play a joke, 2
gasto expense, 3
gaviota seagull, 3
gélido *adj.* icy cold, 3
gen *m.* gene, 9
género literario literary genre, 8
genoma *m.* **humano** human genome, 9
gente *f.* people, 6
  gente desamparada homeless people, 6
  gente discapacitada disabled people, 6
geografía geography, 1
gerente *m./f.* **de sucursal** branch manager, 6
gira tour (of duty), 6
globalización *f.* globalization, 10
globo balloon, 2
gomina hair grease, 5
gorra cap *(with visor)*, 5
gorro cap *(no visor)*, 5
gozar to enjoy, 1
gracioso *adj.* funny, 2
graduación *f.* graduation, 2
gratificante *adj.* gratifying, 6
guagua bus *(Caribbean)*, 4
guijarro pebble, 10
guirnalda garland, 2
gusto: a gusto to taste, 4

H

haber to have *(auxiliary verb)*, 9
habichuela bean, 4
hablar to speak, 1
hacer to do; to make
  hacer bromas to play a joke, 2
  hacer dedo to hitchhike, 3
  hacer el juego to play along, 4
  hacer equipos to form teams, 4
  hacerse cargo de to take charge of, 2
  hacerse rico/abogado to become, make yourself rich/a lawyer, 6
harapo rag, tatter, 2
hasta que *adv.* until, 7
hazaña deed, 4
helicóptero helicopter, 9
herir (ie) a alguien to wound, hurt someone, 7
herramienta tool, 3
hervido *adj.* boiled, 4

hervir (ie) to boil, 4
higiene *f.* hygiene, 6
hijastro(a) stepson (stepdaughter), 2
hijo(a) adoptivo(a) adopted child, 2
hijo(a) único(a) only child, 2
hinchado *adj.* swollen, 2
hipos hiccups; sobs, 5
hispanohablante *m./f.* Spanish speaker, 1
historial *m.* **académico** academic transcript, 3
hojarasca fallen leaves, 10
homenaje *m.* homage, tribute, 8
homogeneización *f.* homogenization, 10
homogeneizar to homogenize, 10
hormona sintética synthetic hormone, 9
hospedaje *m.* lodging, 3
hospedarse to stay, lodge, 3
hostal *m.* hostel, 3
hostigamiento harassing, harassment, 7
hostigar (gu) to harass, 5
hoy *adv.* today, 9
hueco *adj.* hollow, 2; *n.* hole, 9
huérfano(a) orphan, 2
huir to flee, 6
humeante *adj.* steaming, 6
humedal *m.* wetland, 10
húmedo *adj.* humid, 1
hundirse to sink, 6
huracán *m.* hurricane, 1
huraño *adj.* unsociable, 10

I

icono icon, 1
identidad *f.* **cultural** cultural identity, 10
  robo de identidad identity theft, 9
igualdad *f.* equality, 7
iluminación *f.* lighting, 7
impactante *adj.* striking, powerful, 5
impacto devastador devastating impact, 10
impartir clases to teach classes, 6
implementar to implement, 6
implícito *adj.* implicit, 3
imponer to impose, 10
importar to matter to; to be important to, 5
imposición *f.* imposition, 10
imprescindible *adj.* indispensable, 5
impresionante estruendo thunderous noise, 9
impuesto tax, 3
imputable a due to, 9
inacabado *adj.* unfinished, 5
inalámbrico *adj.* wireless, 9
incendio forestal forest fire, 6
incentivar to motivate, encourage, 10
incentivo incentive, 10
inconveniente *m.* drawback, 9
independizarse to become independent, 2
indígena *adj.* indigenous, 1
indispensable *adj.* indispensable, 9
indocumentado *adj.* undocumented, 10

infertilidad *f.* infertility, 9
infidelidad *f.* unfaithfulness, 2
influencia influence, 8
influir to influence, 1
ingresar to enter, 10
ingreso de inmigrantes entrance of immigrants, 10
inimaginable *adj.* unimaginable, 9
inmenso *adj.* enormous, 3
inmigrar to immigrate, 1
inmutar to change, 2
innovador *adj.* innovative, 5
inquieto *adj.* anxious, worried, 10
inquietud *f.* anxiety, worry, 10
inscribirse to enroll, 3
integrarse to integrate oneself *(into a country)*, 3
intercambiar ficheros to exchange files, file share, 9
interesar to be of interest to, 5
interrogación *f.* interrogation, 7
interrogar (gu) to interrogate, 7
intimidad *f.* intimacy, 2
íntimo *adj.* intimate, 2
inundación *f.* flood, 6
inútil *adj.* useless, 9
inventar to invent, 9
invento invention, 9
inversión *f.* investment, 10
invertir (ie) to invest, 10
involucrarse en actividades to get involved in activities, 3
ir to go, 3
    irse to leave, go away, 3
ironía irony, 8
irónico *adj.* ironic, 8
isla tropical tropical island, 1
itinerario itinerary, 3

J

jactarse to boast, 3
jaculatoria ejaculatory prayer, 2
jamás *adv.* never, 3
Janucá Chanukah, 2
jefe(a) de finanzas head of finances, 6
jersey *m.* pullover sweater, 5
juego de mesa board game, 4
juez *n.* judge
juguetón(ona) *adj.* playful, 5
juicio trial, 7
jurado jury, 7
jurar to testify, swear, 7
justo *adj.* fair, 6
juzgar (gu) to judge, 6

L

lanzarse miradas to throw looks at each other, 3
lata: de lata canned, 4
látigo whip, 6

lazos familiares family ties, 2
lector(a) reader, 8
legalización *f.* legalization, 10
legalizar to legalize, 10
lejano *adj.* distant, 2
lencería lingerie, 5
lengua materna mother tongue, 10
lente *m.* **telefoto/gran angular** telephoto/wide-angle lens, 8
levantamiento uprising, 7
leyenda legend, 8
liberación *f.* liberation, 7
liberar to liberate, 7
libra pound, 4
licencia de manejo driver's license, 3
licenciatura undergraduate degree, 3
lienzo canvas, 7
línea camionera/aérea bus/airline, 3
lino linen, 2
linterna flashlight, 6
lío problem, 4
lista de espera waiting list, 3
listo *adj.* clever; ready, 1
llamada local / de larga distancia / por cobrar local / long distance / collect phone call, 3
llamar la atención to call attention to, 7
llamativo *adj.* showy, flashy, 5
llegar (ue) a casa to return home, 1
llevar a cabo to carry out, 7
llover (ue) to rain, 1
lloviznar to drizzle, 1
loco *adj.* insane; crazy, foolish, 1
lograr el golpe to get a strike *(bowling)*, 4
logro achievement, 1
lucha struggle, 7
luchar to fight
    luchar contra (por) to struggle against (for), 7
    luchar por los derechos to fight for one's rights, 7
lucir (zc) un estilo to show off a style, 5
luego que *adv.* after, 7
lujuria lust, 8

M

machacado *adj.* mashed, 4
machacar (qu) to crush; to mash, 4
madera wood, 8
madurar to mature, 3
maduro *adj.* ripe, 4
maleducado *adj.* bad-mannered, impolite, 5
malentendido misunderstanding, 2
maleza weeds, 9
malo *adj.* bad; ill, 1
maltratar to mistreat, 7
maltrato mistreatment, 7
manejar ebrio to drive drunk, 7
manija handle; crank, 2
manipulación *f.* **genética** genetic

manipulation, engineering, 9
manipular to manipulate, 8
mano *f.* **de obra** labor, 9; workforce, 10
mansedumbre *f.* tameness, gentleness, 5
mar *m.* **Mediterráneo/Caribe** Mediterranean/Caribbean Sea, 1
marca brand, 5
marcapasos *m.* pacemaker, 9
marcha march, 7
marchar to march, 7
marchitarse to wilt, 10
marginación *f.* marginalization, 7
marginado(a) marginalized person, 7
mármol *m.* marble, 8
más *adv.* more, 3
matiz *m.* shade, tint, 8
matizar to blend *(colors)*, 8
medio hermano(a) half brother (half sister), 2
médula marrow, 9
mejora improvement, 5
mejoramiento betterment, 6
melancólico *adj.* melancholy, sad, 2
memorias *pl.* memoirs, 8
mendigar (gu) to beg, 5
menos *adv.* less, 3
    a lo menos at least, 1
    a menos que unless, 7
menospreciar to despise; to undervalue, 10
menosprecio scorn, lack of appreciation, 10
mentón *m.* **redondo** round chin, 5
mestizaje *m.* mixing of races, 8
metáfora metaphor, 8
meter preso(a) to put in prison, 7
mezquino *adj.* petty, 10
mientras *conj.* while, 2
mimado *adj.* spoiled, pampered, 5
mimar to spoil, 2
minoría minority, 1
miradas: lanzarse miradas to throw looks at each other, 3
misa (del gallo) (Midnight) mass, 2
mismo *adj.* same, 2
mítico *adj.* mythical, 8
mito myth, 8
mitología mythology, 8
moda style, 5
moldear to mold, 8
molestar to annoy, 5
monolingüismo monolingualism, 10
monoparental single parent, 2
montaña rusa roller coaster, 4
montañoso *adj.* mountainous, 1
montar un negocio to start a business, 6
montón *m.* whole bunch, 6
monumento monument, 3
moqueante *adj.* runny-nosed, 5
morir (ue) to die, 10
mortero mortar, 4
movilización *f.* mobilization, 7

mudarse to move (*residence*), 3
muestra gesture; sample, copy, 8
multa ticket, fine, 7
    ponerle una multa to give someone a ticket, fine, 7
mural *m.* mural, 8
música salsa/cumbia/merengue salsa/cumbia/merengue music, 1
mustio *adj.* limp, withered, 10

N

nacer (zc) to be born, 1
nacimiento birth, 2
nada nothing, 3
nadie no one, 3
nariz aguileña/chata hooked/flat nose, 5
narizotas nostrils; person with a big nose, 5
narrador(a) narrator, 8
narrativa narrative, 8
naturaleza muerta still life, 8
navegar (gu) to sail, navegate
    navegar a vela to sail a sailboat, 4
    navegar en canoa to travel by canoe, 4
neblina fog, 1
negar (ie) to deny, 3
    negarse a to refuse, 3
nevar (ie) to snow, 1
ni siquiera not even, 3
ni... ni neither . . . nor, 3
ningún, ninguno *adj.* none, no, 3
    de ningún modo by no means, 3
    de ninguna manera no way, 3
ninguno(a) no one, 3
niñera baby-sitter, 2
novedoso *adj.* novel, new, 9
novela novel
    novela policíaca detective novel, 8
    novela rosa romantic novel, 8
nunca *adv.* never, 3

O

o... o either . . . or, 3
ocio leisure, 4
ofrecerse (zc) de voluntario(a) to offer to serve as a volunteer, 6
oleaje *m.* surf, 2
oleoducto pipeline, 7
olla saucepan, 4
olor *m.* smell, 9
oponer to oppose, 2
opresión *f.* oppression, 7
oprimir to oppress, 7
organización *f.* **sin fines de lucro** nonprofit organization, 6
orgullo pride, 1

P

pachanga party, party music, 1
pacífico *adj.* peaceful, 7
padecer (zc) to suffer, 5

paisaje *m.* landscape, 8
paleta ruler, 1
palillo toothpick, 5
palio canopy, 2
pana corduroy, 5
pancarta (picket) sign, 7
pandilla gang, 10
pandillero(a) gangster, 7
pantalla screen, 9
pantanal *m.* marsh, 10
para *prep.* for
    para cuando by the time that, 7
    para que in order that, 7
parada stop (bus), 3
parecer (zc) to seem, 3; to appear, 5
    parecerse a to resemble, 3
pareja: segunda pareja second marriage; second wife/husband, 2
paro stoppage, 7
parque *m.* **de atracciones** amusement park, 4
parrilla grill, 9
pasacalle *m.* procession, 7
pasaje *m.* ticket, passage, 3
patas de un compás hands of a compass, 5
patita small foot, 4
patizambo *adj.* bowlegged, 5
patoso *adj.* clumsy, 5
pavor *m.* fear, 3
payaso clown, 2
pecera fish bowl, 5
pechugón(ona) *adj.* big-chested or breasted, 5
pedazo piece, 4
pegar (gu) to hit, 1
pelea fight, 2
pelear to fight, 2
pelo lacio/rizado straight/curly hair, 5
pena penalty
    pena de cadena perpetua life sentence, 7
    pena de muerte death sentence, 7
pensión *f.* pension, 6
perder (ie) el tren/autobús/vuelo to miss the train/bus/flight, 3
perdigón *m.* pellet, 7
perejil *m.* parsley, 4
perfil *m.* profile, 5
    perfil genético genetic profile, 9
    perfil racial racial profiling, 7
personaje *m./f.* character, 8
personalidad *f.* personality, 5
pertenecer (zc) a to belong to, 1
pesado *adj.* difficult, 1
peso-completo heavyweight (boxing), 4
picante *adj.* spicy, 4
picar (qu) to cut, 4
picudo *adj.* bony, 5
pieza de cerámica ceramic piece, 4
pila battery, 6
píldora anticonceptiva birth control pill, 9

pincel *m.* paintbrush, 8
pintar al óleo to paint in oils, 8
piojo louse, 1
pirámide *f.* pyramid, 3
pirata *m./f.* pirate, 9
piratear to pirate, 9
piratería piracy, 9
pista de baile dance floor, 1
pizca pinch, 4
plagiar to plagiarize, 7
plagio plagiarism, 7
planear to plan, 6
Planeta *m.* **Tierra** Planet Earth, 10
plano *adj.* flat, 1
platillo volante flying saucer, 5
plaza space (on a bus), 3
plazo: a largo/corto plazo long/short term, 6
plumero feather duster, 4
población *f.* population; village, 1
pobreza poverty, 6
política migratoria immigration policy, 10
poner to put, 3
    ponerle una denuncia to make an accusation against someone, 7
    ponerse to put on, to become, 3
por *prep.* for
    por adelantado in advance, 3
    por aquí around here, 3
    por casualidad by chance, 3
    por ciento percent, 3
    por cierto for sure, by the way, 3
    por completo *adv.* completely, 3
    por dentro *adv.* inside, 3
    por desgracia *adv.* unfortunately, 3
    por ejemplo for example, 3
    por eso therefore, 3
    por favor please, 3
    por lo general *adv.* usually, 2
    por lo menos at least, 3
    por lo visto *adv.* apparently, 3
    por mi parte as for me, 3
    por ningún lado nowhere, 3
    por si acaso in case, 3
    por supuesto of course, 3
    por todas partes everywhere, 3
portavoz *m./f.* spokesperson, 6
posgrado graduate studies, 3
potencia power, 9
potente *adj.* powerful, 9
practicar (qu) to practice
    practicar paracaidismo to skydive, 4
    practicar tablavela to windsurf, 4
predecir (i) to predict, 9
predicción *f.* prediction, 9
premiar to award, 1
premio award, 1
preparativos *pl.* preparations, 2
presa dam, 10
presagio omen, 2

presencia: buena presencia good appearance, 6

presentar una demanda contra to take legal action against someone, 7

prevención *f.* prevention, 6

prevenir (ie) to prevent, 6

primero first

    por primera vez for the first time, 3

    primera comunión *f.* first communion, 2

primo(a) hermano(a) first cousin, 2

primo(a) segundo(a) second cousin, 2

primogénito(a) first born, 2

privacidad *f.* privacy, 2

privar(se) de to deprive (oneself) of, 7

privilegio privilege, 7

probar (ue) to try, taste; to prove, 3

    probarse to try on, 3

procesión *f.* procession, 2

prohibir to prohibit, 9

prolongar (gu) la vida to prolong life, 9

promover (ue) la paz to promote peace, 6

propiedad *f.* **intelectual** intellectual property, 9

protagonista *m./f.* protagonist, 8

proteico *adj.* varied; protein, 4

proveedor(a) provider, 2

proveer to provide, 2

prueba de ADN (ácido desoxirribonucleico) DNA test, 9

prueba evidence, 7

puente *m.* bridge, 6

puesta del sol sunset, 1

puesto que *conj.* since, 7

puesto booth, 1

pulcro clean, 9

punto: hacer punto to knit, 5

Q

quedar to fit; to remain; to keep, 5

    quedarse de sobremesa to stay at the table for table talk, 2

quejarse de to complain of, 3

quien(es)quiera whoever, 7

quimérico *adj.* unreal, unrealistic, 4

quinceañera fifteenth birthday; Sweet Fifteen, 2

quisquilloso *adj.* finicky, fussy, 5

quitar to take away, 3

    quitarse to take off, 3

R

rabioso *adj.* violent, rabid, 2

racismo racism, 10

reaccionar to react, 8

realismo realism, 8

realista *adj.* realistic; *n.* realist, 8

realizar to carry out, 4

recámara bedroom, 3

recapacitar to reconsider, 2

recargador battery charger, 9

recargar (gu) to recharge, 9

recaudar fondos to raise funds, 6

recelo suspicion, 10

rechazar to reject, 2

rechazo rejection, 2

rechistar to protest, 2

recipiente *m.* container, 4

recital *m.* recital, 4

reclutador(a) recruiter, 6

reconocimiento recognition, 8

recorrer to pass through, 5

recorrido turístico sightseeing trip, 3

recuperar to recover, 9

recursos renovables renewable resources, 10

reflejar to reflect, 8

regalos: envolver regalos to wrap presents, 2

regañar to scold, 2

regatear to bargain, 3

regocijo joy, merriment, 2

regulación *f.* regulation, 10

regular to regulate, 10

rejas *pl.* bars (of prison), 2

relaciones *f. pl.* **familiares** family relations, 2

relámpago lightning flash, 1

relatar to tell, relate, 8

religioso *adj.* religious, 2

remar to row, 4

remediar to remedy, 9

remedio remedy, 9

remesa remittance, 10

remo rowing; paddle, 4

remojar to soak, 4

remolino swirling, 10

remunerado *adj.* recompensed, 4

remunerar to pay, reward, 6

rendijas nooks and crannies; cracks, 10

renombrado *adj.* renowned, famous, 8

rentar un carro to rent a car, 3

repartir las cartas to deal cards, 4

repentino *adj.* sudden, 10

repercusión *f.* repercussion, 9

repercutir to beat, repel, 10

replegar (ie) (gu) to fold, 10

repoblación *f.* repopulation, reforestation, 6

repoblar (ue) to repopulate, reforest, 6

reproductor *m.* **de MP3/DVD** MP3/DVD player, 9

requisito requirement, 6

resaltar to stand out, 2; to highlight, 9

rescatar to rescue, 10

rescate *m.* rescue, 6

resentimiento resentment, 6

reservar con anticipación to reserve in advance, 3

residuos radioactivos *pl.* radioactive waste, 10

respeto respect, 7

restauración *f.* restoration, 10

restaurar to restore, 10

restricción *f.* restriction, 10

restringir to restrict, 10

retirar dinero to withdraw money, 3

retirar to remove, 4

retos: enfrentarse a los retos to confront challenges, 3

retraso delay, 3

revelar to reveal; to develop *(film)*, 8

rezar to pray, 2

rico *adj.* rich (prosperous); delicious, 1

riesgo risk, 9

rima rhyme, 8

rimar to rhyme, 8

riqueza natural natural richness, 10

risible *adj.* funny, 5

ritmo bailable danceable rhythm, 1

rito rite, 2

robo de identidad identity theft, 9

rocoso *adj.* rocky, 1

rollo de película (blanco y negro / en colores) roll of film (black and white / color), 8

romper con la tradición to break with tradition, 8

ropa de etiqueta designer clothing, 5

rueda wheel, 3

ruina ruin, 3

S

sabor *m.* taste, 4

sabroso *adj.* tasty, delicious, 4

sacerdote *m.* priest, 2

saco men's blazer, 5

sacudión *m.* strong jolt, 3

sahumar to perfume with incense, 9

saltamontes *m.* grasshopper, 5

sangriento *adj.* bloody, 7

saquear to plunder, 6

sarta series, 10

sartén *f.* frying pan, 4

sátira satire, 8

satírico *adj.* satirical, 8

sazonar to season, 4

sección *f.* **de no fumadores** nonsmoking section, 3

seco *adj.* dry, 1

secuestrar to kidnap, 7

secuestro kidnapping, 6

segunda pareja second marriage; second wife/husband, 2

seguridad *f.* security, safety, 7

seguro *adj.* safe; sure, certain, 1

sensato *adj.* sensible, 5

sensible *adj.* sensitive, 5

sequía drought, 6

ser to be

    ser (in)fiel to be (un)faithful, 2

    ser de pequeña estatura to be small in stature (size), 5

ser delgado(a) de cintura/caderas to be thin waisted / in the hips, 5
servir: no servir para nada to be useless, 3
seudónimo pseudonym, 8
siempre *adv.* always, 2
  para siempre *adv.* forever, 3
  siempre que *conj.* provided that, whenever, 7
sien *f.* temple *(anatomy)*, 10
sigilosamente secretly, 2
siglo century, 3
simbolizar to symbolize, 8
símbolo symbol, 8
símil *m.* simile, 8
sin que *conj.* without, 7
sindicarse (qu) to unionize, 4
sindicato union, 6
sinvergüenza *m./f.* shameless person, 5
sistema *m.* **operativo** operating system, 9
sobornar to bribe, 7
soborno bribe, bribery, 7
sobrepesca overfishing, 10
sobreviviente *m./f.* survivor, 9
soja soy, 9
soldado soldier, 6
soleado *adj.* sunny, 1
solidaridad *f.* solidarity, 7
sombra shadow, 8
sombrío *adj.* somber, 7
someter to subdue, 3; to subject, 7
soportar to tolerate, 2
soso *adj.* bland, 4
sospechar to suspect, 7
sospechoso *adj.* suspect, 7
sostén *m.* bra, 5
subempleo underemployment, 10
sublevar to stir up, arouse, 3
subyacente: causas subyacentes underlying causes, 10
sucedáneo(a) substitute, 9
sudadera sweatshirt, sweat suit, 5
suelo ground, 10
sujetador *m.* bra, 5
superar(se) to overcome; to improve (oneself), 1
supervisar to supervise, 6
suprimir to suppress, 9
sustantivo noun, 1

T

tala tree felling, 10
talar to fell a tree, 10
talla sculpture, carving, 8
tallar to carve, shape, engrave (metal), 8
tambalear to stagger, 10
también *adv.* also, 3
tampoco *adv.* neither, not either, 3
tapa dura/rústica hard cover / paperback, 8
taquilla ticket office, 3
tarea homework, 6
tarifa price, 3

tarjeta card
  tarjeta de banco bank card, 3
  tarjeta de embarque boarding pass, 3
  tarjeta telefónica de pre-pago prepaid phone card, 3
tasa de cambio exchange rate, 3
tatarabuelo(a) great-great-grandfather (great-great-grandmother), 2
tatuaje *m.* **adhesivo** adhesive tattoo, 5
taza cup, 4
techo roof, 2
técnica technique, 8
tecnología: alta tecnología high technology, 9
teja tile, 10
tema *m.* theme, 3
tener (ie) to have
  tener arrugas / una cicatriz to have wrinkles / a scar, 5
  tener buen aspecto to look good, 5
  tener buen/mal genio to have a bad/good temper, 5
  tener derecho a to have a right to, 7
  tener el amor propio to have pride/self-respect, 5
  tener (in)seguro(a) de sí mismo(a) to be (in)secure of oneself, 5
  tener (la) autoestima to have self-esteem, 5
  tener manejo de to manage, understand (to get the hang of), 6
teñido *adj.* dyed, 5
terapéutico *adj.* therapeutic, 9
terapia therapy, 9
terco *adj.* stubborn, 5
terminal *f.* terminal, 3
término: en primer/segundo término in the fore/background, 8
ternera veal, 4
terremoto earthquake, 2
tieso *adj.* rigid, 5
tinieblas *f. pl.* total darkness, 2
tío(a) abuelo(a) great-uncle (great-aunt), 2
tirar to throw
  tirar la bola to throw the ball, 4
  tirarse to throw or hurl oneself, 4
tiritar to shake, shiver, 2
tocino bacon, 4
toma de decisiones decision making, 10
tomar medidas to take measures, 7
tonalidad *f.* shade in color, 9
tono tone, 8
tormenta storm, 1
torneo tournament, 4
torre *f.* tower, 8
tortura torture, 7
torturar to torture, 7
tostar to brown; to toast, 4; to roast, 6
trabajar bajo presión to work under pressure, 6
tradición *f.* **oral** oral tradition, 8

traficar (qu) to traffic, 10
tráfico de personas trafficking of people, 10
tragar (gu) to swallow, 6
tragedia tragedy, 8
trama plot, 8
trámite *m.* step (in a process), 3
transbordador *m.* **espacial** space shuttle, 9
transbordar to transfer (on a bus), 3
transgénico *adj.* transgenetic, 9
transmutado *adj.* transformed, 5
transplante *m.* **de órganos** organ transplant, 9
transporte *m.* transportation, 3
trasfondo background, 2
trasnochar to stay up very late, 2
trata de esclavos slave trade, 1
tratamiento treatment, 9
trigo wheat, 9
triturar to grind, 6
tropezar to trip, 9
trozos: en trozos in pieces, 4
trueno thunder, 1
tumbar to knock down; to overthrow, 4

U

último last
  por última vez for the last time, 3
  por último *adv.* lastly, finally, 3
usuario(a) user, 9
útil *adj.* useful, 9
utilidad *f.* usefulness, 9

V

vacío emptiness; special boneless cut of meat, 9
vacuna vaccination, 3
vagón *m.* car (of a train), 3
vaho vapor, 9
valiente *adj.* courageous, 5
valor *m.* value, 1
valorar to value, 1
vals *m.* waltz, 2
vanidoso *adj.* vain, conceited, 5
vaqueros jeans, 5
  vaqueros de pata ancha wide-legged jeans, 5
veces: muchas veces often, 2
veintiuna blackjack, 4
vencer to defeat, overcome, 7
vendaval *m.* storm, 10
vender acciones to sell stocks, shares, 6
veneno poison, 10
venta sale, 6
ventajoso *adj.* advantageous, 10
ventarrón *m.* strong wind, 5
verdadero *adj.* real, true, 1
verde *adj.* green; unripe, 1
verso verse, 8
verter (ie) to pour out, 4

vestir (i) (una prenda) to wear (an item of clothing), 5

viaje *m.* **redondo** round trip, 3

vicario vicar, 2

vidriera de colores stained glass, 8

vidrio glass, 4

vidrioso *adj.* glassy, 5

vientos alisios *pl.* trade winds, 2

vigente *adj.* current, 3

villancico Christmas carol, 2

violación *f.* violation, 7

violar to violate, 7

vislumbrar to make out, 10

vistoso *adj.* showy, flashy, 5

vivienda housing, house, 6

vivo *adj.* sharp; cunning, 1

volar una cometa to fly a kite, 4

volcán *m.* volcano, 1

voltear to turn over, roll over, 7

    voltear los bolos to knock over bowling pins, 4

voluntariado volunteerism, group of volunteers, 6

Y

ya que *conj.* since, 7

yema yolk, 4

Índice

Credits

Text/Realia Credits

8: "Es que duele" by Tomás Rivera is reprinted with permission from the publisher of *...y no se lo tragó la tierra/. . . And the Earth Did Not Devour Him* (Houston: Arte Público Press—University of Houston, 1992); **27:** "Entrevista con Francisco Alarcón," reprinted by permission of Norma López-Burton; **43:** From LAS CHRISTMAS (SPANISH LANG. EDITION) by Esmeralda Santiago and Joie Davidow, copyright Tradución copyright © 1998 por Alfred A. Knopf, Inc. Ilustraciones copyright © 1998 por José Ortega. Used by permission of Vintage Books, a division of Random House, Inc.; **55:** "Corpus Christi: El mico y la paloma, tradición del pueblo católico en Guatemala," reprinted from *La Hora*; **73:** "Cuando salí de la Habana, válgame Dios," by José Emilio Pacheco, tomado de *El principio de placer*, © 1997, Ediciones Era, S.A. de C.V., reprinted by permission of Ediciones Era; **87:** "Aprovechar oportunidades de intercambio: Entrevista con el alumno Enrique Acuña de Relaciones Internacionales, desde Rouen, Francia" by RLG, reprinted by permission from *Nuestra comunidad*; **103:** From la parte II del ensayo "De bípeda desplumada a Escritora Puertorriqueña (con E y P machúsculas)" (págs. 92-94), incluido en el libro: *Esperando a Loló y otros delirios generacionales* de Ana Lydia Vega (Editorial de la Universidad de Puerto Rico, Río Piedras, 1994).; **113:** "Antes que anochezca" by Carlos Infante, reprinted by permission of *Estrellas en la noche*; **127: Rosa Montero, "La gloria de los feos" relato perteneciente a la obra AMANTES Y ENEMIGOS. CUENTOS DE PAREJAS** © Rosa Montero, 1998; **139:**" Javier Bardem, ternura tras rudos rasgos," reprinted from Wanadoo Espana, S.L.; **155:** "Flores de volcán / Flowers from the Volcano" is from FLOWERS FROM THE VOLCANO, by Claribel Alegría, translated by Carolyn Forché, © 1982. Reprinted by permission of the University of Pittsburgh Press.; **167:** " Una experiencia inolvidable" by Giovanna García Baldovi, reprinted by permission of *Hacesfalta.org*; **183:** "Entre dos luces" (selección) by César Bravo, reprinted by permission of the author; **195:** "La ordenanza del ruido pasa el primer debate," reprinted from *elcomercio.com*; **211:** "El insomne" by Eduardo Carranza, reprinted by permission of the author; **223:** "Fernando Botero retrata la guerra en Colombia en una nueva exposición," from the Associated Press, May 4, 2004, reprinted by permission of the Associated Press; **239:** "Vacío era el de antes," by Luisa Valenzuela, reprinted by permission of Ediciones de la Flor, S.R.L., Buenos Aires: 1975; **249:** "Una encuesta de la Universidad Argentina de la Empresa (UADE): realizada en Capital y GBA. El celular estrecha los lazos familiares" by Fabiola Czubaj, reprinted from *diario.lanacion.com.ar*; **266:** "La última niebla" by María Luisa Bombal, reprinted by permission of Biblioteca Breve, Barcelona: 1996; **279:** "Mapuche, discriminación y basura" by Alejandro Navarro Brain, reprinted by permission of *EcoPortal.net*

Photo Credits

CHAPTER 1

3 left: ©Ezio Peterson/UPI/Landov; **3 center:** ©CBS/Landov; **3 right:** ©Time Life Pictures/Getty Images; **4 top left:** ©David Mercado/Reuters/Corbis, **4 bottom left:** ©The Thomson Corporation/Heinle Image Resource Bank; **4 top right:** ©Sanguinetti/BASF/DDBryant Stock Photography; **4 bottom right:** ©The Thomson Corporation/Heinle Image Resource Bank; **7:** ©Penny Tweedie/Stone/Getty Images; **11:** AUTHOR; **13:** Photo of Tomás Rivera is reprinted with permission from the publisher of Arte Público Press Photo Archives (Houston: Arte Público Press-University of Houston); **16 top right:** ©AP Photo/Elise Amendola/Wide World Photos; **16 bottom left:** ©David Turnley/Corbis; **16 top right:** ©Phil Shermeister/Corbis; **16 bottom right:** ©Lindsay Hebberd/Corbis; **18 top left:** ©Getty Images; **18 top center:** ©Brooks Kraft/Corbis; **18 top right:** ©Julio Donoso/Corbis Sygma; **18 bottom left:** ©AP Photo/Paul Sakuma/Wide World Photos; **18 bottom center:** ©Don Lansu/Ai Wire/Landov; **18 bottom right:** Salma Hayek; ©Akio Suga/EPA/Landov; **20 left:** ©Getty Images; **20 right:** ©Bill Greenblatt/UPI/Landov; **25 top, 25 bottom, and 27:** AUTHOR.

CHAPTER 2

33 left: ©AFP/Getty Images; **33 center:** ©Timothy O'Keefe/Index Stock Imagery; **33 right:** ©Oswaldo Rivas/Reuters/ Landov; **34 top:** ©Cory Langley; **34 bottom left:** ©ThinkStock LLC/Index Stock Imagery; **34 bottom right:** ©Gerry Adams/Index Stock Imagery; **40:** ©AP Photo/Stuart Ramson/Wide World Photos; **46 top left:** ©Bill Gentile/Corbis; **46 top right:** ©J Marshall/Tribaleye Images; **46 bottom:** ©Sean Sprague/The Image Works; **50:** ©Kilke Calvo/V & W/The Image Works.

CHAPTER 3

61 left: ©William Coupon/Corbis; **61 center:** ©Stephanie Colasanti/Corbis; **61 right:** ©Banco de Mexico Diego Rivera & Frida Kahlo Museums Trust Av. Cinco de May No. 2, Col. Centro, Del. Cuahtemos 06059, Mexico, D. F. Photo from Art Resource, NY; **62 top, 2nd from top and bottom:** ©Royalty-Free/Corbis; **62 third from top:** AUTHOR; **65:** ©Russell Gordon/Aurora; **66:** OmniPhotoCommunications/Index Stock Imagery; **71:** ©The Thomson Corporation/Heinle Image Resource Bank; **73:** ©La Moneda/Handout/Reuters/Corbis; **76 top left:** ©Stephanie Maze/Corbis; **76 top right:** ©DD Bryant Stock Photography; **76 bottom left: and both on bottom right:** ©Royalty-Free/Corbis; **80 top:** ©Jose Vicente Resino; page 80 bottom: ©Sergio Pitamitz/Corbis.

CHAPTER 4

93 center: ©AP Photo/Jose Goitia/Wide World Photos; **93 right:** ©Don Lansu/Ai Wire/Landov; **95 left, center left and center right:** ©The Thomson Corporation/Heinle Image Resource Bank; **95 right:** ©Bjorn Kindler/istockphoto.com/RF; **99:** AUTHOR; **103:** ©Alina de Lourdes Luciano; **105 and 108 (all):** AUTHOR; **119 left:** ©Walker/Index Stock Imagery; **119 center:** ©The Thomson Corporation/Heinle Image Resource Bank.

CHAPTER 5

119 right: ©Archivo Iconografico, S. A./Corbis; **120 top left:** ©Elisa Cicinelli/Index Stock Imagery; **120 top right:** ©Grantpix/Index Stock Imagery; **120 center:** ©Jose Luis Peleaz, Inc/Corbis; **120 bottom left and bottom right:** ©Frank Siteman Studios; **123:** ©photolibrary.com.pty.ltd./Index Stock Imagery; **127:** ©Heinz Hebeisen/Iber Image; **130 left:** ©Photos.com.Select/istockphoto.com/RF; **130 center:** ©Dan Fletcher/istockphoto.com/RF; **130 right:** ©photolibrary.com.pty.ltd/istockphoto.com/RF; **133:** Soroila y Bastida, Joaquin (1863-1923) Prado, Madrid, Spain. Out of copyright. **Photo:** Bridgeman Art Library, NY; **139:** ©Juanjo Martin/EPA/Landov.

CHAPTER 6

145 left: ©John Coletti; **145 center:** ©Aldalberto Rios Lanz/Sexto Sol/Photodisc/Getty; **149:** ©Photos.com Select/istockphoto/RF; **145 right:** ©ImageState/Alamy; **155:** ©Courtesy of Curbstone Press, Willimantic, CT; **158 top left:** ©The ThomsonCorporation/Heinle Image Resource Bank; **158 top left second:** ©Lynn Eodice/Index Stock Imagery; **158 top right third:** ©Bernd Klumpp/istockphoto.com/RF; **158 top far right:** ©Jaleen Grove/istockphoto.com/RF; **158 center left:** ©Marcos Larrain/EPA/Landov; **158 center right:** ©Calvin Ng Choon Boon/istockphoto.com/RF; **158 bottom left and bottom right:** ©The Thomson Corporation/Heinle Image Resource Bank; **161 top:** ©Jeff Greenberg/Index Stock Imagery; **161 bottom:** ©The Thomson Corporation/Heinle Image Resource Bank; **162:** ©Leif/Skoogfors/Corbis; **165:** ©The Thomson Corporation/Heinle Image Resource Bank; **165 top:** ©The Thomson Corporation/Heinle Image Resource Bank; **165 bottom:** ©Royalty-Free/Corbis.

CHAPTER 7

173 left: ©The Thomson Corporation/Heinle Image Resource Bank; **173 center:** ©Jacob Halaska/Index Stock Imagery; **173 right:** ©Angelo Cavalli/Index Stock Imagery; **174 top:** ©The Thomson Corporation/Heinle Image Resource Bank; **174 center left, center right and bottom:** Courtesy of Mark Becker; **178:** ©The Thomson Corporation/Heinle Image Resource Bank; **181:** ©Jason Reed/Reuters/Landov; **184:** AFP/Getty Images; **185:** ©Bernardo Rodriguez/EPA/Landov; **186:** AUTHOR; **189 top:** ©Jacob Halaska/Index Stock Imagery; **189 bottom:** ©Kevin Schafer/Corbis; **193:** ©The Thomson Corporation/Heinle Image Resource Bank.

CHAPTER 8

201 left: Artist: Manuel Cabr, Coleccion Fundación Galeria de Arte National, Foto: Francisco Prada; **201 center:** Artist: Magda Andrade, Coleccion Fundación Galeria de Arte National, Foto: Francisco, **201 right:** ©The Thomson Corporation/Heinle Image Resource Bank; **202 top left (both):** Author; top right: Talla de Madera: Archivo Instituto del Patrimonio Cultural, photo by Sr. Mariano Diaz; **202 far right:** ©Greg Wolkins/istockphoto.com/RF; **202 bottom:** Artist: Pedro Angel Gonzolez, Coleccion Fundación Galeria de Arte National, Foto: Francisco Prada; **205:** ©Reuters/David Maris-Files/Landov; **206 top left, bottom left, and bottom right:** ©The Thomson Corporation/Heinle Image Resource Bank; **206 top right:** ©Craig Lovell/Corbis; **211:** ©Archivo Casa De Poesia Silva; **213:** ©The Thomson Corporation/Heinle Image Resource Bank; **214 top:** ©REUTERS/Bernardo de Niz/Landov; **218:** ©Corbis; **223:** #49 Picador, 1985 (oil on canvas) by Botero, Fernando (b. 1952) Private Collection James Goodman Gallery New York, USA in Copyright. ©Fernando Botero, courtesy, Marlborough Gallery, New York.

CHAPTER 9

229 left, center and right: ©The Thomson Corporation/Heinle Image Resource Bank; **230 top left:** ©Dean Lewins/EPA/Landov; **230 next:** ©Kim Kulish/Corbis; **230 next:** ©Loic Bernard/istockphoto.com/RF; **230 bottom left:** ©Jim Orr/istockphoto.com/RF; **230 top right:** ©Daniel Vineyard/istockphotoc.com/RF; **230 bottom right:** ©Maartje van Casple/istockphoto.com/RF; **233:** ©AFP/Getty Images; **239:** ©Miriam Berkley; **241 top:** ©Peter MacDonald/Reuters/Landov; **241 center:** ©The Thomson Corporation/Heinle Image Resource Bank; **241 bottom:**
©Jaleen Grove/istockphoto.com/RF; **244 top:** ©Michael Mory/istockpphoto.com/RF; **244 bottom:** ©The ThomsonCorporation/Heinle Image Resource Bank.

CHAPTER 10

255 left, center and right: ©The Thomson Corporation/Heinle Image Resource Bank; **256 top:** ©Gisele Wright/istockphoto.com/RF; **256 center:** ©Ron Pratt/istockphoto.com/RF; Archivo: Maria Luisa Bombal; **270 top right:** ©James Davis, Eye Ubiquitous/Corbis; **270 bottom left:** ©Tanya Costey/istockphoto.com/RF; **270 bottom right:** Courtesy of the Fundación DeSdel Chaco; **274:** ©Patrick Zachmann/Magnum.